Björn Spiekermann

Literarische Lebensreform um 1900

KLASSISCHE MODERNE

herausgegeben
von
Achim Aurnhammer, Werner Frick,
Frank-Rutger Hausmann, Dieter Martin, Mathias Mayer

Band 9

ERGON VERLAG

Björn Spiekermann

Literarische Lebensreform um 1900

Studien zum Frühwerk Richard Dehmels

ERGON VERLAG

Gedruckt mit Unterstützung des Förderungs- und Beihilfefonds „Wissenschaft“ der VG Wort

Bibliografische Information der Deutschen Nationalbibliothek
Die Deutsche Nationalbibliothek verzeichnet diese Publikation in der Deutschen Nationalbibliografie; detaillierte bibliografische Daten sind im Internet über http://dnb.d-nb.de abrufbar.

Bibliographic information published by the Deutsche Nationalbibliothek
The Deutsche Nationalbibliothek lists this publication in the Deutsche Nationalbibliografie; detailed bibliographic data are available in the Internet at http://dnb.d-nb.de.

Gedruckt auf alterungsbeständigem Papier.
Umschlaggestaltung: Jan von Hugo
Satz: Sandra Kloiber, Ergon Verlag

www.ergon-verlag.de

Printed in Germany
ISSN 1863-9585
ISBN 978-3-89913-582-4

Meinen Eltern gewidmet

Vorwort

Die vorliegende Studie stellt die leicht überarbeitete Fassung meiner Dissertation dar, die im Wintersemester 2005/2006 von der Neuphilologischen Fakultät der Universität Heidelberg angenommen wurde. Mein ehrlich empfundener Dank gilt meinem Lehrer, Professor Wilhelm Kühlmann, der mich auf Dehmel und die Relevanz der Lebensreform aufmerksam gemacht und die Arbeit in allen Stadien mit Kritik, Rat und unerschöpflicher Belesenheit begleitet hat. Für die Übernahme des Zweitgutachtens und für klärende Gespräche über die literarische Moderne danke ich Professor Helmuth Kiesel. Den Herausgebern danke ich für die Aufnahme des Buches in die Schriftenreihe ‚Klassische Moderne'. Dank gebührt ferner Marion Sommer vom Dehmel-Archiv der SUB Hamburg für stete Hilfsbereitschaft und freundliche Ratschläge.

Professor Joachim Dyck hat die Entstehung der Arbeit mit nie nachlassendem Interesse verfolgt und zentrale Passagen mit mir diskutiert. Auch dafür meinen herzlichen Dank. Unentbehrlich und immer aufmunternd waren die Gespräche mit Nicole Plöger über die nichtdekadente Literatur um 1900. Für die selbstlose Betreuung vor wie nach der mündlichen Prüfung und für die Hilfe bei der Erstellung des Registers danke ich Pamela Klingbeil.

Dankbar bin ich der Familie Hitz, ohne deren körperliche und seelische Unterstützung ich die Jahre sicherlich nicht so gut überstanden hätte. Besonderer Dank gilt Sandra Hitz für das Interesse und den oft nötigen Zuspruch, und schließlich meiner Mutter für den unerschütterlichen Glauben, daß aus Chaos endlich doch noch Ordnung werde.

Heidelberg, im März 2007

B. S.

Inhaltsverzeichnis

0. Einleitung

1. Literarische Lebensreform. Problemaufriß und Vorüberlegungen

Überblickt man die Monographien und Sammelbände zur deutschen Literatur der Jahrhundertwende, so gewinnt man schnell den Eindruck, daß es sich um eine Phase handelt, in der Skeptizismus, Pessimismus, Endzeitstimmung, Müdigkeit und Nervosität die mentale Lage der Künstler und Dichter bestimmen. Nach dem kurzen – wiewohl initiativen – Intermezzo des Naturalismus mit seinen sozialpolitischem Ambitionen schien sich die literarische Moderne darauf festgelegt zu haben, den ‚Untergang des Abendlandes' in seinen gesellschaftlichen wie individualpsychologischen Begleiterscheinungen nachzuvollziehen. Die Schlagworte ‚Fin de siècle', ‚Décadence', ‚Ästhetizismus', ‚Sprachkrise', *l'art pour l'art* bestimmen das Bild der Jahrhundertwende in der Literaturgeschichtsschreibung.[1] Entsprechend wird die literarische Moderne übereinstimmend und (im Anschluß an die Ideologiekritik) größtenteils zustimmend als modernitätskritisch eingestuft.[2]

Demgegenüber sollen in der vorliegenden Arbeit einmal Tendenzen in den Blick genommen werden, die den Fortschrittsoptimismus des 19. Jahrhunderts – freilich mit einigen Modifikationen – über Gründerzeit und Naturalismus hinaustrugen. Schon ein kurzer Überblick der dezidiert ‚modernen' deutschen Publizistik vor 1900 zeigt, daß der gewaltige Fortschritt der Naturwissenschaften seit dem Ende der ‚Kunstperiode' – und zwar im Einklang mit Nietzsche! – auch durchaus positiv erfahren werden konnte, als Ende einer Epoche des Aberglaubens, der Scheinmoral, der Unterdrückung. Daß die Vordenker dieses ‚Kulturoptimismus', Ernst Haeckel, David Friedrich Strauß, Eduard von Hartmann und

1 Von einem Forschungsbericht zur Décadence muß hier aus begreiflichen Gründen abgesehen werden. Vgl. dazu KAFITZ (2004).
Zur Zitierweise: Werke von Dehmel und Zeitgenossen werden bei erster Erwähnung mit vollständigem Titel, daraufhin mit Kurztitel angegeben, Forschungsarbeiten werden in den Anmerkungen nach der Harvard-Notation (Name, Jahr, Seitenzahl) zitiert und im Literaturverzeichnis aufgeschlüsselt. Arbeiten, bei denen das Erscheinungsjahr von verwendeter Auflage und Erst- bzw. Originalausgabe stark abweicht, werden mit dem Jahr der Ersterscheinung angegeben, damit die Chronologie der Forschungsgeschichte transparent bleibt. Dehmels Werke werden nach den folgenden Siglen zitiert: *Erlösungen*: ERL; *Aber die Liebe*: AL; *Lebensblätter*: LB; *Weib und Welt*: WW. Die beiden Bände der *Ausgewählten Briefe* werden mit Adressat, Datum und Bandbezeichnung in römischen und Seitenzahl in arabischen Ziffern angegeben (z.B.: An Paula Dehmel, 19.1.1891, I 39). Hervorhebungen in Zitaten (Sperr-, Kursiv- oder Fettdruck) erscheinen einheitlich kursiv. Für die *Gesammelten Werke* wurde die Sigle GW vergeben. Briefe und Dokumente aus dem Dehmel-Archiv der Staats- und Universitätsbibliothek Hamburg werden mit dem Zusatz ‚Dehmel-Archiv' nach den Archiv-Signaturen zitiert.

2 Diesen Standpunkt entwickelt am ausführlichsten VIETTA (1992).

der frühe Max Nordau, an philosophischer Bedeutung weit hinter Neukantianismus und Lebensphilosophie zurückstehen, ändert nichts an ihrem zeitgenössischen Erfolg und somit ihrer literaturgeschichtlichen Relevanz. „Dieser Optimismus", schreibt Gerhart Hauptmann in seinen Jugenderinnerungen, „war schlechthin Wirklichkeit. Man mag sich durch den scheinbar verzweifelten Pessimismus der ‚Modernen Dichter-Charaktere' nicht täuschen lassen."[3]

Unter den jungen Modernen der achtziger Jahre des 19. Jahrhunderts entfaltete diese wissenschaftliche Weltanschauung – die nicht mit Wissenschaft zu verwechseln ist! – ein bedeutendes gesellschaftskritisches und -reformerisches Potential. In dem Maße, wie das Mißverhältnis von biologischer bzw. philosophischer Anthropologie und wilhelminischer Gesellschaftsordnung hervortrat, konkretisierten sich in Künstler- und Intellektuellenkreisen Überlegungen zu einer Neugestaltung der Ethik und der darauf gegründeten bürgerlichen Lebenspraxis, die hier unter dem Stichwort ‚Lebensreform' zusammengefaßt werden.

Die terminologische Überschneidung mit dem sozialgeschichtlichen Phänomen der Lebensreformbewegung ist beabsichtigt, bedarf aber einer Erläuterung: Während mit ‚Lebensreform' gewöhnlich Bewegungen zusammengefaßt werden, die, zumeist vereinsmäßig strukturiert, auf verschiedene Weise zu einer naturgemäßen Lebensführung aufriefen (s. dazu Kap. I.3.5), werden damit in der vorliegenden Studie alle Versuche bezeichnet, die bedeutenden Umwälzungen des Natur- und Menschenbildes seit Beginn des 19. Jahrhunderts auf die Ebene der Lebensführung zu übertragen, mit dem Ziel eines individuellen und kollektiven Glückszustands.[4] Die bewußtseinsgeschichtlichen Zusammenhänge zwischen *Lebens*reform, *Lebens*philosophie und ‚*Lebens*wissenschaften' (Biologie), von Kulturhistorikern immer wieder global konstatiert[5], werden hier exemplarisch entfaltet. Dabei wird das breite Assoziationsspektrum des Modeworts „Leben" voll ausgeschöpft, wie es der zeitgenössischen Wahrnehmung entspricht.

In literaturgeschichtlicher Hinsicht markiert der Begriff der Lebensreform eine doppelte Grenzziehung: Zum einen gegen das Konzept des Ästhetizismus oder *l'art pour l'art* als Verweigerung jeglicher außerkünstlerischen Wirkungsabsicht; zum anderen gegen die sozialpolitischen Zielsetzungen des europäischen Naturalismus. Im Gegensatz zu diesem zielt die Lebensreform auf eine Veränderung der individuellen Lebensführung und erst mittelbar, sozusagen additiv, auf eine Ver-

---

3 GERHART HAUPTMANN, Das Abenteuer meiner Jugend. Sämtliche Werke. Centenarausgabe. Hg. von Hans-Egon Hass, Frankfurt/M./Berlin 1962, Bd. VII, S. 451-1082, hier: S. 1071.

4 Einen Eindruck von der bisher unterschätzten ungeheuren Breite und kulturgeschichtlichen Tragweite der Lebensreform um 1900 vermittelt der zweibändige Katalog zur Darmstädter Ausstellung *Die Lebensreform. Entwürfe zur Neugestaltung von Leben und Kunst um 1900.* Hg. v. Kai Buchholz et al., Darmstadt 2001. Näheres in Kap. I.3.5.

5 Vgl. vor allem RASCH (1974), STERNBERGER (1976), die eine Bündelung dieser Tendenzen unter dem Begriff des Jugendstils vorschlagen.

änderung der Gesellschaft insgesamt.[6] Sie orientiert sich an der Maßgabe, die Kluft zwischen Natur (oder ‚Leben', wie man damals emphatisch sagte) und Zivilisation so weit wie möglich zu schließen. Kristallisationspunkt dieser Überlegungen war das Verhältnis der Geschlechter. Im Zuge einer Aufwertung des Erotischen durch biologische Anthropologie und ‚dionysisch' gestimmte Lebensphilosophie wurde die geschlechtliche Liebe zur Projektionsfläche sentimentalischer Sehnsüchte, die das ganze affektive Potential einer ‚vagierenden Religiosität' (Nipperdey) in sich aufnahmen. Diese zeittypische Rolle der Geschlechtsliebe als Ziel säkularer Erlösungshoffnungen hat niemand besser beschrieben als der Philosoph Günter Anders, der damit, absichtlich oder nicht, zugleich einen Kurzkommentar zu Dehmels poetischen Werken geliefert hat:[7]

> Wenn im vorigen Jahrhundert Liebe das Kernthema der Gesellschaft und der Literatur war, so wohl vor allem, weil sie als Erlösungsersatz diente. Da sowohl der verweltlichte Zustand des Christentums wie der Naturalismus ‚Erlösung' im religiösen Sinne ausschloß; da wirtschaftlicher Individualismus der ‚Erlösung' durch Gemeinschaft (wie Comte und die verschiedenen Sozialismen sie erhofft haben) widersprach, verlangte die Zeit etwas, was zugleich kommunionsartig privat und weltlich war. Eine widerspruchsvollere Bedingung könnte man sich schwerlich ausdenken. Nur die Geschlechtsliebe genügt ihr: sie ‚erlöst' von Institutionen, Alltag und Vereinsamung; privat war sie, denn sie erforderte nicht mehr als zwei Menschen; und daß sie Verkörperung des Weltlichen war, das bedarf keiner Erklärung. – Das Sinnliche wurde also zum Übersinnlichen befördert, Brunst zur Inbrunst, der Akt zu unio mystica.

Am Beispiel Richard Dehmels, des unbestrittenen Erfolgsdichters um 1900, sollen diese Zusammenhänge bewußtseins- und ideengeschichtlich profiliert (Teil I) und in ihrer poetologischen (Teil II) wie poetischen (Teil III) Tragweite fixiert werden.

2. Zur Forschung

Auch wenn auf optimistisch-lebensreformerische Strömungen immer wieder hingewiesen wird[8], kommt ihre historische Aufarbeitung gegenüber Ästhetizismus, Décadence und Krisenbewußtsein allemal zu kurz. Und wo sie einmal in den Blick geraten, werden sie gewöhnlich dem Nachleben eines spießbürgerlichen Gründerzeit-Optimismus zugeschlagen[9], als Utopie, Eskapismus, Flucht-

---

6 Dem Historiker Nipperdey, dessen Blick auf die Epoche nicht durch ästhetische Vorbehalte gesteuert wird, ist dieser Zusammenhang nicht entgangen: „Diese Literatur, hochintensiv, wie sie war, wollte die säkulare Welt sakralisieren. Das war gewiß zunächst ein ästhetisches Programm, aber das zielte übers Ästhetische hinaus auf eine Veränderung des Lebens und vielleicht gar der Welt." (NIPPERDEY 1988, S. 151.)

7 ANDERS (1986), S. 11.

8 Vgl. etwa RASCH (1974), sowie (1977), S. 44ff.; WIORA (1977), S. 50.

9 Vgl. RASCH (1977), S. 46; WIORA (1977), S. 70 („Fortschrittsstolz bei Oberlehrern").

bewegung entlarvt (s.u.) oder – geschult an Nietzsches Kulturpsychologie – als dialektisch hervorgetriebene Blüte der Décadence selbst eingestuft.[10] Seit Elisabeth Darges Studie zur „Lebensbejahung in der deutschen Literatur um 1900" (1934) ist meines Wissens kein Werk erschienen, das sich den großen monographischen Darstellungen der Décadence (Fischer 1978, Rasch 1986, Bauer 2001, Kafitz 2004) an die Seite stellen ließe.

Gleichwohl wurden wichtige Vorarbeiten geleistet, denen diese Untersuchung viel verdankt. Bedeutende Impulse gingen seit den fünfziger Jahren von der Jugendstilforschung aus, denn hier wurden erstmals künstlerische und gesellschaftsbezogene Reformdiskurse unter einen Begriff gebracht und auf ihren gemeinsamen biologistischen und naturphilosophischen Hintergrund bezogen.[11] Es schien eine Weile, als sei mit ‚Jugendstil' ein heuristischer Gegenbegriff zu ‚Décadence' gefunden. Dieser Zugang wurde aber gleich wieder verschüttet, als die marxistisch inspirierte Literaturwissenschaft über den ideologischen, nämlich entweder präfaschistischen[12] oder utopisch-eskapistischen[13] Charakter des Jugendstils herfiel und die Reformdiskurse der Jahrhundertwende an den kulturgeschichtlichen Katzentisch verbannte.[14] Zudem ergaben sich in den künstlerischen Erzeugnissen so viele und deutliche Überschneidungen mit der Décadence-Kunst, daß eine Fixierung des Jugendstils auf Optimismus und Reformpathos nicht mehr haltbar war.

Als nützlicher und überaus einflußreicher heuristischer Ansatzpunkt erwies sich der Begriff des „Lebenspathos", den Wolfdietrisch Rasch 1967 in einem epochalen Aufsatz etablierte. Am Leitfaden des geradezu inflationär gebrauchten Schlagworts „Leben" erarbeitete Rasch ein weltanschauliches, nämlich lebensphilosophisch-monistisches Fundament von Dichtung und Publizistik um 1900, das es gestatte, die frühe literarische Moderne als geistesgeschichtliche Einheit zu verstehen.[15]

Im Anschluß daran hat sich sich die Germanistik seit den achtziger Jahren verstärkt den ideengeschichtlichen Wurzeln der Kultur um 1900 zugewandt. Im

---

10 Vgl. RASCH (1986), S. 127ff.; andeutungsweise bereits RASCH (1977), S. 39.

11 STERNBERGER (1934), HAMANN/HERMAND (1959), JOST (1969), LEHNERT (1971) und (1978), RASCH (1974), STERNBERGER (1976).

12 Besonders HAMANN/HERMAND (1959), vgl. das Vorwort zur zweiten Auflage von 1972. Obwohl Hermand den ideologischen Charakter der „fortschrittlichen Reaktion" besonders stark hervorhebt und als „Aufbruch in die falsche Moderne" wertet (HERMAND 1970), hat er zur Erforschung des Jugendstils in seinen künstlerischen wie lebensreformerischen Filiationen mehr geleistet als jeder andere. Vgl. neben dem genannten Werk und dem einflußreichen Forschungsbericht zum Jugendstil (Hermand 1965) die gesammelten Aufsätze in J.H., Der Schein des schönen Lebens. Studien zur Jahrhundertwende. Kronstein/Ts. 1972.

13 Vgl. besonders FRITZ (1969), der diese Einschätzung auf Dehmel ausdehnt. Zur detaillierten Auseinandersetzung mit seiner These s. Kap. II.1.

14 Eine Ausnahme bildet die relativ alleinstehende quellenreiche Arbeit von SCHLINKMANN (1974).

15 S. dazu ausführlicher Kap. I.2.1.3.

Zuge dessen wurden erhebliche Beiträge zur Philosophie- und Wissenschaftsgeschichte des 19. Jahrhunderts geleistet.[16] Sie erwiesen die epochale Relevanz einer monistischen und panpsychistischen Naturphilosophie, die mit dem allzu lang bemühten Positivismus eines Comte, Taine oder Spencer nur wenig gemein hatte und die mehr als das sozialistische Geschichtsbild für die optimistische Stimmung der frühen Moderne verantwortlich war. Die simple Gleichung ‚Naturalismus: Wissenschaft – Moderne: Wissenschaftsskepsis' wurde damit hinfällig. In weiteren Studien wurde die Rezeption und Transformation dieser biologistischen Weltanschauung in der Literatur um 1900 nachgewiesen und dokumentiert.[17]

Zu den wichtigsten thematischen und methodischen Grundlegungen für diese Arbeit zählt Wolfgang Riedels Studie über die „literarische Anthropologie um 1900".[18] Denn mit der Bündelung der wissenschafts- und ideengeschichtlichen Fortschritte des 19. Jahrhunderts im „Begriff des Menschen" ist eine Perspektive gewonnen, die eine bessere Vermittlung von Dichtung und Naturwissenschaft bzw. Weltanschauung gestattet als jedes bisherige Modell und damit eine heuristisch vertiefte Alternative zur älteren Geistesgeschichte bietet.[19]

Gegenüber den letztgenannten Studien, die vor allem die erkenntnistheoretischen, metaphysischen und anthropologischen Entwicklungslinien ausziehen, konzentriert sich die vorliegende Untersuchung auf die ethisch-praktischen Implikationen des neuen Welt- und Menschenbildes. Denn für die jungen Modernen war die anthropologische „Achsendrehung" (G. Simmel) nur der Ausgangspunkt, von dem aus sie Entwürfe einer neuen Gesellschaftsordnung, einen ‚neuen Menschen' konzipierten.

Die bewußt kritische Auseinandersetzung mit dem inflationär gebrauchten Décadence-Begriff soll nicht dazu verleiten, ins polemische Gegenteil zu verfallen. Wenn im weiteren fast ausschließlich von Optimismus und Lebensreform die Rede ist, wird keineswegs unterstellt, daß damit die ‚wahre' oder ‚eigentliche' Bewußtseinslage des Zeitalters freigelegt worden sei. Vielmehr kann kein Zweifel bestehen, daß erst die Betonung der Gleichzeitigkeit, des Doppelgesichts, der kulturellen Komplexität der Moderne gerecht wird.

---

16 Vgl. GEBHARD (1984), FICK (1993), RIEDEL (1996).

17 Im Anschluß an Kafitz (1992) sind an der Universität Mainz mehrere Dissertationen entstanden, die der literarischen und künstlerischen Adaption des Darwinismus an verschiedenen Beispielen nachgehen: KRAUß-THEIM (1992), BIBO (1995), KAISER (1995).

18 RIEDEL (1996).

19 Zur methodischen Grundlegung vgl. RIEDEL (2001), S. 1-7, sowie RIEDEL (2004).

3. *Dehmel gestern und heute*

Die Divergenz zwischen Berühmtheit und Nachruhm dürfte bei wenigen Dichtern der deutschen Literatur so groß sein wie bei Richard Dehmel. In seiner berühmt gewordenen Darstellung *Dichtung und Dichter der* Zeit von 1911 stellt Albert Soergel fest, Dehmel sei „nicht nur der eigenartigste und eigenwilligste, sondern auch der größte lyrische Künstler unserer deutschen Gegenwart".[20] Fünfzig Jahre später beschließt Curt Hohoff in seiner Neubearbeitung des ‚Soergel' das gleiche Kapitel mit den Worten: „Mit dem Tode hörte Dehmels Ruhm schlagartig auf: nie wurde ein Dichter so rasch vergessen wie er."[21]

Dehmels Beispiel veranschaulicht das Problem literarischer Wertung und Kanonisierung auf geradezu eklatante Weise. Denn sein enormes Ansehen in den Jahren um 1900 ist nicht zu verwechseln mit dem kurzfristigen Erfolg des Bestsellerautors. Auf dem Gipfel seines Ruhms wurde er mit Goethe verglichen, die späteren Größen der literarischen Moderne, Rilke, Hesse und Thomas Mann, schickten ihm ihre Werke zur Begutachtung[22], und Kritiker handelten ihn als Kandidat für den Nobelpreis.[23] Vertreter zweier Dichtergenerationen, Frank Wedekind und Johannes R. Becher, nannten ihn den „größten deutschen Dichter".[24] Mit Staunen steht man vor Zeugnissen emphatischer Begeisterung wie dem folgenden:[25]

> *Richard Dehmel*... Mit was für Schauern habe ich in meinen Jünglingsjahren diesen Namen genannt! Mit was für übermenschlicher Gewalt hat das Dichtwerk dieses Mannes mein Blut durchstürmt, dass es wie in keinem wirklichen Erleben hier zum erstenmal sich selber und zugleich alles Brauen des Erdinnern und alle Lust flugseliger Wolkenheere, alle Stille gesättigten Friedens empfand. Hatte ich nicht Beethoven, Goethe und Nietzsche als Wegweiser und Helfer? Sie waren wie Absterbende gegen diesen Lebendigen.

Anders jedoch als Autoren wie Heyse oder Holz wurde Dehmel nicht nur vom lesenden Publikum vergessen, sondern auch von der Literaturgeschichtsschreibung. Die mangelhafte Erforschung des Dehmelschen Werks steht in keinem

---

20 SOERGEL (1911), S. 612.

21 SOERGEL/HOHOFF (1961), S. 294.

22 Vgl. die Briefe in RICHARD DEHMEL, Dichtungen, Briefe, Dokumente, hg. von Paul Johannes Schindler, Hamburg 1963.

23 „Sollte der Preis diesmal einem Vertreter der deutschen lyrisch-epischen Dichtung zugedacht sein, so kann nach meiner fest begründeten Ueberzeugung nur *einer* für ihn in Betracht kommen: *Richard Dehmel.*" (H. Brömse, Der Literatur-Nobelpreis, in: *Hamburgischer Correspondent*; als Auszug ohne Datumsangabe abgedruckt in: *Litterarisches Echo*, 8. Jg. (1906), H. 18 (15. Juni), Sp. 1300f., hier: Sp. 1300.)

24 Nicht erhaltenes Telegramm Wedekinds. Zit. nach BAB (1926), S. 329. Zu Becher vgl. Dehmels Antwortbrief vom 13.3.1910, in: Metamorphosen eines Dichters. Johannes R. Becher. Gedichte, Briefe, Dokumente 1909-1945. Hg. v. C. Gansel, Berlin 1992, S. 52.

25 G. KÜHL, Richard Dehmel, Berlin u. Leipzig o.J. [1906], S. 31.

Verhältnis zu seiner zeitgenössischen Bedeutung. Eine Literaturwissenschaft, deren Blick auf die Lyrik um 1900 durch Kanonisierung der Werke Georges, Hofmannsthals, Rilkes verstellt ist[26], steht einigermaßen ratlos vor der programmatischen Empörergeste, dem appellativen Gestus und dem schwärmerischen Neuerungspathos dieser Verse. Der Historiker Thomas Nipperdey bringt es auf den Punkt: „Freilich, sein wahlloses Alles-Besingen, die vitalistische Dauerempphase, der Nietzscheton der Weihung des Lebens, der Vergöttlichung des Daseins durch Kunst, die dekorative Stilgebärde, Lebenstaumel als Gegenkonvention zum bürgerlichen Leben, das ist für uns heute schwer erträglich."[27] Und selbst der Biograph Ida Dehmels, der ursprünglich eine Biographie ihres Mannes hatte schreiben wollen, stellt fest, daß Dehmels Gedichte uns „heute [...] unerträglich verschwärmt" vorkommen.[28]

Bis auf wenige Ausnahmen fristet der „Stardichter der Jahrhundertwende"[29] ein Randdasein in Literaturgeschichten und Dichter-Lexika. Im Handbuch „Deutsche Dichter"[30] fehlt Dehmel völlig, während Karl Gutzkow ebenso vertreten ist wie Kurt Schwitters, Karl May ebenso wie Detlev von Liliencron. Ähnlich die Literaturgeschichten: Hatte Soergel dem Dichter noch ein ganzes Kapitel an exponierter Stelle gewidmet, erscheint er heute meist in einem Atemzug mit *poetae minores* wie Mombert, Falke und Dauthendey[31]. Selten wird er auf eine Stufe mit Liliencron gestellt[32], wie es zu seinen Lebzeiten selbstverständlich war.

Die wenigen größeren Untersuchungen gehen von geistesgeschichtlichen[33] und ästhetisch-poetologischen[34] Fragestellungen aus. Bedeutende Buchpublikationen seitdem sind der Ausstellungskatalog der Hamburger Dehmel-Ausstellung (1995)[35] und die Biographie seiner zweiten Frau Ida Dehmel aus dem Jahre 2000.[36] Nennenswerte Aufsätze[37] bearbeiten neben einzelnen Gedichten[38] vornehmlich das Verhältnis Dehmels zu prominenten Zeitgenossen wie Peter Beh-

---

26 Vgl. die durchaus symptomatischen Darstellungen der Jahrhundertwende von AUSTERMÜHL (2000) und RYAN (2001).

27 NIPPERDEY (1990), S. 784.

28 WEGNER (2000), S. 166.

29 NIPPERDEY (1990), S. 525.

30 Hg. v. G. Grimm u. Frank R. Max, Stuttgart 1993.

31 Vgl. SPRENGEL (1998).

32 Vgl. KOHLSCHMIDT (1975), MARTINI (1965).

33 SLOCHOWER 1928.

34 FRITZ (1969).

35 HENNING (1995).

36 WEGNER (2000).

37 Nicht mehr berücksichtigt werden konnte der Aufsatz von BARBARA BEẞLICH: *Corrector Germaniae.* Naturalismus-Kritik, Schönheitsstreben und Nationalpädagogik bei Richard Dehmel. In: Wolfgang Braungart, Kai Kauffmann und Jan Andres (Hg.): "Nichts als die Schönheit". Ästhetischer Konservatismus um 1900. Frankfurt/New York 2007 (im Druck).

38 Vgl. VIERING (1983): *Der Arbeitsmann*; NUTT-KOFOTH (2000): *Anno Domini 1812*; NEUHUBER (2006): *Ein Heine-Denkmal.*

rens oder Hugo von Hofmannsthal.[39] Bei all dem wird der Zusammenhang mit der epochalen Problemkonstellation und der Ideengeschichte des späten 19. Jh.s[40] ebenso vernachlässigt wie der appellative Charakter einer Dichtung, die sich, gestützt durch zeitgenössische Rezeptionszeugnisse, auch als antibürgerlicher eudämonistischer Lebensentwurf lesen läßt. Die Wurzeln dieser bisher mit den Etiketten „Jugendstil"[41] und „Vitalismus"[42] gekennzeichneten Weltanschauung in der Empörergeste des Frühnaturalismus, der Lebensphilosophie Nietzsches[43], nicht zuletzt in einem popularisierten Darwinismus Haeckelscher Prägung[44] sind bisher weder überzeugend analysiert noch in ihrem Zusammenwirken erfaßt worden.[45]

Was für den Literarhistoriker gilt, betrifft den heutigen Leser um so mehr. Das mangelnde Interesse der Verleger spiegelt sich in Dehmels Präsenz auf dem gegenwärtigen Buchmarkt. Die Sammlung *Richard Dehmel. Gedichte*[46], ein schmales Reclam-Bändchen, bietet auf 110 Seiten Gedichte in der Fassung der dreibändigen ‚Volksausgabe' von 1913. Eine kritische Ausgabe seiner Werke ist niemals erschienen. Die Erstfassungen von Dehmels Gedichten, die seinen Ruhm begründeten, sind heute selbst in Universitätsbibliotheken kaum greifbar, da Dehmel sie für die Ausgabe seiner vielgekauften *Gesammelten Werke* stark überarbeitet hat. Zahlreiche Essays, Zeitschriftenartikel und Rezensionen sind nie im Rahmen einer Gesamtausgabe erschienen, darunter der bedeutende Aufsatz *Die neue deutsche Alltagstragödie* (1892), der Bericht von der Berliner Kunstausstellung (1895) und der Essay *Bedarfskunst?!* (1898). Die *Ausgewählten Briefe* von 1922 (!) enthalten ca. 900 Briefe Dehmels; wenn man verstreut publizierte Einzelbriefe oder Briefwechsel hinzurechnet (s. Bibliographie), kommt man auf rund 1000 edierte Dehmel-Briefe. Eine bescheidene Auswahl, wenn man bedenkt, daß im Dehmel-Archiv der Hamburger Staats- und Universitätsbibliothek ca. 50.000 Briefe von und an Dehmel liegen.[47]

---

39 SCHUSTER (1983), STERN (1979); bedingt auch KASCHKE (1997).

40 Vgl. dazu teilweise FRITZ (1969) sowie die Dehmel-Kapitel bei GEBHARD (1984), FICK (1993), RIEDEL (1996).

41 FRITZ (1969)

42 MARTENS (1971), S. 102ff. Mehr dazu in Kap. III.3.

43 Teilweise brauchbar: SLOCHOWER (1928).

44 Dazu skizzierend FRITZ (1969), S. 12ff.; genauer FICK (1993), S. 147ff.

45 Es ist wohl kein Zufall, daß die einsichtigsten (Kurz-)Darstellungen von Autoren stammen, die von der Naturalismus-Forschung herkommen, nämlich SCHEUER (1989) und SPRENGEL (1998), S. 658ff.

46 Hg. von Jürgen Viering, Stuttgart 1990.

47 Vgl. HÖPKER-HERBERG (1987), S. 95.

4. Textauswahl und Methodik

Die Untersuchung beschränkt sich auf das epochal maßgebliche Frühwerk der Jahre 1891 bis 1896, an dem sich Dehmels weltanschauliche Entwicklung verfolgen läßt. Ausgewertet wurden die Gedichtbände *Erlösungen* (1891), *Aber die Liebe* (1893), *Lebensblätter* (1895) und *Weib und Welt* (1896). Das Drama *Der Mitmensch* (1895) wurde ebensowenig berücksichtigt wie die Prosastücke in den einzelnen Büchern. In allen Fällen wurde auf die Erstausgaben zurückgegriffen, denen Dehmel seinen Erfolg als Lyriker verdankte. Die thematische Eingrenzung auf den Aspekt der Lebensreform bringt es mit sich, daß viele schönere Gedichte Dehmels unberücksichtigt bleiben. Interessanterweise sind die meisten Gedichte, die sich in den Anthologien seit dem Weltkrieg behauptet haben (z.B. das wohl beliebteste Dehmel-Gedicht *Die stille Stadt*), für diese Untersuchung von geringem Interesse, weil sie auf den reformerischen Gestus verzichten.[48] Über die Hintergründe dieses Rezeptionsphänomens kann hier nur spekuliert werden. Hören wir noch einmal Günter Anders: „Was rasch wahr wird, dessen erste leidenschaftliche Formulierung wirkt auch rasch wie vorgestriges Pathos; und nur das Unerreichte bleibt akut und modern."[49]

Da die meisten der hier behandelten Texte Dehmels noch nie wissenschaftlich ausgewertet wurden, versucht die Darstellung einen möglichst gangbaren Weg zwischen Analyse und Präsentation. Die kunsttheoretischen Essays werden nicht nur im Sinne der globalen Fragestellung interpretiert, sondern nach Inhalt und Aufbau vorgestellt, sodann philosophie- und ästhetikgeschichtlich eingeordnet. Das gilt besonders für die zahlreichen Rückbezüge auf die Ästhetik Schillers und Wagners, die bislang kaum bemerkt worden sind. Bei der Interpretation der Gedichte liegt darüber hinaus besonderes Augenmerk auf der ästhetischen Umsetzung des lebensreformerischen Gedankenguts: Dazu wird die gattungs-, form- und motivgeschichtliche Analyse um rhetorische und texpragmatische Fragestellungen ergänzt. Denn der besondere Charakter der hier untersuchten Lyrik und das Geheimnis ihres Erfolgs liegt in ihrem hohen Appellwert. Dessen Ursache ist nicht zuletzt in Dehmels Adaption der klassischen Ideen- und Erlebnislyrik zu suchen, die – im Gegensatz zum hermetischeren Symbolismus – eine breite zeitgenössische Rezeption möglich machte, während sie die literaturgeschichtliche Kanonisierung verhinderte.

---

48 Ausnahme sind die sozialen Gedichte *Der Arbeitsmann* und *Erntelied* (dazu Kap. III.6).

49 ANDERS (1986), S. 48 (über Schlegels *Lucinde*). Ebenso KLEIN (1960), der Dehmel selbst im Auge hat, wenn er schreibt: „Einer Zeit, der die sinnenhaften und sinnlichen Dinge natürlicher geworden sind, bedeuten diese Gedichte nichts mehr." (S. 687.)

5. Dehmels lyrisches Frühwerk im Überblick

In den Jahren 1891 bis 1896 veröffentlichte Dehmel vier Bücher, die insgesamt 363 Gedichte enthielten.[50] 1891: *Erlösungen. Eine Seelenwandlung in Gedichten und Sprüchen* (159 Gedichte); 1893: *Aber die Liebe. Ein Ehemanns- und Menschenbuch* (76); 1895: *Lebensblätter. Gedichte und Anderes* (61); 1896: *Weib und Welt. Gedichte* (67). Jedes Buch hatte einen anderen Verleger, erst mit *Schuster und Löffler*, bei dem *Weib und Welt* erschien, fand Dehmel einen festen Vertragspartner, der auch die Nachdruckrechte an den vorherigen Büchern erwarb. Für die zehnbändige Ausgabe der *Gesammelten Werke* wechselte Dehmel zum S. Fischer-Verlag.[51]

Insgesamt überwiegt zahlenmäßig, mit deutlichem Schwerpunkt ab dem zweiten Gedichtband, die Liebeslyrik.[52] Gedankenlyrik (z.B. *Liebe und Ehe*, *Blick in das All*), auch in Form von Sprüchen (*Der Unterschied*, *An die Charaktervollen*, *Vorsicht!*), ist in den *Erlösungen* noch stark vertreten, tritt aber in den folgenden Büchern in den Hintergrund. Eine dritte große Gruppe bildet die Naturlyrik, vom Jahres- oder Tageszeitgedicht (z.B. *Frühlingsahnung*, *Sommerabend*, *Abendnebel*) über melancholische Erinnerung oder Ich-Reflexion (*Im Regen*, *Ein Stelldichein*, *Ernte*) bis zum verinnerlichten (*Frieden der Nacht*, *Waldnacht*) oder emphatischen Naturerlebnis (*Frühlingsgebet*, *Thatsache!*), das sich bis zum kosmischen Einheitsgefühl steigern kann (*Gewittersegen* [später: *Venus Urania*], *Sternzauber*). Nicht selten gehen Natur- und Liebesgedicht ineinander über (z.B. *Frühlings Einzug*, *Abendgang*, *Gastgeschenk*, *Mädchenfrühling*, *Begegnung*). Daneben finden sich zahlreiche epische Gedichte historisch-politischen oder mythologischen Inhalts, Balladen und Romanzen sowie schließlich, von Band zu Band zunehmend, Kindergedichte, die Dehmel später gemeinsam mit seiner ersten Frau Paula in dem Sammelband *Fitzebutze* (1900) herausgab. Ästhetisch-poetologische Gedichte spielen nach dem ersten Gedichtband keine nennenswerte Rolle mehr.[53]

---

50 Die Bände enthalten zudem wenige erzählerische oder essayistische Prosastücke, die hier außer Betracht bleiben.

51 Vgl. DE MENDELSSOHN (1970), S. 483-493.

52 Im Folgenden verwendete Bezeichnungen für Gedichttypen knüpfen prinzipiell an den praxisfreundlichen Vorschlag von BERNHARD ASMUTH an, eine Subkategorisierung der Lyrik nach historisch konventionalisierten Typen vorzunehmen. In seiner mehrfach aufgelegten Einführung *Aspekte der Lyrik* unterscheidet Asmuth neun Genres oder Typen: *Naturlyrik, Dinggedicht, absolute/konkrete Poesie, Liebeslyrik, feierliche Lyrik, Gedankenlyrik, parteiische Lyrik, Lyrik zu geselligem Tun, Epische Lyrik.* (Zu ergänzen wäre in Dehmels Fall noch Kinderlyrik.) Diese Gedichtarten seien „nicht als säuberlich getrennte Gattungsfächerungen, sondern eher als typologische Zentren zu begreifen, deren Strahlungsbereiche sich überschneiden können." (ASMUTH 1981, S. 104. Eine ähnliche Aufstellung bietet der Sammelband Neun Kapitel Lyrik, hg. von GERHARD KÖPF, Paderborn 1984.)

53 Vgl. immerhin die *Machtsprüche* in *Aber die Liebe*, und *Orientalisches Potpourri* in *Weib und Welt.*

Erlösungen (1891)

Der Gedichtband *Erlösungen. Eine Seelenwandlung in Gedichten und Sprüchen* erschien im September 1891 in einer Auflage von 700 Stück[54] bei der G.J. Göschen'schen Verlagsbuchhandlung in Stuttgart. Der Ägyptologe und Schriftsteller Georg Ebers (1837-1898) war auf den jungen Dichter aufmerksam geworden und hatte sich als Vermittler eingesetzt.[55]

Dem Buch ist ein selbstbewußtes „Vorwort" vorangestellt, in dem der Autor zwei typographische Eigenarten rechtfertigt: Zum einen die „Abweichung von dem alten widersinnigen Brauche, jede Verszeile mit großer Letter anzubrechen"; ferner „die mancherlei Stellen in Sperrschrift", durch die der Dichter die „verborgenen Sinnlichkeiten der lebendigen Sprache" auch für das gedruckte Wort bewahren zu können hofft.[56] Rückblickend hat Dehmel diese Idee als „Augenblicksmarotte" bezeichnet.[57]

Die 159 Gedichte sind in drei Abschnitte, „Stufen" genannt, eingeteilt, die mit den Überschriften „Ringen und Trachten" (45), „Liebe" (64) sowie „Leben und Arbeit" (50) bezeichnet und jeweils mit einem Motto versehen sind. Diese Aufteilung läßt, gemeinsam mit dem Titel[58], vermuten, daß der Autor die exemplarische Entwicklung eines Individuums vorführen will, vergleichbar dem epischen Muster des Entwicklungs- oder Bildungsromans.[59] Abgesehen von literari-

---

54 Vgl. das Vorwort zur zweiten Auflage: Erlösungen. Gedichte und Sprüche von Richard Dehmel. Zweite, Ausgabe, durchweg verändert, Berlin 1898, S. 7.

55 Vgl. I 435. Ebers war durch Dehmels Schwager Georg Steindorff auf das Gedicht *Die Magd* hingewiesen worden und hatte in einer Karte an Steindorff (24.11.1890, DA: Br.: E 1a) seinen Beifall geäußert („wunderschön"). Steindorff schickte Dehmel diese Karte mit einem Begleitschreiben (3.12.1890, DA: Br.: E 1). Darauf schrieb Dehmel umgehend an Ebers (10.12.1890, DA: Br.: D 662), dankte ihm für seinen Zuspruch und bat darum, sich gegenüber einem Verleger auf Ebers' Urteil berufen zu dürfen: „Es ist das erste Mal, dass ein fremder Mitmensch so zu mir gesprochen hat, – so mir zeigt, dass der reinste Kern meines Wesens auch in Andern Wurzel fassen und keimen kann. Diese Freude ist für mich ein Erlebnis. [...] Ich habe meinem Freunde Julius Hart Ihren Brief gezeigt, und er meinte, ich würde mir dadurch einen Verleger erobern können. Wollen Sie mir erlauben, diejenigen Stellen, welche sich auf meine Gedichte beziehen, Einem oder dem Andern dieser misstrauischen Literaturmakler vorzulegen?"

56 ERL, III.

57 An Arno Holz, 17.7.1892, I 97. Einige Monate zuvor hatte ein anonymer Rezensent geschrieben: „Der eigenthümliche übermäßige Gebrauch der Sperrschrift ist – trotz der Rechtfertigung dieses Brauches durch die Vorrede – eine häßliche Marotte und durchaus unzweckmäßig." (*Berliner Neueste Nachrichten*, Nr. 133, 13.3.1892.)

58 An anderer Stelle spricht Dehmel auch von einem „seelischen Entwicklungsgang" oder einer „Pilgerschaft nach dem Ideal" (an Georg Ebers, 29.9.1891, I 58).

59 In einem Brief an den Literaturhistoriker und -kritiker Eduard Engel berichtete Dehmel später, er habe schon vor den *Erlösungen* seine „Liebesgedichte zu einer Art Novelle zusammengestellt, mit Zwischengliedern in Prosa, die teils die Entstehung der Gedichte, teils meine seelische Entwickelung schilderten, also in ähnlicher Weise wie Dante's Vita Nuova. Das war wohl daher gekommen, daß ich damals ganz und gar unter der Nachwirkung

schen Vorbildern[60] steht dahinter der Entwicklungsgedanke, der das ganze Frühwerk maßgeblich bestimmt (s. Kap. II.2). Da die Gliederung aber erst nachträglich auf ein bereits vorliegendes Gedichtkorpus angewandt worden ist, muß sie teilweise sehr heterogene Gedichte zusammenhalten.[61] Denn die *Erlösungen* enthalten neben dem großen Anteil an Liebesgedichten nicht nur weltanschauliche, subjektiv reflektierende und ästhetische bzw. poetologische Lyrik, sondern auch zahlreiche Naturgedichte, ferner Balladen, Kinderverse und Gedichtübertragungen, die sich nur bedingt in das Konzept des „seelischen Entwicklungsgang[s]" fügen. Dennoch läßt sich die vom Autor vorgegebene Gliederung weitgehend bestätigen:

Die Gedichte des ersten Teils tragen überwiegend individualistischen Charakter[62], sie formulieren die Ansprüche eines Subjekts gegenüber seiner Umwelt. Der Tonfall reicht von der aggressiven Protesthaltung (*Bekenntnis*, *Fehdebrief*, *An die Krämerseelen*) bis zur traditionellen Weltschmerzpose. Selbst die hier enthaltenen Naturgedichte stehen im Zeichen von Einsamkeit und Reflexion.

Der zweite Teil („Liebe") enthält neben Liebesgedichten der verschiedensten Fasson (s. dazu Kap. III.5)[63] weitere Naturgedichte, teils hymnischer, teils still beschaulicher Art, die anders als im ersten Teil zum positiv empfundenen Einheitserlebnis gestaltet werden. Die übrigen Gedichte dieser „Stufe" lassen sich nicht zu thematisch geordneten Gruppen zusammenfassen. Es sind Balladen darunter, abermals einige Naturgedichte, vor allem aber das wohl gewichtigste Gedicht dieses Abschnitts, wenn nicht des ganzen Bandes, *Liebe und Ehe. Eine Sphärenphantasie*, in dem das Verhältnis von Geist und Trieb reflektiert wird (dazu detailliert Kap. III.2.1). Das abschließende Gedicht (*Kunst und Liebe*) bildet die Überleitung zum dritten Teil („Jetzt sing' ich dir das letzte Liebeslied."), die zugleich poetologisch begründet wird (s. Kap. III.1.1). Damit wird der Entwicklungsgedanke wieder aufgegriffen, der die Gesamtgliederung bestimmt.

---

klassischer Lektüre dichtete; aber grade die Dante'sche Confessionsnovelle hatte ich noch nicht gelesen." (29.12.1905, II 91). Zur Anordnung der Gedichte vgl. die Studie VOM HAGENS (1932), der dieses Kapitel wichtige Anregungen verdankt. Auch wenn vom Hagen die Gedichtanordnung der *Gesammelten Werke* untersucht, enthalten die jeweiligen Vergleiche mit den Erstausgaben viele gute Beobachtungen. Zu den *Erlösungen* vgl. ebd., S. 61ff.

60 Hier muß, neben dem literarischen Muster des *Wilhelm Meister*, das Goethe-Bild der wilhelminischen Zeit berücksichtigt werden. So hatte die sich seit 1870 formierende Goethe-Philologie den Entwicklungsgang vom titanischen Trotz bis zur vernünftigen Tätigkeit als das „Faustische" identifiziert und zur Urform germanischen Wesens stilisiert (vgl. SCHWERTE 1962, bes. S. 148ff.; MANDELKOW 1980, S. 240ff.).

61 Ein anonymer Rezensent bemerkt in der *Freien Bühne*: „Dehmel erscheint vielleicht nur deshalb jugendlicher, zum Teil etwas unfertig, da er ganz offenbar Gedichte aus den verschiedensten Perioden zusammengestellt hat und so seinen ganzen künstlerischen Bildungsgang uns vorführt." (*Freie Bühne* 3/1892, S. 222.)

62 Vgl. VOM HAGEN (1932), S. 66.

63 Zum thematischen Spektrum von Dehmels Liebeslyrik vgl. den prägnanten Überblick bei VIERING (1990), S. 172.

Der dritte Teil („Leben und Arbeit") enthält eine große Gruppe von Weltanschauungslyrik (*An Friedrich Nietzsche* bis *Gottheit, Menschheit, Kunst*), deren inhaltliches Spektrum von der philosophischen Überschau (*Blick in das All*) bis zum didaktischen Sinnspruch (*An die Charaktervollen*) reicht. Eine weitere Gruppe bilden kunstphilosophische bzw. poetologische Gedichte (von *Erklärung* bis *Vor der Sixtinischen Madonna*). Die übrigen Gedichte behandeln mythologische, historische und zeitgeschichtliche Ereignisse, Zustände und Figuren, von Prometheus bis Jesus, von Napoleon bis Bismarck, von Goethe bis zu den Brüdern Hart. Die gegenwartsbezogenen Gedichte mit ihrer teilweise sozialen Thematik und der Darstellung der Eisenbahn (*Vierter Klasse*) zeugen am stärksten von Dehmels Berührung mit dem sozialen Naturalismus (s. Kap. III.6). Zwei persönliche Widmungsgedichte an Dehmels Frau Paula schließen den Band ab.

Insgesamt führt der Weg von der individualistischen Kampfansage an die Gesellschaft über die zunächst subjektive, dann selbstlose, schließlich durch die Ehe nobilitierte Liebe zu menschlichem Mitgefühl (soziale Gedichte) und wirkender Tätigkeit. Im Dreischritt dieser Entwicklung spiegelt sich, wie bereits erwähnt, nicht so sehr das zeitgenössische Ideal eines bürgerlichen Lebenslaufs wie das Vokabular einer perfektibilistischen Goethe-Interpretation, das seinen Höhepunkt in Herman Grimms Formel „Erlösung [!] des Menschen durch Tätigkeit" fand.[64] Überspitzt gesagt: Hier wird die Realität noch nach literarischen Maßstäben gedeutet, nicht umgekehrt.

Was Dehmel durch diesen Kunstgriff erreichte, war die Relativierung von Extrempositionen, vor allem in den individualistischen Programmgedichten des ersten Teils (s. dazu Kap. III.1). Er zeigte sich als vielseitiger Lyriker, dem nicht nur das gesamte Formenspektrum des 19. Jahrhunderts zur Verfügung stand, sondern auch viele verschiedene Tonlagen, ohne daß er auf eine bestimmte Richtung hätte festgelegt werden können. Dahinter stand vermutlich die Absicht, sich von der „‚rednerische[n]' Ichsucht unsrer Hochmodernen"[65] abzusetzen, mit denen Dehmel nicht verwechselt werden wollte.

Die Aufnahme durch die Kritik war überaus positiv. „Man dürfe [!] kaum zu viel sagen", schrieb Ernst Roeder (1862-1897) in den *Neuen Poetischen Blättern*, „wenn man Dehmel als einen der fähigsten Lyriker bezeichnet, die in der letzten Zeit aufgetreten sind."[66] Eine euphorische Besprechung schrieb Michael Georg Conrad in seiner *Gesellschaft*: „*Richard Dehmel* kommt nun zu uns wie ein Bote aus dieser verjüngten, keuschen, schönen, Dichtungswelt, stark und sanft, gesund und liebevoll, heiter und tiefsinnig, ein Sonnengruß des heraufziehenden fruchtkräftigen Sommers, nachdem die Frühlingsstürme ausgerast."[67] Weitere Rezen-

---

64 Zit. nach SCHWERTE (1962), S. 163.
65 An Wolfgang Kirchbach, 3.10.1891, I 65.
66 Ernst Roeder, in: *Neue Poetische Blätter*, Dresden, Nr. 22, 1891.
67 M. G. Conrad, Lyrik, in: *Die Gesellschaft* 7 (1891), S. 1538-1540, hier, S. 1540.

sionen erschienen in der *Vossischen Zeitung*[68], der *Münchner Allgemeinen Zeitung* (Moriz Carrière), den *Neuen Litterarischen Blättern*[69] und in der *Freien Bühne*[70].

Aber die Liebe (1893)

Aber die Liebe. Ein Ehemanns- und Menschenbuch erschien 1893 im Verlag von Dr. E. Albert & Co. in München. Die geschäftliche Verbindung war dadurch zustande gekommen, daß Dehmel zu dem von Otto Julius Bierbaum redigierten *Modernen Musen-Almanach auf das Jahr 1893*, der im gleichen Verlag erschienen war, einige Gedichte beigesteuert hatte.[71]

Für die Illustrationen seines zweiten Gedichtbandes hatte Dehmel renommierte Künstler gewonnen: Von dem Maler Hans Thoma (1837-1924) erbat er sich die Erlaubnis, eine symbolische Figur aus dem Bildband *Federspiele* als Titelzeichnung abzudrucken.[72] Alle weiteren Illustrationen besorgte Hugo Höppener alias Fidus (1868-1948), der zeitweilig Kontakte mit der ‚Friedrichshagener Dichterkolonie' unterhielt.[73]

Der Titel „Aber die Liebe" enthält Dehmel zufolge einen doppelten Sinn:[74]

> „Das verzwickte ‚Aber', das ich vor die Liebe setzte, ist nicht blos das *trübe* ‚Aber' meines hieroglyphischen Mottos, sondern auch das *selige* ‚Aber' dieses nämlichen Mottos: ‚Das Leben sitzt und jubilirt!' und zugleich ein Anklang an das Wort des Paulus: ‚Aber die Liebe ist die größeste [!] unter ihnen' – trotz Allem! Freilich, dies ‚trotz Allem', all die gierig drohenden Drachenzähne rings, wollen wir mal endlich klar ins Auge fassen, aber nur, damit wir desto klarer das jubilirende Leben sehen und es immer jubeltüchtiger machen lernen."

Damit ist ein didaktisches Vorhaben ausgedrückt, das bereits im Untertitel *Ein Ehemanns- und Menschenbuch* enthalten ist und eine Abwendung vom Subjektivismus der *Erlösungen* markiert. Dieser Eindruck wird durch das erste Gedicht des Bandes (*Wendekreislauf*, eine Kompilation von *Jugendweisheit* und *Zeitorakel* aus den *Erlösungen*) bestätigt, in dem sich Dehmel von der selbstbefangenen „Schwärmerei" einer nicht näher bezeichneten Vergangenheit distanziert (s. Kap. III.1.1).

---

68 Anonym, 30.4.1893, ohne Paginierung.
69 F.H., in: *Neue Litterarische Blätter*, Bremen, Nr. 4, 1.2.1893.
70 Anonymer Rezensent, in: *Freie Bühne* 3 (1892), S. 222.
71 Vgl. den Brief an Hans Thoma, 29.1.1893, I 102f.
72 Vgl. ebd.
73 Vgl. HERMAND (1972), S. 71ff.; CEPL/KAUFFELDT (1994), S. 130ff.
74 An Franz Servaes, 18.4.1894, I 153.

Der Band, der vom Umfang her (242 Seiten) stärker ist als die *Erlösungen* (210 Seiten), enthält neben drei Prosastücken, zwei davon größeren Umfangs (*Die drei Schwestern, Hamburger Lästerbrief*), 76 Gedichte, also nicht einmal halb soviel wie die *Erlösungen.* Der Grund dafür ist offensichtlich: Während die *Erlösungen* Gedichte aus mindesten fünf Jahren enthalten hatten, war *Aber die Liebe* in weniger als zwei Jahren entstanden. Eigentlich neu waren indes nur 67 Gedichte, die übrigen neun übernahm Dehmel, mehr oder weniger verändert, aus dem ersten Gedichtband. Dehmel war mit seinem Fortschritt als Lyriker zufrieden. An den Mentor Ebers schrieb er 1893: „Dieses wird mein *eigentliches* erstes sein; denn in den ‚Erlösungen' steckte noch viel Jugendballast aus den Einflüssen Anderer, die ich noch nicht ganz vereignet hatte."[75]

Die räumliche Konzeption ist großzügiger. Waren in den *Erlösungen* noch mehrere Gedichte auf einer Seite untergebracht, nimmt hier jedes Gedicht, selbst vereinzelte Endstrophen, mindestens eine Seite ein. Aufgegeben wird dieses Prinzip nur innerhalb des Zyklus *Die Verwandlungen der Venus.* Allerdings sind die Gedichte im Durchschnitt länger. Der Band enthält einen einzigen Vierzeiler (*Liebe*), die meisten Gedichte bestehen aus mindestens drei Strophen, einige episch angelegte Gedichte (*Das Gesicht, Die zwei Schwestern, Das Urteil des Paris*) sind außerordentlich lang.

Allgemein tritt die Gedankenlyrik gegenüber dem ersten Buch stark zurück und macht einer situativ angelegten Gedichtkonzeption Platz. Der Stil ist einfacher, anschaulicher und weniger rhetorisch.[76] In der Liebeslyrik dominiert jetzt die für Dehmel typische Du-Form, die in nicht weniger als 27 Gedichten vorkommt. Im Gegensatz zu den *Erlösungen* tritt die belehrende Sentenz ebenso in den Hintergrund wie die individualistische Protesthaltung. Bei allen Gedichten, die den Konflikt des Individuums mit der Gesellschaft (*Fromme Wünsche, Loke der Lästerer, Die Illusion*), das Selbstverständnis des sozialen Außenseiters, des Vagabunden (*Der Pirat, Lied des vogelfreien Dichters, Lied der Gehenkten*) oder das trotzige Lebenspathos (*Chinesisches Trinklied*) darstellen, handelt es sich um Übersetzungen.[77] Das kann als Beleg dafür gewertet werden, daß Dehmel seine Übersetzertätigkeit hier nach thematischen Gesichtspunkten ausrichtete.[78] Ferner enthält das Buch nur zwei Künstlergedichte (*Jesus der Künstler, Das Gesicht*) und zwei poetologische Gedichte (*Wendekreislauf, Machtsprüche*). Die literarische Polemik der *Erlösungen* weicht dem Widmungsgedicht an befreundete Dichter: *Ecce Poeta!* (Liliencron), *Ein Ewiger* (Strindberg), *„Grüße!!!"* (Holz).

---

75 An Georg Ebers, 18.4.1893, Dehmel-Archiv, Br. : D 668.

76 Vgl. BAB (1902), S. 45f.; zu Dehmels Stilideal der „Einfachheit" vgl. VIERING (1990), S. 156-160.

77 Die Autoren: Cecco Angiolieri (Fromme Wünsche), José de Espronceda (Der Pirat), Li Tai-Po (Chinesisches Trinklied), August Strindberg (Loke der Lästerer), François Villon (Lied des vogelfreien Dichters, Lied der Gehenkten), José Zorrilla (Die Illusion).

78 Vgl. FRITZ (1969), S. 149.

Den bei weitem überwiegenden Teil macht, dem Titel entsprechend, die Liebeslyrik aus, die weit facettenreicher gestaltet ist als in den *Erlösungen*. Das Spektrum reicht von der Flirt-Situation (*Gastgeschenk, Nicht doch!, Oben und Unten, Venus Adultera, So im Wandern*), über die verhinderte oder verbotene Liebe (*Nur, Büßende Liebe, Bitte, Dann*), das körperliche Begehren (*Das Menschliche, Antwort, Venus Primitiva*) den erotischen Moment (*Bann, Die zweite Nacht, Venus Perversa*) bis hin zum erfüllten Liebesglück (*Venus Religio, Venus Genetrix*). In einigen Gedichten steigert sich das Liebesgefühl ins Religiöse (*Büßende Liebe, Zur Beichte, Der tote Ton, Venus Religio, Venus Mea, Gebet der Sättigung*). Es wird aber auch die krisenhafte Ausprägung einer Liebesbeziehung thematisiert: die nachlassende Liebe (*Aufblick, Heimweh in die Welt, Es war einmal, Lebe wohl*), das abkühlende Begehren der Eheleute (*Venus Nutrix, Venus Domestica, Venus homo*), die Dreieckssituation (*Antwort, Der Brand*) und der Ehebruch (*So im Wandern, Drei Ringe, Venus Adultera*). Schließlich wird in einigen Gedichten das Verhältnis von Mann und Frau psychologisch (*Liebe*), kulturhistorisch (*Venus Madonna*) oder standesspezifisch (*Das Menschliche*) reflektiert.

Im Gegensatz zu den *Erlösungen* liegt dem Band kein lineares Entwicklungskonzept zugrunde. Einen Hinweis auf eine Gliederung bildet die Anordnung der Gedichte im Inhaltsverzeichnis, das in neun Gruppen unterteilt ist. Im Text ist jede dieser Gruppen durch eine Anfangs- und eine Abschlußillustration markiert. Eine inhaltliche Überprüfung ergibt, daß die einzelnen Gedichte der jeweiligen Gruppen in thematischem Zusammenhang stehen, das jeweils letzte Gedicht bildet eine Überleitung zum nächsten Abschnitt.[79] Wie schon in den *Erlösungen* fügen sich einzelne Gedichte nur sehr bedingt in diesen Rahmen. Einen abgeschlossenen homogenen Block bilden allein die *Verwandlungen der Venus*, in denen der Name der Venus, teils mit traditionellen (*Venus Anadyomene, Venus Pandemos, Venus Urania*), teils mit erfundenen Attributen (*Venus Madonna, Venus Homo, Venus Mors*) nach einem leicht zu entschlüsselnden biographischen Schema variiert wird. Etliche dieser Gedichte waren bereits in den *Erlösungen* erschienen und werden nur mit neuem Titel abgedruckt. Eine Untersuchung des Zyklus darf an dieser Tatsache nicht vorbeisehen.

Dehmels zweite Gedichtsammlung sorgte schon insofern für stärkeres Aufsehen, als sie ihm eine Klage wegen Gotteslästerung einbrachte.[80] Auf „Denunziation eines Augsburger klerikalen Blattes hin“[81] ließ die Münchener Staatsanwaltschaft das Buch im Dezember 1893 beim Verleger und im Buchhandel beschlagnahmen. „Drei Gotteslästerungen und einige zehn bis zwölf Sittlichkeitsvergehen

---

79 Vgl. dazu VOM HAGEN (1932), S. 108ff.

80 Vgl. zum Folgenden HOUBEN (1924), S. 109-112; KASCHKE (1997), S. 39.

81 Anonymer Rezensent, in: *Die Gesellschaft* 10 (1894), S. 152 (Januar-Heft).

sind vorgemerkt.“[82] Die Vernehmung fand am 15.3.1894 statt[83], das Verfahren endete am 28.5.1894 mit Freispruch.[84]

Die Beschlagnahmung mag dazu geführt haben, daß *Aber die Liebe* in der literarischen Kritik kaum Erwähnung fand. Abgesehen von diversen Tageszeitungen[85] wurde das Buch nur in zwei größeren Zeitschriften besprochen. Franz Servaes verglich es in der *Gegenwart* mit Przybyszewskis *Totenmesse*.[86] Die einzige umfangreiche Rezension veröffentlichte Gustav Falke im Juli-Heft der *Gesellschaft*.[87] Beide Kritiker heben die radikale Offenheit dieses Buches hervor, „in dem ein Mensch sich ganz ausspricht. In paradiesischer Schamlosigkeit“, schreibt Servaes, „verbirgt er uns nicht das letzte Winkelchen seiner seelischen Schlüfte“.[88] Übereinstimmend bezeichnet Falke *Aber die Liebe* als „Beichtbuch“.[89] „Dehmels Problem ist die Liebe, in allen ihren Tiefen, egoistischen wie altruistischen, und besonders in dem Cyklus ‚die Verwandlungen der Venus', ist er dieser Frage, dieser Lebensfrage mit einer Kühnheit auf den Leib gerückt, die die Kritiker, Moralisten, Schönheitsgigerl und ähnliche Leute erzittern macht.“[90] Mit der Qualifizierung der Liebesproblematik als Lebensfrage bescheinigt Falke dem Buch einen zeitgeschichtlich symptomatischen Wert, den Servaes' Artikel bereits im Titel andeutet: „Ein Stückchen Zeitpsychologie“. Dort heißt es außerdem: „Die Liebe mit dem großen ‚Aber' davor, das ist so recht ein Schmerzenserlebnis der modernen Psyche, in ihrer drangvollen Klemme zwischen idealischer Aethersehnsucht und schmutzig-wollüstiger Begierde.“[91]

Lebensblätter (1895)

Zu Pfingsten 1895 erschien Dehmels dritter Gedichtband *Lebensblätter. Gedichte und Anderes* in einer Auflage von 1050 Stück im Verlag der Genossenschaft *Pan*, die Dehmel, als ihrem Mitglied, einen Kredit für die Druckkosten gewährt hatte.[92] Die Randzeichnungen fertigte der Zeichner und Illustrator Josef Sattler (1867-1931). Wie die früheren Gedichtbände enthalten die *Lebensblätter* eine

---

82 Ebd.; vgl. auch Dehmels Brief an Hans Thoma vom 17.12.1893, I 142.
83 Vgl. Dehmels Brief an Liliencron, 16.3.1894, I 148.
84 Vgl. HOUBEN (1924), S. 112.
85 Die entsprechenden Ausschnitte sind, zum Teil ohne genauere Angaben, im Dehmel-Archiv (Var. 14,1) gesammelt.
86 FRANZ SERVAES, Zwei Apokalyptiker. Ein Stückchen Zeitpsychologie. In: *Die Gegenwart* 45 (1894), S. 231f.
87 GUSTAV FALKE, Aber die Liebe. Ein Ehemanns- und Menschenbuch von Richard Dehmel. In: *Die Gesellschaft* 10 (1894), S. 903-916.
88 SERVAES, Zwei Apokalyptiker, S. 231.
89 FALKE, Aber die Liebe, S. 911.
90 FALKE, Aber die Liebe, S. 904,
91 SERVAES, Zwei Apokalyptiker, S. 231.
92 Vgl. den Brief an Johannes Schlaf, 22.2.1895, I 190.

Widmung, diesmal an den Maler, Zeichner und Bildhauer Max Klinger (1857-1920), den Dehmel sehr verehrte und der zeitweise einen Einfluß auf sein Werk gewann. Darüber hinaus ist jedem einzelnen Gedicht in der Fußleiste eine Widmung hinzugefügt.

Die Bezeichnung „Lebensblätter" kann zum einen in den Kontext der „Lebensmystik" um 1900 eingeordnet werden.[93] Sie steht jedoch darüber hinaus in einer gattungsgeschichtlichen Traditionslinie, die ins Biedermeier zurückreicht. In den Anthologien jener Zeit bezeichnete „Lebensblätter", wie auch „Tagebuchblätter" oder „Reiseblätter", Abschnitte, in denen subjektive Eindrücke und Stimmungen im Sinne der Goethischen ‚Erlebnislyrik' präsentiert wurden. Den Gegensatz dazu bildete die Rubrik „Gelegenheitliches".[94] Inwieweit Dehmel sich dieser Tatsache bewusst war, muss offen bleiben. Zeitlich näher lagen die nicht minder beschaulichen Schulerinnerungen von L. Kellner, „Geh. Regierungs- und Schulrath a. D.", die 1891 unter dem Titel *Lebensblätter* erschienen.[95]

War der Dichter im Eingangsgedicht von *Aber die Liebe* noch mit sich selbst ins Gericht gegangen, konfrontiert er nun in der gereimten Vorrede den Leser mit einer launischen Lektüreanweisung (30):

> Verehrter Leser, Mensch, ich beschwör dich:
> lies mich richtig, Mensch – oder scher dich!
> Nämlich das Lesen von Gedichten
> ist zwar sehr einfach zu verrichten,
> aber grade die einfachen Sachen
> pflegt man sich ja schwer zu machen.
> Vor allem: such keinen Grundgedanken,
> sonst kommen deine paar Sinne ins Wanken.

Die Vorrede an den Leser bildet die versifizierte Fassung des kurzen Artikels *An meine Gönner* von 1894[96], in dem Dehmel seinem Unmut über die Leser bzw. Kritiker Luft gemacht hatte, die seinen Gedichten Unverständlichkeit vorwarfen. Hatte er sich dort als „Dichter von Erlebnissen" bezeichnet, so heißt es nun in der Vorrede (30f.):

---

93 Vgl. RASCH (1967).

94 Vgl. SENGLE (1972), S. 492f.

95 L. KELLNER, Lebensblätter. Erinnerungen aus der Schulwelt. Von Dr. L. Kellner, Geh. Regierungs- und Schulrath a.D. Freiburg ^{2}1892 (EA 1891). Das vermutlich vom Verfasser selbst stammende Widmungsgedicht stellt dessen Wertvorstellungen unmißverständlich klar (S. XI): „Freund, hoffe nicht, daß bloß in leichtem Spiele, / was einst Gewinn sein soll für all Dein Leben, / Anmuthig tändelnd Dir und schnell gedeihe; / Verlangt Dein Sinn nach einem edlen Ziele, / So binde an *Geduld* ein eifrig *Streben*; / *In Gott und Arbeit such die rechte Weihe*!"

96 *Die Gesellschaft* 10 (1894), S. 1090f.

Gedichte sind keine Abhandlungen,
meine Gedichte sind Seelenwandlungen;
selbe vollziehen sich aus Gefühlen,
die den ganzen Menschen aufwühlen.
[...]
kurz: ich erlebe meine Gedichte,
Und kein Erleben geschieht aus Gedanken;
[...]

Der Band enthält neben diversen Widmungsgedichten (*An Klinger*, *An Mich*, *Verehrter Leser!*) ein umfangreiches Vorwort, in dem Dehmel seine künstlerischen Absichten darlegt (s. Kap. II.2.3), 57 Gedichte, eine Erzählung (*Die Rute*) und eine dramatische Szene (Knecht Ruprecht und die Christfee). Wie die *Erlösungen* bestehen die *Lebensblätter* aus drei Abschnitten, deren Inhalt Dehmel in einem Brief an Wilhelm Schäfer erläutert hat: „Es sind ja 3 Teile: Der Mann als Mann dem Weibe gegenüber, der Zeit und Welt gegenüber und der ganzen Gattung gegenüber."[97]

Dehmels Kennzeichnung des ersten Teils beschreibt noch besser als der Begriff ‚Liebeslyrik' die Mehrzahl der dort enthaltenen Gedichte, in denen das Verhältnis von Mann und Frau in den verschiedensten Aspekten geschildert wird (s.o.). Der zweite Teil läßt sich etwas präziser mit ‚Gesellschafts- und Kulturkritik' überschreiben. Er enthält eine Reihe von lehrhaften Sentenzen und einige soziale Gedichte, deren technologiekritischer Unterton zu einer Gruppe von Naturgedichten überleitet. Daran schließen sich mehrere Gedichte, in denen Phänomene des kulturellen Lebens scherzhaft oder polemisch kritisiert werden. In Bezug auf den dritten Teil, dem das Gedicht *Pflicht* vorangestellt ist, muß man Dehmels Kennzeichnung („Der Mann [...] der ganzen Gattung gegenüber") schon sehr wörtlich nehmen, denn er handelt hauptsächlich von Kindern. Neben einigen Kindergedichten, darunter auch das wohl bekannteste, *Fitzebutze*, und dem Weihnachts-Spiel *Knecht Ruprecht und die Christfee* enthält er die Erzählung *Die Rute* und das *Lied an meinen Sohn*, in denen auf sehr unterschiedliche Weise das Verhältnis der Generationen reflektiert wird.

In der Literaturkritik blieben die *Lebensblätter* eher unbeachtet. Hervorzuheben ist die Rezension des mit Dehmel bekannten Arthur Moeller-Bruck in der *Gesellschaft*. Moeller-Bruck würdigt Dehmel als eigenständigen Lyriker, der allein die konsequente Abkehr vom Goetheschen Erlebnisgedicht vollzogen habe. Er lobt „die unerhörte Originalität der Empfindungen, die sich aus den natürlich ebenfalls fast durchweg neuen Stoffen herleiten".[98]

---

97 An Schäfer, 14.12.1895, I 228.

98 ARTHUR MOELLER BRUCK: Kritik. Richard Dehmel, Lebensblätter. Gedichte und anderes. In: *Die Gesellschaft* 12 (1896), S. 132f. Wieder abgedruckt in: HELMUT KREUZER (Hg.): Deutschsprachige Literaturkritik 1870-1914. Eine Dokumentation. Teil II: 1890-1899. Unter Mitarbeit von Doris Rosenstein. Frankfurt/M. 2006, S. 245f., hier: S. 245.

An der Rezeption der *Lebensblätter* in der Literaturgeschichtsschreibung läßt sich sehr gut die Verwirrung illustrieren, die Dehmel dadurch angerichtet hat, dass er für die ersten drei Bände der *Gesammelten Werke* (1906-1909) die Titel seiner frühesten Gedichtbände beibehielt: In der Werkausgabe enthält der dritte Band mit dem Titel *Lebensblätter* die gesammelte Erzählprosa. Das hat nahezu alle späteren Interpreten zu der Annahme verleitet, dass auch die Erstausgabe von 1895 nur Erzählungen enthalten habe. Deswegen fehlt der Titel *Lebensblätter* in den meisten Aufzählungen des Dehmelschen Frühwerks.[99]

Weib und Welt (1896)

Weib und Welt erschien Ende Oktober 1896[100] beim Verlag Schuster und Loeffler in Berlin, der auch die Rechte für die vorangegangenen Gedichtbände erwarb. Die Reinschrift war bereits im Mai abgeschlossen.[101] Der Untertitel ‚Mit einem Sinnbild' weist mit Nachdruck auf die Umschlagzeichnung hin, die nach dem Titelblatt nochmals abgedruckt ist. Sie wurde nach Entwürfen Dehmels von Hans Baluschek (1870-1935) angefertigt und zeigt ein Segelboot, in dem sich ein Teufel und ein Engel gegenübersitzen, der Teufel mit gesenktem, der Engel mit erhobenem Blick. Beide spielen auf Instrumenten, der Teufel auf einer Mandoline oder Gitarre, der Engel auf einer Harfe. Auf der Spitze des Masts sitzt ein Vogel, möglicherweise eine Taube. Auf den Bootsrumpf ist das Widmungsgedicht gedruckt:

> Erst wenn der Geist von jedem Zweck genesen
> und nichts mehr wissen will als seine Triebe,
> dann offenbart sich ihm das weise Wesen
> verliebter Thorheit und der großen Liebe.

Dieser Spruch drückt keine grundsätzlich neue Einsicht aus, formuliert aber Dehmels oft geäußerte Ansicht über das Verhältnis von Trieb und Geist in epigrammatischer Allgemeinheit. Das Gedicht weist, ebenso wie das Sinnbild, auf den nahtlosen Übergang oder Zusammenhang zwischen sinnlicher und geistiger Natur des Menschen, den Dehmel durch die Antithese Tier-Engel oder Tier-Gott auszudrücken pflegte. Das Boot steht als Symbol für die menschliche Seele oder auch die Welt, in der sowohl die tierisch-unterirdisch-triebhaften als auch die geistig-intellektuell-moralischen Anteile ihren Platz haben (s. Kap. III.0 u. III.2). Die Taube auf dem Mast symbolisiert den Heiligen Geist, d.h. in Dehmels Verständnis den Natur- oder Gattungswillen, dessen Erfüllung in der Realisierung

---

99 Das gilt selbst für die vorzügliche Literaturgeschichte des Kaiserreichs von SPRENGEL (1998). Ein Blick in die *Erstdrucke deutscher Dichtung* von WILPERT u. GÜHRING hätte diesen Irrtum leicht verhindern können.

100 An Gustav Kühl, 21.10.1896, I 252

101 An Mombert, 11.5.1896, I 236.

des ‚ganzen Menschen' für Dehmel an die Stelle des christlichen Erlösungsbegriff getreten ist.

Weib und Welt enthält 67 Gedicht und zwei kurze Prosastücke: Das *Märchen vom Maulwurf* und *Die gelbe Katze*. Sie sind symmetrisch an den Anfang und das Ende des Bandes gestellt, eingerahmt nur noch durch je ein Gedicht. Dem *Märchen vom Maulwurf* geht das *Gondelliedchen* voran, das die Motive des Titelbilds noch einmal aufnimmt; auf *Die Gelbe Katze* folgt *Nacht für Nacht*, ein Schlaflied, das sich inhaltlich als Abschluß- bzw. Abschiedsgedicht eignet.

Die Gedichte sind thematisch weniger weit gestreut als in den früheren Gedichtbänden. Abgesehen von einem einigen Kindergedichten kreisen sie hauptsächlich um die Liebesbeziehung zweier Menschen, hinter der unzweifelhaft Dehmels Verhältnis zu Ida Coblenz-Auerbach[102], seiner späteren Frau, als biographisches Vorbild sichtbar wird.[103] Daraus ergibt sich auch die Anordnung der Gedichte.[104] Die Gliederung folgt der Chronologie der biographischen Ereignisse. Es lassen sich mehrere Stationen voneinander unterscheiden, die jeweils durch eine Gedichtgruppe vertreten sind: Einsamkeit/Sehnsucht (*Begegnung* bis *Die stille Stadt*); Abschied/Rückblick (*Ein Grab* bis *Die Harfe*); Begegnung und erste Gespräche mit Ida (*Drama* bis *Alles*); Liebesglück (*Hans im Glück* bis *Der Schlangenkäfig*); Eifersucht auf den jeweiligen Ehepartner (*Warnung* bis *Aufstieg*); Dreieckssituation (*Ein Ring* bis *Mit gedämpfter Stimme*); schließlich Idas Schwangerschaft (*Aus schwerer Stunde* bis *Verhör*). In *Böser Traum*, *Mit heiligem Geist* und *Besuch* wird die Berechtigung der Ehe reflektiert und zugunsten der wahren Liebe verworfen (111):

> Und bis einst jedes Weib gewinnt
> den rechten Vater für ihr Kind,
> soll jede Irrende die Treue
> dem falschen brechen ohne Reue [...].

Die Ehebruchthematik wird in der Erzählung *Die gelbe Katze* erneut aufgegriffen, die Dehmel aus Gründen der Symmetrie (s.o.) an das Ende des Bandes gestellt hat. Die dazwischen liegenden Gedichte ziehen die Entwicklungslinien aus, die von der Paarbeziehung zu einem Verhältnis der Welt gegenüber führen. Das geschieht zum einen in philosophisch-metaphysischer (*Gethsemane*, *Venus Consolatrix*, *Eines Tages*), zum anderen in sozialer Perspektive (*Die Glücklichen*, *Der Arbeitsmann*, *Erhebung*).

---

102 Vgl. BAB (1926), S. 175-186, WEGNER (2000), S. 90ff., 151ff.

103 Dehmel nennt Ida etwas später als die Frau, „die mir die meisten ‚Weib und Welt'-Gedichte eingegeben hat" (an G. Kühl, 11.2.1897, I 260). Zur biographischen Entschlüsselung einiger Gedichte aus *Weib und Welt* vgl. BAB (1926), S. 186-197.

104 Vgl. BAB (1926), S. 194ff. sowie VOM HAGEN (1932), S. 150ff., von dem hier jedoch in vielen Punkten abgewichen wird.

Die Kindergedichte sind über den ganzen Band verteilt und dienen als kompositorische Einschübe zwischen den Gruppen, die sich inhaltlich nur wenig voneinander abheben, so *Die Reise* und *Das Kind* zwischen dem ersten (Sehnsucht) und zweiten (Abschied) Abschnitt, *Furchtbar schlimm* zwischen den Abschnitten über Eifersucht und Dreieckskonstellation.

Die Abfolge der Gedichte schließt sich nicht zu einer kontinuierlichen Handlungsfolge zusammen. Vielmehr zeigt sich Dehmels Absicht – entsprechend der Entstehung der Gedichte – , die emotional oder seelisch besonders intensiv erlebten Stationen seiner Liebe zu Ida in jeweils mehreren Gedichten festzuhalten. Diese Koordination von Gedichten innerhalb einer epischen Makrostruktur, anders gesagt: diese punktuelle lyrische Beleuchtung von Schlüsselszenen einer epischen Handlung bildet das Vorbild für die Komposition des Epos *Zwei Menschen*, eines „Romans in Romanzen" (in der Verlagsankündigung heißt es noch „Roman in Balladen").[105] Dort versuchte Dehmel, die epische Kontinuität zu erreichen, die in *Weib und Welt* begreiflicherweise noch fehlte.[106] Er war sicher, „die neue epische Form" gefunden zu haben, „um die man von Klopstock bis Liliencron – Goethe und Heine nicht ausgenommen – vergebens Genie und Tinte verspritzte".[107] Er begann bereits vor dem Druck von *Weib und Welt* mit der Ausarbeitung[108], die erst Ende 1902 zum Abschluß kam.[109]

Die öffentliche Wirkung von *Weib und Welt* wurde in erster Linie geprägt – und verzerrt – durch ein Zensurverfahren, das eine intensive publizistische Debatte innerhalb der deutschen Schriftstellerzunft nach sich zog.[110] Am 10. April 1897 veröffentlichte der Göttinger Jurastudent Börries v. Münchhausen, der bis dahin mit einem Gedichtband hervorgetreten war, einen wütenden Verriß von *Weib und Welt* in der Zeitschrift *Die Kritik* und erstattete zugleich oder wenig später Anzeige.[111] Seine Kritik richtete sich besonders gegen die Gedichte *Jesus* bettelt, *Mit heiligem Geist* und *Venus Consolatrix*, in denen Jesus Christus und die Mutter Gottes im erotischen Kontext präsentiert wurden. Mit dem Urteil vom 30.8.1897

---

105 An Kühl, 11.2.1897, I 261: „Sie haben auch ganz richtig gesehen, daß Manches in dem Buch schon den Balladen-Roman Zwei Menschen vorbereitet. Es stehen sogar zwei Stücke darin, die eigentlich in den Roman gehören: ‚Verklärte Nacht' und ‚Schlangenkäfig'. Mit Verkl. Nacht wird der Roman beginnen, und Sie ersehen daraus zugleich die Form (Composition wie Stil) in der das Ganze vor sich gehen wird. [...] Jede Ballade enthüllt [!], unter dem Einfluß einer Naturstimmung, eine seelische Augenblicksäußerung der Beiden, sei es in Bezug auf sich selbst oder auf die andre Welt."

106 Vgl. den Brief an Ida, 27.6.1899, I 318.

107 An Paula, 14.5.1901, I 375.

108 Vgl. den Brief an Anna Croissant-Rust vom 6.12.1895, I 225.

109 An Liliencron, 1.11.1902, I 431.

110 Dieser Vorgang ist sehr gut aufgearbeitet und wird hier nur in den Grundzügen dargestellt. Vgl. HOUBEN (1924), S. 112-130; KASCHKE (1997); HARTMANN (1998), S. 109-115.

111 BÖRRIES V. MÜNCHHAUSEN, ‚Richard Dehmel', in: *Die Kritik* 4 (1897), Nr. 132, S. 708-713 (10.4.1897).

entschied das königliche Amtsgericht II in Pankow, daß Dehmel mit *Venus Consolatrix* gegen die §§ 166 (Gotteslästerung) und 184 (Unzucht) verstoßen habe, und verfügte die Tilgung des Gedichts aus der Restauflage und späteren Neuausgaben. Die sich anschließende öffentlich geführte Debatte gehört, neben der Dokumentation des Leipziger Realistenprozesses und der ‚Simplicissimus-Affäre'[112], zu den interessantesten Quellen für die Erforschung des Zensurproblems um 1900.[113] Darüber hinaus bilden Dehmels Äußerungen im Zusammenhang mit dem Prozeß aufschlußreiche Bemerkungen über sein Werk und seine dichterischen Absichten.[114] Das gilt vor allem für den *Offenen Brief*, den Dehmel einen Tag nach seiner Vernehmung an das königliche Amtsgericht schrieb und der eine Kurzdeutung der drei inkriminierten Gedichte enthält.[115]

---

112 Vgl. dazu PANKAU (1996), S. 149-156, mit weiteren Literaturhinweisen.

113 Vgl. ausführlich HOUBEN (1924) und KASCHKE (1997).
Obwohl zahlreiche, zum Teil umfangreiche Einzelstudien vorliegen (z.B. SCHULZ 1974, MEYER 1982, PÖLLINGER 1989), ist die Literaturzensur im Kaiserreich bislang noch nicht Gegenstand einer umfassenden Untersuchung geworden. Zu allgemeinen Gesichtspunkten vgl. die Bemerkungen bei SPRENGEL (1998), S. 145ff., und PANKAU (2005), S. 230-244. Wenig ergiebig dagegen BREUER (1982), S. 187ff. Am besten erforscht ist die Zensurproblematik um 1900 bislang im Hinblick auf Frank Wedekind (vgl. dazu MEYER 1982, PANKAU 1996 und 2005 mit ausführlichen Literaturangaben).

114 Vgl. neben den *Ausgewählten Briefen* auch einige bis dahin ungedruckte Briefe Dehmels in: Auftakt zum 20. Jahrhundert. Briefe aus dem Nachlaß von Ludwig Jacobowski. Hg., kommentiert und mit einer Einführung versehen von Fred B. Stern. 2 Bde. Heidelberg 1974 (Veröffentlichungen der Deutschen Akademie für Sprache und Dichtung, 47), bes. Bd. 1, S. 267-79, Bd. 2, S. 161ff.

115 Abgedruckt in: RICHARD DEHMEL. Dichtungen, Briefe, Dokumente, S. 126f.

I. Voraussetzungen

I.1 ‚Kunst und Leben'. Nichtästhetizistische Kunsttheorien vor 1900

1.1 Frühnaturalismus

Als die ersten Programmatiker der literarischen Moderne in den achtziger Jahren auf den Plan traten, schwebte ihnen weit mehr vor als nur eine „Revolution der Litteratur" (Bleibtreu). Sie erhoben vielmehr den Anspruch einer Kulturrevolte, die, von der Kunst ausgehend, „auf allen Gebieten des modernen Lebens" wirksam werden sollte.[1] Wie ein roter Faden durchzieht die frühnaturalistischen Programmschriften der Ruf nach einer Erneuerung von „Kunst und Leben".

Den Ausgangspunkt dieses Reformdrangs bildete das spezifisch moderne Bewußtsein, Zeuge einer Umbruchphase zu sein, in welcher der Gegensatz zwischen christlicher Anthropologie und Moral, idealistischer Metaphysik und Ästhetik einerseits, naturwissenschaftlicher Erkenntnis und politischer, wirtschaftlicher, sozialer Entwicklung andererseits zum offenen Ausbruch kam. In den frühen Schriften der Brüder Hart klingt dieses Bewußtsein zwar an, bleibt aber noch an den Rahmen der Literaturkritik gebunden: „Die Poesie ist die Blüthe einer Weltanschauung, und ich meine, unsre [!] Anschauungen von heute treiben einer so neuen, eigenen Richtung zu, daß unsrem Empfinden in seinen letzten Verzweigungen kein Dichter der Vergangenheit voll Genüge leistet. Deshalb sehnen wir uns nach einer modernen, in unserem eigenen Leben wurzelnden Dichtung."[2]

Die Brüder Hart waren es auch, die sich für die Entstehung der ersten naturalistischen Lyrik-Anthologie einsetzten, die 1885 unter dem Titel *Moderne Dichter-Charaktere* erschien.[3] Das gleiche Jahr brachte den ersten Jahrgang der *Gesellschaft. Zeitschrift für Litteratur, Kunst und öffentliches Leben* (!). Spätestens jetzt weitete sich die literarische Protestbewegung – den programmatischen Ankündigungen nach – zur umfassenden Kulturrevolte.[4] Der Herausgeber der *Gesellschaft* etwa kündigte

---

1 M.G. CONRAD, ‚Zur Einführung', in: *Die Gesellschaft* 1 (1885), S. 1-3, hier: S. 1.

2 H. u. J. HART, Graf Schack als Dichter, in: *Kritische Waffengänge* 2 (1883), H. 5, S. 3-64, hier: S. 8.

3 Die Initiierung der Anthologie wird von mehreren Autoren in Anspruch genommen (Arent, Henckell, Heinrich und Julius Hart). Vgl. dazu jetzt vorzüglich: BUNZEL/SCHNEIDER (2005), S. 127ff.

4 Von Seiten der Literaturwissenschaft hat das schon früh Georg Lukács erkannt: „Erneuerung der Literatur ist in ihren Augen nur ein Teil der vollen Erneuerung des menschlichen Lebens." (LUKÁCS 1945, S. 454.) Allerdings wertet er den künstlerischen Höhepunkt der Bewegung nach 1890 aus einem marxistischen Blickwinkel als Rückschritt: „Aber auch dies geschieht auf der Grundlage einer Abdrängung von der breiten, wenn auch verworrenen Fragestellung des ‚Sturmes und Dranges' der achtziger Jahre. Aus der allgemeinen ideologi-

das neue Journal mit dem Versprechen an, „dem Verlegenheits-Idealismus des Philistertums, der Moralitäts-Notlüge der alten Parteien- und Cliquenwirtschaft auf allen Gebieten des modernen Lebens“ entgegenzutreten.[5] Nicht weniger umfassend äußerte sich Hermann Conradi in der streitbaren Vorrede zu den *Modernen Dichter-Charakteren* (1885), nachdem er zunächst den Literaturbetrieb seiner Zeit abgekanzelt hatte:[6]

> Gleich stark und gleich wahr lebt in Allen, die sich zu diesem Kreise zusammengefunden, das grandiose Protestgefühl gegen Unnatur und Charakterlosigkeit; gegen Ungerechtigkeit und Feigheit, die auf allen Gassen und Märkten gepflegt wird; gegen Heuchelei und Obscurantismus; gegen Dilettantismus in Kunst und Leben; gegen den brutalen Egoismus und erbärmlichen Particularismus, die nirgends ein großes, starkes Gemeingefühl, ein lebendiges Einigkeitsbewußtsein aufkommen lassen!

Die gleiche Stimmung herrschte auch in der bewußt modernen literarischen Vereinigung „Durch!“, die ein Jahr darauf gegründet wurde und später im „Genie-Klub“ ihre Fortsetzung fand. Über diese Gruppierungen schreibt Heinrich Hart in seinen Erinnerungen:[7]

> Beide Vereine waren ein Tummelplatz wilderregter Debatten; mit immer größerer Inbrunst wühlte man sich in den Gedanken, daß die literarische Bewegung eins sei, zusammenströme mit einer weltumstürzenden Geistesbewegung, mit den Wehen einer neuen Weltanschauung und neuer sozialer Bildungen. [...] Immer mehr befestigten wir uns gegenseitig in dem Gedanken, daß eine neue Kunst mit einer Erneuerung des ganzen Lebens ringsum Hand in Hand gehen müsse, daß eine große Kunst nur von großen Persönlichkeiten ausgehen könne.

In den *Thesen zur literarischen Moderne*, die ein Mitglied des Kreises, vermutlich Eugen Wolff, 1886 formulierte, wird die moderne Literatur auf die neue Weltanschauung verpflichtet. Diese sei „eine humane im reinsten Sinne des Wortes und sie macht sich geltend zunächst und vor allem in der Neugestaltung der menschlichen Gesellschaft, wie sie unsere Zeit von verschiedenen Seiten her anbahnt“.[8]

Die neben der *Gesellschaft* einflußreichste naturalistische Zeitschrift nannte sich nicht zufällig *Freie Bühne für modernes Leben*, ab dem dritten Jahrgang (1892) *Freie Bühne für den Entwicklungskampf der Zeit*, womit der Anspruch, auf gesellschaftliche Prozesse einzuwirken, noch deutlicher zutage trat. So ist es kein

---

schen Revolte wird eine ‚literarische Revolution‘.“ (Ebd., S. 456.) Ihm folgt gedanklich HERMAND (1970), wie schon der Titel seines Aufsatzes – „Der Aufbruch in die falsche Moderne“ – verrät.

5 M.G. CONRAD, ‚Zur Einführung‘, S. 1.

6 HERMANN CONRADI, Unser Credo, in: Moderne Dichter-Charaktere, hg. von Wilhelm Arent, Leipzig 1885, S. I-IV, hier: S. IV.

7 HEINRICH HART, Wir Westfalen, S. 62.

8 „Zehn Thesen der Freien literarischen Vereinigung *Durch!*“ (1886), zit. nach WUNBERG ^{2}1998, S. 25 (3. These).

Wunder, wenn der neue Herausgeber, kein Geringerer als Wilhelm Bölsche, im Vorwort zum vierten Jahrgang behauptet:[9]

> Fern lag es uns und liegt es uns heute mehr als je, unseren Titel, der seinen Klang von der ‚Welt der Bretter' in *übertragenem* Sinne entleht [!], aufzufassen, als wenn das *Theater*, das dichterische Abbild der Wirklichkeit, der einzige Gegenstand unserer Betrachtung sei. [...] Hinter der Dichtung stand die Welt selbst, der Dichter schöpfte nur als ein besonders glücklicher Erbe aus einer großen, unaufhaltsamen Bewegung, die, wenn auch vielleicht weniger laut, doch auf allen Gebieten des öffentlichen Lebens, im wissenschaftlichen wie im ethischen und sozialen, nach Entfaltung drängt

Diese Bilanz kann bereits selbstgewiß auf eine gesamtkulturelle „Bewegung" verweisen, die acht Jahre zuvor noch in eine unbestimmte Zukunft verlegt worden war. Die moderne Literaturrevolte wird als Ausdruck und Teilgebiet dieser Bewegung verstanden.

Der Protest gegen die spätidealistische Ästhetik – oder was man dafür hielt – kommt exemplarisch in der Weise zum Ausdruck, wie deren Forderung nach einer Trennung von „Kunst und Leben" schlicht umgedreht wurde.[10] Wie so häu-

---

9 ‚Zu unserem vierten Kampfesjahre', in: *Freie Bühne* 4 (1893), S. 1-3, hier: S. 1.

10 Die Opposition von Kunst und Realität durchzieht die populäre Ästhetik des 19. Jahrhunderts (vgl. dazu WERNER 1996, S. 318-324). Einige Hinweise mögen genügen. Die zentrale idealistische Prämisse einer Trennung von Kunst und alltäglicher Lebenswelt hat ihre prägende Formulierung in Schillers Gedicht *Das Ideal und das Leben* gefunden. Wenn es dort heißt: „Wollt ihr hoch auf ihren Flügeln schweben,/ Werft die Angst des Irdischen von euch,/ Fliehet aus dem engen dumpfen Leben / In des Ideales Reich!" (SCHILLER, Werke und Briefe in zwölf Bänden, Bd. 1, S. 152), so ist damit die Stellung bezeichnet, die in der an Schiller anknüpfenden Autonomieästhetik des 19. Jahrhunderts die Kunst einnehmen sollte. Politische bzw. gesellschaftskritische Implikationen von Schillers Ästhetik blieben dabei auf der Strecke (vgl. SCHULTE-SASSE 1975). „Wirklichkeit wird hier prinzipiell als defizient, ihr gegenüber die Kunst als ‚Trost' und Palliativ vorgestellt." (WERNER 1993, S. 274.) Wenn dort von einer Wirkung der Kunst auf die politische oder gesellschaftliche Realität die Rede ist, dann im Rahmen weitmaschiger, quasimetaphysischer Spekulationen, die bis zur Unverständlichkeit mit religiöser und mythologischer Metaphorik verbrämt sind. Typisch dafür ist die Konstruktion der Ausnahmestellung des Poeten in den Dichtergedichten des 19. Jahrhunderts (vgl. SCHLAFFER 1966, bes. S. 297-307).

Bemerkenswert ist die Verwendung der Kunst-Leben-Formel in der Dichtung und Ästhetik der Gründerzeit, von der sich die jüngstdeutsche Bewegung vor allem absetzen wollte. 1877 hatte FRIEDRICH BODENSTEDT, Mitglied der Münchner Dichtergruppe ‚Krokodil', unter dem Titel *Kunst und Leben* einen „Almanach für das deutsche Haus" herausgegeben. Hier ist „Kunst und Leben" jedoch gänzlich unrevolutionär zu verstehen, bezeichnet vielmehr die thematische Zusammenstellung nach Art der Familienjournale. Der Almanach enthält Gedichte, Sprüche, Novellen von Bodenstedt, Roquette, Geibel und Gottfried Keller (!), ferner Artikel über Gartenkunst, über John Howard, den „Gefängnisreformer und Menschenfreund", den autobiographischen Bericht „Lehrjahre in Weimar" von Ferdinand Hiller sowie diverse Zeichnungen, u.a. von Fr. Aug. Kaulbach („Sonntagsmorgen"), Eduard Kurzbauer („Heimkehr aus der Schule") und Claudius Schraudolph („Erste Liebe").

MORIZ CARRIERE, Professor für Ästhetik und Kunstgeschichte und Cheftheoretiker des Münchener Dichterkreises gab seiner Ästhetik den Titel *Die Idee des Schönen und ihre Verwirklichung im Leben und in der Kunst*. Die dritte Auflage erschien 1885! Ein Jahr zuvor war

fig in der Geschichte ging auch hier die Ablehnung des Alten mit einem Rückgriff auf noch Älteres einher: Die Romantik. Von dort führt, über den saint-simonistisch geprägten Vormärz, Wagner und Nietzsche, eine direkte Linie bis zur Konstituierungsphase der literarischen Moderne.[11] In der zweiten Hälfte der achtziger Jahre wurde die Formel „Kunst und Leben" zur Parole für das umfassende Erneuerungsprogramm umfunktioniert.[12] So sollten die *Modernen Dichter-Charaktere* das „grandiose Protestgefühl" der jungen Literaten „gegen Dilettantismus in Kunst und Leben" zum Ausdruck bringen.[13] Conrad Alberti sah im „innigen" Zusammenhang von „Poesie und Leben" ein Charakteristikum aller

---

seine Poetik zum zweiten Mal aufgelegt worden. Im ersten Kapitel, das „Leben und Kunst" überschrieben ist, wird die Schönheit in extremer Verkürzung der klassischen Ästhetik als „das volle mangellose Sein, die Lebensvollendung, die Versöhnung der Gegensätze" bestimmt (Carriere, Die Poesie. Ihr Wesen und ihre Formen, mit Grundzügen der vergleichenden Litteraturgeschichte. Leipzig ^{2}1884, S. 4.). Die Kunst-Leben-Dichotomie wird eingesetzt, um das mimetische Verhältnis der Kunst zur Realität zu beschreiben: „Die Kunst ist die Krystallgestalt des Lebens. Hier wie dort sind es nach Inhalt und Form dieselben Elemente, aber was in der Natur und Geschichte bald verworren daliegt, bald trüb durcheinandergärt, das ist im Werk der Kunst rein hervorgehoben, dem innern Wesen gemäß klar gefügt, und darum ebenso durchsichtig wie scharf geprägt für das Auge; der dunkle Kohlenstaub ist heller Diamant geworden." (Ebd., S. 9.)

11 Glaubt man den sehr anregenden Darlegungen MANFRED HARDTS (1983), S. 160ff. und (1989), S. 2ff., dann reicht diese Linie noch darüber hinaus bis zu den avantgardistischen Bewegungen des zwanzigsten Jahrhunderts.

12 In der Forschungsliteratur zur Jahrhundertwende wird zwar immer wieder auf das Verhältnis von Kunst und Leben hingewiesen, der Doppelbegriff wird jedoch nicht in seiner schlagwortartig-topischen Präsenz um 1890 erfaßt, er wird vielmehr unreflektiert als Interpretationskategorie eingesetzt (KAUFMANN 1966, 18ff., SCHLINKMANN 1974, S. 312-363, KOOPMANN 1997, S. 18ff. et pass.). Während Kaufmann und Koopmann die problematische Distanz von Kunst und Leben betonen, wie sie als *Thema* vor allem im Frühwerk Thomas Manns hervortritt, versucht allein Schlinkmann, zeitgenössische *kunsttheoretische* Modelle ihres Verhältnisses darzustellen. Die gesellschaftsbezogenen Wirkungsvorstellungen des Naturalismus deutet er im Kontext der monistischen Entwicklungsidee (S. 89ff.). Seine Ausführungen zum Jugendstil bleiben hinter dieser Erkenntnis zurück. Vor allem anhand der ästhetischen Schriften von Johannes Volkelt und Georg Simmel typisiert er das mögliche ‚Verhältnis von Kunst und Leben' folgendermaßen: 1. Die Kunst als Verklärung des Lebens und Erlösung vom Leben. 2. Die Kunst als autonome Lebensform. 3. Die Kunst als eigentliches Leben. Damit wird der kunstgewerbliche Aspekt ebenso ausgeklammert wie der sozialreformerische Impetus der Bewegung. – VÖLKER (1991) weist zwar auf die Bedeutung der programmatischen Formel hin, reduziert sie jedoch auf den mimetischen Aspekt, im Sinne einer „Annäherung [...] der Dichtung an die individuelle und gesellschaftliche Wirklichkeit, oder, was hier das Wichtige ist, der Sprache an die unmittelbare Erfahrung" (S. 206; ähnlich KOOPMANN 1997, S. 79ff.). – Verwunderlich bleibt es schließlich, daß die deutschsprachige Avantgardeforschung, die sich seit PETER BÜRGERS Monographie (1974) an dem Begriffspaar „Kunst und Lebenspraxis" orientiert (s. u., Kap. I.1.4), den poetologischen Debatten der ‚Jüngstdeutschen' bisher keine Aufmerksamkeit geschenkt hat.

13 HERMANN CONRADI, Unser Credo, S. IV.

großen Dichter[14] und forderte vom modernen Künstler „eine Versöhnung von Ideal und Wirklichkeit, eine Brücke zwischen der Kunst und dem Leben".[15] Geradezu leitmotivisch durchzieht das Wortpaar die programmatischen Vorreden der *Freien Bühne*: „Wir schwören auf keine Formel und wollen nicht wagen, was in ewiger Bewegung ist, Leben und Kunst, an starren Zwang der Regel anzuketten."[16] Ausgerechnet unter dem Motto von „Kunst und Leben" zeigt sich hier eine erste Distanzierung vom Naturalismus: „Dem Naturalismus Freund, wollen wir eine gute Strecke Weges mit ihm schreiten, allein es soll uns nicht erstaunen, wenn im Verlauf der Wanderschaft, an einem Punkt, den wir heute noch nicht überschauen, die Straße plötzlich sich biegt und überraschend neue Blicke in Kunst und Leben sich aufthun."[17] Im Vorwort zum fünften Jahrgang der *Freien Bühne* (inzwischen in *Neue deutsche Rundschau* umbenannt), das die Geschichte der Zeitschrift Revue passieren läßt, würdigt der neue Redakteur, Oskar Bie, als ihr „grösstes Verdienst", „dass sie den Kampf auch über das Gebiet der Kunst hinaustrug, dass sie den innigen Zusammenhang zwischen Kunst und Leben betonte, dass sie dem modernen Geiste auf allen Gebieten Pfadfinder- und Heroldsdienste leistete".[18]

Worin dieser Zusammenhang genau bestehen sollte, war wohl den wenigsten Zeitgenossen wirklich klar. Fest stand: Man wollte sich vom vermeintlich realitätsfernen Idealismus der gründerzeitlichen Ästhetik und Dichtung ebenso absetzen wie von der bewußt verharmlosenden Unterhaltungsliteratur.[19] Deshalb

---

14 CONRAD ALBERTI, Ziele und Aufgaben der modernen Dichtung, in: ders., Natur und Kunst. Beiträge zur Untersuchung ihres gegenseitigen Verhältnisses. Leipzig o.J. [1890], S. 211-220, hier: S. 211.

15 CONRAD ALBERTI, Die Alten und die Jungen. Sozialer Roman. Leipzig o.J. [1889], Band I, S. 86.

16 ‚Zum Beginn', in: *Freie Bühne* 1 (1890), S. 1-3, hier: S. 2.

17 Ebd.

18 ‚Zum fünften Jahre', in: *Neue deutsche Rundschau* 5 (1894), S. 1f., hier: S. 1.

19 So etwa KARL BLEIBTREU: „Denn es giebt auch viele brave Leute, wie die von Lamartine erwähnten Geometriker, denen die Dichtkunst höchstens als eine heitre Zierde des Lebens gilt und die von ihrem königlichen Priesterberuf nichts hören wollen." (Revolution der Litteratur, S. 10.) Ebenso CONRAD ALBERTI, Die zwölf Artikel des Realismus. Ein litterarisches Glaubensbekenntnis, in: *Die Gesellschaft* 5 (1889), S. 2-11, hier: S. 4 (5.These): Der Zweck der Kunst bestehe „nicht in der Verbreitung eines wesenlosen Vergnügens, eines unrealen, ästhetischen, scheinhaften Lustgefühls, eines bloßen Nervenkitzels, einer leeren Erhöhung der Stimmung, eines unklaren Wohlgefallens an dem dargestellten Gegenstande, wie die bisherige Ästhetik will". Dieselbe Formulierung benutzt Dehmel in dem weiter unten (Kap. II.3) behandelten Bericht von der Berliner Kunstausstellung: „Wer als Laie bei der Kunst nichts weiter sucht als diesen oder jenen angenehmen Nervenkitzel, der ist noch ebenso wenig in das Wesen der lebenden wie in die Technik der toten Meister eingedrungen." (BKA 115) Den schärfsten Ausfall gegen Unterhaltungsliteratur führte der junge PAUL ERNST 1891 in der sozialdemokratischen Zeitschrift *Die Neue Zeit*: „Die Zeit von 1850-1880 ist für das literarische Deutschland die Zeit der reinen Unterhaltungsliteratur, der Unterhaltungsliteratur sans phrase. Erst in den achtziger Jahren beginnt die Veränderung, macht sich die neue Bewegung bemerkbar." (Die neueste literarische Richtung in

postulierte man nun die ontologische Verflechtung der Kunst mit der Kultur bzw. der Gesellschaft insgesamt.[20] Dahinter verbirgt sich nicht zuletzt das Bedürfnis nach Legitimation der künstlerischen Tätigkeit in einer Zeit weltanschaulicher Umbrüche (und politisch-sozialer Umbruchs*hoffnungen*). Die Stellung der Kunst innerhalb der modernen Kulturrevolte bestimmt Wilhelm Bölsche folgendermaßen:[21]

> Unser Programm mag sich aber nach all diesen Richtungen hin ausdehnen, wie es will: naturgemäß wird es doch immer auch wieder anknüpfen bei der *Kunst.* In ihr spiegeln sich alle Stimmungen und Strömungen. Sie ist der echte Tummelplatz der allerfreiesten Individualität. Und in ihren besten Gaben wird sie – ganz abgesehen von den ästhetischen Formfragen – zur gleichberechtigten Mitkämpferin in dem großen Kulturfeldzuge.

In poetologischer Hinsicht ergab sich daraus das Gebot einer stofflich-mimetischen Hinwendung der Dichtung zur eigenen Gegenwart, die sich in der Lyrik der „Krokodile" allenfalls auf Herrscherlob und siegestrunkenen Patriotismus beschränkt hatte.[22] Stellvertretend sei hier das Geleitwort zum ersten Jahrgang der *Freien Bühne* zitiert:[23]

> Einst gab es eine Kunst, die vor dem Tage auswich, die nur im Dämmerschein der Vergangenheit Poesie suchte und mit scheuer Wirklichkeitsflucht zu jenen idealen Fernen strebte, wo in ewiger Jugend blüht, was sich nie und nirgends hat begeben. Die Kunst der Heutigen umfaßt mit klammernden Organen alles was lebt, Natur und Gesellschaft; darum knüpfen die engsten und feinsten Wechselwirkungen moderne Kunst und modernes Leben an einander, und wer jene ergreifen will, muß streben, auch dieses zu durchdringen in seinen tausend verfließenden Linien, seinen sich kreuzenden und bekämpfenden Daseinstrieben.

Deutschland, in: *Die Neue Zeit* 9/1890-91, S. 509-519. Zitiert nach der vollständigen Wiedergabe in Michael Georg Conrads Aufsatz: Die Sozialdemokratie und die Moderne, in: *Die Gesellschaft* 7/1891, S. 583-592 u. 719-741, wieder abgedruckt in WUNBERG/DIETRICH 1998, S. 170-196, hier: S. 181.)

20 In dem Aufsatz *Ein Lyriker à la mode* (1882) warnen die Brüder Hart vor der Gefahr des poetischen Dilettantismus und begründen ihre Kritik mit der gesellschaftlichen Relevanz der Poesie: „Aber die Literatur trägt nicht allein den Schaden davon; ganz eng mit ihren Geschicken ist das Schicksal unsrer geistigen Kultur überhaupt verknüpft." (HEINRICH u. JULIUS HART, Ein Lyriker à la mode, in: *Kritische Waffengänge* 1 (1882), H. 3, S. 52-68, hier: S. 54.) Kulturphilosophischer gibt sich CONRAD ALBERTI, Die zwölf Artikel des Realismus, S. 2: „Sie [sc. die Kunst, B.S.] ist eine rechte und leibliche Schwester der Politik, Technik, Wissenschaft,Religion, mit denen sie vereinigt die menschliche Kultur bildet [...] und auch in ihren höchsten Entwickelungsphasen, in den anerkanntesten und unsterblichsten Kunstwerken lassen sich ihre rein ästhetischen Zwecke niemals von eng damit verbundenen realen, praktischen, außerästhetischen trennen, also politischen, sozialen und dergleichen [...]."

21 WILHELM BÖLSCHE, Zu unserem vierten Kampfesjahr, in: *Freie Bühne* 4 (1893), S. 1-3, hier: S. 3.

22 Vgl. dazu, HINCK (1964), WERNER (1993) sowie die Beiträge in AMANN/WAGNER (1996).

23 ‚Zum Beginn', S. 1.

‚Kunst und Leben' meint aber auch den umgekehrten Zusammenhang: Die gesellschaftliche Wirksamkeit der Kunst bzw. Dichtung. Hier lag der eigentliche Unterschied zur Ästhetik der Gründerzeit. Dahinter stand in den seltensten Fällen eine halbwegs durchdachte Theorie, wie etwa bei Conrad Alberti oder bei Dehmel. Statt dessen verwies man gern auf das Beispiel des Jungen Deutschland, auf Ibsen, ja selbst auf die deutsche Klassik, die – gemäß der Interpretation reichsdeutscher Literaturhistoriker – als kulturelle Grundsteinlegung des deutschen Reichs verstanden wurde.[24] In vielen Schriften der achtziger Jahre manifestierte sich diese Wirkungspoetik avant la lettre in der genieästhetischen Topik des Dichter-Propheten[25], die der Heroisierung des Poeten durch die befehdete Gründerzeit[26] auffallend nahe stand.[27] So heißt es etwa bei den Brüdern Hart: „Ein moderner Dichter wird zugleich ein Prophet sein, er wird den ringenden und müden Mitlebenden voranschreiten wie ein Tyrtäus, und das Ziel ihnen sichtbar erhalten, damit sie nicht erlahmen und erkalten."[28] Ganz ähnlich sieht Hermann Conradi in den Dichtern „die Großen, die Meister, die Führer in dem gewaltigen Ringen, das die Menschheit mit den Mächten der Nacht, der Finsternis kämpfen muß!"[29] Er weist der Dichtung die Aufgabe zu, die Grenzen von Konformismus und Konservativismus zu durchbrechen und einer „reinen vorurteilsfreien Humanität"[30] den Weg zu bahnen. Sie baue „in den Persönlichkeiten, die als Träger einer neuen, lebengeborenen, lebenzeugenden Idee schließlich siegen und triumphieren, eine neue Welt auf, eine größere, bessere, eine wahre und

---

24 H. u. J. HART, Ein Lyriker à la mode, S. 54: „Jedermann sieht und empfindet es, in welchem Umfang die große Strömung der Poesie am Ende des vorigen und zu Anfang dieses Jahrhunderts unsre Sprache und mit ihr das nationale Denken selbst und endlich auch das nationale Leben umgestaltet hat, - zum Besseren [...]." Zur nationalpatriotischen Funktionalisierung der Klassik vgl. MANDELKOW (1980), S. 206f., 236 u. 240-260.

25 Aus diesem Grund hat SCHMIDT (1985) in seiner Monographie zum Genie-Gedanken dem Naturalismus ein eigenes Kapitel gewidmet (vgl. S. 169-193, zum Berliner Naturalismus bes. S. 180ff.).

26 Vgl. dazu den vorzüglichen Aufsatz von SCHLAFFER (1966), dessen Thesen sich ohne weiteres auf das frühnaturalistische Dichtergedicht ausdehnen lassen.

27 Überhaupt wäre einmal die Frage zu stellen, inwieweit sich die naturalistische Forderung nach einer engagierten Literatur, neben den Vorbildern Tolstoi, Ibsen, Zola sowie Jungdeutschland, nicht auch aus der spätidealistischen Kunsttheorie herleitet, wie sie in den zeitgenössischen Populärästhetiken verbreitet wurde. Und inwieweit verdankt sich das politisch-soziale Gerechtigkeitsempfinden nicht auch einem demokratischen Pathos, hinter dem weniger die Lektüre von Marx, Engels, Lassalle, als diejenige von Schillers *Räubern* und *Don Carlos* stand?

28 J. u. H. HART, Graf Schack als Dichter, S. 9. Weitere zeitgenössische Belege in Kap. II.3.2.

29 HERMANN CONRADI, Daniel Jeßmann (1885), in: ders., Gesammelte Schriften, Bd. 2, S. München u. Leipzig 1911, S. 135-181, hier: S. 136. Zu Conradis Poetik vgl. KASTEN (1938), S. 39-41.

30 Ebd., S. 139.

freie!"[31] Der gleiche Idealismus bestimmt auch noch die bekannten *Zehn Thesen* der literarischen Vereinigung *Durch!*:[32]

> Wie alle Dichtung den Geist des zeitgenössischen Lebens künstlerisch verklären soll, so gehört es zu den Aufgaben des Dichters der Gegenwart, alle bedeutungsvollen und nach Bedeutung ringenden Gewalten des gegenwärtigen Lebens in ihren Licht- und Schattenseiten poetisch zu gestalten und der Zukunft prophetisch und bahnbrechend vorzukämpfen.

Ein beliebtes Argument, das sich ebenfalls aus dem Motivschatz der Genie-Ästhetik speist, weist dem Dichter per analogiam die Rolle des Arztes oder Priesters zu. So prophezeit Hermann Conradi in der Einleitung zu den *Modernen Dichter-Charakteren* eine Aera, in der „die Dichter ihrer wahren Mission sich wieder bewußt werden, Hüter und Heger, Führer und Tröster, Pfadfinder und Weggeleiter, Ärzte und Priester der Menschen zu sein."[33] Wilhelm Arents Gedicht *Zum Eingang* präsentiert den gleichen Gedanken in Versform:[34]

> Ein Priester sei der Dichter immerfort,
> Er wahre treu der Dichtung heiligen Hort.
> [...]
> Er sei Prophet, der in der tiefsten Nacht
> Die Sehnsucht nach dem Lichte neu entfacht.
> Er sei ein König in der Schönheit Reich,
> Der sündigen Menschheit Heiland allzugleich.
> [...]

Ein besonders prägnantes Beispiel, das die metaphorische Stilisierung mit populären monistischen Argumenten verbindet, findet sich in einem Artikel Irma v. Troll-Borostyánis, der 1891 in der *Gesellschaft* erschien:[35]

> Die Krankheiten des Körpers zu heilen, ist Aufgabe des Arztes; als die Mission des Priesters betrachtete man die Heilung der Krankheiten der Seele. Doch Seele und Körper sind eines, sind unzertrennbar im Prozesse des Lebens in ursächlichem, wechselwirkendem Zusammenhange. Und hier ist es, wo die Aufgabe des Dichters einsetzt. Arzt und Priester zugleich ist der Dichter.

---

31 Ebd., S. 138.

32 „Zehn Thesen der Freien literarischen Vereinigung *Durch!*" (1886), zit. nach Wunberg (1971), S. 24f. (2. These).

33 CONRADI, Unser Credo, S. III. Unübersehbar sind die Parallelen zu Novalis' *Heinrich von Ofterdingen*. Dort läßt sich Heinrich von den Kaufleuten erzählen, die Dichter „sollen zugleich Wahrsager und Priester, Gesetzgeber und Ärzte gewesen seyn" (NOVALIS, Werke in einem Band, S. 257).

34 Moderne Dichter-Charaktere, S. 10. Vgl. außerdem Oskar Linkes *Dichterstolz* (ebd., S. 25) und *Gralworte* (ebd., S. 33).

35 IRMA V. TROLL-BOROSTYÁNI, Die Liebe in der zeitgenössischen deutschen Litteratur, in: *Die Gesellschaft* 7 (1891), S. 1004-1022, hier: S. 1022. Die Autorin verwendet die Arzt-Metapher bereits in dem früheren Artikel ‚Der französische Naturalismus', in: *Die Gesellschaft* 2 (1886), S. 215-226, hier: S. 216.

Diese Beispiele zeigen, wie sehr die frühnaturalistische Bewegung dem ästhetischen Diskurs des 19. Jahrhunderts verpflichtet war, mit dem sie doch eigentlich brechen wollte. Die Kontinuität zeigt sich vor allem auf der Ebene der Metaphorik in der Beschreibung der dichterischen Aufgabe. Es wirkt paradox, wie sich das Gefühl der Modernität, als die eigentliche Neuerung der achtziger Jahre, mit dem Vokabular des klassischen *und* epigonalen Idealismus zu artikulieren versucht. Eine konsequentere Ablösung erfolgt tatsächlich erst mit der naturwissenschaftlich reflektierten Theorie von Arno Holz, der zugleich ein ausgesprochen feines Gespür für die zeitgenössischen Spuren eines epigonalen Klassizismus bzw. Idealismus – nicht zuletzt an sich selbst – besaß.[36]

1.2 Jugendstil

Es hat sich gezeigt, daß der Naturalismus seinen Ausgang nicht nur von ästhetischen, sondern auch von (nicht sozialpolitischen) weltanschaulichen Motiven nahm. Daß diese mit dem Ende der naturalistischen Bewegung nicht einfach verschwunden waren, zeigte sich spätestens 1896, als mit Erscheinen der Münchner Zeitschrift *Jugend* der nach ihr benannte Jugendstil an die Öffentlichkeit trat. Auch hier lohnt sich ein Blick auf den Untertitel, der eine deutliche Parallele offenbart: *Münchner illustrierte Wochenschrift für Kunst und Leben.*[37]

Die Zeitschriften *Jugend* und *Pan* verbanden den darwinistischen Kulturoptimismus (s. Kap. I.2) mit der Forderung nach einem eigenständigen Kunststil, der als Gegenentwurf zum gründerzeitlichen Eklektizismus gedacht war. Hatten die Autoren im Umkreis der *Freien Bühne* die Relation Kunst-Leben im Sinne eines Abbild- oder Wirkungsverhältnisses aufgefaßt, verschob sie sich nun in Richtung einer künstlerischen Durchdringung sämtlicher Lebensbereiche. Der Kunstbegriff wurde mit Blick auf Dekoration und Kunstgewerbe erweitert.[38] So entstand eine künstlerische Bewegung, die den formelhaft erstarrten naturalistischen Schlachtruf „Kunst und Leben" mit neuem Gehalt füllte. Diese Absicht kommt wörtlich zum Ausdruck im programmatischen Titel *Feste des Lebens und der Kunst*,

---

36 Etwa im Gedicht *Frühling*, das zuerst in den *Modernen Dichter-Charakteren* erschien: „Kein Veilchenduft versetzt mich in Extase [sic!], / Denn ach, ich bin ein Epigone nur; / Nie trank ich Wein aus einem Wasserglase / Und nüchtern bin ich bis zur Unnatur." (Moderne Dichter-Charaktere, S. 138; wiederabgedruckt in SCHUTTE, Lyrik des Naturalismus, S. 57.) Ebenso im Gedicht *Zum Eingang*, mit dem Holz sein 1886 erschienenes *Buch der Zeit* eröffnete: „Noch sproßt der Bart mir nicht ums Kinn, / auch weiß ich, hört mich, ihr Teutonen, / daß unter allen Epigonen / just ich der allerletzte bin!" (ARNO HOLZ, Werke, hg. von Wilhelm Emrich und Anita Holz, Neuwied/Berlin 1962, Bd. 5, S. 21.)

37 Darauf weist bereits STERNBERGER (1976), S. 105, dessen Interpretation des Jugendstils die vorliegende Darstellung viel verdankt.

38 „Eine Scheidung zwischen Kunst und ‚Kunstgewerbe' erkennt unsere Generation nicht mehr an. Ein Bucheinband, eine Stickerei kann ebensogut Kunst enthalten wie ein Bild." (ALFRED LICHTWARK, Vom Dilettantismus, in: *Pan* 2 (1896/97), S. 301ff., hier: S. 302.)

mit dem der bekannte Jugendstil-Künstler und -Architekt Peter Behrens einen kunstphilosophischen Essay überschrieb.

Bereits 1895 hatten die Herausgeber der Zeitschrift *Pan* die Forderung nach einer selbständigen deutschen Gegenwartskunst erhoben. Akademischer Historismus und frankophiles Alamode-Wesen hätten dazu geführt, „dass unsere Kunst keine organische Verbindung mit dem Leben" habe.[39] Statt dessen vertraten die *Pan*-Redakteure die Ansicht, „dass eine für unser Leben *fruchtbare* künstlerische Bildung nur auf dem Boden der lebenden Kunst möglich sei".[40]

Diese Öffnung des Kunstbegriffs entstand gleichzeitig und in Wechselwirkung mit der ästhetizistischen Gegenposition, wie sie in den Schriften Hofmannsthals und Georges formuliert wurde. „Es führt von der Poesie kein direkter Weg ins Leben, aus dem Leben keiner in die Poesie", dekretierte Hugo von Hofmannsthal 1896 in dem Artikel *Poesie und Leben*.[41] In den *Blättern für die Kunst* heißt es, mit deutlicher Anspielung auf den nichtautonomen Kunstbegriff: „wir suchen die umkehr in der *kunst* einzuleiten und überlassen es andren zu entwickeln wie sie auf's leben fortgesetzt werden müsse."[42] Daß Wirkungsabsicht und Ästhetizismus sich durchaus nicht konträr gegenüberstanden, zeigt eine andere Äußerung Georges: „wesentlich ist die künstlerische umformung eines lebens – welches lebens? ist vorerst belanglos."[43]

Bei anderen Autoren verselbständigte sich das Schlagwort jedoch bald zur leeren Phrase. Es wurde zum Gegenstand nur mehr metaphorisch zu deutender Spekulationen, die jeden Erklärungsanspruch hinter sich ließen: „Die Kunst müßte selbst wieder Leben werden", schrieb der junge Paul Ernst 1896, vermutlich in Anlehnung an Marx' 11. These über Feuerbach.[44] „Kunst sei Leben, nicht

---

39 ALFRED LICHTWARK, Die Entwicklung des Pan, in: *Pan* 1 (1895/96), S. 173-76, hier: S. 176.

40 ALFRED LICHTWARK, Zur Einführung, in: *Pan* 1 (1895/96), S. 97-100, hier: S. 97.

41 HUGO VON HOFMANNSTHAL, Poesie und Leben (Aus einem Vortrage), in: Gesammelte Werke in Einzelbänden. Hg. v. Bernd Schoeller in Beratung mit Rudolf Hirsch. Bd. 8: Reden und Aufsätze I (1891-1913), Frankfurt/M. 1979, S. 13-19, hier: S. 16. Zuerst veröffentlicht in der Wiener Zeitschrift *Die Zeit* vom 16.5.1896.

42 Blätter für die Kunst, III. Folge, 5. Heft (Oktober 1896), zit. nach RUPRECHT/BÄNSCH (1970), S. 239.

43 Blätter für die Kunst, V. Folge, zit. nach MATHES (1984), S. 124. Daß der dezidierte Wirkungsverzicht des Ästhetizismus nicht wörtlich zu nehmen ist, hat Adorno am Beispiel Georges erörtert. Vgl. ADORNO, George, in: ders., Noten zur Literatur, Ges. Schr. 11, Ffm 1974, S. 48-68. Ausführlich zu dieser Vermutung WÜRFFEL (1978), Kap. I, bes. S. 23f. u. 33f. Würffel gelangt zu dem Schluß, daß „das Werk auf Wirkung hin angelegt war, daß George selber entgegen einigen anderslautenden Äußerungen bereits in seiner frühen Phase unter gewissen Umständen einer Wirkung seines Werkes keinesfalls ablehnend gegenüberstand" (S. 232). Entschieden vertritt diese Position KIESEL (2004), S. 238f.

44 PAUL ERNST, Die Anfänge des modernen Dramas, in: *Die Neue Zeit. Revue des geistigen und öffentlichen Lebens* 15 (1896/97), Bd.2, Nr. 4, S. 452-460. Zit. nach: BRAUNECK/ MÜLLER (1987), S. 280-283, hier: S. 281f.

Kunst!", jubelt Caesar Flaischlens *Jost Seyfried* (1903).[45] Hier verschwimmt die ‚Kunst-Leben'-Formel bereits mit dem um 1890 inflationären Gebrauch des Begriffs „Leben", von dem sie sicherlich einen Großteil ihrer Legitimation bezog.[46] Geradezu erleichternd wirkt daneben die Nüchternheit, mit der Peter Altenberg die Begriffe wieder zu trennen versucht: „Die Kunst ist die Kunst, das Leben ist das Leben, aber das Leben künstlerisch zu leben, ist die Lebens-Kunst!"[47]

1.3 *‚Kunst fürs Leben' – Dehmels Antwort auf den Ästhetizismus*

Dehmels Gebrauch des Schlagworts entwickelte sich in der Auseinandersetzung mit dem Ästhetizismus. 1895 war er an der Gründung der Zeitschrift *Pan* beteiligt. Nach dem Erscheinen des ersten Bandes im Juni 1895 erhielt er die Zuschrift einer Leserin mit der Anfrage, weshalb Stefan George nicht am Projekt beteiligt sei. Die Dame, Ida Coblenz-Auerbach, bald darauf Dehmels zweite Ehefrau, war zu diesem Zeitpunkt mit George befreundet. In seinem Antwortschreiben versucht Dehmel, mit Hilfe des vertrauten Schlagworts, die Grenzlinie zwischen dem George-Kreis und den Künstlern des *Pan* zu bestimmen: „Jener will die Kunst um der Kunst willen; wir wollen eine Kunst fürs Leben, und das Leben ist vielgestaltig, durchaus kein Tempel für nur Eingeweihte."[48]

Dehmels geringfügige Modifikation[49] des frühnaturalistischen Schlagworts bezeichnet seine Stellung zum Ästhetizismus wie zum (konsequenten) Naturalismus. ‚Kunst fürs Leben' ist syntaktisch dem Ausdruck ‚l'art pour l'art' nachgebildet und inhaltlich als dessen konträrer Gegenbegriff konzipiert. Zugleich ist der mimetische Aspekt, der in ‚Kunst und Leben' noch enthalten war, unauffällig getilgt. Diese Nuance ist aufschlußreich, wenn man bedenkt, daß die Mimesisfrage im Zentrum von Dehmels Naturalismuskritik stand (s. Teil II dieser Arbeit).

Bei dieser Haltung sollte es bleiben. Im 1898 erschienenen Artikel *Bedarfskunst?!*, für den Dehmel auch den Titel *Kunst und Leben* in Erwägung zog, be-

---

45 C. FLAISCHLEN, Jost Seyfried. Aus dem Leben eines Jeden. Berlin [14]1916, Bd. 1, S. 41. Flaischlen war ebenfalls Mitglied der „Genossenschaft *Pan*" gewesen und hatte seit dem zweiten Jahrgang den Literaturteil geleitet.

46 Näheres dazu in Kap. I.4.

47 PETER ALTENBERG, Einleitung, in: *Kunst. Halbmonatsschrift für Kunst und alles andere.* 1. Jg. (1903), S. 1ff. Zit. nach: Peter Altenberg. Leben und Werk in Texten und Bildern. Hg. v. Hans Christian Kosler, Frankfurt/M. 1997 (it 1854), S. 115-117, hier: S. 115.

48 An Ida Coblenz-Auerbach, 5.8.1895, AB1, 207.

49 Mit Sicherheit wird man frühere Belege finden, aber erst bei Dehmel nimmt der Ausdruck den bewußten formelhaften Gebrauch an, der die Bezeichnung Schlagwort rechtfertigt. „Denn ein Wort oder eine bestimmte Wortfärbung oder -wertung gewinnen erst da innerhalb einer Sprache Leben, sind erst da wirklich existent, wo sie in den Sprachgebrauch einer Gruppe oder Allgemeinheit eingehen und sich eine Zeitlang darin behaupten." (VICTOR KLEMPERER, LTI. Notizen eines Philologen. Berlin 1947. Neudruck: Frankfurt/M. 1975, S. 50.)

hauptet er, „daß auf den höchsten Stufen der Kultur, ganz wie beim sogenannten Naturvolk, alle Kunst wieder Kunst fürs Leben, also Bedarfskunst zu werden sucht".[50] Als Gegenbegriff dient abermals der Ästhetizismus: „Die Losung l'art pour l'art kennzeichnet sich als echter Auswuchs einer Zeit voll eingebildeter Parvenüs, die es sehr nötig haben, vornehm zu thun [...]."[51] Ebenso heißt es ein Jahr darauf in einem Brief an Rudolf Alexander Schröder: „Kunst für Künstler wird schon genug gemacht – was uns notthut, ist *Kunst fürs Leben*."[52] Noch 1913 schreibt Dehmel an den Dramatiker Reinhard Goering, daß „Kunst, die nur in Künstlerkreisen Beifall findet, [...] eben keinen dauernden Wert fürs große allgemeine Leben" besitze.[53]

1.4 Lebensreform und Avantgarde

Die Frage, inwieweit die hochfliegenden Ansprüche, die optimistischen Verkündigungsrufe der achtziger und neunziger Jahre künstlerisch eingelöst wurden, verkennt den Charakter programmatischer Manifeste. Um die „Reichweite des Jugendstils" (W. Rasch) voll zu erfassen, empfiehlt es sich ferner, den Blick von den künstlerischen Erzeugnissen auf die Innovationen im Bereich der Lebensführung zu richten.[54] Es kann kein Zufall sein, daß die neunziger Jahre, die der deutschen Kunst und Literatur den Weg in die Moderne ebneten, zugleich eine Hochkonjunktur von Lebensreformbewegungen verschiedenster Couleur mit sich brachten, daß der Kult des menschlichen Leibes in der Kunst seine Entsprechung in Nacktkultur-, Gymnastik- und Ausdruckstanzbewegung fand, daß den erotischen Befreiungsphantasien eines Wedekind, Panizza, Schnitzler, Dehmel Bewegungen wie Ehe- und Sexualreform korrespondierten und daß die Zeit der weltentrückten Park- und Weiherlandschaften des Jugendstils zugleich die Zeit der Siedlungsbewegungen, der Gartenstadtbewegung, der „Obstbausiedlung Eden" war.

Zu fragen wäre schließlich, inwiefern der hier rekonstruierte Diskurs als Anregung, Bedingung oder Vorstufe der künstlerischen Avantgardebewegung in Frage kommt. Zumindest rückt die von Peter Bürger versuchte[55] und seither, aller Kri-

---

50 RICHARD DEHMEL, Bedarfskunst?!, in: *Neue deutsche Rundschau* 9 (1898), S. 97-101, hier: S. 99.

51 Ebd.

52 An R. A. Schröder, 12.9.1899, AB1, 338.

53 An Reinhard Goering, 11.3.1913, AB2, 296.

54 Die besten und umfassendsten Deutungen des Jugendstils im Kontext der zeitgenössischen Reformbewegungen bieten HAMANN/HERMAND (1959), RASCH (1974) und STERNBERGER (1976).

55 Vgl. BÜRGER (1974), S. 29, 33, 67 et pass.

tik zum Trotz, offenbar unverzichtbare[56] Definition der Avantgarde das Begriffspaar ‚Kunst und Leben' bzw. ‚Kunst und Lebenspraxis' in den Mittelpunkt. Um so erstaunlicher, daß die während der neunziger Jahre rege Avantgardeforschung an den gegenästhetizistischen und -naturalistischen Debatten im Deutschland um 1890 bislang völlig vorbeigesehen hat.[57]

Natürlich kann es nicht darum gehen, die „historischen Avantgarden" um zwanzig Jahre vorzuverlegen. Auch soll hier nicht kulturhistorische Terminologie mit zeitgenössischen Schlagworten verwechselt werden. Wenn aber ein Interesse daran besteht, die Vorbilder und historischen Wurzeln zumindest der deutschen Avantgarde aufzuspüren, dann sollten nicht nur die deutsche Romantik, der französische Frühsozialismus oder der italienische Futurismus genannt werden, wie es allenthalben geschieht, sondern auch die lebensreformerisch gestimmten Künstler vor 1900. Es kann zwar kein Zweifel bestehen, daß sich viele Unterschiede zwischen Lebensreform und Avantgarde finden lassen.[58] In der Kategorie der „radikalen Veränderung von Kunst und Leben", oder dem Anspruch der Kunst, „zu einer befreiten Lebenspraxis zu führen"[59], liegen sie allerdings nicht.

I.2 Optimismus, Kulturkritik, neuerMensch. Ideengeschichtliche Konturen der literarischen Lebensreform

2.0 Vorbemerkung

Im Mittelpunkt von Dehmels früher Ästhetik und Dichtung steht der Glaube an die kulturelle Höherentwicklung des Menschen, der tief im Denken des 19. Jahrhunderts verwurzelt ist. Seine wichtigste ideengeschichtliche Quelle bildet der Evolutionsgedanke, der in Darwins Lehre von der Artenentstehung seine prägende Formulierung fand. Von dort diffundierte er ab etwa 1860 in die populärwissenschaftliche Weltanschauungsliteratur, die auf die säkulare Sinnkrise der Gebildeten mit einer Bestandsaufnahme und Ausdeutung der wissenschaftlichen

---

56 Vgl. etwa HARTH (1983), S. 166ff., HARTH (1989), S. 4f., ASHOLT/FÄHNDERS 1995, S. XVII, XXII, XXV, XXVIII, ASHOLT/FÄHNDERS (1996), S. 11f., ASHOLT FÄHNDERS (2000), S. 14f., KIESEL (2004), S. 233, 238ff.

57 Vgl. dagegen neuerdings die überaus erhellenden Ausführungen zur Avantgarde bei KIESEL (2004), S. 233ff. Er nennt als Beispiel die *Zehn Thesen* des Vereins *Durch!* (s.o.). Abgesehen von dem Begriff „Avantgarde" selbst seien dort „alle Komponenten, die als konstitutiv für den Begriff der Avantgarde zu betrachten sind […] sichtlich vorhanden" (ebd., S. 235).

58 Hier ist an erster Stelle der Werkbegriff zu nennen, dessen Aufkündigung als weiteres wichtiges Merkmal der ‚historischen Avantgarden' angesehen wird (vgl. bereits BÜRGER 1974, S. 68ff., 76ff).

59 ASHOLT/FÄHNDERS (1995), S. XXVIII.

Welterkenntnis reagierte.[60] Literaturgeschichtlich wirksam wurde dieser ‚Kulturoptimismus'[61] vor allem durch die Werke des Friedrichshagener Dichterkreises, dem Dehmel zu Beginn der neunziger Jahre nahestand. Seine Wirkung reichte auch noch bis zu dem Denker, der dem wissenschaftlichen Fortschrittsglauben die schärfste philosophische Absage erteilte: zu Friedrich Nietzsche. Wie zahlreiche Rezeptionszeugnisse belegen, wurde Nietzsche von der ersten Generation der literarischen Moderne als optimistischer Denker wahrgenommen.[62] Allerdings wandelten sich unter seinem Einfluß die idealistischen Visionen einer neuen *Menschheit* zum individualen Konzept des ‚neuen Menschen' oder zum „Mensch der Zukunft", wie es bei Dehmel heißt.[63] Die passive Erwartung des evolutionären Fortschritts wurde zur Forderung nach aktiver Mitwirkung. Es kann gezeigt werden, wie dieser Aktivismus bereits in der Weltanschauungsliteratur der Epoche angelegt ist.

Bei Dehmel erfährt der Kulturoptimismus noch eine zweite Modifikation: Während der darwinistische Optimismus – ähnlich wie der christliche Erlösungsgedanke – die Erfüllung der Heilserwartung in die Zukunft verlegte, forderte Dehmel die Zeitgenossen zu ihrer sofortigen Umsetzung auf. Das Ziel dahin-

---

60 Zur Weltanschauungsliteratur im 19. und 20. Jahrhundert vgl. THOMÉ (2002).

61 Der Ausdruck ist als kulturhistorischer Strukturbegriff noch nicht etabliert (vgl. das Register von KONERSMANN 2003, S. 186, das nur ‚Kulturpessimismus' und ‚Kulturkritik' führt). In der Literaturgeschichte wird er immer wieder vorterminologisch gebraucht, besonders im Blick auf das späte 19. Jahrhundert (etwa NEUMANN 2002, S. 199).
Mit *Kulturoptimismus* wird hier keineswegs die kritiklose Befürwortung des *status quo* bezeichnet, wie sie gewöhnlich dem wilhelminischen Großbürgertum unterstellt wird. Kulturoptimismus bezieht sich, ebenso wie sein Gegenbegriff Kultur*pessimismus* auf die zukünftige Entwicklung einer Kultur. Demgegenüber bezieht sich *Kulturkritik* auf deren gegenwärtigen Zustand. Der undifferenzierte Gebrauch von ‚Kulturpessimismus' und ‚Kulturkritik' in der literaturgeschichtlichen Forschung hat dazu geführt, daß beide Begriffe zu verschwimmen drohen. Wie jedoch die Ausführungen zu Nordau und Nietzsche zeigen, läßt sich Kulturoptimismus durchaus mit Kulturkritik vereinbaren. Daß überdies selbst Kulturoptimismus und Kulturpessimismus in den Werken vieler Autoren nebeneinander stehen, macht eine Differenzierung zwar schwierig, aber nicht weniger wünschenswert.

62 Als prominenter Gewährsmann sei Thomas Mann zitiert, der 1922 über Nietzsche schrieb: „Nietzsches's seherische und zielweisende Bedeutung für die Zukunft der Menschheit kann nicht überschätzt werden. [...] Nietzsche steht dort, wo der Geist des Griechentums eingeht in den hymnisch gewordenen Geist amerikanischer Demokratie, den Geist Walt Whitmans, der ausruft: ‚Zweifelt jemand, daß der Leib vollauf so viel gilt wie die Seele? Und wäre der Leib nicht die Seele, was ist die Seele?' Das ist das dritte Reich der religiösen Humanität, eine neue Idee des Menschen, die mehr ist als Idee, die Pathos und Liebe ist: eine wahrhaft *erzieherische* Liebe, welche ihren Trägern – und auch Nietzsche war ihr Träger! – die Gefolgschaft einer ganzen Weltjugend sichert." (THOMAS MANN, [Briefe aus Deutschland], in: Ges. Werke in Einzelbänden. Hg. von Peter de Mendelssohn, [Bd. 17:] Die Forderung des Tages. Abhandlungen und kleine Aufsätze über Literatur und Kunst. Nachwort von Helmut Koopmann. Frankfurt/M. 1986, S. 107-161, hier: S. 121f.)

63 An Detlev von Liliencron, 9.4.1895, I 197. Der im Expressionismus relevante *Begriff*, ‚neuer Mensch' kommt um 1890 kaum vor. Er wurde hier gewählt, um die Kontinuität dieser Denkfigur zwischen 1880 und 1918 .deutlich zu machen

ter war nicht die Verwirklichung eines abstrakten Menschheitsideals, sondern ein je individueller Glückszustand, der für Dehmel nicht erst am Ende der Gattungsentwicklung stehen sollte.

Diesen Transformationen des darwinistischen Kulturoptimismus soll im Folgenden an einigen seiner bekanntesten Vertreter nachgegangen werden. Die Auswahl richtet sich, gemäß dem hier gewählten Vorgehen, nicht nach deren wissenschaftlicher oder philosophischer Bedeutung aus heutiger Sicht, sondern nach ihrem Erfolg bei der zeitgenössischen Leserschaft und ihrer verbürgten Rezeption innerhalb literarischer Kreise. Den unbeschwerten Eklektizismus, mit dem die rezeptionsgeschichtliche Forschung zu rechnen hat, formuliert besonders eindrücklich Heinrich Hart in seinen Erinnerungen:[64]

> Wir alle waren fast über Nacht begeisterte Anhänger der Strauß, Hartmann, Büchner geworden; allerdings interessierte es uns weniger, was diese Meister positiv boten, als vielmehr ihre Kritik am Alten. In positiver Hinsicht war unser neues Denken sehr nebelhaft und dämmerhaft. Aber das empfanden wir nicht. Und mit Eifer suchten wir auch nach anderen Seiten hin uns zu Freimenschen zu entwickeln, uns mit radikalen Anschauungen zu erfüllen. In politischer Hinsicht fühlten wir uns als Republikaner, in sozialer schwärmten wir mit und für Proudhon, Bebel, Liebknecht, Lassalle. Ohne Mühe gelang es uns, mit diesen radikalen Ideen ein gut Stück nationaler Begeisterung zu vereinigen.

2.1 *Darwin und die Folgen: Entwicklungsglaube und Kulturkritik*

2.1.1 *Haeckel, Strauß, Hartmann*

Die außerwissenschaftliche Rezeption der Darwinschen Theorie verlief in Deutschland von Anfang an in weltanschaulichen Bahnen und erfolgte dementsprechend selektiv.[65] Die Formel vom ‚Kampf ums Dasein' wurde zwar häufig zi-

---

64 HEINRICH HART, Wir Westfalen, in: H. H. Gesammelte Werke, Band 3, S. 11-96, hier: S. 21.

65 Die nahezu uferlose Forschungsliteratur zum Darwinismus von philosophie- und wissenschaftsgeschichtlicher, theologischer, politikwissenschaftlicher und soziologischer Seite konnte nicht annähernd ausgewertet werden. Es wurde versucht, eine für die dargestellten Zusammenhänge repräsentative Auswahl zu treffen:
Für den ideen- und wissenschaftsgeschichtlichen Zusammenhang vgl. die folgenden Sammelbände: MANN (1973), ALTNER (1981), ENGELS (1995a) (mit umfangreicher Bibliographie). Weniger ergiebig: ZICHE (2000). Für weitere Literaturhinweise vgl. die Bibliographie von WEBER (2000).
Zur Wirkungsgeschichte des Darwinismus in der Literatur vgl. den wegweisenden Aufsatz von BOLLE (1967); ferner KELLY (1981) und SPRENGEL (1998). Für ein verstärktes Interesse an der literarischen Rezeption Darwins sorgte 1988 der Germanist Dieter Kafitz mit seinem Plädoyer für eine Neubewertung des deutschen Naturalismus als primär biologistischer Weltanschauung (vgl. KAFITZ 1988). Unter Kafitz' Ägide sind mehrere Studien entstanden, die den Einfluß der darwinistischen Theorie an ausgewählten Beispielen untersuchen: KRAUß-THEIM (1992): Clara Viebig; BIBO (1995): Fidus; KAISER (1995): J. Hart.

tiert, ihrem Inhalt nach aber weniger berücksichtigt als der Entwicklungsgedanke.[66] Im deutschen Sprachraum war dafür vor allem der Jenenser Zoologe Ernst Haeckel verantwortlich, der mit einer Fülle von Schriften zunächst als Vorkämpfer der Darwinschen Theorie hervortrat, sich aber schon bald zum Begründer einer darwinistischen Weltanschauung unter klarer Bevorzugung der Entwicklungslehre aufschwang: „*‚Entwickelung‘* heißt von jetzt an das Zauberwort, durch das wir alle uns umgebenden Räthsel lösen, oder wenigstens auf den Weg ihrer Lösung gelangen können."[67]

Die ‚narzißtische Kränkung', die in der Behauptung einer tierischen Abstammung des Menschen bestand, wurde durch den Entwicklungsgedanken mehr als aufgewogen. Mehr noch: Durch das Wissen um die bisherige und noch zu erwartende Entwicklung wurde der Gedanke der Tierähnlichkeit überhaupt erst erträglich. Gewissermaßen im Windschatten des Evolutionismus entfaltete die populärwissenschaftliche Rede über den Menschen eine Radikalität, die zur gleichzeitig verkündeten Heilsbotschaft in seltsamem Widerspruch stand. Mit spürbarer Lust an der blasphemischen Pose wurde hier immer wieder die Annahme eines substantiellen Unterschieds zwischen Mensch und Tier bestritten. Bereits 1855 hatte Ludwig Büchner in seiner erfolgreichen Schrift *Kraft und Stoff* behauptet, daß „zwischen Mensch und Thier kein wesentlicher und prägnanter naturhistorischer Unterschied besteht, sondern daß hier, wie überall in der Natur, die allmähligsten Uebergänge stattfinden und daß Menschen- und Thierseele fundamental dasselbe sind".[68] Die Annahme eines nur *graduellen* Unterschieds zwischen Menschen und höheren Tierarten, die Absage an die religiöse und die Vernunftanthropologie, prägte während der folgenden Jahrzehnte den populärwissenschaftlichen Diskurs über den Menschen.[69] Immer wieder taucht dieser

---

66 Vgl. BAYERTZ (1984), S. 90ff.; DAUM (1996), S. 211f.

67 ERNST HAECKEL, Natürliche Schöpfungsgeschichte. Gemeinverständliche wissenschaftliche Vorträge über die Entwickelungslehre im Allgemeinen und diejenige von Darwin, Goethe und Lamarck im Besonderen, über die Anwendung derselben auf den Ursprung des Menschen und andere damit zusammenhängende Grundfragen der Naturwissenschaft. Berlin 1868, S. IV. Werk und Wirkung Ernst Haeckels sind in den letzten Jahren zunehmend in das Interesse der Kulturgeschichtsschreibung gerückt. Vgl. GEBHARD (1984), S. 299-329; RIEDEL (1996), S. 77-84. Davon ausgehend erschienen in den Folgejahren zahlreiche Kurzdarstellungen im Rahmen kulturgeschichtlicher Sammelbände: DREHSEN/SPARN (1996), HÜBINGER (1997), FICK (1998). Ferner ELSNER (1999) (mit schönen Abbildungen von Haeckels Gemälden und Zeichnungen); FRUHWIRTH (2000); GRÄTZ (2002).

68 LUDWIG BÜCHNER, Kraft und Stoff, S. 209. Vgl. auch ebd., S. 79, 230f, 238.

69 In chronologischer Reihenfolge: EDUARD V. HARTMANN, Philosophie des Unbewussten. Versuch einer Weltanschauung, Berlin 1869, S. 39: „Eine eingehende Betrachtung des Thierlebens, die eifrige Bemühung um das Verständnis ihrer Sprache und die Motive ihrer Handlungen hat gezeigt, dass der Mensch von den höchsten Thieren ebenso wie die Thiere untereinander, nur graduelle, aber nicht wesentliche Unterschiede der geistigen Befähigung zeigt [...]." – STRAUß, Der alte und der neue Glaube, S. 225: „Uns ist der Mensch nicht aus der Hand Gottes hervorgegangen, sondern aus den Tiefen der Natur emporge-

Gedanke in den Schriften Ernst Haeckels auf, die für seine weite Verbreitung sorgten.[70]

In Wirklichkeit glaubte unter den Intellektuellen keiner ernsthaft an die Tierhaftigkeit des Menschen. Bemerkungen wie die obenstehenden müssen aus der Frontstellung des naturwissenschaftlichen Materialismus gegen die Kirche verstanden werden.[71] Gerade in Deutschland blieb eine idealistische Sicht auf den Menschen weiterhin in Geltung. Auch wenn man einen tierischen Ursprung des Menschengeschlechts einräumte, konnte man doch erstens auf die bisherige Entwicklung wie auf eine Leistung verweisen und zweitens eine noch ausstehende Vervollkommnung prophezeien, deren Ende nicht abzusehen war.[72] Der aufklärerische Traum der ‚perfectibilité' hatte durch Darwins wissenschaftliche Widerlegung der Artenkonstanz enorm an Plausibilität und Überzeugungskraft gewonnen.[73] Das Ergebnis war ein vermeintlich wissenschaftlich fundierter Zu-

---

stiegen. Sein erster Zustand war kein paradiesischer, vielmehr ein nahezu thierischer." – LUDWIG BÜCHNER, Ueber religiöse und wissenschaftliche Weltanschauung, S. 60: „Jene tiefe geistige oder seelische Kluft zwischen Mensch und Thier, welche für eine mit der christlichen verwandte religiöse Weltanschauung als unentbehrlich betrachtet werden muß, kann ebensowenig als bestehend nachgewiesen werden, wie die ehemals fälschlicherweise angenommene Kluft in der körperlichen Bildung des Menschen und der Thiere."

70 ERNST HAECKEL, Natürliche Schöpfungsgeschichte, S. 546: „Das Endresultat dieser Vergleichung ist, daß zwischen den höchstentwickelten Thierseelen und den tiefstentwickelten Menschenseelen nur ein geringer quantitativer, aber kein qualitativer Unterschied existirt, und daß dieser Unterschied viel geringer ist, als der Unterschied zwischen den niedersten und höchsten Menschenseelen, oder als der Unterschied zwischen den höchsten und niedersten Thierseelen." Ähnlich HAECKEL, Welträthsel, S. 151: „Der menschliche Wille ist ebenso wenig frei als derjenige der höheren Thiere, von welchen er sich nur dem Grade, nicht der Art nach unterscheidet."

71 Vgl. dazu die überaus scharfsinnigen Ausführungen von CHADWICK (1977), S. 161-188. Am Beispiel des berühmten Vergleichs von Gehirn und Leber bzw. Niere durch Karl Vogt erläutert Chadwick (1977) den Unterschied zwischen der eher rhetorischen Prägekraft eines geschliffenen Bonmots und der tatsächlichen Akzeptanz seines Inhalts: „He [sc. Vogt] was famous, his fame depending on a single phrase which rings through Europe, that thought comes from the brain like urine from the kidneys – a dogma which as dogma men would never accept, but which as advertisement gathered audiences and then became a symbol of a standpoint." (S. 169) Im Übrigen belehrt schon ein flüchtiger Überblick der einschlägigen Forschung, daß sich das Verhältnis Naturwissenschaft-Religion keinesfalls auf eine starre Antithese reduzieren läßt. Der Materialismus eines Vogt oder Büchner bezeichnet ebenso eine Extremposition wie der christliche Fundamentalismus. Vgl. den gut gewichteten Überblick von BARBOUR (1998), S. 77-112, der auch die theologischen Adaptionen des Evolutionsmodells referiert. Zu weiteren Details vgl. Kap. III.2.1.

72 Dieses Doppelgesicht der Darwinschen Theorie wird gut dargestellt von BENZ (1961), S. 84ff.

73 Vgl. ebd.; zur Geschichte des perfectibilité-Konzepts vgl. HORNIG (1989); ferner PASSMORE (1970). Zu Darwin ebd., S. 247-256.
Des weiteren fügte sich die darwinistische Weltanschauung mit ihrer klar melioristischen Tendenz nahtlos in die Reihe der futurisch-optimistischen Geschichtsmodelle der ersten Jahrhunderthälfte (Hegel, Condorcet, Marx, Comte, Spencer) ein. Das allen gemeinsame Anliegen war die Formulierung einer säkularisierten diesseitig-immanenten Eschatologie,

kunftsoptimismus, der vor allem in einer breiten Flut populärwissenschaftlichen Schrifttums zum Ausdruck gelangte.[74]

Der zu erwartende Fortschritt wurde weniger auf körperlich-morphologischer, als auf kultureller, speziell moralischer Ebene gesehen. Zu einer solchen Deutung seiner Theorie hatte Darwin selbst Anlaß gegeben: „Wir dürfen deshalb auch vertrauensvoll eine Zukunft von riesiger Dauer erhoffen. Und da die natürliche Zuchtwahl nur durch und für den Vorteil der Geschöpfe wirkt, so werden alle körperlichen und geistigen Gaben immer mehr nach Vervollkommnung streben."[75] In der populärwissenschaftlich bzw. -philosophisch grundierten Weltanschauungsliteratur[76] wuchs sich dieser zaghafte Optimismus schnell zur säkularen Heilsverkündung aus.[77] Stellvertretend sei der bekannte Theologe und Popu-

---

die in der ideengeschichtlichen Forschung nicht unzutreffend als ‚Messianismus' bezeichnet worden ist. Vgl. dazu LÖWITH (1953), S. 30-114; MAAG (1986); KÜENZLEN (1994), S. 63-138; sowie J. GEBHARDT (1984), dort auch Ausführungen zum Begriff des Messianismus (S. 43ff.). Erwähnenswert, aber mit Vorsicht zu genießen: TOPITSCH (1961). Parallelen zwischen Darwin und Marx zieht LEFÈVRE (2000).

74 Vgl. dazu KELLY (1981), Kap. 2; DAUM (1996), ausführlich DAUM (1998), der auch den soziologischen Grundlagen in Verlags-, Zeitschriften-, Schul- und Vereinswesen nachgeht. Zum populären Materialismus der fünfziger Jahre (Vogt, Moleschott, Büchner) vgl. ausführlich GREGORY (1977).

75 CHARLES DARWIN, Die Entstehung der Arten durch natürliche Zuchtwahl, Stuttgart 1963 [RUB 3071], S. 677. – Ebenso vorsichtig, noch ganz unter Darwins Einfluß, äußerte sich HAECKEL in der *Natürlichen Schöpfungsgeschichte* von 1868: „Wir sind stolz darauf, unsere niederen thierischen Vorfahren so unendlich weit überflügelt zu haben und entnehmen daraus die tröstliche Gewißheit, daß auch in Zukunft das Menschengeschlecht im Großen und Ganzen die ruhmvolle Bahn fortschreitender Entwickelung verfolgen wird, und eine immer höhere Stufe geistiger Vollkommenheit erklimmen wird." (S. 550) – Etwas sicherer gab sich Darwin in *The Descent of Man* (1871): „Ein Ausblick auf fernere Geschlechter braucht uns nicht fürchten zu lassen, daß die sozialen Instinkte schwächer werden; wir können im Gegenteil annehmen, daß die tugendhaften Gewohnheiten stärker und vielleicht durch Vererbung noch befestigt werden." (CHARLES DARWIN, Die Abstammung des Menschen (1871), nach der 2. Auflage (1874) übersetzt von Heinrich Schmidt-Jena, durchgesehen und eingeleitet von Gerhard Heberer, Stuttgart 1966 [Kröners Taschenausgabe, 28], S. 159f.)
Da der Gedanke der moralischen Höherentwicklung nicht an das Theorem der Selektion gebunden war, das Darwins eigentliche Leistung darstellte, konnte er auch schon vorher auf der Grundlage der Lamarckschen Evolutionsbegriffs formuliert werden, wie etwa durch den englischen Philosophen und Evolutionisten HERBERT SPENCER: „As surely as the tree becomes bulky when it stands alone, and slender if one of a group[...]; as surely as the blacksmith's arm grows large, and the skin of a labourer's hand thick; [...] so surely mst the human faculties be moulded into complete fitness to the social state; so surely must the things we call evil and immorality disappear; so surely must man become perfect." (H.S., Social Statics or the Conditions Essential to Human Happiness Specified, and the First of them Developed. London 1851, S. 65.)

76 Vgl. THOMÉ (2002).

77 Zum religiösen Charakter der Populärwissenschaft vgl. aus ideologiekritischer Sicht („Ersatzreligion") LÜBBE (1963), S. 134ff. Verständnisvoller: NIPPERDEY (1988), S. 124ff. Den religiösen Charakter des Haeckelschen Monismus analysiert vorbildlich HOLT (1971). Ebenso GASMAN (1971), Kap. 3: Monism and Christianity. Weniger ergiebig: OHST

lärphilosoph David Friedrich Strauß zitiert: „Wie nichts den Muth so tief darniederschlägt, als die Gewißheit, ein verscherztes Gut [sc. das Paradies] doch nie ganz wiedergewinnen zu können, so hebt denselben nichts mehr, als eine Bahn vor sich zu haben, von der noch gar nicht abzusehen ist, wie weit und hoch sie uns noch führen wird.“[78] Diese Absage an die christliche Lehre vom Sündenfall, wiederum geistiges Erbe der Aufklärung[79], gehörte schon seit Haeckels *Natürlicher Schöpfungsgeschichte* zum topischen Inventar der neuen Weltanschauung.[80] Eine beliebte Pointe bestand darin, die christliche Anthropologie auf den Kopf zu stellen, indem man das Paradies nicht an den Anfang, sondern an das Ende der Menschheitsentwicklung setzte[81]: „Wenn also vom Paradies die Rede ist, so muß man begreifen, daß dieses geträumte, von der Phantasie ersonnene Eldorado nicht *hinter*, sondern im Gegentheil *vor* uns liegt“, erklärte der bekannte Materialist Ludwig Büchner 1887.[82] Den gleichen Gedanken hatte ein Jahr zuvor

(1998). Zur Institutionalisierung des Monismus als säkulare Religion auf Vereinsbasis vgl. DREHSEN/SPARN (1996) u. HÜBINGER (1997).

78 DAVID FRIEDRICH STRAUß, Der alte und der neue Glaube. Ein Bekenntniß. Leipzig 1872, S. 194f.

79 Vgl. dazu HERMANNI (1995) und KOCH (1997).

80 ERNST HAECKEL, Natürliche Schöpfungsgeschichte, S. 550: „Wenn irgend eine Theorie vom Ursprung des Menschengeschlechts entwürdigend und trostlos ist, so muß es ganz gewiß der vielverbreitete Glaube sein, daß wir von einem sündenlosen Elternpaare abstammen, welches durch den ersten Sündenfall sich mit dem Fluche der Sünde belud und diesen nun auf seine ganzen Nachkommenschaft vererbte [...].“ Der Gedanke findet sich bereits in Haeckels Vortrag ‚Über die Entwicklungstheorie Darwins‘ (1863), der jedoch nicht über Fachkreise hinausdrang (vgl. E.H., Gemeinverständliche Werke, hg. von Heinrich Schmidt-Jena, Leipzig/Berlin 1924, Bd. 5: Vorträge und Abhandlungen, S. 3-32, hier: S. 27).

81 Diese Denkfigur konstatiert für die Gründerzeit bereits JÄGER (1976), S. 134: „Sacher-Masoch und Schack, für die beide das goldene Zeitalter in der Zukunft, nicht in der Vergangenheit liegt, knüpfen mit dem Geschichtsoptimismus an Darwin an.“

82 LUDWIG BÜCHNER, Ueber religiöse und wissenschaftliche Weltanschauung. Ein historisch-kritischer Versuch. Leipzig 1887, S. 73. In dieser Äußerung ergibt sich eine Parallele zum utopischen Sozialismus Saint-Simons: „Das goldene Zeitalter der Menschheit liegt nicht hinter uns, es ist vor uns, es ist die Perfektion der sozialen Ordnung. Unsere Väter haben sie nicht gesehen, unsere Kinder werden eines Tages dort hingelangen, wir müssen ihr den Weg bahnen.“ (CLAUDE HENRI DE SAINT SIMON, De la réorganisation de la Societé Européenne, Oeuvres Choisies II (1859), Nachdruck Hildesheim 1973, S. 325. Zit. nach J. GEBHARDT 1984, S. 43.) Überhaupt darf die ideelle Wirkungskraft des Sozialismus im neunzehnten Jahrhundert nicht unterschätzt werden. Daß in den Köpfen vieler Zeitgenossen heterogene Fortschrittsmodelle zu einem theoretisch diffusen Optimismus verschwammen, obwohl sich Marx vom Darwinismus ebenso distanzierte wie Darwin vom Marxismus, gehört zu den Eigentümlichkeiten von Rezeptionsgeschichte überhaupt. Die aktivistische Tendenz, die im Folgenden erarbeitet wird, läßt sich jedenfalls nicht aus dem Darwinismus selbst ableiten, sie bildet dagegen sehr wohl ein Grundmotiv der Absetzung von Marx und Engels gegenüber dem deutschen Idealismus, nämlich die Forderung nach der „Aufhebung der Philosophie in Praxis“, wie sie in der berühmten 11. These über Feuerbach formuliert wurde.

der Autor der populären Naturgeschichte *Werden und Vergehen* (1885), Carus Sterne, geäußert:[83]

> Der Ersatz der trostlosen Lehre vom verlorenen Paradiese durch den [...] Nachweis, daß der Mensch aus niedrigeren und unvollkommeneren Zuständen überall zu höheren und besseren aufgestiegen ist, gibt der Hoffnung, auch fernere Klippen glücklich zu umschiffen, mächtigen Aufschwung. Die Entwicklungslehre wirbt mit einem Worte der gesunden optimistischen Auffassung Anhänger, daß der Traum vom goldenen Zeitalter, soweit er überhaupt Sinn und Berechtigung hat, ein Zukunftstraum ist, dessen annähernde Erfüllung nur durch eigene Anstrengungen erreicht werden kann.

Darin war jedoch nicht nur eine Verheißung, sondern auch eine Verpflichtung, eine Aufforderung enthalten. Gerade Büchner bekämpfte die mögliche Schlußfolgerung aus dem Zukunftsoptimismus, daß es zur Vervollkommnung keiner eigenen Tatkraft mehr bedürfe. In Fortführung seiner Umdeutung des Paradieses unterstrich er, „daß es erreichbar ist nicht aus Gnade und Hülfe der Götter, sondern allein durch eigne Anstrengung und Befreiung von den zahllosen Schlacken der Unkultur, welche uns aus unsrer niedrigen Vergangenheit noch anhaften – also vor allen Dingen von Aberglauben, Unwissenheit und Furcht".[84] Dieser Appell spiegelt nicht nur den typischen materialistischen Affront gegen das christliche Weltbild, sondern auch das Bedürfnis der führenden Materialisten, dem Vorwurf des drohenden Werteverfalls zu begegnen.[85] Der implizit darin enthaltene Lamarckismus durchzieht den gesamten populärwissenschaftlichen Diskurs und findet sich auch bei Dehmel und seinen literarischen Zeitgenossen (s.u.).[86]

---

83 Carus Sterne [=Ernst Krause], Plaudereien aus dem Paradiese. Der Naturzustand des Menschen in Wahrheit und Dichtung. Wien und Teschen o.J. [Vorwort 1886] (Salon-Bibliothek), [S. VIII]. Vgl. auch ebd., S. 270.

84 LUDWIG BÜCHNER, Ueber religiöse und wissenschaftliche Weltanschauung, S. 73.

85 Vgl. bereits LUDWIG BÜCHNER, Kraft und Stoff. Empirisch-Naturphilosophische Studien. In allgemeinverständlicher Darstellung. Frankfurt/M. 1855, S. 241ff.
Zur gleichen Skepsis gegenüber einem sozusagen weitsichtigen Zukunftsenthusiasmus gelangte, in Vorwegnahme lebensphilosophischer Argumentation, der von Dehmel hochgeschätzte (s. Kap. II) Eugen Dühring in seinem Weltanschauungsbuch *Der Werth des Lebens* (1865): „Die behutsame Philosophie darf sich nicht verhehlen, dass der einzig haltbare und zuverlässige Standpunkt derjenige ist, welcher nur dem instinctiven Urtheil vertraut, welches uns zwar die Wahrscheinlichkeit einer unabsehbaren Dauer der gegenwärtig bestehenden Lebensgattung, aber keineswegs die Endlosigkeit derselben gewährleistet." (EUGEN DÜHRING, Der Werth des Lebens. Breslau 1865, S. 55.) Deutlicher als Büchner verwies er seine Zeitgenossen auf die Notwendigkeit *gegenwärtigen* Handelns: „Anstatt ins Grenzenlose zu schweifen, würde sich alle Sorge auf den Rahmen einer absehbaren Zukunft beschränken, und alle Thätigkeit, die weder unmittelbaren Genuss verschaffte noch den Vorstellungen von der Zukunft entspräche, würde als thörichtes Beginnen gelten." (Ebd.)

86 Zur ungebrochenen Wirkungskraft des Lamarckismus in der zweiten Jahrhunderthälfte vgl. BOWLER (1989), S. 257-268 (Neo-Lamarckismus). Dehmel bekennt sich erst in dem Essay *Tragik und Drama* (1909) zur Theorie „des mehr als Darwin weisen Lamarck" (GW 9, S. 15).

Der Fortschrittsglaube zeigt sich selbst da, wo man ihn ganz und gar nicht vermuten sollte: In der modischen Philsophie des Pessimismus, deren Hausbuch Eduard v. Hartmanns *Philosophie des Unbewussten* (zuerst 1869) war. Die metaphysische Grundannahme des Pessimismus, daß alles Dasein Leiden und „das ‚Nichtsein' der Welt ihrem ‚Sein' vorzuziehen sei"[87], schließt für Hartmann einen „politischen, socialen etc. Optimismus" keineswegs aus.[88] Daß dieser sich aus dem darwinistischen Entwicklungsprinzip basiert, beweist die folgende Äußerung: „Die niederen Thiere und Pflanzen werden seit Beginn des organischen Lebens mehr und mehr durch höhere, die höheren Thiere durch den Menschen verdrängt, und die Menschheit wird mit der Zeit in ihrer Durchschnittsmasse auf einen Standpunkt der Intelligenz und Weltanschauung kommen, wo jetzt nur wenige Gebildete stehen."[89] Diese Kluft zwischen Metaphysik und Sozialphilosophie bzw. praktischer Philosophie bringt so manches paradox wirkende Urteil hervor: „Wir haben gesehen, dass in der bestehenden Welt Alles auf das Weiseste und Beste eingerichtet ist, und dass sie als die beste von allen möglichen angesehen werden darf, dass sie aber trotzdem durchweg elend und schlechter als gar keine sei."[90]

Hartmanns Beitrag zum Entwicklungsoptimismus der Zeit besteht in seiner Lehre von der endlichen „Erlösung" vom „Elend des Wollens und Daseins".[91] Sie liegt Hartmann zufolge in dem „Sieg des Logischen über das Unlogische" durch fortgesetzte „Steigerung" des Bewußtseins.[92] Diese könne jedoch nur am Ende der „Entwickelung" liegen[93], die Hartmann offensichtlich evolutionistisch versteht.[94] Gleichzeitig weist er, ähnlich wie Büchner, dem Menschen die „Aufgabe" zu, am „Weltprocess" mitzuwirken. Im Gegensatz zu Schopenhauer, den er in dieser Hinsicht direkt neben Christentum und Buddhismus stellt, sieht er den Weg zur „Erlösung" nicht in der Verneinung, sondern in der „Bejahung des Willens zum Leben", denn „nur in der vollen Hingabe an das Leben und seine

---

87 PAUEN (1997), S. 16.

88 EDUARD V. HARTMANN, Philosophie des Unbewußten. Speculative Resultate nach inductiv-naturwissenschaft-licher Methode. 3 Bände. Leipzig [12]1923, Band II, S. 376. Zit. nach PAUEN (1997), S. 126; vgl. auch ebd., S. 9. Auf diesen Widerspruch weisen auch MAHAL (1973), S. 29, und JÄGER (1976), S. 123.

89 HARTMANN, Philosophie des Unbewussten. Versuch einer Weltanschauung. Speculative Resultate nach inductiv-naturwissenschaftlicher Methode. Berlin 1869, S. 539.

90 Ebd., S. 633.

91 Ebd., S. 634.

92 Ebd., S. 637.

93 Ebd., S. 636: „Für Denjenigen, welcher den Begriff der Entwickelung gefasst hat, kann es nicht zweifelhaft sein, dass das Ende des Kampfes zwischen dem Bewusstsein und dem Willen, zwischen dem Logischen und Unlogischen nur am *Ziele* der Entwickelung, am *Ausgang* des Weltprocesses liegen kann [...]."

94 Ebd., S. 637: „Ob die Menschheit einer so hohen Steigerung des Bewusstseins fähig sein wird, oder ob eine höhere Thiergattung auf Erden entstehen wird, welche, die Arbeit der Menschheit fortsetzend, das Ziel erreicht, [...] ist schwer zu sagen."

Schmerzen, nicht in feiger persönlicher Entsagung ist etwas für den Weltprocess zu *leisten*". Der „ungeheure Erfolg" des Buches (Nietzsche) dürfte sich nicht zuletzt dieser staunenswerten Unradikalität von Hartmanns praktischer Philosophie verdanken.[95] Sie gipfelt in dem Aufruf: „Darum rüstig vorwärts im Weltprocess als Arbeiter im Weinberge des Herrn, denn der Process allein ist es, der zur Erlösung führen kann!"[96] Die Parallele zum gemütlichen Epikureismus eines David Friedrich Strauß liegt auf der Hand und ist dem Strauß-Kritiker Nietzsche nicht entgangen: „Die David-Straussische Gegenwart wird in den Weltprozess eingeordnet, findet ihre Stelle und wird also justifiziert. Daher der Erfolg bei der *Litteraten-Masse* [...]."[97]

Was alle diese Erfolgsbücher der wilhelminischen Ära, Haeckels *Natürliche Schöpfungsgeschichte* ebensogut wie Strauß' *Alter und neuer Glaube* und Hartmanns *Philosophie des Unbewussten*, gemeinsam haben, ist die Kombination von zur Schau getragener weltanschaulicher Radikalität, bilderstürmerischer Pose, und verborgenem Wertkonservativismus. Das gilt selbst für den nun folgenden Autor, Max Nordau, dessen Vorschläge etwa zur Ehe-Moral letztlich ganz in den Bahnen viktorianischer Sittlichkeit verbleiben. Der erste wirkliche Versuch eines konsequenten Bruchs erfolgt mit Nietzsches Moralkritik, und Nietzsche war es auch, der mit psychologischem Scharfblick jene restaurativen Tendenzen aufspürte. Eine Nachlaßnotiz Nietzsches vom Herbst 1887 wirft die Frage auf, „in wiefern unter den Formeln ‚Natur', ‚Fortschritt', ‚Vervollkommnung', ‚Darwinismus' [...] immer noch die christliche Voraussetzung und Interpretation ihr Nachleben hat".[98]

2.1.2 Max Nordau

Die materialistische Kritik an der christlichen Lehre signalisiert bereits, daß aus dem Fortschrittsoptimismus nicht notwendig eine Bejahung der bestehenden Verhältnisse folgte. Aus der religionskritischen Haltung des naturwissenschaftlichen Materialismus, in die auch Haeckels Polemik gegen den „Papismus" ein-

---

95 FRIEDRICH NIETZSCHE, Nachlaß Sommer – Herbst 1873, 29 [51], KSA 7, S. 647. Es lohnt sich, Nietzsches polemische Auseinandersetzung mit Hartmann im neunten Kapitel der zweiten *Unzeitgemäßen Betrachtung* nachzulesen (Vom Nutzen und Nachtheil der Historie für das Leben 9, KSA 1, S. 313-324). Vgl. dazu die vorzügliche Studie von SALAQUARDA (1984); zu Hartmanns ‚Philosophie des Unbewussten': ebd., S. 30-40. Das Buch erschien bereits 1872 in vierter Auflage, 1904 in der elften (vgl. SALAQUARDA 1984, S. 38).

96 HARTMANN, Philosophie des Unbewussten, S. 638.

97 NIETZSCHE, Nachlaß Sommer – Herbst 1873, 29 [52], KSA 7, S. 650.

98 NIETZSCHE, Nachlaß Herbst 1887, 10 [7], KSA 12, S.457. Ebenso heisst es über Eduard von Hartmann: „Diese Hartmannsche Philosophie ist eine Fratze des Christentums mit ihrer absoluten Weisheit, ihrem jüngsten Tag, ihrer Erlösung usw." (Nachlaß Sommer – Herbst 1873, 29 [52], KSA 7, S. 650.)

stimmte[99], ergab sich mittelbar die Forderung, den bestehenden gesellschaftlichen Verhältnissen, bzw. der ihnen zugrundeliegenden bürgerlichen Ethik, eine neue, wissenschaftliche Basis zu geben.[100] Dabei wurden allerdings weniger die traditionellen Werte selbst in Frage gestellt, als ihre bisherige metaphysische Begründung.[101]

In diesem Punkt traf sich der weltanschauliche Darwinismus mit dem Anliegen einer szientistisch motivierten Kulturkritik, wie sie im deutschen Sprachraum vor allem durch die Schriften des Kritikers und Publizisten Max Nordau (1849-1923) breitenwirksam wurde. Anders als Lagarde und Langbehn lehnte Nordau den wissenschaftlichen Fortschritt nicht ab, sondern machte ihn zur Grundlage einer beißenden Kritik bürgerlicher Normen und Institutionen.[102] Seine Kulturkritik, wie er sie in dem erfolgreichen Buch *Die conventionellen Lügen der Kulturmenschheit* (1883) vorgetragen hat[103], nimmt ihren Ausgang von der pessimistischen Grundstimmung innerhalb des europäischen Bürgertums. Ihr setzt Nordau den schon vertrauten evolutionistischen Optimismus entgegen:[104]

> Denn was der Menschheit bevorsteht, das ist Erhebung und nicht Erniedrigung; ihre Entwickelung macht sie besser und edler, nicht schlechter und gemeiner, wie ihre Verleumder behaupten; durch die reine, durchsichtige Atmosphäre der naturwissenschaftlichen Weltanschauung sieht sie ihr Entwickelungsideal klarer und strahlender als durch die dicken Wolken und Nebel des transzendentalen Aberglaubens.

Eine Idealisierung der Vergangenheit lehnt er strikt ab: „Ich glaube nicht an ein goldenes Zeitalter in der Vergangenheit.“[105] Die Ursache des Pessimismus erblickt Nordau im Widerspruch von christlich geprägter Gesellschaftsordnung und naturwissenschaftlichem Weltbild.[106] Da eine Rückkehr zu christlichen

---

99 Vgl. HAECKEL, Die Welträthsel, S. 12, 329 et pass.

100 ERNST HAECKEL, Über die heutige Entwicklungslehre im Verhältnis zur Gesamtwissenschaft (1877), in: E.H., Gemeinverständliche Werke, hg. von Heinrich Schmidt-Jena, Leipzig/Berlin 1924, Bd. 5: Vorträge und Abhandlungen, S. 143-161, hier: S. 158: „Die weitaus wichtigste und schwierigste Anforderung, welche die praktische Philosophie an die Entwicklungslehre stellt, scheint diejenige einer neuen *Sittenlehre* zu sein.“ – LUDWIG BÜCHNER, Kraft und Stoff, [15]1883, S. 512: „Die Wissenschaft muß an die Stelle der Religion [...], die naturgemäße Moral an die Stelle der künstlichen oder Dogmen-Moral gesetzt werden.“ (Zit. nach SANDMANN 1990, S. 38.)

101 Vgl. SANDMANN (1990), S. 67ff.

102 Vgl. HAMACHER (1993), S. 22ff. Die beste Darstellung von Nordaus „naturwissenschaftliche[r] Weltanschauung“ bietet SCHULTE (1997), S. 127-158, bes. S. 131ff. (dort auch mehrfach das Zitat). Zur Nordau-Rezeption im deutschen Naturalismus vgl. ZUDRELL (2003), S. 127ff.

103 Dieses Werk folgt noch nicht, wie die spätere *Entartung* (1892/93), der psychopathologischen Methode Lombrosos.

104 MAX NORDAU, Die conventionellen Lügen der Kulturmenschheit, Leipzig [10]1885, S. 353f.

105 Ebd., S. 17.

106 Vgl. ebd., S. 25.

Maßstäben nicht möglich sei, fordert Nordau eine Gesellschaftsreform auf der Basis der naturwissenschaftlichen Weltanschauung: [107]

> Das, was der Menschheit zunächst noththut, das ist, daß sie sich die Möglichkeit schaffe, nach ihrer Erkenntniß zu leben. Die alten Formen müssen verschwinden; sie müssen neuen Platz machen, welche die Vernunft befriedigen; das Individuum muß von seiner innern Zerrissenheit geheilt, es muß wieder wahr und ehrlich werden.

Damit war das Lebensgefühl der jungen Intellektuellen zwischen 1880 und 1890 präzise formuliert. Die Diskussionen um eine Neuordnung der bürgerlichen Lebenswelt (s. Kap. I.3) nehmen von hier ihren Ausgang.

2.1.3 Friedrich Nietzsche

Das Werk Friedrich Nietzsches ist mit den Begriffen Optimismus und Pessimismus sicherlich nicht annähernd zu fassen.[108] Einen ungebrochenen Optimismus wird man bei Nietzsche ebensowenig finden wie ein ungeteilt positives Bekenntnis zu irgendeiner anderen Weltsicht. Dennoch lassen sich zahlreiche Textstellen aufgrund ihrer stark zukunftsbezogenen Ausrichtung in die Vorgeschichte des literarischen Kulturoptimismus stellen.[109] Besonderes Interesse verdient der Umstand, daß Nietzsche seine Zukunftsvisionen nicht selten als personale oder Individual-Utopien, d.h. als Bilder eines zukünftigen Menschen, konzipiert, der seine bekannteste Gestaltung in Zarathustras „Übermenschen" gefunden hat.[110] In diesem Gegenentwurf zu den kollektivistischen Zukunftsmodellen des Sozialismus und des Darwinismus ist weit deutlicher als dort der „Mensch der Zukunft" vorgebildet, der das wichtigste Thema in Dehmels frühen Dichtungen bis zu den *Zwei Menschen* bildet (s. Kap. III.0).

Im kulturkritischen Frühwerk erscheint der Optimismus nur in paradoxer Brechung. Das beste Beispiel ist eine Passagen in der *Geburt der Tragödie* (1872), in der Nietzsche „eine heranwachsende Generation" der „Drachentödter" be-

---

107 Ebd., S. 351.

108 Nietzsches Äußerungen zu beiden Begriffen braucht hier nicht nachgegangen zu werden. Seine an Schopenhauer orientierte Ablehnung des Strauß'schen Optimismus als eine „wahrhaft ruchlose Denkungsart" (Unzeitgemässe Betrachtungen I: David Strauss der Bekenner und Schriftsteller 6, KSA 1, S. 192) ist ebenso interpretationsbedürftig wie die späte autobiographische Äußerung „die Jahre meiner niedrigsten Vitalität waren es, wo ich *aufhörte*, Pessimist zu sein" (Ecce Homo, KSA 6, S. 267 [*Warum ich so weise bin* 2]).

109 Die hermeneutische Fragwürdigkeit eines derart selektiven Vorgehens rechtfertigt sich durch die rezeptionsgeschichtliche Perspektive, auf die es hier ankommt. Keinesfalls soll hier also Nietzsches Philosophie global als simpler Optimismus hingestellt werden. Vielmehr ist zu klären, welche Teile seines Werks eine entsprechende Deutung durch die Zeitgenossen zuließ.

110 Zu Nietzsches Einordnung in die Ideengeschichte des „Neuen Menschen" vgl. BENZ (1961) und KÜENZLEN (1994), S. 121-136. Vgl. auch FRIEDRICH (1995), bes. S. 28ff. (auch zu Darwin).

schwört.[111] Sie soll die „sokratische Cultur“ überwinden, deren hervorstechendes Merkmal jedoch laut Nietzsche gerade der Optimismus bildet.

Im berühmten Schlußappell der zweiten *Unzeitgemäßen Betrachtung* (1874) konkretisiert sich diese Vorhersage zum Bild „jener Jugend, jenes ersten Geschlechtes von Kämpfern und Schlangentödtern, das einer glücklicheren und schöneren Bildung und Menschlichkeit voranzieht, ohne von diesem zukünftigen Glücke und der einstmaligen Schönheit mehr zu haben als eine verheissende Ahnung.“[112] Bereits im Vorwort erläutert Nietzsche das „unzeitgemässe“ Vorhaben als Wirkungsabsicht „gegen die Zeit und dadurch auf die Zeit und hoffentlich zu Gunsten einer kommenden Zeit“.[113] In der vierten *Unzeitgemässen Betrachtung* (1876) macht er als eigentliches Publikum Richard Wagners die „Menschen der Zukunft“ aus.[114]

Zum gleichen Gedankenkreis gehört der Abschnitt *Vorbereitende Menschen* aus der *Fröhlichen Wissenschaft* (1882): „Ich begrüsse alle Anzeichen dafür, dass ein männlicheres, ein kriegerisches Zeitalter anhebt, das vor allem die Tapferkeit wieder zu Ehren bringen wird! Denn es soll einem noch höheren Zeitalter den Weg bahnen und die Kraft einsammeln, welche jenes einmal nöthig haben wird, – [...]“.[115] Dieses Zeitalter erscheint in der ‚Streitschrift‘ *Zur Genealogie der Moral* (1887) personifiziert als „Mensch der Zukunft“:

> Aber irgendwann, in einer stärkeren Zeit, als diese morsche, selbstzweiflerische Gegenwart ist, muss er uns doch kommen, der *erlösende* Mensch der grossen Liebe und Verachtung, der schöpferische Geist, den seine drängende Kraft aus allem Abseits und Jenseits immer wieder wegtreibt [...]. Dieser Mensch der Zukunft, der uns ebenso vom bisherigen Ideal erlösen wird, als von dem, *was aus ihm wachsen musste*, vom grossen Ekel, vom Willen zum Nichts, vom Nihilismus, dieser Glockenschlag des Mittags und der grossen Entscheidung, der den Willen wieder frei macht, der der Erde ihr Ziel und dem Menschen seine Hoffnung zurückgiebt, dieser Antichrist und Antinihilist, dieser Besieger Gottes und des Nichts – *er muss einst kommen* . . .

Im *Zarathustra* schließlich verbindet sich der kulturphilosophische Ansatz mit evolutionistischen Motiven.[116] Zarathustras Lehre vom ‚Übermenschen‘ kommt

---

111 FRIEDRICH NIETZSCHE, Die Geburt der Tragödie, KSA 1, S. 118f. (§ 18).

112 FRIEDRICH NIETZSCHE, Vom Nutzen und Nachtheil der Historie für das Leben, KSA 1, S. 331 (§ 10). In diesem Zusammenhang macht auch Nietzsche Gebrauch vom Paradiesbegriff, allerdings im gängigen Sinn eines wiederzugewinnenden Paradieszustands (ebd., S. 329): „Wenn nicht die Jugend die hellseherische Gabe der Natur hätte, so würde Niemand wissen, dass es ein Uebel ist und dass ein Paradies der Gesundheit verloren gegangen ist. Dieselbe Jugend erräth aber auch mit dem heilkräftigen Instincte derselben Natur, wie dieses Paradies wieder zu gewinnen ist […].“

113 FRIEDRICH NIETZSCHE, Vom Nutzen und Nachtheil der Historie für das Leben. Vorwort, KSA 1, S. 247. Vgl. auch ebd., S. 271, 281, 294f.

114 FRIEDRICH NIETZSCHE, Richard Wagner in Bayreuth, KSA 1, S. 505 (§ 10).

115 FRIEDRICH NIETZSCHE, Die fröhliche Wissenschaft, KSA 3, S. 526 (§ 283).

116 Inwieweit Nietzsches ‚Übermensch‘ tatsächlich Darwin oder dem Darwinismus verpflichtet ist, braucht uns hier nicht zu beschäftigen. Am evolutionistischen Gehalt dieses Kon-

dem populären Evolutionismus recht nah, indem sie kulturelle und naturgesetzliche Entwicklung zusammendenkt. Die naturgeschichtliche Entwicklung des Menschen aus „Thier", „Wurm", „Affe"[117] findet ihre Fortsetzung in seiner ‚Überwindung' zugunsten des ‚Übermenschen'. Allerdings versteht Nietzsche die Evolution nicht als mechanisch verlaufenden Prozeß, sondern als aktive Bewegung[118]: „Der Mensch ist Etwas, das überwunden werden soll. Was habt ihr gethan, ihn zu überwinden?"[119] Wir treffen hier abermals auf die schon von Büchner her bekannte Denkfigur eines präsentischen Aktivismus anstelle von teilnahmsloser Zukunftshoffnung, die für Dehmel ganz und gar typisch ist.

Daß der Übermensch weniger als pädagogisches oder politisches Programm gedacht war denn als philosophisches Remedium gegen den abendländischen Nihilismus, ist den meisten Zeitgenossen entgangen. Sie verstanden ihn als veritable Zukunftsperspektive. Für viele bildete der Begriff nichts weiter als die philosophisch-ethische Ausformung der Evolutionstheorie.[120] Stellvertretend sei eine Äußerung von 1890 zitiert, die in ihrer verfälschenden Einseitigkeit allerdings einen Extrempunkt markiert: „Eine bessere Race wird die Krone dieser Entwicklung sein, die *Uebermenschen*: voll Lebenslust und Kraft, erfüllt von dem Willen zur Macht, schön und stark, zum Herrschen berufen, zum Herrschen berechtigt. [...] Die Lehren Darwins und Haeckels führen in letzter Consequenz ebenfalls zum Uebermenschen."[121] So konnte es geschehen, daß die Rezeption Nietzsches bei vielen Zeitgenossen mit derjenigen Darwins zu einem diffusen Zukunftsenthusiasmus verschmolz. Wo die Aufforderung zur aktiven Verwirklichung über-

---

zepts kann kein Zweifel bestehen. Zu Kongruenzen und Differenzen zwischen Nietzsches ‚Übermenschen' und der Evolutionstheorie vgl. die immer noch beste Darstellung von BENZ (1961), S. 123-132, sowie TAURECK (1991), S. 181-191. Zu Nietzsches Darwin-Rezeption und -Adaption auch jenseits des ‚Übermenschen' vgl. die ausgewogene Interpretation von STEGMAIER (1987).

117 FRIEDRICH NIETZSCHE, Also sprach Zarathustra I, KSA 4, S. 14 (*Zarathustra's Vorrede* 3).

118 Vgl. BENZ (1961), S. 124f.; PIEPER (1990), S. 46.

119 Ebd.

120 So urteilt etwa ALEXANDER TILLE über den *Zarathustra*: „Mit diesem Buche Nietzsches ist der grosse leitende Gedanke der Entwicklungslehre Darwins zum ersten Male rein und ungetrübt durch herrschende sittliche Vorstellungen auf die heutige Menschheit und die künftige Menschheitsentwicklung angewandt." (A.T., Von Darwin bis Nietzsche. Ein Buch Entwicklungsethik. Leipzig 1895, S. VII; vgl. auch ebd., S. 214f., 218f., 220f.) Auf den gleichen Zusammenhang weist, wenn auch behutsamer, GEORG SIMMEL, Schopenhauer und Nietzsche (1907), in: G.S., Gesamtausgabe, hg. von Otthein Rammstedt, Bd. 10, hg. von Michael Behr, Volkhard Krech u. Gert Schmidt, Frankfurt/M. 1995, S. 167-408, hier: S. 179f. – In *Ecce homo* hat Nietzsche seiner Verärgerung über diese Vermutung Luft gemacht: „Andres gelehrtes Hornvieh hat mich seinethalben [sc. wegen des Übermenschen, B.S.] des Darwinismus verdächtigt; [...]." (KSA 6, S. 300 [*Warum ich so gute Bücher schreibe* 1].) Vgl. auch BENZ (1961), S. 123ff.

121 JOSEPH DINER, Friedrich Nietzsche. Ein Dichterphilosoph. In: *Freie Bühne* 1 (1890), S. 368-371, hier: S. 371. Zur schlagwortartig vereinfachenden Rezeption Nietzsches im Jahrzehnt nach 1890 vgl. HILLEBRAND (1978), S. 3-11.

haupt gehört wurde, brachte sie zum Teil groteske Wirkungen hervor. Die negativen Folgen dieser Rezeption schilderte bereits 1897 Leo Berg:[122]

> Nachdem Nietzsche aber sein Zauberwort ausgesprochen hatte, war in Deutschland plötzlich alles Übermensch, oder man wollte ihn doch aus sich erzeugen, litterarisch oder menschlich; und wie denn eitel und klein unser Dichtergeschlecht ist, so bezog man das vom Übermenschen immer direkt ganz persönlich auf sich selbst. Man pochte auf seine Sonderrechte, der Eine als Künstler, welch geheimnisvolles Wort Vielen Übermensch bedeutet, der Andere als Erotiker.

Ein zweiter Aspekt von Nietzsches Wirkung ist hier hervorzuheben. Auch wenn das Welt- und Menschenbild der Jahrhundertwende insgesamt an der Natur orientiert blieb, läßt sich, mit dem Stichjahr 1890, eine begriffliche und konzeptionelle Verschiebung erkennen: An die Stelle des Entwicklungsbegriffs, der bis dahin im Zentrum des Naturverständnisses gestanden hat, tritt der Begriff des ‚Lebens'.[123] Zugleich verlagert sich der strukturelle Kern der religionsartigen quasinaturwissenschaftlichen Weltanschauung vom Perfektibilitätsdenken zum Einheitsdenken, vom *progressus ad infinitum* zum *hen kai pan*.[124] Die Wurzeln dazu waren im Monismus ebenso vorgebildet wie der Entwicklungsbegriff. Hinzu traten panpsychistische Ganzheitskonzeptionen, die sich auf die führenden Köpfe der nachromantischen Naturphilosophie, Lotze und Fechner, berufen konnten.[125] Im grundsätzlich synkretistischen Weltanschauungsdiskurs der Jahrhundertwende verbanden sich diese naturphilosophischen Überlegungen mit Aspekten einer eudämonistisch gefärbten Lebensphilosophie.

---

122 LEO BERG, Der Übermensch in der modernen Litteratur. Ein Kapitel zur Litteraturgeschichte des 19. Jahrhunderts. Paris, Leipzig, München 1897, S. 216.

123 Für die Erhebung des irrationalistischen Lebensbegriffs zur Legitimations- und Berufungsinstanz in der Literatur der Jahrhundertwende hat sich in der literaturgeschichtlichen Forschung die Bezeichnung „Lebenspathos um 1900" eingebürgert. Diese Bezeichnung wurde in einem mittlerweile klassisch gewordenen Aufsatz von WOLFDIETRICH RASCH (1967) vorgeschlagen, mit einer Fülle von Belegen dokumentiert und seither in einer Reihe von Einzelstudien vertieft. Vgl. dazu den ausführlichen Forschungsbericht bei SENDLINGER (1993). Einen einführenden Überblick zur Relevanz des Lebensbegriffs für die Literatur um 1900 bietet KOOPMANN (1997). Zur Bedeutung des Lebensbegriffs in der Philosophie des späten 19. Jahrhunderts vgl. SCHNÄDELBACH (1983), S. 172-193. Die bislang wichtigste Ergänzung zu Raschs Aufsatz, aber auch zur philosophiegeschichtlichen Forschung stellt die Studie von RIEDEL (1996) dar, die, ausdrücklich an Rasch anknüpfend (vgl. S. VII), den Quellen des ‚Lebenspathos' in der Ideengeschichte des 19. Jahrhunderts nachgeht und die Verflechtung von biologistischer, natur- und lebensphilosophischer Orientierung aufdeckt.

124 Vgl. RIEDEL (1996), S. 53-84.

125 Dazu ausführlich GEBHARD (1984); pointierter: RIEDEL (1996), S. 62-77; zu Fechner auch FICK (1993), S. 37ff.

Terminologisch etabliert durch Schopenhauer und Nietzsche[126], gewann der Lebensbegriff für die jungen Intellektuellen zwischen 1890 und 1900 eine ähnliche Bedeutung wie ,Vernunft' für die Aufklärung und ,Natur' für das spätere 18. Jahrhundert.[127] Wie jene stellte das Wort ,Leben' eine Variable dar, deren semantische Unterbestimmtheit es ermöglichte, sie mit jedem beliebigen ideologischen Inhalt zu füllen, eine polemische Chiffre, die als universeller Kampfbegriff dem ästhetischen Idealismus einerseits, dem bürgerlichen Moralbegriff andererseits entgegengestellt wurde. Georg Simmel, der zu den führenden Theoretikern und Verkündern der Lebensphilosophie gehörte, schrieb rückblickend über diese Zeit: „Indem nun der Begriff des Lebens als der allumfassende auftrat, dessen Form alles trug, was dem Menschen wesentlich ist; [...] so konnte nun die Idealbildung an dieser innersten, vielleicht nicht immer sichtbaren, aber immer vorhandenen Richtlinie all unsrer Wirklichkeit entlanggehen".[128]

Den irreduziblen, allem Erkennen und Urteilen vorausgehenden Charakter des Phänomens ,Leben' hat niemand so stark betont wie Nietzsche, der diesen Gedanken in seinen Frühschriften herausarbeitete und seitdem an immer neuen Beispielen vorführte.[129] In der Argumentation des Spätwerks schließlich füllte der Lebensbegriff die systematische Leerstelle, die entstanden war, als Nietzsche die christliche Heilslehre als Fundament moralischer Wertsysteme für unzureichend erklärt hatte. Das Leben als allgemeinster, nichttranszendenter Nenner alles Seienden stellte die Basis dar, auf der Nietzsche seine neue Wertelehre zu errichten versuchte.

Die biologisch verbürgte Relevanz des Lebensbegriffs ermöglichte es Nietzsche, am Fundament abendländischer Wissenschaft und Philosophie, der Logik selbst, zu rütteln: „Die Falschheit eines Urtheils ist uns noch kein Einwand ge-

---

126 RASCH (1967) sieht in Nietzsche nur eines von vielen Beispielen für die plötzlich auftretende Inflation des Lebensbegriffs (vgl. S. 26); KOOPMANN (1997) hingegen sieht Nietzsche, gemeinsam mit Schopenhauer, als wichtigste Quelle des Lebenspathos (vgl. S. 21).

127 Diesen Vergleich zieht RASCH (1967), S. 17.

128 SIMMEL, *Schopenhauer und Nietzsche*, S. 386. Was Simmel an anderer Stelle mit Blick auf den Begriff ,Gesellschaft' feststellte, gilt ohne Einschränkung auch für den Lebensbegriff: „Offenbar braucht jede Zeit einen Begriff, der hinreichend hoch und unbestimmt ist, um allen möglichen Interessen und Erklärungsbedürfnissen zu dienen, der die richtige Mischung von Mystik und Unmittelbarkeit besitzt, so daß die Bewegtheiten des Fühlens und die des Denkens sich in ihm treffen und damit die eine an den andern ihren vorläufigen Berührungspunkt gewinnen." (Ebd., S. 358.) Ebenso RICKERT (1920): „Allerdings kann man nicht behaupten, daß das Wort leben in den philosophischen Zeitströmungen eine genau bestimmte und nur eine Bedeutung hat. Aber das macht es für unseren Zweck nicht unbrauchbar. Diese Eigenschaft teilt es mit den meisten Modeschlagwörtern. Ja, man kann sagen, weil es vieldeutig ist und daher mannigfaltige und ahnungsreiche Perspektiven eröffnet, ist es so beliebt geworden." (S. 5.)

129 Zu Nietzsches Lebensauffassung vgl. MARTENS (1971), S. 24-54; MEYER (1991), S. 115-170. Die jüngst erschienene Studie von HOGH (2000) ist für diese Untersuchung nicht zu gebrauchen, da sie als „Versuch einer Rekonstruktion" (S. 3) bewußt über Nietzsche hinausgeht. Beachtung verdient allerdings der Forschungsbericht (vgl. ebd., S. 8-21).

gen ein Urtheil; darin klingt unsre neue Sprache vielleicht am fremdesten. Die Frage ist, wie weit es lebensfördernd, lebenerhaltend, Art-erhaltend, vielleicht gar Art-züchtend ist".[130] Die darwinistischen Anklänge sind auch hier nicht zu verkennen. Im *Zarathustra* tritt das Leben als Berufungsinstanz in den Dialog mit dem Propheten und nimmt damit die Stelle der Gottheit ein: „Und diess Geheimniss redete das Leben selber zu mir. ‚Siehe, sprach es, ich bin das, *was sich immer selbst überwinden muss.*'„[131] Zu guter Letzt bildete es den Fixpunkt, von dem aus die christliche Moral betrachtet und verworfen werden konnte. Während dieser Aspekt in den breit angelegten Studien *Jenseits von Gut und Böse* und *Zur Genealogie der Moral* hinter historische, etymologische und psychologische Erörterungen zurücktrat[132], fand er deutlichen Ausdruck in kürzeren Arbeiten, etwa im Kapitel *Moral als Widernatur* in der *Götzen-Dämmerung*, dem letzten von Nietzsche selbst herausgegebenen Werk: „Die *widernatürliche* Moral, das heisst fast jede Moral, die bisher gelehrt, verehrt und gepredigt worden ist, wendet sich umgekehrt gerade *gegen* die Instinkte des Lebens, – sie ist eine bald heimliche, bald laute und freche *Verurtheilung* dieser Instinkte."[133] In dem *Versuch einer Selbstkritik* (1886) war das Leben bereits als „etwas essentiell Unmoralisches" bezeichnet und Moral als „Wille zur Verneinung des Lebens" bestimmt worden.[134]

Während die berufenen Philosophen die Vagheit des Begriffs kritisierten und ihn historisch, systematisch oder gar biologisch zu fassen versuchten, gaben sich die Dichter und Intellektuellen mit einem weitaus naiveren Verständnis zufrieden. Ein gutes Beispiel bildet eine Äußerung Heinrich Harts aus dem Jahre 1893: „Was ist der Sinn des Lebens? Auf welchen höchsten Zweck ist es gerichtet – dies unser Leben? Der Widerhall gibt dir Antwort: leben! Wer dir eine andere sagt, den schilt einen Unwissenden, einen Schwärmer oder einen Heuchler. Zum Leben sind wir geboren."[135] ‚Leben' wurde zur Formel, mit der sich um 1890 viele Dichter, unter ihnen Dehmel, vom sozialen und künstlerisch-mimetischen Naturalismus lossagten. Titel wie *Triumph des Lebens*[136], *Schauspiel des Lebens*[137], *Der Wert des Lebens*[138] waren keine Seltenheit. Hofmannsthal schrieb sein *Lebens-*

---

130 FRIEDRICH NIETZSCHE, Jenseits von Gut und Böse I, 4 (KSA 5, 18).

131 FRIEDRICH NIETZSCHE , Also sprach Zarathustra II, *Von der Selbst-Ueberwindung* (KSA 4, 148).

132 Ausgenommen Jenseits von Gut und Böse, *Erstes Hauptstück: von den Vorurtheilen der Philosophen* (KSA 5, 15-39), bes. §2-9 (S. 17-22).

133 NIETZSCHE, Götzendämmerung, *Moral als Widernatur* 4 (KSA 6, 85).

134 NIETZSCHE, Die Geburt der Tragödie, *Versuch einer Selbstkritik* 5 (KSA 1, 19).

135 HEINRICH HART, *Höhen-Aussicht*, in: H.H., Gesammelte Werke, Bd. 3, S. 125-141, hier: S. 135.

136 JULIUS HART, Triumph des Lebens. Gedichte. Buchschmuck von Fidus. Florenz/Leipzig 1898.

137 HERMANN HEIBERG, Schauspiel des Lebens, in: *Die Gesellschaft* 8 (1892), S. 40-47.

138 RUDOLF LOTHAR, Der Wert des Lebens. Ein Mysterium in einem Vorspiel und vier Aufzügen. In: *Die Gesellschaft* 8 (1892), S. 50-64.

lied, George den *Teppich des Lebens*, Dehmel veröffentlichte 1895 eine Gedichtsammlung unter dem Titel *Lebensblätter*.[139]

2.2 *Optimismus und Aktivismus: Darwinismus-Rezeption im Frühnaturalismus*

Weit entfernt, einem kruden Materialismus Vorschub zu leisten, sorgte die Evolutionstheorie unter den jüngstdeutschen Literaten – in positiver Hinsicht[140] – für die Reaktivierung aufklärerischer und klassisch-idealistischer Geschichtsmodelle, die auf eine moralische Vervollkommnung des Menschen abzielten.[141] Das dürfte nicht zuletzt daran liegen, daß die Rezeption zumeist über populärwissenschaftliches Schrifttum erfolgte, wie die folgende Aufzählung Heinrich Harts nahelegt: „Eduard von Hartmann, Schopenhauer, Strauß, Büchner, Moleschott, Darwin, Haeckel, sie alle heimsten junge Seelen ein und ließen sie sobald nicht wieder los."[142] Daß die Berufung auf die „modernen" Naturwissenschaften ohnehin überwiegend legitimatorischen Zwecken diente, hat die neuere Naturalismusforschung überzeugend erarbeitet.[143] Dabei muß zudem bedacht werden, daß „Naturwissenschaft" für die jüngstdeutschen Autoren in aller Regel gleichbedeutend mit „Darwinismus" war.[144]

Der literarische Kulturoptimismus der achtziger Jahre erhält mithin sein besonderes Gepräge durch die Re-Etablierung melioristischer Positionen der Aufklärung und des klassischen Idealismus innerhalb eines evolutionistisch-natur-

139 Weitere Belege bei DARGE (1934), S. 12; RASCH (1967), S. 19ff.

140 Daß die kulturphilosophische Reflexion der Frühnaturalisten ebensosehr negativen Intentionen folgte, soll keineswegs bestritten werden, bleibt aber im Interesse der Darstellung momentan außer Betracht.

141 Die besondere Pointe lag jedoch darin, daß Geschichte von den Darwinisten als Naturprozeß verstanden wurde. Vgl. SCHNÄDELBACH (1983a), S. 37f. Bei Hegel sind Natur- und Weltgeschichte noch sauber getrennt: „Vergleichen wir die Veränderungen des Geistes und der Natur, so sehen wir, daß hier das Einzelne dem Wechsel unterworfen ist, in dem aber die Gattungen beharren. [...] Die Veränderung ist ein Kreislauf, Wiederholung des Gleichen." (G.W.F. HEGEL, Vorlesungen über die Philosophie der Weltgeschichte, Bd. 1: Die Vernunft in der Geschichte. Hg. von Johannes Hoffmeister, Hamburg 1955 [Philosophische Bibliothek, 171d], S. 153.)
Den idealistischen Grundzug des Frühnaturalismus behandeln KASTEN (1938), KOOPMANN (1972).

142 HEINRICH HART, Wir Westfalen, S. 19.

143 Vgl. KOLKENBROCK-NETZ (1981), S. 332f.; SCHEUER (1984), S. 15.

144 CONRAD ALBERTI, Kunst und Darwinismus, in: C.A., Natur und Kunst, S. 69-94, hier: S. 70: „[D]enn naturwissenschaftlich ist heute gleichbedeutend mit darwinistisch, da es keinen ernsthaften Naturforscher mehr gibt, der nicht Darwinist wäre – [...]." Ähnlich behauptet Ludwig Büchner, daß die „biologischen Wissenschaften [...] durch den Einfluß der berühmten Darwinschen Theorie in den Vordergrund der wissenschaftlichen Interessen getreten sind." (LUDWIG BÜCHNER, Über Arbeitsteilung und Spezialisierung in der Wissenschaft, in: L.B., Kaleidoskop. Skizzen und Aufsätze aus Natur und Menschenleben. Gießen 1901, S. 1-9, hier, S. 3.)

philosophischen Argumentationsrahmens. Seine Paten sind weniger Comte, Mill und Spencer[145] als Lessing, Herder, Schiller und Hegel.[146] Die eigentümliche Mischung von schwärmerischem Idealismus und Wissenschaftsglauben hat Gerhart Hauptmann rückblickend in seinen Jugenderinnerungen geschildert:[147]

> Der Grundzug unseres damaligen Wesens und Lebens war Gläubigkeit. So glaubten wir an den unaufhaltsamen Fortschritt der Menschheit. Wir glaubten an den Sieg der Naturwissenschaft und damit an die letzte Entschleierung der Natur. Der Sieg der Wahrheit, so glaubten wir, würde die Wahn- und Truggebilde auch auf den Gebieten religiöser Verblendung zunichte machen. Binnen kurzem, war unser Glaube, würde die Selbstzerfleischung der Menschheit durch Krieg nur noch ein überwundenes Kapitel der Geschichte sein. Wir glaubten an den Sieg der Brüderlichkeit, die wir ja unter uns schon quasi verwirklicht hatten. Glaubten, liebten und hofften wir doch aus Herzensgrund! Eines Tages würde das letzte Verbrechen mit dem letzten Verbrecher ausgestorben sein wie gewisse Epidemien infolge der Hygiene und sonstiger Prophylaxe der medizinischen Wissenschaft.

---

145 Die Bedeutung der Positivisten bzw. Empiristen Comte, Mill und Spencer für den deutschen Naturalismus ist lange überschätzt worden (vgl. etwa COWEN 1973, S. 29ff.; MÖBIUS 1982, S. 13, 15, 21ff.). Unter den führenden naturalistischen Theoretikern bekennt sich nur Arno Holz zu ihnen (vgl. ARNO HOLZ, Die Kunst. Ihr Wesen und ihre Gesetze, S. 85, 89). Zur Korrektur dieses Naturalismus-Bildes wegweisend: KAFITZ (1988); im Anschluß daran: RIEDEL (1996), S. 107-120, der auch die Formel ‚Poetischer Neoidealismus' geprägt hat. Um eine Korrektur der älteren Forschung bemühen sich bereits MAHAL (1975), S. 42ff. und SCHEUER (1984), S. 11ff. Kaum berücksichtigt sind diese Erkenntnisse bei STÜCKRATH (1995).

146 Kennzeichnend für diesen Eklektizismus ist eine rückblickende Äußerung Bruno Willes: „Aber Darwins Bild einer streng gesetzlichen Welt erfordert keine mechanistische oder materialistische Philosophie, sondern paßt auch in den Rahmen eines idealistischen Naturbegriffes hinein." (BRUNO WILLE, Darwins Weltanschauung, von ihm selbst dargestellt. Geordnet und eingeleitet von Dr. Bruno Wille. Heilbronn 1906 [Die Führer der geistigen Strömungen der Gegenwart, Bd. 1], S. XII. Vgl. ebd., S. XXf., XXXIII.) In seiner Programmschrift *Die naturwissenschaftlichen Grundlagen der Poesie* hatte Wilhelm Bölsche ein ganzes Kapitel dem „realistischen Ideal" gewidmet (S. 48-52), in dem er versuchte, die wissenschaftliche Weltsicht in ein idealistisches Licht zu rücken.
Damit soll nicht bestritten werden, daß sich viele Autoren tatsächlich um ein konsequentes und sachgerechtes Verständnis der Naturwissenschaften bemühten. Das gilt besonders für Conrad Alberti und Arno Holz (zu Alberti vgl. KOLKENBROCK-NETZ 1981, S. 252-285. Zu Holz: MÖBIUS 1980). Interessanterweise diente die Wissenschaftsrezeption gerade bei diesen Autoren einem anderen Zweck als bei den Friedrichshagenern: Während Holz und Alberti die Erkenntnisse der Naturwissenschaft auf die Poetik anzuwenden versuchten, waren die Friedrichshagener in erster Linie an den weltanschaulichen Implikationen interessiert. Davon bilden auch Bölsches *Grundlagen* keine Ausnahme, die ja bewußt nur als *Prolegomena* konzipiert sind und sich spezifisch poetologischer Überlegungen ausdrücklich enthalten: „Ich gebe hier keine Aesthetik, sondern beschränke mich auf die naturwissenschaftlichen Grundlagen, es liegt mir fern, in jene Fragen näher einzugreifen, die sich daran anknüpfen." (BÖLSCHE, Grundlagen, S. 26.)

147 GERHART HAUPTMANN, Das Abenteuer meiner Jugend, in: G.H., Sämtliche Werke. Herausgegeben von Hans-Egon Hass (‚Centenarausgabe'), Bd. VII, Frankfurt/M./Berlin 1962, S. 451-1082, hier: S. 1071 (2. Buch, Kapitel 41).

Ungeachtet literaturtheoretischer Differenzen bekannten sich zwischen 1880 und 1890 fast alle Vordenker der naturalistischen Bewegung zu einem „evolutionistischen Optimismus“[148] Haeckelscher Prägung. Bereits 1884 schrieb Arno Holz – nach der Lektüre von Nordaus Buch! – an Oskar Jerschke: „Ich habe nun die letzte Fessel zerrissen, die mich an die dunklen Vorurteile der Vergangenheit knüpfte und wende jetzt auch mein Gesicht voll und ganz der Zukunft, der schönen und großen Zukunft zu.“[149] Johannes Schlaf berichtete 1888 in einem Brief an Wolfgang Kirchbach von der „Übertragung“ der Entwicklungslehre „auf das seelische Leben der einzelnen Organismen“ und kam zu dem Schluß: „Es existiert für mich kein Zweifel, daß es auch möglich sein wird, ebenso wie ‚Tatsachen der Ethik', so auch ‚Tatsachen der Kunst' nachzuweisen und [...] die Gesetze der Entwicklung und des Zusammenhanges auch hier zu finden.“[150]

Eine besondere Spielart des Zukunftsoptimismus entwickelt Wilhelm Bölsche in den *Grundlagen*, indem er allen Naturvorgängen – ob organisch oder anorganisch – eine Tendenz zum harmonischen Ausgleich unterstellt. In der Wassermetaphorik wird bereits der Einfluß der Lebensphilosophie sichtbar: „Dunkel, wie der ganze Untergrund der grossen Daseinswelle, in der wir leben, für unsere Erkenntniss bleibt, ist die ideale Richtung auf das Harmonische, nach allen Seiten Festgefügte, in seiner Existenz Glückliche und Normale überhaupt die einzige feste Linie, die wir durch das ganze Weltsystem verfolgen können.“[151] Die gleiche Zuversicht spricht aus den Worten Julius Harts über die Zukunftshoffnung des Proletariats, mit denen er weit eher die weltanschauliche Position der Friedrichshagener charakterisiert:[152]

> Ein neues Volk drängt gegen dies Bürgertum heran; der Proletarier besitzt kein Erbe aus Väterhand, und was ihn vor allem fähig macht seine Stellung zu erobern: Kenntnisse, Bildung. Mit junger Frische und zäher Ausdauer sucht er sein Wissen und sein Können zu vervollständigen. Und er bringt mit sich ein neues geistiges Ideal, eine neue Weltan-

---

[148] CONRAD ALBERTI, Der Realismus als Weltanschauung, in: C.A., Natur und Kunst, S. 19-30, hier: S. 28.

[149] ARNO HOLZ an OSKAR JERSCHKE, 4.12.1884, zit. nach SCHEUER (1971), S. 42. Zu Nordau vgl. ebd.

[150] JOHANNES SCHLAF an WOLFGANG KIRCHBACH, 4.9.1888, zit. nach: Wolfgang Kirchbach in seiner Zeit. Briefwechsel und Essays aus dem Nachlaß. Hg. von Marie Luise Becher und Karl v. Levetzow. München 1910, S. 333. Zu Schlafs Monismus-Rezeption vgl. KAFITZ (1991), S. 78ff; RIEDEL (1995), S. 120ff.

[151] BÖLSCHE, Grundlagen, S. 49. Geradezu ironisch klingt es für den heutigen Leser, wenn es gleich darauf heißt: „Ich wahre durchaus den Standpunct des Naturforschers.“ (S. 50) Vgl. ebenso WILHELM BÖLSCHE, Fechner, in: W.B., Hinter der Weltstadt. Friedrichshagener Gedanken zur ästhetischen Kultur. Jena und Leipzig 1904, S. 259-347, hier: S. 327.

[152] JULIUS HART, Einleitung, in: Bruno Wille, Einsiedler und Genosse. Soziale Gedichte nebst einem Vorspiel. Vorwort von Julius Hart. Berlin o.J. [1891], S. IV. Leider vernachlässigt KAISERS (1995) grundlegende Studie über Julius Hart den Kulturoptimismus zugunsten der biologistischen Naturauffassung und der späteren monistischen Alleinheitslehre.

schauung, den festen Glauben an eine höhere und bessere Entwicklung der Menschheit und die Begeisterung, diese Entwicklung fördern zu helfen.

Der Glaube an die *moralische* Fortentwicklung des Menschen kommt noch stärker in der Hoffnung Bruno Willes zum Ausdruck, „wie der vorgeschichtliche Mensch sich zum civilisirten entwickelt hat, so wird vielleicht dereinst der Durchschnittsmensch ein Spinoza und Tolstoi sein".[153]

Wie bereits bei Saint-Simon und den Materialisten kleidete sich dieser Optimismus häufig in die Umdeutung der christlichen Paradieseshoffnung. So heißt es in Bölsches *Naturwissenschaftlichen Grundlagen der Poesie*:[154]

Das Ideale, von dem wir nach Vernichtung so vieler Illusionen noch zu reden wagen, liegt nicht hinter uns wie das Paradies der Christen, nicht nach unserer individuellen Existenz in einer persönlichen Fortdauer im Sinne der Jünger Mohammeds, nicht ganz ausserhalb des practischen Lebens in den Träumen des Genies, des Poeten: es liegt vor uns in der Weise, dass wir selbst unablässig danach streben und in diesem Streben zugleich das Wohl unserer Nachkommen, die Erfüllung derselben im Ideale anbahnen helfen.

Auch Conrad Alberti zitiert diesen Topos, wenn er in seinem Roman *Die Alten und die Jungen* (1889) eine junge Generation von Künstlern beschreibt, „von neuen Ansichten erfüllt durch Darwin, Marx und Wundt – statt an einen Gott, ein Paradies, eine Hölle, einen kategorischen Imperativ nur an unablässige Fortentwicklung und Wandlung der menschlichen Rasse und Kultur glaubend – bemüht, das Paradies, das noch nie besessene, sich und der Welt schon auf Erden zu schaffen, durch eigene Arbeit, eigenen Verstand".[155] Bei anderen Autoren, wie dem viel gelesenen amerikanischen Utopisten Edward Bellamy, verschmilzt das christliche Paradies mit dem antiken Topos vom goldenen Zeitalter: „*Looking Backward* wurde in der Überzeugung geschrieben, daß das Goldene Zeitalter vor und nicht hinter uns liegt und nicht mehr weit entfernt ist."[156]

Vermutlich mit dem Einsetzen der Wirkung Nietzsches verschiebt sich der Akzent der Zukunftserwartung insofern, als die Hoffnung auf die Vervollkommnung einer aktivistischen Tendenz Platz macht. Gleichwohl war die Wirkung Darwins damit nicht etwa beendet. Es gehört vielmehr zu den Eigentümlichkei-

---

153 BRUNO WILLE, Die Philosophie des reinen Mittels, in: *Freie Bühne* 3 (1892), S. 21-26, hier: S. 23.

154 Bölsche, Grundlagen, S. 51.

155 CONRAD ALBERTI, Die Alten und die Jungen. Sozialer Roman. 2 Bde. Leipzig o.J. [1889], Bd. 1, S. 87.

156 EDWARD BELLAMY, Ein Rückblick aus dem Jahre 2000 auf 1887. In der Übersetzung von Georg von Gizycki [zuerst 1890] hg. von Wolfgang Biesterfeld. Stuttgart 1983 (RUB, 2660), S. 272 (Nachwort zur 2. Auflage, 1889). Die Wirkung der sozialistisch inspirierten utopischen Literatur (vgl. dazu HÖLSCHER 1989, S. 290-326) auf den Naturalismus ist bislang noch nicht untersucht worden. Da sich das soziale Engagement der naturalistischen Autoren in den wenigsten Fällen einer Lektüre der ‚Klassiker' Marx und Engels verdankte (vgl. PFORTE 1974; s. a. Kap. III.6), wäre hier eine mögliche Quelle zu suchen.

ten der Rezeptionsgeschichte, daß sich die Wirkung Darwins und Nietzsches bei vielen Zeitgenossen gegenseitig ergänzte (s.o.). Am deutlichsten wird dieser Übergang in den Schriften Conrad Albertis aus den späten achtziger Jahren:[157]

> Und was von der physischen Welt gilt, bezieht sich auch auf die soziale, auf die moralische, auf die Entwickelung der Menschheit im Besonderen. Auch hier tritt allenthalben das Gesetz der organischen Fortentwickelung zu immer größerer staatlicher, gesellschaftlicher, sittlicher Vollkommenheit zu Tage und das unausgesetzte Streben nach derselben ist das oberste Gebot der neuen Sittenlehre.

Man wollte sich auf den ‚garantierten Fortschritt'[158] nicht einfach verlassen, sondern ihn als Ziel verstehen, zu dem man jetzt schon aufbrechen könne:[159]

> Wir glauben vielmehr an eine beständige organische Fortentwicklung aller Formen des natürlichen Daseins und der menschlichen Kultur, im Rahmen der ewigen Naturgesetze, an die Möglichkeit einer Beseitigung der störenden Hemmungen, welche die Kreuzungswirkung einzelner Naturgesetze auf die Materie, die Dinge, die seelischen Bedingungen hervorruft. Wir legen jedem Menschen und jedem Zweige der menschlichen Thätigkeit das als höchste Pflicht auf, an der Herbeiführung und Beschleunigung dieser Fortentwicklung durch allmähliche Umgestaltung der materiellen und seelischen Daseinsbedingungen mitzuarbeiten.

In dieser Denkweise liegt ein offensichtlicher Widerspruch, der schon von Büchner, Sterne und Hartmann her bekannt ist und den man auch bei Dehmel immer wieder antrifft: Auf der einen Seite wird die moralische Vervollkommnung als natürlicher Prozeß aufgefaßt, der nach den Prinzipien der Entwicklung und Selektion verläuft. Auf der anderen Seite glaubt man, diesen Prozeß beeinflussen zu können oder zu müssen. Den Schlüssel zu dieser Denkfigur bildet der Begriff des „Naturgesetzes". Man glaubte sich im Besitz irreduzibler anthropologischer Konstanten, die, sobald man sie durchschaut hatte, für den Menschen nutzbar gemacht werden konnten: „Wenn wir die Gesetze, die über den Menschen bestimmen, erst alle festgestellt hatten, konnten wir sie auch anwenden und der Entwicklung der Menschheit eine neue vernünftige Basis geben."[160]

---

157 CONRAD ALBERTI, Idealismus und Philistertum, in: *Das Magazin für Litteratur* 57 (1888), S. 141-143 u. 162-166, hier: S. 163.

158 Vgl. LEFÈVRE (2000).

159 CONRAD ALBERTI, Der Realismus als Weltanschauung, in: ders., Natur und Kunst. Beiträge zur Untersuchung ihres gegenseitigen Verhältnisses. Leipzig o.J. [1890], S. 19-32, hier S. 26f.

160 ARTHUR ELOESSER, 25 Jahre, in: Das 25. Jahr. S. Fischer Verlag 1886-1911. Berlin 1911, S. 11-23, hier: S. 14.

Prominente Beispiele für eine solche Applikation wären der Sozialdarwinismus und die Rassenbiologie des 19. Jahrhunderts.[161] Geläufiger waren im frühnaturalistischen Umkreis Vorschläge zur Gesellschafts-, Sozial- und Lebensreform. Ähnlich wie bei Nordau, dessen Einfluß an dieser Stelle kaum überschätzt werden kann, gewinnt also der ‚evolutionistische Optimismus' eine gesellschaftskritische und -reformerische Tendenz.[162] Interessant ist, wie an dieser Stelle das Doppelgesicht der ‚naturwissenschaftlichen Weltanschauung' hervortritt: In dem Moment, wo der darwinistische Kulturoptimismus in Gesellschaftskritik umschlägt, gerät die bisher (s.o.) vernachlässigte Tatsache einer Natur- oder Tierhaftigkeit des Menschen wieder in den Blick. Sie diente den jungen Modernen als Maßstab, mit dessen Hilfe gesellschaftliche Institutionen und Normen demontiert werden konnten. Hier macht sich der Einfluß der Lebensphilosophie und des monistischen Einheitsdenkens (im Gegensatz zum Entwicklungsdenken) geltend. Der Bereich, in dem das Mißverhältnis von bestehender Gesellschaftsordnung und neuem Menschenbild am eklatantesten hervortrat, war das Regel- und Normensystem, mit dem der Umgang der Geschlechter geregelt wurde: Die viktorianische Sexualmoral. Hier lag, neben dem sozialpolitischen Engagement einiger Autoren, das heimliche Zentrum der naturalistischen Gesellschaftskritik.[163]

I.3. Homo natura und ordo civilis. Der Sturm gegen die viktorianische Sexualmoral

3.1 Überblick

Die Auffassung von Sexualität und ihrer Normierung befand sich gegen 1900 im Umbruch.[164] An kaum einem Thema läßt sich der weltanschauliche Paradigmenwechsel im neunzehnten Jahrhundert besser demonstrieren als an der Behandlung der „sexuellen Frage". Im Spannungsfeld von medizinischer Sexualforschung, Lebensreform- und Frauenbewegung, darwinistischer Anthropologie so-

---

161 Vgl. dazu KELLY (1981), S. 100-122; WEIKART (2004).

162 Es muß jedoch mit Nachdruck darauf hingewiesen werden, daß sich dieser Impuls keineswegs in sozialpolitischen Zielsetzungen erschöpft, wie es durch das gängige Naturalismus-Bild suggeriert wird.

163 Vgl. WAGNER (1982), S. 22f., die diesen Zusammenhängen bislang am nächsten gekommen ist.

164 Die historische Aufarbeitung dieses Themas ist leider immer noch sehr dürftig. Den besten Überblick bietet NIPPERDEY (1990), S. 95-112. Vgl. ferner SCHULTE (1979), S. 119-151; ROSENBAUM ([6]1993), S. 347ff. Sehr unergiebig dagegen VAN USSEL ([2]1977). Zu einzelnen Aspekten vgl. MOSSE (1985), bes. S. 63-83 („Die Entdeckung des Körpers"); HOLL (1986), S. 181-236; SCHENK (1987), bes. S. 67-141; SCHUSTER (1990); FLEMMING (1999), bes. S. 38-55; LINSE (1998).

wie Nietzsche(ani)scher Religions- und Moralphilosophie wurde die „viktorianische“[165] Sexualmoral zur Zielscheibe einer, teils gemäßigt, teils polemisch vorgetragenen Kritik, die sich von einschlägigen Fachpublikationen bis in die literarisch-kulturellen Zeitschriften der achtziger und neunziger Jahre erstreckte. Gemeinsamer Ansatzpunkt bei durchaus verschiedenen Zielsetzungen war die Kritik an einem Verhaltenskodex, der nicht nur vor dem Hintergrund des wissenschaftlichen Erkenntnisfortschritts fragwürdig erschien, sondern sich durch die stillschweigend geduldeten Übertretungen in Form von „Ventilsitten“ selbst ad absurdum führte.[166] Gemeinsam war ferner allen Reformgesinnten das Bewußtsein, daß es sich bei der „sexuellen Frage“ um ein Thema handele, dessen öffentliche Tabuisierung in keinem Verhältnis zu seiner individualpsychologischen und gesellschaftlichen Bedeutung stehe: „Das Lebensgebiet, welches vielleicht am meisten unter allen durch ganz unrentable Rücksichten beschattet und einer fortschrittschaffenden Beleuchtung durch das Denken entzogen wird, ist das geschlechtliche“, urteilte der Schriftsteller Erdmann Gottreich Christaller 1886.[167]

3.2 Sexualmoral des 19. Jahrhunderts

Die offizielle bürgerliche Sexualmoral des späten 19. Jahrhunderts[168] war eine *progenitive* Moral[169], sie reduzierte die Sexualität auf ihre Fortpflanzungsfunktion, deren Erfüllung wiederum an den äußeren Rahmen der Ehe gebunden war. Kennzeichnend für diese Zeit ist die Verdrängung des Sexuellen aus sämtlichen Bereichen des öffentlichen und weiten Teilen des privaten Lebens. Kleidung, Verhalten, Sprache, selbst Kunst und Literatur waren dieser „Prüderie“ unterworfen, wie sie Stefan Zweig in seinen Memoiren beschrieben hat:

> In diesem Wahn, durch Ignorieren zu temperieren, vereinten sich alle Instanzen zu einem gemeinsamen Boykott durch hermetisches Schweigen. Schule und kirchliche Seelsorge, Salon und Justiz, Zeitung und Buch, Mode und Sitte vermieden prinzipiell jedwede Erwähnung des Problems, und schmählicherweise schloß sich sogar noch die Wis-

---

165 Vgl. NIPPERDEY (1990), S. 95.

166 So urteilt etwas später SIGMUND FREUD: „[...] die für den Mann in unserer Gesellschaft geltende ‚doppelte Sexualmoral' ist das beste Eingeständnis, daß die Gesellschaft selbst, welche die Vorschriften erlassen hat, nicht an deren Durchführbarkeit glaubt." (Sigmund Freud, Die ‚kulturelle' Sexualmoral und die moderne Nervosität (1908), in: S.F., Studienausgabe, Bd. IX, Frankfurt/M. 1972, S. 9-32, hier: S. 24.)

167 GOTTREICH CHRISTALLER, Vorwort zu einem ungeschriebenen Buche über die Moral in der Liebe, in: *Die Gesellschaft* 2 (1886), S. 36-39, 183-187, hier: S. 38.

168 Auf dem Land und im Arbeitermilieu herrschten andere Normen. Vgl. NIPPERDEY (1990), S. 95 u. 103f.; zum ländlichen Lebensbereich vgl. WEBER-KELLERMANN (1987), S. 178ff., 258ff.; zur Arbeiterschaft vgl. LINSE (1992).

169 Vgl. GLASER (1976), S. 98ff.

senschaft, deren eigentliche Aufgabe es doch sein sollte, an alle Probleme gleich unbefangen heranzutreten, diesem ‚naturalia sunt turpia' an.[170]

Gleichwohl bezog sich die Tabuisierung vor allem auf die Erziehung von Mädchen und jungen Frauen, die, heute kaum vorstellbar, nicht selten bis zur Hochzeitsnacht in völliger Ahnungslosigkeit über sexuelle Vorgänge lebten.[171] Aufgrund seiner unübertroffenen Sachlichkeit sei abermals Sigmund Freud zitiert:

> Die Erziehung nimmt die Aufgabe, die Sinnlichkeit des Mädchens bis zu seiner Verehelichung zu unterdrücken, offenbar nicht leicht, denn sie arbeitet mit den schärfsten Mitteln. Sie untersagt nicht nur den sexuellen Verkehr, setzt hohe Prämien auf die Erhaltung der weiblichen Unschuld, sondern sie entzieht das reifende weibliche Individuum auch der Versuchung, indem sie es in Unwissenheit über alles Tatsächliche der ihm bestimmten Rolle erhält und keine Liebesregung, die nicht zur Ehe führen kann, bei ihm duldet.[172]

Verbrieft war diese Sexualmoral vor allem in den Paragraphen 171-184 des *Reichsstrafgesetzbuchs* von 1871, in denen die Verbrechen „wider die Sittlichkeit" behandelt wurden.[173] Als Vermittlungsorgane fungierten Familienzeitschriften („Gartenlaube", „Zwischen Land und Meer"), Publikationen zur Kindererziehung, wie pädagogische Fachliteratur, Erziehungsratgeber[174], didaktisch-moralisierende Dichtung (etwa Clementine Helms sprichwörtliches Buch *Backfischchen's Leiden und Freuden* von 1863)[175]; ferner die christliche Sündenlehre, wie sie den Kindern im Religionsunterricht[176], im Katechismus[177] und in der Beichte[178], den

---

170 STEFAN ZWEIG, Die Welt von Gestern. Erinnerungen eines Europäers. Frankfurt/M. 1970, S. 88. Zweigs Kapitel *Eros matutinus* bietet in seiner Klarheit und Differenziertheit immer noch die beste Einführung in die Problematik. Alle wesentlichen Aspekte, die später von der Forschung vertieft werden, sind hier bereits angesprochen.

171 Vgl. ROSENBAUM (^{6}1993), S. 349f.

172 FREUD, Die ‚kulturelle' Sexualmoral, S. 27.

173 Vgl. HOLL (1986), S. 190.

174 Vgl. BARTH (1997).

175 Grundlegend zur „Mädchenliteratur" des 18. und frühen 19. Jahrhunderts: GRENZ (1981). GISELA WILKENDING (1997) hat darauf aufmerksam gemacht, daß die Mädchenliteratur des 19. Jahrhunderts nicht durchweg so naiv affirmativ sei, wie oft vermutet wird, daß sie sogar teilweise mit den Forderungen der gleichzeitigen Frauenbewegung zu vereinbaren sei (vgl. bes. S. 174f.).

176 Vgl. Handbuch der deutschen Bildungsgeschichte. Band IV: 1870-1918. Von der Reichsgründung bis zum Ende des Ersten Weltkriegs. Hg. v. CHRISTA BERG, München 1991, S. 204f.

177 Vgl. DENZLER (1988), S. 71f.

178 Vgl. ebd., S. 73-77. „Bekannt genug ist ja fernerhin das Ausfragen in der Beichte, da mit Vorliebe an Kindern geübt wird, um ihnen den Begriff der Keuschheit klar zu machen", bemerkt FRANZISKA ZU REVENTLOW in einem Essay (‚Erziehung und Sittlichkeit' [1903], in: Franziska Gräfin zu Reventlow, Autobiographisches, hg. v. Else Reventlow. Mit einem Nachwort von W. Rasch. München/Wien 1980, S. 482-486, bes. 485). Der Aufsatz, vermutlich um 1903 entstanden, wurde zu Lebzeiten der Autorin nicht publiziert. Als Zeitdokument ist er jedoch von großem Wert.

älteren in christlicher Erbauungs- und Ratgeberliteratur präsentiert wurde:[179]

> Der erste, allererste Begriff, den die christliche Erziehung das Kind lehrt, ist ‚die Sünde'. [...] Zum Beispiel: Das Kind lernt in der Religionsstunde ‚Du sollst deinen Vater und deine Mutter ehren' – und: ‚Gott selbst hat den Ehestand eingesetzt und geheiligt' – Und gleichzeitig muß es in der Kirche beten: ‚Ich armer sündiger Mensch, der ich *in Sünden empfangen* und *geboren* bin' – Ist das etwa kein Widerspruch? Ich soll meine Eltern ehren und die Ehe ist etwas Heiliges – und doch müssen meine Eltern eine Sünde begehen, um mich in die Welt zu setzen. –

Diese offizielle Norm muß jedoch von der gesellschaftlichen Realität unterschieden werden. Nicht nur hat es auch innerhalb bürgerlicher Ehen durchaus geglückte Sexualität gegeben[180], die Kehrseite der öffentlichen Prüderie bildete außerdem die „Ventilinstitution"[181] Prostitution[182] sowie das vor- und außerehliche Verhältnis mit jungen Frauen aus dem Kleinbürgertum.[183] Das führt zum Problem der „Doppelmoral", der unterschiedlichen Anwendung des offiziellen Moralkodex bei Männern und Frauen. Während das gesellschaftliche Ansehen einer Frau durch Übertretung der Norm ruiniert werden konnte[184], galten voreheliche Erfahrungen junger Männer ebenso als Kavaliersdelikt wie der Ehebruch verheirateter Männer.[185]

3.3 Der medizinisch-psychiatrische Diskurs

Ein wichtiger Impuls zu einer Reform der Sexualmoral ging – entgegen der Annahme Stefan Zweigs (s.o.) – von der medizinisch-psychiatrischen Wissenschaft aus.[186] Durchaus im Einklang mit der sexualfeindlichen Haltung des Bürgertums[187] widmeten sich medizinische Forschungen den gefährlichen und angeb-

---

179 REVENTLOW, Erziehung und Sittlichkeit, S. 486.

180 Um die Erforschung der tatsächlichen Rolle und Behandlung von Liebe und Sexualität im bürgerlichen Zeitalter hat sich PETER GAY (1984) verdient gemacht. Dagegen kommt ROSENBAUM (^{6}1993) in ihrer familiensoziologischen Darstellung zu dem skeptischen Schluß (S. 350): „Unter diesen Bedingungen dürften beide Partner befriedigende sexuelle Beziehungen in der Ehe wohl nicht der Normalfall gewesen sein."

181 NIPPERDEY (1990), S. 100.

182 Vgl. SCHULTE (1979).

183 Vgl. NIPPERDEY (1990), S. 100; ROSENBAUM (^{6}1993), S. 349.

184 „Klar und deutlich ist der Weg ihr vorgezeichnet, etwaige Freiheits- oder Lustbestrebungen werden rechtzeitig unterdrückt. Wo sie aber dennoch die Oberhand behalten wird, wird das räudige Schaf baldmöglichst aus der Gemeinde entfernt – zur Freude der Gottlosen, denen ein Sünder lieber ist als 99 Gerechte." (REVENTLOW, Viragines oder Hetären (1899), in: Autobiographisches, S: 468-481, hier: S. 469.)

185 Dieses Mißverhältnis kritisiert besonders LUDWIG FULD, Ein Stück Mittelalter im Eherecht, in: *Die Gesellschaft* 1 (1885), S. 622-624. Ferner NIPPERDEY (1990), S. 99f.; SCHULTE (1979), S. 151ff.; HOLL (1986), S. 182ff.

186 Einen ausgezeichneten, gut lesbaren Überblick bietet WAGNER (1982), S. 71-80; vgl. auch LINSE (1987).

187 Vgl. WAGNER (1982), S. 72ff.

lich gesundheitsschädlichen Aspekten der Sexualität.[188] 1843 erschien die *Psychopathia sexualis* von Heinrich Kaan, 1886 unter dem gleichen Titel die einflußreiche Studie Richard v. Krafft-Ebings, die bis 1907 dreizehn Auflagen erlebte und für Deutschland den Beginn der modernen Sexualwissenschaft bildete. Obwohl diese Untersuchungen auf dem Boden der bürgerlichen Moral standen, gewannen sie eine reformerische Tendenz, indem sie die Sexualität erstens zum Gegenstand öffentlicher Diskussion machten und sie zweitens – hier ergänzten sich Medizin und darwinistische Biologie (s.u.) – vom Deutungsprimat der christlich-bürgerlichen Moral ablösten.[189] Abweichendes Sexualverhalten galt nicht mehr als sündhaft, sondern als pathologisch, zog nicht mehr Verdammnis nach sich sondern Krankheit und Wahnsinn.[190] Zudem wurden Erkenntnisse zutage gefördert, die mit der geltenden Norm nicht zu vereinbaren waren. Das war zum einen die immense Bedeutung des Sexualtriebs für den Körper- und Seelenhaushalt des Menschen: „Die wenigsten Menschen werden sich vollkommen des gewaltigen Einflusses bewusst, welchen im individuellen und im gesellschaftlichen Dasein das Sexualleben auf Fühlen, Denken und Handeln gewinnt."[191] Zum anderen lenkte die Erforschung von Prostitution und Geschlechtskrankheiten den Blick auf die Schattenseiten der viktorianischen Moral, deren Ausmaß und Verbreitung nun statistisch erfaßt wurde.[192]

3.4 Der literarisch-publizistische Diskurs

In diesem Kontext entstand um 1885 (dem Gründungsjahr der *Gesellschaft*) eine rege Diskussion in den naturalistischen Zeitschriften. Im Zentrum der Kritik stand die öffentliche „Prüderiekrankheit"[193] in ihren unterschiedlichen Erscheinungsformen. Einen willkommenen Ausgangspunkt für die jungen Schriftsteller bildete zunächst die Tabuisierung des Geschlechtlichen im deutschen Literaturbetrieb ihrer Zeit. Hier konnte die sexualemanzipatorische Diskussion vorerst mit poetologischen Mitteln bestritten werden (s. auch Kap. III.5.1), wobei es jedoch immer wieder zu Seitenhieben auf die außerliterarische Wirklichkeit kam: „Dank der Prüderie spiegelt unsere moderne Dichtung – das Wort Dichtung na-

---

188 Vgl. HAEBERLE (1983), S. 1f.; NIPPERDEY (1990), S. 104f.

189 Vgl. FOUCAULT (1977), S. 32f.

190 Vgl. TREUSCH-DIETER (^{5}1997), S. 1354; HAEBERLE (1983), S. 2.

191 R. V. KRAFFT-EBING, Psychopathia sexualis. Mit besonderer Berücksichtigung der conträren Sexualempfin-dung. Eine klinisch-forensische Studie. Siebente vermehrte und theilweise umgearbeitete Auflage, Stuttgart 1892, S. III.

192 Der bedeutende Sexualforscher IWAN BLOCH nennt als Pionierarbeit das Werk von A. Parent-Duchatelet, De la prostitution dans la ville de Paris, Paris 1836, deutsch 1837 (Iwan Bloch, Das Sexualleben unserer Zeit in seinen Beziehungen zur modernen Kultur. Berlin 1907, S. 344, vgl. auch die weiteren Literaturangaben ebd., S. 342ff.).

193 FULD, Ein Stück Mittelalter im Eherecht, S. 622.

türlich im weitesten Sinne verstanden – nicht mehr das Leben, wie es ist, und noch weniger, wie es sein sollte", konstatiert Otto Felsing 1887.[194] Noch deutlicher äußert sich diese gesellschaftskritische Haltung, wenn Irma v. Troll-Borostyáni behauptet, daß „die unserer Gesellschaft nachgerühmte Moral nur in den Novellen-, Romanen- [!] und Bühnendichtungen dieser Poeten ihre Triumphe feiert, von welchen Triumphen im wirklichen sozialen Leben gar wenig zu sehen ist".[195]

Innerhalb des literarischen Betriebs richtete sich dieser Vorwurf nicht nur gegen die Idealisierung und Idyllisierung des Geschlechterverhältnisses in literarischen Werken selbst, sondern ebenso gegen eine klassizistisch-epigonal orientierte Poetik und Literaturkritik, die dem Körperlich-Sexuellen keinen Platz in der Kunst einräume (dazu ausführlich Kap. III.5.1).

Interessanter in diesem Zusammenhang ist die Annahme von Rückwirkungen der literarischen Liebeskonzeption auf die gesellschaftliche Wirklichkeit. Da eine Aufklärungspraxis zumindest offiziell nicht vorgesehen war, bildete die Literatur für junge Menschen eine wichtige Quelle für das Verständnis der Liebe zwischen Mann und Frau und konnte auf diesem Weg direkt auf das reale Geschlechterverhältnis Einfluß nehmen. So konstatiert Wilhelm Bölsche, es sei „alles harmlos gegen das Lügen auf erotischem Gebiete, dessen Folgen bei dem von Natur gesetzten Nachahmungs- und Gewohnheitstriebe des menschlichen Geistes unmittelbar ins practische Leben hineingreifen".[196] Ebenso Martha Asmus: „Die falschen Darstellungen der Lebensbilder schweben wie Irrwische vor den unerfahrenen Augen unserer Jugend."[197] Julius Hart geht noch weiter, indem er die bürgerliche Eheauffassung insgesamt als literarische Konstruktion entlarvt: „Als unsere Cultur und Literatur [!] der reinen Kauf- und Geschäftsehe das Ideal der Liebesehe entgegenstellte, das Recht der Leidenschaft und Emanzipation des Fleisches verkündeten, da sah man fälschlich in den sinnlichen Neigungen ethische Keime angelegt und warf geschlechtliche und ethische Liebe durcheinander".[198]

---

194 OTTO FELSING, Die Prüderie und die Litteratur, in: *Das Magazin* 56 (1887), S. 89-92, hier: S. 92.

195 IRMA V. TROLL-BOROSTYÁNI, Die Liebe in der zeitgenössischen deutschen Litteratur, in: *Die Gesellschaft* 7 (1891), S. 1004-1022, hier: S. 1017. Zu Troll-Borostyánis sexualreformerischen Ansichten vgl. ENZENHOFER (1992).

196 BÖLSCHE, Grundlagen, S. 45f.

197 MARTHA ASMUS, Das Unanständige in der Kunst, in: *Die Gesellschaft* 10 (1894), S. 366-371, hier: S. 370.

198 JULIUS HART, Freie Liebe, in: *Freie Bühne* 2 (1891), S. 369-372, 396-400, 445-448, 468-472, hier: S. 446. Harts Argument ist nicht so abwegig, wie es auf den ersten Blick scheinen mag. Neuere Überlegungen zur Liebeslyrik betonen, wie sehr gerade im bürgerlichen Zeitalter die Gefühlswahrnehmung durch literarische Vorbilder (heute müßte man den Film ergänzen) präformiert wurde. „Zugespitzt formuliert: Nicht aus Gefühlen entsteht das Gedicht – aus den Gedichten entsteht das Gefühl." (SORG 2004, S. 451; vgl. auch KEMP ^{2}1996, S. 724.)

An Aussagen wie diesen zeigt sich, wie eng in dieser Zeit Literatur- und Gesellschaftskritik miteinander verzahnt sind, anders gesagt: wie sehr die literarische Revolte der ‚Jüngstdeutschen' zugleich gesellschaftliche Revolte war (s. Kap. I.1). So fehlt es auch nicht an Artikeln, in denen, jenseits literarischer Interessen, die öffentliche Prüderie direkt attackiert wird.[199] „Wir werden zuerst die Quellen dieser Gegenströmung aufzeigen, ehe wir sie selbst betrachten, die Vereinigung von Scham, Geheimnistuerei, geistigem Hochmut und Verachtung der Sinnlichkeit, was ich alles unter dem Namen *Antisexualismus* zusammenfasse."[200] „Prüderie", definiert Otto Felsing 1887, „ist überspanntes, wenn nicht gar geheucheltes Schamgefühl; sie verhält sich zur echten Sittsamkeit, zum wahrhaft keuschen Sinne einerseits wie der Aberglaube zum Glauben und andererseits wie die Frömmelei zur Frömmigkeit."[201] Für Johannes Schlaf ist sie „allemal ein Zeichen sittlicher und geistiger Impotenz".[202] Die Argumentation beider Äußerungen ist typisch für den Standpunkt der reformgesinnten Schriftsteller, sie durchzieht auch die Schriften der Kleidungsreformer und Nacktkulturanhänger: Der bürgerliche Tugendbegriff wird als im Kern unsittlich entlarvt, indem er mit einer ‚eigentlichen', ‚wahrhaften' Moral konfrontiert wird.[203] Nach handfesten Beweisen für diese Unsittlichkeit brauchte man nicht lange zu suchen: Die bürgerliche Doppelmoral (s.o.) war ein gemeinhin bekannter Mißstand[204], die Existenz von Bordellen[205], Geschlechtskrankheiten und zahlreichen unehelichen Kindern[206] sprach für sich.

Ein weiteres Angriffsziel der ‚Jüngstdeutschen' war die Kindererziehung als Schnittstelle zwischen gesellschaftlicher Norm und individueller Gewissensbildung sowie deren Folgen. Wilhelm Bölsche etwa diskutiert die Auswirkungen

---

199 Um, neben den bereits erwähnten, nur die aufschlußreichsten zu nennen (vgl. zusätzlich Kap. III.5.1): IRMA V. TROLL-BOROSTYÁNI, Schopenhauer und Hartmann über die Liebe, in: *Die Gesellschaft* 1 (1885), S. 88-93; GOTTREICH CHRISTALLER, Erstes Kapitel zu dem ungeschriebenen Buche von der Moral in der Liebe, in: *Die Gesellschaft* 2 (1886), S. 183-187; JOHANNES SCHLAF, Prüderie, in: *Freie Bühne* 1 (1890), S. 161-164; MARTHA ASMUS, Frauenbefreiung und Erotik. Antwort auf Laura Marholms ‚Buch der Frauen', in: *Die Gesellschaft* 11 (1895), S. 944-954.

200 CHRISTALLER, Erstes Kapitel zu dem ungeschriebenen Buche, S. 183.

201 OTTO FELSING, Prüderie und Litteratur, S. 89.

202 JOHANNES SCHLAF, Moral, Kritik und Kunst, in: *Die Gesellschaft* 7 (1891), S. 1168-1172, hier: S. 1171.

203 Ebenso MARTHA ASMUS, Das Unanständige in der Kunst, S. 369: „Der Mensch aber hat in dieser Beziehung die Unanständigkeit systematisch groß gezogen, ja sogar mit dem Namen der Unschuld und Sittlichkeit belegt." Systematisch entwickelt wird diese Trennung von ‚Moral' und ‚Sitte' durch CHRISTIAN V. EHRENFELS (vgl. Sexualethik, Wiesbaden 1907 [Grenzfragen des Nerven- und Seelenlebens, 56], S. 19ff.).

204 J. HART, Freie Liebe, S. 446f.: „Geben doch auch unsere gesellschaftlichen Ueberzeugungen schon dem *Manne* fast das ganze und volle Recht der Unkeuschheit und Untreue."

205 Vgl. OSKAR PANIZZA, Prostitution, in: *Die Gesellschaft* 8 (1892), S. 1159-1183; ferner J. HART, Freie Liebe, S. 397ff.

206 Vgl. die Aufstellung bei GESTRICH (2003), S. 505ff.

der Tabuisierungsstrategie auf den naturwissenschaftlichen Unterricht. Da es „keinen darwinistischen Unterricht ohne Erörterung des Geschlechtlichen“[207] geben könne, sei das alte „Kaffe- [!] und Philosophenthema“[208], die Sexualaufklärung von Kindern und Jugendlichen, neu zu bedenken. Es wird eine Disjunktion von Anstandslehre und Naturerkenntnis konstruiert, die durch einen Darwinisten wie Bölsche selbstverständlich zugunsten der Natur aufgelöst wird. Das Argument der Erkenntnisbehinderung wird von Franz Servaes auch auf den Umgang mit antiker Geschichte und Kultur angewendet. Für ihn stellt es eine „unumgängliche Kulturforderung“ dar, die Schüler „daran zu gewöhnen, eine nackte Statue nicht als etwas Unanständiges und die vorurtheilsfreie Berührung geschlechtlicher Dinge nicht als etwas Frivoles zu betrachten“.[209] Auch hier verläßt die Gedankenführung bald den Rahmen der pädagogischen Fragestellung und weitet sich zur antiwilhelminischen Polemik: „Weicht man davon ab, so erzieht man ein Geschlecht von Heuchlern und Duckmäusern, und daß ein solches bereits bei uns herumläuft, wird wohl Jeder aus seiner Erfahrung nur zu sehr bestätigen können.“

Die Folgen der Prüderie beschränken sich jedoch nicht auf Fragen der individuellen Welterkenntnis; Christaller zufolge können sie sogar ökonomische Relevanz erlangen. Die Wirtschaft profitiere „von dem Hungerzustand, welchen die offizielle Prüderie erzeugt: der Tabakverkäufer hängt Bilder leichtverschleierter Weiber an's Fenster; oben und unten dekolletierte Figuren sind auf den Schachteln der Zündholzfabrikanten zu sehen; auch Zeitungsannoncen können ähnlich hervorgehoben werden. Der Zirkus- und Marktbudenbesitzer ersieht sich hier seinen Vorteil, gezügelt von der Polizei.“[210]

Sehr fortschrittlich argumentieren Autoren, die vor den Gefahren der Triebunterdrückung warnen: „Die gewaltsame Unterdrückung des Sinnlichen und des Tierischen könnte dessen Lebenskraft vielleicht sogar nur steigern. Für kurze Dauer hält es wohl zurück, um dann um so gewaltsamer hervorzubrechen [...]“.[211] Dahinter verbirgt sich eine Legitimationsstrategie, die sich gegen die

---

207 WILHELM BÖLSCHE, Der Jugendunterricht und die Thatsachen der Embryologie, in: *Freie Bühne* 2 (1891), S. 257-261, 310-314, hier: S. 260.

208 Ebd., S. 259.

209 FRANZ SERVAES, Antik und Modern. Auch eine Betrachtung der Schulfrage. In: *Freie Bühne* 2 (1891), S. 192-195, hier: S. 194.

210 CHRISTALLER, Erstes Kapitel zu dem ungeschriebenen Buche, S. 186.

211 JULIUS HART, Alte und neue Sittlichkeit, in: *Freie Bühne* 2 (1891), S. 785-789, 863-866, hier: S. 865. Ähnlich MARTHA ASMUS: „Bei allen Vollblutmenschen tritt, nach langer Zurückhaltung, das Sehnen nach Liebe heftig fordernd auf. In solchem Zustande dürfen sie nicht dafür verantwortlich gemacht werden, wenn sie sich von dem wenden, was ihnen bis dahin heilig war.“ (Frauenbefreiung und Erotik, S. 954.) OSKAR PANIZZA zitiert, statt eigener Ausführungen, B. Tarnowsky, Briefe über Prostitution, Leipzig 1890: „Geschlechtliche Enthaltung wird von Einem gut vertragen, während ein Anderer, findet er nicht Befriedigung, Sinnestäuschungen unterliegt, oder durch Onanismus unrettbar zugrunde geht.“ (Panizza, Prositution, S. 1178.)

Annahme wendet, daß der Sexualtrieb, einmal entfesselt, unkontrollierbar werde. Dazu dreht sie die Argumentation schlicht um: „Hat andererseits das Sinnliche in der Menschheit seinen Zweck erreicht, ist es überflüssig geworden, dann wird der Trieb dazu von selbst auslöschen."[212] Auf diese Denkfigur werden wir bei Dehmel des öfteren treffen (s. bes. Kap. III.5).

Neben diesen Argumenten, die bei den Realitäten des Sexuallebens, den Schattenseiten, Folgen und Gefahren der bürgerlichen Geschlechtermoral ansetzen, wurden auch andere, theoretische Argumente erprobt, um den Sittlichkeitsbegriff aus den Angeln zu heben. Da als dessen Quelle einstimmig das Christentum angesehen wurde[213], stand den Reformern das argumentative Arsenal der Religionskritik zur Verfügung, wie es gegen Ende des 19. Jahrhunderts vorlag. Durch eine historistische[214], ethnographisch-komparatistische[215], schließlich biologistische[216] Beweisführung versuchte man, die Relativität und damit die Überholtheit der herrschenden Sexualmoral nachzuweisen. Im Übrigen war das religionskritische Klima in der naturalistischen Publizistik schon für sich stark genug, um das bürgerliche Tugendideal allein durch Hinweis auf seinen religiösen Ursprung in Mißkredit zu bringen.

Wichtiger für die Begründung einer neuen, ‚wahren' Moral war ein dem Christentum äquivalenter weltanschaulicher Untergrund. Das war für die progressiven deutschen Intellektuellen um 1890 der popularisierte Darwinismus. Das Schlagwort, das immer wieder gegen die geltende Tugendlehre ausgespielt wurde, war der Begriff der ‚Natürlichkeit'. Die einheitliche Welt- und Naturerklärung, wie sie vor allem von Haeckel propagiert wurde, hatte in diesen Kreisen so große Überzeugungskraft gewonnen, daß jede beliebige Forderung durch Nachweis ihrer Natürlichkeit vollständig legitimiert war.

---

212 J. HART, Alte und neue Sittlichkeit, S. 865.

213 Vgl. schon V. KRAFFT-EBING, Psychopathia sexualis, S. 4f.; ferner CHRISTALLER, Vorwort zu einem ungeschriebenen Buche, S. 185; J. HART, Freie Liebe, S. 397f.; WILHELM BÖLSCHE, Der Jugendunterricht und die Thatsachen der Embryologie, S. 259f. Die Belege ließen sich beliebig vermehren. NIPPERDEY (1990) weist dagegen darauf hin, daß die viktorianische Moral ebensosehr in der Idee des Bürgertums selbst verwurzelt war (S. 96).

214 Vgl. BÖLSCHE, Der Jugendunterricht, S. 312; CHRISTALLER will die christliche Sexualmoral aus der Abwehrreaktion gegen die spätantike Dekadenz herleiten (G.C., Erstes Kapitel zu dem ungeschriebenen Buche, S. 185).

215 JULIUS HART weist auf die moralische Neutralität der Prostitution in Japan hin (Freie Liebe, S. 397); das gleiche Argument findet sich bereits bei V. KRAFFT-EBING, Psychopathia sexualis, S. 3f.

216 Martha Asmus erklärt das „Dogma der Enthaltsamkeit" aus der klimatischen Notwendigkeit, Kleider zu tragen und der dadurch verstärkten Signalwirkung des unbekleideten Körpers (Das Unanständige in der Kunst, S. 366). Das Argument gehört zu den Stereotypen der Nacktkulturbewegung und wird von Bölsche in seinem Aufklärungswerk *Das Liebesleben in der Natur* aufgegriffen und breit untermauert.

Die Argumentation lautete, kurzgefaßt: Da die Sexualität als Motor der Evolution die Existenzbedingung aller Lebewesen darstelle[217], der Mensch von Darwin als Naturwesen ausgemacht worden sei[218], bilde die Wahrnehmung und Akzeptanz der menschlichen Sexualität eine natürliche (und naturwissenschaftliche) Notwendigkeit.[219] Ja: Da die menschliche Gesellschaft ihre eigene Existenz überhaupt erst der Fortpflanzung verdanke, erscheine die Tabuisierung oder Unterdrückung des Fortpflanzungstriebs geradezu absurd.[220] Mit dieser Biologisierung und folglich Entmoralisierung der Sexualität war das Hauptargument gegen die gesellschaftliche „Prüderie" gefunden. Indem die biologische Anthropologie die „wesenhafte" Grenze zwischen Mensch und Tier einriß[221], ebnete sie einer Aufwertung der Naturtriebe den Weg, die deren Unterdrückung zur widernatürlichen, und das hieß um 1900: falschen Maßnahme stempelte: „Soll denn das Leben ewig so weiterrollen, unter Sittengesetzen, die unserer Natur nach gebrochen werden müssen und darum auf irrtümlichen Annahmen beruhen?"[222] Die Sexualität gewann den Status einer „natürlichen und notwendigen Lebensäußerung"[223] und wurde, im Dienste der Legitimisierung, anderen Naturtrieben parallelisiert: „Die physische Begierde ist ein Bedürfnis wie der Hunger", heißt es schon 1885 in der *Gesellschaft*.[224] Ähnlich äußert sich auch Julius Hart über den Menschen: „Wie er ißt und trinkt, ohne daß er damit einer sittlichen Vollendung näher kommt oder sich von ihr entfernt, so muß er auch seine Sinnlichkeit befriedigen,

---

[217] Vgl. HOWARD (1996), S. 88ff.

[218] In aller Deutlichkeit formuliert von MARTHA ASMUS: „Ich überschätze wohl unsern Zeitstandpunkt nicht, wenn ich behaupte, daß wir Menschen von heute es nicht mehr als eine Demütigung empfinden, in das Tierreich zu gehören." (Das Unanständige in der Kunst, S. 367.)

[219] „Und hat es denn auf Grund unserer heutigen Naturerkenntnis noch einen Sinn, von einem Manne, der mit 16 Jahren potent ist, zu verlangen, bis zum 28. Jahre keusch zu leben?" (PANIZZA, Prostitution, S. 1170.)

[220] So etwa ELLEN KEY, Weibliche Sittlichkeit, in: E.K., Essays, Berlin [5]1905, S. 3-26: Aber wenn man den Kampf ums Dasein ausnimmt – der ja nicht ein Lebensverhältnis, sondern eine Lebensbedingung genannt werden muss – was kann dann für den Menschen, als ein von den Gesetzen des Erdenlebens bestimmtes Wesen, centraler sein, als der Grund seines eigenen Ursprungs?" (S. 3f.) Mit spitzer Feder hatte bereits 50 Jahre zuvor JOHANN NESTROY diesen Mißstand attackiert: „Die Worte ‚Vater, Mutter, Sohn Tochter' sind lauter Zoten, weil man, wenn man will, dabei an den unerläßlich damit verbundenen Zeugungsakt denken kann." (J.N., Sämtliche Werke, hg. v. Fritz Brukner u. Otto Rommel, Wien 1924-30, Bd. XV, S. 378. Zitiert nach FRANK 1999, S. 18.)

[221] An dieser Stelle muß die Rolle der Zelltheorie hervorgehoben werden, die für den anthropologischen Paradigmenwechsel nicht minder verantwortlich war als die Evolutionslehre, und, im Gegensatz zu dieser, auf überprüfbaren Beobachtungen beruhte. Vgl. dazu RIEDEL (1996), S. 157ff.

[222] MARTHA ASMUS, Das Unanständige in der Kunst, S. 368.

[223] MARTHA ASMUS, Frauenbefreiung und Erotik. Antwort auf Laura Marholms ‚Buch der Frauen'. In: *Die Gesellschaft* 11 (1895), S. 944-954, hier: S. 945.

[224] IRMA V. TROLL-BOROSTYÁNI, Schopenhauer und Hartmann über die Liebe, S. 93.

ohne daß er dadurch an sittlichem Wert verliert."[225] Oskar Panizza sieht in der Sexualität einen Naturtrieb, „der mit derselben Sicherheit sich äußert, wie das Sprossen der Bäume im Frühjahr".[226] Entsprechend komme der Naturwissenschaft – nicht nur auf dem Gebiet der Sexualmoral – der Rang einer Befreierin zu, die endlich mit dem jahrhundertealten geschlechtlichen Aberglauben aufräume: „In dem großen verwickelten ‚sexuellen Problem' gibt es thatsächlich nur eine Erlösung [!]: die naturwissenschaftliche Lösung."[227]

Die Verwirklichung dieser Forderungen ließ auf sich warten. Man muß nicht glauben, daß die radikalen Ideen im Privatleben der Autoren sogleich in die Tat umgesetzt wurden. Für die meisten dieser streitbaren Literaten gilt vielmehr, was Max Halbe in seinen Erinnerungen über die frühe Moderne berichtet:[228]

> Wir jungen Leute von 1890, soviel wir auch über Liebe, Ehe, freien Sinnengenuß redeten und schrieben, und so laut wir aller äußeren Fesseln spotteten, fühlten wir uns doch vor unserm Gewissen durch einmal eingegangene, vielleicht nur im Augenblicksrausch übernommenen Verpflichtungen so stark gebunden, daß in sehr vielen, ja in den meisten Fällen nachher eine Ehe draus geworden ist.

3.5 Praktische Umsetzung: Die Lebensreformbewegung

Die Bezeichnung „Lebensreform" faßt als Oberbegriff eine Vielzahl von Bewegungen zusammen, die im 19. Jahrhundert mit der Forderung nach naturgemäßer Lebensweise auf die politischen, sozialen und weltanschaulichen Umwälzungen des Modernisierungsprozesses reagierten. Die Einzelbewegungen differenzieren sich nach dem jeweiligen Ansatzpunkt des Reformprogramms, sei es nun Ernährung, Kleidung, Wohnung oder Sexualität. Im Zentrum der Lebensreformbewegung stehen Naturheilkunde, Vegetarismus und Nacktkultur.[229] Gemeinsames Kennzeichen dieser Ansätze ist, daß die individuelle, körperbezogene Le-

---

225 JULIUS HART, Freie Liebe, S. 446.

226 PANIZZA, Prostitution, S. 1161.

227 BÖLSCHE, Der Jugendunterricht, S. 311.

228 MAX HALBE, Jahrhundertwende. Geschichte meines Lebens 1893-1914. Danzig 1935, S. 39.

229 Zur Geschichte der Lebensreformbewegung vgl. die grundlegende Studie von KRABBE (1974), ferner, von medizinhistorischer Seite, ROTHSCHUH (1983), sowie die sehr informative Kurzdarstellung von FRECOT (1976). Als Pionierleistung der neueren Lebensreformforschung kann der kurze, immer noch lesenswerte Abriß in der Fidus-Monographie von FRECOT u.a. (1972) gelten (vgl. S. 13-58). Die Ergebnisse der neueren Forschung erscheinen gebündelt und koordiniert in KERBS/REULECKE (1998). Einen Eindruck von der enormen Breite der Lebensreform und ihrer Wirkung auf andere kulturelle Phänomene des späten neunzehnten Jahrhunderts verschafft der Ausstellungskatalog *Die Lebensreform. Entwürfe zur Neugestaltung von Leben und Kunst um 1900*, hg. v. KAI BUCHHOLZ u.a., Darmstadt 2001 (2 Bde.).

bensführung im Zentrum des Veränderungsdenkens steht.[230] Um diesen Kern gruppiert sich eine Vielzahl von Strömungen, die sich mit den Hauptbewegungen und untereinander theoretisch wie praktisch überschneiden, vermischen und durchdringen: Siedlungs-, Gartenstadt- und Bodenreformbewegung, Ehereform, Sexualreform, Antialkohol- und Antiimpfschutzbewegung, in einem weiteren Sinn auch Frauen- und Jugendbewegung, Ausdruckstanz, Reformpädagogik und Anthroposophie.[231]

3.5.1 Naturheilbewegung – Kulturheilbewegung

Der Körper als Ansatzpunkt reformerischer Maßnahmen offenbart die Ursprünge der Lebensreformbewegung in der Naturheilkunde, die sich im ersten Drittel des 19. Jahrhunderts formiert hatte. In Opposition zur akademischen Medizin wurden Heilverfahren entwickelt, die auf iatrochemische Medikamentierung ebenso verzichteten wie auf Symptombehandlung und esoterische Terminologie.[232] Die Naturärzte, größtenteils Laien, vertrauten auf die Heilkräfte der Natur und verordneten Wasserkuren, Luft- und Lichtbäder oder eine fleischlose Ernährung.[233]

In der Naturheilkunde sind die wichtigsten Prämissen der Lebensreform bereits vorgeprägt: Die uneingeschränkt positive Auffassung der Natur[234] und der Gedanke der körperlich-seelischen Einheit des Menschen.[235] Der Übergang von der Naturheilkunde zur Lebensreform im engeren Sinn erfolgt durch die Ausweitung dieser Prämissen zu einem weltanschaulichen System. Dazu gehört auch die Wendung an die Öffentlichkeit durch eine rege Publizistik und die Organisation in lokalen Vereinen und überregionalen Dachverbänden.[236] Die Naturheilbewegung blieb die zahlenmäßig stärkste Strömung innerhalb der Lebensreform, vielleicht, weil sie die am wenigsten radikale war und in eine bürgerliche Existenz am mühelosesten integriert werden konnte.[237] Der entscheidende Schritt von der

---

230 Durch diese idealtypische Differenzierung soll nicht verkannt werden, daß die lebensreformerische Realität der Jahrhundertwende gerade durch die Überschneidung und gegenseitige Durchdringung im einzelnen Individuum gekennzeichnet ist. So waren Gartenstadtbewohner und Nudisten nicht selten auch Vegetarier, Impfschutz- oder Vivisektionsgegner.

231 Wir orientieren uns an der Gliederung im *Handbuch der deutschen Reformbewegungen* (=KERBS/REULECKE 1998). Zur Forschungsdiskussion über die Konstellation der Einzelbewegungen vgl. die zusammenfassenden Bemerkungen bei BARLÖSIUS (1997), S. 218-221.

232 Vgl. HUERKAMP (1986); ROTHSCHUH (1983), S. 62ff.

233 Vgl. ROTHSCHUH (1983).

234 Vgl. ROTHSCHUH (1983), S. 9-18.

235 Vgl. KRABBE (1974), S. 79-81; KRABBE (1998b), S. 77f.

236 Vgl. KRABBE (1998b), S. 80.

237 Vgl. KRABBE (1974), S. 49; BARLÖSIUS (1997), S. 8, 11 et pass.

Naturheilkunde zur Lebensreform besteht jedoch in der zivilisationskritischen Stoßrichtung.[238] Während jene sich der individualtherapeutischen Krankheitsbehandlung widmet, versteht sich die Lebensreform als „Kulturheilbewegung“[239]. Ihr Gegner ist nicht mehr die akademisch-wissenschaftliche Medizin, sondern der Modernisierungsprozeß mit seinen ökologischen, sozialen, physiologischen und psychologischen Folgen[240], die ab etwa 1850 in das Bewußtsein der Gebildeten traten. Hatte die Rückkehr zur Natur in der Naturheilkunde noch unter therapeutisch-pragmatischen Vorzeichen gestanden, so trat sie nun in einen kulturkritischen Deutungsrahmen. Nicht zuletzt unter Berufung auf Rousseau wurde das Schlagwort „Zurück zur Natur“ mit zivilsationskritischem Gehalt aufgeladen, die Naturverehrung, die allen genannten Therapieformen zugrundelag, nahm quasi-religiöse Formen an.[241] Die Affinität dieser ideologischen Formation zur monistischen Weltanschauung und zur Lebensphilosophie sind nicht zu übersehen.

3.5.2 Der Vegetarismus als Heilslehre

Mit dieser Frontstellung, die die Lebensreform als Teil der ‚modernen Glaubensgeschichte' (Tenbruck) ausweist[242], verändert sich auch die positive Zielsetzung. Zwar spielt die körperliche Genesung immer noch eine Rolle, sie wird jedoch vom Zweck zum Mittel, zum Durchgangsstadium. Am stärksten erscheint diese Tendenz in der zweiten bedeutenden Strömung der Lebensreformbewegung, dem Vegetarismus. An den Programmschriften seiner Gründerväter wird deutlich, daß die Rückkehr zu naturgemäßer Lebensweise nicht als regressive Utopie

---

238 Die Darstellung dieses Übergang bildet die Schwachstelle der bisherigen Lebensreform-Forschung. Gerade die zwei bedeutendsten Beiträge zur Lebensreform in ihrer Gesamtheit (KRABBE 1974 und KERBS/REULECKE 1998) vernachlässigen eine diachronische Perspektive zugunsten der systematischen Darstellung. Die einzelnen Bewegungen werden parallel behandelt, der Übergang und Zusammenhang bleibt unterbelichtet. Eine Ausnahme bildet ROTHSCHUH (1983), der als Medizinhistoriker von der Naturheilkunde ausgeht und den Übergang von der medizinisch-praktischen zur zivilisationskritischen Ausrichtung deutlich markiert (S. 104ff.). FRECOT (1976) schlägt ein interessantes Modell vor, demzufolge die Lebensreformbewegung in drei „Schüben" erfolgt, dem medizinisch-hygienischen, dem sozialreformerischen und dem ästhetischen (S. 139ff.). Der Nachteil dieses Modells, daß die Grenzen zwischen den Einzelbewegungen verwischen, wird mehr als wettgemacht durch seine Fähigkeit, gerade der Breite und Vielfalt der Lebensreformbewegung sowie dem Zusammenhang mit der sozialen und kulturellen Situation des Kaiserreichs gerecht zu werden. Es liegt der folgenden Darstellung zugrunde.

239 ROTHSCHUH (1983), S. 106.

240 Vgl. dazu KRABBE (1974), S. 16ff.

241 Vgl. KRABBE (1974), S. 48f.; ROTHSCHUH (1983), S. 10.

242 Vgl. dazu den bemerkenswerten Aufsatz von TENBRUCK (1976). Der Begriff wird von KÜENZLEN (1994) aufgenommen und am Beispiel der Denkfigur ‚neuer Mensch' exemplifiziert.

verstanden wurde, sondern als Weg zur Vervollkommnung des Menschen.[243] Dahinter steht in einem ersten Schritt seelisches Heil, in einem weiteren Schritt jedoch Gesellschaftsveränderung, die in einen irdischen Paradieszustand mündet.[244] Hält man die folgenden Beispiele neben die darwinistischen Spekulationen um das „zukünftige Paradies“, wie wir sie in Kap. I.2 angetroffen haben, so besteht wohl kein Zweifel, daß es sich um parallele Phänomene handelt:

Die naturgemäße Diät, die Diät der Zukunft nennt Theodor Hahn eins seiner Bücher[245], und Gustav Struve versieht sein Buch *Pflanzenkost* mit dem Untertitel *Die Grundlage einer neuen Weltanschauung.*[246] Noch unverhohlener offenbart sich der quasireligiöse Charakter in dem Titel *Das Paradies der Gesundheit, das verlorene und wiedergewonnene* von Theodor Hahn[247], seinerseits eine Anspielung auf das weit früher erschienene Werk Wilhelm Zimmermanns *Der Weg zum Paradies. Eine Beleuchtung der Hauptursachen des physisch-moralischen Verfalls der Culturvölker, sowie naturgemäße Vorschläge, dessen Verfall zu sühnen*[248], das wohl am deutlichsten den Zusammenhang von Kulturkritik und alternativer Heilserwartung widerspiegelt. In seinen Lebenserinnerungen schildert Eduard Baltzer, einer der führenden Theoretiker der Lebensreform, den Eindruck, den die Lektüre von Theodor Hahns *Praktischem Handbuch der naturgemäßen Heilweise*[249] auf ihn gemacht hat:[250]

> Längst gewohnt, alle Grundsätze auf ihre Konsequenzen zu prüfen, machte ich mir klar, welche ungeheuren Umwälzungen im Leben der Menschheit aus dem Vegetarianismus fließen mußten, wenn die Welt ihn aufnahm. Eine neue materielle und geistige Welt trat wie eine Offenbarung vor mein Auge. Aber ich sah auch, wenn ich dies neue Leben beginnen wollte, ich würde in schwere Konflikte kommen mit der eigenen Familie, mit der Gemeinde, mit der Welt.

Diese Stilisierung des Bekanntwerdens mit dem Vegetarismus zur „Offenbarung“, zum Erweckungserlebnis des religiösen Dissidenten – seinen Ruf als Querdenker hatte Baltzer bereits mit der Gründung einer freireligiösen Gemeinde und mit seinem politischen Engagement 1848 unter Beweis gestellt – illustriert die Entwicklung der Lebensreformbewegung zur Weltanschauung mit pseudoreligiösen Vorzeichen. So heißt es auch weiter bei Baltzer: „Ich wandte nun alle Zeit und Kraft, die mein Amt mir ließ, jetzt [!] diesen Dingen zu; denn

---

243 Vgl. KRABBE (1974), S. 58.

244 Vgl. dazu ausführlich KRABBE (1974), S. 167; ferner BARLÖSIUS (1997), S. 194ff., die eine Deutung der Lebensreform als „Ersatzreligion” ablehnt und stattdessen mit Blick auf das sozialreformerische Potential den Begriff „Vergesellschaftungsutopie” vorschlägt.

245 THEODOR HAHN, Die naturgemäße Diät, die Diät der Zukunft. Nach Erfahrung und Wissenschaft aller Zeiten und Völker. Köthen [2]1871.

246 Stuttgart 1869.

247 Köthen 1879.

248 O.O. 1843.

249 Berlin 1865.

250 EDUARD BALTZER, *Erinnerungen. Bilder aus meinem Leben.* Frankfurt/M. 1907, S. 88. Vgl. dazu auch FRECOT (1972), S. 33f.

für mich selbst war diese Sache nicht nur Religion, sondern eine der Vorbedingungen zur Lebenserneuerung der Gegenwart und aller Zukunft."[251] Die extremste Verkörperung dieser Tendenz begegnet dem Leser in den enthusiastischen Schriften Gustav Schlickeysens: „Der Vegetarismus ist das Heil, er ist der Messias in einem Systeme menschlicher Erkenntnis und Betätigung. [...] In der Harmonie aller Funktionen und Erscheinungsformen, in der Vernichtung jeder Unnatur liegt die Befriedigung, die Erlösung und Versöhnung aller."[252] Doch es gab auch Versuche, Lebensreform und christliche Religiosität zu vereinigen, wie in dem mehrfach aufgelegten Buch *Kehrt zur Natur zurück!* von Adolf Just. Dort werden christliche und naturgemäße Lebensführung weitgehend identifiziert. Konsequent fällt für Just die Sünde mit „Naturwidrigkeiten" und „Unnatur" zusammen.[253] Anstatt den Sündenfallmythos auf den Kopf zu stellen wie Saint-Simon und die Darwinisten, macht er ihn deshalb zur quasi anthropologischen Begründung seines Reformprogramms[254]: Wenn die Sündhaftigkeit in der Abkehr von der Natur besteht, liegt in der naturgemäßen Lebensweise die Chance zur Wiedergewinnung des Paradieses. Tatsächlich könne der Mensch, so Just, „durch den Obst- und Gartenbau die Fülle der schönsten Erfolge und wirkliche reine paradiesische Zustände dabei auf Erden wieder erleben."[255] Trotz des entschiedenen Versuchs, den Anschein der Naturreligiosität zu vermeiden[256], kann gerade die mehrfach gebrauchte Formulierung vom „Frühling des Lebens"[257] ihre Nähe zu Lebensphilosophie und Jugendstil nicht verleugnen.

Gleichwohl bleibt der Körper Ansatzpunkt der reformerischen Bestrebungen. In der Koppelung von individueller Lebensveränderung und immanent-eschatologischer Heilserwartung besteht die grundlegende Denkfigur der Lebensreform.[258] Dabei boten gerade Naturheil- und Vegetariervereine die Möglichkeit, sozusagen Lebensreform nach Feierabend zu betreiben, weil ihr ‚gemäßigtes'

---

251 Ebd., S. 90.

252 GUSTAV SCHLICKEYSEN, *Blut oder Frucht*, Freiburg/Br. 1921, zit. nach Jütte (1996), S. 133.

253 ADOLF JUST, Kehrt zur Natur zurück! Die wahre naturgemäße Heil- und Lebensweise, Wasser, Licht, Luft, Erde, Früchte und wahres Christentum. 7. Aufl., Jungborn 1910, S. 552 u.ö.

254 Ebd., S. 557: „Im Anfange sagte ich schon, das Streben des Menschen ist darauf gerichtet, das verlorene Paradies, die verlorene, ungetrübte Glückseligkeit wieder zu erlangen, mag der Mensch hierzu auch noch auf den verkehrtesten Wegen gehen."

255 Ebd., S. 552.

256 Ebd., S. 557: „Der Mensch soll niemals die sichtbare Natur anbeten, ja, kein Naturanbeter und kein Naturschwärmer werden."

257 Ebd., S. 552ff.

258 KRABBE (1974) sieht darin das grundlegende Unterscheidungsmerkmal zwischen „spezifischen" und „peripheren" Lebensreformbestrebungen: „Im Unterschied zur peripheren Lebensreform, ist die spezifische Lebensreform überzeitlich, d.h. aufs Zeitlose ausgerichtet, weniger die Antizipation der voraussehbaren Zukunft intendierend, sie ist ‚abstrakte Utopie' gegenüber der mehr ‚konkreten Utopie' der peripheren Lebensreform." (S. 49)

Programm keine komplette Umstellung der Lebensführung – bis hin zum gesellschaftlichen Aussteigertum – forderten, sondern die Reformierung eines mehr oder minder großen Teilbereichs, der sich auch innerhalb der gesellschaftlichen Ordnung praktizieren ließ.[259] Das lag ganz im Interesse der Vereinsmitglieder, die sich mehrheitlich aus dem neuen Mittelstand rekrutierten.[260] Durch Inanspruchnahme naturheilkundlicher Therapiemethoden wie etwa des Wassertretens oder der (nichtvegetarischen) Diät konnte man an der „Kulturheilbewegung" partizipieren und sich als Akteur des immanenten Heilsplans verstehen. Das vermag zu erklären, warum die Mitgliederzahl der einzelnen Reformbewegungen mit zunehmender Radikalität absank.[261] Schon durch die partielle Reintegration in natürliche Lebenszusammenhänge wurde ein Sinndefizit ausgeglichen, das durch den Prestigeverlust der konfessionellen Religionen entstanden war.

3.5.3 Die Nacktkulturbewegung

In der Nacktkulturbewegung, der dritten zentralen Strömung der Lebensreform, treffen sich darwinistische Anthropologie, antiwilhelminische Prüderiekritik und die Forderung nach naturgemäßer Lebensführung. Anders als bei Vegetarismus und Bodenreform handelt es sich um eine Protestbewegung, die maßgeblich von Künstlern und Intellektuellen getragen wurde. Zunächst wurzelte aber auch die Nacktkultur in der Naturheilkunde. Bereits 1854 hatte der Schweizer Arnold Rikli eine Naturheilanstalt gegründet, in der Luft- und Sonnenbäder verschrieben wurden.[262] Tatsächlich waren es gesundheitliche Gründe, die den Maler Karl Wilhelm Diefenbach (1851-1913) dazu bewogen, sich dem Vegetarismus und schließlich dem Nacktkultus zu verschreiben, den er jedoch bald mit ästhetischen Überlegungen zur Vision eines Geschlechts von Licht- und Sonnenmenschen verband.[263] Ihm schloß sich der junge Maler Hugo Höppener (1868-1948) an, der unter dem Beinamen ‚Fidus' zum bekanntesten Künstler der Nacktkultur wurde.[264] Während Fidus die menschliche Nacktheit in unzähligen Bildern, Zeichnungen, Grafiken, Buch- und Zeitschriftenillustrationen[265] und Exlibris propagierte[266], ging die literarische Offensive von dem schriftstellernden Ästheten Heinrich Pudor aus, der 1893 seine erste Programmschrift *Nackende Men-*

---

259 Vgl. FRECOT u.a. (1972), S. 57; LINSE (1983), S. 34.
260 Vgl. BARLÖSIUS (1997), S. 158ff.
261 Vgl. KRABBE (1974), S. 49.
262 Vgl. ROTHSCHUH (1983), S. 90ff.
263 Vgl. HERMAND (1972), S. 59ff.
264 Vgl. dazu ausführlich HERMAND (1972); FRECOT u.a. (1972).
265 Unter anderem in der *Jugend*, dem *Pan* und der *Schönheit* (vgl. HERMAND 1972, S. 73; ferner die synoptische Tabelle in FRECOT u.a. 1972, S. 310ff.)
266 Vgl. FRECOT u.a. (1972). Zu den Exlibris vgl. WERMER/WITTE (1995).

schen. Jauchzen der Zukunft veröffentlichte. Dort wird die Nacktheit zum Weg, auf dem die physisch und moralisch degenerierte Menschheit zu Schönheit und natürlicher Sittlichkeit zurückfinden soll.[267] Die deutliche stilistische Anlehnung an Nietzsche und die inhaltlichen Parallelen zum wilhelminischen Bestseller *Rembrandt als Erzieher* offenbaren einmal mehr die engen Verflechtungen zwischen Darwinismus, Lebensphilosophie, Kulturkritik und utopischen Gesellschaftsentwürfen um 1900.

Die Ideologie der Nacktkultur bestand darin, gerade die Nacktheitsgegner als moralisch verderbt anzusehen und die „*Ungewohnheit* des nackten menschlichen Körpers" als die Wurzel von gesellschaftlichen Übeln wie „Gemeinheit, Rohheit, Unzucht, dem Dirnenwesen und damit zusammenhängend der Verbreitung der Geschlechtskrankheiten" anzuprangern.[268] Unter Berufung auf die darwinistische Entwicklungslehre, mit deren Hilfe die Nacktheit als natürliche Tracht des Menschen erwiesen werden konnte[269], zog man zu Felde gegen die „Scheinsittsamkeit“[270], die „unerhörte Scheinheiligkeit, Scheinmoral, Heuchelei und Sprödetuerei auf sittlichem Gebiete“[271], die „falschen Sittlichkeitsbegriffe“[272] und die „Geheimnistuerei“[273].

Als Angriffsziel diente zunächst die gesellschaftliche Doppelmoral: „Viele äußerlich ‚Entrüstung Heuchelnde' wünschen sich jedoch heimlich nichs sehnlicher als einen nackten Körper des anderen Geschlechtes herbei. Andere wieder stellen sich mit lebhafter Phantasie durch die Kleider hindurch den nackten Körper vor.“[274] Diesen Umstand führt der bedeutende Nacktkulturtheoretiker Richard Ungewitter darauf zurück[275], daß die unnatürliche ängstliche Bedeckung des menschlichen Körpers Lüsternheit und folglich Unsittlichkeit, ja Perversion, eher fördere als verhindere: „Das Dunkle, Verborgene lockte mit unbezwingbarer Neugier, mit fieberhaftem Entdeckerdrang, man wollte, man *mußte* Gewißheit darüber haben.“[276] Dagegen setzte die Nacktkultur ihre Forderung nach Entta-

---

267 Vgl. FRECOT u.a. (1972), S. 48f.

268 RICHARD UNGEWITTER, Die Nacktheit in entwickelungsgeschichtlicher, gesundheitlicher, moralischer und künstlerischer Beleuchtung, Stuttgart 1907, S. 48.

269 Vgl. ebd., S. 7-20. Hier hatte sicherlich Bölsches *Liebesleben in der Natur* Pate gestanden (s. u.).

270 Ebd., S. 40.

271 Ebd., S. 48.

272 Ebd.

273 Ebd., S. 49.

274 Ebd., S. 52.

275 Zu diesem Hauptargument der Nacktkultur vgl. KRABBE (1974), S. 99f.; FRECOT u.a. (1972), S. 49.

276 UNGEWITTER, *Die Nacktheit*, S. 50. Ebenso S. 48: „Diese falschen Sittlichkeitsbegriffe nun sind zum größten Teil durch die *Ungewohnheit* des nackten menschlichen Körpers, durch die übermäßige ‚Götzendienerei' des *äußeren* Menschen – der modernen Kleidung –, durch das Heranzüchten eines affenhaften Fatzken- und Gigerltums, sowie endlich durch eine wahre Verlästerung des allen Augen verborgenen Menschen entstanden."

buisierung des nackten Körpers, in der sie „die Grundlage für eine gänzliche Umgestaltung unserer ‚modernen' sittlichen Anschauungen" gefunden zu haben glaubte.[277]

Bei all dem ist die Tendenz ins Sexualreformerische nicht zu übersehen.[278] Trotz der hehren Zielsetzung einer natürlichen Sittlichkeit, der Protesthaltung gegen bürgerliche Scheinmoral, der Betonung artgeschichtlicher Dimension und gesundheitlicher Relevanz[279] in den programmatischen Schriften steht zu vermuten, daß die Initiative der Nacktkultur auf Vereinsebene sehr wohl als Bewegung zur Lockerung der bürgerlichen Sexualmoral fungierte.[280] So berichtet ein konservativer Kritiker:[281]

> Wer einmal in diesen Vorstellungen zu Gaste war, bei denen man anfangs sogar Jungfrau und Jüngling völlig unbekleidet sah, während später doch das Efeublatt der Allmutter Eva die Scham verhüllte, wer dort die Zuschauer sah, die, aus der Tiergartenstraße und ihrer Umgebung gekommen, mit heißen Blicken auf die Bühne starrten und wirklich nicht in rein ästhetischen Genüssen schwelgten, der weiß genau, daß hier ganz andere als künstlerische Empfindungen erweckt worden sind.

Daß Kleidung und Nacktheit unmittelbar mit der Frage der Sexualität zusammenhängen, liegt auf der Hand, „denn mit dem Wörtchen ‚erotisch' hängt im engsten Sinne die *Schamfrage* zusammen. Sie bildet die Scheidewand innerhalb unserer Nacktheit."[282] Im Kapitel *Ohne Nacktheit keine wahre Moral* schließlich schlägt Ungewitters Appell zur Freikörperkultur in unverhohlene Sexualaufklärung um. So kritisiert er die gängige Aufklärungspraxis[283] und empfiehlt die Lektüre des „geradezu mustergültigen" Buches *Das Geschlechtsleben* von Dr. Franz Schönenberger.[284] Er zitiert mehrmals aus Bölsches *Liebesleben in der Natur*[285], dessen Einfluß an mehr als einer Stelle deutlich wird. Habe man einmal das „geheimnisvolle Wort ‚Zeugung'„ als Schlüsselbegriff der gesamten Natur, als „schöpferische Himmelskraft" erfaßt, erscheine dessen Tabuisierung als nachgerade lächerlich. „Heilig, heilig sollte uns dieser Trieb, der ‚ewig Neues schafft',

---

277 Ebd., S. 48.

278 Vgl. KRABBE (1974), S. 100f.; HERMAND (1972), S. 82. NIPPERDEY (1990) sieht in der Lebensreformbewegung einen von drei geschichtlichen Faktoren, die zur Lockerung der ‚viktorianischen' Sexualmoral führten (vgl. S. 110f.).

279 Vgl. ebd., S. 30-39.

280 Die Dialektik von moralreformerischem Idealismus und erotischen Befreiungsphantasien wird in der Forschung nur zaghaft thematisiert. ROTHSCHUH (1983) orientiert sich an den Programmschriften und weist erotische Implikationen zurück (S. 127); dagegen vgl. KRABBE (1974), S. 100f.; FRECOT u.a. (1972), S. 49ff.; am entschiedensten HERMAND (1972), S. 82ff.

281 JEANNOT EMIL FREIHERR V. GROTTHUß, *Aus deutscher Dämmerung. Schattenbilder einer Übergangskultur*. Stuttgart ^{5}1909; zit. nach FRECOT u.a. (1972), S. 49f.

282 UNGEWITTER, *Die Nacktheit*, S. 16.

283 Vgl. ebd., S. 54ff.

284 Vgl. ebd., S. 56.

285 Vgl. ebd., S. 16, 18f., 76f.

seinem ganzen Wesen nach sein."[286] Die Strategie der Enttabuisierung erweist sich als übertragbar: „Warum nicht eine offene Aussprache dieser scheinbar heiklen Sache? Dadurch würde sofort diesen Geheimnissen der Schleier geraubt, und damit – wäre jeder Reiz verloren."[287]

Auch in der Zeitschrift *Die Schönheit*, die seit ihrem Erscheinen 1903 zu einem wichtigen Forum der Nacktkultur wird, erscheinen Artikel zur Geschlechtererziehung[288] und Sexualmoral.[289] Gegner sind einmal mehr Prüderie und „Heimlichtuerei", die allein für „geschlechtliche Ausschweifungen schon im Kindesalter" verantwortlich seien.[290] Der Geschlechtstrieb erfährt eine geradezu religiöse Verehrung, die abermals auf Bölsches *Liebesleben* verweist: „Wir wollen nicht asketisch den Geschlechtstrieb als etwas Niedriges unterdrücken, sondern die Auffassung vertreten, daß er heilig ist, denn er, dem wir alle unser Dasein verdanken, ist von der Natur zur Fortpflanzung und Höherentwicklung der Menschheit eingesetzt."[291]

---

286 Ebd., S. 49.

287 Ebd., S. 50.

288 Z.B. JOHANNA LANKAU, *Die geschlechtliche Aufklärung der Jugend* (Jg. 1/1903, S. 162-166); C.E. RIES, *Geschlecht und Erziehung* (Jg. 1/1903, S. 692-704).

289 So etwa ANTON NYSTRÖM, *Geschlecht und Gesellschaft* (Jg. 2/1904, S. 36-38, 107-112, 341-344); FRIEDRICH SIEBERT, *Sexuelle Moral* (Jg. 3/1905, S. 354-359).

290 RIES, *Geschlecht und Erziehung*, S. 700.

291 NYSTRÖM, *Geschlecht und Gesellschaft. Teil I*, S. 36. Eine ebenso deutliche Sprache sprechen die Buchanzeigen im Anhang zu jedem Heft, wo unter der Rubrik ‚Sittlichkeit-Geschlechtsleben' zahlreiche Werke zur Sexualaufklärung (u.a. über Schwangerschaft, Geschlechtskrankheiten, Homosexualität, Perversion, Abtreibung) angezeigt werden.

II. „Erlösungen"? Dehmels frühe Ästhetik zwischen Darwinismus und Kunsterziehung

Der Schwerpunkt der Ausführungen zu Dehmels Ästhetik liegt auf dem Aspekt der künstlerischen Wirkung und der damit verbundenen Auffassung von der Aufgabe des Künstlers bzw. Dichters. Hier liegt das Zentrum von Dehmels Kunsttheorie. Seine Überlegungen zu Mimesis und literarischer Technik sollen keineswegs unterschlagen werden. Sie sind gut untersucht, aber in ihrem Verhältnis zu Dehmels Wirkungsabsicht bislang falsch eingeschätzt worden.[1]

Die hier versuchte Rekonstruktion von Dehmels Kunsttheorie beruht hauptsächlich auf den Essays des behandelten Zeitraums. Die Erörterung der zahlreichen poetologischen bzw. ästhetischen Äußerungen in Briefen, Tagebuch und Gedichten zwischen 1892 und 1900 muß der notwendigen Beschränkung halber unterbleiben. Dehmel hat sich derart häufig, derart verschieden, nicht selten auch widersprüchlich zu Kunst und Literatur geäußert, daß eine differenzierte Untersuchung den Rahmen dieser Studie übersteigen würde. Auf grundsätzliche Abweichungen von den in den Essays entwickelten Ansichten wird an den entsprechenden Stellen hingewiesen.

II.1 Allgemeines

Dehmels Essays der neunziger Jahre behandeln überwiegend Fragen der Ästhetik und Poetik.[2] Seine Kunstauffassung dieser Zeit ruht auf dem Axiom der darwinistischen Theorie von der Höherentwicklung der Gattung und entfaltet von dort einen ethisch-humanitären Wirkungsanspruch, der auf Gedankengut der deutschen Klassik zurückgreift. Sein Standpunkt entwickelt sich von einer evolutioni-

---

1 Das gilt vor allem für die Arbeit von FRITZ (1969), die im weiteren ausführlich besprochen wird. Ebenso für den ansonsten sehr guten Überblick über Dehmels Kunstauffassung von VIERING (1990), der sich weitgehend an Fritz orientiert. MARKWARDT (1967) befasst sich fast ausschließlich mit Dehmels Abhängigkeit von Nietzsche (S. 167-175), betont jedoch, soweit ich sehe, am stärksten in der bisherigen Forschung die zentrale Stellung der Wirkungsästhetik (S. 177).

2 *Die neue deutsche Alltagstragödie* (1890, gedruckt 1892), in: *Gesellschaft* 8 (1892), S. 475-512; teilweise abgedruckt in RUPRECHT/BÄNSCH (1970), S. 235-237, sowie in BRAUNECK/MÜLLER (1989), S. 289-293. In den weiteren Anmerkungen unter der Sigle NDA. – *Aus Berlin* (Bericht von der Berliner Kunstausstellung), in: *Pan* 2 (1895/96), S. 110-117. Im Folgenden BKA. – Einleitung zu: *Lebensblätter. Gedichte und anderes.* Berlin 1895, S. 7-29. Im Folgenden LB. – *Bedarfskunst?!* In: *Neue Deutsche Rundschau* 9 (1898), S. 97-100. Im Folgenden BK. – *Kunst und Persönlichkeit*, in: *Pan* 6 (1899/1900), S. 25f. Wieder abgedruckt in: Theorie des literarischen Jugendstils, hg. v. JÜRG MATHES, Stuttgart 1984 (RUB 8036), S. 155-160. Im Folgenden KUP.

stisch fundierten Vorbildpoetik (NDA, LB) zu einer ästhetischen Volkspädagogik, in die Elemente der Kunsterziehungsbewegung eingegangen sind (BKA, BK). Der zukunftsorientierte Evolutionsgedanke macht ab der Mitte des Jahrzehnts einem präsentischen Einheitsbegriff Platz, der monistische Vorstellungen aufgreift und lebensphilosophisch interpretiert. Den gemeinsamen Ansatzpunkt bildet die Auffassung, daß der Künstler dem Wohl der Menschheit diene, indem er durch das Kunstwerk ihre sittliche Entwicklung beeinflusse. Dehmels Überlegungen dieser Jahre kreisen also um die kunstphilosophische Frage nach Sinn und Funktion der Kunst, der gegenüber stoffliche, gehaltliche oder formale Gesichtspunkte mit Entschiedenheit zurückgestellt werden.

Hier muß vor allem der Deutung von Fritz (1969) begegnet werden, der Dehmels reformerischen Anspruch zwar wahrnimmt[3], ihn jedoch als konsequente Folge einer spezifisch modernen[4] subjektivistischen Ästhetik interpretiert, auf deren Grundlage der Dichter glaube, die Realität umgestalten zu können.[5] Unter ideologiekritischen Vorzeichen deutet Fritz den Anspruch, die sittliche Entwicklung der Menschheit beeinflussen zu wollen, als nicht zulässige Übertragung einer ästhetisch gewonnenen Kategorie, nämlich der mimetisch-gestalterischen Autonomie des Künstlers, auf die gesellschaftliche Wirklichkeit.[6] Dementsprechend wird die für Dehmels Werk konstitutive lebensbejahende Haltung als „Gipfelpunkt" eines zur „Lebensform ausgeweitete[n] ästhetische[n] Subjektivismus" erklärt.[7]

Zweifellos kommt der Mimesis-Konzeption, zumal in der Auseinandersetzung mit Holz' ‚Kunstgesetz', ein hoher Stellenwert in Dehmels ästhetischer Reflexion zu. Daß Dehmel den Produktionsprozeß ganz auf die Subjektivität des Künstlers

---

3 Vgl. FRITZ (1969), S. 89f.

4 Der Nachweis der Originalität und Modernität von Dehmels Mimesis-Konzeption, angeregt durch den Holz-Aufsatz von WILHELM EMRICH (Arno Holz und die moderne Kunst, in: ders., Protest und Verheißung. Studien zur klassischen und modernen Dichtung. Frankfurt/M./Bonn 1963, S. 155-168), gehört zu den Beweiszielen der Arbeit (vgl. besonders FRITZ 1969, S. 36f., zu Emrich vgl. ebd., Anm. 130).

5 „Solche Überlegungen sind Bestandteile eines Entwurfes, der auf eine totale Ästhetisierung des Daseins abzielt." (Ebd, S. 90.)

6 „Vorgreifend sei gesagt, daß schon hier der Grundirrtum des Jugendstils sichtbar wird, nämlich der Glaube, eine aus der ästhetischen Reflexion hergeleitete Kategorie, nämlich die der Umwertung und Steigerung der Natur durch die Kunst, aus der Immanenz des Kunstwerks hinaus auf die Realität des Lebens übertragen zu können." (Ebd., S. 91.)

7 Ebd., S. 147. Weiter heißt es: „Er mündet konsequent in die Vorstellung eines expressiven Ichs, das in vollständiger Autarkie nur aus der Dynamik und dem Pathos der eigenen Innerlichkeit heraus lebt und somit eine der Autonomie und Unbedingtheit des visionären Zustandes analoge Existenz zu führen sucht. Diese Konzeption ist die letzte Folgerung aus dem bei Dehmel latenten subjektivistischen Verhalten der Wirklichkeit gegenüber, welches zwangsläufig dort einsetzen muß, wo die Kategorie des Ästhetischen, d.h. die höchster Subjektivität, zum Medium und auch zum Inhalt eines Lebensentwurfes wird."

gründet, kann nicht geleugnet werden.[8] Ferner kann zugegeben werden, daß die Pläne einer Ästhetisierung der Lebenswelt, wie sie sich seit 1895 entwickeln, der Annahme einer Verabsolutierung des Ästhetischen in die Hände zu spielen scheinen. Daß sich Dehmels „menschheitliche“ Wirkungsabsicht als theorieimmanente Konsequenz aus seinem Mimesis-Begriff ableiten ließe, muß allerdings bestritten werden. Vielmehr ergibt sich, wie noch zu zeigen sein wird, daß der ästhetische Subjektivismus aus der doppelten Frontstellung gegen eine bewußt konstruierte, auf Wirkung berechnete Tendenzkunst (z.B. sozialkritisch oder national) einerseits und eine an äußerlichen, nämlich formalen oder gehaltlichen, Kriterien orientierte Kunstkritik andererseits entstanden ist.

Fritz' Interpretation unterschätzt das weltanschauliche Gewicht eines darwinistisch fundierten Kulturoptimismus, der einer Stützung durch ästhetische Verwirklichungsstrategien, seien diese nun illusorisch oder nicht, keineswegs bedurfte. Ferner verstellt der Autor durch die teleologische Perspektive auf ein modernes Kunstverständnis den Blick auf Parallelen zu Schillers Ästhetik und zur Kunsterziehungsbewegung, zu Theorien also, die einen gesellschaftlichen Wirkungsanspruch auf ihre Fahnen geschrieben haben. Schließlich wird ein kunstgeschichtlich gewonnener Begriff von Jugendstil zugrunde gelegt[9] und auf Dehmel appliziert, der sich an den ästhetischen Merkmalen dieser Bewegung orientiert. Dabei gehen weltanschauliche und lebensreformerische Implikationen verloren, über die der Jugendstil mit dem Aufbruchpathos um 1890 verbunden war, und die einen weitaus naheliegenderen und simpleren Zugang zu Dehmels Werk bieten.[10]

Mit seinem frühen Versuch einer darwinistischen Ästhetik gehört Dehmel zu den wenigen Autoren, die versucht haben, die Forderungen der Frühnaturalisten nach einer naturwissenschaftlich fundierten Kunsttheorie auch wirklich zu erfüllen. Die wenigen Versuche, die unternommen wurden, widmeten sich entweder den stofflichen Konsequenzen des naturwissenschaftlichen Fortschritts (Bölsche, s.u.) oder der analogen Übertragung von Naturgesetzen (Alberti[11], Holz[12]), bzw.

---

[8] Die entsprechenden Ausführungen bei Fritz sind zutreffend, mit stichhaltigem Material belegt und bilden den Ausgangspunkt für gelungene Gedichtinterpretationen.

[9] Vgl. ebd., S. 39ff.

[10] Vgl. dazu die wegweisenden Aufsätze von DOLF STERNBERGER, bes. STERNBERGER (1976) RASCH (1974); HAMANN/HERMAND (1959), S. 150-176 und 245-274.

[11] Vgl. besonders ALBERTI, Die zwölf Artikel des Realismus. Ein literarisches Glaubensbekenntnis. In: *Die Gesellschaft* 5 (1889), S. 2-11. Darin heißt es unter anderem: „Die Prinzipien des Kampfes ums Dasein, der natürlichen Auslese, der Vererbung und der Anpassung haben in Kunst und Kunstgeschichte ebenso unbedingte Geltung wie in der physiologischen Entwicklung der Organismen.“ (S. 3)

[12] So etwa HOLZ, Die Kunst. Ihr Wesen und ihre Gesetze, Berlin 1891, S. 95: „Dass diese Kunst von der allgemeinen Regel eine Ausnahme bildet, dass sie ihre Werke *keinen* Gesetzen unterworfen sieht, behauptet heute freilich kein auch nur einigermassen gebildeter Mensch mehr.“

Prinzipien der Wissenschaftstheorie (Holz) auf die Kunst.[13] Dagegen setzt Dehmel nicht bei systematischen oder stofflichen Problemen an, er versucht vielmehr Künstler und Kunstwerk in die darwinistische Weltanschauung zu integrieren und ihren Platz innerhalb des biologischen Entwicklungsvorgangs zu bestimmen.[14] Da der humanitäre Wirkungsanspruch, den Dehmel dabei bereits voraussetzt, mit hoher Wahrscheinlichkeit Schillers Programm einer „ästhetischen Erziehung" verpflichtet ist, kann seine Kunsttheorie als der Versuch betrachtet werden, die klassisch-idealistische Ästhetik mit den Erkenntnissen der „Naturwissenschaft", d.h. Darwins, zu vermitteln und damit die spekulative Theorie empirisch zu fundieren.

Das früheste Zeugnis dieser Kunstkonzeption bildet neben vereinzelten Briefpassagen der Essay *Die neue deutsche Alltagstragödie*, in dem Dehmel erstmalig eigenständige poetologische Überlegungen im Zusammenhang vorträgt. In der Einleitung zu den *Lebensblättern* (1895) wird auf der Grundlage der Evolutionslehre ein Begriff des künstlerischen Werts entwickelt, der formale und gehaltliche Kriterien hinter sich läßt. Zugleich zeichnet sich die Idee einer Schulung des allgemeinen Kunstverständnisses ab, die dem Problem der intendierten Breitenwirkung hoher Kunst pragmatisch zu begegnen sucht. Diese Haltung, befördert durch die Mitarbeit an der Zeitschrift *Pan* und die daraus entstehende Bekanntschaft mit Alfred Lichtwark, dem Vordenker der Kunsterziehungsbewegung, bestimmt auch Dehmels dritten großen Essay, einen Bericht über die Berliner Kunstausstellung, der im gleichen Jahr erschien. Ihren stärksten Ausdruck gewinnt sie in dem Artikel *Bedarfskunst?!* von 1898, der den angewandten Künsten die Funktion eines ästhetischen Propädeutikums für die breite Masse zuweist. In dem Vortrag *Kunst und Persönlichkeit* (1899) skizziert Dehmel die Konturen einer psychologischen Rezeptionsästhetik und versucht, die sittliche Wirkung der Kunst in der individuellen ästhetischen Erfahrung zu verankern.

Da alle fünf Essays weitgehend unbekannt sind[15], die *Lebensblätter* kaum[16], der *Bericht* und *Bedarfskunst!?* literaturwissenschaftlich noch gar nicht behandelt worden sind, sollen sie einer detaillierten Analyse unterzogen werden. Einleitend wird anhand früher Briefe Dehmels nachgewiesen, wie der Gedanke der „Menschenbeglückung" sich schon vor den ersten öffentlichen Äußerungen aus traditionellen, besonders aufklärerischen und klassischen Theoremen entwickelt.

---

13 Zur Kunsttheorie Bölsches und Albertis vgl. KOLKENBROCK-NETZ (1981), S. 252-285.

14 Eine weitere Möglichkeit, die naturwissenschaftlichen Weltanschauung poetisch zu transformieren, sieht STÖCKMANN (2005) in der Überführung darwinistisch-monistischer Denkstrukturen in semiotische oder „figurale" (S. 278) Konzepte. Dieser vielversprechende Ansatz kann hier nicht weiter verfolgt werden.

15 Zur *Alltagstragödie* vgl., abgesehen von verstreuten Bemerkungen in literaturgeschichtlichen Darstellungen, ROTHE (1968), S. 102ff.; FRITZ (1969), S. 24ff., 118 et pass.

16 Vgl. FRITZ (1969), S. 89f.

II.2 Darwinistischer Idealismus

2.1 Frühe Äußerungen

Die Briefe vor und nach der Veröffentlichung des ersten Gedichtbandes *Erlösungen* (September 1891) sind von intensiver weltanschaulicher und poetologischer Reflexion geprägt. Als deren Kern lassen sich ethische Grundsatzüberlegungen ausmachen, die vom zeittypischen Hiatus zwischen christlicher Ethik und naturwissenschaftlicher Anthropologie geprägt sind. Von dort nehmen ästhetische Klärungsversuche ihren Ausgang, die sich – entsprechend dem hohen humanitären Anspruch – konzeptionell wie begrifflich in den Bahnen des deutschen Idealismus, insbesondere der klassischen Ästhetik Schillers, bewegen.

Dabei tritt eine Denkhaltung zutage, die Dehmels kunsttheoretische Äußerungen während der gesamten neunziger Jahre kennzeichnet: Der Versuch, Tradition und Moderne zu vereinbaren, genauer gesagt: die großen weltanschaulichen und ästhetischen Systeme der Vergangenheit – in erster Linie die christliche Ethik und die klassisch-idealistische Ästhetik – nicht zu verwerfen, sondern auf dem Boden der naturwissenschaftlichen Erkenntnis nachträglich zu begründen und dadurch das argumentative Potential von traditioneller Autorität und szientifischer Positivität zu verbinden. Dehmel glaubte nicht an den Nutzen eines radikalen Bruchs mit der Vergangenheit, weder weltanschaulich noch künstlerisch: „[I]ch glaube, daß nur *die* Künstler Geltung erlangen, die ein annäherndes Gleichgewicht zwischen traditionellen und originellen Elementen zustande bringen.“[17]

Zugleich werden auf diese Weise naturwissenschaftliche Erkenntnisse in einen weltanschaulichen Rahmen eingebettet. Damit folgt Dehmel der Tendenz einer publikationsfreudigen Populärwissenschaft (Haeckel, Strauß, Hartmann), die sich zum Ziel gesetzt hatte, die revolutionären Fortschritte der Naturerkenntnis in ein geschlossenes Weltbild zu integrieren, das „nicht bloß das Kausalitäts-Bedürfniß unserer *Vernunft* vollkommen befriedige, sondern auch die höchsten Gefühls-Bedürfnisse unseres *Gemüthes*.“[18]

So versucht er etwa, Elemente der neutestamentlichen Ethik in den vermeintlich wissenschaftlichen Rahmen des weltanschaulichen Darwinismus einzupassen (s. Kap. I.2). In einer Argumentation, die Kenntnis der inzwischen populären

---

[17] An Rudolph von Delius, 15.8.1913, II 315.

[18] HAECKEL, *Welträthsel*, S. 384. Vgl. zu diesem Zusammenhang DAUM (1996). Grundlegend zum Populärmaterialismus des 19. Jahrhunderts immer noch FRIEDRICH ALBERT LANGE, Geschichte des Materialismus, Bd. 2, (das Gemütsargument ebd., S. 688), eine gute Übersicht findet sich bei LÜBBE (1963). Zu Hartmann und Haeckel vgl. außerdem GEBHARD (1984), FICK (1993).

historischen Bibelkritik[19] verrät, versucht er die Begriffe ‚Gott' und ‚ewiges Leben', „wie es Jesus meinte"[20], an einen evolutionistisch verstandenen Menschheits-Begriff anzuknüpfen: „Und die Menschheit ist das ewige Leben, ist Gott; das ist der innerste Grundschluß der Jesuslehre."[21] Auf dieser Basis glaubt Dehmel den Grundsatz für eine neue Ethik formulieren zu können (s. dazu ausführlich Kap. III.2.1), die in Wirklichkeit Kants kategorischen Imperativ vor einem darwinistischen Hintergrund präsentiert: „Wer es aber weiß, wer es erkannt hat, was das Leben der Menschheit, das ewige Leben vom Einzelnen verlangt, der hat auch die Pflicht, soviel er nur vermag, nicht blos im Denken und Fühlen, sondern auch im einzelnen Handeln ein Mensch für die Menschheit zu sein, – Jeder, soviel er vermag, – und man vermag es im kleinsten Kreise."[22] In der Durchsetzung dieser „Pflicht der Menschenhoheit" gegen die „Sucht seiner Sinne" liege die Freiheit des einzelnen Menschen. Deren Verwirklichung stellt Dehmel, etwas zirkulär, der Eigendynamik der Gattungsentwicklung anheim: „Die Natur als Ganzes sorgt ja doch in jedem Einzelwesen wieder für sich selbst."[23] Diese individuelle Ausprägung des Gattungstriebs in jedem Menschen bezeichnet Dehmel, im Rückgriff auf christliches Vokabular, als „Erlösungsdrang"[24], den Menschen

---

19 Als Ausgangspunkt einer publikumswirksamen Verbreitung kann DAVID FRIEDRICH STRAUß' *Das Leben Jesu* (1835) angenommen werden. Eine Volksausgabe, die für den nichttheologischen Leser umgearbeitet worden war, erschien 1864.

20 An Simon Herrmann, 2.7.1887, I 21.

21 An Simon Herrmann, 17.10.1887, I 29. Ähnlich heißt es noch 1897 in einem Brief an Gustav Falke: „Du lieber Himmel, die Menschheit! Sie ist doch nur ein andres Wort für's Unbegreifliche." (7.3.1897, I 262.) Es ist zu vermuten, daß Dehmel in dem Brief an Hermann Material aus einem „Aufsatz über die Unsterblichkeitsidee" verarbeitet, der bereits 1886 verfaßt, aber nicht zum Druck gelangt war und offenbar vernichtet wurde (vgl. Brief an Franz Oppenheimer, 30.6.1886, I 9). Der Genauigkeit halber muß hinzugefügt werden, daß Haeckel selbst die Unsterblichkeit anders, nämlich atomistisch auffaßte. Dehmel steht hier also Darwin näher als Haeckel.

22 An Simon Herrmann, 17.17.1887, I 31.

23 An Karl Henckell, 27.12.1891, I 75.

24 An Georg Ebers, 29.9.1891, I 60.
Der Erlösungsbegriff löst sich spätestens im 19. Jahrhundert vom christlichen Bezugsrahmen (Vgl. allgemein E. SCHOTT,. „Erlösung", in: J. Ritter (Hg.), Historisches Wörterbuch der Philosophie, Bd. 2, Darmstadt 1972, Sp. 717f.). SCHOPENHAUER macht ihn, funktional äquivalent, in dezidierter Abwendung von aller Jenseitigkeit zum Zielbegriff einer rein immanent begründeten Ethik, der als jeweils individuelle „Verneinung des Willens zum Leben" bestimmt wird (Die Welt als Wille und Vorstellung I, §68, Werke I, S. 505 et pass.). E. v. HARTMANN, der im Gegensatz zu Schopenhauer den Begriff der Entwicklung in sein System aufnimmt (s. a. Kap. I. 2. 1), wendet sich gerade gegen diese Individualisierung des Erlösungsbegriffs und versucht ihn „universell" zu fassen, indem er die Erlösung – wie Haeckel, Strauß und andere – an das Ende eines kollektiven Entwicklungsprozesses stellt (E. v. H., Philosophie des Unbewussten. Versuch einer Weltanschauung. Berlin 1869, S. 637). Er verwirft den Gedanken der Askese und postuliert stattdessen „die volle Hinwendung der Persönlichkeit an den Weltprocess um seines Zieles, der allgemeinen Welterlösung willen" (Ebd., S. 638). Dadurch werde „der Instinct wieder in seine Rechte eingesetzt und *die Bejahung des Willens zum Leben als das vorläufig allein richtige proclamirt;* denn

entsprechend als „höchste Entäußerung des Geistes in der Natur, des Selbsterlösungsdranges".[25] Die Bedeutung der Erlösungsidee für den jungen Dehmel läßt sich daran ermessen, daß er seinen ersten Gedichtband „Erlösungen" übertitelte (s. dazu Kap. 0.5). In diesem vom Individuum ausgehenden, auf die Menschheit ausgerichteten säkularisierten Erlösungsbegriff deutet sich bereits eine Glücksauffassung an, die Dehmel immer wieder gegen politische und sozialreformerische Bewegungen ausgespielt hat.[26]

Die christliche Heilslehre wird also durch einen natürlichen Entwicklungsprozeß ersetzt, der, nach damals gängiger Ansicht (s. Kap. I.2), nicht mehr auf körperlich-morphologischer, sondern auf geistiger, insbesondere moralischer Ebene ablaufen und in die als individuelle „*Überwindung* der Natur" (sc. des Triebs) verstandene Freiheit münden soll.[27]

Der Übergang von der weltanschaulichen Reflexion zur humanitären Wirkungsästhetik liegt in Dehmels Bedürfnis, am Prozeß der sittlichen Entwicklung mitzuwirken. In einem frühen Brief an den späteren Schwager Franz Oppenheimer berichtet Dehmel über nächtliche „Gedanken von Menschenbeglückung und Volksaufklärung, wie sie ein junges Hirn dämmernd durchziehen".[28] Mit zunehmendem Alter und ersten literarischen Erfolgen – 1889 und 1890 druckte das *Magazin für Litteratur* einzelne Gedichte ab – bleibt der Wunsch, „die Menschheit trösten" zu wollen[29], bestehen. In einem langen Brief an den literarischen Mentor Georg Ebers, mit dem er auf dessen wohlwollende Kritik der *Erlösungen* reagiert, bringt Dehmel seinen literarischen Wirkungsanspruch mit der zuvor beschriebenen Weltanschauung zusammen:[30]

> Zwar zum Tröster fühle ich mich nicht berufen – Keinem gegenüber, auch dem *niedern Volke* nicht. Das widerspricht meiner ganzen Glücksauffassung, die darin gipfelt, daß nur der Einzelne selber – nach seiner innern Art und seiner äußern Lage – sich seine see-

---

nur in der vollen Hingabe an das Leben und seine Schmerzen, nicht in feiger persönlicher Entsagung und Zurückziehung ist etwas für den Weltprocess zu *leisten*." (Ebd., Hervorhebung im Original.) Zu Hartmann, dessen Wirkung um 1900 immer noch mangelhaft untersucht ist, vgl. UEBERWEG ([11]1916); SALAQUARDA (1984); GEBHARD (1984); FICK (1993).

25 An Paula Dehmel und Käthe B., 25.5.1891, I 42. Der Anklang an Hegels Geistbegriff ist schwer zu bewerten (vgl. dazu SLOCHOWER 1928, S. 47f.), er stellt jedoch den darwinistischen Grundzug von Dehmels Menschenbild nicht in Frage.

26 Vgl. die im Folgenden zitierte Äußerung an Georg Ebers (29.9.1891, I 59), die als frühester Beleg dieser Auffassung gelten kann. In aller Deutlichkeit hat Dehmel diesen Gedanken noch 1918 in einem Brief an Max Barthel geäußert: „Keine Änderung äußerer Zustände kann die Menschheit glücklicher machen; das erreichen wir, wenn es überhaupt in dieser Welt erreichbar ist, nur durch die langsame Läuterung unsers [!] innersten Dichtens und Trachtens." (II 421.) Genaueres im Kap. III.6.

27 An Paula Dehmel, 25.7.1891, I 51.

28 11.8.1885, I 6f.

29 An Paula Dehmel, 19.1.1891, I 39.

30 29.9.1891, I 59.

lischen Erlösungen gestalten kann. Aber Andere auf einen höhern Gesichtspunkt erheben – über ihre Eigenart und Lebenslage *hinaus* – sodaß ihr *Trieb* zur Selbsterlösung, zur Hingabe ans ewig Allgemeine kräftiger und heftiger wird: ja, Das, Das ist die Sehnsucht meines Lebens, ist der innerste Same aller meiner eigenen Erlösungen, soviele hinter mir liegen und soviele noch kommen werden.

Individuelle Selbsterlösung als Keim der sittlichen Menschheitsentwicklung: Von diesem Ausgangspunkt her formiert sich Dehmels ästhetisches Programm der neunziger Jahre, von dort läßt sich sein dichterisches Werk bis hin zu dem Epos *Zwei Menschen* (1903) verstehen. Auch wenn sich die Bewertung von Trieb und Pflicht im Laufe der Jahre verschiebt, wie noch zu zeigen sein wird, bleibt der Anspruch bestehen, beide Größen in ein Verhältnis zu bringen, das dem einzelnen Menschen die Freiheit ermöglicht und dadurch auch der Menschheit. Ob nun diese Kunstauffassung systematisch über oder neben Überlegungen zu Mimesis und Produktionsästhetik steht, die zweifellos angestellt werden, kann und muß nicht entschieden werden. Der hohe weltanschauliche Appellcharakter der frühen Lyrik läßt sich aus dieser Perspektive leichter und sinnvoller erklären als durch die fragwürdige Idee eines ästhetischen Solipsismus.

2.2 Die neue deutsche Alltagstragödie (1892)

In dem Essay *Die neue deutsche Alltagstragödie*[31], der 1892 an prominenter Stelle, im siebten Jahrgang der *Gesellschaft*, erschien, nimmt dieser Gedanke systematischere Form an. Die Begriffe der christlichen und idealistischen Ethik weichen einer naturwissenschaftlich eingefärbten Terminologie. Ausgehend von der Kritik an Hauptmanns Drama *Vor Sonnenaufgang* skizziert Dehmel eine evolutionistische Ästhetik, welche Künstler und Kunstwerk als Organ der Gattungsentwicklung begreift. Diese wird von Dehmel, in genauer Entsprechung zum kulturoptimistischen Diskurs (s. Kap. I.2), in den Bereich des Kulturellen, genauer: Moralischen, verlagert (s.u.).

Die Entwicklung der Menschheit steht laut Dehmel unter dem Einfluß einer „hemmenden, niederhaltenden, verheerenden" Kraft, sowie unter dem einer zweiten, die „treibend, hebend, veredelnd" wirke (NDA 486f.). Der „Glaube" an die letztere tritt bei Dehmel an die Stelle des christlichen Jenseitsglaubens (487):

> Es ist der Glaube, aus dem einzig und allein unser Drang nach nützlicher Bethätigung, unsre Sehnsucht nach Glückseligkeit, unser Lebensmut erklärt werden kann, weil es zugleich der Glaube ist, der den Untergang des Einzelnen erträglich macht durch die Arbeit für die unendliche Zukunft der Gesamtheit; nur so ist der scheinbare Widersinn der seltsamen Thatsache zu verstehen, daß gerade die triebkräftigsten, schaffensfreudigsten Naturen den Tod am wenigsten fürchten. Dieser Glaube wirkt also lebenserhaltend im

[31] Der Text ist nach Dehmels eigenen Angaben bereits im April 1890 entstanden (vgl. NDA 475, Anm.).

Kampf der Menschheit ums Dasein, – wohlgemerkt: in *dem* Kampf, der die *heutige* Menschheit beschäftigt, nämlich die zweckbewußte, sittlich vernünftige Umzüchtung des Kampfes zwischen Mensch und Mensch zu einem Kampfe zwischen Menschheit und Natur, sei es der rohen gewaltsamen Natur um uns, sei es der groben, tierisch begehrenden Natur *in* uns. Jener Glaube ist also einerseits tiefste Wurzel unsrer geistigen Entwickelung, seine Pflege andrerseits höchstes Ziel und Gebot unsres Lebens, unsrer Handlungen.

Damit ist Dehmels Weltanschauung der ersten Hälfte des Jahrzehnts auf das präziseste formuliert. Wir treffen hier auf die lebensphilosophische Denkfigur, die wir schon von Nietzsche her kennen: Der Glaube an den – biologisch garantierten – Fortschritt wird dem drohenden Nihilismus als Quelle für neuen „Lebensmut" entgegengesetzt. Der Begriff „Lebensmut" wird in späteren Essays als „Lebenslust" wiederkehren.[32]

Aufgabe der Kunst sei es nun, jenen „Glauben" in beispielhaften Figuren zu gestalten. Dem möglichen Vorwurf gegen eine didaktisch-moralische Tendenz begegnet Dehmel mit einem scharfen Ausfall gegen „die pseudoästhetischen Redereien über die ‚erhabene Zwecklosigkeit' des künstlerischen Schaffens" (487f.), die er durch die „modern monistische Weltauslegung" endgültig widerlegt wissen will (487). Dieser Affront richtet sich weniger gegen die idealistische Ästhetik Kants und Schillers, als gegen deren Nachleben in der Kunsttheorie der Gründerzeit.[33] Der Affekt gegen den epigonalen Idealismus rückt Dehmels Essay in eine Reihe mit den naturalistischen Polemiken der achtziger Jahre, die gegen den gründerzeitlichen Klassizismus Sturm gelaufen waren und die Kunst, wie es auch hier geschieht, wieder im „Leben" verankern wollten.[34]

Nachdem er den Zweckbegriff, gerade umgekehrt, als höchsten ontologisch zulässigen Wertmaßstab (auf den Begriff des „Werts" wird noch zurückzukommen sein) begründet hat, faßt er seinen Entwurf noch einmal thesenartig zusammen (488):

Dichterisches Zweckbewußtsein in höchster Selbsterkenntnis ist also das Streben, ein Kunstwerk mit der treibenden Kraft, dem stärksten gemeinnützigen Drange, d.h. der höchsten sittlichen *Zukunftsidee* irgend einer bestimmten Zeit, eines bestimmten Volkes zu durchdringen. Und weil dieses Streben in unmittelbarste Wirkung umgesetzt wird durch Gestalten, in denen jene Kraft, jene Idee mit Wucht und Klarheit verkörpert ist, deren Wesen und Handeln vom Glauben an jene Kraft und dadurch auch an die eigene Kraft erfüllt ist, so ist es das höchste Ziel der Kunst, solche Gestalten zu schaffen und sie

---

32 Siehe zu dieser Denkfigur auch die Interpretation des Gedichts *Liebe und Ehe*, Kap. III.2.1.

33 Vgl. dazu WERNER (1996).

34 So etwa CONRAD ALBERTI, um ein besonders prägnantes Beispiel zu nennen: „Denn daß die Kant-Schillersche Theorie sich um den eigentlichen Kernpunkt der Frage herumdrückt, daß die ‚Zweckmäßigkeit ohne Zweck' nicht mehr ist als eine witzige Antithese, erscheint jedem Denkenden klar." (Kunst und Darwinismus, in: C.A., Natur und Kunst. Beiträge zur Untersuchung ihres gegenseitigen Verhältnisses. Leipzig 1890, S. 69-94, hier: S. 71.) Vgl. ansonsten das Kap. *Kunst und Leben*.

in einen Kampf mit irgendwelchen schlimmen Mächten der Natur, des Lebens, der Zeit zu verwickeln.[35]

In diesem Kampf besteht Dehmel zufolge der tragische Konflikt. Er schließt einen dramengeschichtlichen Abriß an, um zu zeigen, daß die großen Werke dieser Gattung gerade zu Zeiten des Übergangs entstanden seien, wenn alte Wertesysteme ihre Gültigkeit verloren hätten, aber noch nicht durch neue ersetzt worden seien. Als eine solche „Übergangsepoche"[36] betrachtet Dehmel auch seine eigene Zeit: „Denn wir leben noch mitten im Kampfe um ein neues Ziel der sittlichen Weltanschauung." (497)

Dehmel hält den Dichter für berechtigt oder gar verpflichtet, direkt in diesen Kampf einzugreifen, den er, aufgrund „seiner besonderen geistigen Anlagen" (488) zu einer zukunftsweisenden Lösung führen könne.[37] An diesem Gedanken, der dem Dichter die Rolle des *Praeceptor* zuweist, hat Dehmel sein Leben lang festgehalten.[38] Der Dichter kann Dehmel zufolge die „Zukunftsidee", d.h. die „treibende sittliche Idee" (490) lange vor den Zeitgenossen „klarbewußt" erfassen (490).[39] Dahinter steht der Gedanke einer „ästhetischen Erkenntnis", der Dehmel

---

35 Eine sehr ähnliche Passage findet sich in SCHILLERS Aufsatz *Über den Grund des Vergnügens an tragischen Gegenständen*: „Diese moralische Zweckmäßigkeit wird am lebendigsten erkannt, wenn sie im Widerspruch mit andern die Oberhand behält; nur dann erweist sich die ganze Macht des Sittengesetzes, wenn es mit allen übrigen Naturkräften im Streit gezeigt wird und alle neben ihm ihre Gewalt über ein menschliches Herz verlieren." (Schiller, Theoretische Schriften, S. 241.) Auch wenn nicht unbedingt ein direkter Rückgriff vermutet werden muß – dazu waren Schillers ästhetische Schriften nach 1860 zu sehr verbreitet, adaptiert oder trivialisiert – , so liefert die auffallende Ähnlichkeit doch Aufschluß über die ganze Tendenz von Dehmels ästhetischem Ansatz.

36 NDA 498. Die Ansicht, in einer Übergangsepoche zu leben, gehört zum Selbstverständnis der frühen Moderne und bestimmt besonders die literaturtheoretischen Entwürfe der Frühnaturalisten. Einen hervorragenden Überblick bietet WUNBERG (1969) am Leitfaden des Messias-Motivs in der deutschsprachigen Literatur.

37 An anderer Stelle ist von der „Weltanschauung oder Zeitauffassung" die Rede, „für deren Durchbruch gekämpft wird" (NDA 490).

38 So schrieb er am 24.3.1899 an Harry Graf Kessler: „Nun, die Zeit der Propheten ist vorüber, aber *Gesetzgeber* kann der Dichter auch heute noch sein, und wenn er drauf ausgeht, auch *Heerführer*." (I 291.) In einem undatierten Brief an Gustav Falke heißt es, der Dichter solle „ein Zukunftsförderer, ein Seelenschöpfer, ein Menschheitsbildner, ein Dichter der Vertiefung und Erhebung" sein (Dehmel-Archiv, D 2204, zit. nach LIEBOLD 1959, S. 237). Noch Ende 1914, als Dehmel als Soldat in Frankreich stationiert war, bezeichnete er die Dichter als „Volkserzieher" (an Heinz v. Hahn, 14.12.1914, II 355). In einem Brief an Hofmannsthal vom Dezember 1918 sprach er die Hoffnung aus: „Wäre es nicht wundervoll, wenn sich die Sitte einbürgerte, daß zu jedem hohen Feiertag das Volk mit Spannung darauf wartet: Was werden uns diesmal unsre Dichter sagen?" (II 449)

39 Abermals läßt sich eine Verbindung zu SCHILLER herstellen. In der Rezension *Über Bürgers Gedichte* wird die Aufgabe des Dichters in sehr ähnlicher Weise bestimmt: „Ein Vorläufer der hellen Erkenntnis brächte er die gewagtesten Vernunftwahrheiten, in reizender und verdachtloser Hülle, lange vorher unter das Volk, ehe der Philosoph u. [!] Gesetzgeber sich erkühnen dürfen, sie in ihrem vollen Glanz heraufzuführen. Ehe sie ein Eigentum der Überzeugung geworden, hätten sie durch *ihn* schon ihre stille Macht an den Herzen be-

um 1890 beschäftigt hat.[40] Der Gedanke wird in den *Lebensblättern* erneut aufgegriffen werden.

Durch die Gestaltung der „Zukunftsidee“, die einer sittlichen Entwicklung Bahn breche, gerate der Künstler in Konflikt mit der breiten Menge. Daraus ergebe sich das Phänomen, „daß der *große* Dichter bei der Mehrzahl der Zeitgenossen, die der Mehrzahl nach zu solcher Erkenntnis nicht fähig sind, in der Regel zuerst auf Widerspruch stößt“ (490). Abermals versucht Dehmel eine traditionelle Vorstellung, den „Jahrhundertmythos“ (Nipperdey) vom Konflikt des großen Künstlers mit seiner Zeit, auf dem Boden seines Theorieentwurfs neu zu erklären.[41]

Die starke Hervorhebung einer sittlichen Mission der Kunst, die Betonung ihrer geistig-sinnlichen Doppelnatur und auch die betonte Frontstellung des zukunftsorientierten Künstlers gegen seine Zeit deuten zum einen auf das Vorbild Schillers, dem Dehmels Ästhetik durchgängig verpflichtet ist.[42] Zugleich jedoch ergibt sich ein direkter Zusammenhang mit der frühnaturalistischen Literaturtheorie. Was Dehmels Essay im evolutionistischen Gewand präsentiert, ist jenes Konzept einer Gesellschaftsveränderung durch Literatur, mit dem sich die junge Generation von Unterhaltungskunst und Autonomieästhetik zu distanzieren versuchte (s. Kap. I.1). Während jedoch die stürmischen Bekundungen der Brüder Hart, Hermann Conradis, selbst der bewußt modernen Vereinigung „Durch!“,

---

wiesen, und ein ungeduldiges einstimmiges Verlangen würde sie endlich von selbst der Vernunft abfodern.“ (Schiller, Theoretische Schriften, S.977.) – Eine beachtliche Parallele ergibt sich außerdem zu einer Passage aus Nietzsches *Morgenröthe* (1881): „Oh, wollten doch die Dichter wieder werden, was sie einstmals gewesen sein sollen: – Seher, die uns Etwas von dem Möglichen erzählen! [...] und wollten sie uns von den *zukünftigen Tugenden* Etwas vorausempfinden lassen!“ (FRIEDRICH NIETZSCHE, Morgenröthe, § 551, KSA 3, S. 321.)

40 „Durch die Kunst offenbart sich die Natur, nicht durch die Wissenschaft“, schrieb er 1887 an seine Frau Paula (10.5.1887, I 17). Gegenüber dem Theosophen Carl du Prel vermutet er eine „ästhetische Erkenntnis des Welt- und Ich-Zusammenhanges“ (16.9.1891, I 54). In diesem Sinne bezeichnet er den Dichter einmal als „Object der Empfängnis“ (an G. Ebers, 29.9.1891, I 61). Vgl. auch den Tagebucheintrag vom 24.2.1893, B 19.

41 NIPPERDEY (^{2}1998), S. 37 u. 40. Vgl. auch SCHLAFFER (1966), S. 303.
Diese Vorstellung blieb bis zu Dehmels Tod fester Bestandteil seines Künstlerbildes und wird in all seinen kunsttheoretischen Überlegungen betont. Exemplarisch sei eine Äußerung an Detlev von Liliencron zitiert: „Was die ‚breite Masse‘ sagen wird (heute!), ist mir natürlich egal. Der zu Liebe streiche ich nichts; [...] Und in der Zukunft wird mich auch die breite Masse billigen lernen, genau so, wie sie heute Goethe'n, Schiller'n, Kleist'n u.s.w. billigt.“ (9.4.1895, I 198f.) Noch 1919 schrieb er an seinen Sohn Peter: „Na, ich tröste mich im stillen damit, daß meine ‚Zeit‘ erst in 3-500 Jahren beginnt; da wird man hoffentlich mal wieder fühlen, daß Dichterworte nicht dazu da sind die Zeit zu vertreiben, sondern die Ewigkeit festzustellen.“ (24.11.1919, II 470.) Vgl. auch II 29, 135, 399, 448.

42 Im Rahmen dieser Untersuchung können nur vereinzelte Hinweise gegeben werden. Zur Unzeitgemäßheit des Künstlers vgl. SCHILLER, Über die ästhetische Erziehung des Menschen, 9. Brief. FRIEDRICH ROTHE vermutet in seiner kurzen, aber einsichtigen Interpretation der *Alltagstragödie* den Einfluß von Schillers Affektenlehre (vgl. Rothe 1968, S. 105).

auf das Inventar der idealistischen bzw. spätidealistischen Poetik zurückgreifen, rückt erst Wilhelm Bölsche, in seiner Schrift *Die naturwissenschaftlichen Grundlagen der Poesie* (1887), Literatur und Poetik entschieden in einen szientifischen Deutungsrahmen. Bölsche zieht zwar zunächst nur stoffliche Konsequenzen, wenn er die poetische Wahrscheinlichkeit in Natur- und Menschendarstellung auf die Grenzen der naturwissenschaftlich gesicherten Erkenntnis verpflichtet.[43] Gleichwohl billigt er der Literatur eine gesellschaftsverändernde Rolle zu, denn indem sie „das Herzensglück und Herzensweh des modernen Menschen zum Ausdruck" bringe[44], wahre sie „nur ihre alte Rolle als Erzieherin des Menschengeschlechtes, und indem sie es thut, darf sie hoffen, auf freundlichem Boden sich mit der Naturwissenschaft zu begegnen. Beide reichen sich dann die Hand in dem Bestreben, den Menschen gesund zu machen."[45]

Conrad Alberti schließlich kommt Dehmel am nächsten in dem Versuch, die Kunst in den Dienst der kulturellen Aufwärtsentwicklung des Menschen zu stellen.[46] Die Gedankenführung in seinem Essay *Der Realismus als Weltanschauung* nimmt Dehmels kunstphilosophischen Entwurf bis in Einzelheiten vorweg:[47]

> Wir glauben vielmehr an eine beständige organische Fortentwicklung aller Formen des natürlichen Daseins und der menschlichen Kultur, im Rahmen der ewigen Naturgesetze, an die Möglichkeit einer Beseitigung der störenden Hemmungen, welche die Kreuzungswirkung einzelner Naturgesetze auf die Materie, die Dinge, die seelischen Bedingungen hervorruft. Wir legen jedem Menschen und jedem Zweige der menschlichen Thätigkeit das als höchste Pflicht auf, an der Herbeiführung und Beschleunigung dieser Fortentwicklung durch allmähliche Umgestaltung der materiellen und seelischen Daseinsbedingungen mitzuarbeiten. Wir nehmen von dieser Pflicht auch die Kunst nicht aus, sondern verlangen von ihr thätige Mitwirkung an dieser Arbeit durch plastische Darstellung der die organische Entwicklung der Daseinsformen fördernden und hemmenden Bedingungen und Verhältnisse auf Grund eingehendsten Studiums, und der

---

43 „Welche besonderen Zwecke diese [sc. die Poesie] auch immer verfolgen mag und wie sehr sie in ihrem innersten Wesen sich von den exacten Naturwissenschaften unterscheiden mag, - eine Sonderung, die wir so wenig, wie die Sonderstellung einer vernünftigen Religion, antasten, - ganz unbezweifelbar hat sie unausgesetzt, um zu ihren besonderen Zielen zu gelangen, mit Menschen und Naturerscheinungen zu thun und zwar [...] mit eben denselben Menschen und Naturerscheinungen, von denen die Wissenschaft uns gegenwärtig jenen Schatz sicherer Erkenntnisse darbietet. Nothwendig muss sie auch von letzteren Notiz nehmen und frühere irrige Grundanschauungen fahren lassen." (BÖLSCHE, Grundlagen, S. 5.)

44 Ebd., S. 64.

45 Ebd., S. 65.

46 So schon in den, Bölsche verpflichteten, *Zwölf Artikeln des Realismus*, wo er als Zweck der Kunst „die Förderung und Fortbildung der menschlichen Kultur" bestimmt, „deren letztes Endziel die Erkenntnis des Wesens der Welt, die Erkenntnis unserer selbst ist" (S. 4). Zu Albertis Poetik vgl. KOLKENBROCK-NETZ (1981), S. 252-285.

47 CONRAD ALBERTI, Der Realismus als Weltanschauung, in: ders., Natur und Kunst. Beiträge zur Untersuchung ihres gegenseitigen Verhältnisses. Leipzig o.J. [1890], S. 19-32, hier S. 26f.

menschlichen Bestrebungen nach dieser Richtung und ihrer Bedeutung für das Ziel, in Gegenwart und Geschichte.

Neben derart durchdachten und ansatzweise systematischen Überlegung steht – nicht selten im selben Text – eine Vielzahl von Äußerungen, die den Mangel an ästhetischer Reflexion mit einer rhetorisch übersteigerten Beschwörung des Dichters auszugleichen versuchen (s. Kap. I.1). Gerade hier darf nicht übersehen werden, daß mit dem skizzierten Programm eine gesellschaftliche Bedeutung des Dichters und der Dichtung imaginiert wurde, die deren tatsächlicher Stellung keineswegs entsprach.[48]

Derartige Töne finden sich auch bei Dehmel[49], dessen Essay nach und nach an Sachlichkeit verliert und gegen Ende hin in eine enthusiastische Beschwörung des *poeta vates*[50] mündet (510f.):

> Wenn die neue Schreibart schon versagt, wo es gilt, das Wesen der *Einzelnen* ganz als Licht zu holen: woher soll ihr dann die Macht kommen, Das in Gestalten umzusetzen, was im Volke gährt und reift, was im Leben *selbst* noch nach Gestaltung ringt, was aus

---

48 Es sei in diesem Zusammenhang an eine Äußerung THEODOR FONTANES aus dem Jahre 1891 erinnert: „Wie ist die Stellung des Schriftstellers? – [...] alle sind meines Wissens einig darüber: die Stellung eines Schriftstellers ist miserabel." (Die gesellschaftliche Stellung der Schriftsteller, in: *Das Magazin für Litteratur* 60/1891, S. 818f., wieder abgedruckt in: RUPRECHT/BÄNSCH 1970, S. 1-4, hier: S. 1.) „Die Anschauung, daß nur Examen, Zeugnis, Approbation, Amt, Titel, Orden, kurzum alles, wohinter der Staat steht, Wert und Bedeutung geben, beherrscht die Gemüter mehr denn je und die freie Genies, die ‚Wilden', immer süspekt [!] gewesen, sind es jetzt mehr denn je. Früher hielt man sie (wenn man sie sich auch nicht in die Familie hinein wünschte) doch wenigstens für was besondres. Auch das ist hin. Sie sind nicht blos verachtet, man hält sie auch für unbrauchbarer, unfähiger und stümperhafter als die anderen." (Ebd., S. 3.) Zur sozialen Situation des Schriftstellers um 1900 vgl. SCHEIDELER (1997), S. 25-79; SPRENGEL (1998), S. 137-144; FÜSSEL (2000), S. 139-146. Vgl. außerdem LINDUSCHKA (1978), der biographische Details zu zahlreichen Schriftstellern zwischen 1880 und 1900 präsentiert.

Charakteristisch sind die Fälle bedeutender Dichter, die in großer Armut lebten, etwa Arno Holz (vgl. SCHEUER 1971, S. 198-243) oder Detlev von Liliencron (vgl. LINDUSCHKA 1978, S. 45f.). Symptomatisch dafür ist eine briefliche Äußerung Liliencrons: „Weiß es Gott, ich liebe Kaiser und Reich mit meinem ganzen Herzen, aber die Erbärmlichkeit der Deutschen, mit der sie die paar (gegen die Millionen der Dilettanten) wirklichen Dichter behandeln, empört mich immer von Neuem." (21.11.1888 an Alfred Biese, Liliencron, Ausgewählte Briefe, hg. v. Richard Dehmel, Berlin 1910, Bd. 1, S. 185.)

Diese materielle Situation der jüngeren Autoren stand in einem gewiß schmerzlich empfundenen Mißverhältnis zur gleichzeitigen kultischen Verehrung der Klassiker im 19. Jahrhundert durch Denkmäler und Festakte, die ihren Höhepunkt erst nach der Jahrhundertmitte, nämlich nach den Schillerfeiern von 1859, erreichte. Zur Dichterverehrung im 19. Jahrhundert vgl neuerdings die Beiträge in BRAUNGART (2004).

49 Dehmel greift den Topos *Dichter-Arzt* auf (s. Kap. I. 1), wenn er Ibsens Gesellschaftskritik – im Gegensatz zur radikaleren Hauptmanns – mit der Tätigkeit des Chirurgen vergleicht: „Freilich die Schnitte, mit denen er ihr zu Leibe ging, thaten weh; die Heilmittel, die er für die Zukunft verordnete, schmeckten bitter; aber man fühlte doch, daß da ein Arzt stand, der den angegriffenen Organismus für lebensfähig hielt, der ihn retten, erhalten wollte." (NDA 482.)

50 Vgl. FRITZ (1969), S. 131ff.

der Sprache des Lebens kaum als Ahnung aufwärts taucht! Oder will der Dichter zu den Nachteulen kriechen, nun die Völker sich erheben, eine neue Morgenröte zu begrüßen? Fühlt er sich nicht mehr berufen, im *Vorkampf* der Entwickelung zu schreiten? hellen Auges, wo die Vielen noch tastend tappen? kühnen Mundes zu verkünden, was ihn erst in Wahrheit zum Beobachter der Zeit, zum *Seher* macht?

Auch wenn sich Dehmels Entwurf damit als Teil des poetologischen Diskurses der frühen Moderne erweist, weicht seine Argumentation dennoch in einem wichtigen Punkt von der seiner Vorgänger ab: Zwar sieht er den Prozeß der Gattungsentwicklung „hemmenden“ und „treibenden“ Faktoren unterworfen, er empfiehlt jedoch einzig letztere für die dichterische Darstellung. Hierin unterscheidet er sich von der Mehrheit seiner Zeitgenossen, die eine Darstellung beider Kräfte forderten.[51] Diese Haltung, mit der sich Dehmel vom sozialen Naturalismus distanziert, insofern er nur negativ kritisch bleibt, bestimmt auch das Gedicht *Die größere Aufgabe*, dessen klassizistische Formgebung die Abwendung vom Naturalismus noch unterstreicht:[52]

Schwer, den zerstörenden Geist der Zeit in Gestalten zu bannen;
schwerer den klärenden noch, weil er verborgener wirkt.
Aber wir fühlen: er wirkt! Ihm folgen war immer des Lebens
höchstes Ziel und Gebot, höchstes darum auch der Kunst.

Diese Sicht auf die Zeit um 1890 hat Dehmel beibehalten, wie eine rückblickende Äußerung aus dem Jahr 1909 beweist: „Man studierte die ‚Macht der Verhältnisse', besonders die der hemmenden, da für die treibenden – bei dem Wissenschaftsglauben an eine ‚natürliche Auslese' – kein kultureller Maßstab mehr sicher genug schien; die Entartung springt eher in die Augen als der tastende Schritt der Entwickelung.“[53]

Der Grund dafür wurde bereits angedeutet, Dehmel nennt ihn kurz darauf noch einmal selbst. Ihm geht es nicht um eine seismographische Bestandsaufnahme, sondern um die Gestaltung der Zukunft aus den dazu geeigneten Ideen, die in der Gegenwart keimhaft vorhanden sind (512):

[...] helft ihr doch alle das Unkraut jäten, den Acker lockern, drin sie sprießen, die purpurnen Traumblumen, die flammengelben Ähren der Zukunft! Aber die Zukunft beginnt schon! mit jedem Tag, mit jedem Augenblick beginnt sie und – ist da, wenn ihr sie bringt! – Auf, laßt uns wieder Menschen machen! neue treibende! ein Bild, das uns gleich sei! uns, den Schaffenden! Propheten der Sonne, was säumt ihr?! – „

---

51 Der Verein Durch! fordert den Dichter auf, die „Licht- und Schattenseiten“ zu gestalten (Wunberg 1971, S. 25); BÖLSCHE will „Herzensglück und Herzensweh“ dargestellt wissen (Grundlagen, S. 64); Alberti fordert die Behandlung von „fördernden und hemmenden Bedingungen“ (Realismus als Weltanschauung, S. 27). Allein die Brüder Hart und Hermann Conradi, deren Überlegungen am wenigsten darwinistische Züge tragen, dafür mehr dem Idealismus verpflichtet sind, betonen den positiv vorbildhaften Charakter der dichterischen Figuren.

52 ERL 143.

53 Tragik und Drama (1909), GW9, 43.

In dieser Äußerung wird der im ganzen Essay präsente zeitgenössische Zukunfts-Topos[54] einer Umdeutung unterzogen[55], die zu Dehmels grundlegenden Denkfiguren gehört: Anstatt die Erlösung utopisch in eine offene Zukunft zu projizieren, anstatt auf einen Heiland zu warten, der sie bringt, solle jeder Mensch in „jedem Augenblick" Veränderung bewirken. Die Argumentation verweist auf die präsentische Wendung des darwinistischen Entwicklungsglaubens, wie sie in Kap. II.2 ausführlich entwickelt wurde. Sie bestimmt auch noch den Vortrag *Kunst und Persönlichkeit* von 1899 (s. u.). Es sei, heißt es dort, „ein Zeichen der Unreife, wenn man noch glaubt, den Himmel erst erobern zu müssen. Wir sind ja jeden Augenblick – ich meine das ganz wirklich und wahrhaftig – mitten drin im Himmel [...]."[56] Auch nach 1900 hielt Dehmel an dieser Sichtweise fest. 1903 schrieb er an Julius Bab, „daß Jeder, der den Messias erwartet, wenn er nur nicht faul die Hände in den Schoß legt, sondern ihm kräftig den Weg bereitet, schon selber Der ist, der da kommen soll."[57] Dieser Glaube an die Möglichkeit, den (evolutionären) Fortschritt selbst herbeizuführen, drückt sich auch bei Dehmel in der schon geläufigen Umdeutung des Paradiesbegriffs aus: „Unser Gott liegt vor uns, nicht hinter uns, winkend, nicht drohend; das ist der Unterschied des alten und des neuen Glaubens", schrieb er 1891 an seine Frau Paula.[58] Und zwei Jahre später an Georg Ebers: „*Unser* Paradies der Unschuld liegt *nicht hinter*, sondern *vor* uns."[59]

Es wird abermals deutlich, wie sich Dehmels Reformprogramm von politischen oder sozialreformerischen Programmen abgrenzt, indem es beim Individuum ansetzt. Die Gesellschaftsveränderung ergibt sich additiv aus der Anzahl der ästhetisch bewirkten Bewußtseinsveränderungen Einzelner. Zugleich wird ausgedrückt, daß die dichterische Vorwegnahme der Zukunft eben diese Zukunft auch herbeiführt. Eine solche Behauptung könnte natürlich, zumal im Kontext der prophetischen Stilisierung, als genieästhetischer Größenwahn aufgefaßt werden[60], ist aber viel einfacher zu erklären, wenn man Dehmels Ansatz als darwinistisch variierte Vorbildpoetik begreift.

---

54 Vgl. WUNBERG (1969).

55 Vgl. ebd., S. 701.

56 Kunst und Persönlichkeit, in: *Pan* 5 (1899/1900), H. 1 (Juli), S. 25f., hier: S. 26. Ganz ähnlich heißt es kurz vor Erscheinen dieses Artikel in einem Brief an Ida: „Und heut Nacht hab ich etwas so Wundervolles erlebt, halb im Traum, halb im Wachen, daß dies allein schon mein Wort bestätigt: die Erde liegt ja im Himmelreich!" (12.5.1899, I 303.)

57 25.4.03, II 23.

58 An Paula Dehmel, 25.7.91, I 51.

59 An Georg Ebers 26.8.93, I 119.

60 Vgl. oben die Auseinandersetzung mit FRITZ (1969). Zur Ineinssetzung von Veränderungswunsch und tatsächlicher Veränderung vgl. den sehr anregenden Aufsatz von BOHNEN (1984).

Die knapp zwanzigseitige Einleitung zum Sammelband *Lebensblätter. Gedichte und anderes* (1895) stellt Dehmels konzentriertesten und stringentesten Versuch dar, seine Kunstauffassung darzustellen.[61] Zudem vollzieht sie den Übergang von der spezifischen Dramentheorie zu einer allgemeinen Kunsttheorie. Zwar bleibt der Gedanke einer entwicklungsfördernden Kunst erhalten; die am Drama entwickelte Forderung nach der Darstellung von repräsentativen Figuren kann jedoch nicht ohne weiteres auf die anderen Gattungen bzw. Künste übertragen werden. Zwei Einflüsse sind seit der Alltagstragödie hinzugetreten und machen sich geltend: Dehmels Italienaufenthalt (November/Dezember 1893)[62], flankiert durch die Lektüre von Burckhardts *Kultur der Renaissance*[63], sowie die Bekanntschaft mit Person und Werk Max Klingers, dem der Gedichtband gewidmet ist.[64]

Anders als in der *Alltagstragödie* und dem Bericht von der Berliner Kunstausstellung (s.u.) bildet die ästhetische Reflexion den Hauptgegenstand des Textes. Der Grundgedanke ist weitgehend identisch mit demjenigen der *Alltagstragödie*, aber der kulturtheoretische Bezugsrahmen wird stark ausgebaut und terminologisch präzisiert. Intensiver als dort setzt sich Dehmel mit dem Problem der ästhetischen Wertung auseinander. Gänzlich neu ist dagegen die Hinwendung zum Kunstbedürfnis der nichtgebildeten Schichten, die in den weiteren Essays bis 1900 zunehmend in den Mittelpunkt rücken wird. Die Argumentation ist sprunghaft, die apodiktisch vorgetragenen Thesen werden zum Teil nur von notdürftigen Überleitungen zusammengehalten. Das gibt Anlaß zu der Vermutung, daß Dehmel hier viel Material verarbeitet, das sich seit der *Alltagstragödie*

---

61 Der Essay erschien gleichzeitig unter dem Titel *Sozusagen Kulturästhetik. Polemische Epistel* in der *Gesellschaft* 11 (1895), S. 522-533.

62 Vgl. die Briefe zwischen dem 12.11.1893 und 15.12.1893, I 128-139. Als deutscher Italienreisender empfand Dehmel den Aufenthalt in erster Linie als künstlerisches (und kunstgeschichtliches) Erlebnis: „Man versteht, daß unter diesem Himmel solche Kunst der klaren Formen werden mußte. Ich fühle mich garnicht [!] verwirrt von Italien, wie ich befürchtete; nur gehoben und verklärt." (An Paula, 2.12.1893, I 134.) Die ästhetische Verarbeitung setzte bald nach der Rückkehr ein, wie sich besonders an dem eigens eingerichteten Tagebuch ablesen läßt. Im Februar 1894 zeigen sich dort, vermutlich unter dem Eindruck kunstgeschichtlicher Lektüre, Überlegungen zur italienischen Renaissancekunst (Bekenntnisse, S. 39-48).

63 Im Text weist Dehmel selbst darauf hin (19): Kürzlich las ich, zum zweiten Mal, Jakob Burckhardt's berühmte, noch lange nicht genug berühmte ‚Kultur der Renaissance in Italien'."

64 Dehmel hatte Klinger im Oktober 1894 in dessen Werkstatt besucht und dort dessen Gemälde *Christus im Olymp* gesehen, das ihn zu dem Gedicht *Jesus und Psyche* anregte (vgl. den Brief an Liliencron vom 25.10.1894, I 178f.).

angesammelt hat. Dafür spricht auch die theoretische Distanz zum Bericht von der Berliner Kunstausstellung (s.u.), der nahezu zeitgleich erschienen ist.[65]

Gleich der erste Satz markiert programmatisch einen szientifischen Deutungsrahmen: „Der schöpferische Wert der Einzelkreatur ist ihre Bedeutung für die Zuchtwahl der Gattung, für die natürliche oder künstliche Zuchtwahl, jenachdem [!] der Mensch die Gattung schätzt auf ihre wilden oder veredelten Eigenschaften hin." (7) Trotz der stark biologistisch gefärbten Terminologie[66] (‚Gattung', ‚Entwicklung', ‚Zuchtwahl', ‚Züchtung' etc.) bleibt die Aneignung der Darwinschen Theorie jedoch sehr oberflächlich. Eigentlich darwin*istisch* ist vor allem die grundlegende Annahme einer Naturgesetzlichkeit hinter kulturellen Vorgängen bzw. die Auffassung der Kulturgeschichte als Naturprozeß.[67]

Inhaltlich knüpft Dehmel zunächst an die Gedanken der *Alltagstragödie* an, indem er einen evolutionistischen Wertbegriff[68] entwickelt, der sich aus der „Kraft eines Menschen zur Entwickelung der Menschheit" ergibt (7). Dieser Wertbegriff wird auch auf den Künstler (nicht aufs Kunstwerk) angewandt, denn „den höchsten Wert des Künstlers macht sein Wert als Mensch aus" (7). Daß der Künstler aufgrund seiner „besonderen geistigen Anlagen" (NDA 488) einen Zugang zum Gattungswillen habe, wurde schon in der *Alltagstragödie* behauptet. In den *Lebensblättern* werden diese Eigenschaften nur vage spezifiziert, wenn Dehmel die Künstler als die „bewußtesten Kinder" der Natur bezeichnet (29).[69]

Die Kraft des Künstlers zur Menschheitsentwicklung bemißt sich Dehmel zufolge danach, „welchen Einfluß ein Meister, oder überhaupt ein Berufsmensch, auf die seelische Gesamtentwickelung der Menschheit, d.h. auf unsre Weltanschauung geübt hat" (9). Daraus ergibt sich, daß ein Urteil über den „Wert" eines Künstlers erst in einer Zukunft (8) gefällt werden kann, in welcher seine welt-

65 Dem Impressum zufolge sind die *Lebensblätter* „Pfingsten 1895" auf den Buchmarkt gelangt, während der Bericht von der Kunstausstellung im Juni-Heft des *Pan* publiziert wurde.

66 Vgl. FRITZ (1969), S. 89f.

67 Darin liegt ein entscheidender Unterschied zu Hegel. Vgl. SCHNÄDELBACH (1983), S. 37f.

68 Philosophiegeschichtlich betrachtet, bildet der Wertbegriff eine Errungenschaft der zweiten Hälfte des neunzehnten Jahrhunderts. Vgl. dazu SCHNÄDELBACH (1983), S. 198-219. Obwohl Dehmel sich Mühe gegeben hat, einen neutralen „Wert"-Begriff zu entwickeln, verwendet er die Begriffe „Geltung" und „Bedeutung" vollkommen synonym. Derartige systematische Inkonsistenzen sind bei Dehmel keine Seltenheit (vgl. SLOCHOWER 1928, S. 14).

69 Ähnlich schrieb er 1894 in einem Brief an Alfred Mombert: „Und dies bewußte Menschentum macht erst den dichtenden Künstler aus." (3.10.94, I 176.) Die gleiche Ansicht drückt sich bereits in einem der beiden Vierzeiler aus, die Dehmel dem zweiten Abschnitt der *Erlösungen* vorangestellt hat (ERL 51): „Was Natur in trüben Bächen / still durch alle Seelen gießt, / Dichtermund soll's heilig sprechen / daß es immer reiner fließt." Mehr zu Dehmels Auffassung der Bewußtheit im Kapitel III.2.1 über das Gedicht *Liebe und Ehe*.

anschauliche Wirkung zutage getreten ist.[70] Der Gedanke von der Unzeitgemäßheit des Künstlers, an dem Dehmel sein ganzes Leben lang festgehalten hat (s.o.), erfährt hier seine eingehendste Begründung.

Wie genau sich die weltanschauliche Einflußnahme des Künstlers gestalten soll, illustriert Dehmel am Beispiel der Renaissancekunst (10):

> In dem wütenden Aufruhr ihrer Zeit ging sie den rohen Gattungslüsten auf den Grund, die diesen Aufruhr bewirkten: der Machtsucht, dem Glaubenshunger, der Geschlechtsgier – und vergeistigte sie durch jenes klar aristokratische Ideal der willensfreien Selbstbeherrschung, das auf Jahrhunderte hinaus die europäische Welt veredelte.

Spätestens hier wird deutlich, daß wir es, trotz der kulturphilosophischen Überformung, nach wie vor mit einer moraldidaktischen Vorbildästhetik zu tun haben. Eben diesem Verdacht versucht Dehmel auszuweichen, indem er das ‚Ideal' dem bewußten Gestaltungswillen des Künstlers entzieht (s.o.) und einem autonomen „Gattungstrieb" (14) anheimstellt.[71] Von diesem Standpunkt aus kritisiert er alle Versuche „sozialer oder nationaler oder sonst marktfähiger Entwickelungskunst" (11) als „Tagesparolen" (12) ohne menschheitliche Perspektive, denn „die Menschheit lebt *über* den Leuten, für die ihr so von Mitleid dampft, und über dem Stande, dem ihr euren Weihrauch oder Baldrian streut, die Gattung über der Spielart." (12) Er verweist, nicht zu Unrecht, auf die Bedeutungslosigkeit derartiger Tendenzkunst, sobald die gegenwärtigen Probleme ihre Brisanz verloren hätten.

Anstatt also soziale Mißstände anzuklagen oder politische bzw. sittliche Utopien zu konstruieren, solle der Künstler sich als Produktionsmaßstab seiner „Sehnsucht" anvertrauen[72], durch die sich ihm der „Entwickelungswille" der Gattung mitteile: „Wozu habt ihr eure Phantasie?! Seht ihn vor euch, den Menschen eurer Sehnsucht: *dem* zu Liebe dichtet, bildet, malt, setzt Töne, und selbst die Menge wird endlich begreifen, daß sie eurer bedarf, *sich lebenslustiger zu fühlen.*" (12) Damit ist Dehmel beim Kern seiner volkspädagogischen Kunstauffassung angelangt, wie sie bereits in der *Alltagstragödie* vorlag. Zugleich zeigt diese

---

70 Zwei Jahre später schrieb Dehmel an Falke, die Vorrede zu den *Lebensblättern* handele „von dem Erfolge der nicht in unsrer Macht steht" (7.3.97, I 262).

71 Weitaus klarer hat Dehmel diesen Gedanken bereits ein Jahr zuvor in sein Tagebuch notiert: „Denn der unbewußte Naturwille, der in einem schöpferischen Individuum plötzlich bewußt wird, muß der Menschheit immer erst zum unwillkürlichen Besitz, zur sogenannten zweiten Natur, also eben wieder unbewußt werden, ehe er als eine neue Norm empfunden wird und typisch functioniren kann." (Eintrag vom 14.1.94, Bekenntnisse, S. 28f.) Der Begriff des „Unbewußten", der im Mittelpunkt von Dehmels Produktionsästhetik steht, verweist deutlicher als derjenige der „Bewußtheit" auf die Wirkung von HARTMANNS *Philosophie des Unbewussten.* Dazu ausführlicher Kap. III.2.1.

72 Der Begriff der Sehnsucht als Medium des „Gattungswillens" taucht besonders in den großen Weltanschauungsgedichten auf, die die Frage der menschlichen Höherentwicklung (in der Gattung und im Individuum) thematisieren.

Passage Dehmel erstmals als Wagner-Leser.[73] Darauf wird noch zurückzukommen sein. Durch die Objektivierung im Kunstwerk werde die neue „Entwickelungsidee" auch für die breite Menge zugänglich und durch sinnliche Inbesitznahme nach und nach verwirklicht: „[...] solch Wesen gestaltet, dann helft ihr es schaffen! Das ist der Menschheitswert der Kunst: der Ausdruck unsres Entwickelungs-willens, Erhaltung und Züchtung der Lebenslust." (13)[74] Dehmel weicht hier von Schiller ab, indem er das schwierige Kernstück von dessen ästhetischer Theorie, den Spielbegriff, umgeht und durch die weit simplere Kategorie der Lust ersetzt: Ein weiteres Beispiel nicht nur für die durchweg eklektische Tendenz seiner Weltanschauung und Kunsttheorie, sondern auch für die Wirkungskraft der Lebensphilosophie. Die Koppelung von „Lebenslust" (in der *Alltagstragödie* hieß es noch „Lebensmut") und „Entwickelungswillen" verdeutlicht, daß Dehmel den Evolutionsgedanken – gut nietzscheanisch (s.o.) – als Rettung vor dem drohenden Nihilismus verstanden wissen will.

An demselben „menschheitswertigen Entwickelungswillen" habe sich auch die künstlerische Gestaltung („Stoffauslese, Stimmungswahl und Darstellungsweise", 13) zu orientieren. Laut Dehmel kommt ihr dann ein „Entwickelungswert" zu, wenn sie dem „Gattungstrieb" entstammt, „der uns jeden sinnlichen Eindruck nach seiner Bedeutung für unsre seelische Verfeinerung und Kräftigung schätzen heißt" (14). Genauere Kriterien nennt Dehmel leider nicht. Dennoch ist die Überlegung bedeutsam, denn es wird hier eine ästhetische Wirkung angenommen, die unabhängig vom Ideal- bzw. Vorbildcharakter ausgeübt wird. Außerdem wendet sich Dehmel zum ersten Mal auch dem „Laien" (13) zu, der durch

---

73 Die Übereinstimmung mit dem Schlußabschnitt von Wagners Schrift *Oper und Drama* (1851) reicht von der Gedankenführung – Polemik gegen die Wirkungslosigkeit politischer Programme, stattdessen Vision des Künstlers – bis in einzelne Formulierungen: „Wo nun der Staatsmann verzweifelt, der Politiker die Hände sinken läßt, der Sozialist mit fruchtlosen Systemen sich plagt, ja selbst der Philosoph nur noch deuten, nicht aber vorausverkünden kann – weil alles, was uns bevorsteht, nur in unwillkürlichen Erscheinungen sich zeigen kann, deren sinnliche Kundgebung niemand sich vorzuführen vermag –, da ist es der *Künstler*, der mit klarem Auge Gestalten ersehen kann, wie sie der Sehnsucht sich zeigen, die nach dem einzig Wahren – dem Menschen – verlangt. Der Künstler vermag es, eine noch ungestaltete Welt im voraus gestaltet zu sehen, eine noch ungewordene aus der Kraft seines Werdeverlangens im voraus zu genießen." (RICHARD WAGNER: Oper und Drama. Hg. u. kommentiert von Klaus Kropfinger, Stuttgart 1984 [RUB 8207], S. 391.) Mehr zu Dehmels Wagner-Rezeption in den Analysen der folgenden Essays.

74 Die hier formulierte Möglichkeit der Kunst, die Realität zu beeinflussen, veranlaßt Dehmel zu einer gewagten kunstphilosophischen Verallgemeinerung: „Vollzieht nicht alle Kunst nur immer wieder das Schöpfungswunder der Natur: Gestalt aus dem Chaos, Form aus Unform, Wesen aus Unwesen [...]" (12f.). Hier scheint Dehmel einen Moment in die Nähe einer künstlerischen Weltgestaltungsidee zu rücken, wie sie von FRITZ (1969) nahegelegt wurde (s.o.), der die gleiche Stelle anführt (S. 89). Daß jedoch die Bahnen einer idealistischen Vorbild-Ästhetik gar nicht verlassen werden, zeigt sich, wenn Dehmel in der zweiten Satzhälfte den Radius der künstlerischen Schöpfungsgewalt wieder auf den Menschen, genauer: auf die „werdende Seele" (13) einengt.

Beschäftigung mit den großen Künstlern der Vergangenheit an das „eigentliche Kunstverständnis" herangeführt werden soll, um schließlich ebenfalls der fortschrittzeugenden Wirkung hoher Kunst teilhaftig zu werden.[75] Insgesamt zeigt sich also eine wachsende Berücksichtigung rezeptionsästhetischer Fragestellungen. Dieser Ansatz, der die notwendigen Voraussetzungen von Dehmels menschheitsweitem Wirkungsanspruch reflektiert, wird in den folgenden Essays weiter ausgebaut werden.

In der zweiten Hälfte des Essays skizziert Dehmel die Umrisse einer monistischen Kulturtheorie und liefert damit den systematischen Hintergrund für den kunstphilosophischen Entwurf der *Alltagstragödie* und der *Lebensblätter*. Wiederum tadelt er den Glauben vieler Künstler, „plötzlich die Welt verbessern zu können" (17) und begründet diese Ablehnung mit einer Dialektik des Geschichtsverlaufs[76], innerhalb derer er auch soziale oder nationale Mißstände sinnvoll integriert glaubt.[77] Dahinter sieht er den schon genannten „Gattungstrieb" (15) am Werk, der unbeirrt die Fortentwicklung der Menschheit verfolge: „Wirkliche Entartung giebt es für die Menschheit nicht, wenigstens noch nicht soweit wir sehen, nicht für die Menschheit als Ganzes." (18)

Indem er sodann diese dialektische Betrachtungsweise auf die eigene Epoche anwendet („unter all der Unlust heute ringt die neue Lebenslust", 19), entwirft er ein Gegenmodell zu den Dekadenz-Diagnosen seiner Zeit, die mit Max Nordaus Schrift *Entartung* (1892/93) ihren Höhepunkt erreicht hatten.[78] Globale Beurteilungen der Zeitlage als „dekadent" lehnte Dehmel entschieden ab.[79] Dagegen setzte er den Glauben, bereits am Beginn eines neuen Zeitalters, einer zweiten Renaissance („Renaissance unsrer eignen Zeit", 20) zu leben:[80]

---

75 Daß Dehmel im Rahmen einer solchen Argumentation immer noch von „eigentlichem Kunstverständnis" spricht, bleibt einigermaßen unverständlich.

76 Dehmel hat mehrfach betont, daß er sich von allen Philosophen Hegel am meisten verpflichtet fühle. Vgl. z.B. einen Brief an den Philosophen Raoul Richter vom 29.7.1903, II 32.

77 Diese Ansicht hat Dehmel mehrfach geäußert. So schrieb er an seine spätere Frau Ida: „Was wir Mißkultur nennen, ist ja nichts weiter als das Übergewicht zu schlaffer oder zu geiler Natur im Menschen: [...] Und schließlich hat selbst dieses, teils philiströse, teils barbarische Trägheitsmoment noch seine schöpferische Bedeutung im Weltganzen, als – schlechter Stachel für gutes Fleisch." (14.6.1899, AB1 313f.)

78 Vgl. FISCHER (1978), S. 78-93; SCHULTE (1997), S. 213ff., 236ff.

79 Bekenntnisse, S. 60: „*Wir sind nicht* decadent, es ist nicht wahr! So gern uns die Senilen das ins Gehirn reden möchten. Die Decadenz liegt hinter uns, sobald die Alten tot sind!" Ähnlich LB 18: „[...] jede Dekadenz geht Hand in Hand mit einer Aszendenz, jede Entwertung mit Neuwertung. Wirkliche Entartung giebt es für die Menschheit nicht, wenigstens noch nicht soweit wir sehen können, nicht für die Menschheit als Ganzes. [...] Entartung einer Spielart ist noch nicht Entartung der Gattung." Vgl. auch BOHNEN (1984).

80 RICHARD DEHMEL, Brief an Bierbaum, in: *Moderner Musen-Almanach auf das Jahr 1894.* Hg. v. O. J. Bierbaum, München 1894, S. 269-279, hier: S. 275.
Ebenso in einem Brief an den Mentor Georg Ebers: „Und daß wir heut in einer Renaissance leben, nicht minder gross und toll und heilig und grausam als die des Quadre- [!]

Und da wimmern diese patentirten Literaturquacksalber à la mode, in ihrem eigenen *marasmus senilis*, noch immer über Décadence. Als wenn mit Goethe Alles aufgehört hätte. Als wenn wir nicht in einer *Renaissance* lebten, genau so heilig und furchtbar, so empfindsam und brutal, so todestoll und lebensträchtig wie die des Tre- bis Cinquecento mit ihren epidemischen Nervenorgien, ihren Pesten und Kriegsfurien, ihren sinnlichen wie sittlichen Anomalien und – mit ihren Genies [...].

Damit formulierte er eine Ansicht, die zum Grundgefühl der Berliner Moderne gehörte. Heinrich Hart beschreibt sie in seinen Erinnerungen und hebt dabei Dehmels zentrale Bedeutung hervor:[81]

Und durch die Symposien, die wir bei Dehmels feierten, wehte in der Tat etwas von jenem Geiste, der einst in Attika und einst in Florenz lebendig war. [...] Unter denen, die immer wieder kamen, waren außer meinem Bruder und mir: Liliencron, Otto Julius Bierbaum, Hanns von Gumppenberg, Hedwig Lachmann, Doktor Schleich, der bekannte Mediziner, Przybyszewski und Franz Oppenheimer, Dehmels Schwager. In diesem Kreise regten sich zuerst oder doch wenigstens am stärksten und nachhaltigsten jene Stimmungen, welche über die Epoche des Naturalismus, Pessimismus und Sozialismus hinausstrebten. [...] Man träumte von einer neuen Renaissance, einem neuen, sinnen- und kunstfreudigen Heidentum. Die Worte Lebensfreude, Ausleben, Sinnlichkeit, Freiheit gewannen neuen Inhalt.

Mit dem Renaissancekult eines Heinrich Mann verbindet diese Stimmung zunächst nur der Begriff, obwohl beide Standpunkte wichtige Anregungen von Nietzsche und Burckhardt beziehen. Auffällig ist, dass an die Stelle der „Übergangsepoche“, wie Dehmel sie in der *Alltagstragödie* diagnostiziert hatte, der Beginn des neuen Zeitalters getreten ist.

Dehmels Bewertung der jüngeren Ideengeschichte offenbart in aller Deutlichkeit seinen Glauben an den unaufhaltsamen Siegeszug der Humanität als letzte Stufe der evolutionistisch verstandenen Menschheitsentwicklung. So deutet er die einflußreichen Angriffe Marx', Nietzsches, Lassalles und Dührings auf die christliche Ethik nicht als Niedergang der abendländischen Kultur, sondern als Zeichen, „daß dem modernen Menschen das Dogma der Nächstenliebe eben schon genug in Fleisch und Blut, ins sinnliche Gemüt, ins Unwillkürliche übergegangen ist, um es nun entbehren zu können und im Kampf für neue Seelengüter immer entbehrlicher zu machen“ (LB 22).

Er schließt seinen kulturphilosophischen Exkurs mit dem Ausblick auf eine Zukunft, in welcher die ethische Fortentwicklung der Menschheit gesetzliche

---

und Cinquecento, Das [!] wird nicht zu bestreiten sein.“ (18.4.1893, Dehmel-Archiv, D 668.) Ganz ähnlich schrieb Dehmel, ebenfalls an Ebers, „daß auch wir in einer Zeit der Morgendämmerung leben, wo der Suchende nicht immer gleich mit Sicherheit erkennen kann, was ist noch Schatten der Nacht und was ist Tagesgrauen, was ist Bodensatz und was ist Fruchtboden.“ (8.9.1983, Dehmel-Archiv, D 670.) Bereits 1892 heißt es in der *Gesellschaft*: „Eine junge Zeit beginnt, und die Frau will mitarbeiten an dieser Zeit.“ (Ein weibliches Vorbild, in: *Die Gesellschaft* 8/1892, S. 1469-1472, hier: S. 1472.).

81 HEINRICH HART, Wir Westfalen, S. 92.

Schranken überflüssig werden läßt: „Und so wird die Menschheit sich vom Kampf um ethische Normen, von Zwangseinrichtungen und Schutzvorschriften für das Ineinanderwirken der Gesellschaft und des Einzelnen, überhaupt je länger je mehr befreien; *je ästhetischer sie nämlich wird.*" (25) Damit wird, kurz vor Ende des Textes, ein weiterer Aspekt ins Spiel gebracht, der in den folgenden Essays in den Mittelpunkt treten wird. Für Dehmel hat, wie für Schiller, der ästhetische Fortschritt mittelbar ethische Folgen, denn das ästhetische Individuum sei imstande, „eine Erscheinung als lebendige Einheit, als Organismus zu erfassen, sei es im Kleinen, sei es im Großen, sei es den Grashalm, sei es die Welt" (25).[82] Diesen Zusammenhang zwischen ästhetischer und ethischer Bildung bestimmte Dehmel weitaus simpler ein Jahr später in einem Brief an Alfred Lichtwark: „Und etwas Anderes als Mitgefühl ist Kunstverständnis überhaupt nicht."[83] Damit wird bereits ein wichtiger Gedanke der späteren Essays vorweggenommen: Kunst bzw. Schönheit übt *vor* der kognitiv faßbaren Vorbildfunktion des Sujets bereits eine sittliche Wirkung aus.

Nicht minder interessant ist die Vision einer schrankenlosen Gesellschaft, die Dehmel auch als „ideale Anarchie" bezeichnet (25). Hier wird die Aussicht auf eine naturgesetzlich verlaufende, ästhetisch beförderte Gattungsentwicklung mit einer politischen Utopie verbunden. Dahinter steht ein Glaube an den gesellschaftlichen Fortschritt, der schon in Lessings Konzept vom „Ewigen Evangelium" und in Schillers ästhetischem Staat zum Ausdruck kommt und der im neunzehnten Jahrhundert seine breiteste Wirkung entfaltet (s. Kap. I.2). In ästhetikgeschichtlicher Perspektive rückt neben Schiller ein weiteres wichtiges Vorbild in den Blick, dessen Einfluß sich hier zum ersten Mal andeutet und in den folgenden Essays an Raum gewinnt: Richard Wagner.

---

82 Die Anspielung auf Walt Whitmans Gedichtband *Leaves of Grass* (1855) signalisiert die irrationalistische Tendenz in Dehmels Ästhetik, die in den folgenden Essays zunehmen wird. Über Dehmels Whitman-Rezeption lassen sich nur schwer Aussagen treffen. Daß er Whitman, der um 1890 in Berliner Dichterkreisen rezipiert wurde, gekannt hat, steht außer Frage. Die erste mir bekannte briefliche Erwähnung findet sich in einem unveröffentlichten Brief an Gustav Kühl vom 9.11.1897 (Dehmel-Archiv, Br.: D 926): „Walt Whitman ist gewissermaßen der Barde der nordamerikanischen Menschheit. Die Uebersetzungen, die ich kenne, lassen sein Bestes – die prophetische Wucht – nur von ferne ahnen, am wenigsten die von Freiligrath. Von den lebenden Deutschen ist besonders Johannes Schlaf (‚Frühling', bei Spohr, Leipzig) durch ihn beeinflußt." Aus einer späteren Briefnotiz geht hervor, daß er, zumindest vor 1900, kein eigenes Exemplar der *Leaves of Grass* besaß (23.3.1898, Dehmel-Archiv, Br.: D 948): „Preis und genaueren Titel von Whitman's Grashalmen kenne ich nicht; das sagt Ihnen aber jeder Buchhändler." Weitere briefliche Äußerungen finden sich, soweit veröffentlicht, erst nach 1900 (an Rudolph v. Delius, 25.8.1913, II 315; an Alfred Walter v. Heymel, 12. 3. 1914, II 337). – Zur Wirkung Whitmans in Deutschland allgemein vgl. GRÜNZWEIG (1991); zur Einordnung Whitmans in die „Literaturgeschichte des ozeanischen Gefühls", der auch Dehmel zugerechnet wird, vgl. RIEDEL (1996), S. 126-150.

83 9.3.1896, I 233.

Der Text schließt, ähnlich wie die *Alltagstragödie*, mit einem Appell an die Künstler, der sich allein auf das Vorhaben der ‚ästhetischen Erziehung' richtet (28f.):

> Also, meine Freunde, daß die Menschheit kunst*empfänglicher* wird, dafür sorgt schon ihre Natur, die unbewußte Züchterin der Sinne, ebenso grausam wie gütig. Wir aber, die wir Künstler sind, ihre bewußtesten Kinder, wir wollen uns klar sein, daß es nur am *Wesen unserer Werke* liegt, in welchem Grade und wie bald die Menschheit auch kunst*inniger*, kunst*bedürftiger* wird.

2.4 Zwischenbilanz

Die an den beiden Essays entwickelte Kunstauffassung Dehmels besteht im Kern in der Annahme, daß der Künstler fähig und berechtigt ist, am ethischen Fortschritt der Menschheit mitzuwirken. Dieser wird unter Berufung auf die darwinistische Entwicklungstheorie bzw. deren weltanschauliche Popularisierung (Haeckel, Hartmann, Strauß) als unaufhaltsamer Naturprozeß vorausgesetzt. Den Ausgangspunkt für diese neoidealistische Ästhetik bildet eine volkserzieherische Absicht, die Dehmel schon vor dem ersten literarischen Erfolg betont hat. Die ästhetischen Prämissen knüpfen an die Poetik der Aufklärung und die klassische Ästhetik Schillers an. Das eigentlich Neue und Originelle seines Entwurfs liegt jedoch im Versuch, den traditionellen Gedanken einer „Erziehung des Menschengeschlechts" evolutionistisch zu fundieren und damit für eine Zeit zu retten, die alles Traditionelle programmatisch ablehnte.

Die Ausführungen von Fritz (1969) müssen also dahingehend ergänzt werden, daß Dehmels Kunsttheorie der neunziger Jahre vom menschheitlichen Wirkungsanspruch ihren Ausgang nimmt und Fragen der Nachahmung erst von da aus beurteilt. Keineswegs kann die gesellschaftsverändernde Wirkungsabsicht aus der mimetisch-ästhetischen Reflexion abgeleitet werden. Es wurde gezeigt, daß eine umgekehrte Deduktion nicht nur ebenso denkbar, sondern wesentlich plausibler ist. Vorläufig scheint es jedoch ausreichend, beide Aspekte seiner Kunsttheorie auseinanderzuhalten und in ihrer jeweils eigenen Verflechtung mit traditioneller Ästhetik und zeitgenössischem poetologischen Diskurs zu betrachten.

Die nun folgenden Essays entwickeln diesen Theorieentwurf weiter. Sie widmen sich den pragmatischen Aspekten seiner Verwirklichung. Damit wird eine wichtige Lücke geschlossen, denn der von Dehmel vertretene menschheitliche Wirkungsanspruch unterstellt eine Breitenwirkung hoher Kunst, die an den tatsächlichen Rezeptionsbedingungen vorbeizielt. Dieses Problem war seit Beginn der neunziger Jahre durch die Kunsterziehungsbewegung ins öffentliche Bewußtsein gerückt worden, von der Dehmel wichtige Impulse empfangen hat.

Im Versuch, die hohe Kunst auch den ärmeren Volksschichten zugänglich zu machen, kommt ein sozialreformerischer Zug zum Vorschein. Der Gedanke einer Volkskunst, die, unter Umgehung politischer Reformen, eine ständeübergreifende Menschheitsverbrüderung zur Folge haben soll, lenkt den Blick auf den Einfluß Richard Wagners, der in den folgenden Texten, am deutlichsten im Essay *Bedarfskunst?!* hervortritt. Ebenfalls auf Wagner, auf den jungen Nietzsche und auf ihren gemeinsamen Lehrmeister Schopenhauer verweist die metaphysische Einkleidung, die in *Bedarfskunst?!* und *Kunst und Persönlichkeit* an die Stelle der evolutionistischen Fundierung tritt. Dabei bleibt der Grundgedanke einer Einheit von Mensch und Natur erhalten. Er bildet, neben der Hoffnung auf eine ethische Vervollkommnung durch die Kunst, die wichtigste verbindende Klammer zwischen allen kunsttheoretischen Texten der neunziger Jahre.

II.3 Kunsterziehung als moralische Propädeutik

3.1 Aus Berlin (1895)

Dieser Essay erschien im Juni 1895 mit der Überschrift *Berlin*[84] im zweiten Jahrgang der Zeitschrift *Pan*, an deren Gründung Dehmel maßgeblich beteiligt war.[85] Schon im zweiten Heft hatte der Direktor der Hamburger Kunsthalle, Alfred Lichtwark, der zum Aufsichtsrat des *Pan* gehörte und dort zahlreiche Aufsätze publizierte, regelmäßige Berichte über das Kunstgeschehen in den großen deutschen Metropolen angekündigt.[86] Diesen Rahmenbedingungen entsprechend ist der Bericht im leicht verständlichen Plauderton gehalten und verzichtet im Gegensatz zu den früheren Essays auf Pathos ebenso wie auf philosophische oder biologische Fachbegriffe. Dagegen macht sich gelegentlich Ironie bemerkbar. Die Gedankenführung ist sprunghaft, oft assoziativ. Durch den unregelmäßigen Wechsel von Beschreibung, Reflexion und optimistischer Zukunftsvision kommt keine schlüssige Argumentation zustande, zumal viele Behauptungen weder begründet noch erklärt werden.

Dehmel nutzt den Bericht über die „Grosse Berliner Kunstausstellung 1895", wie schon die Kritik von *Vor Sonnenaufgang*, zur Skizzierung kunsttheoretischer Überlegungen. Der darwinistische Hintergrund bleibt fast gänzlich ausgespart, an seine Stelle treten monistisch-pantheistische Züge. Die Forderung nach einer Steigerung des allgemeinen Kunstbedürfnisses, wie sie in den *Lebensblättern* bereits anklingt, wird aufgenommen und in Richtung einer künstlerischen Volkserziehung erweitert. Dahinter steht neben der Ästhetik Schillers und Wagners das theoretische Konzept der Kunsterziehungsbewegung, deren führender Vertreter Alfred Lichtwark, wie erwähnt, zum Aufsichtsrat des *Pan* gehörte.[87] In Abwei-

---

84 Im Inhaltsverzeichnis der Zeitschrift wird der Essay unter dem Titel *Aus Berlin* aufgeführt.

85 Vgl. SALZMANN (1958), S. 183f.

86 Vgl. ALFRED LICHTWARK, Zur Einführung, in: *Pan* 1 (1895/96), S. 97-100, hier: S. 99f.

87 Dehmel und Lichtwark begegneten sich zum ersten Mal Anfang Februar 1895, wo es jedoch zu keinem Gespräch kam. Der Bericht Lichtwarks verdient es, hier wiedergegeben zu

chung von Lichtwark wird die *arbeitende* Bevölkerung als adäquater Adressat und Rezipient des Kunstwerks ausgemacht, indem ihre „unwillkürliche Ergriffenheit" (BKA 110) beim Kunstgenuss gegen ein akademisch-klassizistisches Kunstideal ausgespielt wird. Auch wenn der Affront gegen gebildete Kunstkenner in einer exklusiven Zeitschrift wie dem *Pan* überraschend wirkt, liegt die antiakademische Stoßrichtung ganz auf der Linie, die Lichtwark in mehreren Artikeln vorgezeichnet hatte.[88]

Anknüpfend an eine Äußerung des preußischen Kultusministers über den übernationalen Charakter des „Guten und Schönen" spricht Dehmel die Hoffnung auf eine Zukunft aus, in der die Kunst nicht nur von nationalen, sondern auch von gesetzlichen, sozialen und normativ ästhetischen Grenzen befreit sei. Während die Seitenhiebe auf eine reaktionäre Kunstkritik und auf die obrigkeitliche Zensur für Dehmel nichts Ungewöhnliches darstellen, wirkt der soziale Impetus überraschend.[89] In einem Brief vom März des gleichen Jahres hatte es noch geheißen: „'Die Kunst für das Volk'! Das klingt sehr schön, und *ist* auch sehr schön; aber dann muß auch das Volk die *Mittel* dazu haben. So lange das nicht der Fall ist, wird – wie es von jeher war – die *höchste* Kunst nur dem *begüterten* Volk geboten werden können."[90]

Dehmel malt aus, welchen Weg eine derart befreite Kunst nehmen könne: „Vielleicht wird die Entdeckung *Herder's*, daß die Entwickelung der Kunst die Selbsterziehung der Menschheit bedeutet, dann nicht mehr von entsprungenen Irrenärzten und hergelaufenen Moralaposteln missverstanden werden." (110) Die Erwähnung Herders und der Begriff der „Selbsterziehung" liefern einen ersten

werden: „Dann war der Dichter Dehmel da, der als die originellste lyrische Begabung gilt, ein schmächtiger Mensch, mit interessanten schmalen Zügen, in deren Blässe das dicke lange dunkle Dichterhaar fällt. Gesprochen habe ich nicht mit ihm. Denn wer so, als Dichter kenntlich dahinwandelt, wird auch wohl erwarten, daß man vor ihm das Rauchfaß schwingt." (A.L., Briefe an die Kommission für die Verwaltung der Kunsthalle. In Auswahl mit einer Einleitung herausgegeben von Gustav Pauli. Bd. 1, Hamburg 1923, S. 180f.) Die *Ausgewählten Briefe* Dehmels enthalten 5 Briefe an Lichtwark aus den Jahren 1896 und 1897 sowie einen vereinzelten Brief von 1909.

88 Vgl. vor allem LICHTWARK, Zur Einführung; sowie ders., Die Entwickelung des Pan, in: *Pan* 1 (1895/96), S. 173-76.

89 Zu Dehmels Auffassung der ‚sozialen Frage' s. Kap. III.6. (*Sozialkritik*). Mit Blick auf den argumentativen Zusammenhang sowie die zuvor analysierten Essays entsteht der Verdacht, daß hier eine volksnahe Haltung instrumentalisiert wird, um die etablierten Normen des gegenwärtigen Kunstbetriebs zu untergraben und so eine Bresche für die Kunstauffassung der ‚Jungen' zu schlagen. Einen Hinweis darauf gibt Dehmel selbst. Im Anschluß an die eben zitierte Passage schreibt er: „Es ist mir aber wirklich ernst mit diesem frommen Wunsch, nicht blos aus Menschenfreundlichkeit, sondern mehr noch um der Kunst willen." (BKA 110) Am Ende des ganzen Essays heißt es außerdem: „Denn natürlich wollt' ich nur pro domo reden." (117)

90 An Ludwig Jahn, 27.3.95, I 195.

Hinweis auf theoretische Anleihen bei der Kunsterziehungsbewegung.[91] Die folgenden Überlegungen Dehmels sind ohne diesen Hintergrund kaum verständlich, da sie nicht begründet oder erklärt werden. Deshalb seien die Grundgedanken hier kurz skizziert.[92]

Angeregt durch die englische *Arts and Crafts*-Bewegung[93], angereichert durch kulturkritisches Gedankengut Nietzsches und Lagardes[94], trat die Kunsterziehungs-bewegung gegen Ende der achtziger Jahre mit der Forderung auf, der politischen Einigung Deutschlands die kulturelle folgen zu lassen.[95] Ihre Vordenker kritisierten den stillosen Eklektizismus des zeitgenössischen Kunstgewerbes[96] ebenso wie ein Übermaß an wissenschaftlicher und historischer Bildung und verlangten eine Reorganisation der deutschen Bildung auf der Grundlage der Kunst: „Stellt man den Begriff der Kunst, der logisch an die Spitze des menschlichen Daseins gehört, auch real an die Spitze desselben, so ist die Aufgabe einer wahrhaften Bildung gelöst", heißt es in der programmatischen Schrift *Rembrandt als Erzieher* von August Julius Langbehn (1851-1907).[97] Hinter dem Plan einer künstlerischen Volkserziehung steht als Ziel der ethisch-sittliche Aufschwung: „Wir haben zu lange wesentlich der Intelligenz gelebt. Es ist Zeit, daß nun die sittlich-religiösen und die künstlerischen Kräfte zur Entfaltung kommen."[98] Das Auf-

---

[91] Lichtwark hat, allerdings erst 1897, den Begriff der „Selbsterziehung" in Zusammenhang mit seiner Förderung des Dilettantismus behandelt. (Vgl. A.L., Selbsterziehung, in: Ders., Vom Arbeitsfeld des Dilettantismus, Dresden 1897, S. 11-17.) Lichtwarks Dilettantismus-Programm war Dehmel aus der Schrift *Die Bedeutung der Amateurphotographie* (Halle/S. 1894) bekannt, die er auf S. 115 lobend erwähnt.

[92] Zur Einführung vgl. RÖHRS (1998), S. 102-132; zur umfassenderen kulturgeschichtlichen Einordnung vgl. HEIN (1991).

[93] Vgl. z.B. LICHTWARK, Zur Einführung, S. 98f.

[94] Zum kulturkritischen Kontext vgl. RÖHRS (1998), S. 25-48; ferner HEIN (1991), S. 27-82 et pass.

[95] Seine berühmteste Prägung hat dieser Gedanke durch Nietzsche gefunden, der in der ersten *Unzeitgemäßen Betrachtung* (1872) vor der „Niederlage, ja Exstirpation des deutschen Geistes zu Gunsten des ‚deutschen Reiches'" gewarnt hatte. (FRIEDRICH NIETZSCHE, Unzeitgemäße Betrachtungen I. David Strauss der Bekenner und Schriftsteller, in: F.N: Kritische Studienausgabe, hg. von Giorgio Colli und Mazzino Montinari, Bd. 1, Berlin/New York ^{2}1988, S. 160.) Zum nationalen Charakter der Kunsterziehungsbewegung allgemein vgl. HEIN (1991), S. 179-197, sowie 248-265; zu Lichtwark vgl. JOERIßEN (1979), S. 63ff.; BRANDT (1981), S. 149-167, 186-195.

[96] Vgl. vor allem LICHTWARK, Zur Einführung, S. 98f.

[97] [AUGUST JULIUS LANGBEHN,] Rembrandt als Erzieher. Von einem Deutschen. Leipzig 1890, S. 52. Der enorme Einfluß dieses Buches, das innerhalb von vier Jahren mehr als vierzig Auflagen erlebte (vgl. BEHRENDT 1996, S. 95), ist bis heute nicht ausreichend untersucht worden. Vgl. immerhin die Bemerkungen bei STERN (1963), PANKAU (1983), S. 107-137; BEHRENDT (1996), S. 105-112. Zum Einfluß Langbehns auf Lichtwark vgl. NIETHAMMER (1986).

[98] ALFRED LICHTWARK, Der Deutsche der Zukunft (1901), in: A.L., Eine Auswahl seiner Schriften, besorgt von Dr. Wolf Mannhardt, 2 Bde., Berlin 1917, Bd. 1, S. 3-18, hier: S. 17. Die Parallelisierung von ästhetischem und ethischem Auftrag, Lichtwark spricht im gleichen Text von einer „inneren Mission künstlerischer und ethischer Kultur" (S. 8), liegt

bruchpathos dieser Reformbewegung und die Absage an einen autonomen Kunstbegriff, die sich auch hier im Junktim von Kunst und Leben ausdrückt (s. Kap. I.1), offenbart den diskursiven Zusammenhang mit der literarischen Protestbewegung der ‚Jüngstdeutschen':[99]

> Die Forderung nach einer künstlerischen Erziehung tritt nicht als eine vereinzelte Erscheinung auf, sie ist von der ersten Stunde untrennbar verbunden mit dem gleichzeitig – etwa um die Mitte der achtziger Jahre – deutlicher formulierten Ruf nach einer sittlichen Erneuerung unseres Lebens. Die beiden Gebiete sind nicht zu trennen.

Während dieser Gedanke bei Lichtwark, der sich für eine Reform der schulischen Kunsterziehung und eine Förderung des Dilettantismus einsetzte, konkrete pädagogische Form annahm, unternahm es der „Rembrandtdeutsche" Langbehn, in einer *tour de force* durch alle Bereiche der deutschen Geschichte, Politik und Kultur, die Reichweite der Bildungsreform abzustecken.

Ein wichtiges Teilziel der Bewegung bestand in dem Vorhaben, die Kluft zwischen Gebildeten und Ungebildeten zu überbrücken, um die „unschätzbare, alle Stände zusammenschließende Kraft" des Kunstgenusses zu aktivieren.[100] Den Weg dahin sah Langbehn in der Rückbesinnung der Kunst auf ihre „Volksthümlichkeit"[101] sowie in der Reform des zum „Luxusgewerbe" verkommenen Kunstgewerbes:[102]

> Das, was die Engländer Komfort nennen, ist der natürlich gegebene Ausgangspunkt für alle gesunden Bestrebungen auf diesem Gebiet; aus ihm hat sich erst ein Stil zu entwikkeln; und nicht umgekehrt, wie man jetzt verfährt. Wenn höchste Bequemlichkeit und höchste Schönheit in einem Gebrauchsgegenstand zusammenfallen, so ist er kunstgewerblich vollendet.

---

auch Langbehns Überlegungen zugrunde: „Ein Einfluß Rembrandt'scher Gesinnung auf die Kunst des deutschen Volkes ist ohne einen gleichzeitigen Einfluß derselben Gesinnung auf das sittliche und das geistige Leben desselben Volkes nicht denkbar. Steht die bildende Kunst auch im Mittelpunkt des künftigen deutschen Volkslebens, so wird sie ihre Einwirkungen doch weit über ihre eigenen Grenzen hinaus erstrecken." (Rembrandt als Erzieher, S. 39.) Schillers Idee von der *Ästhetischen Erziehung* hat hier zweifellos Pate gestanden, wird jedoch nicht als Vorbild genannt.

99 LICHTWARK, Der Deutsche der Zukunft, S. 3f.

100 LICHTWARK, Der Deutsche der Zukunft, S. 11. Ebenso Langbehn: „Bisher hat man vielfach in Deutschland die Kunst von oben herab betrieben; versuche man es einmal von unten herauf; die Ergebnisse werden besser sein. Hier wie immer, sollte man nicht das Volk den Gebildeten, sondern vielmehr die Gebildeten dem Volke zu nähern versuchen." (Rembrandt, S. 185.)

101 Der Begriff des Volkstümlichen bildet einen der Leitmaßstäbe des Buches. Vgl. exemplarisch das Kapitel *Volksthümlichkeit des Künstlers* (Rembrandt, S. 18-20). Lichtwark sieht die Volkstümlichkeit erst als Ziel der projektierten Reform: „Volkstümlichkeit steht nie am Anfang, sondern stets am Ende der Entwicklung [!], denn alle Kultur beginnt aristokratisch, und ihr Niveau wird nicht gehoben wie das eines Teiches, in den man viel Wasser einströmen lässt." (Die Entwickelung des Pan, S. 173.)

102 Rembrandt, S. 185.

Im gleichen Interesse forderte Lichtwark wiederholt eine Orientierung an der „lebendigen Kunst“[103] und befürwortete die Darstellung lebensnaher Stoffe[104], ohne deshalb von der Forderung nach hohem künstlerischen Niveau abzurükken. Er polemisierte offen gegen eine theorieüberlastete Kunstkritik, gegen Kunsttheorie überhaupt, der er den Maßstab einer unmittelbaren Wirkung entgegensetzte: „Der Genuß besteht in der Freude, welche die Anschauung des Schönen weckt.“[105]

Diese Ansichten lassen sich in Dehmels Essay bis ins Detail verfolgen. So könne in dem zuvor imaginierten neuen Zeitalter „die ‚Kunst dem Volke' ein wirkliches Gemeingut sein statt einer gutgemeinten Phrase, der Kunstgenuss ein Lebensbedürfnis [...]“ (110). Sehr nahe kommt Lichtwark auch die Formulierung, daß „Kunst und Leben [...] einander durchdringen“ würden (110). Damit ist zunächst nichts weiter gemeint als die Forderung, das „lebendige Leben“ wieder als künstlerischen Stoff anzusehen (111). Dehmel verweist auf das französische Kunstgewerbe, insbesondere auf die Plakatkunst und zieht von dort aus Schlüsse auf andere Künste. „Vielleicht kommt auch auf *andern* Kunstgebieten die hohe Obrigkeit dahinter, dass eine ehrliche Spiegelung des allgemeinen Lebens das Volk mehr bildet und beglückt als manche Gesetzesvorlage.“ (112)

Die Beziehung zwischen Kunst und Volk erweist sich Dehmel zufolge als fruchtbar für beide Seiten. Einmal für die „misera plebs“ freigegeben, könnten die Kunstausstellungen einen „künstlerischen Bildungszweck erfüllen, eine Kulturmission, ebenso gut und besser als unsre Museen“ (110). Über das Ziel dieser Mission beläßt Dehmel es bei Andeutungen. Deutlicher hat er sich ein Jahr darauf in einem Brief an Lichtwark geäußert: „Ich glaube überhaupt nicht, daß die Kunst erziehlich wirken kann in Ihrem Sinne; sie wirkt erziehlich fürs Leben, für die Weltanschauung, nicht für die Kunstanschauung.“[106] So werde die Kunst, wenn sie erstmal von sozialen und normativ ästhetischen Schranken befreit sei, „jedem Einzelnen die Lust am Wohlgefühle seines Volkes und jedem Volke die Lust zur Menschheit steigern“ (110). Wie schon in den *Lebensblättern* dient das Kriterium der „Lust“ als subjektiv beglaubigter Gegenbegriff zu rational bzw. kognitiv gefaßten Rezeptionskategorien. Was die nationale Komponente angeht, könnten Lichtwarks Pläne zur Stärkung der Volksgemeinschaft Pate gestanden

[103] LICHTWARK, Zur Einführung, S. 97; ebenso ders., Die Entwickelung des Pan, S. 176.

[104] So hatte er in einem Aufsatz im *Pan* kritisiert, daß die Kunst „keine organische Verbindung mit dem Leben“ habe. (LICHTWARK, Die Entwickelung des Pan, S. 176.)

[105] LICHTWARK, Farbige Skulptur, in: *Die Gegenwart* 28 (1885), S. 407. Zit. nach PRÄFFCKE (1986), S. 32.

[106] 9.3.96, I 232. Die Ablehnung der Kunsterziehung ist nicht allzu ernst zu nehmen, Dehmel spielt sie hier gegen den weltanschaulichen Nutzen aus. In einem Brief an Hofmannsthal spricht er drei Monate später von der Verpflichtung des Künstlers, „sein Möglichstes zu tun, daß auch die große Menge ästhetischer wird“ (17.6.96, Briefwechsel mit Hofmannsthal, S. 24).

haben; sie werden aber von Dehmel in der Ausweitung auf die „Menschheit" überboten und aus ihrer völkischen Prägung gelöst.[107] Dehmel geht sogar noch weiter, indem er die ästhetische Schulung des Volkes als affektpsychologisches Heilmittel für die soziale Frage empfiehlt: „Manche soziale Unlust würde aus der Welt verschwinden, wenn dem ‚begehrlichen' Volke die feineren Kulturgenüsse, das seelische Eigentum der Zeit, die Güter, die sich mit der Phantasie *von Hunderttausenden zugleich* besitzen lassen, leichter zugänglich wären." (111) Diese fragmentarischen Ausblicke bleiben unverständlich, wenn man sie nicht vor dem Hintergrund der Kunsterziehungsbewegung interpretiert. Zugleich ergeben sich deutliche Parallelen zu Richard Wagners Programmschrift *Das Kunstwerk der Zukunft* (1849). Von der Bedeutung Wagners für Dehmels Ästhetik wird im Abschnitt über *Bedarfskunst?!* ausführlicher die Rede sein.

Ebenso wie formale Strenge spielt die stilistische Ausführung für Dehmel nur eine untergeordnete Rolle. Dem „echten Kunstgefühl" sei es einerlei, ob der Stoff „durch symbolischen Vorstellungszwang oder naturalistischen Anschauungsreiz vermittelt" werde (116) Zu dieser Distanzierung von einer formalästhetischen oder gehaltlichen Betrachtungsweise des Kunstwerks paßt es auch, wenn Dehmel vor einer zu engen Einhaltung der Gattungsgrenzen warnt. Er verweist auf die großen „Uneigentlichen" der Kunstgeschichte: Michelangelo, Rembrandt und Goya, in neuerer Zeit Böcklin, Klinger und Munch. In dieser Formulierung schwingt der Topos vom Propheten im eigenen Lande mit, der stets mit Dehmels Künstlerauffassung verbunden ist. Die Notwendigkeit der Gattungsüberschreitung lässt sich Dehmel zufolge mimetisch begründen, denn ein Künstler könne „sein urbildliches Motiv [...] mit den Ausdrucksmitteln *seiner* Kunst *nicht völlig* wiedergeben" (114). In einem weiteren Schritt spricht sich Dehmel – in ausdrücklicher Distanzierung von „Wagner's ‚Gesamtkunstwerk'"! – für eine „Einheit der Künste" aus (115), die er in seiner Zeit „endlich wieder" verwirklicht sieht, „weil sie [sc. die Künste] endlich alle wieder gleichen Sinnes auf das eine, grosse Leben zielen, nicht auf getrennte Zunftwirtschaft" (115). Erneut wird die ‚Lebens'-Formel herangezogen, um eine Absage an akademische Normativität zu formulieren (s. Kap. I.1 u. I.2.1.3). Dabei fungiert ‚Leben' sowohl als Gegenbegriff zu einem als spießbürgerlich empfundenen Formalismus wie auch als biologisch beglaubigte Legitimationsinstanz, mit der das abstrakte Kunstideal einer spekulativen Ästhetik außer Kraft gesetzt wird. Wenn die hier geforderte Einheit der Künste, in die Dehmel auch die Architektur einbezieht, erst einmal erreicht

[107] In diesem Punkt weicht er auch deutlich von Langbehn ab, der die Möglichkeit einer „Menschheitskunst" bestreitet, da sie dem Konzept der Volkstümlichkeit widerspricht (Rembrandt, S. 26).

sei, so werde die Welt „endlich merken, dass sie wieder einer *religiös* gewaltigen, d. h. monumentalen Kunst entgegenreift" (116).[108]

Dieser Hochschätzung der Kunst entspricht die schon aus der *Alltagstragödie* geläufige Rolle des Künstlers, die Dehmel daraus ableitet: „Denn das will doch der Künstler: als ein Seher des allmächtigen Lebens empfunden, nicht als specialartistischer Fachmann beschnüffelt werden." (116). Die hier formulierte Position weicht vom Tenor des übrigen Essays merklich ab. Wie schon in der *Alltagstragödie* nimmt die Beschreibung der zukünftigen Kunst einen hymnischen Tonfall an, der sich religiösen Vokabulars bedient. Was mit einer „religiös gewaltigen" Kunst genau gemeint sein soll, erklärt Dehmel nicht. Erneut lassen sich Verbindungen zu Wagners *Kunstwerk der Zukunft* herstellen.[109]

Dazu paßt auch die monistische Einbettung, die besonders bei der Beschreibung von Gemälden der Kunstausstellung zutage tritt. So lobt Dehmel an den Werken des Malers Martin Schauss die Darstellung der Augenblicke, „in denen sich ein seltenes Geschöpf, ob Mensch, ob Tier, ob Blume, ganz in die grosse Welt auflösen möchte" (114). Im Bild *Ponnys am Meere* des französischen Malers Besnard sieht er die „Melodie des Urgrundes" verkörpert, „in den die Muskelwellen dieser fessellosen Geschöpfe mit der plätschernden Flut des freien Ozeans zusammenmünden" (114).[110] Selbst die postulierte Einheit der Künste versucht Dehmel monistisch zu begründen, indem er als ihr gemeinsames Prinzip einen universellen „Rhythmus" annimmt. Diese Idee hat Dehmel noch lange beschäftigt und wird im Aufsatz *Kunstform und Rhythmus* eingehend erörtert.

Als wichtiges Ergebnis der Analyse bleibt die Nähe zu den Ansichten Langbehns und Lichtwarks festzuhalten. Was könnte Dehmel an der Kunsterziehungsbewegung gereizt haben? Es sei daran erinnert, daß zu den zentralen Prämissen der frühnaturalistischen Ästhetik die Parallelisierung von „Kunst und Leben" gehörte (s. Kap. I.1). Genau wie der Begriff des Lebens allein entzog sich diese polemische Doppelformel einer genaueren Bestimmbarkeit. Erst die Kunsterziehungs-

---

[108] Der Gedanke der Monumentalität spielt bei Langbehn eine bedeutende Rolle (vgl. Rembrandt als Erzieher, S. 35, 134, 186).

[109] In der Reformschrift *Das Kunstwerk der Zukunft* (1849) verknüpft Wagner die Vision einer kommenden Kunst mit „der Religion der Zukunft, der der Allgemeinsamkeit" (RICHARD WAGNER, Das Kunstwerk der Zukunft [1849], in: R.W., Dichtungen und Schriften, Jubiläumsausgabe in zehn Bänden, hg. von Dieter Borchmeyer, Ffm. 1983, Bd. 6, S. 31.). In dem Kapitel *Bisherige Versuche zur Wiedervereinigung der drei menschlichen Kunstarten*, also im exakt gleichen Kontext der Gattungsüberschreitung, heisst es außerdem: „Nur wenn die herrschende Religion des Egoismus, die auch die gesamte Kunst in verkrüppelte, eigensüchtige Kunstrichtungen und Kunstarten zersplitterte, aus jedem Momente des menschlichen Lebens unbarmherzig verdrängt und mit Stumpf und Stiel ausgerottet ist, kann aber *die neue Religion*, und zwar ganz von selbst, in das Leben treten, die auch die Bedingungen des Kunstwerks der Zukunft in sich schließt." (Ebd., S. 97.)

[110] Diese Passage bekräftigt wörtlich die Einschätzung RIEDELS (1996), der Dehmel einen Platz in der „Literaturgeschichte des ozeanischen Gefühls" zuweist (vgl. S. 118f.).

bewegung verlieh dem Ruf nach einer Erneuerung von Kunst und Leben *konkrete* Gestalt, indem sie den Gedanken der ästhetischen Erziehung reaktivierte. Anders als die klassische Ästhetik konnte sie jedoch auch mit einem handfesten Programm zu ihrer Verwirklichung aufwarten: Wecken des Kunstbedürfnisses durch künstlerische Gestaltung des Alltags (Kunstgewerbe), Förderung des Dilettantismus, Öffnung der Museen für das einfache Volk, Reformierung des Kunstunterrichts. Durch die Verbreitung des Kunstverständnisses sollte nicht nur ein Beitrag zur Humanität geleistet, sondern zugleich der Künstler aus seiner gesellschaftlichen Randposition befreit und seine öffentliche Anerkennung gesichert werden, die Dehmel in NDA und LB noch in eine verständigere Zukunft verlegen mußte. Die Hoffnung auf eine auch obrigkeitlich unterstützte institutionalisierte Erziehung der breiten Volksmassen hat Dehmel später wieder aufgegeben. 1907 schrieb er an Hugo von Hofmannsthal: „Mit 22 und 33 Jahren habe ich auch an die erziehliche Wirkung einer ‚continuierlichen Culturpolitik' auf Andere geglaubt; jetzt mit 44 glaube ich umgekehrt, daß solche Politik uns selber von der kulturellen Natur der menschlichen Gesellschaft anerzogen wird, also nur ein persönlicher Ausdruck für ohnehin Vorhandenes ist."[111]

3.2 Bedarfskunst?! (1898)

Der Artikel *Bedarfskunst?!*, der 1898 in der *Neuen Deutschen Rundschau* erschien, markiert den Höhepunkt von Dehmels volkspädagogischem Programm. Der Kunst wird die Aufgabe zugewiesen, den „Frieden der Menschheit" herbeiführen zu helfen. Gegenüber den früheren Essays wird rezeptionsästhetischen Fragestellungen mehr Gewicht beigemessen. Neben den Gedanken zur Kunstvermittlung, wie sie schon in *Aus Berlin* anklangen, werden Konturen einer „Ästhetik von unten" (Fechner) deutlich, die bei der ästhetischen Erfahrung des Individuums ansetzt. In *Bedarfskunst?!* macht sich außerdem die Wirkung von Wagners ästhetischen Schriften, die sich in der *Lebensblätter*-Vorrede und im Bericht *Aus Berlin* bereits ankündigt, am entschiedensten bemerkbar.[112] Im Gegensatz zum ethisch-präskriptiven Wirkungskonzept der vorangegangenen Essays wird nun die Liebe zur ästhetischen Leitkategorie erhoben.

Dehmel glaubte, daß der „sozialen Unlust"[113], wenngleich sie politisch-wirtschaftlich verursacht war, nicht auf demselben Wege abgeholfen werden könne

---

111 An Hugo von Hofmannsthal, 1.4.1907, II 131.

112 Dehmels Briefe und Tagebücher liefern keinen Hinweis auf eine Wagner-Lektüre, die Übereinstimmungen im Essay *Bedarfskunst?!* sind jedoch so auffallend, daß von einer zumindest mittelbaren Kenntnis der Wagnerschen Reformschrift ausgegangen werden kann. Es ist anzunehmen, daß Dehmel um 1895, im Zuge der Gründungsvorbereitungen für die Zeitschrift *Pan* mit Wagners Ästhetik bekannt geworden ist.

113 BKA 112.

(s. Kap. III.6).[114] Dem Heilsversprechen des Sozialismus setzte er eine Strategie entgegen, die eine Gesellschaftsreform über die Bewußtseinsveränderung des Individuums erreichen wollte. Diese solle durch die Kunst bewirkt werden, die, als geistiges Gemeingut, „Jeder sich aneignen kann" (98). Damit bewegt sich Dehmel in den Bahnen nicht nur der deutschen Klassik – immerhin hatte Schiller die „Ästhetische Erziehung" im Angesicht der französischen Revolution konzipiert – sondern auch der frühen Ästhetik Richard Wagners, dessen Entwurf einer künstlerischen Restitution wahren, freien Menschentums nicht zufällig ein Jahr nach der gescheiterten Revolution von 1848 erschien. Trotz verschiedener Ansätze ergeben sich ferner zahlreiche Parallelen zur englischen *Arts and Crafts*-Bewegung, deren führende Köpfe wie Ruskin und Morris ihr ästhetisches Programm mit sozialreformerischen Ideen verbanden[115], sowie zur Kulturpolitik der *Freien Volksbühne*, mit deren Vordenker Bruno Wille Dehmel über den Friedrichshagener Künstlerkreis gut bekannt war.[116]

Damit die hohe Kunst ihre Wirkung auch in den ungebildeten Klassen entfalten könne, müsse sie notwendig „volkstümlicher" werden. Um gleichzeitig die Barriere abzubauen, die durch die Unterscheidung von „Meister" und „Laie" entstanden sei, um mithin dem einfachen Mann zu mehr ästhetischem Selbstvertrauen zu verhelfen, empfiehlt Dehmel die Kultivierung einer „Bedarfskunst", d.h. der künstlerischen Gestaltung von Gebrauchsgegenständen. Mit künstlerisch ist allerdings nicht mehr die dekorative Verzierung gemeint, die aus dem stilistischen Repertoire vergangener Epochen schöpft („seelenlose Unbequemlichkeiten", 97), sondern die Verbindung von Schönheit und einfacher Funktionalität.

Dehmel bezieht hier Stellung zur Diskussion um die ‚angewandten Künste'[117], die seit der Mitte der neunziger Jahre zunehmend in das Bewußtsein der deutschen Intellektuellen getreten war. Der *Pan* selbst hatte diese Entwicklung durch Illustrationen und Kunstbeilagen geprägt und mit zahlreichen Artikeln begleitet.[118] 1897 fand die Dresdner Kunstausstellung statt, auf der Henry van de Vel-

---

[114] Dieser Gedanke bildet auch den Ausgangspunkt von Schillers ästhetischer Erziehung: „Sollte diese Wirkung vielleicht von dem Staat zu erwarten sein? Das ist nicht möglich, denn der Staat, wie er jetzt beschaffen ist, hat das Übel veranlaßt, und der Staat, wie ihn die Vernunft in der Idee sich aufgibt, anstatt diese bessere Menschheit begründen zu können, müßte sich selber erst darauf gründen." (*Über die ästhetische Erziehung*, 7. Brief. Theoretische Schriften, S.578)

[115] Vgl. KEMP (1983), S. 204-237; BIRCH (1996). Zu Morris vgl. FAULKNER (1980), S. 111-146 sowie die Beiträge in. BOOS/ SILVER (1990).

[116] Zur Ästhetik und Didaktik der Volksbühnenbewegung vgl. BRAUNECK (1974), S. 20-49 sowie SCHERER (1974), S. 79-138.

[117] Vgl. zu diesen Zusammenhängen die immer noch vorbildliche Darstellung von SCHMUTZLER (1962), die ausgewählten Beiträge in HERMAND (^{3}1992), sowie neuerdings die kompakte Einführung von DEWIEL (2002), über deren Gründlichkeit der Reihentitel *„DuMont Schnellkurs"* nicht hinwegtäuschen sollte.

[118] Einige Beispiele mögen genügen: BENNO BECKER, Die Sezession, in: *Pan* 2 (1896/97), S. 243ff.; WILHELM BODE, Aufgaben der Kunstgewerbemuseen, in: *Pan* 2 (1896/97),

de seine berühmten Raumentwürfe vorstellte. Im gleichen Jahr wurden die Münchner „Vereinigten Werkstätten für Kunst im Handwerk" gegründet, es erschienen erstmalig die Zeitschriften *Dekorative Kunst* und *Deutsche Kunst und Dekoration.* Im Januar 1898 war das erste Heft des *Ver Sacrum* erschienen, der Zeitschrift der Wiener „Secession", die sich ebenfalls 1897 formiert hatte. Dort hieß es programmatisch: „Wir kennen keinen Unterschied zwischen ‚hoher Kunst' und ‚Kleinkunst', zwischen Kunst für die Reichen und Kunst für die Armen. Kunst ist Allgemeingut."[119]

Mit der Forderung nach Funktionalität zitiert Dehmel eine ästhetische Maxime, die sich von der englischen *Arts and Crafts*-Bewegung herleitet, und in Deutschland als Reaktion auf die Inflation stereotyper, beliebig reproduzierbarer Ornamentik die Hochphase des Jugendstils einleitete. Ihr wichtigster Vertreter war der ab 1902 in Weimar tätige Belgier Henry van de Velde[120], der seine Idee eines „neuen Stils" in zahlreichen Vorträgen und Essays entwickelte.[121]

Die ‚Bedarfskunst' soll laut Dehmel als Propädeutikum fungieren, indem sie früher oder später ein Kunstbedürfnis wecke, das in der allgemeineren Form des Verlangens nach den „Güter[n] des Geistes" (98) in jedem Menschen angelegt sei. Dieser anthropologische Hintergrund ist besonders wichtig, um Dehmels Glauben an die ästhetische Lösung der sozialen Frage zu verstehen.

Nachdem er der Breitenwirkung hoher Kunst theoretisch den Weg geebnet hat, entwickelt Dehmel eine Kunstauffassung, die den *Zielen* nach an die früheren idealistischen Entwürfe anknüpft. Neu ist dagegen der Weg, auf dem er den

---

S. 121ff.; ders., Künstler im Kunsthandwerk, in: *Pan* 3 (1897/98), S. 40ff. und 112ff.; FRIEDRICH CARSTANJEN, Peter Behrens, in: *Pan* 4 (1898/99), S 117ff.; GEORG FUCHS, Hermann Obrist, in: *Pan* 1 (1895/96), S. 318ff.; H.W. SINGER, Plakatkunst, in: *Pan* 1 (1895/96), S. 329ff. Zur künstlerischen Orientierung des *Pan* vgl. allgemein SALZMANN (1958).

119 Weshalb wir eine Zeitschrift herausgeben? In: *Ver Sacrum* 1 (1898) H. 1, S. 5-7. Zitiert nach MATHES (1984), S. 73-78, hier: S. 76.

120 Van de Veldes programmatischer Aufsatz *Aperçus en vue d'une synthèse d'art* erschien 1895 zunächst auf Französisch, eine Übersetzung wurde 1899 im *Pan* publiziert (*Allgemeine Bemerkungen zu einer Synthese der Kunst*). Zwei Jahre zuvor war dort bereits sein Essay über *Entwurf und Bau moderner Moebel* erschienen. Dort wird die Schönheit aus der Brauchbarkeit hergeleitet: „Wer zu Anfang nur ein in allen Einzelheiten nützliches Ding schaffen wollte, gelangt zur reinen Schönheit [...]". (HENRY VAN DE VELDE, Ein Kapitel über Entwurf und Bau moderner Möbel, in: *Pan* 3 (1897/98), S. 260-264, hier: S. 261.) Dehmel und van de Velde sind sich erst später, in Berlin, persönlich begegnet (vgl. van de Velde, Geschichte meines Lebens, München/Zürich ^{2}1986, S. 230f.). – Die wichtigsten Essays van de Veldes liegen auf Deutsch vor in der sehr nützlichen Sammlung von HANS CURJEL: Henry van de Velde, Zum neuen Stil. Aus seinen Schriften ausgewählt und eingeleitet von H. C. München 1955.

121 Die Forderung nach Funktionalität hatte Langbehn bereits 1890 erhoben: „Das was die Engländer Komfort nennen, ist der natürlich gegebene Ausgangspunkt für alle gesunden Bestrebungen auf diesem Gebiet; [...] wenn höchste Bequemlichkeit und höchste Schönheit in einem Gebrauchsgegenstand zusammenfallen, so ist er kunstgewerblich vollendet." (Rembrandt als Erzieher, S. 185.)

sittlichen Fortschritt herbeigeführt wissen will: Anstatt auf den beispielhaften Charakter einer „Zukunftsidee“ zu vertrauen, bemüht er sich, die sittliche Wirkung in der ästhetischen Erfahrung selbst zu verankern. Damit wird eine wichtige Lücke in Dehmels Kunsttheorie geschlossen.

Die durch die Trennung von Laien und „Meistern“ verhinderte Möglichkeit, „daß man in Liebe einander erlebt“, kann Dehmel zufolge durch die Kunst wiederhergestellt werden, denn sie besitze „die Lebenskraft, die uns das Leben lieb macht“ (98).[122] Entsprechend versucht er, Schönheit etymologisierend als „Liebreiz“ zu bestimmen (98). Durch diesen Kunstgriff und die schon inflationäre Verwendung des Begriffs „Liebe“ stellt Dehmel den Zusammenhang zwischen ‚Bedarfskunst' und hoher Kunst her (98):

> Wenn erst die Dinge, die das gewöhnliche Leben mit Liebreiz erfüllen, zum allgemeinen Bedürfnis geworden sind, wird man auch bald *den* Werken mehr Liebe zollen, deren der Mensch für ungewöhnliche Stunden bedarf. An der Bedarfskunst praktischen Stils wird sich das ideale Kunstverständnis steigern, und dann wird endlich auch vielleicht die langersehnte ‚Kunst fürs Volk' im höchsten Sinne ins Leben treten.

Auch wenn Dehmel es durch umständliche Formulierungen (Kunst für „ungewöhnliche Stunden“) zu verbergen sucht, laufen seine Überlegungen schließlich doch auf die hohe Kunst hinaus. Ihr fällt die Aufgabe zu, in den Menschen Liebe zum eigenen Leben zu wecken. In einem scharfen Affront gegen Übermenschenkult und Renaissancismus seiner Zeit fordert Dehmel vom Künstler, der die „menschliche Gesellschaft“ beeinflussen wolle, die Darstellung des „reinen, d.h. unverstellten Menschen“ (98).[123] Was zunächst wie ein Rückfall in naturalistische Vorstellungen klingt, entpuppt sich als psychologische Überlegung von überraschender Aktualität (98):

> Das ist es, was zu schauen uns stets von neuem noth thut: der Mensch, dem nichts Menschliches fremd ist, am wenigsten das Allzumenschliche: der sich nicht übermenschlich stellt, und auch nicht übermenschenfreundlich: der vor dem Tier in seiner Brust dieselbe reine Andacht hat wie vor dem Gott: der seine Notdurft liebt als Quelle seiner Tugend: damit wir endlich *Unser* Leben lieb gewinnen, nicht das von irgend einem Jesus, Zarathustra oder – Rothschild!

Für besonders geeignet dazu hält Dehmel die Dichtkunst, denn die Sprache sei, wie es in Anklang an Schiller heisst, das „eigentlichste Ausdrucksmittel, um Sinnlichkeit und Geistigkeit der Menschenseele in ein vollkommenes Gleichge-

---

[122] Die assoziative Gedankenführung kann leicht verbergen, daß Dehmel zwei Wirkungsbegriffe nebeneinander verwendet: Erstens stifte die Kunst als kulturelles Gemeingut durch bloße Partizpation Liebe zwischen den Menschen, zweitens bewirke sie im Einzelnen die Liebe zum eigenen Leben. Ganz offensichtlich kommt es Dehmel darauf an, Kunst und Liebe zueinander ins Verhältnis zu setzen, selbst auf Kosten der inhaltlichen Stringenz.

[123] Ebenso, zwei Jahre zuvor, in einem Brief an Friedrich Binde, 6.6.1896: „Du weißt und fühlst doch mehr als Irgendeiner, daß auch *mir* das Künstlertum nur ein Mittel zur Offenbarung reinsten Menschentums ist.“ (Unbekannte Briefe, S. 477.)

wicht zu bringen" (98). Damit ist jedoch kein psychisch-kathartischer Vorgang gemeint, wie ihn Schillers Spieltheorie vorsieht. Die zitierte Passage macht vielmehr deutlich, daß Dehmel nach wie vor an der Vorbildfunktion festhält. Das Schwanken zwischen einer unmittelbar affektiven Wirkung (Liebe, lieb gewinnen) und der bekannten kognitiv-begrifflichen Vorbildpoetik behindert das Verständnis dieses kurzen Texts erheblich.

Es wird also die *dargestellte* Versöhnung von Geist und Trieb, deren Zwiespalt ein Hauptthema des lyrischen Frühwerks darstellt (s. Kap. III.0), zum Angelpunkt einer Glücksauffassung gemacht, als deren Verkündungsmedium die Kunst fungiert. Durch die Sensibilisierung breiter Volksschichten für die hohe Kunst werde den Menschen das Ideal des „reinen, d.h. unverstellten Menschen" (98) nahegebracht. Daß diesem Ideal dann auch nachgestrebt werde, setzt Dehmel offenbar voraus. Am Ende dieser Gesellschaftsreform stehe eine neue „Lebenskunst": „Mensch unter Menschen zu sein, d.h. ein *freudiger* Mensch" (99).[124]

Angesichts dieser Möglichkeit verwirft Dehmel die Formel *l'art pour l'art* als „Auswuchs einer Zeit voll eingebildeter Parvenüs, die es sehr nötig haben, vornehm zu thun" (99). Eine „Kunst fürs Leben" sei dagegen zu allen Zeiten ein Zeichen kultureller Blüte gewesen (99).[125] In diesem Zusammenhang überrascht

---

124 In dieser Perspektive stimmt Dehmel mit Lichtwark überein, der ein Zeichen der neuen Zeit darin sieht, daß der deutsche Professor begonnen habe, „sich Mensch unter Menschen zu fühlen" (Der Deutsche der Zukunft, S. 7). Ähnliche Hoffnungen verbindet Langbehn mit der „künftigen deutschen Volksbildung": „Vor diesem Ziele verschwinden alle Berufs- und Standesunterschiede; nur Menschen begegnen den Menschen; Hoch und Nieder reichen sich die Hände." (Rembrandt, S. 182.) Auch bei Wagner findet sich eine Parallele: Gemeinsam, so heisst es dort, „werden wir wirklich genießen, gemeinsam wahre Menschen sein, gemeinsam werden wir aber auch den Bund der heiligen Notwendigkeit schließen, und der Bruderkuß, der diesen Bund besiegelt, wird das *gemeinsame Kunstwerk der Zukunft* sein." (Das Kunstwerk der Zukunft, S. 17.)
Schließlich kann wiederum auf das Vorbild Schiller verwiesen werden. Man denke nur an das Ende des Aufsatzes *Was kann eine gute stehende Schaubühne eigentlich wirken?*: „Jeder einzelne genießt die Entzückungen aller, die verstärkt und verschönert aus hundert Augen auf ihn zurückfallen, und seine Brust gibt jetzt nur *Einer* Empfindung Raum – es ist diese: ein *Mensch* zu sein." (Theoretische Schriften, S. 200.)

125 In der Kritik einer akademisch-elitären Kunst weiß sich Dehmel nicht nur mit Lichtwark einig (s.o.), sondern auch mit Wagner. Die Parallele ist besonders deutlich, weil Wagner im gleichen Zusammenhang ebenfalls den Lebens-Begriff ins Spiel bringt: „Die Kunst ist das Sondereigentum einer Künstlerklasse geworden; Genuß bietet sie nur denen, die sie verstehen, und zu ihrem Verständnis erfordert sei ein besonderes, dem wirklichen Leben abgelegenes Studium, das Studium der Kunstgelehrsamkeit." (Das Kunstwerk der Zukunft, S. 125.) Kurz darauf rechnet Wagner mit dieser „Kulturkunst" ab, und bedient sich dabei der vertrauten Kunst-Leben-Formel: „Kann die Kulturkunst von ihrem abstrakten Standpunkt aus *in das Leben* dringen, oder muß nicht vielmehr *das Leben in die Kunst* dringen, – das Leben aus sich heraus die ihm allein entsprechende Kunst *erzeugen*, in ihr *aufgehen*, – statt daß die Kunst (wohlverstanden: die *Kulturkunst*, die außerhalb des Lebens entstandene) aus sich *das Leben erzeuge* und in ihm *aufgehe*?" (Ebd., S. 139.)

es nicht, daß Dehmel für den Aufsatz auch den Titel „Kunst und Leben" in Erwägung zog.[126]

Auf lange Sicht richte sich jegliche ästhetizistische oder auf Erfolg berechnete Kunstauffassung ohnehin von selbst: „Denn nur das Eine bleibt übrig von uns: *Das, was den Andern Vorbild wird für ihre Fühlung zum Weltall*: die That unsrer Liebe! Das ist es, wessen das Leben bedarf; Alles, was sonst noch der Sterbliche zeugt, ist Schnee in der Sonne, ist Dreck!" (101) Auf den Begriff des Allgefühls wird im folgenden Kapitel noch zurückzukommen sein.

Der Begriff der Liebe im ästhetischen Zusammenhang deutet einmal mehr auf das Vorbild Richard Wagners, zu dessen Programmschrift *Das Kunstwerk der Zukunft* der Essay mehrere konzeptionelle Parallelen zeigt. Dafür spricht nicht nur die Gleichheit einiger Schlagwörter – wie ‚Liebe', ‚Natur', ‚Menschheit' oder ‚Volkstümlichkeit' – sondern gerade ihre Kombination im Rahmen einer ästhetischen Utopie, deren Ziel einer Menschheitsverbrüderung im Zeichen der Kunst aus der natürlichen bzw. kosmischen Einheit aller Lebewesen hergeleitet wird. Beachtung verdient vor allem Dehmels etwas diffuser Gebrauch des Liebesbegriffs auf verschiedenen systematischen Ebenen, der bei Wagner eine genaue Entsprechung findet. Indem Wagner die Liebe zugleich als „das *höchste* menschliche Bedürfnis"[127] und als Bedingung von Freiheit einerseits[128], von wahrer Kunst andererseits bestimmt[129], stiftet er einen assoziativen Zusammenhang zwischen Kunst, Freiheit und menschlicher Natur und schafft so die anthropologische Voraussetzung für seine ästhetisch-politische Utopie.[130]

Dehmels scharfe Wagner-Kritik in eben diesem Essay kann nicht als Einwand gegen die Einflußvermutung gelten. Sie deutet vielmehr darauf hin, daß Dehmel sich als Erbe oder Sachwalter einer Idee versteht, die Wagner zwar theoretisch geäußert, aber als Künstler nicht umgesetzt habe: Der „Kunst fürs Volk" (98).[131] Mit dem Plan einer „Bedarfskunst" glaubt sich Dehmel im Besitz einer Verbindung zwischen hoher Kunst und einfachem Volk, über die Wagner noch nicht verfügt habe.[132]

---

126 Auf Dehmels Exemplar des Essays ist handschriftlich der Titel „Kunst und Leben" hinzugefügt (Dehmel-Archiv: Var. 9, 101).

127 Das Kunstwerk der Zukunft, S. 38.

128 Vgl. ebd.

129 Vgl. ebd., S. 38f., 91, 97, 143.

130 Zu Wagners Ästhetik der Züricher Zeit vgl. KÜHNEL (1986), S. 497-511, der auch auf Wagners Anleihen beim „utopische[n] Liebeskommunismus" Feuerbachs hinweist (S. 497). Zur anthropologischen Dimension von Wagners später Ästhetik vgl. HARTWICH (1996).

131 BK 98: „Aber der große Künstler Wagner war nicht der große Menschenfreund, als den [!] er sich gern aufspielte; und was er als Kulturmagister geleistet hat, das Spielhaus in Bayreuth nicht ausgenommen, war viel zu sehr das Werk des höfischen Famulus, als daß es so ins Volksleben wirken könnte, wie seine Opern ins Leben der Kunst."

132 Ebd.: „An der Bedarfskunst praktischen Stils wird sich das ideale Kunstbedürfnis steigern, und dann wird endlich auch vielleicht die langersehnte ‚Kunst fürs Volk' im höchsten

Das Verständnis des Artikels wird dadurch erschwert, daß in die Frage nach einer ‚Bedarfskunst', wie sie der Titel ankündigt, zahlreiche verwandte Diskurse hineingezogen werden, ohne daß ihr Verhältnis untereinander geklärt wird. Dehmel stellt Bruchstücke aus ästhetischen Theorien des 19. Jahrhunderts nebeneinander, ohne sie kenntlich zu machen oder auch nur zu erklären. Das gilt besonders für den Begriff der „Liebe". Mehr noch als in den vorherigen Texten nimmt Dehmel einen Artikel zum Vorwand, appellhaft formulierte Thesen zu plazieren, die seiner Vorliebe für das apodiktisch Spruchhafte entgegenkommen. Immer wieder wird dabei die ästhetische Reflexion in Richtung Lebensreform überschritten: „Aus dem alltäglichen Bedürfnis, aus dem gemeinen Zweck, dem rohen Stoff heraus soll wieder eine Schönheit wachsen, die unverhüllt dem Leben dient und ihren Ursprung liebevoll verrät: der Mensch soll aufhören, sich seiner Natur zu schämen." (97) Wird auf der einen Seite die Gesellschaftsreform aus der neuen Kunst hergeleitet, macht Dehmel sie an anderer Stelle zu deren Voraussetzung: Bevor eine „Volkskunst", wie sie Dehmel vorschwebt, entstehen könne, müßten erst „alle Schranken fallen, die der natürlichen Liebe zwischen den Menschen im Wege sind" (100). Noch im Schlußappell wird mit der „Fühlung zum Weltall" wieder ein neuer Gedanke eingeführt, der zum nächsten Essay, *Kunst und Persönlichkeit* (1899) überleitet.

Durch das Programm einer ästhetischen Propädeutik ergänzt der Artikel *Bedarfskunst?!* ebenso wie der Bericht *Aus Berlin* den eher spekulativen Entwurf der *Lebensblätter* um einen pragmatischen Zugang. Dieser lag in den Bemühungen der Kunsterziehungs-bewegung bereits vor und fand seine literaturdidaktische Entsprechung, wie Dehmel ganz richtig feststellt (s.o.), in Projekten wie der *Freien Volksbühne* und der öffentlichen „Volkslesehalle".

3.3 Kunst und Persönlichkeit (1899)

Der Vortrag *Kunst und Persönlichkeit* schließt die Reihe der hier behandelten Essays innerlich und äußerlich ab. Äußerlich, weil er am Ende des betrachteten Zeitraums steht, innerlich, weil er die Reflexionen über künstlerische Wirkung und Wirkungszweck um eine rezeptionsästhetische Perspektive erweitert. Zugleich ergänzt dieser Vortrag die kognitiv oder begrifflich faßbare Vorbildpoetik um eine psychologisch grundierte Wirkungsästhetik. Die sittliche Wirkung, die Dehmel keineswegs preisgibt, soll bereits durch eine unmittelbar vorrationale Wirkung im Individuum erreicht werden, deren Wurzeln er ins Metaphysische verlegt. Dennoch hält Dehmel an der Forderung fest, daß die Kunst, dem *Inhalt* nach, Zukunftsbilder entwerfen solle. Die so entstandene Unstimmigkeit wird

---

Sinne ins Leben treten. Das ist nun freilich nicht der Weg, den uns der hehre Meister Richard Wagner vorgezeichnet hat, trotzdem die Tonkunst allererst berufen scheint, durch ihre sinnliche Macht Gemeingut der Menschen zu werden."

durch den leitmotivischen Gebrauch einiger Begriffe („Gefühl“, „Unpersönlichkeit“) verdeckt, die – zumal für die Zuhörer eines gesprochenen Vortrags – logische Kohärenz suggerieren. Noch stärker als in *Bedarfskunst?!* weicht die ästhetische Argumentation dem weltanschaulichen Appell.

Der erste Teil des Vortrags umreißt in knappen Zügen eine psychologische Rezeptionsästhetik, die das subjektive Komplement zu den menschheitsorientierten Überlegungen der vorangegangenen Essays bildet. Wie die bereits behandelten Texte richtet sich *Kunst und Persönlichkeit* gegen eine bestimmte Kunstauffassung, in diesem Fall gegen eine „supermoderne Ästhetik“, die „sich dagegen auflehnen will, nach allgemeinen Maßstäben für künstlerischen Wert und Unwert zu suchen“ (26). Diesen Maßstab hätten aber schon Lessing und Schiller durch ihre „kritische Methode“ geliefert, „nämlich die klar begrenzte Feststellung gewisser höchster Wertbegriffe auf Grund stets wiederkehrender Gefühlserfahrungen bei allen stärksten Kunstgenüssen“ (26). Den „allgemeinen Maßstäben“ des künstlerischen Werts wird also auf Seiten des Subjekts ein Gefühlserlebnis zugeordnet, wie Dehmel es in Lessings und Schillers Affektenlehre vorgebildet sieht. Er ordnet das „Gefühl“, den „unmittelbaren Eindruck“, einer „vorgefaßten Verstandesmeinung“ über (25): „Das Gefühl erstreckt sich eben von Natur aufs Ganze, der Verstand ist stets an Standpunkte gebunden.“ (25) Schon hier wird deutlich, wie weit sich Dehmel von seinen eigenen kunsttheoretischen Anfängen entfernt hat. Das irrationalistische Moment hat die kognitiv faßbare Vorbildwirkung der „Zukunftsidee“ offenbar abgelöst.

Die Entgegensetzung von Verstand und Gefühl, mit einer deutlichen Bevorzugung des Gefühls, bildet einen festen Bestandteil von Dehmels Kunstauffassung, auch wenn sie in den kunsttheoretischen Texten nicht entwickelt wird.[133] Sie bestimmt sein Verständnis sowohl der Produktion[134] als auch der Rezeption und Wertung[135] eines Kunstwerks. Beide Aspekte treten zusammen in der bereits

---

133 Sie spiegelt die spätaufklärerische Dichotomisierung von ‚Erkennen‘ und ‚Empfinden‘ (vgl. RIEDEL 1994), die, trotz ihrer Kritik durch Schopenhauer und Nietzsche, für das neunzehnte Jahrhundert und bis ins Fin de siècle hinein bestimmend blieb (vgl. RIEDEL 1996, S. XI).

134 „Ich schreibe *niemals* ein Gedicht aus einem ‚Grundgedanken‘ heraus. [...] Gedichte schreibe ich aus einem Grund*gefühl* heraus, stets und nur.“ (An Mombert, 25.10.1894, I 180.) Ähnlich heißt es 1903 an Julius Bab: „Hebbel geht immer von geistigen Rätselfragen aus, ich immer von Gefühlsbewegungen (‚Seelenwandlungen‘) und zwar meistens von ganz einfachen.“ (1.1.1903, II 10.)

135 Programmatisch und öffentlich vertrat Dehmel diese Ansicht in dem Artikel *An meine Gönner* (1894), der sich gegen den Vorwurf der Unverständlichkeit richtete: „Nun kann man freilich das gemütische Verständnis einer Dichtung niemandem eintrichtern [...].“ (S. 1090.) In den Briefen finden sich Belege erst nach 1900, dann aber recht häufig (vgl. II 201, 273, 338). Noch kurz vor seinem Tod schrieb er: „Blos Modeliteraten bilden sich ein, es sei schon eine Weltumwälzung, wenn sie einen alten Gemeinplatz mit neuem Wortschwall bepflastern. Ist es nicht sehr viel wichtiger, ob etwas Wahres oder Schönes oder Gutes gesagt wird?! Das aber erkennt man nicht mit dem kritischen Verstand, sondern

zitierten Widmungsepistel der *Lebensblätter* (s. 0.5). In *Kunst und Persönlichkeit* jedoch versucht Dehmel, dieses beiderseitige ‚Gefühl' zur Grundlage der Kunstvermittlung, einer Art ästhetischer Kommunikation zu machen. Das wird deswegen möglich, weil Dehmel das ‚Gefühl' vor dem Hintergrund von Schopenhauers bzw. Hartmanns Metaphysik des „Unbewussten" zur Schnittstelle zwischen individuellem Bewußtsein und kollektivem Unbewußten erklärt. Darauf deutet der Begriff des „Unpersönlichen", den Dehmel im Folgenden einführt.

Die „höchste aller Kunstwirkungen", an der er das Maß seiner „Wertschätzung" festmacht, besteht Dehmel zufolge in einem „befreiende[n] Gefühl der Selbstvergessenheit, dasselbe Gefühl, das auch den Künstler im schöpferisch entrückten Augenblick erfüllte, also die Wirkung grade der Unpersönlichkeit" (25f.). Damit wird aber nicht nur ein Wirkungsfaktor benannt, sondern zugleich auch der Gefühls-Begriff produktionsästhetisch erweitert. Der psychologische Zugang erschließt Dehmel eine intersubjektive Ebene, auf der künstlerische Produktion und Rezeption in eine *direkte* Beziehung gebracht werden können: Das gleiche ‚Gefühl', das den Künstler im kreativen Prozeß beherrscht, stellt sich im Rezipienten wieder ein. Der terminologisch unscharfe Gebrauch des zentralen Begriffs ‚Gefühl' erschwert es, die argumentative Struktur des Textes aufzudecken, erzeugt aber gleichzeitig, zumal im gesprochenen Vortrag, eine suggestive Überzeugungskraft.

Im produktionsästhetischen Kontext knüpft der Begriff des ‚Unpersönlichen' an die traditionelle Kategorie der dichterischen Inspiration an.[136] Der Dichter steht unter dem Einfluß einer höheren Macht, als deren Sprachrohr er fungiert.[137] Mit dem Begriff der „Selbstvergessenheit" im „schöpferisch entrückten Augenblick" ruft Dehmel bei den gebildeten Zuhörern die geläufige Topik des

---

einzig mit dem intuitiven Gefühl [...]." (An Hildegard Lion, 30.11.1919, II 475.) Vgl. auch II 201 u. 273.

136 Vgl. allgemein RATH (1976), bes. S. 403ff.

137 Dehmel glaubte fest an den Vorgang der dichterischen Inspiration. Am 13.11.1892 schrieb er an Arno Holz: „Siehe Schiller: ‚und was uns blindes Ungefähr nur dünkt, / gerade das steigt aus den tiefsten Quellen.'" (Dehmel-Archiv, Briefe, D 2435) Zwei Jahre später erteilte er der Schriftstellerin Anna Croissant-Rust den Rat: „Wir sind Alle nur Werkzeuge. Das, was durch uns durchgeht, ist das Wichtige, nicht wir selbst." (20.5.1894, I 163.) Die markanteste Äußerung fällt 1902 im großen Neujahrsbrief an Gustav Kühl: „Ich bete mich überhaupt nicht selber an, geschweige meine Worte; was ich manchmal anbete, ist nur die unsägliche Macht, deren Mundstück ich in heiligen Studen bin. Amen!" (2.1.1902, I 393.) Über das eigene Inspirationserlebnis berichtet Dehmel in einem Brief an Liliencron vom 21.3.1895. Dort schildert er, „wie sich ganz unvorbedacht die scheinbar äußerlichsten Dinge, die ich fast für Notbehelfe gehalten hatte, ins Ganze vertieften und symbolisch zusammenschlossen, grade wie aus einem weitvorbereiteten Plan heraus, für den ich nur als Schreibmaschine diente." (21.3.1895, I 193.) Die Belege ließen sich ohne weiteres vermehren.
Gleichwohl gab er sich nicht mit einem topisch unreflektierten Inspirationsbegriff zufrieden, sondern versuchte, wie es auch in diesem Vortrag geschieht, die Inspiration aus der modernen Theorie eines kollektiven Unbewußten herzuleiten.

dichterischen Enthusiasmus ab. Zugleich versucht er jedoch, den traditionellen Begriff auf der Grundlage der zeitgenössischen Philosophie bzw. Psychologie zu restituieren. Auf diesen typischen Zug in Dehmels Denken wurde schon mehrfach hingewiesen.

Der „unpersönlichen" Wirkung des Kunstwerks entspricht auf Seiten des Rezipienten ein „Unpersönlichkeitsbedürfnis", das Dehmel als menschliche Grundtatsache ansieht. Es handele sich um ein Bedürfnis (26),

> das uns unwillkürlich hinter der fremden Besonderheit etwas uns Allen Teilhaftiges vermuten läßt, jenes Allgemeingefühl, das uns mit jeder Kreatur, mit jedem Tier und Baum und Stein verbindet, das uns an jedem irdischen wie überirdischen Ding nach immer neuen Eigenschaften, d.h. Beziehungen zu uns selber suchen läßt, das eigentlich Schöpferische, Unerschöpfliche, ob wir's nun Leben oder Natur, Gott oder Weltgeist, Allseele oder Seele der Menschheit, Ur-Ich oder sonstwie nennen mögen – [...].

Spätestens hier tritt also die ästhetische Erfahrung in einen metaphysischen Deutungsrahmen, der, wie schon vermutet, auf Schopenhauers bzw. Hartmanns Einheitsphilosophie deutet.[138] Folgenreicher für die Kunstphilosphie um 1900 dürfte die Adaption von Schopenhauers Einheitslehre durch Nietzsches *Geburt der Tragödie* (1872) gewesen sein. Dort wird das dionysische Kunsterleben als Aufhebung des ‚principium individuationis' bestimmt:[139]

> Jetzt, bei dem Evangelium der Weltenharmonie, fühlt sich Jeder mit seinem Nächsten nicht nur vereinigt, versöhnt, verschmolzen, sondern eins, als ob der Schleier der Maja zerrissen wäre und nur noch in Fetzen vor dem geheimnisvollen Ur-Einen herumflattere. [...] Der Mensch ist nicht mehr Künstler, er ist Kunstwerk geworden: die Kunstgewalt der ganzen Natur, zur höchsten Wonnebefriedigung des Ur-Einen, offenbart sich hier unter den Schauern des Rausches.

Nicht anders ist es zu verstehen, wenn Dehmel die ästhetische Wirkung „auf das Wunder der Liebe" hinauslaufen sieht, „das sich begrifflich nur umschreiben lässt als Ausgleichung des Widerspruches zwischen Ichgefühl und Allgefühl,

---

138 Die Wirkung von Schopenhauer und Eduard v. Hartmann ist um 1890 schwer voneinander zu trennen. Da Dehmels Rezeption philosophischer Ideen ohnehin stets synkretistisch verläuft, kann eine Differenzierung hier unterbleiben, da sie keine weiteren Erkenntnisse verspricht. Der letzte Nebensatz der zitierten Passage macht schon deutlich, daß Dehmel sich auf keine Lehre festgelegt wissen will. An der Wirkung und Relevanz einer Metaphysik oder Naturphilosophie des ‚Unbewußten', auch im Gefolge Lotzes und Fechners, kann kein Zweifel bestehen. Vgl. vor allem FICK (1993).
Hinzuweisen ist aber auch auf das mehrfach erwähnte Buch *Der Werth des Lebens* von Eugen Dühring, dessen Auffassung vom ‚Zusammenhang der Dinge' ganz ohne Metaphysik auskommt (S. 162): „Das Leben gewinnt seinen höchsten ‚Werth in dem Bewusstsein des großen Zusammenhangs, in welchem sich das Gattungsleben der Menschheit dem umschauenden Verstande darstellt."

139 FRIEDRICH NIETZSCHE, Die Geburt der Tragödie, KSA 1, S. 28f. (§ 1). Ebenso heißt es in § 16 über die dionysische Kunst, daß sie „den Willen in seiner Allmacht gleichsam hinter dem principio individuationis, das ewige Leben jenseits aller Erscheinung und trotz aller Vernichtung zum Ausdruck bringt." (KSA 1, S. 108.)

Selbstbewusstsein und Selbstvergessenheit" (26).[140] Damit befinden wir uns im zweiten Teil des Vortrags, in dem sich Dehmel bemüht, die gefühlsorientierte Wirkungsästhetik mit den gesellschaftsreformerischen Gedankengängen der früheren Essays zu verknüpfen. Daraus ergibt sich zunächst ein Widerspruch, der auch schon in *Bedarfskunst?!* hervortritt: Obwohl Dehmel sich durch die psychologisch-metaphysische Grundlegung gerade von der kognitiv wirksamen, inhaltsorientierten Vorbildpoetik abgelöst hat, kehrt er nun doch wieder zur Forderung nach der Gestaltung von Zukunftsideen zurück. Anders gesagt: Während er im ersten Teil des Vortrags auf die Begründung einer *unmittelbaren* ästhetischen Wirkung hinarbeitet, postuliert er im zweiten Teil die seit der *Alltagstragödie* geläufige mittelbare Wirkung.

Er beginnt damit, daß er den bislang metaphysisch gebrauchten Begriff des „Unpersönlichen" in eine sozial- und individualpsychologische Perspektive rückt. Das von ihm postulierte „Unpersönlichkeitsbedürfnis" könne sich „in religiöser oder sozialer oder sexueller oder sonst einer Beziehung" äußern (26). Dehmel verlegt also die Ursachen für die weltanschauliche Gärung seiner Zeit ins Metaphysische. Anstatt nun aber, wie man vermuten sollte, diese metaphysisch verursachten Bedürfnisse metaphysisch – durch das ästhetische Erlebnis – aufheben zu wollen, gelangt Dehmel zur Forderung nach einer inhaltlich wirkenden Kunst zurück, dem sich die schon bekannten Vorbehalte gegenüber einer nur formal innovativen Kunst anschließen (26):

> Und demgemäss: je stärker sich in einer Zeit dies Unpersönlichkeitsbedürfnis regt, ob nun in religiöser oder sozialer oder sexueller oder sonst einer Beziehung, umsomehr wächst auch die Lust des Schaffenden, sich über die stilistischen Experimente, die wiegesagt [!] stets nur der Ausdruck des beschränkten Selbstbewusstseins sind, hinauszuheben zu wirklich *über*schauenden Zeit- Welt- und Lebens-Sinnbildern, nicht mehr der blossen *An*schauung zu dienen durch eigentümlich stimmungsvolle ‚Naturausschnitte' und ‚Seelenstände' [!], die selbst den Eingeweihten anmuten wie Tempelwände voll Hieroglyphen, sondern mal wieder ein paar *Pyramiden* zu bauen, von denen aus Jeder, der notabene die Mühe des Hinaufsteigens nicht scheut, ganz einfach in den freien Himmel und über tiefes Land sehen kann!

Da Dehmel hier offenbar keinen Widerspruch empfindet, stellt sich die Frage nach einer möglichen Vermittlung beider Standpunkte. Es ließe sich denken,

---

140 Interessanterweise definiert SCHOPENHAUER im vierten Buch der *Welt als Wille und Vorstellung* „Ursprung und Wesen" der Liebe als „die Durchschauung des *principii individuationis*" (Die Welt als Wille und Vorstellung I, 4. Buch, § 66. Werke, Bd. 1, S. 483.)
Dem Tagebuch seiner zweiten Frau, Ida Dehmel, läßt sich entnehmen, daß Dehmel *Die Welt als Wille und Vorstellung* gelesen hat (vgl. SLOCHOWER 1928, S. 34). Mehr noch als bei Nietzsche ist im Falle Schopenhauers mit einer oberflächlichen und schlagwortartigen Rezeption zu rechnen, die sich anhand der viel zitierten Formel „tat twam asi" nach 1885 verfolgen läßt (vgl. etwa H. u. J. HART, Für und gegen Zola, S. 53f.; HERMANN CONRADI, Ein Kandidat der Zukunft, S. 109). Zur kaum erforschten Schopenhauer-Rezeption um 1900 allgemein vgl. RIEDEL (1996), S. XVff., mit weiteren Literaturhinweisen.

daß er die rein ästhetische Wirkung von der stofflich vermittelten Botschaft oder Vision unterschieden wissen will. Daß Dehmel diese Differenzierung nicht explizit vornimmt, erschwert das Verständnis sowohl von *Bedarfskunst?!*, als auch von *Kunst und Persönlichkeit*, weil beide Kategorien, mittelbare und unmittelbare Wirkung, nebeneinander bestehen, ohne daß ihr Verhältnis zueinander geklärt wird.

Mit einem weiteren assoziativen Gedankensprung verläßt Dehmel schließlich den Boden der ästhetischen Reflexion und gestaltet das Ende des Vortrags zu emphatischen Verkündung seines ‚präsentischen Messianismus' (26):

> Ich will mit dieser bildhaften Floskel [gemeint ist der Schluss des oben zitierten Abschnitts, B.S.] nicht etwa einer bodenlosen Himmelsstürmerei das Wort reden, die sich auf Erden nicht zurecht zu finden versteht. Im Gegenteil: es ist ein Zeichen der Unreife, wenn man noch glaubt, den Himmel erst erobern zu müssen. Wir sind ja jeden Augenblick – ich meine das ganz wirklich und wahrhaftig – mitten drin im Himmel; die Erde ist ja im Unendlichen genau so hoch oder tief zuhause, wie etwa die Sonne oder ein anderer Stern.

Wie vor allem in *Bedarfskunst?!*, aber auch schon in der *Alltagstragödie*, weicht gegen Ende des Textes die Reflexion und Argumentation ganz dem weltanschaulichen Appell. Vor dem Hintergrund von Dehmels Äußerungen über Verstand und Gefühl erscheint es nur folgerichtig, daß er es nicht mehr für nötig hielt, seine Behauptungen zu *beweisen*, wie er es am gründlichsten noch in der *Lebensblätter*-Vorrede versucht hatte. Sein mittlerweile erlangtes Selbstbewußtsein als Künstler ließ ihn auf die Gültigkeit seiner Ansichten vertrauen.

II.4 Fazit

Es wurde versucht zu zeigen, wie sich Dehmels Kunstauffassung im Laufe der neunziger Jahre entwickelt hat. Der Grundgedanke bleibt immer der gleiche: Die Kunst bzw. Literatur wirkt am ethischen Fortschritt der Menschheit mit. Sie wird zum Organ eines innerweltlichen Erlösungsmodells, das auf zeittypische weltanschauliche Entwürfe zurückgreift. Hier vollzieht sich im Laufe eines knappen Jahrzehnts die Verschiebung vom darwinistischen Evolutionismus zu einem monistisch-lebensphilosophischen Einheitsdenken.

Ästhetikgeschichtlich betrachtet, ergaben sich Ähnlichkeiten und Kongruenzen mit zentralen Positionen der Kunstphilosophie des 19. Jahrhunderts, die durch zahlreiche Beispiele belegt werden konnten. Im Zuge der Interpretation des essayistischen Werks wurden so die Konturen einer nichtästhetizistischen Ästhetiktradition sichtbar, die von Lessing über Schiller, Schopenhauer, Wagner, Nietzsche und Langbehn bis zu Lichtwark reicht. Zwar können direkte Einflüsse im Einzelfall nur vermutet werden, das gilt besonders für Wagner. Aber auch unabhängig vom positiven Einflußbeweis zeigt sich die Kontinuität einer „Kunst fürs Leben" zwischen 1800 und 1900.

Daß im übrigen Dehmel auch nach der Jahrhundertwende an dieser Kunstauffassung festgehalten hat, zeigt folgende Passage aus der Einleitung zu den *Gesammelten Werken*, die wohl mehr als irgendein vereinzelter Essay als sein letztes Wort in aestheticis[141] angesehen werden darf:[142]

> Wenn die Kunst irgend einen Lebenswert hat, so ist es sicherlich doch der, das Streben nach Vollkommenheit in der menschlichen Seele lebendig zu erhalten; denn die Lebensfreude, die sie uns schenkt, ist gleichbedeutend mit diesem Streben, sonst würde uns ein menschliches Lied nicht einen Pfifferling wertvoller sein als irgend ein Lerchengetön oder Sturmgetöse.

---

141 Damit sei, abschließend, FRITZ' Prämisse bezweifelt, der Essay *Natur, Symbol und Kunst* könne als „Resümee der Dehmelschen Kunstanschauung gelten" (S. 18).

142 Vorwort zum ersten Band der *Gesammelten Werke* (1906), GW1, S. 5.

III. Literarische Lebensreform in der Lyrik. Exemplarische Analysen

III.0 Poetik und Poesie. Vorbemerkungen zum Interpretationsteil

Dehmels Kunsttheorie, wie sie in Teil II vorgestellt wurde, ist keine Poetik im schulmäßigen Sinn. Sie enthält keine Anweisungen, wie ein Gedicht zu verfassen sei, keine formalen oder technischen Vorschriften.[1] Überhaupt ist von Lyrik kaum die Rede. Der Schwerpunkt der Überlegungen liegt auf der Funktion der Kunst und des Künstlers im evolutionären, speziell moralisch-ethischen Entwicklungsprozeß. Das liefert zwar Aufschluß über Sinn und Absicht von Dehmels Lyrik; zum Verständnis von deren Gehalt und Struktur trägt es jedoch wenig bei. Es stellt sich also die Frage: Wie glaubte Dehmel, den enormen Anspruch an die Kunst in seinen Gedichten umsetzen zu können? Oder: Inwiefern glaubte er, diesen Anspruch mit den bereits veröffentlichten Gedichtbänden erfüllt zu haben?

Dehmels Lösung lautete: Durch Darstellung der Entwicklung selbst. In weltanschaulicher Hinsicht kann seine frühe Lyrik als Antwort auf die Frage verstanden werden, wo der – moralisch verstandene – Entwicklungsprozeß im Individuum wirksam wird. Anders gesagt: Die (moralische) Evolution wird am konkreten Beispiel vorgeführt. Dazu wird die naturgeschichtliche Achse „Tier"–„Gott" (um eine populäre Dichotomie aufzugreifen) in die Psyche des Individuums verlegt. Dort vollzieht sich, so Dehmel, der Evolutionsprozeß in jeder Minute als Konflikt zwischen „unsern Trieben und unsrer Vernunft"[2], zwischen „Tier und Gott", als Kampf „der gewordenen Seele mit dem altewigen Geschlecht"[3], „des alten mit dem neuen Adam"[4] oder „der sittlichen mit der sinnlichen Menschheit"[5].

Durch die Darstellung dieses Kampfes hoffte Dehmel, die Bewußtheit seiner Leser für das Wirken der inneren Triebkräfte zu schärfen. Auf diese Weise läßt sich auch der moraldidaktische Anspruch einlösen, wie er uns in den Essays entgegentritt. Dehmel war überzeugt, daß in der Klarheit über das eigene Triebleben

---

1 Die wichtigen Äußerungen zur Mimesis und den daraus zu ziehenden Produktionsanweisungen werden in den Essays nach 1900 behandelt (*Natur, Symbol, Kunst*; *Kunstform und Rhythmus*). Dazu ist bei FRITZ (1969) alles Wesentliche gesagt.

2 An Gustav Falke, 17.3.1896, I 234.

3 An Hedwig Lachmann, Mitte Mai 1893, I 110.

4 RICHARD DEHMEL, An meine Gönner, in: *Die Gesellschaft* 10 (1894), S. 1090f., hier: S. 1091.

5 An Gustav Kühl, 21.10.1896, I 253.

der Schlüssel zu seiner Beherrschung lag.[6] Im Laufe der Jahre verschob sich die darin enthaltene Abwertung des Trieblebens immer mehr in Richtung eines Ausgleichsdenkens, das für die Akzeptanz des seelischen Zwiespalts plädierte und dessen Ideal der Mensch war, „der vor dem Tier in seiner Brust dieselbe reine Andacht hat wie vor dem Gott".[7] Damit einher ging die Verabschiedung einer ethischen Zielutopie zugunsten eines gegenwärtigen Glückszustands (s. Kap. II.4.4). Schlüsselbegriff blieb jedoch auch hier die ‚Bewußtheit'. Dagegen war Dehmel zu jeder Zeit seines Lebens weit davon entfernt, einer Entfesselung der Instinkte das Wort zu reden, da er durch die individualisierende Wirkung des Geschlechtstriebs die Entwicklung der Gesamtheit gefährdet glaubte. Für die Glücksverheißungen eines neuen Bacchantentums hatte er nur Verachtung übrig: „Die sinnlose Hingebung an das Unbewußte führt menschlich wie künstlerisch zur stereotypen Verkennung aller beglückenden Lebensreize."[8] Demgegenüber glaubte Dehmel, wie viele seiner Zeitgenossen, an die Möglichkeit, den Gewissenskonflikt zwischen Fleisch und Geist in einer dialektischen Synthese aufzuheben und so dem Leiden an diesem – nur kulturell erzeugten – Zwiespalt ein Ende zu machen.[9] In produktionsästhetische Begriffe übersetzt, bedeutete das, „den bewußten Augenblick nicht blos als Ergebnis seiner gleichfalls bewußten, sondern auch der unbewußten Vorbedingungen darzustellen, der physischen wie psychischen, also das Schicksal des Menschen *aus* den *Grenzen* seiner Bewußtheit ergründen und dadurch diese Grenzen für die Menschheit erweitern: Das ist es!"[10]

Thematisch ergibt sich aus diesen Prämissen die Hinwendung zum menschlichen Triebleben, seiner Phänomenologie und seiner Wirkung, die Dehmels Lyrik der neunziger Jahre das Gepräge gibt und ihre Rezeption bis heute maßgeblich bestimmt.[11] Zwar ist der Anteil der im engeren Sinn erotischen Gedichte weitaus geringer als gemeinhin angenommen; dafür sind jedoch auch andere Bereiche seiner Lyrik vom Thema des Erotischen durchdrungen. Daß der moraldidaktische Hintersinn einer solchen Stoffwahl vielen Zeitgenossen verborgen

---

6 „Denn es ist Natur, die wir als untermenschlich und in diesem Sinne als ‚widernatürlich' uns immer schärfer zu Bewußtsein bringen wollen, denn nur dadurch lernen wir sie beherrschen, d. h. bezwingen." (An Georg Ebers, 26.8.93, I 119.) Ausführlicher dazu Kap. III.2.1 (*Liebe und Ehe*).

7 BK 98.

8 An Kaufmann H. in Hamburg, 27.5.1898, I 278. Genaueres in Kap. III.1.2.

9 Vgl. die einsichtige Darstellung durch SPRENGEL (1998), S. 658ff., hier bes. S. 661f.

10 Tagebuchnotiz vom 14.1.1894, Bekenntnisse, S. 28. Simpler und begrifflich offener bestimmt Dehmel seine Wirkungsabsicht, wenn er an den Literaturwissenschaftler Alfred Biese schreibt, daß seine „Kunst von Anfang an auf die Eroberung neuer Gefühlbahnen gerichtet war" (2.10.1909, II 186).

11 Symptomatisch ist vielleicht der Eintrag im ‚Brockhaus' (19. Aufl., Bd. 5, 1988, S. 202): „D. begann mit sozialer Lyrik; zentrales Thema seines Werkes ist jedoch die Macht des Eros [...]."

blieb[12], beweisen nicht zuletzt die beiden Gerichtsprozesse gegen *Aber die Liebe* und *Weib und Welt* (s. Kap. 0.5). In einem offenen Brief an das Königliche Amtsgericht versuchte Dehmel dieses Mißverständnis aufzuklären:[13]

> Es kann freilich nicht Aufgabe des Künstlers sein, die verführerischen Reize, die naturgemäß in jeder Leidenschaft liegen, zu bemänteln oder zu verhehlen; aber ich meine, daß jeder, der dem menschlichen Geist die Augen über seine tierischen Triebe öffnen hilft, der wahren Sittlichkeit besser dient als mancher sittenpredigende Denunziant.

Fast zwanzig Jahre später, als er seinen Ruhm als Dichter erfolgreich behauptet hatte und die ersten Monate des Weltkriegs vergangenes Unrecht gegenstandslos werden ließen, schrieb Dehmel rückblickend über seine frühen Jahre: „Auch was anfangs in meiner Dichterei zu mancher Mißdeutung Anlaß gab: das Herumgewühle in trüben Begierden: es entsprang ja nur aus dem Bedürfnis, die menschliche Seele im Kampf mit sich selbst zu stählen, um sie für den Kampf mit der Welt geschickter zu machen, bis sie ‚dem Schicksal gewachsen' ist."[14]

Wenn Dehmels Lyrik hier im Licht der anthropologischen Trendwende interpretiert wird (s. Teil I), soll ihr zeitgenössischer Skandalwert damit keineswegs unterschlagen werden. Das neue Menschenbild war zunächst ein Wissen für Eingeweihte, für Akademiker und die künstlerische Boheme. Es handelt sich hier nicht nur um den literarischen Niederschlag einer sich ohnehin vollziehenden sexuellen Revolte. Vielmehr wird die Dichtung zum Medium dieser Revolte selbst.[15] Die veränderte Einstellung zur Sexualität wird jedoch nicht in platte Erotik umgesetzt, die es selbstverständlich auch gab, sondern in eine ästhetisch gültige Form gebracht. Dabei wird im Fall des Begehrens weniger Körperlichkeit inszeniert als die subjektive Intensität erotischen Fühlens, für die ein Wortschatz, eine Bildersprache erst geschaffen werden mußte. Wenn man sich der These anschließt, daß Liebeslyrik weniger deskriptiv als präskriptiv funktioniert, daß also am Leitfaden „geflügelter Worte" Gefühle sich erst bilden lernen[16], so darf man sie ohne weiteres auf die erotische Lyrik übertragen. In der Dichtung um die

12 Vgl. SPRENGEL (1998), S. 662.

13 RICHARD DEHMEL, Offener Brief an das Königliche Amtsgericht II, Berlin (23.6.1897), in: R. D., Dichtungen, Briefe, Dokumente, S. 126f., hier: S. 126.

14 An Marie Puppel, 9.1.1915, II 359. Ähnlich an Josef Winckler, 15.6.1915, II 380: „Ein Gedicht soll keinen Schreck einjagen, sondern im Gegenteil davon befreien, darüber erheben; es soll das Unerträgliche eben erträglich machen." Trotz der leichten Modifikation, die sicherlich den zeitgeschichtlichen Umständen geschuldet war, bleibt die Grundidee erkennbar.

15 NIPPERDEY (1990) spricht der Literatur, neben Medizin und Lebensreform, die wichtigste Rolle bei der Veränderung der ‚viktorianischen' Sexualmoral zu (vgl. S. 104-112, bes. S. 108ff.).

16 Vgl. SORG (2004), S. 451; ebenso KEMP (^{2}1996), S. 724.

Jahrhundertwende wurden Werte und moralische Normen nicht nur kritisiert, sondern neu verhandelt, Grenzen wurden neu gezogen.[17]

Für die Darstellung des lyrischen Werks wurde die Einteilung nach Gedichttypen gewählt, obwohl dabei viele Grundmotive und -themen weniger deutlich hervortreten. Eine thematische Orientierung, wie sie etwa Slochower (1928) und Fritz (1969) bieten, hat den Nachteil, daß viele Passagen aus dem Zusammenhang gerissen werden, von dem sie erst ihre Bedeutung erhalten, so daß Dehmels als Lyriker kaum Profil gewinnt.

Berücksichtigt wurden Gedichte, die auf irgendeine Weise die individuelle Lebensführung und die Möglichkeit ihrer Veränderung betreffen. Ihre Auffächerung in einzelne Gruppen richtet sich nach der Art des lyrischen Ausdrucks. Hier reicht das Spektrum vom rebellischen Selbstentwurf in den *Programmgedichten* (III.1) über die gedankliche Grundlegung in den *Weltanschauungsgedichten* (III.2), die an ein „Du" gerichtete Aufforderung in den *didaktisch-appellhaften Gedichten* (III.3) und die reflektierende Selbstbetrachtung in den subjektiv-bekenntnishaften Gedichten (III.4) bis zu den situativ-erlebnishaft angelegten *Liebesgedichten* (III.5). Eine Ausnahme bildet die rein thematisch gewonnene Gruppe *soziale Gedichte* (III.6), deren Relevanz für die lebensreformerische Thematik nicht erklärt zu werden braucht.

Soweit möglich, wurde versucht, in den einzelnen systematischen Abschnitten jeweils mehrere Gedichte aus verschiedenen Gedichtbänden vorzustellen, um auf diese Weise auch Kontinuität und Entwicklung der ästhetischen Strategien deutlich werden zu lassen. Aufgrund der primär thematischen Orientierung kann es jedoch nur bei Hinweisen und Einzelbeobachtungen bleiben.[18]

III.1 Programmgedichte

Das Programmgedicht als Kampfansage eines Subjekts gegenüber seiner Zeit und Umwelt, wie es in vielen der hier behandelten Gedichte vorliegt, spielt im 19. Jahrhundert eine untergeordnete Rolle. Die extreme Individualität, wie sie sich

---

17 NIPPERDEY (1990), S. 108: „Literatur, grenzgängerisch und experimentierend und konventionskritisch, streifte immer die Grenzen der ‚normalen' Moral, war ein Ort auch der exzentrischen Phantasien. [...] Die Schriftsteller stellen sich stark unter den Einfluß Nietzsches und des neuen Heidentums, gegen die bürgerliche Moral der Trieb-, Genuß- und Sexualfeindschaft, gegen das christliche Konzept der Sünde."

18 Eine Untersuchung von Dehmels Entwicklung als Lyriker verspräche wertvolle Erkenntnisse über die Entstehung der modernen Lyrik in Deutschland. Die bedeutenden Ansätze einer stilgeschichtlichen Forschung zur Lyrik im 19. Jahrhundert (Henel, Böckmann) sind durch die marxistische Wende in den siebziger Jahren bedauerlicherweise verschüttet worden und warten bis heute auf ihre Fortsetzung. Dehmels Werk eignet sich für die Darstellung des Übergangs wegen der klassizistischen Tendenz der frühesten Lyrik und wegen der thematischen Kontinuität. Beides begünstigt einen werkinternen Vergleich.

exemplarisch in Goethes *Prometheus* ausdrückt, tritt in der Lyrik nach 1800 hinter das Rollenhafte, Typische, im Bereich der Lieddichtung hinter das Einfache, Unpathetische zurück.[19] Programmatischer Charakter und hohes Pathos finden sich im 19. Jahrhundert hauptsächlich in der politischen Lyrik des Vormärz. Der Biedermeierzeit lag die prophetische Pose eines Schiller oder Hölderlin ebenso fern wie der Subjektivismus des jungen Goethe.[20] Während der Realismus vor allem die Entwicklungslinien auszog, die durch Erlebnisdichtung, Lied und historische Ballade vorgezeichnet waren, bediente sich erst der Frühnaturalismus wieder einer explizit programmatischen Lyrik. Hier sind zunächst Arno Holz (*Programm*, *Noch Eins!*) und Karl Henckell (*Am Brückenrande*, *Wunsch*, *An das Proletariat*, *Mein Ca ira*) zu nennen, aber auch Hermann Conradi (*,Licht den Lebendigen!'*, *Empörung*, *Anathem*) und der junge Gerhart Hauptmann (*Mein Kampf*).[21] Meistens fällt das Programmgedicht mit dem Dichtergedicht zusammen. Im Gegensatz zu Holz, dessen an Heine geschulte Ironie auf die hohe Stillage verzichtete, scheuten Conradi und Henckell keineswegs vor Pathos zurück.[22] Diese Haltung entspricht der Dichterauffassung des Frühnaturalismus, die auf Elemente der Genieästhetik zurückgriff (s. Kap. I.1).

In Dehmels Lyrik nehmen Programmgedichte nur schmalen Raum ein. Sie finden sich hauptsächlich in den ersten beiden Gedichtbänden. Der Grund ist offensichtlich: Ihre rechtfertigende Funktion erübrigte sich in dem Maße, wie Dehmel als Lyriker zu öffentlicher Anerkennung gelangte. Systematisch lassen sich Dehmels Programmgedichte in drei Gruppen einteilen: Dichtergedichte (Kap. 1.1), antibürgerliche Protestgedichte (Kap. 1.2) sowie Gedichte, in die programmatische Botschaft in einer paradigmatischen Idealfigur (Prometheus) Gestalt gewinnt (Kap. 1.3). Der Übergang zur Weltanschauungslyrik ist begreiflicherweise unscharf. Als Unterscheidungsmaßstab wird hier der persuasive Gestus angesetzt, der sich im Programmgedicht ausdrückt, während er im Weltanschauungsgedicht hinter einer mehr belehrenden oder reflektierenden Haltung zurücktritt.

---

19 Zu einzelnen Zeitabschnitten vgl. die einschlägigen Aufsätze in HINDERER (2000) sowie neuerdings HOLZNAGEL ET AL. (2004).

20 Vgl. SENGLE (1972), S. 492f.

21 Alle genannten Gedichte sind leicht zugänglich in der Anthologie von SCHUTTE (1982), mit Ausnahme von Conradis *Empörung* und *Anathem* (Moderne Dichter-Charaktere, S. 93 u. 100).

22 Bei Henckell sind Pathos und Ironie gelegentlich gemischt, wie in der folgenden Passage aus *Wunsch*. „O Qual, der Knechte Leid zu singen, / Dem, der nicht Sohn des Elends ist! / Im Flug erlahmen seine Schwingen, / Er ist ja königstreuer Christ." (SCHUTTE 1982, S. 123.)

1.1 Dichtergedichte (In Kraft und Schönheit, Letzter Wunsch, Wendekreislauf)

Unter den Programmgedichten des Frühnaturalismus bilden die Dichtergedichte die größte Gruppe. Sie knüpfen inhaltlich wie formal an die Dichtergedichte des 19. Jahrhunderts an.[23] Bemerkenswert ist die fehlende innere Distanz zum Dichtergedicht der Gründerzeit. Wie dort verbindet sich bei den Frühnaturalisten die hohe Stillage mit einer sakralisierten Dichterauffassung[24], die sich von der Genieästhetik herschreibt (dazu Kap. I.1). Aus der gleichen Quelle, und hier liegt der wichtige Unterschied zur Gründerzeit, stammt die individualistische Protestgeste, die den Übergang zu einer veränderten Dichterauffassung markiert: Nicht mehr souveräne Überschau, sondern gesteigerte Subjektivität kennzeichnen den Poeten, wie er sich in den *Modernen Dichter-Charakteren* präsentiert.[25]

Dehmels Dichtergedichte knüpfen an diese Tendenzen an. Die Protestgeste (*In Kraft und Schönheit*) macht jedoch schon bald dem Versuch Platz, einen eigenständigen Standpunkt zu formulieren (*Letzter Wunsch*). Schon deshalb liegt der Anteil an genuin poetologischer Reflexion höher als in den Dichtergedichten des Frühnaturalismus. Dieses Abrücken von der rein reaktiven Negativität wird seinerseits reflektiert, es findet Ausdruck in der – auch poetologischen – Kritik an jugendlichem Subjektivismus.

In Kraft und Schönheit

Das Gedicht *In Kraft und Schönheit* formuliert programmatisch einen nichtnaturalistischen Dichtungsbegriff. Dehmel hat es an den Anfang der *Erlösungen* gestellt (ERL 2) und damit seine Distanz zum Naturalismus deutlich betont. Mit seiner individualistischen Pose fügt sich das Gedicht passend in eine Gruppe von Protestgedichten ein, die den ersten Abschnitt des ersten Kapitels (‚Ringen und Trachten') bilden. Mit ihnen teilt es die hohe Stillage, in der ein Sprecher-Ich sein Verhältnis zur Welt und seiner Zeit ausdrückt.

> In Kraft und Schönheit will ich singen
> mein freies Lied! um Wahrheit nicht
> braucht zitternd meine Glut zu ringen:
> ich selbst bin wahr! – Auf Sturmesschwingen
> zur *lichten Lohe* will ich zwingen
> die Flamme, die der Glut *entbricht!*

---

23 Vgl. dazu SCHLAFFER (1966).

24 Einige Beispiele aus den *Modernen Dichter-Charakteren*: S. 10: „Ein Priester sei der Dichter immerfort [...]" (Wilhelm Arent); S. 25: „Priester des Ewigen" (Oscar Linke); S. 34: „ihr heil'gen Dichter" (Oscar Linke).

25 Vgl. MAHAL (1974), S. 17ff.

In Kraft und Schönheit will ich lieben,
was Fleisch und Seele heiß umarmt!
Ich bin dem Geist der *Brunst* verschrieben:
der Same, der die Glut *getrieben,*
der fruchtbar bis zu Mir geblieben,
nach frischem Blut er lechzt und barmt!

In Kraft und Schönheit will ich hassen
den *Feind* der Kraft, der schönen Lust:
die Eklen, die im Schlamm der Gassen
die reine Saat zu Kot verprassen, –
die Dumpfen, die verglimmen lassen
den heil'gen Funken ihrer Brust!

In Kraft und Schönheit all mein Leben,
mein Trachten all: Das sei mein Wort!
Dann mag sich wider mich *erheben*
der Qualm der Zeit: es wird mein Streben
auf lichter Lohe ihm entschweben
und Flammen zeugen fort und fort!

Die formale Gestaltung drückt einen hohen künstlerischen Anspruch aus. Sie korrespondiert der antinaturalistischen Formel „Kraft und Schönheit". Das Gedicht besteht aus vier sechszeiligen Strophen, die Verse tragen durchgehend vier Hebungen. Diese Strophenform, gebräuchlich sowohl in der anakreontischen Lieddichtung wie auch im Kirchenlied des 17. und 18. Jahrhunderts, ist im ausgehenden 19. Jahrhundert überaus selten geworden.[26] Die ohnehin schon ungewöhnliche Strophenform wird von Dehmel einer aufwendigen Formbehandlung unterzogen: Zunächst beginnt jede Strophe mit der titelgebenden Formel *In Kraft und Schönheit*, die als adverbiale Bestimmung eine jeweils folgende programmatische Aussage einleitet. Innerhalb jeder sechszeiligen Strophe werden nur zwei Reime verwendet, die nach dem Schema a b a a a b angeordnet sind, wobei a weiblichen und b männlichen Ausgang trägt. Die dreifache Wiederholung des a-Reims erzeugt eine retardierende Wirkung, die durch den zweiten b-Reim am Strophenende aufgelöst wird. Wir werden sehen, daß Dehmel sich diese Wirkung inhaltlich zunutze macht.

Die vier Strophen bilden die Aneinanderreihung von vier programmatischen Aussagen eines Sprecher-Ichs, die jeweils unter den titelgebenden Maßstab *In Kraft und Schönheit* gestellt werden. In jeder Strophe wird die Formel auf eine bestimmte Tätigkeit oder Einstellung bezogen: „singen", „lieben", „hassen", „Leben". Während die ersten drei Strophen parallel aneinander gereiht sind, trägt die vierte Strophe zusammenfassenden Charakter, indem sie das Bisherige unter

26 Vgl. FRANK (1993), S. 463ff. Das Reimschema abaaab ist dort nicht verzeichnet.

dem Ganzheitsbegriff des ‚Lebens' resümiert (V. 19f.): „In Kraft und Schönheit all mein Leben, / mein Trachten all: das sei mein Wort".

Dieser Aufbau ist aufschlußreich, denn die Parallelisierung von ‚singen', ‚lieben' und ‚hassen' und ihre Zusammenfassung im ‚Leben' der letzten Strophe enthält eine poetologische Aussage. Zum einen wird ‚singen', also Dichten, zu einer Angelegenheit von emotionaler Intensität erklärt; darin liegt eine Ablehnung nicht nur der harmlos beschaulichen Liedlyrik von Uhland bis zur Gründerzeit, sondern auch der naturalistischen Verabsolutierung der Mimesis.[27] Zum anderen hebt die Parallelisierung die lebensferne Sonderstellung der Kunst auf, die von der frühnaturalistischen Bewegung als zentraler Makel der spätidealistischen Kunsttheorie wahrgenommen wurde. Dem stellten die Programmatiker des Frühnaturalismus die Formel ‚Kunst und Leben' entgegen (s. Kap. I.1), die im Gedichtaufbau (‚singen' ... ‚Leben') implizit zum Ausdruck kommt.

Noch klarer tritt diese Stoßrichtung in der Titelformel selbst zu Tage. Die Kernbegriffe „Kraft" und „Schönheit" signalisieren, als poetologische bzw. ästhetische Prinzipien verstanden, eine doppelte Frontstellung: Der „Kraft"-Begriff zielt auf die als blutleer empfundene Lyrik der Gründerzeit sowie das Fortleben der Weltschmerzlyrik bei jüngeren Autoren, die sich gleichwohl als ‚Moderne Dichter-Charaktere' präsentierten.[28] Dagegen dürfte die Forderung nach „Schönheit" gegen den deutschen Naturalismus gemünzt sein, der sich seit den bahnbrechenden Werken von Hauptmann, Schlaf und Holz (1889-91) auf Radikalmimesis und soziale Frage festgelegt zu haben schien.[29]

Wie die meisten der Protestgedichte trägt das Gedicht stark rhetorischen Tonfall. Die programmhafte Botschaft wird von einem Sprecher in der Ich-Form vorgetragen, genauer: in der Form „ich will ...". Die rhetorische Struktur zeigt sich vor allem in Wortwahl und Bildlichkeit, durch die eine hohe Stillage erzeugt wird. Den wichtigsten Bildbereich stellt die Feuer-Metaphorik dar, die für Dehmels Frühwerk ganz und gar typisch ist. Ausrufezeichen und Sperrdruck unterstützen den pathetischen Stil.

Innerhalb des Gedichts lassen sich Unterschiede in der Stillage feststellen: Die Strophen drei und vier unterscheiden sich von den übrigen beiden durch einen aggressiveren Tonfall, der sich einer semantisch wie lautlich krasseren Wortwahl

---

27 Das radikale Mimesisgebot wurde bekanntlich erst durch Arno Holz formuliert, dessen Schrift im gleichen Jahr erschien wie Dehmels *Erlösungen* (1891). Da Dehmel wie Holz in den avantgardistischen Künstlerkreisen Berlins verkehrte, dürfte er mit den Grundgedanken der Schrift schon vorher vertraut gewesen sein.

28 Die Durchsicht der *Modernen Dichter-Charaktere* ergibt einen überraschend hohen Anteil an Gedichten, in denen ein lyrisches Ich seine Einsamkeit und Zerrissenheit in den traditionellen Bildern und Motiven ausdrückt (vgl. S. 26, 27, 30, 43, 58f., 72ff. u. ö.). Besonders signifikant sind die schon durch den Titel in die Byron-Nachfolge gestellten Gedichte *Manfred* und *Komm Bruder Manfred...* von Oskar Hansen (ebd., S. 199f.).

29 Zu Dehmels Naturalismus-Kritik vgl. FRITZ (1969), S. 17-28 sowie Kap. II.2.2 dieser Arbeit.

verdankt. Dagegen ist der Satzbau einfacher als in 1 und 4, so daß ein marschhaft eindringlicher Rhythmus entsteht.

Die Stilisierung ins Heroische, die Formulierung eines Dichtergedichts als – metaphorische –Kampfansage gegen den „Qualm der Zeit" kann ihre Ähnlichkeit mit dem Dichtergedicht der Gründerzeit nicht verleugnen. Auf Dehmels Vorliebe für den Topos von der Unzeitgemäßheit des Dichters wurde bereits mehrfach hingewiesen. Dagegen weist die starke rhetorische Überformung und das „martialische Vokabular" (Mahal) sowohl auf die politische Lyrik des Vormärz als auch auf die Programmgedichte des ‚Jüngsten Deutschland'.[30]

Strophe eins formuliert die Abkehr von einer auf Wahrheit verpflichteten Poetik. Gemeint ist zweifellos diejenige des Naturalismus. Der Wahrheitsbegriff wird jedoch nicht einfach abgelehnt, sondern subjektiviert (V. 1ff.).[31] Darin liegt ein Bekenntnis zum Individualismus, mit dem Lyrik und Epik zu Beginn der neunziger Jahre über die Grenzen einer naturalistischen Abbildästhetik hinausdrängten. Literaturgeschichtlich bedeutsam ist die exakt konträre Haltung zu Holz' Kunstgesetz, das im gleichen Jahr an die Öffentlichkeit gelangte.

Im zweiten Teil der Strophe wird diese Ansicht nicht mehr argumentativ vorgetragen, sondern metaphorisch. Dehmel verwendet den Bildbereich des Feuers, der dann in den anderen Strophen wieder aufgenommen werden wird und so das ganze Gedicht metaphorisch verklammert. Feuer- und Sturmmetaphorik gehören seit dem Sturm und Drang zur Topik des Geniekults, und genau so werden sie hier gebraucht. In der ersten Strophe wird der Topos allegorisch entfaltet. Als Ausgangspunkt wählt Dehmel die „Glut" (V. 3 und 6), Metapher für die dichterische Schöpfungskraft. Die „Flamme" (V. 6), die daraus aufsteigt, will der Sprecher „auf Sturmesschwingen" (V. 4) zur „lichten Lohe" (V. 5) entfachen. Die Feuermetaphorik wird durch das Bild der „Sturmesschwingen" noch verstärkt. Beide zusammen erzeugen ein hohes Pathos, das durch sprachliche und typographische Mittel noch gesteigert wird. Dazu gehören ausdrucksstarke Verben („ringen", „zwingen", „entbricht"), Alliterationen („lichten Lohe will"), Sperrdruck („*lichten Lohe*", „*entbricht*") und Ausrufezeichen (V. 2, 4 und 6). Doppelt hervorgehoben durch Sperrdruck und Alliteration ist die Zielvorstellung der „lichten Lohe".

Das Verb „entbricht" läßt die Entgrenzungsthematik anklingen, die in den antibürgerlichen Protestgedichten größere Bedeutung gewinnt (s.o.). Die Verbindung von Flammenmetaphorik mit dem Attribut ‚licht' („zur *lichten Lohe* will ich

---

30 Zum „martialischen Vokabular" der *Modernen Dichter-Charaktere* vgl. MAHAL (1974), S. 21ff. (dort auch das Zitat). Schlaffer weist in seiner Studie zum Dichtergedicht des 19. Jahrhunderts auf die stilistischen Kongruenzen von Dichtergedicht und politischer Lyrik (vgl. SCHLAFFER 1966, S. 325).

31 Die Verszählung verweist auf den Textanhang, der die längeren der hier interpretierten Gedichte enthält.

zwingen") bereitet die Antithese hell-dunkel vor, die im Verlaufe des Gedichts noch ausgeführt werden wird. Sie findet sich in fast allen der hier behandelten Gedichte und bildet ein wichtiges Bindeglied zwischen Dehmels Dichtung und Weltanschauung.[32]

Die zweite Strophe bezieht die Titelformel auf den Bereich der Liebe, der den amor carnalis ausdrücklich einschließt (V. 7f.): „In Kraft und Schönheit all mein Lieben, / was Fleisch und Seele heiß umarmt". Wie in der ersten Strophe folgt darauf eine kurz gefaßte Argumentation, beginnend mit der – beinahe paradoxen – Selbstexplikation des Sprechers, „Ich bin dem Geist der *Brunst* verschrieben" (V. 9). Daran schließt sich ein evolutionistisches Argument, wie wir es schon aus Teil II dieser Arbeit kennen (V. 10ff.): „der Same, der die Glut *getrieben*, / der fruchtbar bis zu mir geblieben, / nach frischem Blut er lechzt und barmt!" Das erhabene Pathos der ersten Strophe tritt zurück. Die Stärke des Ausdrucks ist nicht geringer, sie wird aber anders erzeugt, besonders durch den Einsatz expressiver Worte an metrischen Betonungspunkten („heiß", „Brunst", „getrieben", „lechzt", „barmt"). Unter ihnen tritt besonders „Brunst" hervor, das in den *Erlösungen* häufig gebraucht wird. Der Satzbau ist einfacher, in den a-Versen nahezu parallel. Dadurch entsteht ein marschartig aggressiver Tonfall, der sich in Strophe 3 fortsetzt. Der Begriff der „Glut" schafft einen assoziativen Zusammenhang zwischen Liebe bzw. „Brunst" und der dichterischen Schöpfungskraft. Das wirft die Frage auf, ob hier tatsächlich von Liebe die Rede ist oder nach wie vor von Dichtung, möglicherweise sogar von Liebeslyrik. Das Bild vom „Samen" läßt sich evolutionistisch lesen und gewinnt dadurch eine sexuelle Bedeutung, die durch „Fleisch" und „Brunst" klar bestätigt wird und zugleich poetologisch zu lesen ist.

Strophe drei bildet das komplementäre Gegenstück zu Strophe zwei: „In Kraft und Schönheit will ich hassen / den Feind der Kraft, der schönen Lust" (V. 13f.). Der aggressive Tonfall der zweiten Strophe bleibt bestehen. Er verdankt sich ebenfalls einer bewußt krassen Wortwahl („die Eklen", „Schlamm der Gassen", „Kot", „die Dumpfen"), zusätzlich jedoch dem starken Ausdruckswert der Reimverben („hassen" und „Lust"). Im Begriff der „schönen Lust" setzt sich der erotisch-poetologische Doppelsinn der zweiten Strophe fort. Anders als dort wird weniger das Gefühl selbst beschrieben als vielmehr dessen Objekt. In den folgenden Versen der Strophe wird ein Feindbild („die Eklen") entworfen, ohne das um 1890 kaum ein programmatisches Gedicht auskommt (V. 15ff.). Die „reine Saat" kann ebensogut erbbiologisch wie poetologisch verstanden werden, mit dem „heil'gen Funken" kann die Liebe gemeint sein, aber auch das Dichtertum. Für die poetologische Lesart, welcher hier der Vorzug gegeben wird, spricht neben der Wiederaufnahme der Feuermetaphorik („Funken") die Verwendung der

32 Eine geglückte Deutung des Hell-Dunkel bzw. Klar-Trüb-Gegensatzes im Rahmen von Dehmels evolutionistischer Weltanschauung bietet FRITZ (1969), S. 85f.

Samen-Metapher, die Dehmel auch in der *Neuen Deutschen Alltagstragödie* poetologisch gebraucht (s. Kap. II.2.2). Zudem zitiert Vers 15f. mit „Schlamm der Gassen“ und „Kot“ einen gängigen Topos der Naturalismus-Kritik dieser Zeit. „Schlamm“, „Kot“ und Dumpfheit stehen nicht nur antithetisch der Reinheit („reine Saat“) und dem „Funken“ gegenüber, sondern auch der „lichten Lohe“ der ersten Strophe.

Die vierte und letzte Strophe formuliert einen rhetorisch stilisierten Schlußappell. Die Stillage ist wieder höher als in den beiden mittleren Strophen. Krasses Vokabular wird vermieden, Inversionen markieren einen deutlichen Abstand von der Alltagssprache, starke Zäsuren im Versinneren (V. 20. u. 22) heben die Strophe rhythmisch von den beiden vorherigen ab und unterstützen den rednerischen Gestus. Diese abschließende Strophe nimmt den Lebens- oder Dichtungsentwurf des Sprechers gegen mögliche Einwände in Schutz. Die Pose der Unzeitgemäßheit, d. h. der Nichtakzeptanz durch die Zeitgenossen ruft den „Jahrhundertmythos“ (Nipperdey) vom verkannten Genie ab, von dem auch die frühnaturalistische Programmdichtung ausgiebig Gebrauch machte. Die Gegenüberstellung von „Qualm der Zeit“ und „lichter Lohe“ greift noch einmal die Antithese hell-dunkel auf, um die skizzierte Frontstellung metaphorisch darzustellen. Im letzten Vers werden Flammen- und Samenmetaphorik zu einem Bild („Flammen zeugen“) verbunden.

Diese Pose, die mit erhabenem Pathos das Bild des Dichterpropheten beschwört, ist, wie das Programmgedicht überhaupt, ausgesprochen typisch für die Lyrik des Frühnaturalismus. Das ist um so erstaunlicher, als sie, mit durchweg traditionellen Mitteln, einen Topos fortschreibt, der in der zweiten Jahrhunderthälfte und nicht zuletzt in der heftig befehdeten Lyrik der literarischen Gründerzeitheroen ausgiebig verwendet wurde. Dehmels Gedicht bietet somit ein gutes Beispiel für das Dilemma der frühen Moderne, die sich – in traditionellen Formen und Bildern – von der Tradition freizumachen suchte.

Letzter Wunsch

Als explizites Gegenstück zu *In Kraft und Schönheit* vollzieht das Gedicht *Letzter Wunsch* (ERL 129) die Abkehr von einer subjektiv-expressiven Lyrik und formuliert demgegenüber den „Wunsch“ nach einer verantwortlichen, altruistischen Haltung den Mitmenschen gegenüber. Parallelen zu Dehmels Poetik bzw. Kunsttheorie dieser Zeit sind unschwer erkennbar. Die für Dehmel typische Verbindung von poetologischem und ethisch-weltanschaulichem Gehalt tritt hier mit Formelementen des Liebesgedichts zusammen. Diese thematische Vielschichtigkeit macht *Letzter Wunsch* zu einem interessanten Komplex, dessen Deutung Ausgriffe auf verschiedene Bereiche des Dehmelschen Oeuvres gestattet.

Was mich brünstig einst getrieben,
Allen es verklärt zu künden,
all mein Streben, all mein Lieben,
ruht nun still in seinen Gründen.

Fühle nur die Reine, Schöne,
die ich tiefst im Herzen trage;
und mir sind so fremd die Töne
meiner Jünglingsthränenklage.

Wage dennoch nicht zu singen,
wie mein Glück sich mir enthüllte:
möcht' es doch zu arm gelingen,
was so reich sich mir erfüllte.

Reicher als erstrebt mein Lieben,
liebereicher so mein Streben,
und nur ein Wunsch ist geblieben:
daß wir auch den *Brüdern* leben,

daß ein Wandel ohne Fehle
nun in *Thaten* auch bewähre,
wie dies Ruhen Seel' in Seele
uns den *Wunsch* zur *Kraft* verkläre.

Das Gedicht steht in den *Erlösungen* am Ende des zweiten Teils („Liebe"). Mit seiner Forderung nach „Thaten" (V. 18) erfüllt es dort die Funktion einer Überleitung zum dritten Teil des Buches, „Leben und Arbeit". Darin gleicht es dem folgenden Gedicht *Kunst und Liebe* (ERL 130), dem letzten Gedicht des zweiten Teils.

Anders als in *In Kraft und Schönheit* präsentiert sich in *Letzter Wunsch* ein lyrisches Ich im nachdenklichen Reflexionston, unter völligem Verzicht auf Polemik, Pathos und expressiven Wortschatz. Statt rhetorischer Amplifikation desselben Grundaffekts entwickeln die fünf Strophen schrittweise einen Gedanken. Die Stimmung ist zurückhaltend, beinahe andächtig. Durch den Einsatz auftaktloser, alternierend vierhebiger Verse mit ausschließlich weiblichen Endungen entsteht ein gleichmäßiger Tonfluß ohne Pausen am Versende. Die daraus entstehende Gefahr eines atemlosen Fortlaufens wird durch den Satzbau verhindert: Jeder Vers bildet eine syntaktische Einheit, in den Strophen 1, 2, 3 und 5 fallen Strophenende und Satzende zusammen, Zeilensprünge finden sich nur in den Versen 7/8 und 17/18. Der äußeren Form nach unterscheidet sich das Gedicht also merklich von *In Kraft und Schönheit* oder den naturalistischen Programmgedichten. Das entspricht dem Inhalt insofern, als in *Letzter Wunsch* geradezu die Abkehr von jener Art des Programmgedichts gefordert wird.

Grundsätzlich formuliert das Gedicht eine Korrektur, genauer gesagt: eine Selbstkorrektur. Der Sprecher beschreibt in einem Rückblick seine Entwicklung von einer früheren Haltung zu einem neuen Standpunkt. Eine solche Grundstruktur erfüllt wohl am ehesten den Anspruch einer „Seelenwandlung“, wie Dehmel seine Gedichte verschiedentlich bezeichnet hat.[33] Sie findet sich besonders in den *Erlösungen*, dem Gedichtband, in dem Dehmel seine persönliche und dichterische Entwicklung dokumentieren wollte, als deren Angelpunkt er die Begegnung mit seiner ersten Frau Paula Oppenheimer ansah. Der Dreischritt „Ringen und Trachten“ – „Liebe“ – „Leben und Arbeit“, nach dem die Gedichte der *Erlösungen* angeordnet sind, spiegelt sich auch, sozusagen mikrokosmisch, im Aufbau einiger Gedichte bekenntnishaften Charakters. In *Letzter Wunsch* wird dieses Prinzip auf die dichterische Entwicklung übertragen: Durch die Liebe gelangt der Dichter von der „Jünglingsthränenklage“ (V. 8) zum Wunsch nach „Thaten“ (V. 18).

Dementsprechend lassen sich die fünf Strophen des Gedichts in drei Abschnitte gliedern. In der ersten Strophe wird der vergangene Standpunkt kurz charakterisiert und zugleich als überwunden gekennzeichnet. Die Strophen 2 und 3 dienen der Darstellung des gegenwärtig erreichten Zustands. Der Formulierung eines zu erreichenden ethischen Ideals gehören die Strophen 4 und 5.

In der ersten Strophe erklärt der Sprecher des Gedichts einen früheren Standpunkt („einst“) für überwunden, wie er in *In Kraft und Schönheit* vertreten wurde. Die wörtlichen Anspielungen („Lieben“, „brünstig“, „Streben“, „all mein“) lassen kaum Zweifel an der direkten Bezugnahme. Die Wiedergabe der Aussage von *In Kraft und Schönheit* präsentiert dessen Inhalt in einer stark entschärften Version. Dehmel unternimmt keinen Versuch, die extreme Gefühlslage sprachlich-rhetorisch zu aktualisieren. Das Attribut „verklärt“ gibt die Stimmung des Gedichts mehr als unzureichend wieder. Vom extremen Wortschatz ist nur „brünstig“ übriggeblieben (s.o.), das als Adjektiv und in dieser Vereinzelung ziemlich brav wirkt, zumal ihm sofort das distanzierende „einst“ nachgeschickt wird. Das „Hassen“ wird weggelassen, statt dessen das neutrale „Streben“ gewählt. Der neu erreichte Zustand wird durch den Pleonasmus „ruht nun still“ zum starken Gegengewicht ausgebaut, die ‚stillen Gründe' wecken die Assoziation von Seen- und Meeresruhe. Insgesamt ist also der Rückblick auf die radikale Jugendzeit in der gegenwärtigen abgeklärten Stimmung aufgehoben. Deren Ursache, die Liebe, wird in der zweiten Strophe mit dem Wortschatz der klassisch-romantischen Liedlyrik benannt. Damit ist die zweite Stufe des Bildungsmodells erreicht, das den *Erlösungen* zugrunde liegt. Zugleich tritt der Unterschied zu *In Kraft und Schönheit* noch deutlicher hervor. Im Mittelpunkt der Selbstexplikation steht nicht mehr das prospektiv fordernde „ich will“, sondern die indikativische Schilderung des gegenwärtigen Zustands, gekoppelt mit dem Rückblick auf die eigene

33 Neben dem Untertitel der *Erlösungen – Eine Seelenwandlung in Gedichten und Sprüchen* – ist hier das Gedicht *Denkzettel für den verehrten Leser* zu nennen, das Dehmel an den Anfang der *Lebensblätter* gestellt hat (s. Kap. 0.5).

Entwicklung. Der Redehaltung nach haben wir es bislang also gar nicht mit Programmlyrik im oben bezeichneten Sinn zu tun, sondern eher mit meditativbekenntnishafter Lyrik.

Die Kritik des jugendlichen Weltschmerzes, unterstrichen durch die ironisierende Wortneuschöpfung[34], knüpft scheinbar an die Aussage der ersten Strophe an. Tatsächlich kann jedoch mit „Jünglingsthränenklage" nicht der Standpunkt gemeint sein, den das Gedicht *In Kraft und Schönheit* vertritt. Verworfen wird vielmehr eine Weltschmerzpose, der Dehmel noch weitaus ablehnender gegenüber stand.[35] Indem er diese Verirrung als Klage des ‚Jünglings' der Vergangenheit zuordnet, greift Dehmel auf ein Grundthema der *Erlösungen* zurück: Die skeptische, oder zumindest ironische Haltung der eigenen Jugend gegenüber und ihre Konfrontation mit dem Mannesalter. Sie klingt bereits in dem „Leitspruch" an, der dem gesamten Gedichtband auf dem Titelblatt vorangestellt ist:

> Jugendsehnen, Jugendirren:
> ach, was mag sich draus entwirren?
> Nimmer ruht der Wünsche Spiel:
> *jeder Tag entfernt das Ziel!*

Ebenso spiegelt der Aufbau der *Erlösungen*, von dem schon ausführlich die Rede war (s. Kap. 0.5), das Bewußtsein einer erlangten Reife, die es dem Autor gestattet, das ‚Ringen und Trachten' der Jugend als abgeschlossene Phase subjektivistischer Schwärmerei darzustellen. Dieselbe Perspektive einer rückblickenden Relativierung bestimmt eine Reihe von biographisch grundierten Liebes- und Bekenntnisgedichten, die sich ausnahmslos im zweiten und dritten Teil der *Erlösungen* finden. Der Sprecher des Gedichts *Frühlingsgebet* berichtet vom Verlust seines Gottvertrauens „im selbst sich vergötternden Jünglingsrausch" (ERL 53), in *An meine Königin* erinnert er sich an frühere „Ziele", die „der Stolz gebar" (ERL 67). Ein Gedichttitel wie *Jugendweisheit* muß in diesem Kontext schon ironisch wirken. Tatsächlich wird dort jugendliche Schwärmerei als „seelentrunken" (ERL 148) kritisiert, das frühere Ich ist in sein „Spiegelbild versunken" (ebd.).[36]

---

34 Zur Wortschöpfung bei Dehmel vgl. grundsätzlich die wertvolle Studie von MÜLLER (1926). Das auffallende Kompositum „Jünglingsthränenklage" könnte als Anspielung auf das bekannte „Knabenmorgen-Blüthenträume" aus Goethes *Prometheus*-Gedicht gemeint sein. In beiden Fällen findet eine ironische Distanzierung von vermessenen Jugendvorstellungen statt.

35 Bereits in einem frühen Brief an den Mentor Wolfgang Kirchbach distanzierte sich Dehmel von seinen eigenen dichterischen Anfängen, zu denen auch einige Weltschmerzgedichte (*Im* Regen [ERL 12], *Nächtliche Frage* [ERL 12f.], *Zuflucht* [ERL 13], *Zweifel* [ERL 57ff.]) gehörten: „So etwas hat Lenau viel besser gekonnt, und obenein ist mir diese ewige Wehleidigkeit der Jünglinge in unsrer starken Zeit verhaßt. Wenn man einmal eine solche Stimmung hat, soll man sie neben anderen, kräftigeren mitteilen." (16.1.1889, I 36f.) In seinem Tagebuch kritisiert er die „wehleidige Selbstbespiegelung" einiger dichtender Zeitgenossen als „unkünstlerisch" (Eintrag von Himmelfahrt 1894, B 67).

36 Zu *Jugendweisheit* vgl. ausführlich das folgende Kapitel über das Gedicht *Wendekreislauf.*

Offenbar war dem Autor der *Erlösungen* daran gelegen, nicht als jugendlicher – womöglich gar ‚jüngstdeutscher' – Feuerkopf mißverstanden zu werden. Das wirkt schon beinahe komisch bei einem jungen Mann von gerade 27 Jahren. Über zwanzig Jahre später blickte Dehmel, mit einer für ihn ungewöhnlichen Selbstironie, auf diese Phase zurück: „Du hast schon Recht, ich war von jeher ein ‚wilder Jung'; aber das Tollste dabei ist, ich bin mir selbst nie so vorgekommen, sondern hielt mich immer für einen Ausbund von Weisheit, der nach Selbstbeherrschung strebte, und das war wohl grade die Dummheit."[37]

Der Leser, der nach diesen zwei Strophen ein Plädoyer für das Liebesgedicht erwartet, sieht sich in der dritten Strophe eines besseren belehrt. Unter Rückgriff auf traditionelle Unsagbarkeitstopik wird dort die Liebeslyrik als angemessene Ausdrucksform verworfen. Bei kaum einem Autor dürfte diese Absage an das Liebesgedicht verwunderlicher wirken als bei Dehmel. Man denke nur an seinen folgenden Gedichtband, der unter dem Titel *Aber die Liebe* erschien und den „Roman in Romanzen" *Zwei Menschen*. Die Unsagbarkeitsfloskel ist also nicht absolut zu setzen, sie dient vielmehr ihrerseits als ein rhetorisches Mittel im Rahmen des Liebesgedichts.[38] Sie besitzt argumentative Funktion innerhalb des Gedichtganzen, indem sie den Gedanken der aktiven Mitmenschlichkeit vorbereitet.

Eine ähnliche Abwertung der Liebeslyrik zugunsten einer ‚littérature engagée' im Sinne von Dehmels Poetik bildet auch den Gegenstand des Gedichts *Kunst und Liebe* (ERL 130):

> Jetzt sing' ich dir das letzte Liebeslied.
> Ein Brausen füllt mein Ohr wie Sturmesklage,
> seit mich in seinen Priesterdienst beschied
> der Geist der alten und der neuen Tage.

Als Begründung wird dort kein Unsagbarkeitstopos bemüht, sondern die Unvereinbarkeit von exklusiver Intimität des Liebesgedichts und menschheitlichem Auftrag des Dichters (ebd.):

> Denn meine Sprache ist für Alle da!
> Doch was wir so von Aug' zu Auge sehen,

---

37 An Paula Dehmel, 25.11.1914, II 353.

38 Ebenso im Gedicht *An meine Königin* (ERL 67): „Du gabst ein Reich *so* groß, *so* schön mir eigen, / daß meine ganze Sprache mir zu wenig, / all meines Stolzes Seligkeit zu zeigen, – [...]." Genau genommen, besteht der besondere Reiz des Unsagbarkeitstopos immer darin, daß die Aussage sich selbst widerlegt. Er ist also niemals wörtlich zu nehmen. Diese paradoxe Struktur zeigt sich auch in dieser Strophe. Mit dem anschließenden Gedanken einer neu erreichten Mitmenschlichkeit wird der Liebesbeziehung eine ethische Dignität verliehen, die sie im Liebeslied kaum je erreicht.

was so in Seufzern zwischen uns geschehen,
ist eine Sprache, die *nur Wir* verstehen.[39]

Gerade in diesem Punkt weicht aber *Letzter Wunsch* von *Kunst und Liebe* ab: Denn die beiden abschließenden Strophen zeigen, daß im titelgebenden „Wunsch" von Dichtung gar nicht mehr die Rede ist. Protest-, Weltschmerz- und Liebeslyrik werden zwar verworfen, wenn auch aus verschiedenen Gründen; an ihre Stelle tritt jedoch nicht etwa politische oder soziale Lyrik, sondern die Forderung nach moralischem *Handeln*! Aus der erfüllten Liebesbeziehung wird das Bedürfnis nach Mitmenschlichkeit abgeleitet und zur Forderung nach einer allgemein moralischen Haltung erweitert. Damit befinden wir uns im dritten Sinnabschnitt des Gedichts.

Strophe 4 knüpft thematisch und lexikalisch an die erste Strophe an und stellt die Alternative zum egozentrischen Selbstgenuß in „Kraft und Schönheit", aber auch zur nicht minder egozentrischen „Jünglingsthränenklage" vor. Die Verse 13/14 sind deutlich als Gegenstück zu *In Kraft und Schönheit* konzipiert. In einem kunstvollen Wortspiel werden die dort verwendeten Begriffe „Liebe" und „Streben" in ein neues Verhältnis zueinander gesetzt. Die Liebe tritt an die Stelle, die vorher „Kraft und Schönheit" eingenommen haben. Sie wird zum Maßstab für das individuelle „Streben", dessen Ziel sie ursprünglich war. Damit wandelt sich, wie der zweite Teil der Strophe ausführt, die egozentrische Protestgeste in eine Haltung der Mitmenschlichkeit. Das in diesen beiden Strophen mitgedachte Folgeverhältnis von Eros und Agape, von Partnerliebe und Nächstenliebe, entspricht dem Übergang von der zweiten zur dritten Stufe der *Erlösungen*. Aus der aggressiven Forderung „ich will" (s.o.) wird der bescheidenere „Wunsch", der in der abschließenden fünften Strophe weiter entfaltet wird. Tatsächlich ist von „singen" und „künden" keine Rede mehr. An die Stelle der dichterischen Äußerung sind die „Thaten" getreten. Ebenso wie der Unsagbarkeitstopos kann diese Wendung in einem literarischen Text nicht anders als paradox wirken. Sie läßt sich nur als rhetorische Fiktion verstehen, deren Aufgabe darin liegt, den denkbar schärfsten Gegensatz zur ästhetizistischen Kunstauffassung zu markieren,

---

[39] Daß auch damit kein absoluter Standpunkt bezogen ist, beweist die gänzlich gegensätzliche Auffassung im Gedicht *Deine Nähe* (ERL 72). Dort wird unter Rückgriff auf das Babel-Motiv die Liebeslyrik zur Universalsprache erhoben:

[...]
bis der Erde Völker kamen,
fromm zu lauschen meinen Weisen;

kamen aus den fernsten Landen,
sprachen wohl in *allen* Lauten,
aber wie sie *Dich* nur schauten,
haben alle mich verstanden.

nämlich das ‚reine' Engagement.[40] Daß Dehmel, ganz im Gegenteil, der Dichtung eine entscheidende Funktion für den gesellschaftlichen Fortschritt zugedacht hat, wurde im Teil II ausführlich gezeigt.

Besondere Beachtung verdient das komplementäre Verhältnis von *Letzter Wunsch* zum Gedicht *In Kraft und Schönheit*, auf das es sich unmißverständlich bezieht. Vor dem Hintergrund dieser Einsicht kann nur noch einmal nachdrücklich davor gewarnt werden, einzelne Gedichte Dehmels für absolute, sei es poetologische, sei es weltanschauliche, Standpunkte zu nehmen.

Abschied von Goethe: Wendekreislauf

Das Gedicht *Wendekreislauf* verarbeitet den gleichen Grundgedanken wie *Letzter Wunsch*, bettet ihn aber zusätzlich in eine geschichtsphilosophische Spekulation ein. Jugendkritik und Forderung nach verantwortlicher Tätigkeit werden mit der Prophezeiung einer neuen Zeit verknüpft. Der Untertitel, *Nach einer Abschiedsvisite beim alten Herrn Geheimrath*, stellt das Gedicht unter poetologische Vorzeichen. Der jugendlichen Selbstbefangenheit entspräche dann die subjektivistische Bekenntnis- und Erlebnislyrik im Gefolge Goethes, die Dehmel durch eine im weitesten Sinn engagierte, oder eben lebensreformerische Dichtung ersetzt wissen will.

Nehmen wir Geschehn für Leben,
haben wir's nicht recht verstanden;
Menschenleben ist das Leben
so nur, wie wir es empfangen –

ja, so schwärmt' ich seelentrunken.
Wie mir alles wohlbehagte,
was ich fühlte, was ich sagte,
in mein Spiegelbild versunken!

Doch jetzt heißt es: mit den Zielen,
mit den Wegen sich beraten.
Zwar den Jüngling ehrt sein Fühlen,
doch dem Manne ziemen Thaten.

Altgeschehnes, Neuerfahrnes,
dunkel drängt es sich zusammen,
und wir wissen nicht zu scheiden
dieses Lodern seltner Flammen;

---

[40] Aus diesem Grund ist das Motiv eher in der politischen Lyrik beheimatet (vgl. HINCK 1994, S. 153-167: ‚Poesie als Tat'), am berühmtesten wurde vielleicht GEORG HERWEGHS Formulierung in dem Gedicht *An die deutschen Dichter* (1840): „Und so man ihm [sc. dem Volk] den letzten Rest / Der Freiheit will verkümmern, / So haltet nur am Schwerte fest, / und laßt die Harfen uns zertrümmern." (G. H., Gedichte eines Lebendigen, 11. Auflage, Berlin 1891, S. 59.)

denn darunter lebt ein Glühen
seltenster Begebenheiten,
und man fühlt ein still Bemühen,
als ob Zeiten sich bereiten.

Nah schon, will der Sonnenwagen
wieder einen Kreis vollenden.
Wird er durch den Steinbock jagen?
Wird er sich zum Krebse wenden?

Schaudernd scheint er still zu stehen
zwischen gleichen Finsternissen,
und nun scheint er sich zu drehen,
aber Du – wirst mitgerissen.

Wendekreislauf besteht aus zwei älteren Gedichten, *Jugendweisheit* und *Zeitorakel*, die bereits in den *Erlösungen* erschienen waren (ERL 147f. u. 149). Dehmel hat sie unverändert aneinandergereiht und um zwei weitere Strophen ergänzt. Zunächst wäre also zu fragen: Was rechtfertigt die Interpretation als eigenständiges Gedicht? Zwei Gründe sprechen dafür. Zum einen hat Dehmel das Gedicht an den Anfang von *Aber die Liebe* gestellt. Es gewinnt dadurch einen programmatischen Charakter, der es vom bloßen editorischen Füllsel abhebt. Da es zugleich einen Abschnitt des Gedichtbandes eröffnet (s. dazu Kap. 0.5), ist es mit einer Zeichnung versehen, die von Hugo Höppener alias Fidus angefertigt wurde. Außerdem hat Dehmel das neue Gebilde mit einem anderen Titel und Untertitel versehen: *Wendekreislauf. Nach einer Abschiedsvisite beim alten Herrn Geheimrath*. Dadurch verschiebt sich der thematische Schwerpunkt des Gedichts vom Aphoristisch-Didaktischen zum Poetologischen. Es wird sich zeigen, daß die beiden Gedichte unter dem poetologischen Nenner tatsächlich inhaltliche Kohärenz gewinnen.

Formal betrachtet, bereitete die Verbindung keine Schwierigkeiten. Beide Gedichte verwenden vierzeilige Strophen mit durchweg vier Hebungen und ausschließlich weiblichen Kadenzen. Der Stil ist gemäßigt, fast sachlich, dem Inhalt angemessen, Tropen kommen kaum vor. Wie in vielen gedanklich ausgerichteten Gedichten, gerade der *Erlösungen*, verzichtet Dehmel auf die in anderem Kontext gern verwendete expressive Diktion. Überraschend ist dieser Verzicht, wenn man bedenkt, daß er *Wendekreislauf* ebenso programmatisch an den Anfang seines zweiten Gedichtbandes gestellt hat wie *In Kraft und Schönheit* an den Anfang der *Erlösungen*.

Die Grundstruktur ergibt sich aus der Aneinanderreihung der beiden Ausgangsgedichte. Auch wenn sie durch den poetologischen Rahmen thematisch verklammert werden, verschmelzen sie noch lange nicht zu einer Einheit. Zusammen mit den zwei neu hinzugekommenen Strophen ergeben sich drei Abschnitte.

Im ersten Abschnitt, dem vormaligen *Jugendweisheit*, distanziert sich ein Sprecher mit der Forderung nach „Thaten“ (V. 12) von seiner früheren schwärmerischen Haltung. In aller Kürze wird also das Generalthema der *Erlösungen* behandelt (s.o.). Die erste Strophe, in der die später verworfene ‚Jugendweisheit‘ charakterisiert wird, enthält ihrerseits wieder eine Negation. Verworfen wird ein am „Geschehn“ (V. 1) orientierter Begriff von ‚Leben‘, wie ihn vielleicht die Geschichtswissenschaft oder aber eine realistische Poetik vertreten haben mag. Dem wird als ausdrücklich menschlich („Menschenleben“, V. 3) der Gefühlswert dieses Lebens entgegengesetzt. Das zentrale Wort, „empfanden“, steht an metrischer und syntaktischer Betonungsstelle. In der Erstfassung der *Erlösungen* war es, ebenso wie „Geschehn“, zusätzlich gesperrt gedruckt. Der Gedankenstrich verhindert jedoch, daß diese Strophe als in sich geschlossene Aussage verstanden wird. Der Beginn der nächsten Strophe macht deutlich, das es sich um direkte Rede, genauer gesagt: um ein Selbstzitat handelt (V. 5): „ja, so schwärmt' ich seelentrunken.“ Erst hier erfolgt die abschließende Interpunktion (in der Erstfassung übrigens noch ein Ausrufezeichen). Der abwertenden Klassifikation als ‚Schwärmerei‘ entspricht die Ironisierung des jugendlichen Egozentrismus in der zweiten Strophe. Wir treffen hier auf eine Denkfigur, die uns schon in *Letzter Wunsch* begegnet ist, und auch in einigen anderen Gedichten, gerade aus den *Erlösungen*, vorkommt: Die Distanzierung von Weltschmerz und Egozentrik der eigenen Jugendzeit. Das schließt eine poetologische Deutung keineswegs aus. Im Gegenteil: Man kann diese Haltung kaum besser verstehen, als wenn man sie auf die Lyrik des 19. Jahrhunderts bezieht, soweit sie von individueller Stimmung, wenn nicht gar von Weltschmerz getragen ist.[41] Dehmels Antwort darauf, die wir schon kennen, ist die Forderung nach einem literarischen oder künstlerischen Aktivismus, nach einer ‚Kunst fürs Leben‘. Dorthin zielt auch die folgende Strophe, die dritte und letzte des Gedichts *Jugendweisheit*, die den schon aus *Letzter Wunsch* bekannten Begriff der „That“ wieder aufgreift.

Im zweiten Abschnitt, dem vormaligen *Zeitorakel*, geht es um das Ineinander von Überliefertem und Aktuellem in einer historischen Situation, hinter dem trotz allem die kulturelle oder geschichtliche Vorwärtsbewegung spürbar wird. Es läßt sich ohne Mühe auf die mentale Lage der Gebildeten in den Jahren vor 1900 beziehen. Der geschichtsphilosophische Gedankengang, der in die Wahrnehmung eines neuen Zeitalters mündet, verhält sich komplementär zum Aktivismus der dritten Strophe. Beschrieben wird die Zeit, in der die oben beschworenen „Thaten“ nötig oder auch nur möglich werden (V. 13-20). Jede der beiden Strophen zitiert einen zeitgenössischen Topos. Strophe 4 skizziert die Situation des deutschen Kaiserreichs, die durch das Nebeneinander von Tradition und In-

41 Zur Bedeutung des ‚Weltschmerzes‘ für die Dichtung der ersten Jahrhunderthälfte vgl. SENGLE (1971), S. 1-33 und 221-238.

novation geprägt war.[42] Die Anspielung auf *Der alte und der neue Glaube* ist nicht so deutlich wie in *Kunst und Liebe* (s.o.), aber immer noch sichtbar. Auch diese Strophe fügt sich der poetologischen Lesart und bezeichnet dann die oft beschworene ‚Gleichzeitigkeit des Ungleichzeitigen' in der literarischen Szene der achtziger Jahre. Geibel starb 1884 auf dem Höhepunkt seines Ruhms, Paul Heyse war noch ebenso aktiv wie Ernst v. Wildenbruch, Joseph Viktor von Scheffel (gest. 1886) oder Paul Lindau. Und damit sind nur die als epigonal eingestuften Dichter bezeichnet. Noch gar nicht genannt sind die bedeutenden Autoren des literarischen Realismus: Theodor Storm (gest. 1888), Gottfried Keller (gest. 1890), C.F. Meyer, Theodor Fontane und Wilhelm Raabe.

Interessant für den größeren Kontext dieser Arbeit ist die Bildlichkeit. Dehmel macht Gebrauch von der Feuermetaphorik, die wir schon früher als Signal für lebensreformerische Relevanz erkannt haben. In der vierten Strophe wirkt die Wahl des Bildes zunächst mißglückt, es scheint offensichtlich, daß „Flammen" notgedrungen als Reimwort zu „zusammen" verwendet wird und werden muß, denn der erste und dritte Vers dieser Strophe tragen, als einzige im ganzen Gedicht, gar keinen Reim. Außerdem kontrastieren die „Flammen" merkwürdig mit dem „dunkel" des zweiten Verses, da es sich um dasselbe Referenzobjekt handelt.

Wieder weist die Interpunktion über das Strophenende hinaus (in der Erstfassung steht ein Punkt). In der fünften Strophe, der zweiten des Teilgedichts *Zeitorakel*, wird die Feuermetaphorik aufgegriffen und erweitert. Jetzt entfaltet sie den ihr von Dehmel zugedachten Sinn. Mit Hilfe des Bildes soll erklärt werden, warum Altes und Neues für den zeitgenössischen Betrachter so schwer zu „scheiden" sind. Weil, so Dehmel, beide Ausdrücke oder Erscheinungsweisen desselben Prinzips sind: „Denn darunter lebt ein Glühen / seltenster Begebenheiten". Das Hierarchieverhältnis drückt sich auch in dem Attribut „selten" aus, das gegenüber Strophe vier (V. 16: „dieses Lodern seltner Flammen") superlativisch gesteigert wird.

Als tertium comparationis dieser kleinen Allegorie ist der historische oder kulturelle Fortschritt anzunehmen, zu dem beides, „Altgeschehnes" und „Neuerfahrnes", beitrage. Die letzten zwei Verse des Abschnitts *Zeitorakel* formulieren das Bewußtsein dieses Fortschritts, hinter dem jene Aufbruchstimmung sichtbar wird, die das intellektuelle Leben um 1890 kennzeichnet (V. 19f.): „und man fühlt ein still Bemühen, / als ob Zeiten sich bereiten."

Der dritte Abschnitt (V. 21ff.) entfaltet eine astrologische Allegorie, die in Korrespondenz zum Gedichttitel *Wendekreislauf* und der beigegebenen Zeichnung von Fidus steht. Der paradoxe Titel wird in ein Bild umgesetzt. Die Sonne erreicht die Position zwischen Krebs und Steinbock, also die Waage, und zudem

---

[42] Zum sog. ‚Strukturproblem' des deutschen Kaiserreichs vgl. bündig WEHLER (^{7}1994), S. 19f.

die Tagundnachtgleiche. Diese Konstellation wird von Dehmel zur Entscheidungssituation umgedeutet. Der vierte Vers, den man fast überliest („Wird er sich zum Krebse wenden?“), evoziert die Möglichkeit, daß die Sonne – genauer gesagt: die Erde – ihre Bewegung umkehren könnte. Damit könnte ein kultureller oder politischer Rückschritt gemeint sein, dramatischer gesagt, das Scheitern des Projekts ‚Moderne‘. Die doppelte Frage deutet darauf hin, daß der Verlauf der Bewegung ganz und gar offen bleibt. Das Schwanken oder Zögern des ‚Sonnenwagens’ wird in der zweiten Strophe des Abschnitts, der siebten und letzten des Gedichts, weiter ausgeführt. Mit den „Finsternissen“ ist wohl das Ungewisse, Unvorhersehbare gemeint. Innerhalb des Bildes ist die Angabe sinnvoll, denn das Licht geht von der Sonne selbst aus. Wieder stehen sich Licht und Finsternis, hell und dunkel gegenüber. Der dritte Vers der Strophe erhöht die Spannung der Entscheidungssituation. Die fortgesetzte Ungewißheit drückt sich, wie schon im ersten Vers der Strophe, im „scheint“ aus, das die vermeintliche Bewegung („drehen“) zurücknimmt. Der Schlußvers bekräftigt die Unmöglichkeit, den Verlauf des Geschichtsprozesses vorherzusehen, wie sie schon im zweiten Abschnitt formuliert wurde (V. 15: „und wir wissen nicht zu scheiden...“). Sie ergibt sich aus der Perspektive des Zuschauers, der ja selber Teil des historischen Geschehens ist. Mit der Schlußwendung zum Leser wird die Spannung der astronomischen bzw. historischen Entscheidungssituation schlagartig aufgelöst. Dem doppelten „scheint“ kommt also eine retardierende Funktion zu, der Gedankenstrich bildet den Spannungshöhepunkt. Das Verständnis des Verses wird durch die Konjunktion „aber“ erschwert, die semantisch und syntaktisch nicht gerechtfertigt scheint. Es ist anzunehmen, daß Dehmel hier aus metrischen und klanglichen Gründen ein „aber“ wie ein „und“ gebraucht. Zudem wird durch das „aber“ eine größere Spannung vor dem Gedankenstrich aufgebaut.

Was den dritten Abschnitt und besonders die letzte Strophe vom Rest des Gedichts abhebt, ist eine höhere Stillage, von den beiden rhetorischen Fragen, über die Alliteration („Schaudernd scheint er still zu stehen“, V. 25) und die expressivere Wortwahl („jagen“, „schaudernd“, „mitgerissen“), bis zur appellhaften Einbeziehung des Lesers im letzten Vers: „aber Du – wirst mitgerissen.“ Der Vorgang der Zeitenwende präsentiert sich nicht als indifferentes Geschehen, das vom Autor distanziert wahrgenommen wird, sondern als Umbruch, dem sich das Subjekt nicht entziehen kann. Poetologisch gesehen, liegt darin abermals eine Absage an das Dichterverständnis der zweiten Jahrhunderthälfte, das den Dichter fernab des Tagesgeschehens, in der Pose souveräner, betont ahistorischer Überschau präsentierte. Daß Dehmel hier dem Dichter, anders als sonst, keine aktive Rolle im Geschichtsprozeß zuschreibt, mag dem Entstehungsprozeß des Gedichts geschuldet sein.

Die Philisterkritik[43], als Aufbegehren einer jungen Dichtergeneration gegen das gesellschaftliche, speziell das literarische Establishment gehört seit dem Sturm und Drang zur Signatur jeder literarischen Bewegung. In der polemischen Befehdung des Spießbürgers verbinden sich gesellschaftskritische Absicht und literaturpolitische Strategie. Die Philisterschelte häuft sich – nicht selten in Verbindung mit der Epigonenkritik – auffallend immer dort, wo von den Erfolgsautoren der Zeit, ihrem Publikum und der tonangebenden Literaturkritik die Rede ist, also besonders in den Manifesten und Programmschriften der jungen Modernen. Im Philister wird also stellvertretend die allgemeine kulturelle Rückständigkeit attackiert, die jedoch nicht zuletzt dem eigenen Erfolg im Weg steht. In der Dichtung dominiert dagegen die gesellschaftskritische Absicht. Hier steht der Philister für eine als beengend empfundene Gesellschaftsordnung, die den vitalen Bedürfnissen einer jüngeren Generation keinen Raum läßt. Dieser Konflikt kommt am stärksten in der frühnaturalistischen Epik zum Ausdruck, besonders in den Romanen und Novellen Hermann Conradis (*Brutalitäten*, 1886; *Phrasen*, 1887; Adam *Mensch*, 1889) und Conrad Albertis (*Riesen und Zwerge*, 1886; *Die Alten und die Jungen*, 1889).

Es wurde zurecht auf die Paradoxie hingewiesen, daß eine künstlerische Bewegung sich auf dem Markt zu etablieren sucht, indem sie gerade die Träger dieses Marktes zum Feindbild erklärt. Wie die Geschichte der künstlerischen Moderne beweist, standen Kritik und Karikatur einem funktionierenden Dialog zwischen Künstler und Bürger durchaus nicht im Weg.[44] Ein möglicher Grund dafür liegt darin, daß die Philisterkritik – im Unterschied zur Epigonenkritik! – stets so allgemein gehalten war, daß sich niemand persönlich getroffen zu fühlen brauchte, ja: daß jeder Leser sich ohne weiteres als Mitverschwörer gegen das Philistertum fühlen konnte, anstatt irgendeinen der stereotypen Vorwürfe auf sich selbst zu beziehen.

---

43 Vgl. bes. HERMANN CONRADI, Ein Kandidat der Zukunft – Übergangsmenschen (1890), in: H.C., Ich bin ein Sohn der Zeit. Ausgewählte Schriften, S. 100-120, hier, S. 107f., wo der Begriff des Philisters „psychophysiologisch" entwickelt wird, sowie CONRAD ALBERTI, Idealismus und Philistertum, in: *Das Magazin für Litteratur* 57 (1888), S. 141ff. u. 162ff. Ferner: HEINRICH UND JULIUS HART, Für und gegen Zola, in: *Kritische Waffengänge* 2 (1882), S. 44-55, hier: S. 45; MICHAEL GEORG CONRAD, ‚Zur Einführung', in: *Die Gesellschaft* 1 (1885), S. 1-3, hier: S. 1; H. u. J. HART, Vorwort, in: *Kritisches Jahrbuch* 1 (1889), H. 1, S. 3f., abgedruckt in SCHUTTE/SPRENGEL (1987), S. 188-191, dort: S. 190; CONRAD ALBERTI, Zur Psychologie des Genies, in: C.A., Natur und Kunst, S. 33-48, hier: S. 43. Nietzsches Begriff des „Bildungsphilisters" greifen auf: H. u. J. HART, Das ‚Deutsche Theater des Herrn L'Arronge, in: *Kritische Waffengänge* 1 (1882), H. 4, S. 3-69, hier: S. 5; JULIUS HILLEBRAND, Naturalismus schlechtweg! In: *Die Gesellschaft* 2 (1886), S. 232-237, hier: S. 232.

44 Vgl. grundsätzlich NIPPERDEY ^{2}1998; zusammenfassend KIESEL (2004). S. 41-47.

Macht Dehmel auch selten expliziten Gebrauch vom Philisterbegriff[45], so verwendet er ihn häufiger dem Inhalt nach. Die Philisterkritik gehört zu den dominierenden Motiven des Frühwerks. Deutlich scheint die frühnaturalistische Gesellschaftskritik durch, wenn sich ein lyrisches Ich mit jugendlicher Empörungsgeste gegen die „Krämerseelen" wendet, gegen die „Biedergeister[n]" (ERL 5), „Pharisäer" (ERL 10) oder „Beter von Beruf" (ERL 6), die der individuellen Entfaltung als „Klötze" (ERL 4) im Weg stehen. In einem weiteren Sinn ist sie auch implizit in vielen der erotischen Gedichte enthalten, die der bürgerlichen Sexualmoral zuwider laufen. Hier interessiert uns jedoch zunächst nur die explizit formulierte Rebellion.

Die markantesten Gedichte dieser Art, die im Folgenden als Protestgedichte bezeichnet werden sollen, sind in den *Erlösungen* enthalten. Später hat Dehmel diese polemische Art der Auseinandersetzung als zu wenig konstruktiv aufgegeben. In einer Tagebuchnotiz des Jahres 1894 heißt es: „Wohl aber muß ich selber mich beschuldigen, daß ich als Künstler noch zu oft und laut dem Geist des bloßen Widerspruches gegen unsre Zeit das Wort in mir gelassen habe. Das ist unschöpferisch. Wer Tempel bauen kann, soll sich nicht zum Straßenfeger machen."[46] Das entspricht der gleichzeitigen Entwicklung seiner Poetik, in der er die nur kritische Haltung des naturalistischen Dramas zugunsten einer positiven Gestaltung von Alternativen verwirft (s. Kap. II.2.2). Doch auch innerhalb der *Erlösungen* dürfen die Gedichte nicht abgelöst von der ‚epischen' Gesamtkonzeption betrachtet werden. Im Rahmen des in den *Erlösungen* dargestellten Reifeprozesses haben die Protestgedichte ihren Platz im ersten Teil *Ringen und Trachten*. Die Auflehnung gegen gesellschaftliche Konventionen bildet den Inhalt einer ersten Gruppe (*Zweierlei Treiben*, *An die Krämerseelen*, *Fehdebrief*, *Bekenntnis*, *Ein gantz new Schelmenweys*, *Novemberfahrt*). Es folgen thematisch verwandte Gedich-

---

45 Dehmel verwendet das Wort „Philister" stets in polemischer Absicht, oft als Kompositum mit einem anderen Wort verbunden: „Nachmittagsphilister" (An Paula Dehmel, 28.5.1890, AB1 37), „Philistermoral" (An Paula Dehmel, 25.7.1891, I 50), „Philistergesindel" (An Detlev von Liliencron, 21.1.1892, I 83). In den beiden letzten Fällen ist der Anlaß für diese Wortwahl die Rechtfertigung Dehmels in Form einer konspirativen Geste, die ihn und die angesprochene Person als elitäre Gruppe von den Philistern abhebt. Das Negieren der bestehenden Ordnung, die als philisterhaft gekennzeichnet wird, dient dem Zweck, eigenes Handeln zu legitimieren: Im einen Fall eine außereheliche Affäre, im anderen seine und Liliencrons Art des Gedichteschreibens, zu einem Zeitpunkt, da der spätere Erfolg sich noch nicht absehen ließ. Im zweiten Fall richtet er sich also weniger gegen den Bürger in seiner saturierten Beschränktheit, sondern, wie die Frühnaturalisten, gegen die Opponenten innerhalb des literarischen Betriebs, vor allem gegen Kritiker und unzufriedene Leser. Diese werden, auch mit Hilfe alternativer Schimpfworte wie „Kritikaster" oder „Beckmesser", aus dem Reich der Kunst ausgeschlossen, zu dem nur der Dichter, der Genius, Zutritt erlangen kann. Mit deutlichen, begrifflichen wie stilistischen, Anklängen an Nietzsche wird der Dichter zum heroischen Ausnahmemenschen stilisiert und einer verständnislosen Masse gegenübergestellt.

46 15.5.1894, B 74.

te, die das Aufbegehren gegen literarische Kritik (*Wechselwirkung, Ruhig Blut*) oder die ideologische (z.B. nationale) Vereinnahmung (*Empfang, Protest, Abschied*) formulieren. Die erste Gruppe zerfällt abermals in zwei Teile: Die ersten drei Gedichte richten sich ausdrücklich gegen bestehende Formen gesellschaftlicher Praxis (*Zweierlei Treiben*: Gesetze; *An die Krämerseelen*: emotionale Zurückhaltung; *Fehdebrief*: bürgerliche Lebensklugheit), die anderen drei entwerfen positiv eine alternative Lebenshaltung (subjektiv-lustbetont in *Bekenntnis;* rollenhaft-archaisierend in *Eine gantz new Schelmenweys*; situativ am Beispiel einer Herbstfahrt in *Novemberfahrt*).

Die drei ausdrucksstärksten und provokantesten Gedichte dieser Gruppe, *An die Krämerseelen* (im Folgenden kurz: *Krämerseelen*, wie es auch in späteren Fassungen heißt), *Fehdebrief* und *Bekenntnis* sollen näher betrachtet werden.

An die Krämerseelen

In den *Krämerseelen*[47] (ERL 5) artikuliert ein lyrischer Sprecher sein Gefühl eines Gegensatzes zur bürgerlichen Gesellschaft. Als Maßstab für diese Gegenüberstellung wird die Liebe angelegt, genauer: die Fähigkeit, Liebe zu „schenken". Dadurch wird eine Verbindung zu Dehmels Hauptthema, der Liebe, hergestellt, die das Gedicht besonders interessant macht. Wie schon der Titel verrät, wird das Seelenleben des polemisch attackierten Normalbürgers – analog zu Schillers Gedicht *Die Sachmänner* – mit der Tätigkeit des Krämers verglichen.

Oh wie sie *messen*, wenn sie Liebe schenken,
daß nicht zuviel der liebe Nächste nehme!
wie sie gewissenhaft den Handel lenken,
daß man nur recht der Menge sich bequeme.

O wie sie schelten, wenn mit tausend Händen
aus meiner Brust mich selbst ich möchte streuen,
um tausendfach mein Lieben auszuspenden,
um tausendfach mein Lieben zu erneuen!

[47] Das Titelwort „Krämerseelen" beruht nicht auf Dehmels Erfindung. Der früheste mir bekannte Beleg findet sich in einem Brief Lenaus an seinen Schwager Anton Schurz vom 16.10.1832: „Bruder, diese Amerikaner sind himmelanstinkende Krämerseelen. Tot für alles geistige Leben, maustot. Die Nachtigall hat recht, daß sie bei diesen Wichten nicht einkehrt." (NIKOLAUS LENAU, Sämtliche Werke und Briefe in zwei Bänden. Auf der Grundlage der historisch-kritischen Ausgabe von Eduard Castle [Insel-Verlag 1910-1923] hg. v. Walter Dietze. Frankfurt/M. 1971, Bd. 2, S. 207.) Außerdem in Henrik Ibsens Drama *Die Stützen der Gesellschaft.* Hier zitiert nach: H. I., Dramen. Nach der Ausgabe der ‚Sämtlichen Werke in deutscher Sprache', 1898-1904, hg. v. Georg Brandes, Julius Elias u. Paul Schlenther. Textrevision v. Marlies Korfmeyer. Mit einem Nachwort von Otto Oberholzer. München 1973 (Winkler Dünndruckausgaben), Bd. 1, S. 669-756, hier: S. 720.

Nein, nein! ich *kann* mich nicht wie Ihr begnügen,
ich *kann* nicht tropfenweis mein Herz verschütten:
eh' wollt' ich, meiner Liebe Fluten schlügen
empört in Stücken [!] eure Bettelhütten!

Das Gedicht besteht aus drei Strophen zu vier Versen. Inhaltlich sind die Strophen voneinander abgesetzt, wobei die Hauptzäsur zwischen der zweiten und dritten Strophe liegt. Die Strophen 1 und 2 werden durch die einheitliche grammatische Konstruktion und die parallele Gestaltung des jeweiligen Anfangsverses („Oh wie sie...") zusammengehalten. Trotz dieser äußerlichen Ähnlichkeit sind sie deutlich unterscheidbar. Während in der ersten Strophe das Verhalten der „Krämerseelen" geschildert wird, erscheint in der zweiten Strophe der Selbstentwurf des lyrischen Sprechers. Die dritte Strophe wechselt dagegen in die direkte Anrede, hierin vergleichbar dem anschließenden Gedicht *Fehdebrief*. Der in den ersten beiden Strophen konstatierte Unterschied der Empfindungsweise wird zum unüberbrückbaren Gegensatz, zur Verweigerung der Unterordnung zugespitzt.

Die Form ist, typisch für den ersten Gedichtband, durchweg konventionell: regelmäßig alternierende Fünfheber mit ausschließlich weiblicher Endung und kreuzweisem Reimschema. Diese formale Glätte lenkt nochmals den Blick auf das Verhältnis zu möglichen Rezipienten. Es läßt sich vermuten, daß der radikale Inhalt durch die gemäßigte Form quasi aufgewogen werden soll: Der gesellschaftskritische Protest des Künstlers legitimiert sich durch sein künstlerisches Verantwortungsgefühl. Obwohl der Satzbau einigermaßen komplex ist, bewirkt der konsequente Einsatz von Subjunktionen (daß, wie, um, eh') in den Strophen 1 und 2 sowie der Gebrauch des Modalverbs „kann" in Strophe 3 eine annähernd parallele Verskonstruktion mit jeweils endständigem Verb (bis auf V. 5 u. 12), die den Eindruck syntaktischer Einfachheit entstehen läßt. Dadurch bleibt das Gedicht trotz der hohen Verbfrequenz gut verständlich, zugleich erzeugt der parallele Versbau eine große Eindringlichkeit.

Dazu trägt auch der monologische Sprachgestus bei, der keinen Raum für eine Handlung oder ein „Erlebnis" läßt. Während Dehmels spätere Gedichte fast ausnahmslos an einen situativen Rahmen gebunden sind, wird hier auf jede fiktionale Einkleidung verzichtet. Dadurch kommt ein beinahe dramatischer Monolog zustande, der – auch der Form nach – an Schillers Dramen oder die Schlegelsche Shakespeare-Übersetzung denken läßt.

Das Gedicht macht den Gegensatz von Sprecher und Philistertum an der Fähigkeit fest, Liebe zu „schenken". Dadurch wird Dehmels Gesellschaftskritik direkt an die wichtige Liebesthematik angeschlossen. Die feine Nuancierung vom Lieben zum Liebe-Schenken erweitert zudem die Gesellschaftskritik in den Bereich der Ethik. In einer für die jüngstdeutsche Gesellschaftskritik, aber auch für die Lebensreformer typischen Denkfigur wird die vermeintliche Moralität der ‚guten Gesellschaft' ad absurdum geführt. Der Amplifikation des Krämer-Vergleichs gehört die erste Strophe. Zweierlei wird dort ausgedrückt: Zum einen wird dem Philister, typischerweise, die Leidenschaftlichkeit abgesprochen. Durch den Krämervergleich, der in den Worten „messen“ und „Handel“ Ausdruck findet, wird die Vorstellung der Liebe ad absurdum geführt. Damit wird jedoch nicht nur eine emotional-affektive Norm übertreten, sondern auch eine ethische. In der Reglementierung seiner Emotionalität verletzt der hier karikierte Philister das Gebot der Nächstenliebe, das im zweiten Vers ironisch zitiert wird („der liebe Nächste“). Die christliche Tugend ist zur leeren Formel geworden, die scheinbare Moralität des Bürgers wird als Heuchelei hingestellt. Die Verse drei und vier variieren den Krämervergleich. Wie schon durch das „messen“ des ersten Verses wird die Liebe durch die Begriffe „gewissenhaft“ und „Handel“ ins Lächerliche gezogen.

Epochentypisch ist die Ergänzung der topischen Pedanterie und Leidenschaftslosigkeit um das Reizwort „Menge“ im vierten Vers, das im Gegensatz zum programmatischen Individualismus der jungen Literatengeneration steht. Die „bequeme“ Orientierung an der „Menge“ zitiert den Vorwurf der „Mittelmäßigkeit“, der, nicht zuletzt im Gefolge Nietzsches, zum Standardrepertoire der frühnaturalistischen Programmschriften gehörte. Die früheste und wohl bekannteste Formulierung fällt in den *Kritischen Waffengängen* der Brüder Hart zu Beginn der achtziger Jahre: „Hinweg also mit der schmarotzenden Mittelmäßigkeit, hinweg alle Greisenhaftigkeit und Blasirtheit, hinweg also das verlogene Recensententhum, hinweg mit der Gleichgültigkeit des Publikums und hinweg mit allem sonstigen Geröll und Gerümpel.“[48] Dem setzten die ‚Jüngstdeutschen' das Bedürfnis nach „mehr Tiefe, mehr Gluth, mehr Größe“ entgegen[49], ohne zu ahnen, wie sehr sie sich gerade damit in der Vorstellungswelt der Gründerzeit bewegten.[50] Innerhalb der frühnaturalistischen Dichtung macht sich diese Forderung als Suche nach dem exorbitanten Sinnes- oder Gefühlserlebnis geltend, wie es vor allem in den Romanen Albertis und Conradis immer wieder gestaltet wird. In der Literaturwissenschaft ist dafür, allerdings mit Blick auf die nachnatu-

---

48 H. u. J. HART, Wozu, Wogegen, Wofür? In: *Kritische Waffengänge* 1 (1882), S. 3-8, hier: S. 7. Vgl. dies., Ein Lyriker à la mode, in: *Kritische Waffengänge* 3 (1882), S. 52-68, hier: S. 53; dies., Vorwort, in: *Kritisches Jahrbuch* 1 (1889), H. 1, S. 3f., abgedruckt in SCHUTTE/SPRENGEL (1987), S. 188-191, dort: S. 190. Ebenso, ironisch, KARL BLEIBTREU, Revolution der Litteratur, Vorwort zur dritten Auflage, S. XV: „Es lebe das Mittelmässige, nieder mit dem Bedeutenden!“

49 H. u. J. HART, Wozu, Wogegen, Wofür?, S. 7; ähnlich: dies., Vorwort, in: *Kritisches Jahrbuch* 1 (1889), H. 1, S. 3f., SCHUTTE/SPRENGEL (1987), S. 191.

50 Vgl. dazu HAMANN/HERMAND (1965), S. 156-171 (Kap. „Die großen Einzelnen und der Staat“) sowie HERMAND (1967).

ralistische Literatur, der Begriff der „Entgrenzung" vorgeschlagen worden, der sich mit Gewinn auf Dehmels Protestgedichte anwenden läßt.[51]

Die folgende Strophe stellt dem Zerrbild intakter Emotionalität die Gefühlswelt des Sprechers entgegen, die ganz auf Entgrenzung gemünzt ist. Dem „gewissenhaft" bemessenen Lieben der „Krämerseelen" wird hier die Unbeschränktheit gegenübergestellt, die dreimal durch die Zahl tausend ausgedrückt wird. Durch die hyperbolische Metaphorik gewinnt die Strophe eine höhere Stillage und korrespondiert so der dargestellten Entgrenzungsphantasie. In der zweiten Strophenhälfte wird die Ablehnung eines reglementierten Gefühlslebens gewissermaßen affektpsychologisch begründet. Liebe wird durch Geben nicht verbraucht, sondern gerade im Geben erneuert sie sich selbst. Durch den Ausflug in die Affektlehre wird das ängstliche Wirtschaften des Philisters mit seinen Gefühlen vollends als sinnlos entlarvt. Nicht nur ist es ethisch verwerflich, es läuft auch der Eigengesetzlichkeit menschlicher Emotionalität zuwider.

Strophe drei präsentiert das Fazit der vorgetragenen Gegenüberstellung in direkter Anrede an die Philister. Abermals wird die Entgrenzungsthematik angeschlagen, der Sprecher kann sich nicht „begnügen", die metaphorische „Flut" seiner Liebe wird dem „tropfenweis" verschütteten Herz der Philister entgegengesetzt. Die Strophe ist als Ultimatum konzipiert: Bevor der Sprecher selbst ein Philister würde, wolle er lieber zulassen, daß seiner „Liebe Fluten" die „Bettelhütten" der Philister „in Stücken" schlügen. Der etwas schwache Schlußvers lehnt sich stilistisch deutlich an die Gründerzeitlyrik an. Das seltsam unkonkrete Bild „Bettelhütten" wirkt in seiner gewollt hohen Stillage deplaziert in einem Gedicht von so hoher subjektiver Emphase. Ähnliches läßt sich im Gedicht *Fehdebrief* feststellen, dessen ganze vierte Strophe in Stil und Bildlichkeit der Gründerzeitlyrik nachgedichtet ist.

Fehdebrief

Im Gedicht *Fehdebrief* (ERL 5f.) wird die Auseinandersetzung eines lyrischen Sprechers mit der als beengend empfundenen Gesellschaft als Krieg, als „Fehde", dargestellt. Dem Titel entsprechend werden die Streitgründe auf engstem Raum formuliert und zur kompromißlosen Kampfansage zugespitzt. Ähnlich wie in *Krämerseelen* werden innerhalb der antibürgerlichen Polemik wichtige Themen des Frühwerks angeschlagen, hier vor allem Sinnlichkeit, Entgrenzung, Läuterung.

---

51 Vgl. KOOPMANN (1977). Einen weit aufgefächerten Entgrenzungsbegriff entwickelt KIESEL (2004), S. 108-176; vgl. für unseren Zusammenhang S. 115-124 ('Anlässe und Stimulantien'). In bezug auf Dehmel gebraucht den Begriff bereits VIERING (1990), S. 169.

Ich *hasse* dieses Mittelstraßenleben,
ich *will* nicht eure wohlgemeinten Reden,
ich *passe* nicht in euer Alltagsstreben,
ich *will* das Glück nicht, das da feil für Jeden!

Ich habe eine Welt in meinen Sinnen,
die Ihr nicht ahnt mit euern Biedergeistern!
Drum *lasset* das Bedauern, laßt das Meistern –
ich fühl's: ich werde *einst* die Schlacht gewinnen!

Und habt ihr dennoch Recht mit euern Lehren
und sollt' ich zu entketten nicht vermögen,
was in mir stöhnt und schreit dem Licht entgegen:
so werd' ich *dennoch* euern Rat *nicht* ehren!

Ich lege eher nicht das Schwert von Händen,
bis Wunden – oder Kronen mich ermatten;
und eher nicht entgürt' ich meine Lenden,
bis im Olymp ich – oder bei den Schatten!

Wie in *Krämerseelen* und *Bekenntnis* steht der maßlosen und aggressiven inhaltlichen Aussage eine höchst regelmäßige äußere Form gegenüber.[52] Das Gedicht besteht aus vier Strophen zu vier Versen, regelmäßig alternierenden Fünfhebern mit Auftakt und weiblichem Ausgang. Strophe 1 und 4 haben Kreuzreim, Strophe 2 und 3 Binnenreim. Formal auffällig ist der starke Gebrauch des Sperrdrucks, den Dehmel im Vorwort zu den *Erlösungen* gerechtfertigt hatte (s. Einleitung. 5). Er unterstreicht die emphatische Sprechweise, besonders in der ersten Strophe.

Inhaltlich zerfällt das Gedicht in zwei Ebenen: Die Amplifikation der metaphorischen Kampfansage (V. 8 und 13-16) und die Begründung in Form des antibürgerlichen Affekts. Letzterer beherrscht die ganze erste Strophe. Sie erfüllt eine doppelte Aufgabe. In vier parallel gebauten Versen artikuliert das lyrische Ich seine extreme Gefühlslage; zugleich erscheint, in der Ablehnung, ein Bild der befehdeten Gesellschaftsschicht. Letzteres ist um den schon bekannten Begriff der ‚Mittelmäßigkeit' gruppiert (s.o.), der besonders in der Wortschöpfung „Mittelstraßenleben" und dem geläufigeren „Alltagsstreben" hervortritt.

Die Entgrenzungstendenz, die schon an *Krämerseelen* aufgewiesen wurde, kennzeichnet die ganze erste Strophe. Der Absage an das Mittelmaß korrespondiert die extreme Gefühlslage des Sprechers, die durch das vierfache „ich" am

---

52 Interessanterweise charakterisiert FRANK (1993) diese seit 1900 besonders durch Georges Gedichte bekannt gewordene Strophenform (vierzeilig, jambisch, fünfhebig, nur weibliche Endungen, Kreuzreim) als „Gefäß hingebender, weich gestimmter Empfindungen, aufsteigender Bilder und wandernder Gedanken" (S. 333). Da Franks Einschätzung im Allgemeinen zutreffen dürfte, könnte man vermuten, daß Dehmel es auf die Kontrastwirkung angelegt hat.

Versanfang, den Sperrdruck der Verben und den Binnenreim „hasse"-„passe" noch hervorgehoben wird. Der letzte Vers deutet an, daß es sich nicht um eine bloß negative Absage handelt. Vielmehr sieht der Sprecher ein Ziel über oder jenseits der gutbürgerlichen Sphäre. Wenn es heißt „ich will das Glück nicht, das da feil für Jeden" (V. 4), dann soll damit ausgedrückt werden, daß es dem Sprecher um ein höheres Glück geht. Damit ist ein Übergang zur zweiten Strophe vorbereitet, in der die subjektive Gegenwelt des Sprechers entfaltet wird. Der erste Vers der Strophe („Ich habe eine Welt in meinen Sinnen") lenkt den Blick auf die erkenntnistheoretische Aufwertung der Sinne durch die Sinnesphysiologie Gustav Theodor Fechners und Ernst Machs.[53] Nicht zuletzt in Abgrenzung vom deutschen Idealismus – und dessen einseitiger Aktualisierung in der Sinnenlehre Hermann von Helmholtz'[54] – hatte Fechner die „sinnliche Welt gerettet"[55], indem er den Menschen „in ein die ganze Welt umspannendes Empfindungskontinuum" eingeordnet hatte.[56] Die aus diesem Paradigmenwechsel sich ergebenden Konsequenzen für das Verhältnis von Subjekt und Welt sind, von literarischer Seite, nirgendwo so intensiv durchdacht worden wie im Friedrichshagener Dichterkreis, zu dem Dehmel seit dem Ende der achtziger Jahre intensiven Kontakt pflegte.[57] Im argumentativen Rahmen des *Fehdebriefs* werden die Sinne nicht nur zum Unmittelbarkeit[58] verheißenden Gegenpol altväterlicher Buchweisheit, sondern, als Medium der *Sinnlichkeit*, auch zum Angelpunkt einer erotischen Rebellion in philistros. Ähnlich wie in *Bekenntnis* wird das „Bedauern" der Älteren ebenso zurückgewiesen wie die „wohlgemeinten Reden" (V. 2), „Lehren" (V. 9) und der gute „Rat" (V. 12). Stattdessen greift der Sprecher nun die titelgebende Kriegsmetaphorik auf (V. 8: „Schlacht").

Die dritte Strophe variiert die Entgrenzungsthematik unter Rückgriff auf die von Dehmel häufig gebrauchte Lichtsymbolik. Die Entgrenzungsvorstellung wird erweitert und an ihre bei Dehmel entscheidende Kraftquelle angeschlossen: Den Bereich des Trieblebens. Daß hier vom Trieb, und zwar höchstwahrscheinlich vom erotischen Trieb die Rede ist, signalisiert neben den starken auditiven Metaphern „stöhnt und schreit" der Ausdruck „entketten", der in den *Erlösungen*

53 Vgl. dazu ausführlich FICK (1993), bes. S. 37ff. (Fechner) und 65f. (Mach). Ähnlich gelagert, mit Schwerpunkt auf der Ästhetik des Leibes: BRAUNGART (1995).

54 Vgl. FICK (1993), S. 33ff.

55 Ebd., S. 65.

56 Ebd., S. 66.

57 Zur weltanschaulichen und dichterischen Fechner-Rezeption durch die Friedrichshagener vgl. ausführlich ebd., S. 130-156 (Kap. *Der literarische Monismus*). Zu Dehmel: S. 146ff. Am Beispiel von Bruno Willes Schrift *Das lebendige All* und Carl Hauptmanns *Tagebuch* weist Fick ausdrücklich auf „das Bestreben nach Entgrenzung mittels [...] eines intensiven und rückhaltlosen Sich-Festklammerns an die sinnliche Erfahrung" (S. 136; ebenso: S. 140).

58 Zum Begriff der „Unmittelbarkeit" im Rahmen des Friedrichshagener Monismus vgl. RIBBAT (1969).

ansonsten nur einmal vorkommt, und zwar im erotischen Kontext.[59] Hier liegt die eigentliche Antriebskraft des Protestes, hier liegt der Konflikt mit der Gesellschaft. Insofern wirkt dieser Doppelvers wie das Vorspiel zum direkt folgenden Gedicht *Bekenntnis*, in dem die Entgrenzungsthematik breit ausgeführt und eindeutig auf Lust und Rausch bezogen wird.

Interessant und typisch ist die Verbindung des Entgrenzungsthemas mit der durchweg positiven Lichtsymbolik. Hier scheint die Erlösungsthematik durch – „aus dumpfer Sucht zu lichter Glut" – die dem ganzen Band zugrunde liegt. Die darin ausgedrückte Nobilitierung der Triebsphäre dient im Zusammenhang des Gedichts dazu, die Entgrenzungsphantasien des Sprechers mit Blick auf eine höhere Wahrheit oder Gerichtsbarkeit zu rechtfertigen. Die Kritik der Philisterwelt durch den Sprecher wird legitimiert als Zerstörung des ‚falschen Bewußtseins'.

Die vierte Strophe wirkt wie eine Verlegenheitslösung, da sie zum einen weit hinter die Emphase der ersten drei Strophen zurückfällt, sich zum anderen in Stil und Bildlichkeit deutlich an das Vorbild der Gründerzeit-Lyrik anlehnt. Die historischen Requisiten „Schwert" und „Kronen", die Geste des „entgürt' ich meine Lenden" weckt Assoziationen an die versifizierte Reichsmythologie der Gründerzeitlyrik, aber auch an die Dichtergedichte der Jahrhundertmitte, die nicht selten auf Waffen- und Rüstungsmetaphorik zurückgreifen.

Bekenntnis

Der Titel *Bekenntnis* weckt im Leser die Erwartung einer subjektiven Aussprache, in der ein Individuum über seine Stellung zu und in der Welt reflektiert. Obwohl der Begriff des Bekenntnisses spätestens durch Rousseaus *Confessions* in der profanen Literatur etabliert wurde, ist der ursprüngliche religiöse Bedeutungsgehalt, der bis zu den *Confessiones* Augustins zurückreicht, noch immer präsent. Der Autor kündigt eine Stellungnahme an, die an Ehrlichkeit und Verbindlichkeit über den Rahmen abstrakter Weltanschauungsdichtung hinausgeht. Von rezeptionsgeschichtlichem Interesse sind in diesem Zusammenhang auch die *Bekenntnisse einer schönen Seele* aus Goethes Roman *Wilhelm Meisters Lehrjahre*.

In der Literatur des späten neunzehnten Jahrhunderts gewann der Begriff im Gefolge materialistischer Weltanschauungsdiskussionen neue Konjunktur. Der Populärphilosoph David Friedrich Strauß versah sein Erfolgsbuch *Der alte und der neue Glaube* (1872) mit dem Untertitel *Ein Bekenntniß*. Ein möglicherweise noch berühmteres Beispiel bildet Ernst Haeckels Vortrag *Der Monismus als Band zwischen Religion und Wissenschaft. Glaubensbekenntnis eines Naturforschers* (1892). Unter dem Titel *Bekenntnisse* erschien 1886 auch Tolstois biographische Schrift *Ispoved*,

59 Vgl. ERL 17 (*Erste Begierde*).

die nach 1900 als „Meine Beichte“ bekannt wurde.[60] Der seinerzeit bekannte Journalist und Schriftsteller Conrad Alberti gab seinen poetologisch bedeutenden *Zwölf Artikeln des Realismus* den Untertitel *Ein litterarisches Glaubensbekenntnis.* Heinrich Hart schließlich, mit dem Dehmel eng befreundet war, veröffentlichte 1891 einen Artikel mit dem Titel *Das Ende der Religionen. Ein Bekenntnis.*[61]

Ich will ergründen alle Lust,
so tief ich dürsten kann;
ich will sie schlürfen ganz und gar,
und stürbe ich daran.

Ich will entlodern all die Glut,
die mir im Herzen brennt;
ich *will* nicht zähmen ihrer Wut
hinrasend Element.

Ward ich durch frommer Lippen Macht,
durch sanfter Küsse Tausch?
Ich ward erzeugt bei wilder Nacht
in tollem Wollustrausch!

Nun will ich leben auch in Lust,
da mich die Lust erschuf; –
schreit nur den Himmel an um mich,
Ihr Beter von Beruf!

Die vier Strophen des Gedichts (ERL 6) bestehen aus je vier, abwechselnd vier- und dreihebigen, Versen. Vierheber und anschließender Dreiheber bilden jeweils eine syntaktische Einheit, bevor mit dem „ich will...“ erneut angesetzt wird. Die streng alternierende Füllung bei steigendem Rhythmus erzeugt einen marschartig vorwärtsdrängenden, trommelschlagartigen Tonfall, der durch die ausschließlich männlichen Versschlüsse noch unterstützt wird. Tatsächlich wurde diese Strophenform („Chevy-Chase-Strophe“) im 18. Jahrhundert für Kriegslieder oder -gedichte verwendet, wie vor allem in Gleims populären *Preußischen Kriegs- und Siegesliedern* (1758)[62], zuvor schon in Klopstocks Gedicht *Heinrich der Vogler* (1749).[63] Dieser kämpferische Grundtenor stimmt mit Dehmels Aussageabsicht, der Kampfansage gegen das zeitgenössische Temperanzgebot, völlig überein. Aber auch jenseits der patriotischen Lyrik handelt es sich um eine der häufigsten Strophenformen des 18. und 19. Jahrhunderts.[64]

---

60 Vgl. HANKE (1993), S. 34.

61 *Freie Bühne* 2 (1891), S. 7-12.

62 Jetzt zugänglich in der vorzüglichen Ausgabe von Walter Hettche: JOHANN WILHELM LUDWIG GLEIM, Ausgewählte Werke. Hg. v. Walter Hettche. Göttingen 2003 (Schriften des Gleimhauses Halberstadt, 1), S. 79-111.

63 Vgl. FRANK (1993), S. 141.

64 Vgl. FRANK (1993), S. 140ff.

Inhaltlich zerfällt das Gedicht in zwei Teile: Die ersten beiden Strophen, jeweils eingeleitet durch die programmatische Formel „Ich will…", artikulieren positiv das Verlangen eines Individuums, seine „Lust" bzw. „Glut" auszuleben. Die Strophen drei und vier unterstützen dieses Verlangen durch eine biologisierende Argumentation. Grob systematisierend kann man den ersten Teil als unreflektiertes, den zweiten Teil als reflektiertes Begehren des Individuums auffassen.

Hauptzweck des ersten Teils ist der möglichst intensive Ausdruck des „Willens" zum Lusterleben. Die ersten zwei Strophen bilden zunächst einen inhaltlichen Zusammenhang, der durch die Formel „Ich will…" am Beginn jedes Vierhebers (V. 1, 3, 5, 7) hergestellt wird. Jede Strophe dreht sich um einen im jeweils ersten Vers vorgestellten Leitbegriff („Lust" bzw. „Glut"), auf den sich die nachfolgenden Verse pronominal beziehen. Der Drang, die eigene „Lust" zu „ergründen", wird nicht eingeleitet oder vorbereitet, sondern im ersten Vers unmittelbar als elementarer Imperativ eingeführt. Er duldet keinen Widerstand. Zur Bekräftigung wird das denkbar stärkste Geschütz aufgefahren: Nicht einmal die Möglichkeit der Vernichtung, des Todes, kann das Verlangen hindern (V. 4: „und stürbe ich daran"). Die „Lust" der ersten Strophe wird in der zweiten Strophe aufgegriffen und zugleich modifiziert durch die „Glut, die mir im Herzen brennt". Während die „Lust", wie aus der dritten und vierten Strophe hervorgeht, durchaus körperlich-sexuell aufzufassen ist, wird die „Glut" im Herzen lokalisiert, innerhalb der literarischen Tradition der Sitz der Liebe. Aus der parallelen Darstellung darf man schließen, daß für den Sprecher kein wesentlicher Unterschied zwischen „Lust" und „Glut" besteht, oder genauer, daß „Glut" des Herzens und „Lust" zusammengehören. Dahinter verbirgt sich Dehmels Liebesauffassung mit ihrer zeittypischen Parallelisierung psychischer und physischer Vorgänge.[65]

Der Widerstand der Gesellschaft erscheint nur indirekt. Wenn in Vers sieben das „ich will…" zum „ich *will* nicht zähmen…" erweitert wird, wird in der Negation die gesellschaftliche Temperanzforderung angedeutet.

Wie erwähnt, tragen die Verse einen steigenden, stark progressiven Rhythmus, der jeweils in eine stumpfe Kadenz mündet. Dadurch erreicht die Betonung ihren Höhepunkt auf der letzten Silbe. Diese wichtige Betonungsstelle besetzt Dehmel in den vierhebigen Versen eins und fünf durch Inversion des Verbs („ergründen", „entlodern") mit den inhaltlich tragenden Begriffen der jeweiligen Strophe, „Lust" bzw. „Glut", die als Einsilbler die ganze Betonung auf sich konzentrieren. Das Fehlen des erwarteten Reimworts auf „Lust" im dritten Vers (statt dessen: „gar") bildet die exponierte Stellung der „Lust" im Gefühlshaushalt des sprechenden Subjekts auch formal ab (ebenso in der vierten Strophe, V. 13/15). Durch den exklamatorischen Charakter des „Ich will…", den Einsatz besonders

65 Vgl. FICK (1993), S. 146ff.

ausdrucksstarker Verben („dürsten“, „schlürfen“) und hellvokaliger Worte („alle“, „ganz“) im Versinneren erhalten alle Hebungen eine relativ starke Betonung. Es entsteht der Eindruck eines anhaltenden *fortissimo*, das dem rauschhafte Empfinden des lyrischen Ich korrespondiert.

Die rhythmische Spannung wird durch eine bildliche Redeweise unterstützt, die sich hauptsächlich um das Wortfeld der Hitze gruppiert („dürsten“, korrespondierend dazu „schlürfen; „entlodern“, „Glut“, „brennt“). Hinzu treten maximierende Wendungen („alle“, „so tief ich [...] kann“, „ganz und gar“). Um die exzeptionelle Intensität des Verlangens angemessen auszudrücken, greift der Autor zu ungewöhnlichen bzw. neologistischen Wendungen wie „tief [...] dürsten“ und „entlodern“.

Die Strophen drei und vier versuchen mit Hilfe einer kurzen biologistischen Argumentation, die Lebenslüge einer prüden Gesellschaft („Beter von Beruf“) auszuhebeln und den Lustanspruch des Individuums quasi-anthropologisch zu begründen. Dehmel verarbeitet hier eine zeitgenössische Debatte über die öffentliche „Prüderie“ im Umkreis der naturalistischen Kulturzeitschriften (s. Kap. I.3). Mit der Biologisierung des Menschenbildes im Zuge der gerade in Deutschland starken Darwin-Rezeption gewann die Tabuisierung der Sexualität in einer Gesellschaft, die ihre Existenz doch gerade der Sexualität verdankte, den Anschein des Absurden. Dieses Argument wurde wenig später von der Nacktkulturbewegung aufgegriffen und bestimmte auch den sexualaufklärerischen Impetus von Bölsches *Liebesleben in der Natur*.[66] Es lautet, kurz gesagt: Da der einzelne Mensch seine Geburt einem Sexualakt verdankt, hat er das Recht, seine eigene Sexualität zu bejahen.

In Strophe vier wird auf die öffentliche Prüderie in Form der wilhelminischen Aufklärungspraxis angespielt. Sie wird hier ironisch in Form einer rhetorischen Frage zitiert, die – in möglichst provokanter Form – umgehend beantwortet wird. Das Pathos der ersten Strophen wird bei weitem nicht erreicht, es liegt keine bildliche Redeweise vor, auffallend ist nur das Kompositum „Wollustrausch“. Inhaltlich gewinnen die Strophen schon durch die Kausalverbindung (V. 13f.: „Nun will ich“, „da [...] erschuf“) sachlicheren Charakter. Die Strophe bezieht ihre polemische Schlagkraft aus der ironischen Haltung der rhetorischen Frage, vor allem aber aus der Kontrastierung der moralpädagogisch entschärften Darstellung mit der Realität, wie sie vom Sprecher des Gedichts imaginiert wird.

Nachdem sich der Sprecher derart der existenziellen Bedeutung der „Lust“ versichert hat, kann er seinen Anspruch auf Lusterfüllung daraus ableiten. Deutlicher als in der dritten tritt in der letzten Strophe die Zielscheibe des Protests in den Blick. Als Keimzelle der bürgerlichen Verklemmtheit wird die Religion

---

66 So ist es nicht verwunderlich, daß Bölsches Bestseller von den Nacktkulturvertretern begeistert begrüßt wurde (s. Kap. I.3).

namhaft gemacht (V. 16: „ihr Beter von Beruf").[67] Erst durch diese Anrede erschließt sich die Bedeutung der „fromme[n] Lippen", durch sie läßt sich auch das Wörtchen „erschuf" entschlüsseln: Die kritsierte Aufklärungspraxis ist also, wenig verwunderlich, die christlich sanktionierte, und der Nebensatz „da mich die Lust erschuf" gerät im religionskritischen Kontext zum biologistischen Seitenhieb auf die biblische Schöpfungslehre.

1.3 Mythologische Figurationen: Der befreite Prometheus

Entstehung, Kontext, Struktur

Der *Befreite Prometheus*[68] ist vermutlich zu Beginn des Jahres 1889 entstanden. Wie aus einem Brief an den Förderer Wolfgang Kirchbach hervorgeht, zählte Dehmel es zu einer Gruppe von Gedichten (unter anderem *Das Urteil des Paris*), mit denen er seine früheste dichterische Phase überwunden zu haben glaubte: „Neuerdings habe ich manches gemacht, worin ich das wirkliche Innerliche, Dichterische greifbar und zwingend glaube ausgedrückt zu haben".[69] Es wurde zuerst in den *Erlösungen* veröffentlicht (161-166), wo es der dritten „Stufe" („Arbeit") zugeordnet ist.[70] Dort steht es zwischen dem sozialen und poetologischen Gedicht *Bergpsalm* (s. Kap. III.6) und den versepischen Mythenadaptionen *Das Urteil des Paris* und *Jesus in Gethsemane*. Für die *Gesammelten Werke* ordnete Dehmel es dem Band *Aber die Liebe* zu.

Innerhalb des Frühwerks lassen sich verschiedene Bezüge herstellen. Zunächst gehört der *Befreite Prometheus* zu den wenigen mythopoietischen Gedichten Dehmels (*Das Urteil des Paris*, *Jesus in Gethsemane*, *Jesus und Psyche*). Als Künstlergedicht aufgefaßt, enthält das Gedicht außerdem Parallelen zu Gedichten wie *Bergpsalm* (s. Kap. III.6), *Wendekreislauf* und *Dichters Arbeitslied* (s. Kap. III.1.1) in denen eine Ablösung von der subjektivistischen und individualistischen Künstlerauffassung des 19. Jahrhunderts gefordert wird. Die Andeutungen auf soziale Ungleichheit als Keimzelle menschlichen Unglücks stellen eine Verbindung zu den sozialen Gedichten her.[71]

Wie bei vielen Künstlern und Dichtern vor Dehmel dient die Bearbeitung des Prometheus-Mythos der Reflexion über die kulturelle Entwicklung der Mensch-

---

67 Während dieses Argument heute eher vorsichtig beurteilt wird, bildete es einen maßgeblichen Bestandteil der sexualreformerischen Diskussion. Näheres in Kap. I.3.

68 Das Gedicht ist wegen seiner Länge im Textanhang abgedruckt.

69 An Wolfgang Kirchbach, 16.1.1889, I 36. Es handelt sich um die erste briefliche Erwähnung des Gedichts.

70 ERL 161ff.

71 Vgl. SLOCHOWER (1928), S. 123.

heit.[72] Entgegen einer bevorzugten Interpretation des 19. und 20. Jahrhunderts bleibt jedoch der Aspekt des technischen Fortschritts, ebenso wie seine symbolische Entsprechung, das Feuer, weitgehend ausgeblendet. Statt dessen formt Dehmel den Mythos zum moralistischen Lehrstück um, als dessen Maßstab unter anderem die neutestamentliche Lehre der Nächstenliebe dient. Entsprechend werden Prometheus durch motivische Anspielungen Züge des Gekreuzigten verliehen.

Während in der Figur des *gefesselten* Prometheus der zivilisatorische Fortschritt mit dem Leiden des abendländischen Menschen konfrontiert wird[73] – Goethe spart die Bestrafung und Gefangenschaft wohlweislich aus –, bietet seine Befreiung eine geeignete Projektionsfläche für kulturoptimistische Spekulationen, in denen die moderne Zerrissenheit einer universellen Harmonie Platz macht. Das beste Beispiel dafür bildet Shelleys lyrisches Drama *Prometheus Unbound* (1820), dessen Protagonist seinen Groll gegen Jupiter begräbt und durch seine Verbindung mit der Nymphe Asia einen weltumspannenden Liebesbund stiftet.[74] In Deutschland erfuhr der Stoff zahlreiche Bearbeitungen. Besondere Beachtung verdient die Verwendung des entfesselten Prometheus als Titelvignette für Nietzsches *Geburt der Tragödie* (1872).[75] Hier steht der befreite Titan für den Beginn eines neuen Zeitalters, in dem eine neue tragische Kultur die Epoche des sokratischen Menschen ablöst.[76] Dramatische Bearbeitungen[77] verfaßten Richard Paul (1875), Robert Schellwien (1880) und Friedrich Cölln (1888), 1876 erschien Siegfried Lipiners Epos *Der entfesselte Prometheus*, das einen starken Eindruck auf den jungen Gerhart Hauptmann machte.[78] Eine wichtige Anregung für Dehmel dürfte Max Klingers Radierung *Der befreite Prometheus* (1891) geboten haben. Dehmel war mit Klingers Werk vertraut und nutzte einige, gerade mythische Sujets, als Vorlagen für Gedichte (*Das Urteil des Paris*, *Jesus und Psyche*, *Christus im Olymp*).[79]

---

72 Vgl. GADAMER (1945); ferner die Beiträge in: EDGAR PANKOW u. GÜNTER PETERS (Hg.), Prometheus. Mythos der Kultur. Tübingen 1999 (Literatur und andere Künste).

73 Deshalb hat GADAMER (1946) die Formel von der „Tragödie der Kultur" geprägt (so der Titel des Aufsatzes).

74 Vgl. LÄMMERT (1989), S. 24ff.; TROUSSON (1964), S. 321-334.

75 Abgebildet in FRIEDRICH NIETZSCHE, Sämtliche Werke. Kritische Ausgabe. Hg. von Giorgio Colli und Mazzino Montinari, III. Abteilung, 1. Band, Berlin/New York 1972, S. 17.

76 Vgl. dazu BRANDT (1991).

77 Eine sehr nützliche tabellarische Übersicht über die Stoffgeschichte des Prometheusmythos bietet TRÄGER (1961), S. 275-293. Vgl. außerdem die Bibliographie bei TROUSSON (1964), die zwar umfangreicher ist, aber statt der Erstausgaben häufig nur die benutzten Werkausgaben aufführt.

78 Vgl. GERHART HAUPTMANN, Das Abenteuer meiner Jugend, in G.H., Sämtliche Werke. Centenarausgabe. Hg. von Hans-Egon Hass, Frankfurt/M./Berlin 1962, Bd. VII, S. 834, 970, 1011.

79 Zu Dehmels Gedichten nach Gemälden Klingers vgl. SCHUSTER (1983), GROSS (1992), S. 76, und FRIEDRICH (1997), S. 68f.

Die Handlung ist schnell erzählt: Nach seiner Befreiung will sich Prometheus zu den Menschen begeben, die er einst aus einem tierischen Zustand auf die Stufe der Kultur gehoben hat, und in ihrer Mitte „wie ein alter Vater" friedlich sein Leben verbringen. Bei den Menschen angekommen, erfährt er Zurückweisung, denn Besitz und Wohlstand haben den moralischen Fortschritt rückgängig gemacht. Zutiefst verbittert flüchtet sich Prometheus auf eine Klippe und schleudert in einem Anfall von Raserei Felsen ins Meer. Als ein dadurch havarierter Fischer durch seinen Erzfeind vor dem Ertrinken gerettet wird, gewinnt Prometheus angesichts dieses Beweises von „Menschenliebe" (V. 150) sein Vertrauen in die Menschheit zurück.

Dehmel nutzt die prominente mythische Vorlage für einen moralischen Appell. Das Grundmotiv der Handlung bildet die bewährte oder wiedergewonnene Tugend angesichts einer lebensbedrohlichen Situation, bei der Prometheus nur als Zuschauer fungiert. Die Koppelung von Todesnähe und Verbrüderungsgeste verweist auf eine Spielart der rousseauistischen Kulturkritik, wie sie etwa in Kleists *Erdbeben in Chili* hervortritt. Das Motiv der Bewährung angesichts einer Sturmflut erinnert zudem an Sintfluterzählungen wie Noah oder Deukalion und Pyrrha. Der Zusammenhang mit dem Prometheusmythos wird dadurch hergestellt, daß der Feuerraub des Prometheus – nicht ohne Anspielung auf Goethe („Herd") – zur Stiftungslegende einer harmonischen Sozialordnung umgedeutet wird, mit deren Beginn auch die zu bewährende Tugendhaftigkeit entsteht (V. 43ff.):

> *Nur ruhen* wollt' er, ausruhn bei den *Menschen*, –
> sie um sich sammeln wie ein alter Vater seine Kinder, –
> ihr Glück genießen, das sie ihm ja *dankten*, –
> den Frieden sehen, der emporgeblüht,
> seit er den Himmelsfunken ihnen schenkte,
> seit er den unstät Irrenden
> gebaut den ersten warmen, festen Herd, –
> sich *freuen* der Geschöpfe jetzt,
> die tierischwild in Hader, Haß und Habgier
> sich um das nackte Leben schlugen einst,
> die *seine* That ja erst zu *Menschen* schuf ! –

Auf diese Weise werden Verlust und Wiedergewinnung der Nächstenliebe am Beispiel der zwei Fischer zum Prüfstein für die prometheische Leistung und zur Rechtfertigung seiner Leiden.

Offenbar kommt es Dehmel darauf an, die rebellischen Züge des Prometheus zu eliminieren. Er schreibt damit gegen eine Tradition an, die mit dem *Prometheus desmotes* des Aischylos beginnt und im deutschen Sprachraum ihre einflußreichste Aktualisierung in Goethes *Prometheus*-Hymne findet. Auf das Verhältnis zu Goethe wird noch zurückzukommen sein. Dieser ‚Zähmung' des Empörers entsprechen die Veränderungen, die Dehmel am mythischen Stoff vornimmt.

Die erste und wichtigste betrifft die Befreiung. Nicht Herakles löst Prometheus vom Felsen, sondern Zeus persönlich. Dadurch wird der Konflikt Zeus-Prometheus, der etwa für Goethes *Prometheus* konstitutiv ist, deutlich entschärft. Eine zweite Änderung betrifft den Titan selbst. Dehmel stattet ihn mit der Eigenschaft der Sterblichkeit aus (V. 99: „ich will sterben gehen!"). Damit wird abermals die Empörergeste umgangen: Dem Unsterblichen bliebe als Reaktion auf das menschliche Desinteresse nur der – stolze – Rückzug in die Einsiedelei, wie ihn etwa Spittelers Prometheus vollzieht.

Kritik und Utopie. Der ‚Befreite Prometheus' als Programmgedicht

Die zivilisationskritische Note ist kaum zu übersehen. Der Schlüsselbegriff lautet „Neid" (V. 69f.). Während „Haß, Hader, Habgier" (V. 65f.) einen Rückfall in die vorzivilisatorische, tierhafte Existenzform bezeichnen (vgl. V. 51), stellt der Neid eine mittelbare Folge der Zivilisationsgründung dar, denn er ergibt sich aus dem erwirtschafteten „Besitz" (V. 70), der in Form eines pastoralen Idylls gleich zweimal beschrieben wird (V. 54ff.; V. 107ff.). Das Ziel der Menschenverbrüderung ist erst erreicht, als „Hab und Gut" der Fischer im Meer versinken (V. 143).

Diese subtile sozialkritische Note und ihre Auflösung in einer umfassenden „Menschenliebe" rückt Dehmels Gedicht in die gedankliche Nähe Shelleys[80], dessen *Prometheus Unbound* sich konzeptionell an die sozialrevolutionäre Befreiungsphilosophie seines Schwiegervaters Godwin anlehnte.[81]

Dem zivilisationskritischen Anliegen entspricht die topische Gegenüberstellung von Gebirge und Ebene, von Stadt bzw. Dorf und Klippe, von „wohlgehegte[n] Gärten" (V. 56, 109) und dem wilden, formlosen Meer, von Seßhaftigkeit und Wanderschaft. Diese Häufung von Motiven legt es nahe, Dehmels *Befreiten Prometheus* auf einen der populärsten kulturkritischen Texte der achtziger Jahre zu beziehen, in dem diese Oppositionen exakt vorgebildet waren: Nietzsches *Zarathustra.*

Nachdem Prometheus vom Felsen befreit worden ist, gilt sein erster Gedanke den Menschen, um deretwillen er Verbannung und Folter ertragen hat (V. 5ff.). Wenn Zarathustra seinen Berg verläßt, um die Menschen aufzusuchen, so verfolgt er zwar andere, nämlich prophetisch-missionarische Ziele, der Antrieb ist

---

80 TROUSSON (1964) stellt Dehmels Gedicht in die direkte Nachfolge Shelleys: „*Der befreite Prometheus* (1891) s'inspire directement de Shelley: voyant un homme sauver son ennemi de la noyade, Prométhée comprend que l'amour finira par triompher [...]." (S. 398, Anm. 28.)

81 Vgl. LÄMMERT (1989), S. 25.

jedoch ebenfalls die Liebe zu den Menschen, wie Zarathustra dem alten Einsiedler verrät.[82]

Anders als Zarathustra durchwandert Prometheus keinen Wald, sondern „schöne Fluren, bebaute Äcker, wohlgehegte Gärten" (V. 55f.), gelangt jedoch anschließend wie jener in die Stadt, wo er „Haß, Hader, Habgier" und den „*eklen winzigen* Neid" vorfindet (V. 66ff.). Das entspricht nicht exakt den Zuständen, welche Zarathustra bei den Menschen antrifft, ist jedoch vergleichbar hinsichtlich der gesellschaftskritischen Perspektive. Bei Dehmel wie bei Nietzsche erfolgt der Rückzug von den Menschen (V. 104f.):[83] „Fort von den Menschen! fort! zum Meer! ins Meer! / im Meer, da find ich Ruhe, endlich Ruhe!" Nächste Station der Handlung ist für Zarathustra das Haus eines Einsiedlers, für Prometheus das Haus eines Priesters. Die folgenden Handlungsschritte – Rückzug auf den Berg, Mitleid mit den Menschen, Rückkehr zu den Menschen – verlaufen in beiden Werken parallel, wenn man davon absieht, daß im *Zarathustra* mehrere Anläufe erfolgen.[84] Zu Beginn des vierten Teils befindet sich Zarathustra auf seinem Berg und sieht, wie der Prometheus in Dehmels Gedicht, auf das Meer hinaus.[85] Zur anschließenden Raserei des Prometheus fehlt im *Zarathustra* jegliche Entsprechung, die folgende Wendung des Geschehens aber, welche den Schluß des Gedichts einleitet, kommt ihm dafür um so näher (V. 122ff.):

> Da horch, was klang da? schwoll da nicht ein Schrei,
> ein *Menschen*schrei voll Not und Angst empor?
> Hinab er stierte: rollend ging die See,
> von seinen Würfen zischend aufgerührt,
> und auf dem Gischte trieb zerschellt ein Kahn,
> und in den Wogen rang ein Mensch ums *Leben*.
> Doch jetzt: schon schäumte von der stiller'n Flut
> ein *andrer* Nachen her, draus warf sich
> ein *zweiter* Fischer in die Brandung.

Der Bezug zum *Nothschrei* aus dem gleichnamigen Kapitel des *Zarathustra* liegt auf der Hand. Ein Blick auf den Kontext offenbart weitere Parallelen. Zarathustra vernimmt den Notschrei während seines Gesprächs mit dem Wahrsager:[86]

> ‚Die Wellen um deinen Berg', antwortete der Wahrsager, ‚steigen und steigen, die Wellen grosser Noth und Trübsal: die werden bald auch deinen Nachen heben und dich davontragen.' – Zarathustra schwieg hierauf und wunderte sich. – ‚Hörst du noch

82 „Zarathustra antwortete: ‚Ich liebe die Menschen.'" (FRIEDRICH NIETZSCHE, Also sprach Zarathustra, *Zarathustra's Vorrede 2*, KSA 4, S. 13.)

83 Vgl. KSA 4, S. 23, *Zarathustra's Vorrede 7.*

84 Zarathustra kehrt am Ende der ersten drei Bücher in die Einsamkeit zurück, der Beginn jedes Buches findet ihn in oder vor seiner Höhle, nur das dritte Buch schildert seine Rückkehr zur Höhle, die erst im Kapitel *Der Genesende* erfolgt.

85 Vgl. KSA 4, S. 295, *Das Honig-Opfer.*

86 KSA 4, S. 301, *Der Nothschrei.*

Nichts?' fuhr der Wahrsager fort: ,rauscht und braust es nicht herauf aus der Tiefe?' – Zarathustra schwieg abermals und horchte: da hörte er einen langen, langen Schrei, welchen die Abgründe sich zuwarfen und weitergaben, denn keiner wollte ihn behalten, so böse klang er.

Die Gleichheit der Motive ist nicht aussagekräftig genug – der Nachen in Dehmels Gedicht wäre durch die selbstverständliche Zugehörigkeit zum Motivkomplex des Meeres hinlänglich erklärt – , wirkt jedoch nicht mehr zufällig, wenn Nachen und Meer mit dem „Nothschrei" in Verbindung gebracht werden, wie es abermals in der Antwort Zarathustras geschieht: „,Du schlimmer Verkündiger', sprach Zarathustra, ,das ist ein Nothschrei und der Schrei eines Menschen; der mag wohl aus einem schwarzen Meere kommen. Aber was geht mich Menschen-Not an!'"[87]

Die Versöhnung zweier Todfeinde angesichts der existenziellen Bedrohung mildert den Zorn des Prometheus und gibt ihm die Liebe zu den Menschen und zum eigenen Leben zurück. Deshalb bittet er Zeus (V. 151f): „o laß mich leben – ewig leben: / ich will *noch Einmal* gehn – zu meinen Kindern!" Die Anspielung auf Zarathustras trotziges Wort „War *das* das Leben? Wohlan! Noch Ein Mal!"[88] ist mehr als deutlich, doppelt hervorgehoben durch Gedankenstriche und Sperrdruck, die ihrerseits gleichfalls auf Nietzsche hindeuten.

Schließlich sei noch auf die Auffassung des jeweils traditionellen Gottesbildes hingewiesen, wie sie im *Zarathustra* wie im *Befreiten Prometheus* zutage tritt. Als Grund für Prometheus' Verbannung wird die „Uebermacht des Neides, des weltbeschattenden, der alten Götter" genannt (V. 30f.). Für einen möglichen Bezug zu Nietzsche ist weniger die Vermenschlichung der Göttergestalten von Interesse, die bereits seit der Antike einen Gemeinplatz der aufgeklärten Mythenkritik bildete, als vielmehr das Attribut „alt". Die Wendung vom „alten Gott" fällt im *Zarathustra* nicht weniger als siebenmal, davon fünfmal im von Dehmel hochgeschätzten vierten Teil[89], der Plural „alte Götter" immerhin zweimal. [90] Weniger ergiebig, aber erwähnenswert ist der Vers „Prometheus, der ist tot – und kommt nicht wieder" (V. 90). Auch wenn diese Aussage durch den Handlungszusammenhang vollkommen gerechtfertigt scheint, kann eine an Nietzsche orientierte Untersuchung die Assoziation von Göttlichkeit und Sterblichkeit kaum übergehen.[91]

---

87 Ebd.

88 KSA 4, S. 199, *Vom Gesicht und Räthsel 1*; ebenso S. 396, *Das Nachtwandler-Lied 1*.

89 Vgl. KSA 4, S. 62, *Vom neuen Götzen*; 165, *Von den Dichtern*; 322, 326, *Ausser Dienst* (dreimal); 370, *Das Lied der Schwermut* 2; 391, *Das Eselsfest* 1.

90 Vgl. KSA 4, S. 230, *Von den Abtrünnigen* 2; 289, *Die sieben Siegel* 2.

91 Das vermutlich bekannteste Nietzsche-Wort „Gott ist todt!" fällt zwar bereits in der *Fröhlichen Wissenschaft* (1882) (§ 125, KSA 3, S. 481), wird aber von Zarathustra im zweiten Kapitel aufgegriffen: „Als Zarathustra aber allein war, sprach er also zu seinem Herzen: ,Sollte es denn möglich sein! Dieser alte Heilige hat in seinem Walde noch Nichts davon gehört, dass *Gott todt* ist!' –" (KSA 4, S. 14.) Aufgrund der enormen Popularität des *Zarathustra*

Wie im *Zarathustra* wird der Zivilisationskritik eine positive Vision gegenübergestellt. Sie führt direkt in das Zentrum von Dehmels Reformidee. Die gesellschaftliche Fehlentwicklung wird auf betont unpolitischem Wege korrigiert. Anstelle einer Reform der politischen oder sozialen Ordnung verändert sich der Mensch innerhalb des bestehenden Systems. Den Ausweg aus Egoismus und Feindseligkeit, die durch Besitz und Wohlstand in jeder bisherigen politischen Ordnung gegeben sind, bietet die Liebe. Wie schon mehrfach erwähnt, glaubte Dehmel nicht an die Glücksverheißungen eines kommunistischen oder sozialistischen Zukunftsstaats. Ebensowenig hielt er von der Rückkehr in einen idealen Naturzustand. Seine Idee eines ‚dritten Wegs' der „Menschenliebe" sieht einen Abbau gesellschaftlicher Spannungen vor, ohne die Errungenschaften der Kultur preiszugeben. Diese Liebe erscheint im *Befreiten Prometheus* in zweifacher Färbung. Zum einen als ethische Kategorie der Nächsten- bzw. Feindesliebe (Mt 5, 44). Sie bildet das Telos der moralistischen Binnenhandlung und macht ihrerseits den Blick frei für das eigentliche Thema des Gedichts, die zweckfreie und begründungslose „Menschenliebe", die der natürlichen bzw. metaphysischen Einheit aller Lebewesen entspringt.

Die neutestamentliche Lesart gewinnt an Plausibilität durch die motivische Stilisierung des „Märtyrers" Prometheus (V. 18) zum gekreuzigten Jesus (20ff.):

> O lange Qual! oh Leib – zerfleischt, entstellt!
> Noch deckten Schwären die zerschundnen Knöchel:
> kaum konnten die verkrümmten Finger *schützen*
> die roten Male all, die frisch noch glänzten, –
> auf all den Wunden, die ihm Tag um Tag
> der Geier gierige Schnabelschläge rissen.

Einige Zeilen weiter wird seine „schmerzvernarbte Stirne" erwähnt. Durch diese motivischen Bezüge wird die Bestrafung des Prometheus dem Leiden Christi parallelisiert. Die Ähnlichkeiten zwischen dem gefesselten Titanen und dem gekreuzigten Heiland hatten bereits seit der Renaissance, verstärkt seit der Romantik, zur soteriologischen Interpretation der Prometheus-Figur geführt.[92] Daß Dehmel, übrigens nicht als einziger Dichter der frühen Moderne[93], diesen Über-

---

dürfte diese Stelle für die meisten Nietzsche-Leser die erste Begegnung mit der berühmten Formel gewesen sein.

92 Vgl. TROUSSON (1964), S. 148ff., 320-333, 351-364; BREMER (1991), S. 265f.

93 Zu erwähnen ist besonders das Gedicht *Christus-Prometheus* von KARL AUGUST HÜKKINGHAUS (Moderne Dichter-Charaktere, S. 129f.), in dem ebenfalls die Liebe in den Mittelpunkt gestellt wird (S. 130): „So duld' ich bis die gold'ne Stunde kommt, / In der der Mensch erkennt das Wort, das hohe. / Nur Liebe, Liebe ist es, die uns frommt!" Nicht anders in JULIUS HARTS Gedicht *Zu Gott!* (ebd., S. 63-65, hier: S. 65): „Daß ich niedersteige / Ein besserer Prometheus, / In beiden Händen / Schwertragend eine feuerglühend / Dampfende Opferschale, / Gefüllt mit den krystallreinen / Leuchtenden Wellen deiner Liebe." – Hermann Conradi, dem Dehmel zweifellos einige Anregungen verdankte, verwendet die Assoziation Christus-Prometheus in dem zeitkritischen Gedicht *Es liegt die Welt*

lieferungsstrang aufgegriffen hat, überrascht keineswegs, denn die Briefe der Jahre vor 1890 zeugen von einer intensiven Beschäftigung mit dem neuen Testament und der Figur Christi.[94] Verschiedene briefliche Äußerungen lassen darauf schließen, daß Dehmel seine Ansichten der Leben-Jesu-Forschung und der linkshegelianischen Religionsphilosophie verdankte. Er trug sich mit dem Gedanken, „früher oder später einen ‚Jesus' [zu] schreiben"[95], der ihn auch nach 1900 nicht losließ.[96] Ein frühes Drama (ca. 1885) mit dem Titel *Der Erlöser* ist leider nicht erhalten.[97]

Wenn sich die beiden Fischer am rettenden Strand, „stummer Liebe voll" (V. 141), in die Arme sinken, so ist damit aber noch mehr ausgedrückt als die ethische Kategorie der Feindesliebe. Das zeigt sich nicht zuletzt in der Betonung der „Menschenliebe", zu der sich auch Prometheus bekennt (V. 149ff.): „Oh Zeus! ich *danke* dir – du *armer Gott* – / ich bin so reich! *ich fühle Menschenliebe*"[98] Hier erscheint die Liebe als durchaus irdische Größe und wird pointiert gegen den lieblosen olympischen Götterhimmel ausgespielt, der an ihr nicht teilhaben kann („du armer Gott"). Sie ist dem Neid „der alten Götter" (V. 31) konträr entgegengesetzt. Im Schlußmonolog des Prometheus sagt sich folglich die Menschheit, im Zeichen der „Menschenliebe", vom Glauben an die „alten Götter" los. Hinter diesem weltanschaulichen Appell werden Konturen der linkshegelianischen Religionsphilosophie sichtbar, die Dehmel in den achtziger Jahren höchstwahrscheinlich rezipiert hat.[99] In seinem religionsphilosophischen Hauptwerk *Das Wesen des Christentums* (1841) hatte Ludwig Feuerbach die Liebe als den Kern der

in Sünden: „Ihr Narr'n! Es naht die Stunde / Da wieder am Kreuze einmal / Bluttriefend ein *neuer* Messias hängt, / Im Herzen Prometheus-Qual!" (HERMANN CONRADI, Lieder eines Sünders, Leipzig o. J. [1887], S. 87.)

94 Vgl. I 16, 20f., 24, 29ff.

95 An Simon Herrmann, 17.10.87, I 32.

96 Vgl. die Briefe an Johannes Schlaf vom 6.6.1901, I 378, und an Hans Benzmann vom 21.10.1909, II 187.

97 Ein Hinweis darauf findet sich in der Autobiographie von Dehmels Freund CARL LUDWIG SCHLEICH, Besonnte Vergangenheit. Lebenserinnerungen 1859-1919. Reinbek 1961, S. 294.

98 In der Fassung der *Gesammelten Werke* heißt es interessanterweise: „Ich bin so reich, / ich fühle wieder Liebe!" (GW2, S. 116.)

99 Eine Feuerbach-Lektüre Dehmels ist nicht positiv belegbar. Es ist anzunehmen, dass Dehmel mit Feuerbachs bekanntester Schrift spätestens während des Studiums bekannt geworden ist. Er besuchte unter anderem Vorlesungen bei Paulsen, Deussen und Gizycki. Möglicherweise gehört Feuerbach, als der am betontesten atheistische Materialist, zu den Autoren, die den Schüler Dehmel für die „materialistischen Verstandeskonstruktionen" gewannen (an Carl du Prel, 16.9.1891, I 53). Schließlich ist ohne weiteres anzunehmen, dass Dehmel in den Berliner Literatenkreisen der späten achtziger Jahre (Ethischer Klub, Genie-Konvent, Friedrichshagen) auf Feuerbachs Religionskritik aufmerksam gemacht wurde.

Beziehung des Menschen zu Gott bestimmt[100] und gemäß seinem Fundamentalsatz – „homo homini deus est“[101] – die Gottesliebe als „Menschenliebe“ enthüllt.[102]

Wie Feuerbach ging es Dehmel nicht darum, die christliche Religion gänzlich zu verwerfen; er bemühte sich vielmehr, hier wie andernorts, den ethischen Kern der „Jesuslehre“[103] von der christlichen Dogmatik zu lösen und für seine Zeit zu erhalten.[104] Ebenfalls wie Feuerbach ersetzt Dehmel die christliche Metaphysik und Ontologie durch die Naturphilosophie des 19. Jahrhunderts (s. Kap. I.2). Dieser Hintergrund erschließt sich einem Blick auf die Symbolik der Schlüsselszene, der Seenot und Rettung des Fischers. Legt man als Deutungsfolie die monistische Naturphilosophie des 19. Jahrhunderts zugrunde, läßt sich das Meer als natürlicher bzw. metaphysischer Urgrund alles Seienden oder zumindest Lebenden interpretieren.[105] Dagegen symbolisiert der „Kahn“ des Fischers das principium individuationis, d. h. die Illusion einer von Natur und anderen Lebewesen abgesonderten individuellen Existenz. Der Schopenhauersche Terminus ist absichtlich gewählt, denn die Bildersprache des Gedichts findet ihr exaktes Vorbild im ersten Band der *Welt als Wille und Vorstellung* (1819):[106]

> Denn, wie auf dem tobenden Meere, das, nach allen Seiten unbegränzt, heulend Wasserberge erhebt und senkt, auf einem Kahn ein Schiffer sitzt, dem schwachen Fahrzeug vertrauend; so sitzt, mitten in einer Welt voll Quaalen, ruhig der einzelne Mensch, ge-

---

100 „Die Liebe ist der terminus medius, das substantielle Band, das Vermittlungsprinzip zwischen dem Vollkommnen und Unvollkommnen, dem sündlosen und sündhaften Wesen, dem Allgemeinen und Individuellen, dem Gesetz und dem Herzen, dem Göttlichen und Menschlichen. Die Liebe ist Gott selbst, und außer ihr ist kein Gott. Die Liebe macht den Menschen zu Gott und Gott zum Menschen. [...] Die Liebe ist die wahre Einheit von Mensch und Gott, Natur und Geist.“ (LUDWIG FEUERBACH, Das Wesen des Christentums, Werke in sechs Bänden, hg. v. Erich Thies, Frankfurt/M. 1976, Bd. 5, S. 55.)

101 Ebd., S. 318. Damit verkehrt er Hobbes' berühmtes Diktum „homo homini lupus est“ in ihr Gegenteil.

102 Ebd., S. 64: „Was liebe ich also in und an Gott? *Die Liebe*, und zwar die *Liebe zum Menschen.* Wenn ich aber die Liebe liebe und anbete, mit welcher Gott den Menschen liebt, liebe ich nicht den Menschen, ist meine *Gottesliebe* nicht, wenn auch indirekte, *Menschenliebe*?“ Eine der wichtigsten Belegstellen für Feuerbachs Argumentation ist 1. Joh. 4, 7ff., wo es unter anderem heißt: „Ihr Lieben, laßt uns einander lieb haben; denn die Liebe ist von Gott, und wer liebt, der ist von Gott geboren und kennt Gott. Wer nicht liebt, der kennt Gott nicht; denn Gott ist die Liebe.“ (1. Joh. 4, 7-8.) „Wenn wir uns untereinander lieben, so bleibt Gott in uns, und seine Liebe ist in uns vollkommen.“ (1. Joh. 4, 12.)

103 An S. Hermann, 17.10. 1887, I 29 u. ö.

104 Bei Feuerbach heißt es: „Ist das Wesen des Menschen das *höchste Wesen* des Menschen, so muß auch praktisch das *höchste* und *erste* Gesetz die *Liebe des Menschen zum Menschen sein.*“ (Ebd., S. 318.)

105 Zur Geschichte dieser Denkfigur im 19. Jahrhundert vgl. ausführlich GEBHARD (1984). Zu Schopenhauer: S. 81-163.

106 ARTHUR SCHOPENHAUER, Die Welt als Wille und Vorstellung I, § 63, Werke in fünf Bänden. Nach den Ausgaben letzter Hand hg. von Ludger Lütkehaus, Zürich 1988, Bd. 1, S. 457.

stützt und vertrauend auf das *principium individuationis*, oder die Weise wie das Individuum die Dinge erkennt, als Erscheinung.

Nietzsche zitiert die Passage wörtlich in der *Geburt der Tragödie* (1872), jenem Werk also, dessen Titelblatt die Abbildung des entfesselten Prometheus zeigte.[107]

Demnach kann der Sturz ins Wasser als Durchbrechung des principium individuationis verstanden werden, ebenso der freiwillige Sprung des zweiten Fischers. Nicht jedoch, um das Grauen zu erkennen, das laut Schopenhauer jenseits des Individuationsprinzips lauert[108], sondern um die Liebe zu erfahren, als deren „Ursprung und Wesen“ Schopenhauer „die Durchschauung des *principii individuationis*“ annimmt.[109]

Angesichts der finalen Harmonie erscheint auch die Gefangenschaft und Folter des Prometheus retrospektiv als Leiden an der Individuation.[110] Nicht zu entscheiden ist allerdings, ob diese als lästiges Übel oder als notwendige Bedingung für die anschließende Vereinigung angesehen werden soll. Zwei Ansichten Dehmels stehen sich hier gegenüber. Zum einen die Gleichsetzung alles Leids mit Einsamkeit, die in dem Spruch zusammengefaßt ist: „Alles Leid ist Einsamkeit, alles Glück Gemeinsamkeit“.[111] Vor diesem Hintergrund ist die Gefangenschaft des Prometheus negativ zu bewerten, seine Befreiung als unverhoffter Glücksfall (V. 17f.: „und Laune war's und Gnade, daß sein Blitz / vom Leib des Märtyrers die Fesseln sprengte“). Zum anderen der Glaube an Wert und Nutzen des Individualismus, der sich mit Gustav Landauer auf die Formel „Durch Absonderung zur Gemeinschaft“ bringen läßt.[112] Aus dieser Perspektive erscheint die Individuation als notwendige Durchgangsstufe. Die Befreiung erfolgt erst, als Prometheus bereit ist, d.h. als er „Wut“, „Ohnmacht“und „Bitternis“ (V. 26ff.) hinter sich gelassen hat (V. 33ff.). Diese Deutung entspricht zudem Dehmels häufig geäußerter Auffassung von der Dialektik historischer wie psychischer Vorgänge, der Interdependenz von Leid und Glück.

Das Ende des Autonomieprinzips. Der ‚Befreite Prometheus' als Künstlergedicht

Abschließend soll versucht werden, Dehmels *Befreiten Prometheus* als Künstlergedicht zu lesen. Jeder Lyriker des 19. Jahrhunderts, der einen Prometheus schreibt,

---

107 Vgl. FRIEDRICH NIETZSCHE, Die Geburt der Tragödie 1, KSA 1, S. 28.

108 Vgl. SCHOPENHAUER, Die Welt als Wille und Vorstellung I, § 63, Werke, Bd. 1, S. 457.

109 Ebd., § 66, Werke, Bd. 1, S. 483.

110 Diese Deutung kann sich nicht auf Schopenhauer berufen, der den Prometheus-Mythos etymologisch auf die menschliche Fähigkeit der „Vorsorge“ bezieht (vgl. Parerga und Paralipomena II, § 199, Werke nach den Ausgaben letzter Hand, Bd. 5, S. 358f.).

111 Zwei Menschen, I, 8, GW5, 23.

112 Vgl. GUSTAV LANDAUER, Durch Absonderung zur Gemeinschaft (1900), in: G. L., Zeit und Geist. Kulturkritische Schriften 1890-1919. Hg. von Rolf Kauffeldt und Michael Matzigkeit. München 1997, S. 80-99

setzt sich, willentlich oder nicht, dem Vergleich mit der wohl bekanntesten deutschsprachigen Bearbeitung des Mythos aus: Mit Goethes *Prometheus*-Gedicht. Die Wahl dieses Stoffs kann als weiteres Indiz für das gewachsene dichterische Selbstbewußtsein gewertet werden, wie es Dehmel in dem Brief an Kirchbach formuliert hat (s.o.).

Der Rückgriff auf die alternative Stofftradition des *befreiten* Prometheus bot Dehmel zwei Vorteile: Zum einen entging er dadurch dem direkten Vergleich mit Goethe; zum anderen lieferte die Fortführung des Mythos eine geeignete Vorlage für die aktualisierende Fortsetzung von Goethes *Prometheus*. Auf den ersten Blick fallen vor allem die Unterschiede auf, formale und inhaltliche. Goethes Monolog setzt Dehmel eine episch sich entfaltende Verserzählung entgegen, die sowohl die Haupthandlung einschließlich der fragmentarisch ergänzten Vorgeschichte, als auch die affektreichen Monologe des Prometheus aufzunehmen vermag. Die entscheidende Umakzentuierung liegt jedoch im Inhaltlichen. Im Mittelpunkt von Dehmels Gedicht steht Prometheus' Verhältnis zu den Menschen, das bei Goethe, im Interesse der Autonomieerklärung, auf das Schöpfungsverhältnis reduziert bleibt.[113] Wie schon erwähnt, kommt es Dehmel offenbar darauf an, die rebellischen Züge zu tilgen. So erklärt sich vielleicht auch die Verwendung überwiegend fünfhebiger Jamben im Gegensatz zu Goethes freien Rhythmen. Dem Trotz des Goetheschen Prometheus setzt Dehmel die Liebe entgegen. Hatte Goethes Gedicht – in Goethes eigener Interpretation[114] – die Isolation des Künstlers zur Bedingung künstlerischen Schaffens erhoben, droht Dehmels Prometheus an seiner „Einsamkeit" (V. 82) zu verzweifeln. Darin tritt eine veränderte Künstlerauffassung zutage, die mit Dehmels Poetik genau übereinstimmt. Es wird ein funktionierender Dialog vorausgesetzt[115], die künstlerische Isolation, wie sie in der dichterischen Selbstreflexion seit der Genieepoche immer wieder thematisiert wird[116], soll durchbrochen werden – durch die Liebe.[117] Dehmels Entwurf richtet sich gegen eine individualistische Künstlerauffassung, die bis ins 20. Jahrhundert wirksam blieb. Dazu greift er auf den Text zu-

---

113 Darauf weist ausdrücklich BLUMENBERG (^{5}1990): „Die Unbekümmertheit des Gottes um den Menschen ist die Prämisse für die Selbstermächtigung und Selbstbestätigung des schöpferischen Poeten." (S. 457) Das Verhältnis des Prometheus zu den Menschen wird dagegen ausführlich dargestellt in Goethes Dramenfragment *Prometheus*, aus dem auch das Gedicht hervorgegangen ist.

114 GOETHE, Dichtung und Wahrheit, 15. Buch. In: Werke, Hamburger Ausgabe, hg. v. Erich Trunz, München 1988, S. 49.

115 Im Kapitel II.3 wurde mehr als einmal darauf hingewiesen, daß Dehmel an der Vorstellung des von seiner Zeit verkannten Dichters zeitlebens festgehalten hat. Das schließt jedoch die gedichtete Wunschvorstellung eines gelungenen Dialogs, zumal beim jungen Dehmel, keineswegs aus.

116 Vgl. SCHLAFFER (1966); SELBMANN (1994), S. 8.

117 In diesem Sinn deutet LÄMMERT (1989) bereits Shelleys *Prometheus Unbound*: „Das Heilmittel gegen die drohende Vereinzelung des eigenmächtigen Individuums heißt Liebe." (S. 24)

rück, der mehr als jeder andere ihren Beginn markiert und zum Prätext einer ganzen Reihe von Dichtergedichten wurde, die den Poeten fernab der (barbarischen) Menschheit, nicht selten in gebirgiger oder himmlischer Entrücktheit präsentierten.[118] Als stellvertretendes Beispiel sei eine Strophe aus Geibels Gedicht *König der Dichter* angeführt:

> Der Dichter steht mit dem Zauberstab
> Auf wolkigem Bergesthrone
> Und schaut auf Land und Meer hinab
> Und blickt in jede Zone.

Faßt man den *Befreiten Prometheus* konsequent als Künstlergedicht auf, so kann man beobachten, wie sich die Kritik und Korrektur der vornaturalistischen Künstlerauffassung in mehreren Schritten vollzieht. Vor diesem Hintergrund gewinnt die Landschaftssymbolik des Gedichts eine überraschende Bedeutung. Zu Beginn begibt sich Prometheus vom Gebirge – dem topischen Ort des Dichters – an das er „nach der Olympier [!] unerbittlichem Gesetz" (V. 15) gefesselt gewesen war, „hinab nach seiner Erde" (V. 5). Die Menschen haben ihn vergessen, das bedeutet, der funktionale Zusammenhang zwischen Künstler und Gesellschaft, wie ihn etwa Schiller oder Wagner in der klassischen Antike zu erkennen glaubten[119], erweist sich als gestört. Der Priester, als Sachwalter einer zur leeren Hülle gewordenen Religion – man könnte darin einen Ästhetiker, Kritiker oder Literaturhistoriker vermuten – informiert den Schutzsuchenden: „Prometheus, der ist tot – und kommt nicht wieder" (V. 90). Führt man diese allegorische Deutung konsequent weiter, müßte die anschließende Raserei, in der Prometheus die Felsen ins Meer schleudert, als der künstlerische Akt verstanden werden, der sich, im Gegensatz zur introspektiven Weltschmerzlyrik, als aggressive Eruption vollzieht.[120] Ab hier befindet sich die Allegorese auf sicherem Boden. Denn die mittelbare Folge, das Erwachen der Menschen aus ihrem apathischen Zustand, die Rückkehr zur vergessenen Lehre der Liebe, findet ihre genaue Entsprechung in Dehmels Poetik der neunziger Jahre (s. Teil II).

Dehmels Gedicht ist also nicht als Gegenentwurf zu Goethes *Prometheus* konzipiert, sondern als Fortsetzung und Aktualisierung. Indem Rebellion und Isolation als Vorgeschichte in die Handlung hineingenommen werden, die Isolation, wenn nicht zur Bedingung, so doch zum Ausgangspunkt der künstlerischen Produktion gemacht wird, bemüht sich Dehmel, den Fortschritt zu einer neuen

---

118 Vgl. SCHLAFFER (1966), S. 297ff., 307, 322ff. Das folgende Beispiel zitiert nach ebd., S. 298.

119 Vgl. BORCHMEYER (1982), S. 63-74.

120 Zu denken wäre an provokativ-agitatorische Lyrik, wie sie sich besonders im ersten Teil der *Erlösungen* findet (*Bekenntnis*, *Fehdebrief*; s. o.), an literarische Gesellschaftskritik, wie sie im Umkreis des Naturalismus entstand (*Bergpsalm*, *Vierter Klasse*, *Die Magd*; s. Kap. III.6), oder an das rauschhafte Pathos, das viele Dehmel-Gedichte kennzeichnet (s. bes. III.3).

Künstlerauffassung als Entwicklungsprozeß darzustellen. Evolution statt Revolution? Dieser Gedankengang entspricht Dehmels Haltung zur philosophischen und literarischen Tradition, die stets auf Würdigung und Respekt beruhte (s. Kap. II.2.1). Wie man seinen späteren Aussagen über die *Erlösungen* sowie den darin enthaltenen Äußerungen zu Goethe entnehmen kann, lag eine Opposition durchaus nicht in Dehmels Interesse. Die profilierungsversessene Goethekritik junger Literaten war dem 26jährigen Dehmel ein Dorn im Auge. Es spricht jedoch von ebenso hohem, wenn nicht höherem dichterischen Selbstbewußtsein, wenn er sich im *Befreiten Prometheus* als Nachfolger und Fortsetzer Goethes präsentiert.

Fazit

Blicken wir zurück. Ein junger Dichter wählt gegen Ende des Jahres 1888 den griechischen Mythos des Prometheus, um seine Hoffnungen auf ein kommendes Reich der Liebe auszudrücken. Es ist eine Zeit, die von einer jungen Dichtergeneration als Epoche weltanschaulichen Umbruchs, als Beginn einer neuen Zeit, der Moderne, wahrgenommen wird. Christentum, Wissenschaft und Sozialismus ringen um die Hegemonie in der Deutung des Menschen und der Welt. Die Ordnungen des privaten Lebens werden neu verhandelt, das Fehlen eines verbindlichen Leitmaßstabs billigt noch dem kuriosesten Entwurf ein Recht auf Existenz zu. In dieser Umbruchphase gewinnt ein Mythos, in dem die Bilanz der menschlichen Kulturentwicklung gezogen wird, einen neuen Aussagewert: „Ist Prometheus die mythische Spiegelung der menschlichen Kulturtat", schrieb 1946 Hans-Georg Gadamer, „so muß sich jede entscheidende Wendung in der Geschichte des menschlichen Kulturbewußtseins zur Deutung oder Nachgestaltung gereizt gefunden haben."[121]

III.2 Weltanschauungsgedichte

Da sich Dehmels Lyrik, wie sie hier vorgestellt wird, generell um weltanschauliche Fragen dreht, muß der Begriff der Weltanschauungslyrik eher formal als inhaltlich gefaßt werden. Gemeint ist die eher abstrakte differenzierte Erörterung von weltanschaulichen Fragen. Sie hebt sich von der thesenhaften Einseitigkeit der Programmgedichte oder der didaktisch-appellhaften Lyrik ebenso ab, wie von der situativen Begrenztheit der Liebeslyrik.

Die Zahl von Dehmels Weltanschauungsgedichten ist auffallend gering (s. Kap. 0.5). Sie treten nach dem ersten Gedichtband hinter die erlebnishaft-

[121] GADAMER (1946), S. 71.

situative Erkundung von Einzelproblemen zurück.[122] Das hängt mit der im Laufe der neunziger Jahre sich ausbildenden Auffassung Dehmels von der sinnlichen Beschaffenheit und Wirkungsweise der Kunst zusammen, die er von der geistig-begrifflichen Philosophie streng getrennt wissen wollte. Daraus ergab sich die poetologische Maßgabe, weltanschauliche Gehalte, die ja für Themenstellung und Behandlung eine zentrale Rolle spielten (s. Kap. III.0), ganz in das ‚Erlebnis' hereinzunehmen. Dehmels Formel dafür war das „Sinnbild": „Kunst ist sinnlich überzeugendes Sinnbild einer Weltanschauung [...]."[123] Wie Dehmel selbst bemerkte[124], führte die konsequente ‚Versinnlichung' geistiger Inhalte zunächst zu einer übertriebenen Komplexität der Bildersprache, die ihm den bis heute fortwirkenden Vorwurf der Dunkelheit eintrug.[125] Erst mit *Weib und Welt* glaubte Dehmel das rechte Gleichgewicht zwischen Sinnlichkeit und Abstraktion gefunden zu haben.[126]

Als Beispiel für derartige Versuche sinnlich-bildhafter Verdichtung soll das zweite hier behandelte Gedicht, *Bastard*, aus *Aber die Liebe* dienen. Aus den Weltanschauungsgedichten der *Erlösungen* wurde das bei weitem ambitionierteste, *Liebe und Ehe*, ausgewählt.

2.1 Philosophisch-gedankliche Lyrik: Liebe und Ehe

Allgemein

In diesem umfangreichen Gedankengedicht (448 Verse!)[127] versucht Dehmel nicht mehr und nicht weniger, als auf der Grundlage des Evolutionsgedankens eine neue, rein immanente Begründung für moralisches Handeln zu finden. Der

---

122 Eine Ausnahme bildet die *Lebensmesse*, zuerst in der zweiten Auflage der *Erlösungen* (1898) veröffentlicht, die sich jedoch, ähnlich wie *Liebe und Ehe* (s.u.), eher dramatisch-chorhaften Gestaltungsweisen annähert.

123 BK 100. Ausführlicher an Roger de Campagnolle, 27.2.1901, I 366: „Immer wieder reizt uns die Lebensfülle solcher Werke, allerlei Erläuterungen des Lebens dahinter zu vermuten, wo doch der Künstler nichts weiter wollen *kann*, als ein Sinnbild des Ewig-Unbegreiflichen zu geben. Und weil das Bild den Sinnen begreiflich ist, so meint auch der Geist, er müsse bestimmten Begriffen nachsinnen, während der Sinn des Bildes doch grade darin besteht, einen sinnlichen Inbegriff von geistigen Unbegreiflichkeiten zu geben."

124 Vgl. den höchst instruktiven Brief an Gustav Kühl vom 21.10.1896, in dem Dehmel eine Bilanz seiner bisherigen Entwicklung zieht (I 252ff., hier: 256).

125 Ein Beispiel kann hier für viele stehen – GUSTAV FALKE, Aber die Liebe. Ein Ehemanns- und Menschenbuch von Richard Dehmel. In: *Die Gesellschaft* 10 (1894), S. 903-916, hier: S. 908: „Aber man merkt in manchen Gedichten, daß beide, Denker und Dichter, nicht ganz miteinander fertig geworden sind. Der Gedanke kommt nicht klar zum Durchbruch. Das dichterische Bild, statt ihm lebendige Gestalt zu geben, verdunkelt, verschleiert ihn."

126 Vgl. den Brief an Kühl (wie Anm. 124).

127 Aus diesem Grund konnte das Gedicht nicht in den Textanhang aufgenommen werden. Die eingehender interpretierten Passagen werden deswegen ausführlicher zitiert.

Glaube an die „Vollendung“ der Menschheit weist einen Ausweg aus dem ethischen Dilemma, das der Prestigeverlust des christlichen Weltbildes hinterlassen hatte. Mit seiner stark evolutionistischen Ausrichtung spiegelt *Liebe und Ehe* die Diskussion um eine wissenschaftlich fundierte Ethik während der siebziger und achtziger Jahre des neunzehnten Jahrhunderts. Dehmels Freund und Schriftstellerkollege Julius Hart brachte die Problemlage auf die bündige Formel: „Das Christentum ist in Wahrheit erst dann überwunden, wenn Einer uns das Warum des sittlichen Lebens neu betrachtet und eine neue für uns ausreichende Begründung der Sittenlehre zu geben vermag.“[128]

Aufgrund seiner außerordentlichen Länge kann das Gedicht nicht Vers für Vers interpretiert werden. Herauszuarbeiten sind, im Rahmen der Themenstellung, zum einen die weltanschaulichen Grundzüge, die in Ergänzung zum ideengeschichtlichen Teil II präzisiert werden können, zum anderen die auffallende Verwendung von Themen und Begriffen der christlichen Heilsbotschaft, mit der sich das Gedicht, nach Dehmels eigenen Worten, als alternatives „Glaubensbekenntnis“ empfiehlt.

Ideengeschichtlicher Hintergrund

Darwins Theorie von der Entstehung der Arten durch natürliche Zuchtwahl bedeutete den endgültigen Durchbruch des naturwissenschaftlichen Welt- und Menschenbildes und seine Emanzipation von dem des Christentums.[129] Daraus

---

128 JULIUS HART, Alte und Neue Sittlichkeit, in: *Freie Bühne* 2 (1891), S. 785-789 u. 863-866, hier: S. 786.

129 Vgl. CHADWICK (1977), WITTKAU-HORGBY (1998). Als monographische Darstellung in epochenübergreifender Perspektive eignet sich immer noch die inzwischen klassisch gewordene Darstellung von GREENE (1959).
Wie die angelsächsische ‚religion and science‘-Forschung der achtziger Jahre nachgewiesen hat, kann das Verhältnis von Naturwissenschaft, speziell der Evolutionslehre, und Theologie nicht auf einen antithetischen ‚Kriegszustand‘ reduziert werden. Die berühmte Kontroverse von Bischof Wilberforce und „Darwin's bulldog“ Thomas Henry Huxley muss als Extremfall angesehen werden, dem zahlreiche Integrationsversuche von Seiten der protestantischen Theologie gegenüberstanden. Vgl. dazu die wegweisende Studie von MOORE (1979), zusammenfassend BARBOUR (1998).
Von den britischen Verhältnissen kann allerdings nicht ohne weiteres auf Preußen und das spätere deutsche Reich geschlossen werden, da es in Großbritannien keinen nennenswerten öffentlichen Einfluß der katholischen Kirche gab. Diese hatte durch den *syllabus errorum* von 1864 den Dialog mit den Naturwissenschaften aufgekündigt. Der offene Bruch erzeugte eine romfeindliche Stimmung unter deutschen Gebildeten, die durch Haeckels wütende Polemik gegen den „Papismus“ ebenso geschürt wurde wie durch Bismarcks Kulturkampf-Politik. Die Haltung protestantischer deutscher Theologen gegenüber Darwins Theorie reichte dagegen von brüsker Ablehnung bis zu produktiver Adaption. Vgl. dazu die quellenkundige Studie von HÜBNER (1966), S. 32-108.
Daß christliche Glaubenssätze und Wertmaßstäbe für die Mehrheit der Bevölkerung weiterhin in Geltung blieben (dazu grundlegend NIPPERDEY 1988), soll dabei keineswegs

ergaben sich – wenn man sie sehen wollte – bedeutende moralphilosophische Schwierigkeiten.[130] Durch die Abkoppelung des Menschen vom christlichen Leib-Seele-Dualismus stand die darauf gegründete Ethik auf tönernen Füßen und damit die bürgerliche Lebensordnung überhaupt. Auf diesem Weg wurde das neue Wissen über *Die Stellung des Menschen in der Natur* (Huxley) zum Ausgangspunkt für Kritik und projektierte Neubegründung der bürgerlichen Lebensordnung. Hören wir den führenden Vertreter der neuen Weltanschauung, Ernst Haeckel:[131]

> Inmitten dieser ungeheuren Gärung, inmitten des tobenden Kampfes der größten Gegensätze, erhebt sich lauter und lauter von allen Seiten der Ruf nach einer neuen, festen Weltanschauung. Daß eine solche nicht an der Hand der bisher herrschenden Glaubenslehren und insbesondere nicht auf Grund sogenannter ,übernatürlicher Offenbarungen' gewonnen werden kann, bedarf für den unbefangenen Denker keines Beweises mehr. Vielmehr ist in erster Linie zu verlangen, daß diese neue Weltanschauung vernünftig ist, d.h. daß sie mit dem Kausalitätsbedürfnis unseres Geistes in Einklang steht, daß sie den festgestellten Grundsätzen unserer vorgeschrittenen [!] Naturerkenntnis nicht widerspricht.

Während die Gegner der darwinistischen Theorie deren revolutionäre Implikationen sofort witterten und mit dem Vorwurf der Unsittlichkeit und Gotteslästerung quittierten[132], hielten sich ihre Verfechter relativ lange bedeckt, was die

---

bestritten werden. Die folgenden Bemerkungen versuchen allein die Bewußtseinslage der Intellektuellen gegen Ende des 19. Jahrhunderts zu rekonstruieren.

130 Soweit ich sehe, ist die *integrative* Verarbeitung des wissenschaftlichen Welt- und Menschenbildes durch die zeitgenössische deutsche Moralphilosophie *neben* Nietzsche noch unzureichend bearbeitet. Der Schwerpunkt bisheriger Untersuchungen liegt, neben dem bis heute fortwirkenden – und darum zunächst interessanten – Utilitarismus auf der Diskussion und Kritik des ‚Sozialdarwinismus'. Die umfangreichen interdisziplinären Forschungen zum Thema ‚Evolutionary Ethics' konzentrieren sich auf den englischen Sprachraum; sie betreffen zudem in der Regel Positionen des 20. Jahrhunderts und lassen historische Aspekte außer Acht (vgl. vor allem die Beiträge in BAYERTZ 1993). Eine Ausnahme bildet WEIKART 2004 (S. 59-70), der die Berliner Kreise um Georg v. Gizycki behandelt. Auch hier bleibt jedoch die Darstellung dem Beweisziel *From Darwin to Hitler* (so der Titel der Studie) untergeordnet.
Die typisch deutsche Variante, den Idealismus auf der Grundlage eines normativen Begriffs der „Gattung" zu restituieren, ist bislang, von verstreuten Bemerkungen abgesehen (etwa NIPPERDEY 1990, S. 508), unbeachtet geblieben. Aufgrund dieser Forschungslage kann das Folgende nicht mehr sein als ein erster Anlauf, der durch gezielte Sichtung und Aufarbeitung des Quellenmaterials präzisiert, wenn auch hoffentlich nicht widerlegt werden kann.

131 ERNST HAECKEL, Die Weltanschauung der monistischen Wissenschaft (1892), in: E.H., Gemeinverständliche Werke, hg. von Heinrich Schmidt-Jena, Leipzig/Berlin 1924, Bd. 5, S. 475-480, hier: S. 476f. Der Aufsatz erschien zuerst in der *Freien Bühne* (3/1892, S. 1155-1164, das Zitat auf S. 1156), die zu diesem Zeitpunkt von Wilhelm Bölsche herausgegeben wurde.

132 Als vergleichsweise prominentes und gut dokumentiertes Beispiel für Deutschland kann der Fall „Müller-Lippstadt" gelten (vgl. BOLLE 1967, S. 249-257). Der Lippstädter Oberlehrer Hermann Müller hatte durch Aufnahme der Evolutionslehre in den Biologieunterricht

ethisch-praktischen Folgen der neuen Lehre betraf. Haeckel und Büchner forderten zwar eine Neubegründung der Ethik auf der Grundlage der naturwissenschaftlichen Weltanschauung (s. Kap. I.2); an einem Umsturz der bürgerlichen Ordnung war jedoch keiner von beiden interessiert. Nicht zuletzt im Interesse einer Legitimation ihrer Lehren versicherten sie immer wieder, daß das neue Weltbild mit den Werten einer aufgeklärten Humanität keineswegs in Widerspruch stehe.[133]

In den siebziger Jahren zeigen sich im deutschsprachigen Raum erste Ansätze einer prodarwinistischen Reflexion des Ethikbegriffs.[134] Obwohl auch hier die vermittelnde Haltung klar dominiert, wird die Tragweite des weltanschaulichen Paradigmenwechsels deutlicher auf den Punkt gebracht. Die rein immanente Auffassung des Menschen bedeutete die Absage sowohl an die christliche Seelenvorstellung wie an den idealistischen Geistbegriff und zugleich eine enorme Aufwertung des menschlichen Trieblebens. Damit war den beiden wichtigsten moralphilosophischen Systemen der Boden entzogen: „Mit dem Sturze der Schöpfungstheorie ist aber nicht nur die Zweckmäßigkeitslehre und aller Dualismus, sondern der ganze bisherige Begriff vom Geiste überhaupt unhaltbar geworden“, formulierte 1871 Bartholomäus von Carneri (1821-1909).[135] Am Ende seiner Ausführungen benennt der Autor die moralphilosophische Aporie der materialistischen Weltsicht und charakterisiert damit die mentale Lage der Gebildeten seiner Zeit:[136]

> Daß die alte Moral einen Stoß erhalten habe, von dem sie nicht mehr sich erholt, ist den Meisten klar; aber wenn auch über das, was an die Stelle der alten Moral treten wird, die wenigsten sich Rechenschaft zu geben vermögen: darüber sind die Denkenden mit sich im Reinen, daß es nur etwas sein könne, das mit der Wissenschaft nicht im Widerspruch steht.

Zu den bekanntesten Versuchen, die von Carneri benannte Lücke zu füllen, gehört das schon mehrfach erwähnte Erfolgsbuch *Der alte und der neue Glaube* von David Friedrich Strauß (1872). Die Schwierigkeit einer Ethik ohne Geistbegriff

---

eine publizistische Debatte ausgelöst, die mittelbar zur Streichung des Biologieunterrichts aus dem Lehrplan der Realgymnasien und Oberrealschulen führte.

133 Diesem Beweisziel diente wohl auch LUDWIG BÜCHNERS Buch *Liebe und Liebes-Leben in der Thierwelt* (Berlin 1879), das, Darwins Vorbild folgend, Beispiele für moralisches Verhalten von Tieren anhäufte und so die Annahme einer natürlichen Moral zu untermauern suchte.

134 Im Folgenden ist ausschließlich vom deutschen Sprachraum die Rede. Im angelsächsischen Raum hatte sich als erster HERBERT SPENCER den sozialen und moralischen Schlußfolgerungen aus der Entwicklungstheorie gewidmet. Der daraus hervorgehende „Sozialdarwinismus“, der auch in Deutschland bald Anhänger fand, ist für unseren Zusammenhang von untergeordneter Bedeutung.

135 B[ARTHOLOMÄUS V.] CARNERI, Sittlichkeit und Darwinismus. Drei Bücher Ethik. Wien 1871.

136 Ebd., S. 324.

zeigt sich auch hier. Im Kapitel *Wie ordnen wir unser Leben?* versucht Strauß, das Gegengewicht zum Trieb evolutionistisch abzuleiten, indem er sich auf den, von niemandem ernsthaft bezweifelten, Unterschied zwischen Mensch und Tier beruft:[137]

> Im Menschen hat die Natur nicht blos überhaupt aufwärts, sie hat über sich selbst hinaus gewollt. Er soll also nicht blos wieder nur ein Thier, er soll mehr und etwas besseres sein. Der Beweis, daß er es soll, ist, daß er es kann. Die sinnlichen Bestrebungen und Genüsse sind schon in der Thierwelt voll entfaltet und erschöpft; um ihretwillen ist der Mensch nicht da; wie überhaupt kein Wesen um desjenigen willen da ist, was schon auf frühern Lebensstufen gegeben war, sondern um dessen willen, was in ihm neu errungen worden ist. So soll der Mensch das Animalische in ihm mit dem Höheren das in ihm angelegt ist, mit den Fähigkeiten die ihn vom Thier unterscheiden, durchdringen und beherrschen.

Hier wird der Versuch gemacht, aus der Tatsache der evolutionären Höherentwicklung eine normative Setzung zu gewinnen. Die „Idee der Gattung" wird zur überindividuellen Orientierungsperspektive für das menschliche Handeln erklärt: „Alles sittliche Handeln des Menschen, möchte ich sagen, ist ein Sichbestimmen des Einzelnen nach der Idee der Gattung."[138]

Die Auffassung des Menschen als eines Naturwesens bedeutet aber auch für Strauß, daß der sinnlichen Seite mehr Anerkennung gezollt werden müsse: „Beherrschen, sagten wir, soll der Mensch die Natur in sich wie außer sich. Die Natur im Menschen ist seine Sinnlichkeit. Sie soll er beherrschen, nicht abtödten wollen, so gewiß die Natur mit ihm über sich, aber nicht aus sich hinausgeschritten ist."[139] Daß mit „Sinnlichkeit" primär Sexualität gemeint ist, war um 1890 selbstverständlich, Strauß fügt 1872 noch eigens eine Erklärung hinzu: „Unter den sinnlichen Reizen ist der geschlechtliche einer der stärksten; weßwegen man unter Sinnlichkeit nicht selten geradezu dasjenige versteht, was im Menschen mit diesem Triebe zusammenhängt."[140]

Im gleichen Sinn äußert sich vier Jahre später der Berliner Philosoph Georg von Gizycki (1851-1895). Gizycki ist für uns von besonderem Interesse, da er im Berlin der achtziger und neunziger Jahre eine wichtige Figur des öffentlichen Lebens war. Dehmel hörte während seines Studiums Vorlesungen bei ihm.[141] Sein Arbeitsschwerpunkt war die philosophische Ethik. 1892 gründete er in Berlin die „Gesellschaft für ethische Kultur", zu deren Mitgliedern seine Frau Lily Braun, der Ur-Materialist Ludwig Büchner und der Mitbegründer des Monistenbunds Wilhelm Ostwald gehörten.

---

137 DAVID FRIEDRICH STRAUß, Der alte und der neue Glaube, S. 241.
138 Ebd., S. 236.
139 Ebd., S. 244.
140 Ebd., S. 247.
141 Vgl. SLOCHOWER (1928), S. 13.

In seiner Schrift *Die philosophischen Consequenzen der Lamarck-Darwin'schen Entwickungstheorie* (1876) stellt Gizycki sich unter anderem die Aufgabe, „einen gedrängten Grundriss der durch unsre Theorie geforderten *Ethik* aufzustellen".[142] Ausgangspunkt ist auch für ihn die Absage an ‚supranaturalistische' Begründungsversuche der Ethik. Es sei vielmehr „Zeit, dass man allgemein Ernst damit macht, auch die Moral vom Himmel auf die Erde zu bringen und sie, anstatt auf *irgend-welche* [!] transcendente Voraussetzungen, auf die uns Allen vertraute Natur fest und sicher zu gründen".[143] Hatte es bei Carneri noch „Wissenschaft" geheißen, so heißt es jetzt „Natur"! Diese Nuance ist nicht unerheblich. Denn von hier aus läßt sich ein erster Ansatz zur *inhaltlichen* Gestaltung einer neuen Ethik gewinnen. Die Annäherung erfolgt zunächst negativ: „Die Bedeutung der Entwicklungstheorie für die Moral liegt weniger darin, dass sich einzelne, besondere Lehren als ihre Consequenzen ergeben; als vielmehr in der ganz allgemeinen durch dieselbe geforderten Beseitigung alles Naturwidrigen, Naturfeindlichen in der Betrachtung ethischer Fragen."[144] In dieser Forderung ist das Zentralargument der lebensreformerischen Debatten vorweggenommen (s. Kap. I.3). Wie diese enthalten Gizyckis Ausführungen eine deutliche Spitze gegen die christlich-bürgerliche Moral:[145]

> Uns liegt es ob, uns nunmehr endlich von allen den Einseitigkeiten zu *befreien*, die uns noch immer als ein Erbstück des Mittelalters verblieben sind. – Die Erkenntnis der ‚Stellung des Menschen in der Natur', welche wir durch die Entwicklungstheorie gewinnen, ist der letzte und entscheidende Schlag, den die mittelalterlich-mönchischen Anschauungen erhalten.

Trotz gegenteiliger Ankündigungen gelangt Gizycki jedoch kaum über Kritik und Grabgesang der christlich sanktionierten Ethik hinaus.[146]

Für Max Nordau, der bereits im Zusammenhang des Kulturoptimismus Erwähnung fand (Kap. I.2), bildete die naturwissenschaftliche Weltanschauung den Ausgangspunkt für eine Kritik der bürgerlichen Lebensordnung, die implizit auch einen Angriff auf die dahinter stehende Ethik enthielt. Entschiedener als Carneri und Gizycki bemühte sich Nordau um eine wissenschaftlich akzeptable Fundierung moralischen Handelns. Sein Modell einer „Solidaritätsmoral",

---

142 GEORG V. GIZYCKI, Philosophische Consequenzen der Lamarck-Darwin'schen Entwicklungstheorie. Ein Versuch. Leipzig/Heidelberg 1876, S. XV.

143 Ebd., S. 60.

144 Ebd., S. 39.

145 Ebd., S. 40. Ebenso S. 60: „Dass wir auf unserm Standpuncte jene ganze *mönchische* Anschauungsweise für die krankhafteste, naturwidrigste *Verirrung* erklären müssen, ist offenbar."

146 Einen überaus einflußreichen Gegner fand Gizycki in Tolstoi, nachdem er für die Vereinszeitschrift *Ethische Kultur* eine Umfrage zum Thema ‚Religion und Moral' unter europäischen Intellektuellen gestartet hatte. Tolstoi reagierte mit der Abhandlung *Religion und Moral*, in der er alle Versuche, die Moral vom christlichen Glauben abzukoppeln, schärfstens verurteilte (vgl. HANKE 1993, S. 89ff.).

wenngleich deutlich dem angelsächsischen Utilitarismus verpflichtet, bleibt in den Rahmen des evolutionistischen Optimismus eingebunden.

Als neue überindividuelle Orientierungsgröße schlägt auch Nordau die „Gattung“ vor, allerdings gebraucht er diesen Begriff, genau wie Dehmel, als Synonym für „Menschheit“. In Vorwegnahme des vertraulichen Tonfalls von Bölsches *Liebesleben in der Natur* formuliert er seine „Doktrin der Aufklärung“:[147]

> Du bist ein Einzelthier in einer Thiergattung, Menschheit genannt. Dich regieren genau dieselben natürlichen Gesetze wie alle anderen Lebewesen. Dein Platz in der Natur ist der, den du dir durch passende Benutzung aller in deinem Organismus vorhandenen Kräfte erobern kannst. Die Gattung ist eine höhere Einheit, von der du ein Theil, ein Gesammtorganismus, von dem du eine Zelle bist. Du lebst das große Leben der Menschheit mit, ihre Lebenskraft bringt dich hervor und erhält dich bis zu deinem Tode, ihr Aufstieg nimmt dich mit in die Höhe, ihre Genugthuungen sind deine Freuden.

Diese ontologische Bestimmung des Menschen, darin stimmt Nordau mit Carneri und Gizycki überein, entzieht der christlich fundierten Moral den Boden: „Sie zerstört die bestehende, auf Religion gegründete Moral, das ist gewiß [...].“[148] Nordaus Polemik gegen die „religiöse Moral“[149] kann hier übergangen werden, entscheidender ist in unserem Zusammenhang sein Versuch einer Neubegründung der Ethik: „An die Stelle dieser [sc. der religiösen] Moral [...] setzt die Aufklärung einen allgemeinen Grundsatz: die Solidarität der Menschheit, aus welcher sich eine neue ungleich tiefere, erhabenere und natürlichere Moral ergibt.“[150] Zum moralischen Leitmaßstab dieser „Solidaritätsmoral“[151] erklärt er das „Wol [sic!] der Menschheit“. Auf dieser Grundlage unternimmt es Nordau, die Begriffe „gut“ und „böse“ neu zu bestimmen: „Gut ist, was, wenn es verallgemeinert wäre, der Gattung günstigere Daseinsbedingungen schaffen würde. [...] Schlecht ist, was, wenn es verallgemeinert wäre, das Leben der Gattung gefährden oder erschweren würde.“[152]

Daß es sich, trotz der offensichtlichen Anleihen, nicht einfach um utilitaristische Ethik handelt, zeigt sich, wenn Nordau die *subjektive* Notwendigkeit moralischen Handelns nicht aus Nützlichkeitserwägungen, sondern aus dem „Selbsterhaltungstrieb“ der Gattung ableitet. Auf die Frage, warum man „das Gute thun und das Schlechte lassen“ solle, antwortet die „Solidaritätsmoral“: „Weil du nicht anders kannst. Die Gattung hat, solange sie Lebenskraft besitzt, auch Selbsterhaltungstrieb; dieser gibt ihr ein, das, was ihr schädlich ist, zu vermeiden,

---

147 Nordau, Die conventionellen Lügen der Kulturmenschheit, S. 354.
148 Ebd., S. 355.
149 Ebd.
150 Ebd., S. 356.
151 Ebd.
152 Ebd.

was ihr förderlich ist, zu thun. Dieser Trieb wurzelt im Unbewußten, läutert sich aber bis zum Bewußtsein empor."[153]

Alle hier vorgestellten Überlegungen haben die Form von Postulaten. Es wird keine neue Ethik entworfen, sondern vorerst darüber nachgedacht, welche Forderungen sie zu erfüllen hätte. Zwei Gesichtspunkte sind dabei bestimmend: Die Ausrichtung an der evolutionistischen Perfektionsvorstellung, als Alternative zur christlichen Jenseitshoffnung, und die positive Auffassung der „Sinnlichkeit" als der ‚natürlichen' Mitgift des Menschen. Darin liegt vorerst ein Widerspruch. Denn da man die Höherentwicklung der menschlichen Gattung gerade in der Entfernung von den tierischen Ursprüngen sah, kann die gleichzeitige Forderung nach Triebakzeptanz nur verwundern. Für die Zeitgenossen scheint hier kein Widerspruch bestanden zu haben, weil sich beide Gesichtspunkte mehr oder minder direkt aus der biologischen Anthropologie ergaben. Außerdem fehlte bis zu den bahnbrechenden Arbeiten Freuds[154] ein differenziertes Triebmodell, das mit der neuen Anthropologie Schritt halten konnte. Den dadurch entstandenen konzeptionellen Freiraum versuchte Dehmel mit seinem Gedicht *Liebe und Ehe* auszufüllen.

Entstehung

Liebe und Ehe ist vermutlich 1888 entstanden. Am 5.11.1888 sandte Dehmel es mit anderen Gedichten an Wolfgang Kirchbach, der zu dieser Zeit das *Magazin für Litteratur* herausgab. Kirchbach schrieb sehr bald zurück und äußerte sich unter anderem zur „Hochzeitsphantasie", die er etwas abschätzig als „von einem guten Kapellmeister taktirt" bezeichnete.[155] Damit war vermutlich die sorgfältige Imitation klassischen Stils und Versmaßes gemeint, die ihre Nähe zu Schillers Ideenlyrik und *Faust II* nicht verleugnen konnte.[156] Dehmel rechtfertigte sich mit der Entgegnung, er habe das Gedicht als „reine Übungsarbeit" aufgefaßt. „Die Zähigkeit des Materials bestimmte mich zur Behandlung; ich wollte einmal einzig der Composition wegen mich mühen. Die dichterische Wärme ist mir oft dabei verflogen; aber ich wollte nicht aufhören, ehe ich *fertig* war damit."[157] Er fügte jedoch hinzu: „Einzelne Stellen in den Gesängen der Genien der Liebe und der Menschheit und besonders die Gebete der Menschen glaube ich aus-

---

153 Ebd.

154 Der entscheidende Durchbruch erfolgte mit der *Traumdeutung* (1900). Vgl. FELLMANN (1998), S. 42ff., der Freuds Triebtheorie in den hier umrissenen Kontext einbettet.

155 Zitiert nach Dehmels Antwortschreiben vom 16.1.1889, I 36.

156 Dieses Verhältnis wurde auch von anderen Zeitgenossen wahrgenommen. Ein anonymer Rezensent der *Erlösungen* lobte die Wechselgesänge von *Liebe und Ehe* als „Ausführung oder Erfüllung dessen [...], was Schiller über Sinnenglück und Seelenfrieden sang" (*Vossische Zeitung*, 30.3.1893, unpaginiert).

157 Ebd.

nehmen zu dürfen; in diesen habe ich mein Glaubensbekenntnis niederlegen wollen."[158]

Liebe und Ehe gehört zu den wenigen groß angelegten Weltanschauungsgedichten Dehmels, in Umfang und thematischer Reichweite eigentlich nur noch vergleichbar der *Lebensmesse* aus der zweiten Auflage der *Erlösungen*. Innerhalb der *Erlösungen* ist es von deutlich kürzeren und leichteren Gedichten umgeben (*Wiegenlied, Frühlings Einzug, Morgenandacht*), sei es, um den Leser nicht zu ermüden, sei es, um das Gewicht der „Sphärenphantasie" gerade hervortreten zu lassen. Ein thematischer Zusammenhang besteht zum *Kranzgedicht zur silbernen Hochzeit der Eltern* (ERL 95-97) und *Zu einer Hochzeit* (ERL 98), die Dehmel kurz vorher plaziert hat.

Der Titel darf jedoch nicht darüber hinwegtäuschen, daß hier weniger das Verhältnis von Liebe und Ehe reflektiert wird als die metaphysische Stellung des Menschen und die Möglichkeit einer rein immanenten Ethik. Deshalb gehört das Gedicht auch nicht in den Kontext der später zu behandelnden Liebesgedichte (s. Kap. III. 6). Es ist anzunehmen, daß die Liebe-Ehe-Thematik durch die naturphilosophische Behandlung früher oder später transzendiert wurde. Darauf deutet etwa die Ersetzung der „Genien der Liebe", von denen Dehmel im Brief an Kirchbach spricht (s.o.) durch „Genien der Lüste", wie sie in der Druckfassung erscheinen. Wenn in einigen Passagen des Gedichts doch noch von „Liebe" und „Ehe" die Rede ist (V. 296, 374, 428), so wirkt es überraschend, wenn nicht unverständlich. Dieser Widerspruch dürfte Dehmel veranlaßt haben, das Gedicht für spätere Auflagen mit dem präziseren Titel *Die Vollendung. Metaphysisches Oratorium* zu versehen.[159]

In *Liebe und Ehe* hat Dehmel unter anderem Gedankengut verarbeitet, das ihn in der Zeit vor 1890 stark beschäftigt hat. Die Briefe dieser Jahre zeigen ein intensives Nachdenken über Figur und Lehre Christi und das Bemühen, eine zeitgemäße Auslegung der Evangelien zu finden (s. Kap. II.2.1). Den Begriff des ‚ewigen Lebens' deutet Dehmel nach dem Vorbild der rationalistischen Bibelkritik als mythisch-vorwissenschaftliche Umschreibung eines biologischen Sachverhalts, nämlich der nun durch Darwin theoretisch beglaubigten Menschheitsentwicklung. Durch diese Aktualisierung ihres Fundaments hofft er, die neutestamentliche Ethik für seine Zeit retten zu können. Dementsprechend bestimmt er in seinem ersten großen Essay *Die neue deutsche Alltagstragödie* (1890/92) das „‚Sittliche' [...] als Glauben an die treibende Kraft im Entwickelungskampfe der Menschheit!"[160]

Das menschheitsorientierte Handeln wird Dehmel zufolge durch die individualisierende Wirkung des sinnlichen Triebs vorerst behindert. Anstatt nun aber

158 Ebd.
159 ERL² 150-171, GW1 144-161.
160 Die neue deutsche Alltagstragödie, S. 491.

für eine „Tolstoi'sche Geschlechts*losigkeit*“[161] zu plädieren, hält er es für möglich, die sinnlichen Triebe für die Menschheitsentwicklung nutzbar zu machen, „der Triebe Herr zu werden, der Triebe von Unten durch die Triebe nach Oben“.[162] Mit der etwas paradoxen Formel der „Triebe nach Oben“ versucht Dehmel, ein *natürliches* überindividuelles Gegengewicht zum Geschlechtstrieb zu konstruieren, ohne diesen, wie die christlich-bürgerliche Ethik, zu verdammen. Damit wird der Evolutionsprozeß individualisiert, d.h. in die Psyche des Einzelwesens verlegt, wo er sich als Konflikt zwischen konkurrierenden Trieben vollzieht s. Kap. III.0). Genau dieser Vorgang wird in *Liebe und Ehe* als allegorische „Sphärenphantasie“ gestaltet.

Die auffallenden Parallelen zur darwinistischen Moralreflexion der siebziger und achtziger Jahre (s.o.) entheben den Interpreten nicht der Berücksichtigung biographischer Umstände. Die skizzierten Überlegungen Dehmels spielten sich nicht im luftleeren Raum ab, sie standen vielmehr in klar erweisbarem Zusammenhang mit einer Ehekrise, die ihren ersten Gipfel in einem Seitensprung Dehmels mit der gemeinsamen Haushilfe Käte erreichte. Die Formel „Triebe nach Oben“ fällt nicht zufällig in einem Brief an die Ehefrau Paula, in dem Dehmel sein Verhalten zu rechtfertigen sucht und gleichzeitig Besserung in Aussicht stellt (s. a. Kap. III.6.4).

Aufbau

Liebe und Ehe ist als eine Folge von Wechselgesängen konzipiert, in denen die Menschen und die als „Genien“ personifizierten Naturkräfte bzw. Triebe zu Wort kommen. Im Einzelnen: „Genius der Kraft“ als Personifikation des natürlichen Wachstumstriebs, des ‚Lebens', begleitet von den „Genien der Lüste“; „Genius der Ordnung“ als Gesetzmäßigkeit, Form, Begrenzung, seinerseits begleitet von den „Genien der Pflichten“. In dieser Besetzung enthüllt sich eine zentrale Denkfigur des Gedichts: Die moralphilosophischen Kategorien „Pflicht“ und „Lust“ werden jeweils an eine Naturkraft angeschlossen, das Seelenleben des Menschen wird folglich als Verlängerung des Naturgeschehens gedacht. Da das Gedicht von der Frage nach dem Verhältnis von Liebe und Ehe ausgeht, läßt sich annehmen, daß der naturphilosophische Überbau erst in einem zweiten

---

161 An Karl Henckell, 27.12.91, AB1, 75, vgl. auch AB1, 51.

162 An Paula Dehmel, 19.7.91, AB1, 46. Ähnlich äußert sich Dehmel im schon zitierten Brief an Karl Henckell: „[...] indem wir also unsere Leidenschaften so vereigenthümlichen, daß sie das Ganze am wenigsten stören, fördern wir die Lust der Menschheit auch im Ganzen, – – eine sinnliche Sittlichkeit! zugleich natürlich und vernünftig, eben die höchste, also auch – – die schwerste.“ (27.12.91, AB1, 75.)

Denkschritt hinzukam. Auch dem Menschen wird ein naturphilosophisch-transzendentes Korrelat zugeordnet: Der „Genius der Menschheit".[163]

Das Gedicht nimmt seinen Ausgang von der Situation des Menschen nach dem Autoritätsverlust des christlichen Welt- und Menschenbildes. Daraus ergibt sich ein doppeltes Problem: Die Vergänglichkeit des Individuums, und, infolge dessen, die Unmöglichkeit, eine intersubjektive Begründung für moralisches Handeln zu finden. Letztere zeigt sich als Unfähigkeit des Menschen, zwischen „Lüsten" und „Pflichten" zu entscheiden. Als weltanschauliches Lösungsangebot präsentiert Dehmel, gut darwinistisch, die vollendete Menschheit der Zukunft, „künft'ger Vollendung goldene Zeit" (V. 186). Im aktiv gesteuerten Entwicklungsprozeß (s. Kap. I.2) transzendiert das Individuum seine Vergänglichkeit und findet einen neuen ethischen Leitmaßstab.

Die Grundstruktur des Gedichts ist damit vorgegeben. Ein erster Abschnitt (V. 1-153) exponiert die metaphysische Lage des Menschen und seinen Konflikt zwischen „Lüsten" und „Pflichten". Abwechselnd reden „Kraft" und „Lüste" einerseits, „Ordnung" und „Pflichten" andererseits auf den Menschen ein. Dieser zeigt sich leicht beeinflußbar, neigt bald der einen, bald der anderen Seite zu und gibt immer wieder seiner Verzweiflung Ausdruck, die im Ruf nach einem erlösenden „Heiland" (V. 125, 152) gipfelt. Die Redebeiträge sind genau abgewogen. Auf die ‚großen' Genien der „Kraft" und „Ordnung" entfallen je zwei, auf die ‚kleineren' Genien je vier Beiträge. Trieb und Geist sind also mit jeweils sechs Beiträgen vertreten. Die Menschen kommen achtmal und damit am häufigsten zu Wort. Die Abfolge der Beiträge ist nicht erkennbar strukturiert. Dieses quantitative Gleichgewicht kann jedoch nicht darüber hinwegtäuschen, daß Dehmels Sympathie auf Seiten der „Kraft" und „Lüste" liegt, wie er selbst im Brief an Kirchbach angedeutet hat.

Der zweite Teil (V. 154-448) beginnt mit dem Auftritt des „Genius der Menschheit", der in mehreren Monologen Dehmels evolutionistisches „Glaubensbekenntnis" entfaltet. Vor seiner Autorität rücken die übrigen „Genien" zusammen – die gegensätzlichen Natur- und Seelenkräfte werden jeweils zu einer Stimme zusammengelegt – , sie bekleiden eigentlich nur noch Statistenrollen. Dagegen kommt den Äußerungen der Menschen im zweiten Teil größeres Ge-

[163] Die Wortprägung gehört in den gedanklichen Umkreis des Neuhumanismus um 1800. Die früheste mir bekannte Verwendung findet sich in FRIEDRICH MAXIMILIAN KLINGERS Roman *Fausts Leben, Thaten und Höllenfahrt* (1791). Dort stellt sich die „edle Gestalt", die Faust von dem Teufelspakt abhalten will, als „Genius der Menschheit" vor (Klinger, Werke in zwei Bänden, hg. von Hans Jürgen Geerdts, Berlin/Weimar [4]1981 [Bibliothek deutscher Klassiker], Bd. 2, S. 21.) Um 1798 veröffentlichte Klinger ein Pamphlet mit dem Titel *Das zu frühe Erwachen des Genius der Menschheit.* Im gleichen Jahr erscheint der Begriff in den *Blüthenstaub-Fragmenten* des NOVALIS (§ 68, 75, 76). Von da an wird er zum Gemeingut des 19. Jahrhunderts. 1870 veröffentlichte die Frauenrechtlerin LOUISE OTTO-PETERS ein Buch mit dem Titel *Der Genius der Menschheit.*

wicht zu als im ersten, zumal dem „Gebet der Menschen“ (V. 249-287), das Dehmel im Brief an Kirchbach eigens hervorgehoben hat. Das Gedicht endet mit dem harmonischen „Jubelgesang Aller“, der wieder auf die titelgebende Liebesthematik zurückkommt.

Analyse

Teil 1

Der weltanschauliche Gehalt des ersten Teils konzentriert sich auf die die beiden großen Monologe der „Kraft“ (V. 30-53) und der „Ordnung“ (V. 66-97), auf die Dehmel auch sprachlich und formal die meiste Mühe verwendet hat. Alle weiteren Beiträge innerhalb des ersten Teils bringen nur Wiederholungen oder Variationen. Deshalb werden diese beiden Passagen exemplarisch analysiert, bevor die Gesänge der Menschen näher betrachtet werden.

Den Anfang macht der „Genius der Kraft“ (vormals: der Liebe). Sein Monolog besteht aus 24 vierhebigen Versen ohne Auftakt. Da jeder Vers mindestens eine, meistens zwei, gelegentlich drei Doppelsenkungen enthält, überwiegt der daktylische Charakter, der für einen rollenden, vorwärtsdrängenden Rhythmus sorgt. Das Reimschema aab ccb dde ffe usw. gliedert den Absatz in Terzette, die zugleich auch syntaktische und argumentative Einheiten bilden. Dieser Effekt wird durch die Versausgänge noch verstärkt: Die Paarreimverse tragen weiblichen, die alleinstehenden Reimverse dagegen männlichen Ausgang. Durch die Hebung am Versende wird, im auftaktlosen Reimschema, eine Pause erzwungen, die mit dem Ende des jeweiligen Terzetts zusammenfällt. (Zur besseren Anschaulichkeit können die im folgenden zitierten Passagen dienen.)

Entsprechend der Redeintention des ‚Einflüsterers‘, der Überredung, ist der Monolog argumentativ aufgebaut. Um den Menschen für die tellurisch-triebhafte Seite zu gewinnen, entwickelt der „Genius der Kraft“ drei Argumente, ein naturphilosophisches, ein psychologisches und ein biologistisches. Das erste beruft sich auf die Bedeutung der Liebe (hier heißt es noch Liebe!) als kosmische und natürliche Urkraft. Dieser Gedanke war bereits in der expositorischen Ankündigung der „Kraft“ durch die „Genien der Lüste“ vorweggenommen worden. Dort hieß es, mit deutlichem Anklang an Schiller[164] (V. 5ff.): „Sehet von Erden

---

[164] Zu vergleichen ist etwa eine Passage aus Schillers *Phantasie an Laura*, wo es heißt (Werke und Briefe, Bd. 1, S. 228):

„Sieh! er lehrt die schwebenden Planeten
    Ew’gen Ringgangs um die Sonne fliehn,
Und gleich Kindern um die Mutter hüpfend
    Bunte Zirkel um die Fürsten ziehn.
[...]

zu Monden ihn schreiten, / Samen ihn streun mit allmächtiger Hand". Gerade im Kontrast zu dieser klassizistischen Allegorik zeugt die Bildlichkeit im folgenden Monolog der „Kraft" von einer lebensphilosophischen Umdeutung (V. 30-38):

Aus dem Strudel der Liebe quellen
alles des Lebens schäumende Wellen,
hebt sich der Wesen drängendes Heer.
Folget nur willig den reißenden Wogen:
fühlet euch taumelnd von dannen gezogen,
fort in der Wonne uferlos Meer.
Das ist ein Wallen, das ist ein Streben,
das ist ein rastlos Fallen und Heben
hin durch die Höhen und Tiefen des Glücks!

Die Passage ist ein Musterstück der Kombination von monistischer Naturreflexion und lebensphilosophischem Eudämonismus, wie sie sich vor allem in den Werken des Friedrichshagener Dichterkreises findet.[165] Evolutionslehre und Zelltheorie hatten, von verschiedenen Enden her, die Bedeutung der geschlechtlichen Fortpflanzung für Entstehung und Fortbestand biologischen „Lebens" erwiesen.[166] Diese Erkenntnisse bildeten die Basis für populärwissenschaftliche

---

Sonnenstäubchen paart mit Sonnenstäubchen
Sich in trauter Harmonie,
Sphären ineinander lenkt die Liebe,
Weltsysteme dauren nur durch sie.

Tilge sie vom Uhrwerk der Naturen –
Trümmernd auseinander springt das All,
In das Chaos donnern eure Welten,
Weint, Newtone, ihren Riesenfall!"

Im Gedicht *An die Freude* ist die Verbindung von botanischer und astronomischer Bildlichkeit vorweggenommen, auch wenn nicht von Liebe, sondern von „Freude" die Rede ist (Werke und Briefe, Bd. 1, S. 249):

„Freude heißt die starke Feder
in der ewigen Natur.
Freude, Freude treibt die Räder
in der großen Weltenuhr.
Blumen lockt sie aus den Keimen,
Sonnen aus dem Firmament,
Sphären rollt sie in den Räumen,
die des Sehers Rohr nicht kennt."

Im Gedicht *Venus Mors* (AL 228f.) hat Dehmel dieses Motiv erneut aufgegriffen.

165 Vgl. dazu CANTWELL (1967); FICK (1993), S. 130-156, und RIEDEL (1996), S. 103-114.

166 Es ist das große Verdienst von RIEDEL (1996), diese Zusammenhänge in weiten ideengeschichtlichen Ausgriffen überzeugend dargestellt zu haben. Indem er die Verwurzelung des emphatischen Lebensbegriffs der Jahrhundertwende in der seit 1800 sich formierenden Biologie und der darauf aufsetzenden Naturphilosophie nachweist, bestätigt und konkreti-

Synthesen, in denen die Liebe, genauer: die Sexualität, zum Grundprinzip aller natürlichen Vorgänge erklärt wurde.[167]

Die lebensphilosophische Umdeutung zeigt sich besonders in der breit ausgeführten Wassermetaphorik. Das Bild der Quelle („Strudel", „quellen", „schäumende Wellen"), in dem sich Zeugung, Fruchtbarkeit, aber auch ganz einfach Bewegung andeutet, wandelt sich im zweiten Terzett zur Meeresmetaphorik („Wogen", „uferlos Meer"), welche Verschmelzung, Entindividualisierung, dionysische Selbstauflösung signalisiert.[168] Die lebendige Bewegung der Natur, das ‚Werden', drückt sich in der auffallend häufigen Verwendung partizipialer Verbformen aus („schäumende", „drängendes", „reißenden"). In dieses Naturgeschehen wird der Mensch durch das adverbial gebrauchte „taumelnd" bereits grammatisch-formal einbezogen.

Ist damit einmal die Liebe als universelle Naturkraft erwiesen, ergibt sich die praktische Schlußfolgerung im zweiten Terzett beinahe von selbst: „Folget nur willig ...". Beinahe! Denn zum vollständigen Syllogismus fehlt noch die Prämisse, daß der Mensch selbst Natur sei. Für Dehmel scheint sie so selbstverständlich zu sein, daß er sie gar nicht eigens nennt. Substantivierte Verben der Bewegung („Wallen", „Streben", „Fallen und Heben"), semantisch auf die Meeresmetaphorik abgestimmt, zeichnen im dritten Terzett ein Wunschbild vorbewußter Trieberfüllung, das dem „willigen" Menschen Einheit mit den Naturvorgängen verheißt. Der Wechsel von „Höhen und Tiefen" gilt hier nicht als Einwand, da er die Bewegung der Natur selbst nachvollzieht.

---

siert er Wolfdietrich RASCHS (1967) folgenreiche These vom „Lebenspathos" in der Literatur um 1900 (dazu RIEDEL 1996, S. VII).

167 Der bekannte Materialist LUDWIG BÜCHNER veröffentlichte 1879 sein Buch *Liebe und Liebes-Leben in der Thierwelt* in der Absicht, „das großartige Wirken des Weltprincips der Liebe und Anziehung durch seine verschiedenen Phasen hindurch vom unsichtbaren Atom bis zum kreisenden Himmelskörper, von der Pflanze bis zum Thier, vom Wurm oder Infusorium bis hinauf zum denkenden, fühlenden, dichtenden Menschen im Einzelnen zu studiren und zu verfolgen" (LUDWIG BÜCHNER, Liebe und Liebes-Leben in der Thierwelt, Berlin 1879, S. 10). Büchner kann seinerseits schon auf die Vorarbeit von PAUL MANTEGAZZAS *Physiologie der Liebe* (1877) verweisen, „in welcher er [sc. Mantegazza] die Liebe als das treibende Princip im Makrokosmus und Mikrokosmus zu charakterisiren sucht" (ebd., S. 8). Büchners Schrift ist sicherlich nicht ohne Einfluß auf WILHELM BÖLSCHES naturgeschichtliches Hauptwerk *Das Liebesleben in der Natur* (1899-1902) geblieben. Während jedoch Büchners Streifzug durch das Tierreich, abgesehen von der zoologischen Belehrung, dem moralistischen Zweck dient, der Menschheit einen Spiegel vorzuhalten, indem er soziale Strukturen im Tierreich aufdeckt (Freundschaft, Ehe etc.), nutzt Bölsche die naturgeschichtliche Darstellung zur umfangreichen Entfaltung des Themenkreises Fortpflanzung, Zeugung, Sexualität, deren sexualreformerische Tendenz nicht zu übersehen ist (besonders im dritten Band, dessen Naturgeschichte der Nacktheit stark auf die Nacktkulturbewegung gewirkt hat). Zu Bölsches *Liebesleben* vgl. KELLY (1981), S. 36-56 (Kap. ‚Erotic Monism'); GEBHARD (1984), S. 330-428; HAMACHER (1993), S. 191-230; RIEDEL (1996), S. 253-263. Zur abendländischen Vorgeschichte des *Venus natura*-Topos vgl. die beeindruckende Auflistung bei RIEDEL (1996), S. 255, Anm. 192.

168 Vgl. RASCH (1967), S. 25.

Nur durch ein Semikolon getrennt, wird der Verheißung im vierten Terzett die wenig begehrenswerte Alternative gegenübergestellt. Damit wandelt sich die Argumentation ins Psychologische (V. 39-47):

> doch wer zaudernd *wehret* den Mächten,
> die des Daseins Fäden ihm flechten,
> spürt die Leere des Augenblicks.
> Immer in Zweifeln versinkt der Gedanke
> oder nur höher wälzt er die Schranke,
> türmt er den Kerker des Geistes empor;
> aber im Zaubermantel der Liebe
> rafft dich der Sturmwind Ewiger Triebe
> auf vom Staub zu der Seligen Chor!

Mit dem Bild von „des Daseins Fäden" (V. 40) wird, zumindest fragmentarisch, der bislang fehlende Schlußstein zur naturphilosophischen Überredungsstrategie ergänzt: Aus der Zugehörigkeit des Menschen zum Naturreich wird die Verpflichtung abgeleitet, dem Naturtrieb zu folgen. Der dadurch verbürgte Sinn eines immanenten Kreislaufs kommt jedoch abhanden, wenn der „Gedanke" die Trieberfüllung verhindert. Es droht das Gefühl der Sinnlosigkeit. Mit Hilfe der Kerker-Metapher wird eine Disjunktion von Geist und Trieb konstruiert, wobei die traditionelle Vertikalisierung (Trieb: unten – Geist: oben) programmatisch umgekehrt wird. Indem er die hedonistische Kehrtwendung zum Befreiungserlebnis von mythisch-sagenhaftem Zuschnitt („Kerker", „Zaubermantel", „Sturmwind", „der Seligen Chor") stilisiert, ruft Dehmel nicht zuletzt die wohlvertraute Vorstellung von Fausts Studierstuben-Monolog und seiner Entführung durch Mephistopheles ab.

Hinter der etwas angestaubten Bildlichkeit steht ein Problem, das dem gebildeten zeitgenössischen Leser vertraut gewesen sein dürfte: Das „spezifisch intellektualistische Erlösungebedürfnis" (Max Weber)[169]. Gemeint ist die Sehnsucht des modernen Intellektuellen nach Natürlichkeit, Ursprünglichkeit, Unmittelbarkeit, nach „entdifferenzierten, überschaubaren Ganzheiten"[170], jene Zivilisationsmüdigkeit also, die sich, mit dem Stichjahr 1890, in einer irrationalistischen Wende der literarischen Intelligenz ausdrückte.[171] Hierher gehört die 1890 schlagartig einsetzende Nietzsche-Rezeption[172] nicht minder als der sensationelle Erfolg von *Rembrandt als Erzieher*, dessen erste Auflage im gleichen Jahr erschien (s. Kap. II.3), hierher gehört auch die dritte Phase der Lebensreformbewegung (s. Kap. I.3) – Nacktkultur, Reformkleidung, Sexualreform und Ausdruckstanz – , und schließlich die künstlerische Hinwendung zum Organisch-Pflanzlichen, zur

169 Zitiert nach HANKE (1993a), S. 161.
170 HABERMAS (1983), S. 252.
171 Vgl. WUCHERPFENNIG (1980), S. 145-160; HANKE (1993a).
172 Vgl. HILLEBRAND (1978), S. 1-35; MEYER (1993), S. 213-242.

Mensch-Natur-Relation, die ihren prägendsten Ausdruck in den zahlreichen Gestaltungen der Pan-Figur fand.[173]

In den letzten zwei Terzetten des Monologs wird die naturphilosophische Strategie wieder aufgegriffen und in eine, diesmal etwas konkretere, Handlungsanweisung umgesetzt. Die Partizipation des Mensch am ‚Liebesleben in der Natur', darin besteht das dritte, biologistische Argument, erfolgt über die „Lust" (V. 48ff.):

> Soll dein Sehnen nicht eitel verrauchen,
> mußt in den Wirbel der *Lust* du tauchen,
> *an* dich reißen, was dir gefällt:
> nur durch die Pforte, durch die dich ins Leben
> *schufen* die Brünste, kannst du entschweben
> brünstig *zurück* in den Schoß der Welt!

Durch das Aufgreifen des vanitas-Gedankens („eitel verrauchen") wird eine kurze Überleitung konstruiert, an die sich die hedonistische Botschaft des „Genius der Kraft" anschließt. Sie wird flankiert durch ein schon bekanntes Argument der zeitgenössischen Sexualreform-Debatte, das die viktorianische Prüderieforderung durch den Hinweis auf die Entstehung des Einzelwesens auszuhebeln suchte (s. dazu Kap. I.3).

Der Monolog des Genius der Ordnung" kann etwas summarischer abgehandelt werden. Im Gegensatz zur „Kraft" enthält er keine weltanschaulich signifikanten Passagen. Bei genauerem Hinsehen stellt sich nämlich heraus, daß die „Ordnung" keinen selbständigen Standpunkt vertritt, sondern negativ auf die Position der „Kraft" bezogen bleibt. Dahinter verbirgt sich offenbar eine Aporie des Autors. Wenn Dehmel, wie sich vermuten läßt, den moralischen Grundkonflikt von „Lüsten" und „Pflichten" (bzw. Liebe und Ehe) erst nachträglich in einen naturphilosophischen Rahmen stellte, so wird leicht ersichtlich, daß er sich damit in eine Sackgasse begab: Denn während sich der natürliche Zeugungstrieb als makrokosmisches Korrelat der menschlichen Lust geradezu selbstverständlich anbot – dafür hatte die Populärwissenschaft gesorgt – , enthüllte die Suche nach einem quasimetaphysischen Geist der „Ordnung" im Zeitalter der darwinistischen, also streng mechanistischen Welterklärung eine systematische Leerstelle. Deshalb bleibt dem „Genius der Ordnung" nur die psychologische Argumentationsebene, die denn auch mit rhetorischer Wucht und den bewährten Elementen traditioneller vanitas-Topik besetzt wird (V. 74-81).

> Willst du nicht dem leeren Drang *entsagen*,
> der nur buhlt um eine flücht'ge Lust?
> wer nur immer will nach Wonnen jagen,
> wird nur bittrer seines Wehs bewußt!

[173] Vgl. KÜHLMANN (2002).

Der Genuß geht im Genuß verloren,
eilender berührt er als ein Hauch;
nur vom Augenblick ist er geboren,
mit dem Augenblicke stirbt er auch.

Der Anspruch der „Ordnung“ drückt sich bereits in der metrischen Gestaltung aus. Dehmel verwendet für die Äußerungen der „Ordnung“ den streng alternierenden Fünfheber, das bevorzugte Versmaß der deutschen Klassik. Durch den Kreuzreim abab cdcd etc. wird der Passus in Vierergruppen aufgeteilt, die inhaltlich und überwiegend auch syntaktisch geschlossene Einheiten bilden. Wie im Monolog der „Kraft“ folgt auf die Selbstrechtfertigung der gute Rat (V. 86-93).

Was die Situation des Menschen angeht, so hat der erste Teil nur die Funktion, seinen Konflikt zwischen den beiden Naturkräften deutlich werden zu lassen. Es entsteht ein pessimistisches Bild, das auf die Erlösungsperspektive des zweiten Teils hinkonstruiert ist. Keinesfalls dürfen also die Aussagen des ersten Teils für Dehmels letztes Wort gehalten werden. Unklar bleibt, ob Dehmels Schilderung der menschlichen Lage als Beschreibung der conditio humana überhaupt verstanden werden soll oder als Analyse der eigenen kulturhistorischen Situation zwischen ‚altem und neuem Glauben'. Für den zeitgenössischen Leser dürfte diese Unterscheidung jedoch keine allzu große Rolle gespielt haben. Die Menschen zeigen sich, nacheinander, den Argumenten beider Seiten zugänglich, bis ihnen die eigene Lage zu Bewußtsein kommt (V. 118ff.):

Wehe! in ewigem Zwiespalt
hadern die ewigen Mächte
um die Seele des Menschensohns!

Reimlosigkeit und unregelmäßige Füllung dieser Verse spiegeln die innere Zerrissenheit der Singenden. Indem er die Seele als Kampfplatz der „ewigen“ Naturgewalten darstellt, transformiert Dehmel die volkstümlich religiöse Vorstellung vom Wettstreit zwischen Gott und Teufel um den Menschen auf eine säkulare Ebene. Dem entspricht auch die prononcierte Gegenüberstellung von ‚ewig' und ‚irdisch'. Nicht minder christlich klingt es, wenn die Grundbefindlichkeit der gespaltenen Menschenexistenz mit „Zweifel“ und „Schmerz“ bestimmt wird. Diese Strategie kann nicht verwundern, wenn man bedenkt daß sich die populärwissenschaftliche Weltanschauungsliteratur vor 1900 geradezu programmatisch um die Übernahme christlicher Glaubensinhalte bemühte (s. Kap. I.2). Im Gegensatz zur christlichen Auffassung entfällt jedoch in Dehmels Modell die moralische Wertung. „Kraft“ und „Ordnung“ erscheinen als völlig gleichberechtigte Naturkräfte. Die Psychomachie wird nicht zum Moment der Entscheidung zwischen Gut und Böse zugespitzt, vielmehr entsteht durch das gleich starke Wirken der beiden Naturkräfte eine psychische Remis-Situation. Deren wesentliches Merkmal ist gerade die Unentscheidbarkeit, weil ein Maßstab für die Entscheidung – wie etwa ‚gut und böse' – nicht (mehr) existiert. Der einzige Grund, dieser Lage zu entfliehen, ist der dadurch verursachte „Schmerz". So wird der Mensch zum unschuldigen „Opfer" eines „Zwistes" übergeordneter Mächte. Die deutliche Trennung von makrokosmischer („*ihres* Zwistes") und mikrokosmischer („uns") Sphäre tilgt seine Verantwortung für den gegenwärtigen Zustand.

Damit ist der erste Teil beinahe abgeschlossen, die Explikation der conditio humana endet in einem Dilemma. Den Ausweg daraus erflehen nun die Menschen, abermals in christlicher Terminologie, mit dem Ruf nach einem „Heiland" (V. 148-152)[174]. Die zeittypische Messiashoffnung[175] bildet den Auftakt zum zweiten Teil. Es „erscheint" (Regieanweisung) der „Genius der Menschheit".

Teil 2

Der Genius der Menschheit

Die Botschaft des „Genius der Menschheit" (im Folgenden GM) ist auf vier längere Monologe mit verschiedenen thematischen Schwerpunkten verteilt. Es kann gleich vorweggenommen werden, daß sie sich nicht zu einem konsistenten System zusammenschließen. Dehmel wollte hier offenbar alles unterbringen, was er in diesen Jahren an metaphysischen Spekulationen und Lebenskonzepten mit sich herumtrug.

Die Grundhaltung des GM besteht in der dialektischen Synthese. Damit läßt sich die Antithese Kraft-Ordnung bzw. Lüste-Pflichten auflösen und ein Weg sowohl zu gegenwärtigem Glück als auch zu richtigem Handeln finden. Die Bedeutung der dialektischen Denkfigur für Dehmels Weltanschauung kann kaum überschätzt werden[176]; sie wurde schon von den Zeitgenossen wahrgenommen.[177] Seinen Glauben an die Bedeutung des „Kampfes", also der Gegensätze, als Grundbedingung des Daseins überhaupt hat Dehmel immer wieder betont (s. Kap. III.0). Noch nach Ausbruch des ersten Weltkriegs schrieb er an seine frühere Ehefrau Paula: „Ich meinesteils aber bin viel zu sehr von der Notwendigkeit

---

[174] Fast identisch bereits im Anschluß an die letzte Passage (V. 125ff.):

> „Ach, wann kommt der Heiland,
> der den Glauben uns schenkt
> an die Liebe der Himmlischen,
> der die Hoffnung uns bringt
> auf Erlösung der Sterblichen?"

[175] Vgl. WUNBERG (1969).

[176] Vgl. SLOCHOWER (1928), S. 49ff. mit zahlreichen Belegen.

[177] JULIUS HART spricht, nicht unzutreffend, von Dehmels „Antithesen-Aestheticismus" (Die Entwicklung der neueren Lyrik, in: *Pan* 2/1896-97, S. 33-40, hier: S. 39). Vgl. auch MORITZ HEIMANN, Richard Dehmel, in: *Neue Deutsche Rundschau* 31 (1920), S. 324-327, hier: S. 326.

aller Zwiespaltkräfte für den Fortbestand des Lebens durchdrungen, als daß ich die Weltgeschichte verbessern möchte [...]."[178]

Auffallend sind die stilistischen Unterschiede zum ersten Teil. Wie Naturkräften und Menschen hat Dehmel auch dem GM eine eigene Versform zugeordnet. Dabei hat sich Dehmel vermutlich vom *Faust* inspirieren lassen. Die überwiegend zweihebigen Verse, nicht selten zu Vierhebern verdoppelt, finden ihr Vorbild im Monolog des Erdgeistes[179], aber auch in den Gesängen der Geister im Studierzimmer[180] sowie, vergleichbar auch durch den kosmologisch-metaphysischen Inhalt, in einzelnen Passagen aus der Bergschluchten-Szene im *Faust II.*[181] Es ergibt sich ein ruhiger, gewichtiger Tonfall, in dem sich die Autorität des GM spiegelt. Stark expressiver Wortschatz, wie er in den Monologen der „Kraft" eingesetzt wurde, kommt kaum vor. Die Bildersprache tritt deutlich zurück, sie dient der Belehrung, nicht mehr der Überwältigung.

Der erste Monolog des GM bezieht sich ganz direkt auf die Klage der Menschen, denn die Begriffe „Zweifel" und „Schmerz" werden wörtlich aufgegriffen, hier aber positiv umbesetzt (V. 168-182):

> Dem ihr vergebens
> fluchet, das *Leid*
> webet des Lebens
> farbiges Kleid, –
> nur wer *empfunden* des Daseins Pein,
> kann sich erlösen, kann Ewig sein!
> Denn wenn in Zweifels läuternden Fluten,
> denn wenn in Schmerzes stählenden Gluten
> *einsam* der Mensch zu *vergehen* meint:
> dann erscheint,
> der zu den Mächten des Alls ihn eint,
> der zu ewigem Wirken befreit
> Eigenwesens Vergänglichkeit,
> der im Erschaffenen schaffend sich weist,
> erscheint der Menschheit heiliger Geist!

Zwei Aspekte sind hervorzuheben: Zum einen die konstitutive Verknüpfung von Leid und Erkenntnisfähigkeit, die sich auf die Klage der Menschen bezieht. Sie verweist auf den Geniebegriff um 1800 – nicht zufällig hat Dehmel in diesem Zusammenhang eine deutliche Faust-Anspielung plaziert (V. 170f.: „webet des Lebens / farbiges Kleid"[182]) – die Auffassung vom „läuternden" Zweifel und vom

---

178 25.11.1914, II 353.

179 Faust I, V. 501ff. Dort (V. 508f.) ebenfalls die Verdoppelung zum Vierheber.

180 Faust I, V. 1447ff.

181 Faust II, V. 11845ff., bes. V. 11926ff., 11954ff.

182 Faust, V. 508f.: „So schaff'ich am sausenden Webstuhl der Zeit / Und wirke der Gottheit lebendiges Kleid." (Goethe, Werke, Hamburger Ausgabe, Bd. 3, S. 24.) Die Ersetzung des

„stählenden" Schmerz kann jedoch ihren christlichen Ursprung nicht verleugnen. Darauf wird noch zurückzukommen sein.

Zweitens bietet der GM die Aussicht, die im ersten Teil vom Menschen beklagte „Vergänglichkeit" zu überwinden, nennt aber vorerst noch keine Details. Um so überraschender wirkt es, wenn die entscheidende Entwicklungs- bzw. Zukunftsperspektive im folgenden Gesang der Menschen eingeführt wird (V. 184ff.):

> Ja, wir vergaßen des Zieles,
> des Alle versöhnenden, einenden Ziels:
> *künft'ger Vollendung goldene Zeit!* –

Woher die neue Perspektive den Menschen zugefallen ist, bleibt unklar. Im Monolog des GM findet sich darauf kein Hinweis.[183] Die anschließende Bitte der Menschen um einen „Weg" liefert das Stichwort für den folgenden Monolog des GM. In die vertikale Form umgegossen („gehoben", „nach Oben"), wird zunächst der Entwicklungsgedanke aufgegriffen (V. 203-210). Durch die dialektische Denkfigur[184] wird die starre Opposition der beiden Naturkräfte aufgebrochen und um eine chronologische Perspektive erweitert, die hier mit Hilfe der Raumsymbolik („Oben") dargestellt wird. Auf diese Weise versucht Dehmel, den Begriff der Entwicklung naturphilosophisch abzuleiten.[185] Dieser erfüllt zum einen den Zweck, die im ersten Teil beklagte Vergänglichkeit des Einzelwesens zu widerlegen, zweitens aber bietet er, in Gestalt des darwinistischen Perfektibilitätsdenkens, den Maßstab für den richtigen Umgang mit den *inneren* Naturgewalten. Dazu wechselt die Argumentation übergangslos von der naturphilosophischen auf die psychologische Ebene. Aus der metaphysischen Berechtigung des Kampfes zwischen den beiden Naturmächten ergibt sich die Akzeptanz des analogen Konflikts im menschlichen Seelenleben (V. 211ff.):

Begriffs „Gottheit" durch den des „Lebens" ist ganz und gar typisch für die Konsequenz, mit der um 1890 die christliche Metaphysik durch das darwinistisch-monistische Modell ersetzt wurde.

183 Man könnte in dieser Vorwegnahme eine weitere Inkohärenz dieses riesigen Gedichts vermuten, wenn nicht dessen weiterer Verlauf darauf hindeutete, daß hier eine Regelmäßigkeit vorliegt. Alle Hinweise auf Zukunft und „Vollendung" – in späteren Auflagen der neue Gedichttitel – werden den Menschen (V. 276, 281) und den gesammelten Naturkräften (V. 424, 432) in den Mund gelegt, während der GM sich stets in Kategorien von Ewigkeit und Unendlichkeit bewegt.

184 Ebenso V. 344ff.: „Keine der Andern / Untergang bringt: / Eine der Andern / Leben bedingt."

185 Um derartige Grundlegungen hatten sich die großen Weltanschauungsbildner Büchner, Strauß und Haeckel nicht gekümmert. Tatsächlich bestand ja der naturwissenschaftliche ‚take-off' im neunzehnten Jahrhundert gerade in der Abkehr von naturphilosophischen Modellen, wie sie die Romantik und zuletzt Schopenhauer noch konstruiert hatten, und der Hinwendung zur induktiven Theoriebildung.

Nur nicht gewaltsam
von euch wehret,
was unaufhaltsam
Leben begehret!

Es ist klar, daß nicht von der „Ordnung“ oder den „Pflichten“ die Rede ist. Das Argument bezieht sich zweifellos auf den Sexualtrieb, im Zusammenhang des Gedichts also auf die „Lüste.“ An Stellen wie diesen zeigt sich die Inkonsistenz von Dehmels Konstrukt: Es wirkt schlechterdings nicht überzeugend, wenn er die traditionell bürgerlichen Wertbegriffe „Ordnung“ und „Pflichten“ als dem Zeugungstrieb analoge Naturkräfte bzw. Triebe hinzustellen versucht. Diese Konstruktion wirkt um so fragwürdiger, als das Unterdrückungsverbot überdeutlich im Zusammenhang mit der zeitgenössischen Sexualreformdebatte steht (s. Kap. I.3). Dehmel hat es in Briefen vom Anfang der neunziger Jahre mehrfach gebraucht: „Das ist aber unvernünftig, sich gegen Übermächtiges zu wehren; das macht nur kraftlos, und die Niederlage wird dann um so schändlicher. Siehe ‚Faust'; in solchen Dingen wußte Goethe sehr genau Bescheid.“[186] Ebenso wenige Tage vorher: „Nichts Göttliches im Tierischen suchen, und auch nicht das Tierische als eine Macht des Teufels ansehn, die dann nur noch lockender winkt!“[187]

Was hier versucht wird, ist eine Entmoralisierung der Natur, die zur wichtigsten Strategie der Sexualreformer gehörte. In der Natur gibt es weder Gut noch Böse (V. 224f.):

Denn die Fülle der waltenden Mächte
will nicht das Gute, will nicht das Schlechte.
Was auch die Weiten zeugend durchschweift:
wie ihr's gebrauchet, wie ihr's begreift,
wird es das Böse, wird es das Rechte!

Die moralische Wertneutralisierung ist notwendig, um den psychologischen Kern von Dehmels evolutionistischer Ethik vorzubereiten, in dem er über die zeitgenössische Moralreflexion hinausgeht: Ist die eigene Naturhaftigkeit erst akzeptiert, folgt der nächste Schritt, der darin besteht, das Wirken der Naturkräfte in der eigenen Seele zu verstehen und auf die Ebene des Bewußtseins zu heben. Die Bedeutung des *inneren* Gegensatzes oder Kampfes wird, hier wie im folgenden, durch bewußt paradoxe Formulierungen abgebildet (V. 215-221).

Müßt euch versenken
tief in den innern Streit
fühlend zerdenken,
was in euch schreit!

---

[186] An Hedwig Lachmann, Mai 1893, I 108.
[187] An Hedwig Lachmann, Mai 1893, I 106.

Wie's immer wühlet:
wenn ihr's zerfühlet,
seid ihr befreit!

Wenn das geschehen ist, soll sich der Mensch die Naturkräfte, im Interesse der Höherentwicklung, dienstbar machen (V. 229-236). Dehmels evolutionistisches Erlösungsmodell – denn viel mehr kommt eigentlich nicht hinzu – besteht also im Schritt von der Erkenntnis des dialektischen Zusammenhangs von „Kraft" und „Ordnung" zu ihrer bewußten Lenkung durch den Menschen über ihre psychischen Pendants der „Lüste" und „Pflichten". Die Denkfigur der aktiven Evolution (s. Kap. I.2 und II.2) ist unschwer wiederzuerkennen, sie ist nur psychologisch detaillierter ausgearbeitet als im weltanschaulichen Schrifttum der Zeit.

Die Vorstellung, daß die noch zu erwartende Höherentwicklung des Menschen in der Bewußtwerdung des zuvor Unbewußten bestehe, formuliert bereits durch den mit Goethe befreundeten Physiologen Carl Gustav Carus[188], war spätestens durch Eduard von Hartmanns *Philosophie des Unbewußten* (1869) zum intellektuellen Gemeingut geworden[189] und bis 1900 in den Umkreis der akademischen Lebensphilosophie gelangt.[190] Für Dehmel war der Begriff der „Bewußtheit" konstitutiv für die Vorstellung des Menschen überhaupt.[191] „Niemand wird leugnen, daß alle menschliche Entwicklung gleichbedeutend ist mit stetiger Er-

---

188 CARL GUSTAV CARUS, Psyche. Zur Entwicklungsgeschichte der Seele. Pforzheim 1846, S. 401: „Das Unergründliche und eigentlich Unerreichbare des Sehnens nach Gott liegt nämlich darin, daß es hier im wahrhaftesten Sinne zur Aufgabe des denkenden Geistes wird: *das Höchste des bewußten Geistes in der tiefsten Tiefe eines für uns Unbewußten rein untergehen oder vielmehr aufgehen zu lassen.*"

189 „Auf dem Wege der Bewusstseinsentwicklung muss also das Ziel des Weltprocesses gesucht werden, und das Bewusstsein ist zweifelsohne der nächste Zweck der Natur, der Welt." (Philosophie des Unbewussten, S. 630.) Indem Hartmann das „Wesen des Bewusstseins" als „*Emancipation* des Intellects vom Willen" versteht (ebd., S. 632), bestimmt er den „Weltprocess" als fortdauernden „*Kampf des Logischen mit dem Unlogischen*, der mit der Besiegung des letzteren endet." (Ebd., S. 634.) Ebenso in der zweiten Auflage des Werks: „Man soll die Sphäre der bewussten Vernunft möglichst zu erweitern suchen, denn darin besteht aller Fortschritt des Weltprocesses, alles Heil der Zukunft." (Philosophie des Unbewussten, ^{2}1870, S. 330).

190 GEORG SIMMEL, Sozialismus und Pessimismus (1900), in: G.S. Gesamtausgabe, hg. v. Otthein Rammstedt. Bd. 5: Aufsätze und Abhandlungen 1894-1900, hg. v. H.-J. Dehme u. D. P. Frisby, Ffm 1992, S. 552-559, hier: S. 555: „Der Weg der Cultur ist der Weg steigender Bewußtheit."

191 Das muß nachdrücklich festgestellt werden gegenüber einer immer noch verbreiteten Meinung, die Dehmels moralischen bzw. psychologischen Standpunkt zu voreilig als rauschhaft erotischen Vitalismus einstuft. Eine weit gerechtere Einschätzung findet sich schon in einer frühen Äußerung THOMAS MANNS, der anerkennend von „Richard Dehmels tapferer Modernität" spricht, „die beweist, daß ehrlicher Rationalismus mit dichterischer Leidenschaft und Trunkenheit sich sehr wohl verträgt" (‚Geist und Kunst'. Thomas Manns Notizen zu einem ‚Literatur-Essay. Ediert und kommentiert von Hans Wysling. In: Paul Scherrer, Hans Wysling: Quellenkritische Studien zum Werk Thomas Manns. Bern und München 1967 [Thomas-Mann-Studien, 1], S. 123-233, hier: S. 214 [Notiz 116]).

weiterung des Bewußtseins; man kann geradezu sagen, daß es das Wesen der Menschheit ist, den Menschen immer bewußter zu machen."[192] Daß mit Bewußtheit das Wissen um die Wirkungen des Trieblebens gemeint ist, wie es im Gedicht der GM empfiehlt, geht aus der folgenden Äußerung unmißverständlich hervor:[193]

> Das Unbewußte ist uns gemein mit jedem Tier und jeder Pflanze, ja jedem Stein; es ist vielleicht nichts weiter als die Wirkung der Bewegungsströme, die zwischen den Gestirnen walten. Was uns zu Menschen, zu *eigentümlich* denkenden und fühlenden Geschöpfen macht, ist eben die Art, wie wir uns jener Wirkung *bewußt* werden. Unser handelndes Verhältnis zur Welt und also auch zu andern Menschen, [!] wird einzig durch das *Wissen* um unsere Triebe bestimmt; das also gilt es zu steigern in uns Allen, *erst dann darf, kann* und *wird* unser Geist ‚von jedem Zweck genesen'.

Auf die Frage, wie genau der Umgang mit den bewußtgewordenen Trieben eigentlich aussehen soll, gibt Dehmel deshalb ebensowenig eine klare Antwort wie die prodarwinistische Moralphilosophie. In den Jahren 1891/92 zeigt sich zwar ein intensives Nachdenken über diesen Punkt, das jedoch über allgemeine Formulierungen wie die folgende selten hinauskommt: „Wir müssen ihnen [sc. den gemeinsamen Kindern] einst sagen, wenn der rohe Drang sie überwältigen will: Sehet, es ist möglich und bringt höheres Glück, tiefern Genuß, der Triebe Herr zu werden, der Triebe von Unten durch die Triebe nach Oben, – dessen was *Uns* gebildet hat, durch Das, was wir bilden *wollen*!"[194] Eine konkretere Bestimmung findet sich in einem Brief an Karl Henckell: „[...] indem wir also unsere Leidenschaften so vereigentümlichen, daß sie das Ganze am wenigsten stören, fördern wir die Lust der Menschheit auch im Ganzen, – – eine sinnliche Sittlichkeit! zugleich natürlich und vernünftig, eben die höchste, also auch – – die schwerste."[195] Diese Beispiele zeigen, wie Dehmel sich bemühte, die beiden Grundforderungen der darwinistischen Ethik – Entwicklung und Triebakzeptanz – miteinander zu verbinden, indem er den Trieb, die „Lüste", zum Motor der – auch kulturellen – Höherentwicklung machte. Hier scheinen Gedanken vorweggenommen zu sein, die Sigmund Freud wenig später unter dem Begriff der „Sublimierung" ausarbeitete[196], die aber, im Bereich der Sexualforschung, bereits ein Thema der neunziger Jahre waren.[197]

---

192 An Friedrich Binde, 29.11.1896, Unbekannte Briefe, S. 480. Ebenso an Johannes Schlaf, 25.4.1898, I 275: „Nur da Bewußtsein macht den Menschen, das Pathos der Unbewußtheit ist uns mit jedem Vieh gemein."

193 An Kaufmann H[eitmann] in Hamburg, 27.5.1898, I 277f. Das Zitat „von jedem Zweck genesen" bezieht sich auf den Eingangsspruch des Gedichtbands *Weib und Welt*.

194 19.7.1891, I 46. Äußerungen wie diese müssen allerdings vor dem Hintergrund der bereits problematisch gewordenen Ehe interpretiert werden. Vgl. dazu WEGNER (2000), S. 122ff.

195 27.12.1891, I 75.

196 Der Sexualtrieb, so Freud, „stellt der Kulturarbeit außerordentlich große Kraftmengen zur Verfügung, und dies zwar infolge der bei ihm besonders ausgeprägten Eigentümlichkeit, sein Ziel verschieben zu können, ohne wesentlich an Intensität abzunehmen. Man nennt

Im vierten Monolog des GM wird die paradoxe Botschaft noch einmal sentenzenhaft wiederholt (V. 399-404). Während der GM auch hier triebpsychologisch argumentiert, faßt das abschließende Duett von „Kraft" und „Ordnung" das evolutionistische „Glaubensbekenntnis" bündig zusammen (V. 419ff.):

Ihr habt gehört der Wahrheit Wort:
nicht streiten Lust und Pflicht hinfort,
wenn ihr dem Einen Ziele lebt,
zu welchem Alles aufwärts strebt:
die kämpfenden Mächte feiern Versöhnung
im Dienste der Menschheit und ihrer Verschönung.

Die ‚Gebete der Menschen'

Dehmel hat sein „Glaubensbekenntnis" reich mit christlichen Motiven und Begriffen ausgestattet. Nicht nur wird der GM als „Heiland" eingeführt und bezeichnet sich selbst als „der Menschheit heiliger Geist"; die „Gebet[e] der Menschen" imitieren zudem Sprechhaltung und Stil der biblischen Psalmen. Das affektive Potential traditioneller, durch familiären und kirchlich-institutionellen Ritus eingeübter Textstrukturen wird auf die neue Weltanschauung übertragen.

Christliche Bezüge finden sich vor allem im zweiten Teil, und dort in den Gesängen der Menschen, deren zweiter und längster gar mit „Gebet der Menschen" überschrieben ist. In psalmodischer Weise wenden sich dort die Menschen direkt an den GM.

Aufschlußreich sind zunächst die verschiedenen Bezeichnungen für den GM: „Heiland" (V. 125 u. 152), „Erbarmer" (V. 183), „dem herrlichen Sohn" (V. 255), „Ewiger" (V. 261), „heiliger Geist" (V. 278) und „Allgewaltiger Geist des Heils" (V. 256). Am häufigsten dagegen, gerade in den direkten Bitten ist die neutestamentliche Anrede „Vater" (V. 269f., 281f., 322, 337f., 378, 391), einmal in der Zusammensetzung „Vater der Zukunft" (V. 282), gelegentlich auch in der dritten Person, dann aber grundsätzlich mit dem Attribut „gütig" (V. 187, 190, 249).

---

diese Fähigkeit, das ursprünglich sexuelle Ziel gegen ein anderes, nicht mehr sexuelles, aber psychisch mit ihm verwandtes zu vertauschen, die Fähigkeit zur *Sublimierung*." (SIGMUND FREUD, Die ‚kulturelle' Sexualmoral und die moderne Nervosität (1908), in: S.F., Studienausgabe, hg. v. A. Mitscherlich et al., Frankfurt/M. 1974, Bd. IX: Fragen der Gesellschaft. Ursprünge der Religion. S. 13-32, hier: S. 18.)

[197] Freud verweist selbst (ebd., S. 13) auf Christian v. Ehrenfels, der in seiner *Sexualethik* den Begriff der „kulturellen Sexualmoral" geprägt hatte. Die Bedeutung des Sexualtriebs für künstlerische Leistungen hatte bereits KRAFFT-EBING in seiner *Psychopathia sexualis* hervorgehoben: „Nicht minder einflussreich erweist sich der sexuelle Faktor auf die Weckung ästhetischer Gefühle. Was wären die bildende Kunst und die Poesie ohne sexuelle Grundlage! In der (sinnlichen) Liebe gewinnen sie jene Wärme der Phantasie, ohne die eine wahre Kunstschöpfung nicht möglich ist, und in dem Feuer sinnlicher Gefühle erhält sich ihre Glut und Wärme. Damit begreift sich, dass die grossen Dichter und Künstler sinnliche Naturen sind." (Hier nach der 14. Auflage von 1912, S. 10.)

Die Sprechhaltung der Menschen ist dem christlichen Gebet nachempfunden. Dank und Bitte, Klage und Lobpreis wechseln sich ab, wie die folgende Passage aus dem „Gebet der Menschen“ illustriert (V. 249ff.):

> Danket dem gütigen Vater!
> Rühmet der Menschheit
> heiligen Namen!
> Die uns umdrängen,
> die Ihn erzeugten,
> dunkle Gewalten,
> müssen sich beugen dem herrlichen Sohn! –
> *All*gewaltiger Geist des Heils!
> siehe: in Demut schauen wir auf!
> auf zu den leuchtenden Höhen,
> wo Dein bleibender Tempel strahlt! –
> Die wir wandeln in Finsternis,
> Ewiger, führe uns zu dir!

Das quantitative Übergewicht liegt deutlich bei den Bitten, die christlichen Gebetsformeln nachgebildet sind: „Vater, erlöse uns“ (V. 269), „nimm an dein Herz uns“ (V. 283), „Führe uns, Vater“ (V. 322, 338), „Vater, erleuchte uns!“ (V. 378). Ebenso wird die Zielvorstellung, die Vervollkommnung des Menschen, mit christlichen Attributen ausgestattet. So wird der Weg der Höherentwicklung zur „Bahn in *Dein* seliges Reich“ (V. 275), und wer vom „Geist der Menschheit“ erfüllt ist, „Der *ist* erlöst!“ (V. 287).

Häufiger als in den Monologen des GM verwendet Dehmel in den Gesängen der Menschen bildliche Ausdrücke. Sie dienen ebenfalls dem Zweck der Sakralisierung. Eine zentrale Stellung nimmt die Lichtmetaphorik ein, die auch im oben zitierten Ausschnitt aus dem „Gebet der Menschen“ vorkommt. Nicht anders V. 270ff.: „Vater, laß uns / täglich glühn Dein nährend Licht“; vor allem aber V. 322ff. („gnädig Licht“, „Leuchte“, „Dunkel“). Die hier vorgenommene Stilisierung der „Menschheit“ zur Erlöser- oder Gottesgestalt entspricht der materialistischen Umdeutung der Evangelien, wie sie sich Dehmels Briefen aus der Zeit der Gedichtentstehung entnehmen läßt (s. Abschnitt *Entstehung* in diesem Kapitel).

2.2. Bildhafte Verkürzung: Bastard

Die gleiche Thematik, die Stellung des Menschen zwischen Geist und Trieb, kehrt in vielen anderen Gedichten wieder. Aufschlußreich ist die variierende Konzeption und Formgebung, die von einer veränderten Arbeitsweise des Dichters zeugt. Das Gedicht *Bastard* (AL 14f.[198]) bedient sich der allegorischen Darstellung des Menschen als Kind von Vampirfrau und Sonnengott. Das anschaulich kurze Sinnbild tritt an die Stelle der analytischen Gedankenlyrik. In einem Brief an Julius Bab schreibt Dehmel fast zehn Jahre später: „Ein Gedicht z.B. wie ‚Bastard': ja, ist es nicht ein Sinnbild auf *jeden* Menschen! In jeder Seele trägt sich doch diese Brautnacht von Licht und Dunkel zur Frucht aus [...].“[199]

Damit wird die analytische Darstellung von *Liebe und Ehe* durch eine Bildersprache ersetzt, deren Vieldeutigkeit den Autor des Zwangs zur psychologischen Genauigkeit und Schlüssigkeit enthebt. Auf die naturphilosophische Einkleidung wird gänzlich verzichtet, die allegorische Lösung des Rätsels Mensch enthüllt sich dem Sprecher im Traum. Im Gegensatz zu *Liebe und Ehe* wird nicht mehr versucht, den Geist-Trieb-Konflikt dialektisch aufzulösen, statt dessen plädiert Dehmel für die Akzeptanz des Konfliktes selbst:

Nun weißt du, Herz, was immer so
in deinen Wünschen bangt und glüht,
wie nach dem ersten Sonnenschimmer
die graue Nacht verlangt und glüht,
und was in deinen Lüsten
nach Seele dürstet wie nach Blut,
und was dich jagt von Herz zu Herz
aus dumpfer Sucht zu lichter Glut.

In früher Morgenstunde
hielt heut mein Alb mich schwer umstrickt:
aus meinem Herzen wuchs ein Baum,
o wie er drückt! er schwankt und nickt;
sein seltsam Laubwerk thut sich auf,
und aus den düstern Zweigen rauscht
mit großen heißen Augen
ein junges Vampyrweib – und lauscht.

Da kam genaht und ist schon da
Apoll im Sonnenwagen;
es flammt sein Blick den Baum hinan,
die Vampyrbraut genießt den Bann
mit dürstendem Behagen.
Es sehnt sein Arm sich wild empor,
vier Augen leuchten trunken;
das Nachtweib und der Sonnenfürst,
sie liegen hingesunken.

---

[198] Das Gedicht erschien zuerst im *Modernen Musen-Almanach auf das Jahr 1893*, hg. von Otto Julius Bierbaum, München 1893, S. 205.

[199] 31.3.1902, I 411.

Es preßt mein Herz die schwere Last
der üppigen Sekunden,
es stampft auf mir der Rosse Hast –
er hat sich ihr entwunden.
Schon schwillt ihr Bauch von seiner Frucht,
hohl fleht ihr Auge: bleibe!
Er stößt sie sich vom Leibe,
von Ekel zuckt des Fußes Wucht,
hin ras't des Wagens goldne Flucht.

Es windet sich im Krampfe
und stöhnt das graue Mutterweib,
mit ihren Vampyrfingern gräbt
sie sich den Lichtsohn aus dem Leib,
er ächzt – ein Schrei – Erbarmen: ich,
mich hält der dunkle Arm umkrallt,
da bin ich wach –– doch hör'ich,
wie noch ihr Fluch und Segen hallt:

Drum sollst du dulden dies dein Herz,
das so von Wünschen bangt und glüht,
wie nach dem ersten Sonnenschimmer
die graue Nacht verlangt und glüht,
und sollst in deinen Lüsten
nach Seele dürsten wie nach Blut,
und sollst dich mühn von Herz zu Herz
aus dumpfer Sucht zu lichter Glut!

Das Gedicht besteht aus sechs Strophen, die beiden mittleren haben neun, alle anderen acht Zeilen. Die Zahl der Hebungen schwankt zwischen drei und vier, ohne daß ein bestimmtes Muster sichtbar würde. Durch den unregelmäßigen Einsatz bewirken die Dreiheber spürbare Pausen, die das metrische Schema auflockern und den jeweiligen Versinhalt betonen. Diese Wirkung entfällt in den handlungsreicheren Strophen 3 und 4, wo der Wechsel von vier- und dreihebigen Versen den typischen Balladenton erzeugt. Die Reimbehandlung ist ebenfalls unterschiedlich. Während die Achtzeiler nur jeweils zwei Reimpaare und vier ‚Waisen' enthalten, entfallen auf Strophe drei drei, auf Strophe vier sogar vier Reimpaare (ababcddcc). Insgesamt scheint es Dehmel also auf eine möglichst dynamische Verbindung von Regel und Variation angekommen zu sein.

Die fast identischen Strophen 1 und 6 umgeben das allegorische Traumgeschehen mit einem didaktisch deutenden Rahmen (V. 1-8, 43-50). Was hier in aller Kürze beschrieben wird, ist der in *Liebe und Ehe* behandelte Dualismus in der menschlichen Psyche, hier traditionsgemäß im Herzen lokalisiert. Der Strophenbeginn („Nun weißt du…") verweist den Leser auf einen vorangegangenen Klärungsprozeß, in dem das Rätsel des Seelenlebens gelüftet wurde. Es wird zugleich angedeutet, daß dessen Phänomenologie dem Sprecher durchaus geläufig gewesen ist, obgleich er sie bisher nicht verstanden hat.

Vermutlich hat Dehmel die erste Strophe, als beinahe wörtliche Wiedergabe der sechsten, nachträglich vorangestellt, um das Verständnis der folgenden Allegorie zu erleichtern. Darauf deutet nicht zuletzt der Umstand, daß die direkte Ansprache des eigenen Herzens, eine gängige poetische Variation des Selbstgesprächs, im folgenden nicht mehr aufgenommen wird. Während sich in Strophe 6 die direkte Anrede („du") aus dem Traumgeschehen heraus ergibt, mußte Dehmel, um den Großteil der Strophe unverändert an den Anfang stellen zu können, eine Anredesituation schaffen.

Der in Vers 1 angedeutete Klärungsprozeß besteht in einem Traum des gleichen Tages, der ab Strophe 2, nach kurzer zeitlicher Einordnung, wiedergegeben wird. Aus dem Herzen des Sprechers wächst ein Baum, dem ein weiblicher Vampir entsteigt, hier nichts weiter als ein Sinnbild der tellurisch-triebhaften Seite des Menschen. Von außen her nähert sich, als Verkörperung des rationalen Prinzips, „Apoll im Sonnenwagen" (V. 18). Aufschlußreich für Dehmels Menschenbild ist bereits die Tatsache, daß dem Baum das „Vampyrweib" entsteigt, während sich Apoll von außen, von oben, nähert. Damit wird – ganz im Sinne der neuen Anthropologie – dem Trieb ein evolutionärer oder entwicklungspsychologischer Vorsprung gegenüber dem Geist eingeräumt. Auch die Erwähnung der „düstern" Zweige (V. 14) ordnet den Baum eher dem Bereich des Sinnlichen zu. Das Bild der Vampirin ist mit wenigen, aber sehr suggestiven Strichen gezeichnet (V. 13-16).

Die Verwendung des Vampirmotivs, genauer: des weiblichen Vampirs mit erotischen Zügen[200], verweist zunächst scheinbar auf die verwandten Motiv- und Themenkomplexe des ‚demonic eroticism'[201] und der ‚femme fatale' um 1900.[202] Bei genauerem Hinsehen zeigt sich jedoch, daß das Vampirmotiv bei Dehmel eine andere Funktion erfüllt. Denn die entscheidende thematische Konstante, die Macht der dämonisierten Frauenfigur über den wehrlosen Mann[203], fehlt in *Bastard* völlig.[204]

---

200 Für einen kurzen komparatistischen Überblick über die Verwendung des Vampirmotivs seit Goethe vgl. PRAZ (1930), S. 90ff. Eine literarische Quellendokumentation mit Schwerpunkt im 19. Jahrhundert bietet die Sammlung von STURM/VÖLKER (1968). Zu Funktion und Wandlung des *weiblichen* Vampirmotivs im 19. Jahrhundert vgl. VOLCKMANN (1987), die jedoch hauptsächlich die Entwicklung von Goethes *Braut von Korinth* zu Baudelaires Vampirgedichten in den Blick nimmt. Für unsere Fragestellung wenig ergiebig ist die Studie von HOCK (1900), die sich vor allem der Literatur um 1800 zuwendet. In dem kleinen Ausblick zur literarischen Moderne ist Dehmel immerhin erwähnt (S. 131).

201 Vgl. FRITZ (1977) (zu Dehmel: S. 452f.), HANLIN (1982) (zu Dehmel: S. 40ff.); zur ‚femme fatale' vgl. HOFMANN (1974), S. 201-229 (‚Die Frau als Mythos'); RASCH (1986), S. 74-87.

202 Vgl. allgemein HILMES (1990).

203 Das gilt besonders für das wichtigste motivgeschichtlichen Vorbild im 19. Jahrhundert, die beiden Vampirinnen-Gedichte aus Baudelaires *Fleurs du Mal* (1857), *Le Vampire* und *Les*

Als unmittelbare Anregung kommt dagegen die Prosaskizze *Vampyr* aus Otto Julius Bierbaums *Erlebten Gedichten* (1892) in Frage.[205] Dort wird eine erotische Begegnung im Wald mit Hilfe des Vampirmotivs ins Dämonische gesteigert, zugleich aber, ähnlich wie in Dehmels Gedicht, zur allgemeinen Betrachtung über Mann und Weib ausgeweitet. Die Übernahme des Vampirmotivs bleibt auch hier rein äußerlich, sie drückt sich vor allem im Titel aus. Neben der strukturellen Ähnlichkeit ist es vor allem die deutliche Hervorhebung des menschlichen Herzens, die einen Vergleich mit Dehmels Gedicht nahelegt.[206]

Ließ er in *Liebe und Ehe* die konkurrierenden Seelenvermögen als personifizierte „Genien" auftreten, so bedient sich Dehmel hier eines allegorisierenden Verfahrens. „Sonnenfürst" und „Vampyrweib" wirken als konnotationsgeladene Bilder, während die „Genien", Folge der im Grunde dramatischen Struktur der „Sphärenphantasie", erst durch ihre Monologe Konturen gewannen. Das Aufeinandertreffen der beiden wird durch die Verbalmetaphern („flammt", „sehnt") und die Wahl der Beiwörter („dürstend"/ „wild") dynamisiert und erotisch akzentuiert. Die Annäherung folgt traditionellen Geschlechterrollen – der Mann erobert die in erhobener Position wartende Frau. Zeittypischen Zuschreibungen folgt dagegen die Paarformel „Nachtweib"-„Sonnenfürst". Hier verkörpert die Frau das Nächtliche, Dunkle, Sinnliche, der Mann das Helle, Klare, Rationale, eine Vorstellung, die sich seit der Romantik thematisch fixiert hatte.[207]

Der Liebesakt wird geschickt ausgeblendet, indem die Perspektive zum träumenden Sprecher hin wechselt (V. 26-29). Mit der Geburt des Kindes, deren Gestaltung expressionistische Sprachmittel vorwegnimmt[208], wird die Allegorie auf-

---

Métamorphoses du Vampire, in denen die weibliche Vampirfigur die Rolle des volksreligiösen *succubus* fortsetzt (VOLCKMANN 1987 erwähnt diese Analogie nicht). Auch hier verbinden sich Erotik, weibliche Macht und männliche Todesangst.

204 HILMES (1990) verwendet als heuristische „Minimaldefinition" für die femme fatale das „Spannungsverhältnis von Eros und Macht" (S. 10). Deswegen ist WAGNER (1982) zu widersprechen, die Dehmels Gedicht in die Motivgeschichte der ‚femme fatale' einordnet (S. 140).

205 OTTO JULIUS BIERBAUM, Erlebte Gedichte, Berlin 1892, hier zitiert nach der zweiten Auflage 1893, S. 198-200. Dehmel kannte den Gedichtband und hat im Rückblick besonders die Verwendung von „Sphinxen und Vampyren" darin hervorgehoben (RICHARD DEHMEL, Merkwürdige Leute. Kritischer Erguss. In: *Freie Bühne* 6/1895, S. 1029-1033, hier: S. 1030). Die vielleicht bekanntere Verarbeitung des Vampirmotivs durch Przybyszewski (*De Profundis*, 1895) (vgl. PANKAU 2005, S. 265) bleibt hier wegen der zeitlichen Verschiebung außer Betracht.

206 Ebd., S. 200: „Der Hass hat uns gepaart in wildem Kampf, der Hass von Mann zu Weib und Weib zu Mann, die heisse Gier, sich einzusaugen das fremde Herz und jeden Tropfen Blutes und jeden Athemzug. Mein Herz und dein Herz haben sich geschaut im Kampfe, und kämpfend sich durchdringend sind sie in Eins geflossen."

207 Dehmel folgt dieser Vorstellung, wenn er in einem Brief an Georg Ebers die Frau als „das eigentliche Gefäß des dumpfen, unbewußten Trieblebens" bezeichnet (26.8.1893, I 117).

208 Auffallend ist die ähnliche Verwendung der Metapher „graben" in Bierbaums Prosastück. Man vergleiche die folgende Passage aus Dehmels Gedicht mit diesem Abschnitt: „Und

gelöst, denn der Sprecher erkennt im Kind sich selbst (V. 35-41). Durch diese Pointe wird die Allegorie merkwürdig verdoppelt. Zum einen wird das menschliche Herz als Begegnungsstätte von Vampirfrau und Lichtgott imaginiert. Zum anderen wird der Mensch als ihr gemeinsames Kind dargestellt. Jedes dieser Bilder könnte auch für sich stehen. Durch ihre Verbindung entsteht eine eigentümliche Rekursivität, die beim einfachen Lesen jedoch kaum auffällt.

Das Ende des Traums reicht in den Wachzustand des Sprechers hinüber, der durch den Gebrauch des Präsens („doch hör' ich", V. 41) als Gegenwart kenntlich gemacht wird. Aus dem Munde der Vampirin erklingt, wie ein märchenhafter Bannfluch, das schon bekannte Bild des menschlichen Seelenlebens, allerdings mit einer entscheidenden Modifikation (V. 43-50). Durch den veränderten Strophenbeginn und die Wiederaufnahme des Modalverbs „sollst" in den Versen 47 und 49 wandelt sich die resümierende Feststellung der ersten Strophe zur didaktischen Anweisung: „Drum sollst du dulden"! Stand dort der Konflikt zwischen Geist- und Triebseite des Menschen im Vordergrund, so liegt die Betonung hier auf ihrer primordinalen Einheit. Das Ineinanderwirken beider Sphären wird in den Versen 47 und 48 abgebildet: „und sollst in deinen Lüsten / nach Seele dürsten wie nach Blut". Die Bildersprache, das konnte der Leser der ersten Strophe noch nicht wissen, bezieht sich auf die beiden Traumgestalten und reproduziert ihren Gegensatz. Den Ausdrücken „graue Nacht", „dürsten", „Blut", „dumpfer" stehen „glüht", „Sonnenschimmer" und „lichter Glut" gegenüber.

Mit Hilfe volkstümlich-paganer Bildlichkeit evoziert das Gedicht also die anthropologische Konzeption des Menschen als „ens mixtum", als Doppel- oder Zwischenwesen, angesiedelt zwischen Tier auf der einen und Gott auf der anderen Seite.[209] Die sogenannte „Mittelding-Hypothese" erlebte, nach einer langen mythischen Vorgeschichte im Bild der ‚Goldenen Kette', eine wissenschaftlich beglaubigte Neubegründung in der deutschen Spätaufklärung.[210] Ins Hintertreffen geraten durch Restauration einerseits und postrevolutionären Materialismus andererseits, gewann sie im Gefolge des weltanschaulichen Darwinismus neue Konjunktur.[211]

Diese Tradition dürfte Dehmel im Auge gehabt haben, als der „Sonnenfürst" und „Vampyrweib" einander gegenüberstellte. Die Wahl der Vampirin wird verständlicher, wenn man sich vorstellt, Dehmel hätte statt dessen, gängigen darwi-

---

meine Augen gruben sich in deine, und meine Arme wanden sich um deinen Leib wie Raubthierpranken; und es stöhnte deine Brust, und deine Augen irrten wie verflogene Tauben." (Erlebte Gedichte, S. 199.)

209 Dadurch tritt das Vampirmotiv hier in Parallele zu den zahlreichen künstlerischen Gestaltungen von Halbmenschen wie Nixen, Faunen und Satyrgestalten. Vgl. allgemein STERNBERGER 1934, S. 23ff.; zum Undine-Motiv: HERMAND (1969); zur Pan-Figur und ihren Variationen: KÜHLMANN (2002).

210 Vgl. RIEDEL (1985), S. 111-121.

211 Vgl. RIEDEL (1996), S. 257f., dort weitere Literaturhinweise.

nistischen Klischees folgend, einen Affen oder gar einen Wurm auftreten lassen. Eine komische Wirkung wäre nicht ausgeblieben. Zudem aber bildet die Vampirin als Fabelwesen einen plausiblen Gegensatz zur mythischen Gottheit Apoll. Durch die erotischen Konnotationen dieser Figur wird schließlich der innere Konflikt des Menschen, den Dehmel hier wie andernorts darstellt, auf seine Geschlechtlichkeit bezogen.

Gleichwohl ist zu betonen, daß es Dehmel ausdrücklich auf die Akzeptanz der Doppeltheit ankam. Auch wenn die Rehabilitation des Trieblebens das eigentlich Revolutionäre an dieser Forderung blieb, lag Dehmel doch nichts ferner als dessen einseitige Verabsolutierung. Ebenso wie gegen die Exponenten der christlich-bürgerlichen Moral wandte er sich gegen diejenigen, die – im Zeichen Nietzsches – für eine biologisch beglaubigte Instinktverherrlichung eintraten. Von der Rückkehr zu einem Rousseauschen Naturzustand hielt Dehmel nicht das geringste.[212] „Nichts Göttliches im Tierischen suchen", schrieb er 1893, zur Zeit des Drucks von *Aber die Liebe*, an Hedwig Lachmann, aber „auch nicht das Tierische als eine Macht des Teufels ansehen, die dann nur noch lockender wirkt".[213] Gegenüber Detlev von Liliencron klagte er über „diese Augenverdreher, die ihrer tierischen Natur nicht froh werden können, ohne ihr ein göttliches Mäntelchen umzuhängen, das sind die heillosesten Falschspieler."[214] Dieser Vorwurf richtet sich vermutlich gegen Zeitgenossen wie Stanislaw Przybyszewski, dessen Prosastücke *Totenmesse* und *De profundis* im Zeichen neuerer psychiatrischer Erkenntnisse in einem Zug zur Sakralisierung und Satanisierung des Geschlechtstriebs ausholten.[215]

Dagegen setzte Dehmel die Forderung, gerade den Zwiespalt als Grundtatsache der menschlichen Existenz zu akzeptieren. Erste Ansätze, in denen der Perfektibilitätsgedanke noch mitschwingt, zeigen sich in dem schon zitierten Brief an Hedwig Lachmann: „Denn wir Alle haben wol [!] ein wenig unsre Thaten in der Hand, aber gar sehr wenig unsern innern Zustand; den können wir nur streben zu begreifen und mit Staunen festzustellen."[216] In den folgenden Jahren tritt der Anspruch der Vervollkommnung immer weiter zurück. „Du kennst mich, Detlev", schrieb Dehmel 1896 an Liliencron, „ich liebe das Tier im Menschen wie den Gott im Menschen. Beides ist gleich notwendig für das entzückende Schauspiel des Lebens".[217] In dem Essay *Bedarfskunst?!* von 1898 (s. dazu Kap. II.4) wandelt sich dieses Bekenntnis zur normativen Aussage: „Das ist es, was zu

---

212 Vgl. den Brief an Wilhelm Schäfer, 23.5.1902, I 418.

213 Mitte Mai 1893, I 106.

214 9.8.1896, I 248. Vgl. auch die Briefe an Gustav Falke, 18.3.1897, I 264, an Johannes Schlaf, 25.4.1898, I 275, an Kaufmann H., 27.5.1898, I 278, und an Ida Dehmel, 14.6.1899, I 313.

215 Die *Totenmesse* erschien 1893, also im gleichen Jahr wie Dehmels *Bastard*. Zu Przybyszewski vgl. neuerdings PANKAU (2005), S. 258-275, dort weitere Literaturhinweise.

216 Mitte Mai 1893, I 106.

217 9.8.1896, I 248.

schauen uns stets von neuem noth thut. der Mensch, [...] der vor dem Thier in seiner Brust dieselbe reine Andacht hat wie vor dem Gott: der seine Notdurft liebt als Quelle seiner Tugend [...].“[218] Hinter solchen Aussagen macht sich nicht zuletzt klassisch-idealistisches Harmoniedenken geltend, wie die folgende Äußerung an Gustav Kühl verdeutlicht. „[D]er höchste Zustand der Menschenseele wird doch immer der sein, daß Instinkt und Reflexion, Naivetät und Raffinement – zu deutsch: Gemüt und Geist – in vollem Gleichgewicht sich äußern.“[219]

Hatte Dehmel in *Liebe und Ehe* noch nach einem Ausweg aus dem Konflikt und dem daraus entstehenden Leid gesucht, der letztlich auf eine Domestizierung des Triebs hinauslief, plädiert er also in *Bastard* dafür, die Doppelnatur des Menschen mit allen ihren Folgen auf sich zu nehmen. Darin deutet sich ein Abrücken vom geistbetonten Vollkommenheitsbegriff der *Erlösungen* an. Dieser gedankliche Prozeß findet seinen vorläufigen Abschluß in der paradoxen Formel, die Dehmel dem letzten hier behandelten Gedichtband *Weib und Welt* programmatisch vorangestellt hat (WW 6):

> Erst wenn der Geist von jedem Zweck genesen
> und nichts mehr wissen will als seine Triebe,
> dann offenbart sich ihm das weise Wesen
> verliebter Thorheit und der großen Liebe.

III.3 Didaktisch-appellhafte Lyrik

Als didaktisch-appellhaft werden hier etwas behelfsmäßig Gedichte zusammengefaßt, die, zumeist in der direkten Anrede („du“/ „ihr“), zur Veränderung der Lebensweise aufrufen oder ein entsprechendes Credo formulieren. Der Bezug zu Dehmels Poetik tritt bei diesen Gedichten besonders deutlich hervor. Ihre gesonderte Behandlung rechtfertigt sich – neben der gemeinsamen appellhaften Redehaltung und der Einheitlichkeit von Motivik und Stil – durch ihre zentrale Bedeutung für Dehmels Wirkung. Neben den subjektiv-erlebnishaften Gedichten (s. Kap. III. 4) und Teilen der erotischen Lyrik (s. Kap. III.5) sind es vor allem diese Gedichte, in denen wir dem typisch Dehmelschen Pathos begegnen, das auf den heutigen Leser einen so befremdlichen Eindruck macht.[220] Sie vor allem

---

218 RICHARD DEHMEL, Bedarfskunst?!, S. 98. Vgl. auch den Brief an Gustav Falke, 17.3.1896, I 234; an Ida Dehmel, 13.5.1899, I 307 („Tiergöttlichkeit“).

219 An Gustav Kühl, 11.2.1897, Dehmel-Archiv, Br.: D 920. Der Brief ist nur teilweise in den *Ausgewählten Briefen* abgedruckt.

220 Schon 1963 fragte BENNO VON WIESE: „Und wie soll man sich heutzutage – die Geschichte der literarischen Wertung ist voller kurioser Überraschungen – zu dem donnernden, aber durchaus ernst gemeinten Pathos der Verse Richard Dehmels, des Vaters im ‚Lied an meinen Sohn‘ stellen?“ (1963, S. 247.)

haben Dehmel Etiketten wie „Lebensbejahung“[221], „Lebenspathos“[222], „Vitalismus“[223] eingetragen.

Ihr typologischer Ort ist die Didaxe[224], die versifizierte *ars vivendi*, die sich auch im 19. Jahrhundert, der Blütezeit des Liedes, großer Beliebtheit erfreute. Neben einer vor allem in der Biedermeierzeit proliferierenden Kasualdichtung auf dilettantischer Basis[225] hoben Lyriker wie Mörike (*Gebet*, *Rat einer Alten*), Storm (*Oktoberlied*) und C. F. Meyer (*Ein bißchen Freude*) diesen Gedichttypus auf ein hohes literarisches Niveau. Während der Gründerzeit wurde die spruchhafte Didaxe zum Vermittlungsmedium jener quietistischen Bürgermoral, an der sich nicht zuletzt der Protest der ‚jüngstdeutschen' Generation entzündete (s. Kap. I.1).[226]

Gerade von dieser Poesie für die „höheren Töchter“, wie ein Lieblingsurteil der achtziger Jahre lautete[227], setzen sich die hier behandelten Gedichte deutlich ab. Im Gegensatz zur Ruhe und Gesetztheit der traditionell poetisierten Lebensweisheit, wie sie sich übrigens auch bei Dehmel findet[228], sind sie geprägt von einer stark emphatischen Redeweise, mit der sich der Aufruf zur spontanen Überwindung persönlichen Leids, zur Selbstverwirklichung oder zur Befreiung von gesellschaftlichen Zwängen verbindet. Dadurch ergeben sich werkimmanente Parallelen zur genialischen Kraftgebärde der Protestgedichte (s. Kap. III.1), aber auch zur burschikosen Anakreontik einiger erotischer Gedichte.

Daß das poetisch vermittelte Befreiungsprogramm in den meisten Fällen einen erotischen Einschlag zeigt, gehört zur spezifischen Signatur dieser Gedichte und lenkt den Blick auf die Umstände ihrer Entstehung: Alle hier behandelten Gedichte waren ursprünglich an von Dehmel umworbene Frauen gerichtet. Während *Meeraugen* vermutlich, wie die meisten Gedichte der *Erlösungen*, für Paula Dehmel geschrieben wurde, entstand *Antwort* als Reaktion auf ein Gedicht der über Jahre verehrten Hedwig Lachmann. *Enthüllung* und *Bewegte See* schrieb Dehmel nach der Begegnung mit Ida Auerbach, seiner späteren Frau, während

---

221 Vgl. SLOCHOWER (1928), S. 55; DARGE (1934), S. 34f.. 108 et pass., FRITZ (1969), S. 141ff.

222 RASCH (1967), passim.

223 Vgl. RASCH (1967), S. 20; MARTENS (1971), S. 102-106; LEHNERT (1978), S. 119; STERN (1979), S. 90; NIPPERDEY (1991), S. 784; SPRENGEL (1998), S. 661; WEGNER (2000), S. 233; AUSTERMÜHL (2000), S. 355.

224 Auf diese Dimension von Dehmels Lyrik hat neben GEBHARD (1984), S. 501, neuerdings SPRENGEL (1998) hingewiesen (S. 661).

225 Vgl. HERIN (2001), S. 283f.

226 Vgl. MAHAL (1973), S. 17, 19.

227 MICHAEL GEORG CONRAD, Zur Einführung, in: *Die Gesellschaft* 1 (1885), S. 1-3, hier: S. 1; CARL BLEIBTREU, Neue Lyrik. Kritische Studie. In: ebd., S. 553-559, hier: S. 558; ; ders., Revolution der Litteratur, S. 53.

228 Im dritten Teil der *Erlösungen* (‚Leben und Arbeit‘) etwa die Gedichte *Der Unterschied* (ERL 134), *Vorsicht!* (ERL 135), *Jugendweisheit* (ERL 147f.), in den *Lebensblättern* die *Leitsprüche* (LB 77), *Selbstzucht* (LB 78) und *Pflicht* (LB 121).

der Zeit, als beide noch verheiratet waren. Angesichts der Tatsache, daß Dehmel diese Appelle nicht nur auf dem Papier konstruierte, sondern, wie die biographischen Umstände belegen, als ernstgemeinte Tröstungs- oder Überredungsversuche einsetzte, gewinnt die Formel ‚Kunst und Leben' (s. Kap. II.1) einen überraschenden Nebensinn. Es war nicht zuletzt diese – ästhetische freilich irrelevante – Authentizität von Dehmels Dichtung, die ihn um 1900 zum umjubelten Star einer aufbruchwilligen Jugend werden ließ.[229]

3.1 Dionysische Therapie (Meeraugen, Enthüllung)

Eine Spielart dieser dialogisch-appellhaften Lyrik bildet die expressiv vorgetragene Aufforderung zum spontanen, unreflektierten Lebensglück. Interessant ist, im Vergleich zu den Weltanschauungsgedichten, der Verzicht auf psychologische Differenzierung. Das liegt wohl zunächst an der Dialogsituation, in der Sprecher und emotionaler Protagonist nicht identisch sind. Daraus ergibt sich ein psychologischer Reduktionismus, der die Befindlichkeit des Gegenübers schlicht mit „Weh" oder „Leid" bestimmt und ohne weitere Analyse gleich zur Therapie übergeht.

Auch wenn sich dieser Zugriff auf die eigene oder fremde Gefühlslage bewußt unintellektuell gibt, entzieht er sich nicht der ideengeschichtlichen Deutung. Beschworen wird ein durch Nietzsche salonfähig gewordener lebensphilosophischer Eudämonismus, der sich den Zeitgenossen als willkommene Alternative nicht nur zur quietistischen Lebensweisheit der Gründergeneration, sondern auch zur begrifflichen, z.B. psychiatrischen oder neurologischen, Zergliederung des menschlichen Seelenlebens (Lombroso, Charcot, Wundt) empfahl.[230] Ebenso konnte der damit einhergehende psychologische Determinismus unterlaufen werden[231], wie er, vermittelt vor allem durch Bölsches *Naturwissenschaftliche Grundlagen der Poesie*[232], das poetische Menschenbild der achtziger Jahre geprägt hatte.[233] In der bewußtseinsgeschichtlichen Forschung zur Jahrhundertwende wurde dafür die prägnante Formel vom „zivilisationstherapeutischen Hedonismus" gefunden.[234]

---

229 Vgl. SCHEUER (1989), S. 373f.
230 Vgl. FELLMANN (1998), S. 34; allgemein: FICK (1998) („Sinnstiftung durch Sinnlichkeit"). Die Relevanz dieser Haltung in den Berliner Künstlerkreisen bezeugt GERHART HAUPTMANN: „Die Eudämonie, in der wir, mit Platon und Epikur, das höchste menschliche Ziel sahen, lag damals in einem gewissen Sinne über uns." (G.H., Das Abenteuer meiner Jugend, Centenarausgabe, Bd. 12, S. 1062.)
231 Diese Deutung von Dehmels Wirkungsabsicht hat BOHNEN (1977) vorgeschlagen.
232 Vgl. das Kapitel ‚Willensfreiheit', in: BÖLSCHE, Grundlagen, S. 12-26.
233 Diese Information bewegt sich seit langem auf der Ebene von Handbuchwissen. Vgl. die Artikel ‚Naturalismus' im RLL[3] und in BORCHMEYER/ZMEGAC (1994).
234 KÜHLMANN (2002), S. 384.

Daß Dehmel diese Weltsicht als Lebensregel durchaus ernstnahm, zeigen nicht nur zahlreiche biographische Berichte über ‚dionysische' Exzesse[235], sondern auch briefliche Äußerungen wie die folgende:[236]

> Siehst Du, daran fühl ich's ganz genau, wie naturwidrig unsre judenchristlichen Entsagungsdogmen sind: ich habe neulich in Cremmen ungewohnter Weise 6 Stunden hintereinander wie ein Wilder getanzt, bin dann – ohne erst zu schlafen – ein paar Stunden durch den Wald spaziert, dann nach Berlin zurückgefahren und hier in witziger Gesellschaft bis abends um Zehn herumgetollt – und war nicht so erschöpft, als wenn ich nur drei Stunden lang im Bureau meine sogenannte Pflicht erfülle. Ich habe keine andre Pflicht als die der Lebenslust: so glücklich als möglich zu leben. Die Menschen, die mich wirklich lieben, werden dadurch *mit* glücklich.

Die prägnanteste Formulierung dieser dionysischen Lebensweisheit fand Dehmel in einem Brief an seine Frau Paula: „Wir haben ja noch garnicht unser Letztes ausgekostet, Alles, was Instinkt und Phantasie an Lust bescheren kann – und Das, Das allein ist Leben! Arbeit bis zur Erschöpfung und Genuß bis zur Erschöpfung, *dann* erst sprudeln immer neue Quellen auf. Mäßigung ist Sumpf!"[237]

Das gleiche Bild bieten viele Briefe, in denen Dehmel Freunden oder Bekannten den Rat erteilte, alle Reflexion hinter sich zu lassen und das Glück endlich beim Kragen zu packen. „Gewöhnen Sie sich ab, ihr Selbst in hundert Hohlspiegeln und Brechungslinsen auffangen zu wollen", schrieb er 1894 an die Schriftstellerin Anna Croissant-Rust. „Sie kommen doch nicht dahinter, Sie verzerren es nur. Conzentriren Sie sich mehr auf den Moment, werden Sie andächtiger vor dem Augenblick des unwillkürlichen Erlebens."[238] War darin noch ein poetologischer Sinn mitgemeint, so zielt der folgende Ratschlag an Hedwig Lachmann nur noch auf das persönliche Lebensgefühl: „Wenn ich Dir doch Deine Sehnsucht nach dem Glück einbischen [!] abgewöhnen könnte! damit du lernen möchtest, Dich dem Reiz des Augenblicks mehr hingeben [!]. [...] Sei doch lustig, Mädel, mit den Lustigen! auch diesen Willen kann man üben: die Fähigkeit dazu hat *Jeder*!" Der Brief schließt mit der Aufforderung: „Tanz Dich aus und sinire [!] nicht so viel!"[239] Ebenso an Paula, bereits nach der Scheidung: *„Fordre es nur heraus*, man muß das Glück bei den Haaren fassen! Zum Donner: wenn man immer blos sehen wollte, was einem fehlt, dann käme ja kein Mensch in keinem

---

235 Berichte finden sich bei HEINRICH HART, Wir Westfalen, S. 92; STANISLAW PRZYBYSZEWSKI, Richard Dehmel. Ein Lebensblatt (1926). In: R.D., Dichtungen, Briefe, Dokumente, S. 269-276; WILHELM SCHÄFER, Der hartnäckige Taler, in: W.S., Rechenschaft, Kempen 1948, S. 168-196; CARL LUDWIG SCHLEICH, Besonnte Vergangenheit. Lebenserinnerungen 1859-1919. Reinbek 1961, S. 326ff.

236 An Hedwig Lachmann, 16.8.1894, I 169.

237 An Paula Dehmel, 14.7.1895, I 205.

238 An Anna Croissant-Rust, 20.5.1894, I 162f.

239 An Hedwig Lachmann, 18.6.1895, I 201.

Augenblick zum Lebensgenuß. Zusehn, was man kriegen kann – und was man hat, das hat man – *das* ist Leben!"[240]

Die Abwertung von Reflexion und begrifflicher Überformung zugunsten der Unmittelbarkeit des ‚Lebens' hatte 1874 in Nietzsches zweiter *Unzeitgemäßer Betrachtung* eine prägende und wirksame Begründung gefunden. Man vergleiche etwa den Rat an Anna Croissant-Rust mit der folgenden Passage aus Nietzsches Essay: „Wer sich nicht auf der Schwelle des Augenblicks, alle Vergangenheiten vergessend, niederlassen kann, wer nicht auf einem Punkte wie eine Siegesgöttin ohne Schwindel und Furcht zu stehen vermag, der wird nie wissen, was Glück ist und noch schlimmer: er wird nie etwas thun, was Andere glücklich macht."[241] Noch signifikanter sind die Worte, die Nietzsche einer ersten unhistorisch erzogenen Generation in den Mund legt:[242]

> Zerbröckelt und auseinandergefallen, im Ganzen in ein Inneres und ein Aeusseres halb mechanisch zerlegt, mit Begriffen wie mit Drachenzähnen übersäet, Begriffs-Drachen erzeugend, dazu an der Krankheit der Worte leidend und ohne Vertrauen zu jeder eignen Empfindung, die noch nicht mit Worten abgestempelt ist: als eine solche unlebendige und doch unheimlich regsame Begriffs- und Wort-Fabrik habe ich vielleicht noch das Recht von mir zu sagen cogito, ergo sum, nicht aber vivo, ergo cogito. Das leere ‚Sein', nicht das volle und grüne ‚Leben' ist mir gewährleistet [...].

Den gleichen Antagonismus beschwört Dehmel in einem Brief an Ludwig Jahn: „Und so wünsche ich Ihnen zu Ihrem Geburtstag vor allem: lernen Sie den Augenblick begreifen! [...] Gewöhnen Sie sich ab, nach Abstractionen zu empfinden! Verlernen Sie, das Leben nach Idealen anzuschauen! [...] Lernen Sie am Leben, am sinnlos bunten Leben, Sich, vor Allem Sich erfahren [...]."[243]

Meeraugen

Als erstes Beispiel diene das frühe Gedicht *Meeraugen* aus den *Erlösungen* (ERL 17f.).[244] Hier wird – in bildhafter Weise – die Befreiung von seelischem Schmerz bzw. momentaner Verstimmung durch Entfesselung verdrängter Gefühle vorgeführt. Wegen seiner am Rande der Abstraktion sich bewegenden Bildlichkeit gehört *Meeraugen* zu Dehmels dunkleren Gedichten. Die Interpretation wird vor allem die Entschlüsselung der komplexen Bildersprache zu leisten haben.

---

240 An Paula Dehmel, 20.4.1899, I 294.

241 FRIEDRICH NIETZSCHE, Vom Nutzen und Nachtheil der Historie für das Leben, KSA 1, S. 250 (§ 10).

242 Ebd., S. 329 (§ 10).

243 An Ludwig Jahn, 7.3.1892, I 91.

244 Über die Entstehungsgeschichte ist bislang nichts bekannt.

Was will in deinen Augen doch
dies trauervolle dunkle Weh,
so tief und sehr?
so still und schwer
wie die Stürme, die schlafen gingen
im Schooß der grauen See.

Versinken will, versinken stumm
in dieser Augen müden Schooß
mein Herz – und will
wie Du so still
und schwer in Dein Herz tauchen
und reißen die Stürme *los*!

Und will sich wiegen so mit dir
in rasender lachender Seligkeit
auf freiem Meer, – –
bis tief und sehr
die Wogen wieder ruhen,
verstürmt dein dunkles Leid.

Das Gedicht ist als imaginäre Ansprache eines Sprechers an ein unbestimmtes „Du“ angelegt, in dem der Sprecher eine Art Tagtraum vorträgt. Auf räumlich-zeitliche Eckdaten oder sonstige fiktive Einkleidung wird vollständig verzichtet. Dadurch ergibt sich ein struktureller Zusammenhang mit den umgebenden Gedichten *Der Versucher* (ERL 16) und *Verführung* (ERL 18), die auf verschiedene Weise Macht- oder Beherrschungsphantasien eines Mannes über eine Frau gestalten.

Schon der Titel deutet auf den zentralen Bildbereich des Meeres, der von Dehmel mit dem Bild des Sturms kombiniert wird, um sowohl Verdrängung als auch eruptive Befreiung darzustellen. Dazu schöpft Dehmel den Bildwert des Meer-Sturm-Komplexes voll aus. In der kaum merklichen Erweiterung des Bildes vom Vergleich zur Allegorie, die auch den Symbolwert des Meeres noch einbezieht, besteht die besondere ästhetische Strategie dieses Gedichts. In der ersten Strophe wird das Meer als Vergleich für die Augen eingeführt, in denen das „dunkle Weh“ des Gegenübers sichtbar wird. Der ungewöhnliche Strophenbau (44 22 33)[245] erzeugt im zweiten Doppelvers eine spürbare Pause, die noch stärker wirkt, weil der folgende Vers zwei Doppelsenkungen enthält. Der Paarreim „sehr“-„schwer“ sorgt zudem für eine besondere Eindringlichkeit. Dadurch entsteht der Eindruck der persönlichen, ja vertrauten Anrede, obwohl gerade im mittleren Doppelvers eigentlich wenig gesagt wird. Die ganze Strophe ist auf die

245 FRANK (1993) verzeichnet nur eine ähnliche Form (44 32 23), die, nach einem quantitativen Höhepunkt in der Psalmlieddichtung des 17. Jahrhunderts und ihrer weltlichen Verwendung durch Hölty (*Frühlingslied*, 1773), im 19. Jahrhundert fast völlig verschwand (vgl. S. 442).

gedämpfte Stimmung zugeschnitten, klanglich – durch die vielen weichen Konsonanten und die langen Vokale bzw. Diphtonge – wie semantisch – durch die Wahl der Adjektive und des einzigen (zusammengesetzten) Vollverbs („schlafen gingen").[246]

Schon die Formulierung als Frage, verstärkt durch das „doch", deutet, im Sinne der hier verfolgten These, an, daß der Zustand des „trauervollen" Wehs nicht als normal, zumindest nicht als akzeptabel anzusehen ist. Im meteorologisch fragwürdigen Bild von Stürmen, die im Meer schlafen gehen, ist die folgende Allegorie des Gefühlslebens (V. 7-12) angelegt. Denn nun ist klar, daß nicht mehr von den Augen die Rede ist, sondern von der menschlichen Seele. Die traditionelle Vorstellung, daß die Augen der Spiegel der Seele sind, ist also implizit mitgedacht. Dadurch weitet sich der Vergleich Augen-Meer zur Vorstellung vom Meer der Seele, die in der anschließenden Strophe aufgegriffen wird. Dort führt der Weg zum Herzen des bzw. der Anderen über die Augen. Die Bildlichkeit bewegt sich am Rande der Abstraktion. Ein Verstehen wird ermöglicht durch die Wiederverwendung der schon eingeführten Bildersprache und durch ihre Erweiterung um das traditionelle Motiv des Herzens. Entscheidend für unseren Zusammenhang ist die Tatsache, daß durch den Sprecher eine emotionale Reaktion, ja: Eruption, herbeigeführt wird. Darauf wird noch zurückzukommen sein. Dieser Umschwung wird am Ende der Strophe durch den plötzlichen Einsatz des kraftvollen und Bewegung bedeutenden Verbs „reißen" abgebildet. Auch das Ausrufezeichen und der für Dehmels ersten Gedichtband typische Sperrdruck (hier kursiv wiedergegeben) signalisieren einen Wechsel des Tonfalls vom „leisen" zum „lauten Sprechen".[247] Das so erzeugte Pathos erreicht seinen Höhepunkt in der dritten Strophe, in der die Allegorie ausgeführt und aufgelöst wird (V. 13-18). Hier hat sich die Bildlichkeit noch weiter verselbständigt. Sie ist nicht auf Stimmigkeit oder Analogie angelegt, sondern auf den Kontrast zur ersten Strophe durch semantische, lautliche und rhythmische Mittel. Der als Sturm imaginierte Gefühlsausbruch wird durch klang- und ausdrucksstarke Verben und eine deutliche Rhythmisierung („rásender láchender") in eine expressive, an Nietzsche erinnernde Diktion umgesetzt. Hatte das Meer in der ersten Strophe noch als Vergleich für den melancholischen Seelenzustand gedient, so wird es nun, durch Aktivierung und Steigerung („frei") des dem Meer eigenen Symbolwerts, zur Chiffre für einen Zustand ekstatischer Entgrenzung, in der nicht zuletzt erotische Konnotationen mitschwingen. Das lenkt den Blick schließlich doch auf das mögliche tertium comparationis der komplizierten Allegorie. Die

---

[246] In der zweiten Fassung des Gedichts, die in den *Lebensblättern* (LB 55) erschien, hat Dehmel die noch verbleibenden hellen Vokale weiter reduziert. Statt „trauervolle" heißt es dort „dunkelvolle", statt „schlafen gingen" heißt es „Ruhe suchten".

[247] Zur Unterscheidung von lautem und leisem Sprechen in Dehmels Lyrik vgl. die originelle Studie der Musik- und Literaturhistorikerin SALVAN-RENUCCI (1993).

Verben „tauchen“ und „wiegen“ können als Anspielungen auf den Geschlechtsakt aufgefaßt werden, immerhin wird der ekstatische Zustand ausdrücklich als gemeinschaftliches Erlebnis dargestellt („mit dir“). Auffallend ist zudem der doppelte Gedankenstrich in Strophe 11, der ebenso eine bedeutungsschwere Pause wie eine delikate Auslassung signalisieren kann.[248] Diese erotische Grundierung wird in der zweiten Fassung des Gedichts etwas deutlicher. Dort lautet das Ende der zweiten Strophe (LB 55): „mein Herz – und will / wie Du so still / so wild an Dein Herz schlagen, / dann brechen die Stürme *los*!“

Der Strophenschluß enthält die Pointe, auf die das Gedicht hinkonstruiert wurde: „verstürmt dein dunkles Leid“. Im Gegensatz zur rationalen Orientierung der traditionellen Trostliteratur, deren erbauliche Wirkung meistens auf einer deiktischen Grundstruktur beruht – etwa dem Verweis auf übergeordnete Maßstäbe (Gott, Natur), auf Freunde und Familie, auf bessere bzw. schlechtere Zeiten etc. – wird hier die Auflösung des Leids im spontanen Gefühlsausbruch vorgeführt. Darin liegt nicht nur ein starkes Votum für das Glückspotential der menschlichen Triebnatur, soweit nämlich die erotischen Konnotationen berücksichtigt werden, sondern auch, wenn man so sagen darf, eine beachtenswerte Vorwegnahme psychotherapeutischer Verfahren des 20. Jahrhunderts.

Enthüllung

In *Meeraugen* ging die Befreiung nicht vom Subjekt des Leidens aus, sondern vom Sprecher, der sich als Retter präsentiert. Bei genauerem Hinsehen zeigt sich sogar, daß die leidende Person kaum in Erscheinung tritt, sondern hinter der Ekstase des Sprechers verschwindet. Auch darin liegt also ein Unterschied zur traditionellen Trostliteratur, daß der Berater und Tröster vor allem sich selbst, nämlich die eigene Willenskraft und Wirkung auf ein Gegenüber, in Szene setzt.[249]

Daß diese erzwungene Rettung auch an den Bedürfnissen des oder der Leidenden vorbeizielen kann, hat Dehmel allerdings bemerkt. Im Gedicht *Enthüllung* (WW 50f.) wird ein solcher Vorgang gestaltet. *Enthüllung* gehört zu den Gedichten in *Weib und Welt*, in denen die Werbung um Ida Auerbach verarbeitet

[248] Der gleichen Technik bedient sich Dehmel im Gedicht *Drei Ringe* (dazu Kap. III.4).

[249] In dem schon erwähnten den *Meeraugen* vorangehenden Gedicht *Der Versucher* wird dieses Verhältnis zur Machtphantasie zugespitzt. Befunde wie dieser haben FRITZ (1969) zu der Annahme verleitet, daß ein übersteigerter Subjektivismus den Ausgangspunkt für Dehmels Verhältnis zur Welt überhaupt bilde und seinen ethisch-humanen Anspruch deshalb in Frage gestellt (vgl. S. 147 u. 179f.). Zur detaillierten Auseinandersetzung mit dieser These vgl. Kap. II.1.

wird. Dehmel schickte ihr das Gedicht am 15. Oktober 1895, knapp zwei Monate nach der ersten Begegnung, unter dem Titel *Bitte.*[250]

Du sollst nicht dulden, daß dein Schmerz dich knechte,
du bist so gern vor Freude wild!
Komm vor den Spiegel – – O wie schwillt
dein düstres Haar, wie lebt dein Bild,
wie blüht dein Mund – als wenn durch Nächte
der Blitze bläuliches Geflechte,
der Honigduft der roten Disteln quillt!

Dein weißes Kleid ist wie zum Hohne
mit türkischen Märchenblumen toll durchzackt.
Ich träume dich auf schwarzem Throne.
Du bist verschleiert bis zur Krone.
Doch wärst du keusch wie Magelone:
wir Träumer sehen Alles nackt!

Gieb her, gieb her den Trauerschleier,
ich reiß ihn lachend dir entzwei,
ich bin dein Einziger, dein Befreier,
dein *Herr* – was starrst du so ins Feuer,
so schmerzhaft – – O verzeih! Verzeih!

In diesen Versen versucht ein Sprecher eine Frau von ihrem nicht näher spezifizierten „Schmerz" zu befreien, indem er sie von ihrer Glücks*fähigkeit* überzeugt. Das geschieht in Form einer Beschreibung der Frau, die durch synästhetische Reize und naturhaft-florale Motive erotisch und vitalistisch akzentuiert wird. Diese Beschreibung koppelt sich mehr und mehr von der Realität ab, sie geht in eine tagtraumartige Phantasie über, in der die Frau als (aus Trauer) verschleierte Königin imaginiert wird.[251] Die Emphase des Sprechers steigert sich noch weiter, bis sie die Form von Herrschaftsphantasien des Mannes über die Frau annimmt, die das ursprüngliche Trostvorhaben durchkreuzen. Das zeigt sich im Moment des plötzlichen Erwachens, der die Frau immer noch – oder erneut – von Schmerz erfüllt zeigt.

Obwohl der Trostversuch am egozentrischen Rausch des Sprechers scheitert, wird gerade dem erotisch-vitalistischen Phantasiebild sehr viel Raum gegeben. Während die kommunikative Rahmensituation in den ersten und letzten beiden Versen abgesteckt wird, entfallen ganze 14 Verse auf Beschreibung und Traumsequenz. Es kann kaum Zweifel bestehen, daß der Ausdruck des Lebenspathos

---

[250] Vgl. WEGNER (2000), S. 162. Die Mittelachsengliederung der Gedichte aus *Weib und Welt* wird hier nicht übernommen. Dehmel selbst gab sie bereits für die *Gesammelten Werke* wieder auf.

[251] Aus diesem Grund verwendet FRITZ (1969) die Strophe als Beispiel für das Kapitel *Stilisierung und Abstraktion* (vgl. S. 67f.). Seine Analyse dient vor allem dem Nachweis der sukzessiven Entfernung von der Realität.

hier einen Eigenwert gewinnt, obwohl er dem desillusionistischen Gesamtkonzept scheinbar zuwiderläuft.

Der erste Doppelvers enthält die Grundidee des Gedichts und läßt keinen Zweifel an seinem didaktisch-erbaulichen Charakter. Hier ist die Struktur aller in diesem Kapitel behandelten Gedichte, die Koppelung von ‚Erbauung' und Lebenspathos, einmal auf engstem Raum formuliert. Nicht nur wird der Schmerz mit Hilfe der Verben („dulden", „knechte") als unrechtmäßige Unterdrückung gekennzeichnet, ihm wird zugleich die „Freude" als positive Größe gegenübergestellt. In der prädikativen Zuspitzung – „vor Freude wild" – klingt die vitalistische Grundtendenz des Gedichts an. Imperativ und Ausrufzeichen stehen hier noch im Dienste des Trostvorhabens, nehmen jedoch bereits den egozentrischen Standpunkt des Sprechers vorweg.

Die sich anschließende Beschreibung läßt sich verstehen als Demonstration oder Amplifikation der Behauptung „du bist so gern vor Freude wild!". Auf den zugleich demonstrativen und therapeutischen Zweck weist die knappe Überleitung „Komm vor den Spiegel – –". Es soll darum gehen, das Selbstbewußtsein der Angesprochenen zu heben, indem ihr gewohntes Selbstverständnis durchbrochen wird. Entsprechend dieser Funktion – aber auch im Einklang mit zeitgenössischen, jugendstiltypischen Vorlieben – beschränkt sich die Beschreibung auf Haare und Lippen als erotisch relevante Merkmale.[252] Diese Reduktion wird dadurch aufgefangen, daß Dehmel die Beschreibung mit einer ungewöhnlich dichten Bildersprache unterlegt. Durch die Kombination dynamisierender Verbalmetaphern[253] („schwillt", „lebt", „blüht", „quillt") mit dem Bildfeld des Pflanzlich-Naturhaften („blüht", „Geflechte", „Disteln") wird der weibliche Körper in den Zusammenhang des Naturganzen einbezogen und dadurch mit den Konnotationen des Lebendigen und Fruchtbaren ausgestattet. Zusätzliche Hell-Dunkel-Kontraste („düstres Haar", „Nächte", „Blitze") und starke Farbreize („düstres Haar", „bläuliches Geflechte", „roten Disteln") verleihen der Passage eine enorme expressive Kraft: „wie lebt dein Bild".[254] „Honigduft" und implizit mitgedachtes Donnergrollen erweitern die optische Wahrnehmung zur synästhetischen Eindrucksflut. Das Ganze wird in Form von Ausrufen vorgetragen („O wie...") und mit Ausrufzeichen abgeschlossen.

---

252 Diese Auswahl läßt, wenn auch nur fragmentarisch, die literarische Topik des Frauenpreises durchscheinen, wie sie seit dem Mittelalter, dann besonders im Petrarkismus in zahllosen Variationen durchgespielt wurde. Auf ihren prominentesten abendländischen Prätext, das Hohelied Salomos, hat Dehmel mit dem „Honigduft" eine unauffällige Anspielung eingearbeitet.

253 Vgl. zu dieser Technik Dehmels FRITZ (1969), S. 138f. mit weiteren Beispielen.

254 Es hat seine Berechtigung wenn FRITZ (1969), nicht zuletzt aufgrund dieser Formulierung, die Strophe als Beleg für eine zeittypische Annäherung von Text und Bild heranzieht (vgl. S. 68).

All diese Mittel verfolgen den Zweck, die angeredete Frau zur Verkörperung des ‚Lebens' selbst zu stilisieren, mit allem Pathos, das diesem Begriff um 1895 anhaftet[255], und allen darin aufgehobenen erotischen Befreiungsphantasien. Für die dazu verwendete Bildersprache konnte Dehmel auf einen Fundus zurückgreifen, der in den erotischen Gedichten der *Lebensblätter* (1895) bereits fertig vorlag. Man vergleiche etwa die folgende Strophe des Gedichts *Entbietung* (LB 63):

> Dein Haar ist schwarz, dein Haar ist wild
> und knistert unter meiner Glut;
> und wenn die schwillt,
> jagt sie mit Macht
> die roten Blüten und dein Blut
> hoch in die höchste Mitternacht.

Die zweite Strophe setzt die Beschreibung in den ersten beiden Versen fort. Motive aus der ersten Strophe werden aufgenommen („weißes", „Märchenblumen", „durchzackt"), nun aber anders akzentuiert. Die Verschiebung ins Märchenhaft-Exotische kündigt eine Entfernung von der Realität an, die im Traumerlebnis des folgenden Verses eintritt. Die Frau wird zur trauernden Königin stilisiert, die auf einem schwarzen oder schwarz verhängten Thron sitzt. Damit ist die Schmerzthematik wieder aufgegriffen. Weißes Kleid und schwarzer Thron bilden den Kontrast von Haar und Mund bzw. Nacht und Blitz aus der ersten Strophe ab. Sie beschwören zugleich, wie der Hinweis auf die Märchenfigur der ‚Schönen Magelone' unterstreicht, die Antithese von Sünde und Reinheit, Venus und Madonna, die zu Dehmels literarischem Frauenbild gehört.[256] Derselben Antithetik folgt der Gegensatz von Verschleierung und geträumter Nacktheit („wir Träumer sehen alles nackt!", V. 13), durch den der Trauerschleier den Status einer erotischen Barriere gewinnt. Auf diese Weise wird der eingangs erwähnte „Schmerz" der Frau mit Unantastbarkeit und Keuschheit identifiziert. In Anbetracht der biographischen Situation eine bemerkenswerte Kühnheit! Mit dem Zerreißen des Schleiers durch den Sprecher vollzieht sich in der dritten Strophe der Rettungs- oder Befreiungsvorgang, wie wir ihn aus *Meeraugen* kennen. Wie dort (s.o.) geht er „lachend" vor sich. Durchbrochen wird jedoch nicht nur die melancholische Stimmung, sondern auch der Nimbus der Unantastbarkeit. Die Heilung von Trauer bzw. „Schmerz" wird dadurch mit einem erotischen Befreiungsakt gleichgesetzt.

---

255 S. Kap. I.2.1.3. Weitere Ausführungen zur Lebensthematik folgen in Kap. III.4.

256 Vgl. besonders das Gedicht *Symbol* (ERL 90), das unter dem Titel *Venus Madonna* in die *Verwandlungen der Venus* aufgenommen wurde (AL 216f.), aber auch die Ineinanderblendung der Mutter Gottes und Maria Magdalenas in *Jesus bettelt* (WW 57) und *Venus Consolatrix* (WW 119ff.).
Zum Nebeneinander von femme fatale und femme fragile, von Lulu und Maria in der Literatur und Kunst des 19. Jahrhunderts vgl. HOFMANN (1974), S. 202-229; speziell zur Jahrhundertwende vgl. HILMES (1988).

Nun geht aber die Befreiung allzu ausschließlich vom Sprecher aus. Den Mittelpunkt der ersten drei Verse der dritten Strophe bildet nicht mehr die beschrieben Dame, sondern das lyrische „ich". In einer dreistufigen Klimax, „ich bin dein Einziger, dein Befreier, / dein *Herr*" (V. 16f.), steigert sich seine egozentrische Emphase bis zur Vermessenheit. An dieser Stelle bricht das Traumgeschehen ab, der Sprecher ist zu weit gegangen, durch seine Selbsternennung zum „Herrn" der Angeredeten wird die Befreiungsabsicht ad absurdum geführt. Der Schlußappell „O verzeih! Verzeih!" (V. 18) wendet wieder alle Aufmerksamkeit der Dame zu.

Diese Schlußwendung wirkt überraschend, irritierend. Was hat Dehmel gehindert, einen gelungenen Tröstungs- bzw. Befreiungsversuch vorzuführen wie in *Meeraugen*? Zunächst ein rhetorischer Grund. In *Enthüllung* nimmt die vitalistische Emphase weit mehr Raum ein als in *Meeraugen*. Deshalb ist es denkbar, daß Dehmel den Schluß nach dem Prinzip der Affektmischung einsetzt, um den Leser nicht durch ein anhaltendes *fortissimo* zu ermüden. Dafür spricht, daß der relativierende Schluß kaum dazu führt, den vitalistischen Gesamteindruck zu schmälern. Er bezieht sich schließlich nicht auf das ganze Gedicht, sondern nur auf die übersteigerte Emphase der letzten Strophe. Im übrigen mindert das abschließende „O verzeih! Verzeih!" keineswegs die Intimität der Ansprache, im Gegenteil! Es wird eine Vertrautheit und Betroffenheit inszeniert, die nach dem rauschhaften Begehren um so eindringlicher wirkt.

Trotz aller Vorsicht vor biographischen Deutungsversuchen empfiehlt es sich ferner, die Entstehungssituation des Gedichts zu bedenken. Zunächst einmal mußte Dehmel damit rechnen, daß Idas Gatte, Konsul Auerbach, das Gedicht zu Gesicht bekam. Für diesen Fall bildete die Traumsequenz (inklusive der anschließenden Desillusionierung) eine notdürftige Camouflage, mit deren Hilfe sich die Kühnheit der erotischen Andeutungen auf die dichterische Einbildungskraft zurückbeziehen ließ. Sehr überzeugend hätte das freilich nicht gewirkt. Plausibler ist deswegen die Vermutung, daß es der emotionalen Dämpfung eher gegenüber der Adressatin bedurfte. Man kannte sich erst seit acht Wochen, das vertrauliche „Du" des Gedichts entsprach keineswegs dem tatsächlichen Grad der Bekanntschaft.[257] Zudem war Ida eine verheiratete Frau und im siebten Monat schwanger, die Situation war also eine andere als diejenige mit Hedwig Lachmann. Durch die distanzierende Schlußwendung wurde der höchst intime Übergriff auf das Gefühlsleben der Angesprochenen, zumindest im Wort, zurückgenommen. Gleichwohl hatte Dehmel seine vitalistische Glücksbotschaft in voller Länge formuliert.

257 Vgl. WEGNER (2000), S. 162: Das erste „Du" erscheint in einem Brief Dehmels vom 30.11.1895.

3.2 Aufruf zur Unbürgerlichkeit (Antwort, Bewegte See)

Etwas anders als bisher liegt der Fall bei einigen Gedichten, in denen der Glücksanspruch des Individuums auch gegen gesellschaftliche Schranken durchgesetzt werden soll. Hier fällt der Aufruf zur Selbstbeglückung zusammen mit dem Rat, sich von moralischen Bevormundungen freizumachen. Im Gegensatz zu den Protestgedichten wird dieser Appell nicht negativ-polemisch, sondern positiv – jedoch mit ebenso großem rhetorischem Aufwand – vorgetragen.

Antwort

So etwa in der Glosse *Antwort* (AL 111f.), mit der Dehmel auf einen Vierzeiler der verehrten Hedwig Lachmann reagierte. Hier wird ein Credo bürgerlicher Anständigkeit Schritt für Schritt mit einem eudämonistischen Gegenentwurf kontrastiert. Dehmel hatte die mit seiner Frau Paula befreundete Lyrikerin Anfang 1892 kennengelernt[258] und fühlte sich zu der zurückhaltenden, aber selbstbewußten Frau hingezogen. Hedwig Lachmann erwiderte zwar seine Gefühle, aber da Dehmel verheiratet war, zumal mit ihrer Freundin, ließ sie sich nicht auf ein Verhältnis ein. Ihrem andauernden Widerstand begegnete Dehmel mit einer Flut von Briefen und einigen Gedichten, die er in den kurz darauf erschienenen Band *Aber die Liebe* aufnahm.[259] Das Gedicht *Antwort* ist als Teil dieser Überredungsstrategie anzusehen. Es dürfte Ende Juli 1892 entstanden sein und enthält die Themen, die auch den Briefwechsel bestimmen: Die bürgerliche Moral als Hemmnis für das individuelle Lebensglück. Direkter Auslöser war ein kurzes Gedicht von Hedwig[260], das ihre moralischen Bedenken zusammenfaßte:

> Lieber kein Glück, nur lauter sein,
> Nur keinen Schritt abseits vom Recht,
> Nur keine Schuld, lieber kein Glück –
> O Gott, ich stürbe, würd' ich schlecht!

Dehmel hat das Gedicht, den Forderungen der Glosse entsprechend, seiner *Antwort* vorangestellt und ihm den Verfassernamen „Hedwig“ hinzugefügt. Diese

---

[258] Vgl. Wegner (2000), S. 129ff., SEEMANN (1998), S. 33-51.

[259] Der Abschnitt, der die Gedichte an Hedwig enthält (AL 106-120), beginnt bezeichnenderweise mit einer Randleiste von Fidus, in der die Worte „Und.führe.uns...in.Versuchung“ stehen (AL 106). Er enthält zwölf Gedichte, von denen sich zumindest neun auf das Verhältnis zu Hedwig beziehen. Im Einzelnen: *Bann, Gieb mir!, Und dennoch?, Das Menschliche, Antwort, Nur, Büßende Liebe, Bitte, Dann.*

[260] Es wurde später unter dem Titel *Motto* in Hedwig Lachmanns Gedichtsammlung aufgenommen (H.L., Gesammelte Gedichte. Eigenes und Nachdichtungen. Hg. v. Gustav Landauer, Potsdam 1919, S. 32.).

Zurschaustellung seines Privatlebens in *Aber die Liebe* hat Dehmel schon kurz nach Erscheinen des Buches bedauert.[261]

Ich *hab* ein Glück! Kennst du den Funken,
der seine hellsten Gluten wagt?
Er glüht. Und ob er feuertrunken
verglüht zu Asche über Nacht:
er glüht! sein *Wesen* ist sein Schein –
„Lieber kein Glück, nur lauter sein",
    nur lauter!

Ich hab ein *Recht*! Kennst du die volle
Woge, die zur Brandung schäumt?
Kennst du den Sturmgeist, der die tolle
springende Woge noch toller bäumt?
Steil starrt die Klippe: brecht, Wogen, brecht –
„Nur keinen Schritt abseits vom Recht",
    keinen Schritt!

In meine tiefste Seelenstille
horcht mein erstauntes Ohr hinab;
da ringt ein Trieb, da wächst ein Wille,
den eine tiefere Macht mir gab!
Ich bin kein Frevler am Geschick –
„Nur keine Schuld, lieber kein Glück",
    nein: keine Schuld.

Seit meiner Jugend droht im Rücken
mir eine flach erhobne Hand;
ich muß mich mit mir selbst beglücken,
seit ich die Welt so feige fand!
Du meine Inbrunst, du mein Recht –
„O Gott, ich stürbe, würd' ich schlecht",
    auch schlecht . . .

Dehmels *Antwort* übernimmt das metrische Schema des Vorbilds, vierhebige Verse mit Auftakt. Die Strophengestaltung ist freier. Jeder Vers Hedwigs wird von Dehmel mit fünf Versen glossiert, bevor er selbst abgedruckt wird. Die abermalige partielle Wiederholung hebt einen für Dehmel entscheidenden Be-

261 An Hans Thoma, 17.12.1893, I 142: „Aber mir selbst muß ich heute den Vorwurf machen, daß ich meine Kunst zumteil [!] durch jene grassirende Wahrheitsrennomage entstellt habe, der es nicht um die Wahrheit, sondern – wie das durch Rousseau modern geworden ist, um die Prahlerei mit interessanten Erlebnissen zu tun ist." Ebenso in einem Tagebucheintrag vom 16. Januar 1894 (B 32): „Bis jetzt nämlich war in meiner *Kunst* noch zu viel Tagebuch enthalten, zu viel Beichte, zu viel Wahrheitsrenommage à la Rousseau, eben zu viel ‚Selbstentblößung'; und daher auch zu viel Reflection. Das wird nun anders werden ..."

griff des jeweiligen Verses hervor. Das Reimschema verbindet Kreuzreim und Paarreim, wobei der Paarreim das glossierte Vorbild einbezieht.

Das Gedicht zerfällt, der Redehaltung, dem Stil und der Argumentationsweise nach, in zwei Abschnitte zu je zwei Strophen. Wenden wir uns zunächst dem ersten Abschnitt zu. Hier richtet sich ein Sprecher an ein mit „Du" angeredetes Gegenüber. Ausrufe und rhetorische Fragen geben eine hohe Stillage vor. In der wiederholten Frage „Kennst du...?" drückt sich das Vorhaben der Initiation aus. Zu Beginn jeder Strophe greift der Sprecher den ethischen Kernbegriff des jeweils glossierten Verses („Glück", „Recht") auf und stellt sich schon damit provozierend über die bürgerliche Moral: „Ich *hab* ein Glück!" „Ich hab ein *Recht*!" Anschließend wird jeder Begriff im Sinne von Dehmels vitalistischer Lebenskunde umbesetzt. Anstelle einer Argumentation wird dem jeweiligen moralischen Standpunkt in suggestiven Bildern die ursprüngliche Kraft einer Naturgewalt gegenübergestellt.

In der ersten Strophe wird das Bild des Funkens zur Allegorie einer rauschhaften Intensität des Erlebens. Ähnlich wie im Gedicht *In Kraft und Schönheit* (s. Kap. III.1) wird die Allegorie breit ausgeführt: Funke, Glut, Feuer, Asche. Hinzu treten, kontrastiert durch die dunkle „Nacht", weitere Lexeme aus dem semantischen Bereich des Lichts („hellsten", „Schein"). Im Bild des „über Nacht" zu Asche verbrennenden Funkens wird auf die Liebesnacht angespielt, die mitgedachte traditionelle Metapher der Liebesglut legt diese Deutung nahe. Die dreifache Wiederholung des Verbs oder Verbteils „glüht" auf der ersten Hebung, mit anschließender Zäsur in Vers 3 und 5, verleiht dem Bild zusätzlichen Nachdruck; zugleich wird die lautliche Ähnlichkeit „Glück" und „Glut" bzw. „glüht" bewußt ausgenutzt, um den Glücksbegriff vitalistisch aufzuladen. Im rätselhaften Satz „sein *Wesen* ist sein Schein" sollen möglicherweise Einwände vorweggenommen werden, die sich gegen die Vergänglichkeit eines solchen Glücks richten.

Strophe zwei bringt eine erneute Variation der Meer- und Sturmmetaphorik, deren elementare Gewalt hier gegen das starre und enge „Recht" ausgespielt wird. Wie in *Meeraugen* und *Bewegte See* entfaltet das Meer seinen metaphorisch-symbolischen Doppelsinn, der sowohl Freiheit, Befreiung, Entgrenzung als auch Einheit, Verschmelzung, Sexualität umfaßt. Wie in der ersten Strophe verwendet Dehmel das Prinzip der steigernden Amplifikation (Woge, Brandung, Sturm, Klippe), dem ein zunehmender Grad rhetorischer Intensivierung entspricht. Schon die anaphorische Wiederholung der Frage „Kennst du...?" sorgt für Eindringlichkeit. Sie kommt zudem einer Steigerung entgegen, weil die identische Satzstruktur den Blick für die Unterschiede schärft. Dehmel macht sich hier das Gesetz der wachsenden Glieder zunutze: Die zweite Frage nimmt zwei Verse ein, soviel wie Ausruf („Ich hab...!") und erste Frage zusammen. Der Übergang von der Brandung zum Sturm drückt sich zunächst in der semantischen Struktur aus: Die „volle Woge" der ersten Frage ist nun die „tolle springende Woge" und wird im selben Satz komparativ zu „noch toller“ gesteigert. Während das „schäumt“ der ersten Frage noch als verbum proprium angesehen werden kann, verwendet Dehmel nun gleich zwei stark dynamisierende Verbalmetaphern: springen und bäumen. Das ‚Springen’ der Welle wird durch die unregelmäßige Doppelsenkung (sprín-gen-de) auch metrisch abgebildet.

Das abschließende Bild der Klippe ist nicht eindeutig zu entschlüsseln. Zum einen kann das Brechen der Wogen – in Analogie zur Asche der ersten Strophe – die ekstatische Steigerung des Lustempfindens bis zur Selbstauflösung bedeuten. Ebenso denkbar ist jedoch, daß mit der Klippe das „Recht“ aus dem glossierten Vers gemeint ist, das der Entfaltung der Lebenslust im Weg steht. Für diese zweite Lösung spricht die formale Gestaltung des Verses. So wird bereits syntaktisch die Kontinuität der vorhergehenden Verse unterbrochen. Die Tonbeugung am Verseingang („Steil stárrt die Klíppe“), die kurzen, hart klingenden Verben („starrt“, „brecht“) und die aufeinanderstoßenden Konsonanten („starrt die“, „brecht, Wogen, brecht“) machen den Vers, laut gelesen, zum Zungenbrecher. Das „Recht“ – gemeint ist, zumindest in Dehmels Version, der bürgerliche Moralbegriff – wird also als Hemmnis der lustvollen Selbstentfaltung angesehen.

Im zweiten Abschnitt wird das appellative „Du“ aufgegeben. Die bildhaft-suggestive Art der Widerlegung weicht einer psychologischen Introspektion und Argumentation. Entsprechend wechselt der Ton zur mittleren Stilebene.

In der dritten Strophe wird der Begriff der Schuld aus Hedwigs Gedicht aufgegriffen und triebpsychologisch entwertet. Obwohl der Begriff selbst erst im letzten und vorletzten Vers fällt, ist er für das Verständnis der Strophe unabdingbar. Schuld ist hier weniger juristisch als vielmehr im Sinne des christlichen Sündenbegriffs zu verstehen. Vor diesem thematischen Hintergrund enthüllt sich die bekenntnishafte Einkleidung („in meine tiefste Seelenstille...“) als Parodie der protestantisch-pietistischen Gewissensprüfung. Die Pointe besteht darin, daß der Sprecher seine Seele befragt, dort aber keine Schuld entdecken kann. Statt dessen stößt er auf einen „Trieb“ und einen „Willen“, die jedoch nicht verdammt werden, weil sie durch eine „tiefere Macht“ legitimiert sind. Gemeint ist die Natur, oder, wie man um 1900 sagte: das ‚Leben’.[262] Es handelt sich um das gleiche naturphilosophisch begründete Triebmodell, das wir im Gedicht *Liebe und Ehe* als Standpunkt des „Genius der Kraft“ kennengelernt haben (s. Kap. III.2). Die Einordnung des Sexualtriebs in den Gesamtzusammenhang des biologistisch bzw. monistisch verstandenen ‚Lebens’ macht die christliche Verurteilung des Flei-

[262] Mehr dazu in Kap. III.4. Zur semantischen Äquivalenz von ‚Leben’ und ‚Natur’ um 1890 vgl. RIEDEL (1996), S. XIII.

sches nicht nur rückgängig, sondern verkehrt sie in ihr Gegenteil. Durch den Trieb spricht die „tiefere Macht", das ‚Leben' selbst, zum Individuum.[263]

Die gleiche Stoßrichtung gewinnt der Begriff des ‚Willens', der die Argumentation um eine lebensphilosophische Perspektive ergänzt. Er lenkt den Blick auf die „Achsendrehung im Begriff des Menschen" (Georg Simmel)[264] im 19. Jahrhundert und deren wichtigste Quelle: auf Schopenhauers irrationalistische Naturphilosophie.[265] Schopenhauers Inversion der idealistischen Vernunftanthropologie[266] hatte mit bis dahin beispielloser Radikalität den Geschlechtstrieb, als unmittelbarste Äußerung des ‚Willens' im Individuum, in sein Menschenbild hineingenommen und dementsprechend die Genitalien als „der eigentliche Brennpunkt des Willens"[267], den Menschen selbst als „konkreter Geschlechtstrieb"[268] bezeichnet.[269] Ähnlich wie im biologisch-monistischen Weltbild wird also der Sexualtrieb in den Gesamtzusammenhang eines quasimetaphysischen Absoluten eingeordnet und dadurch legitimiert.

Von dieser weltanschaulichen Position wird nun der Bogen zu Hedwigs Gedichtzeile geschlagen: „Ich bin kein Frevler am Geschick". Mit Frevel und „Geschick" werden noch einmal Kernbegriffe der christlichen Ethik zitiert und im gleichen Atemzug zurückgewiesen.[270]

Die Wiedergabe von Hedwigs Vers zieht die Bilanz der ganzen Strophe und dreht den von Hedwig intendierten Sinn exakt um. Denn „nein: keine Schuld"

---

263 Vergleichend heranzuziehen ist etwa der Ausruf „So hat es das Leben, das Leben gewollt", mit dem im Gedicht *Drei Ringe* der Verstoß gegen die gesellschaftliche Norm gerechtfertigt wird (s. Kap. III. 4).

264 GEORG SIMMEL, Schopenhauer und Nietzsche (1907), in: G. S., Gesamtausgabe, Bd. 10, hg. von Michael Behr, Volkhard Krech u. Gert Schmidt, Frankfurt/M. 1995, S. 167-408, hier: S. 210. Aufmerksam gemacht wurde ich auf das Zitat durch RIEDEL (1996), S. 41.

265 Vgl. dazu ausführlich RIEDEL (1996), S. 41-53 u. 165-174.

266 SIMMEL, Schopenhauer und Nietzsche, S. 208: „Von so wenigen Einschränkungen abgesehen, daß sie als quantité négligeable gelten können, ist aller Philosophie vor Schopenhauer der Mensch als ein Vernunftwesen erschienen." „Dieses Dogma nun von der Vernunft als dem tiefsten wie auch von den Wellenkräuselungen seiner Oberfläche überdeckten Wesensgrunde des Menschen hat Schopenhauer zerschlagen; und gleichviel ob man das andere, das er an diese Stelle setzt, annimmt oder nicht, so gehört er damit in jedem Fall zu den großen philosophischen Schöpfern, zu den Entdeckern einer neuen Möglichkeit, das Dasein zu deuten." (Ebd., S. 209.)

267 ARTHUR SCHOPENHAUER, Die Welt als Wille und Vorstellung I, § 60, Werke in fünf Bänden, Bd. 1, S. 429.

268 Die Welt als Wille und Vorstellung II, § 42, Werke in fünf Bänden, Bd. 2, S. 596.

269 Gegen die Vermutung einer Schopenhauer-Anspielung spricht auch nicht die Tatsache, daß Dehmel den Begriff des ‚Willens' hier offenbar nicht im Sinne von Schopenhauers System gebraucht. Denn für Schopenhauer gibt es keine „tiefere Macht" hinter dem Willen. Diese Ungenauigkeit korrespondiert der ebenso oberflächlichen und schlagwortartigen Nietzsche-Rezeption im Zeitraum um 1890 (vgl. HILLEBRAND 1978, S. 3, 9f.).

270 Die dezidierte Negation läßt es denkbar erscheinen, daß Dehmel hier eine von Hedwig Lachmann gebrauchte Formulierung aufgreift. In den vorhandenen Briefen findet sich jedoch kein entsprechender Hinweis.

bedeutet jetzt: es gibt keine Schuld, oder genauer: Liebe und Sexualität haben mit Schuld nichts zu tun.

Um Moral geht es auch in der letzten Strophe, die um den Begriff „schlecht“ konstruiert ist. Abermals werden Moral und Glück gegeneinander abgewogen. Nur wird diesmal nicht die psychologische Innenperspektive eingenommen, sondern die der gesellschaftlichen Konvention. In dieser Strophe lebt der Geist der Protestgedichte noch einmal auf. Wenn Glückserfüllung und gesellschaftliche Integration sich gegenseitig ausschließen, so entscheidet sich der Sprecher für das Glück. Der repressive Charakter der moralischen Norm drückt sich aus in der Metapher von der flach erhobenen Hand. Die spürbare Ironie dieses Bildes richtet sich, ebenso wie das Attribut „feige“, gegen die Adressatin des Gedichts, weil sie sich dieser Norm noch immer unterwirft.

Als alternative Orientierungsgröße wird die „Inbrunst“ angegeben. Darin liegt eine weitere Parallele zu den Protestgedichten, die im Zeichen von „Brunst“ und „Lust“ standen. Spätestens hier wird also wieder die „vitalistische Disposition“ (Fritz) eines Sprechers der gesellschaftlichen Konvention direkt entgegengesetzt, wie es in den ersten drei Strophen nur indirekt geschah. Durch den parallelen Satzbau wird die „Inbrunst“ unmißverständlich mit dem „Recht“ – „mein Recht“! – gleichgesetzt.

Der pointierte Zusatz „*auch* schlecht“ schließlich enthält den impliziten Vorwurf, daß die Adressatin sich nicht nur den gesellschaftlichen Konventionen unterwerfe, sondern auch deren Wertmaßstäbe in der Beurteilung seiner Person übernehme. Diese Wendung kann als subtiler Erpressungsversuch angesehen werden, der darauf abzielte, Hedwig ein schlechtes Gewissen zu bereiten, weil ihr Festhalten an moralischen Maßstäben Dehmels Libertinismus und damit seine Person herabsetze.

Insgesamt erleben wir eine vielfältige Überredungsstrategie, die mit emotional-affektiven Mitteln ebenso operiert wie mit psychologischer Argumentation. Am Gedicht *Antwort* wird besonders gut deutlich, wie Dehmel die zeitgenössischen Diskurse (Monismus, Sexualforschung, Lebensphilosophie, Moralkritik) durch Bild, Zitat oder Andeutung abruft, um das Bekenntnis der Adressatin zur bürgerlichen Ordnung zu entkräften. Die Relevanz der Meeres- bzw. Feuermetaphorik für Dehmels literarische Formung seines Reformprogramms hat sich abermals bestätigt.

Bewegte See

Die gleiche Kombination der Befreiungsthematik mit Meer- und Sturmsymbolik und erotischen Assoziationen zeigt sich auch im thematisch verwandten Gedicht *Bewegte See*. Die biographische Ausgangslage ist verblüffend ähnlich, nur ist die Adressatin diesmal nicht Hedwig Lachmann sondern Ida Coblenz-Auerbach.

Das Gedicht erschien wie *Enthüllung* im ‚Ida-Zyklus' von *Weib und Welt* (WW 52f.):

Noch Einmal so! Im Nebel durch den Sturm,
das Segel knatterte, die Schiffer schrieen,
das Bugspriet stand im Wasser wie ein Turm,
ich fühlte deine Angst in meinen Knieen
und sah dein stolz und fremd Gesicht.

Noch Einmal wollte mir dein Auge drohn,
wie eine Flamme stand dein Haar im Winde,
und in den Wellen rang ein Ton
wie das Gewein von einem Kinde,
da wehrtest du mir nicht:

Um meine Lippen lag dein naß wild Haar,
um deine Schulter lag mein Arm gezogen,
und unsern Kuß versüßte wunderbar
der Schaum der salzigen Sturzwogen,
da schrie ich laut vor Freude auf.

Noch Einmal so! Was thust du jetzt so kalt,
hast du denn Furcht vorm offnen Meere?
Es peitscht dich warm! Komm bald, komm bald,
im Hafennebel tanzt die Fähre –
hinaus! hinauf!

In *Bewegte See* dient das Meer ebenfalls als Symbol des Rausches, aber darüber hinaus, im Bild der Fähre im Hafen, als Symbol der Freiheit. Diese Bedeutung läßt sich allerdings ohne Kenntnis der biographischen Situation nicht erschließen. Anders als noch in *Meeraugen* wird das Meer nicht als Vergleich eingeführt, sondern als Hintergrund eines dargestellten ‚Erlebnisses', so daß es seinen Symbolwert ganz von selbst entfaltet. Der sinnlichen Erfahrungswelt wird deutlich mehr Raum gegeben. Daraus ergibt sich, im Vergleich zur komplizierten, fast verworrenen Bildlichkeit von *Meeraugen*, eine deutliche Entzerrung und Vereinfachung, die das Gedicht schon beim ersten Lesen eingängig macht. In diesem veränderten Verfahren ist ein wichtiger Fortschritt von Dehmels lyrischer Technik zu sehen.[271]

Bewegte See ist wie die anderen hier behandelten Gedichte als Monolog angelegt. Der Sprecher ruft eine zurückliegende, rauschhaft erlebte Situation ins Gedächtnis, um gegen den gegenwärtigen Widerstand der angesprochenen Frau eine Wiederholung zu erzwingen: „Noch Einmal so!" Die beiden Zeitebenen sind durch den Gebrauch des Präteritums in den ersten drei und des Präsens in der letzten Strophe voneinander abgehoben. Obgleich die Darstellung des gemein-

271 Vgl. VIERING (1990), S. 157ff.

samen Sturmerlebnisses auf den Überredungszweck hinzielt, gewinnt sie in ihrer Ausführlichkeit und üppigen Stilisierung den Anschein des Selbstzweckhaften. Das in die appellhafte Makrostruktur eingearbeitete ‚Erlebnis' könnte durchaus für sich selbst stehen. Daß sich die Inszenierung des Lebenspathos von der Gesamtaussage eines Gedichts abkoppelt, war schon in einer Reihe von Gedichten zu beobachten, zu denken ist an die Monologe des „Genius der Kraft" in *Liebe und Ehe*, den eingeschobenen Appell in *Drei Ringe*, aber auch die Traumsequenz in *Enthüllung* (s.o.).

Wenden wir uns zunächst dem ersten, erlebnishaften Teil zu. Hier werden Naturerlebnis und erotische Begegnung miteinander verflochten. Im Vordergrund steht zunächst das Sturmgeschehen, das mit impressionistischer Darstellungstechnik wirkungsvoll gestaltet wird: Einzelne Sinneseindrücke werden unverbunden aneinandergereiht. Vorherrschend ist der akustische Eindruck, der durch Wortwahl („knatterte", „schrieen") und klangliche Mittel (sch-Laute: „Sturm", „Schiffer", „schrieen", „Bugspriet"; t-Laute: „Sturm", „knatterte", „Bugspriet", „stand", „Turm") erzeugt wird. Zugleich entsteht der Eindruck von Bewegung, ohne explizit formuliert zu werden. Bezeichnenderweise vermeidet Dehmel konventionelle Phrasen wie „das Meer rauscht" oder dergleichen. Statt dessen wird durch die Koppelung der Sinneswahrnehmungen an Gegenstände und Körper („Segel", „Schiffer", „Bugspriet") ein sehr konkreter Gesamteindruck erzielt.

Dieser stürmisch bewegten Grundstimmung kontrastiert die Intimität und Statik der geschilderten Begegnung. Mit ihrem Beginn im vierten Vers der ersten Strophe wird das Tempo deutlich reduziert, expressive Worte werden vermieden, es dominieren weiche Konsonanten und lange Vokale bzw. Diphtonge („deine", „meine", „Knie", „dein"), erstmalig werden auch Adjektive eingesetzt („stolz und fremd"). Im fünften Vers wird die Verlangsamung mit metrischen Mitteln erreicht: Dehmel läßt eine Hebung weg und weicht der sich anbietenden daktylischen Rhythmisierung ([und sah dein stolzes und fremdes Gesicht]) bewußt aus.

Diese Tendenz zur Verinnerlichung, ja: Intimisierung, die sich nicht zuletzt in der gewagten Metapher („und fühlte deine Angst in meinen Knieen", V. 4) ausspricht, wird in der zweiten Strophe fortgesetzt. Noch deutlicher als in der ersten Strophe ist die Reduktion des Tempos durch sukzessive Verkürzung der Verse (55 44 3). Die Außenwelt wird nicht ausgeblendet, sie wird vielmehr mit Hilfe von Vergleichen in das emotionale Erlebnis hineingenommen: „wie eine Flamme stand dein Haar im Winde". Die gemäldeartige Verknüpfung des Haares mit „Flamme", „Wind" und „Wellen" weist auf eine typische Vorstellung des Jugendstils, wie sie etwa in der Radierung *Fischblut* (1898) von Gustav Klimt oder Edvard Munchs *Liebespaar in Wellen* (1898) zu sehen ist. Mit dem Haar wird zugleich ein semantisches Bezugsfeld ‚Körper' installiert, das sich in den „Knieen" der ersten Strophe bereits andeutete, nun aber eine deutliche erotische Grundierung erhält.

Der Vergleich des Wellengeräuschs mit dem „Gewein" eines Kindes (V. 9) verinnerlicht den Sturmeindruck noch weiter und läßt eine unheimliche Stimmung entstehen, in der Undinen-Assoziationen mitschwingen. Wie das Gedicht im Ganzen hat dieser Vergleich aber auch einen biographischen Hintergrund. Als Dehmel Ida Auerbach kennenlernte, war sie bereits im vierten Monat schwanger. Legt man diese biographische Deutungsfolie zugrunde, so läßt sich der Vergleich als Chiffre für die gesellschaftlichen Hindernisse zwischen den beiden Liebenden lesen, die den impliziten Anlaß für das Überzeugungsvorhaben bilden. Dagegen spricht jedoch, daß die Frau auf den Ton hin ihren Widerstand aufgibt. Das Kinderweinen kann also, drittens, als verheißungsvolle Weisung in die Zukunft aufgefaßt werden.

Dadurch ist die dritte Strophe vorbereitet, in der alle thematischen und motivischen Stränge zusammenlaufen. Erotischer Moment und – nunmehr gemeinsames – Sturmerlebnis werden verbunden und zum synästhetischen Rauschzustand gesteigert. Der erotische Charakter ist durch die Handlung, „Umarmung" und „Kuß" vorgegeben, wird aber durch die breite Ausführung der Körpersemantik („Lippen", „Haar", „Schulter", „Arm", „Kuß"), die Anhäufung von Sinnes- und Geschmackseindrücken („naß", „versüßte", „Schaum", „salzigen") und lautmalerische Elemente („naß", „gezogen", „Kuß", „versüßte", „salzigen"; „Schulter", „Schaum", „Sturzwogen", „schrie") unterlegt und intensiviert. Anaphorische Wiederholung („Um meine Lippen lag ... um deine Schulter lag..."), Paradox („versüßte ... salzigen") und beschwerte Hebung („sálzigen Stúrzwògen") ergänzen das Arsenal rhetorischer Stilmittel. Der Gesamteindruck der Strophe und des ganzen ersten Gedichtabschnitts wird im letzten Vers zusammengefaßt: „da schrie ich laut vor Freude auf".

Der zweite, der eigentlich didaktisch-appellhafte Teil bewegt sich, wie gesagt, auf einer anderen, späteren Zeitebene, verdeutlicht durch Tempuswechsel und Zeitadverb „jetzt". Die syntaktische Struktur hebt sich deutlich von den ersten drei Strophen ab. Eine Frage und zahlreiche Aufforderungen, insgesamt sechs Einzelsätze im Vergleich zu einem bzw. zwei Sätzen in den vorangegangenen Strophen. Während bislang Versende und Satz- bzw. Satzteilende übereinstimmten – mit Ausnahme des ersten Verses – wird nun zweimal der Vers durch ein Ausrufezeichen in zwei Hälften geteilt, der letzte Vers besteht aus zwei einhebigen Ausrufen. Es entsteht ein staccatoartiger Tonfall, der dem appellhaften Anliegen entspricht. Als schlichter Aussagesatz ist nur der vierte und letzte Vers gestaltet, der auch stilistisch und bildlich die Atmosphäre der ersten drei Strophen noch einmal kurz ins Gedächtnis ruft: „Im Hafennebel tanzt die Fähre". Daran schließt sich der finale Aufruf: „hinaus! hinauf!"

Die Argumentation spielt den Gegensatz von vergangener Leidenschaftlichkeit und gegenwärtigem Widerstand aus. Ohne Kenntnis des biographischen Hintergrunds ließe sich die Szene als entfernt anakreontische Eroberungssituation, als Gespräch von Galan und spröder Schöner, auffassen. Mehr ist dem Text nicht zu entnehmen. Denkt man jedoch daran, daß Dehmel, selbst verheiratet, dieses Gedicht an eine verheiratete Frau schickte, lassen sich Bezüge erkennen, die ansonsten verloren gehen würden: Mit der Frage „hast du denn Furcht vorm offnen Meere?“ wird der Status des Meeres als Freiheitssymbol bestätigt, das durch das Bild der Fähre noch erweitert wird. Auf den lustvollen Charakter dieser Befreiung weist die Bekräftigung „Es peitscht dich warm “ (V. 18), die der gegenwärtigen Kühle („was thust du jetzt so kalt?“) antithetisch entgegengesetzt wird. Der Ausruf „hinaus!“ kann nicht anders denn als Aufforderung zum Ausbruch aus der Ehe und zugleich aus der bürgerlichen Ordnung verstanden werden, mit dem die Verheißung eines Aufschwungs („hinauf“) verbunden wird. Deshalb ist es kein Wunder, daß in dem kurzen Text gleich zwei Anspielungen auf den prominentesten Kritiker der christlich-bürgerlichen Moral enthalten sind, der zugleich der Apostel des zeitgenössischen ‚Vitalismus‘ war, auf Friedrich Nietzsche. Der zentrale Aufruf „Noch Einmal so!“ am Beginn der ersten und der vierten Strophe, syntaktisch integriert erneut zu Beginn der zweiten Strophe, zitiert eine Kernformel von Nietzsches ‚Lebensbejahung‘, nämlich Zarathustras bekanntes Diktum: „‚War *Das* – das Leben?‘ will ich zum Tode sprechen. ‚Wohlan! Noch Ein Mal!‘„[272] *Am offenen Meer* dagegen lautet der Titel eines Romans von August Strindberg, der zu den wichtigsten Zeugnissen der literarischen Nietzsche-Rezeption gezählt wird.

III.4 Subjektiv-bekenntnishafte Lyrik: Drei Ringe

In *Drei Ringe. Eine Abend-Elegie* schildert ein Sprecher, anhand von vier schlaglichtartigen Episoden um das Thema des Treuebruchs, seinen Weg von der christlichen Tugendvorstellung seiner Kindheit zum schon bekannten monistisch-lebensphilosophischen Weltverständnis und der entsprechenden ‚natürlichen‘ Moral. Dieser Weg führt von der Konfirmation des Jünglings über erstes Liebeserlebnis, Hochzeit und Ehebruch bis in die Gegenwart des Sprechers. Die romanzenhaften Episoden, erzählerisch zusammengehalten durch verschiedene Leitmotive (Ringe, Tageszeiten, Sonne), werden eingerahmt und unterbrochen von refrainartigen Kommentaren in der Gegenwart, in denen das vergangene Geschehen ‚elegisch‘ reflektiert wird. Als Leitfaden dazu dient der Konfirmationsspruch „Sei getreu bis an den Tod, so will ich dir die Krone des Lebens geben.“ (Offb. 2, 10), der am Ende einer lebensphilosophischen Umdeutung unterzogen

---

272 FRIEDRICH NIETZSCHE, Also sprach Zarathustra, Vierter Theil, Das Nachtwandler-Lied 1, KSA 4, S. 396. Daß damit der Sinn dieser Nietzsche-Passage bei weitem nicht ausgeschöpft, vielleicht sogar verfehlt wird, ist dem Verfasser bewußt. Eine weitere Differenzierung kann aber, unter Hinweis auf die eklektische und schlagwortartige Nietzsche-Rezeption um 1900 mit dem Schwerpunkt der Lebensthematik (vgl. HILLEBRAND 1978, S. 9f.) unterbleiben.

wird. Die Einsetzung der Natur als neuer Orientierungsgröße spiegelt sich in einer sorgfältig eingearbeiteten Naturmotivik.

Entstehung

Das Gedicht entstand zu Anfang des Jahres 1892, also wenige Monate nach dem Erscheinen des ersten Gedichtbands *Erlösungen.* Dehmel plante zunächst eine Elegie, in der er die drei bislang entscheidenden Stationen seines Liebeslebens verarbeiten wollte, von denen er jeweils einen Ring zurückbehalten hatte. Das lenkt den Blick einmal mehr auf Dehmels Produktionsweise während der neunziger Jahre, die sich schon in den didaktisch-appellhaften Gedichten gezeigt hat (Kap. III.3): Der Glaube an den exemplarischen Charakter des eigenen Lebens und die damit verbundene Auffassung des Dichters als des besonders bewußten und deswegen repräsentativen Menschen machte Dehmel zu einem der letzten großen Vertreter des Erlebnisgedichts vor der avantgardistischen Wende zu Abstraktion und ‚Weltinnenraum'.

An der strikt autobiographischen Ausrichtung kann kein Zweifel bestehen: „Nun denken Sie sich: diese Elegie spinnt sich um drei Ringe, die ich auf dem linken Traufinger trage", schrieb Dehmel an den Freund Detlev von Liliencron.[273] Ein Jugendbildnis Liliencrons gab Dehmel den Anstoß für einen erzählerischen Rahmen, der seinen Ausgang vom Treueversprechen der Einsegnung nahm und die geplante Reihung von Episoden zu einer Geschichte von Versuchung und Bewährung umformte:[274]

> Also: zuerst wollte ich eigentlich nur die 3 letzten Intermezzi (Verführung aus Liebe, freie Ehe, Verführung aus Lust, also das Gewitter, die Hochzeit und die Laubenszene) in ein Gedicht bringen. Ich hatte schon damit angefangen, ohne den rechten Zusammenhang zu finden. Da kam Ihr Bild, und mit Einem Mal – wie ich Ihre Orden ansah und Ihr junges Gesicht – fiel mir der Ring ein, den mir mein Vater zu meiner Einsegnung geschenkt hatte, und den ich jenem andern Mädchen, von der ich Ihnen mal einen Brief schickte, nach unsrer ersten (und letzten) tollen Nacht zum Andenken gab; und sie mir ihren, den Perlenring. Und so stellte ich denn den Jugendring als Leitmotiv in die Handlung hinein.

Spätestens im Juni war das Gedicht abgeschlossen[275], es erschien aber erst im Gedichtband *Aber die Liebe* (AL 156-163). Der Versuch, es vorher in der *Freien Bühne* unterzubringen scheiterte an der Kritik des derzeitigen Redakteurs Wilhelm Bölsche, das Gedicht sei zu unverständlich.[276]

---

273 1.2.1892, I 87.
274 An Detlev von Liliencron, 26.2.1892, I 90.
275 Im September 1892 schrieb Dehmel an Arno Holz, daß er das Gedicht bereits drei Monate vorher an Wilhelm Bölsche geschickt habe (22.9.1892, I 99).
276 Vgl. ebd.

Aufbau/Struktur

Das Gedicht bewegt sich auf zwei Zeitebenen, der Gegenwart des Sprechers und der episodisch referierten Vergangenheit. Ausgangspunkt ist die meditative Betrachtung dreier Ringe „um Einen Finger", von denen jeder für eins der erzählten Erlebnisse steht. Jeder Episode ist als separate Strophe eine gegenwärtige Selbstansprache des lyrischen Ich vorangestellt, mit deren Hilfe der nachfolgende Rückblick auf einen der Ringe bezogen wird. Der stets gleiche Strophenbeginn „Ihr Ringe, drei Ringe an meiner Linken" bzw. „um Einen Finger" verleiht diesen Einschüben einen refrainartigen Charakter. Inhaltlich folgen die Episoden der biographischen Chronologie. Den drei von Dehmel genannten „Intermezzi" – erstes Liebeserlebnis, Hochzeit, Ehebruch – geht deshalb als erster Rückblick die Schilderung der Konfirmation voraus. So ergeben sich vier Abschnitte, die jeweils aus elegischem Einschub und dreistrophiger Rückblende bestehen. Dieser Komplex wird eingerahmt von zwei Strophen am Anfang und drei Strophen am Ende des Gedichts, in denen die moralische Entwicklung des Sprechers besprochen und abschließend bewertet wird. Insgesamt kommen wir also auf 21 Strophen. Dem Ganzen ist ein Leitspruch vorangestellt, der den Blick, ganz im Sinne von Dehmels Poetik, auf die lebensreformerische Absicht lenkt:

> Neue Ziele,
> neue Gefühle:
> neue Riegel.
> Flügel! Flügel!

Dehmel hat das mit 208 Versen ungewöhnlich lange Gedicht[277] mit Hilfe von typographischen, metrischen, syntaktischen und motivischen Mitteln strukturiert, um dem Leser eine Orientierung zu ermöglichen. Die vier Episoden bestehen jeweils aus drei Strophen zu neun bis dreizehn Versen. Sie sind gegenüber den elegischen Einschüben rechts eingerückt. Anstelle der vierhebigen Daktylen in den elegischen Partien verwendet Dehmel für die Episoden vierhebige Jamben mit überwiegend männlichem Versausgang. Sowohl die Einschübe als auch die rahmenden Reflexionen beginnen mit der Formel „Ihr Ringe, drei Ringe…". Dagegen setzt jede Episode mit einer allgemeinen tages- und jahreszeitlichen Bestimmung ein: „War wohl ein Morgen frühlingsmild" (V. 20) oder „Es war ein Mittag frühlings*wild*" (V. 60) usw.

Der lockere Zusammenhang von Rahmenhandlung und Episoden wird durch den Gebrauch von Leitmotiven ausgeglichen. Dazu gehören vor allem die Ringe selbst. Neben dem in jeder Episode weitergegebenen Konfirmationsring handelt es sich um einen Perlenring, einen Rubinring und den Ehering. Analog zu den verschiedenen Tageszeiten der Episoden (Morgen, Mittag, Abend, Nacht) wer-

[277] Das Gedicht ist wegen seiner Länge im Textanhang abgedruckt.

den die gegenwärtigen Reflexionen des Sprechers vom Bild der untergehenden Sonne begleitet, auf das schon der Untertitel des Gedichts *Eine Abend-Elegie* hindeutet. Leitmotivischen Charakter trägt auch die sukzessive Transformation der biblischen Formel „Krone des Lebens“ vom Konfirmationsspruch zum lebensphilosophischen Credo. Dehmels besonderer Kunstgriff besteht darin, daß er Ringe, Sonne und „Krone“ motivisch zueinander in Beziehung setzt. Dadurch werden die Ringe über ihre weltliche Funktion hinaus zu Symbolen des christlichen Treuegebots, während sich im Untergang der Sonne auf bildhafte Weise der Bruch des kindlichen Versprechens und damit die Entfernung des Sprechers von der religiös fundierten Moral vollzieht.

Die Erhebung des irrationalistischen Lebensbegriffs zur Legitimations- und Berufungsinstanz weist das Gedicht als Teil eines Diskurses aus, für den sich in der literaturgeschichtlichen Forschung die Bezeichnung „Lebenspathos um 1900“ eingebürgert hat (s. Kap. I.2.1.3). ‚Leben' erfüllt die Funktion eines säkularen Ganzheitsbegriffs, in dem biologistisch-monistisches und lebensphilosophisches Gedankengut zusammenfließen. Vor diesem Hintergrund wird deutlich, warum sich der leitmotivische Bibelspruch von der „Krone des Lebens“ geradezu ideal eignete, um den Übergang vom alten zum neuen Weltbild darzustellen. Im ursprünglichen Kontext (Offb. 2, 10) steht τὸν στέφανον τῆς ζῶης, der Siegeskranz, als Metapher für das ewige Leben.[278] Eine säkulare Verwendung hatte die Formel bereits in Goethes Gedicht *Rastlose Liebe* gefunden, wo es als Bild für die Liebe selbst gebraucht wird (Strophe 3): „Alles vergebens! / Krone des Lebens, / Glück ohne Ruh, / Liebe, bist du!“[279] Ganz ähnlich verwendet Dehmel den Ausdruck, wenn er in einem frühen Brief seine Braut Paula mit „Du Krone meines Lebens!“ anredet.[280]

Analyse der Einleitung

Der zweistrophige Einleitungsabschnitt nimmt die Entwicklung des Sprechers in abstracto vorweg. In der ersten Strophe wird die Treuethematik anhand der titelgebenden drei Ringe eingeführt. Die Emanzipation von der moralischen Konvention deutet sich hier bereits an, indem der Sprecher die Ringe, Erinnerungen

[278] In einer zeitgenössischen Exegese heißt es: „Das Bild ist hergenommen von der Sitte bei der Verleihung der Siegeskronen bei den Kampfspielen [...] und ist besonders beliebt zur Bezeichnung des Lohnes für treues Ausharren im Martyrium. [...] τῆς ζῶης ist gen. epexegeticus. Der Kranz besteht in dem ewigen Leben.“ (WILHELM BOUSSET, Die Offenbarung Johannis. Göttingen 1896 (Kritisch-exegetischer Kommentar über das Neue Testament, begründet von Heinrich August Wilhelm Meyer. Sechzehnte Abtheilung, 5. Auflage), S. 244.

[279] JOHANN WOLFGANG VON GOETHE, Werke, Hamburger Ausgabe, hg. von Erich Trunz, durchgesehene Ausgabe, München 1988, Bd. 1, S. 124.

[280] An Paula Oppenheimer, 6.8.1888, I 34.

an mehrfachen Eidbruch, für „heilig“ erklärt. Wenn anschließend die drei Ringe in ihrer Gesamtheit als „treuer“ und „neuer“ Schwur bezeichnet werden, so steckt darin ein Hinweis auf die weltanschauliche Neuorientierung, auf die das Gedicht zuläuft (V.1ff.):

> Ihr Ringe, drei Ringe, um Einen Finger,
> und jeder ein toter, gebrochener Schwur,
> und seid mir so heilig, ihr flimmernden Dinger,
> seid mir ein treuer,
> still wachsender, neuer,
> einziger willig gesprochener Schwur.

In der zweiten Strophe wird mit dem „Leben“ die metaphysische Bezugsgröße dieser Neuorientierung vorgestellt, mit der das christliche Treuegebot in Konflikt gerät (V. 7ff.):

> Was glühst du, Rubin, von versunkenen Stunden?
> Was blickst du, Perle, so bleich im Gold?
> Du Reif dazwischen, schlicht gewunden,
> was scheinst du doch so scheu und hold?
> Ach, immer die Treue treuwillig versprochen
> und immer treuwillig die Treue gebrochen;
> so hat es das Leben, das Leben gewollt.

An dieser Stelle läßt sich gut beobachten, wie Dehmel den Lebensbegriff gegen die christlich-bürgerliche Moralforderung und deren transzendente Prämissen wendet.

Analyse der Reflexionen

Die refrainartigen Einschübe erfüllen eine wichtige strukturelle Funktion innerhalb des Gedichtganzen. Indem sie das Thema der jeweils anschließenden Episode einführen („Freiheit“, „Liebe“, „Klarheit“), bilden sie sowohl Trennwand als auch Überleitung. Angesiedelt in der Sprechergegenwart, sind sie es, die den Untertitel *Eine Abend-Elegie* rechtfertigen: Denn sie sorgen für die retrospektive Distanz, die der klassischen Elegie eigen ist. Durch sie bleibt auch der Gegenstand des typisch elegischen Verlustgefühls im Blick: Die Treue, allgemeiner gesagt: die Bindung an die bürgerliche Moralauffassung, die durch drei gebrochene Eide zerbrochen ist. Durch die jeweils eingeflochtene Bestimmung des Sonnenstands verweisen die Einschübe zudem auf die Tageszeit, den späten Abend.

Das sukzessive Untergehen der Sonne entspricht den fortschreitenden Tageszeiten innerhalb der Episoden. Es handelt sich jedoch nicht um einen bloßen Sonnenuntergang, vielmehr wird die Sonne zunehmend vom Nebel verhüllt, bis sie schließlich untergeht. Auf dieser motivischen Ebene kommentieren die Einschübe die moralische Entwicklung des Sprechers von Episode zu Episode und bereiten die Schlußwendung vor. Gradmesser für den Entwicklungsstand ist das Verhältnis von Sonne und Nebel. Die Sonne bedeutet hier die vermeintliche Klarheit eines nach dem bürgerlichen Tugendkatalog geregelten Lebens. Sie entspricht also der „Krone des Lebens“ als Zielvorstellung einer bürgerlich tugendhaften Existenz. Der Untergang der Sonne versinnbildlicht den zunehmenden Mangel an Klarheit in bezug auf die moralische Orientierung des Sprechers.

Analyse der Episoden

Da jede Episode der Länge nach schon ein eigenes Gedicht darstellt, kann bei der folgenden Analyse nicht auf alle Einzelheiten eingegangen werden. Statt dessen wird versucht, die durchgehenden thematischen und motivischen Stränge mit ihrer jeweiligen Gewichtung in den einzelnen Episoden herauszuarbeiten.

Auch wenn sich die Auswahl der vier Episoden nach den tatsächlich vorhandenen drei bzw. vier Ringen richtet, lassen sie sich dennoch unter einen gemeinsamen thematischen Nenner bringen: Sie alle bilden Berührungspunkte mit der bürgerlichen Moral. Während mit Konfirmation und Ehe Punkte bezeichnet sind, an denen sie verbindlich formuliert wird, spielen sich die Episoden zwei bis vier auf dem Sektor ab, auf dem die Moral in erster Linie wirksam wurde: dem Geschlechterverhältnis. Ihre lineare Anordnung folgt zugleich dem für Dehmel typischen Bildungsmodell (s. Kap. 0.5 u. III.1.1), der Entwicklung des Individuums zu sich selbst über die Zwischenstufen Rebellion und Liebe. Dabei kommt der Liebe eine Doppelfunktion zu, in der sie zugleich Freiheit und neue Bindung bedeutet.

Die erste Episode schildert die Konfirmation des Sprechers, als Initiation in die christlich-bürgerliche Moral. Hier werden die beiden wichtigsten Motive, der Bibelvers und der Ring des Vaters, eingeführt (V. 20-30). Die knappe Schilderung, intensiviert durch dynamische Metaphern und synästhetische Kombination von Sinneseindrücken, zeichnet den überwältigenden Eindruck des Gottesdienstes auf den Knaben. In der Betonung des kollektiven gegenüber dem individuellen Erlebnis („uns“ statt ‚mir‘) und dem Hinweis auf das „Kinderherz“ liegt jedoch eine spürbare Distanzierung vom kirchlichen Ritus. Dazu paßt es, wenn Dehmel die Vorstellung einer anerzogenen, naiv personifizierenden kindlichen Religiosität als „Kinderglauben“[281] oder „Gott der Kindheit“ bezeichnet.[282]

Die zweite Strophe der Episode schildert den Heimweg von der Kirche zum Elternhaus in Begleitung der Mutter. Sie wirkt auf den ersten Blick etwas nebensächlich. Bei genauerem Hinsehen fällt jedoch die dichte Naturmotivik ins Auge

[281] So etwa in dem Gedicht *Böser Traum* (WW 108); ähnlich *Aus schwerer Stunde* (WW 96: „Sieh, ich falte wie als Kind die Hände...“).
[282] Tagebuchaufzeichnung vom 20.12.1893 (Bekenntnisse, S. 12).

(„Feld“, „grün“, „Weidenbüsche“, „blühn“, „Zweiglein“, „feldein“, „Eichenhain“). Mit ihrer Hilfe wird der Freiraum zwischen Kirche und „Försterhaus“ als Gegenwelt zum väterlich-autoritären Einflußbereich kenntlich gemacht. Dieser wird durch das motivisch verstärkte Bild der Mühle in Erinnerung gerufen: „Doch feierlich im leeren Land / als wie ein Kreuz die Mühle stand“ (V. 36f.).

Die rituelle Bekräftigung des christlichen Glaubens wird in der dritten Strophe ergänzt durch den Treueschwur vor dem Vater, mit dem sich die Übergabe des ersten, des leitmotivischen Rings vollzieht (V. 41-50). Dieser Ring, der in jeder der folgenden Episoden weitergegeben wird, trägt einen schwarzen Stein mit einer goldenen Krone[283]. Hier passiert dreierlei: Durch den zweiten Eid gegenüber dem Vater, wird der spätere Treuebruch zum Generationenkonflikt ausgeweitet. Auf der Motivebene werden Ring und Krone miteinander verbunden, der Zusatz „goldene Krone“ bereitet die motivische Verknüpfung mit der Sonne vor.

Auch in der zweiten Episode wird der moralische Entwicklungsschritt mit der Schilderung eines Erlebnisses verbunden: Das erste sexuelle Erlebnis wird zum Ausgangspunkt für die programmatisch formulierte Rebellion gegen Elternhaus und Kirche. Im Unterschied zur ersten Episode spielt sich der ganze Vorgang in der freien Natur ab, umrahmt von einer dramatischen Sturmkulisse. Bei aller Skepsis gegenüber einer biographistischen „Detektiv-Philologie“[284] läßt sich als Vorbild der Episode Dehmels erstes Liebeserlebnis mit seiner Frau Paula erkennen, das er in mehreren Gedichten gestaltet hat.[285]

In der dargestellten Verbindung von erotischem Erlebnis und entfesselter Naturgewalt zeigt sich das schon bekannte typischste Merkmal von Dehmels sogenanntem ‚Vitalismus‘ (s. Kap. III.3). Hier liegt ein wichtiger Hinweis, was mit der „Sprache des neuen Seelenlebens“ gemeint sein könnte, als deren Pionier sich Dehmel verstand (s. Kap. III.0). Die Parallelisierung von Naturvorgängen und menschlichen Gefühlen bildet nicht nur eine literarische Technik, sie enthält darüber hinaus eine anthropologische Aussage. Denn vor dem Hintergrund der zeitgenössischen Naturphilosophie ist die Mikrokosmos-Makrokosmos-Analogie durchaus ernst zu nehmen.

Schon der Beginn der Episode markiert einen deutlichen Gegensatz zum Konfirmationstag: „Es war ein Mittag frühlings*wild*“ (V. 60). In der folgenden Schil-

---

283 Dehmel hat hier die Wirklichkeit – den tatsächlich vorhandenen Ring – abgeändert, um eine motivische Verknüpfung zum Bibelvers herzustellen. Der Ring, den Dehmel von seinem Vater erhalten hatte, trug „das Bild des Königs aus Eisen gepreßt als Gemme. Denn der schwarze Stein mit der goldenen Krone ist nur eine poetische Fiction für meinen besonderen Zweck.“ (An Liliencron, 26.2.1892, I 90.)

284 Das Schlagwort verwendet Karl Otto Conrady mit Blick auf die biographisch orientierte positivistische Goetheforschung (CONRADY 1988, Bd. 1, S. 193).

285 Das erotische Erlebnis in *Erkenntnis* (ERL 84) und *Die zweite* Nacht (AL 118), die Empörergeste im Gewittersturm in der Hymne *Gewittersegen. Psalm zwischen Wolken* (ERL 64ff.; später: *Venus Urania*, AL 210ff.).

derung des Gewittersturms, die mit anderthalb Strophen die glatte Hälfte der Episode einnimmt, wird durch personifizierende Metaphern („kroch die Wolkenschlange", „der Donner jagte", „Sturm weinte das Dunkel", „triefend schrieen die Bäume", „rauschend schluchzte der Regen"), Verben der Bewegung („zukkend", „kroch", „jagte", „stürzendes", „zünglend", „zitternd", „flatternde", „bogen", „schlugen", „umschlang") und eine Fülle von Sinneseindrücken („rot", „züngelnd", „grell", „spitz", „blendend", „flackte", „zerknatternd", „fahle", „glühende", „stumm lohte") ein Höchstmaß an dramatischer Wirkung erzielt. Das erotische Erlebnis wird mit knappen Strichen skizziert, der eigentliche Sexualakt wird durch eine deutliche Auslassung („und – „) und die umgebende Symbolik angedeutet (V. 73-77). Es folgt die für die Gesamthandlung entscheidende Distanzierung des Sprechers von den bisherigen Autoritäten, an die sich der erste Ringtausch, der Tausch des Konfirmationsrings gegen den Rubinring, anschließt (V. 79-89).

Mißverständlich wirkt es, wenn der Sprecher den Donner bedroht; der Zusatz „des Himmels" (V. 79) stellt indes klar, daß sich die Drohung gegen den Himmel als Sitz der Gottheit richtet. Die ausdrückliche Verbrüderung mit der Naturgewalt bildet den Ausgangspunkt für ein starkes individualistisches Bekenntnis, mit dem der Sprecher die Abkehr von kirchlicher und väterlicher Autorität vollzieht. Die Verschiebung des religiösen Gebots der ersten Episode zum „wild Gebot" (V. 82) der Naturgewalt und das doppeldeutige Spiel mit dem Wort „Himmel" bestätigen den Rang der Natur als neuer Orientierungsgröße. Dem entspricht der Einbezug des menschlichen Körpers in das Naturschauspiel (V. 80f.) ebenso wie die farblich gesteuerte Annäherung von Blitz, Rubinring und glühendem Gesicht. Dadurch wird der mit dem Ringtausch bekräftigte neue Treueschwur von vornherein unterlaufen.

Episode 3 bringt mit der Hochzeit wieder einen Schritt in Richtung Zwang und Bindung. Jede der drei Strophen endet in einem Schwur. Um die strukturelle Entsprechung zur Konfirmation hervorzuheben, hat Dehmel mehrere Verweise auf die erste Episode eingearbeitet. Wie dort wird der Tag im Eingangsvers als „frühlingsmild" (V. 99) eingeführt. Die Trauung wird nicht nur mit demselben Bibelvers bekräftigt, sondern auch mit demselben Ring, den die Braut, offenbar die gleiche Frau wie in Episode 2, dem Sprecher zurückgibt. An das gotterfüllte „Kinderherz" der ersten Episode („uns war das Herz von Gott so voll", V. 25) erinnert das „Herz so weit" des Bräutigams (V. 119). Vollends deutlich wird die Analogie, wenn sich während der Trauungszeremonie eine tagtraumartige Reminiszenz einstellt: Als der Bräutigam den Ehesegen sprechen will, glaubt er die Stimmen seiner Mitkonfirmanden zu hören – wie in der ersten Episode durch die Wendung „voll Bebens" (V. 26/106) gekennzeichnet. Daß es sich um einen Tagtraum oder eine Halluzination handelt, signalisiert der balladeske Einwurf

„da horch, da horch“ (V. 106) ebenso wie die „rauschenden Geigen“.[286] Die geisterhaften Stimmen wiederholen den gemeinsamen Konfirmationsspruch (V. 105-111). In der zweiten Strophe des Abschnitts wird die Zeremonie fortgesetzt, der Bräutigam spricht den Segen (V. 121-123):[287]

> Nun will ich Dein sein alle Zeit,
> Ein Leib, Eine Seele, in Glück und Leid
> dein Gott, meine Welt, dich hüten.

Die dritte Strophe bringt noch einmal die Wiederholung des Konfirmationsverses, diesmal aus dem Munde der Braut, während sie den Jugendring zurückgibt. Durch die Geigentöne, die schon in der ersten Strophe die geisterhafte Reminiszenz begleitet hatten, wird der déja-vu-Charakter des Geschehens hervorgehoben (V. 127-135). In der Haltung der Braut („bangselige Not“) wird die Vergeblichkeit dieses Treueschwurs angedeutet. Zu beachten ist die leichte Abwandlung des leitmotivischen Bibelverses („des Lebens heilige Krone“, V. 135), die nicht bloß reimtechnischer Verlegenheit geschuldet sein dürfte. Durch die Spitzenstellung des Wortes „Leben“ wird auf die lebensphilosophische Schlußpointe hingearbeitet. Das Attribut „heilig“ ist hier nicht mehr nur christlich zu verstehen, es empfängt seine Dignität ebensosehr aus dem metaphysischen Status der Ganzheitsformel ‚Leben'.

Der Ehebruch, als Thema der vierten und letzten Episode, bedeutet den Verstoß gegen das Ehegelübde und zugleich gegen die bürgerliche Lebensordnung überhaupt. Dehmel hat auch hier ein autobiographisches Erlebnis verarbeitet, das er im Brief an Liliencron bereits angedeutet hat: Die Affäre mit dem Dienstmädchen Käte.[288]

---

286 Daß Dehmel Geigentöne als Signal für geisterhaftes bzw. visionäres Geschehen verwendet, zeigt sich beispielhaft im Gedicht *Erscheinung* (ERL 36ff.) in dem die Erscheinung eines verstorbenen Freundes von Violinenklängen begleitet wird. Ferner berichtet Dehmel mehrfach, daß seine visionsartigen Halluzinationen von Musik begleitet worden seien (vgl. die Tagebucheinträge 15.2.1894, B 37f., sowie 13.4.1894, B 54).

287 Wie Dehmels Jugendfreund CARL LUDWIG SCHLEICH berichtet, sprach Dehmel bei seiner Hochzeit tatsächlich seinen eigenen, etwas blasphemischen Hochzeitssegen (C.L.S., Besonnte Vergangenheit, S. 332). Ebenso IDA DEHMEL, Einleitung, in: Richard Dehmel. Eine Auswahl aus seinem Werk. Hg. und eingeleitet von I.D. Berlin o. J., S. 5-16, hier: S. 10f.: „Dann heiraten sie, und Dehmel spricht der Braut und sich selbst jenen einzigen Trauschwur, der ebenso unverkennbar den Stempel der Ibsenzeit trägt, wie den des deutschen Naturalismus, aber getragen von dem Orgelklang seines eigenen großen Pathos und einer völlig neuen hinreißenden Rhythmik." Es ist anzunehmen, dass dieser Trauschwur das mehr oder weniger identische Vorbild für das Gedicht *Trauschwur* (ERL 92f.) bildete. Die vierte Strophe lautet:

> *Ich bin der Herr Dein Gott!* – Du sollst mich *ehren:*
> auf Meine Kraft dein ganzes Leben bauen,
> in Glück und Not voll Demut Mir vertrauen,
> nach Keiner Hilfe *außer* mir begehren!

288 Vgl. dazu WEGNER (2000).

Wie in den anderen Episoden wird die Stimmung durch Jahreszeit, Tageszeit und Wetter bestimmt. Die „Laubenszene", wie Dehmel sie im Brief an Liliencron nennt[289], spielt sich in einer regnerischen Frühlingsnacht ab: „Denn eine Nacht kam frühlingswild" (V. 144). Die Entfernung des Sprechers von den Orientierung bietenden Richtlinien der bürgerlichen Moral spiegelt sich in der Art, wie Dehmel, synästhetisch aufgefächert, das Wortfeld des Dunklen, Trüben ausschöpft („Nacht", „schwül", „Regen", „dunstverhüllt", „Dunkel", „dumpf", „flüsternd", „hohl", „rauh", „grau", „trüb", „im dumpfen Schatten"). Durch die „Epheublätter" (V. 159, 165) wird die Laube, klassischer Ort der literarischen Verführungsszene, um die Assoziation des Wilden, ungehemmt Fruchtbaren ergänzt. Abermals umgeht Dehmel die Schilderung des Geschlechtsakts durch eine geschmackvolle Auslassung (V. 162-165).

Im Gegensatz zur zweiten Episode kommt es nicht zu einem programmatischen Aufstand gegen die etablierte Ordnung. Vielmehr erweist sich im Ehebruch selbst die Unmöglichkeit für den Sprecher, ihren Forderungen zu gehorchen. Mit dem doppelten Treuebruch gegenüber der Ehefrau und der Gesellschaft fällt der Sprecher aus der bürgerlichen Ordnung heraus und entdeckt, daß er Teil einer anderen, umfassenderen Ordnung ist. Dieser Entdeckung gehören die abschließenden drei Strophen.

Analyse der Schlußstrophen

Die drei Schlußstrophen bewegen sich, wie Einleitung und ‚elegische' Erzählerkom-mentare, in der Sprechergegenwart. Sie schließen zeitlich direkt an das Ende des letzten Kommentars an. Die Sonne, die dort im Moor versank, ist nun ganz untergegangen. Dadurch wird – auf motivischer Ebene – die Schlußwendung vorbereitet, auf die das ganze Gedicht hinkonstruiert ist: die Überwindung der engen bürgerlichen zugunsten einer höheren, gewissermaßen natürlichen Moral. Denn erst durch den Untergang der einen Sonne wird der Sternenhimmel sichtbar und damit eine Vielzahl von Sonnen („voll von Sonnen steht die Welt", V. 187). In dieser geglückten Pointe drückt sich ein Werterelativismus aus, an dem spätestens nach Nietzsche kein Gebildeter mehr vorbeisehen konnte. Analog zur motivischen Umwandlung vollzieht sich nun die Umdeutung des leitmotivischen Bibelverses, ansetzend am Begriff des Lebens (V. 189-197):

> Was willst du, Sehnsucht meiner Brust?
> Sieh, eine Sonne geht zur Ruh,
> nun schließ auch deine Augen du;
> das Leben ist des Lebens Lust!
> Hinein, hinein mit blinden Händen,
> du hast noch nie das Ziel gewußt!

[289] An Detlev von Liliencron, 26.2.1892, I 90.

zehntausend Sterne aller Enden,
zehntausend Sterne stehn und spenden
dir ihre Strahlen in die Brust!

Diese Verse gehören zu den meistzitierten Passagen Dehmelscher Lyrik. Obwohl dieses Vorgehen im Rahmen einer thematisch orientierten Studie gerechtfertigt ist, gehen dabei wichtige motivische und thematische Bezüge verloren. Zunächst wird der bis dahin unhinterfragte Begriff des ‚Lebens' inhaltlich bestimmt. Auf diese Weise schafft Dehmel die Grundlage, um den ursprünglichen Gehalt des leitmotivischen Bibelverses („Krone des Lebens") quasi von innen heraus zu manipulieren. ‚Leben' wird an die subjektive Kategorie der Lust angeschlossen und damit objektiven Zuschreibungen entzogen, seien diese nun christlich oder materialistisch. Ideengeschichtliche Bezugsgröße ist lebensphilosophische Irrationalismus im Gefolge Schopenhauers und Nietzsches. Er erscheint hier in einer zeittypischen hedonistischen Einfärbung, die sich auf Zarathustras Bestimmung des Lebens als „ein Born der Lust" berufen konnte.[290]

Entscheidend für den Gesamtzusammenhang des Gedichts ist jedoch weniger der ontologische oder metaphysische Standpunkt als die antiautoritäre Pointe. Durch die Berufung auf die „Lust" werden normative Vorgaben jeder Art unterlaufen, man denke in diesem Zusammenhang auch an Dehmels Gedicht *Bekenntnis* (s. Kap. III.1.2). Ebenso liegt in der Betonung der „blinden" Ziellosigkeit eine Absage an die Zielvorstellungen der christlich-bürgerlichen Moral, auf die der Knabe bei der Konfirmation verpflichtet wurde, an rationales Handeln überhaupt.

Das anschließende Bild transportiert eine vielschichtige Symbolik, die auf den im gesamten Gedicht präsenten anthropologischen Hintergrund bezogen werden kann. So läßt sich das Übergewicht der „zehntausend Sterne" über die „eine Sonne" als Plädoyer für die dunkle Seite der Natur bzw. des Menschen verstehen. Dafür spricht es außerdem, wenn Dehmel das Licht der Sterne „in die Brust" des Menschen fallen läßt. Denn damit wird die spätestens seit der Aufklärung wirksame Vorstellung vom Licht der Vernunft, als deren Sitz traditionell der Kopf angenommen wird, zugunsten einer irrationalistischen Sicht des Menschen aufgegeben. In dieser Vorrangstellung der Brust gegenüber dem Kopf deutet sich einmal mehr jene anthropologische „Achsendrehung" an, von der bereits mehrfach die Rede war.

Die letzte Strophe zieht das Fazit des ganzen Gedichts unter Rückgriff auf die leitmotivische Bibelstelle. Dem geht eine äußerst knappe bildhafte Rekapitulation („...wie war es doch?") des bisherigen Ablaufs voraus, in der auf etwas mani-

290 FRIEDRICH NIETZSCHE, Also sprach Zarathustra II, KSA 4, S. 124 (*Vom Gesindel*) u. S. 258 (*Von alten und neuen Tafeln* 16). Vgl. FELLMANN (1998).

rierte Weise „Krone“ und Sonne endgültig miteinander verschmolzen werden (V. 198-208):

Dir in die Brust . . . was willst du, Schweigen,
du laute Sehnsucht, immer noch?
Und ich sehe die Krone, die eine, steigen
ihr Ringe, drei Ringe, wie war es doch?
die Krone *steigen*, die Krone *sinken*,
zur *Sonne* sinken, die Sonne *winken*:
Empor! nichts ist vergebens!
fest steht mein flammendes Gebot!
dem sei getreu bis in den Tod –
du trägst die Krone des Lebens,
die Schöpferkrone des Lebens . . .

Im Aufstieg und Sinken der „Krone“ wird der – nach konventionellen Maßstäben – moralische Entwicklungsprozeß des Sprechers abgebildet. Daß dieser scheinbare Abstieg vor dem neuen weltanschaulichen Hintergrund als Aufstieg zu verstehen ist, signalisiert die Aufforderung „Empor!“, der wir – mutatis mutandis – bereits in mehreren Gedichten begegnet sind.[291] Der folgende Ausruf „nichts ist vergebens!“ lenkt dagegen in die gedanklichen Bahnen der monistischen Kulturtheorie ein, die wir in den *Lebensblätter*-Einleitung kennengelernt haben (s. Kap. II.2.3): Im Entwicklungsprozeß der Natur, oder, enger gefaßt, der Menschheit, findet jede Erscheinung ihre Berechtigung. Der Begriff der Vergeblichkeit wird inhaltslos. Indem das Individuum sich dem Walten der Naturkräfte in sich anvertraut, wird es zum Organ der Entwicklung und damit, im Jargon der Zeit gesagt, zum Werkzeug des ‚Lebens’ selbst. Diese Teilhabe an der ‚natürlichen Schöpfungsgeschichte’ ist gemeint, wenn Dehmel abschließend den biblischen Leitvers in „Schöpferkrone des Lebens“ ändert. Die zukunftsorientierte Verheißung „dann wird euch die Krone des Lebens“ (V. 29) wird in die Gegenwart geholt: „du trägst die Krone des Lebens“ (V. 207). Durch diese Schlußwendung gehört *Drei Ringe* zu den wenigen poetischen Zeugnissen des an anderer Stelle erarbeiteten (Teil II), für Dehmel ganz und gar typischen präsentischen Messianismus.

III.5 Liebeslyrik und erotische Lyrik

Liebeslyrik und erotische Lyrik werden als ein thematischer Komplex behandelt. Diese Entscheidung wurde mit Blick auf das in Frage stehende Korpus von Gedichten getroffen. Da die literarische Erotik bei Dehmel kaum an die Tradition der erotischen Literatur anknüpft, sondern sozusagen aus der Liebeslyrik heraus-

---

[291] So etwa in *In Kraft und Schönheit* (Kap. III.1.1), *Bewegte See* (Kap. III.3.1),

wächst, ergibt sich die summarische Behandlung aus dem Gegenstand selbst. Für beide Bereiche gelten also dieselben gattungsgeschichtlichen Voraussetzungen.

5.1 Poetik und Poesie des Erotischen im Frühnaturalismus

In den Darstellungen zur Ästhetik und Poetik des Naturalismus ist bisher kaum zur Kenntnis genommen worden[292], daß die Öffnung der Kunst für die Erotik zu den oft wiederholten Forderungen der ‚jüngstdeutschen' Theoretiker gehört. Sie ergibt sich zum einen aus der Unbeschränktheit der Stoffwahl, wie sie der Naturalismus gegenüber dem gründerzeitlichen Klassizismus betonte, zum anderen aus dem Kriterium der „Wahrheit", anhand dessen die Liebesdarstellung der „Höherntöchter-Lyrik" (Bleibtreu) verworfen wurde. Die Thematisierung der Erotik gehörte also zu den Strategien, mit deren Hilfe ein Gruppenbewußtsein der ersten ‚modernen' Künstlergeneration konstituiert wurde. Gedankliche Grundlage war jedoch auch hier der Zweifel an der Absolutheit des bürgerlichen Sittlichkeitsbegriffs (s. Kap. I. 3 und III. 1. 1).

Innerhalb der poetologischen Diskussion ergibt sich die Behandlung erotischer Themen aus der Forderung, daß es für den Künstler grundsätzlich keine Beschränkung in der Stoffwahl gebe. „Dem Künstler – hier auf dem Felde der Literatur – ist in puncto Motivwahl *alles* erlaubt. Er kann sich als Stoff aussuchen, was er will. Nichts darf ihn daran hindern."[293] Diese Forderung ist in den meisten Fällen mit der Weigerung verbunden, als Maßstab der Stoffwahl eine *moralische* Instanz zu akzeptieren: „In dieser Beziehung gibt es keine Grenzen, keine Bedenken, der ‚Anstand', der ‚gute Ton', der auch in der Motivwahl berücksichtigt werden soll, ist nur von beschränkten und darum natürlich nur um so dummdreist-naseweiseren Leimsiedern als normativ erfunden und proklamiert worden."[294] Der Vorwurf richtet sich primär gegen normativ wirksame Institutionen wie Literaturgeschichtsschreibung, Ästhetik und Literaturkritik, vor allem solche, die „in ihren Prämissen entweder von den Professoren der Theologie, den Herren Dogmatikern, bezogen oder auf dem Boden der heiligen, sakrosankten ‚bürgerlichen Moral', der ‚guten Sitte' und der noch besseren Allerwelts-

---

292 Vgl. immerhin DARGE (1934), S. 234f. sowie HAMANN/HERMAND (1956), S. 66ff. Die folgenden Bemerkungen können deswegen nicht mehr als Annäherungen sein. Die Wiederentdeckung des Erotischen für die deutsche Literatur wird von der gegenwärtigen Forschung im Jahr 1890 angesiedelt und vor allem mit den Namen Schnitzler, Wedekind und Panizza in Verbindung gebracht. Vgl. RIHA (1993); RIEDEL (1996), S. 151ff.; PANKAU (2005). Für die Wiener Moderne vgl. vor allem FISCHER (1978), S. 53-65, und WAGNER (1982).

293 HERMANN CONRADI, Das sexuelle Moment in der Litteratur (1889), in: H.C., Ich bin ein Sohn der Zeit. Ausgewählte Schriften. Hg. von Rüdiger Bernhardt, Leipzig und Weimar 1983 (Gustav Kiepenheuer Bücherei, 43), S. 126-128, hier: S. 126.

294 HERMANN CONRADI, Literaturpsychologik, S. 121.

‚Sittlichkeit' gezüchtet waren".[295] In literarische Produktion umgesetzt, hätten diese Maßstäbe zu jener „geheiligten Backfisch-Litteratur"[296] geführt, zu jener „landläufigen Zucker-Erotik"[297], „Butzenscheiben-Minne"[298] oder „Höherntöchter-Lyrik"[299], deren leidenschaftliche Schmähung zu den Gemeinplätzen der naturalistischen Literaturkritik gehörte.[300] Man entdeckte die Prüderie selbst in Editionen überlieferter Texte. So verspottete Oskar Panizza die „Ver-Onkelung" der „unsittlichen" Grimmschen Märchen durch die Ferdinand Dümmlersche Verlagsbuchhandlung.[301]

Die skizzierten Vorwürfe gehen in zwei Richtungen: Die einen bestreiten eher allgemein die Berechtigung einer Moralisierung der Ästhetik; die anderen halten der „Butzenscheiben-Minne" das Kriterium der Realität oder „Wahrheit" entgegen. Sie beanstanden also weniger die fehlerhafte Applikation moralischer Prinzipien auf die künstlerische Produktion als die fehlende Übereinstimmung mit der gesellschaftlichen Wirklichkeit. Wilhelm Bölsche kritisiert in den *Naturwissenschaftlichen Grundlagen der Poesie*, es sei „alles harmlos gegen das Lügen auf erotischem Gebiete, dessen Folgen bei dem von Natur gesetzten Nachahmungs- und Gewohnheitstriebe des menschlichen Geistes unmittelbar in's practische Leben hineingreifen".[302] Weit detaillierter äußert sich Irma v. Troll-Borostyáni in ihrer Darstellung der *Liebe in der zeitgenössischen deutschen Litteratur* (1891):[303]

> Daß die Liebe, der gewaltige Drang eines rücksichtslosen, nur nach seiner Befriedigung lechzenden Naturbedürfnisses meistens ganz anders aussieht, als sie sich hinter den blumenduftigen Mondscheingeweben präsentiert, welche jene Salon- und Familienzimmer-Poeten über sie zu flechten belieben? Daß die unserer Gesellschaft nachgerühmte Moral nur in den Novellen-, Roman- und Bühnendichtungen dieser Poeten ihre Triumphe feiert, von welchen Triumphen im wirklichen sozialen Leben gar wenig zu sehen ist?

Natürlich steht hinter diesen ästhetischen Scharmützeln die Kritik an der wilhelminischen Sexualmoral selbst. Der mit Conradi befreundete sozialdemokratische Publizist Edgar Steiger geht von der Literaturkritik zur Gesellschaftskritik

---

295 Ebd., S. 119; vgl. auch M.G. CONRAD, 'Zur Einführung', in: *Die Gesellschaft* 1 (1885), S. 1-3, hier: S. 1 u. 2; ferner LUDWIG FULDA, Moral und Kunst, in: *Freie Bühne* 1 (1890), S. 5-9.

296 ‚Zur Einführung', in: *Die Gesellschaft* 1 (1885), S. 1-3, hier: S. 1.

297 BLEIBTREU, Revolution der Litteratur, S. VIII.

298 Ebd., S. XII.

299 BLEIBTREU, Neue Lyrik. Kritische Studie. In: *Die Gesellschaft* 1 (1885), S. 553-59, hier: S. 558.

300 Vgl. bes. IRMA V. TROLL-BOROSTYÁNI, Die Liebe in der zeitgenössischen deutschen Litteratur, in: *Die Gesellschaft* 7 (1891), S. 1004-1022.

301 OSKAR PANIZZA, Die unsittlichen Gebrüder Grimm und die neue 'Sittlichkeit' jüdisch-deutscher Verlagsbuchhändler, in: *Die Gesellschaft* 10 (1894), S. 919-924, hier: S. 919.

302 BÖLSCHE, Die naturwissenschaftlichen Grundlagen der Poesie, S. 45f.

303 IRMA V. TROLL-BOROSTYÁNI, Die Liebe in der zeitgenössischen deutschen Litteratur, S. 1017.

über, wenn er das Errichten ästhetischer Tabus als die eigentliche Unmoralität brandmarkt und die Rückkehr zur künstlerischen „Wahrheit" als moralischen Feldzug interpretiert:[304]

> Was hat die Kunst mit *dieser* Moral zu schaffen, die nichts weiter ist als das Feigenblatt, mit dem die heutige Gesellschaft ihre sittliche Blöße zu verdecken sucht? Nein, die Kunst ist zu allen Zeiten gerade der Heuchelei in geschlechtlichen Dingen – und was anderes ist die heutige gesellschaftliche Moral? – hart zu Leibe gegangen und hat mit Vorliebe der feigen Lüsternheit und der falschen Scham die Maske vom Gesicht gerissen. Die Kunst hat den Mut der Wahrheit, vor der dem Philister graut. Und diese Wahrheit ist *ihre höhere Sittlichkeit.*

Neben derart polemisch vorgetragener Kritik am Literaturbetrieb der Gründerzeit trifft man aber auch auf die positive Forderung nach der unverfälschten Darstellung des Geschlechterverhältnisses. Beachtung verdient der Umstand, daß die Loslösung von der „Butzenscheiben-Minne" nicht anders als durch Offenheit *in eroticis* vorstellbar schien.[305] Karl Bleibtreu verlangt in seiner *Revolution der Litteratur* (1886), „das alte Thema der Liebe in modernem Sinne, losgelöst von den Satzungen conventioneller Moral, zu beleuchten".[306] Ebenso äußert sich der in jeder Hinsicht radikale Hermann Conradi: „Die Sinnlichkeit, wie sie sich aus den Beziehungen der beiden Geschlechter ergibt, in die Bezirke seiner Kunst aufzunehmen, dazu hat der Künstler ein volles, unantastbares Recht, das ihm nur der bornierte Fanatiker des ‚guten Tones' bestreiten wird."[307] Conradi hatte bereits 1885 einen Artikel über *Das sexuelle Moment in der Litteratur* veröffentlicht, in dem er die Darstellung des Sexuallebens zum einen aus der Unbeschränktheit der künstlerischen Stoffwahl ableitet, zum anderen aus der Tatsache, „daß das psychische Leben von dem rein sexuellen Leben ganz mächtig beeinflußt und bestimmt wird".[308] Diese Argumentation konnte sich auf die Erkenntnisse der klinischen Sexualforschung stützen (s. Kap. I.3). Demgegenüber rückt Ernst Seiffarth zunächst die ästhetischen Vorzüge einer realistischen erotischen Dichtung in den Mittelpunkt:[309]

---

304 EDGAR STEIGER, Kunst und Sittlichkeit, in: E.S., Das arbeitende Volk und die Kunst. Kritische Streifzüge. Leipzig 1896, S. 18-21, hier: S. 20.

305 Daß die Entidealisierung auch andere Wege gehen konnte, hatte, abgesehen von Heine, bereits Wilhelm Busch in seinem ironischen Gedicht *Die Liebe war nicht geringe* gezeigt, das mit den bekannten Versen endet: „Er liest in der Kölnischen Zeitung / und teilt ihr das Nötigste mit." (Zit. nach BRAUN/LOBENTANZER 1985, S. 37f.)

306 BLEIBTREU, Revolution der Litteratur, S. 13.

307 CONRADI, Früchte der Erkenntnis. Ein neues Novellenbuch von Oskar Welten (1886), in: H.C., Gesammelte Schriften, Bd. 2, S. 343-345, hier: S.344f.

308 CONRADI, Das sexuelle Moment in der Litteratur, S. 127. Ebenso: EDGAR STEIGER, Kunst und Sittlichkeit, S. 21.

309 ERNST SEIFFARTH, Das sexuelle Problem in der Kunst, in: *Freie Bühne* 1(1890), S. 1220-1223, hier: S. 1222.

> Sie ist noch nicht geschrieben worden, aber ich glaube, daß eine sehr intime Liebesszene zwischen zwei ganz vorzüglichen, vortrefflichen, gebildeten Menschenidealen mit gesunden Seelen und gesunden Leibern, mit höchstem künstlerischen Realismus ausgeführt, das erotisch Aufregendste wird, was überhaupt jemals geschaffen worden ist.

Dann legt er jedoch den Finger auf den eigentlich neuralgischen Punkt der Diskussion, indem er schreibt: „Bessern aber müssen sich die sexuellen Verhältnisse in der Wirklichkeit der *Zuschauer*."[310] Denn im Grunde ging es den jungen Modernen ja nicht nur um eine literarische Revolte, sondern ebensowohl um einen Feldzug gegen die viktorianischen Moralvorstellungen.

Die dichterischen Erzeugnisse der achtziger Jahre blieben hinter diesen Ansprüchen weitgehend zurück. Versuche einer unverfälschten Darstellung erotischer Begebenheiten finden sich am ehesten in der Epik, besonders in den Romanen und Novellen Hermann Conradis und Conrad Albertis. Aber selbst dort herrscht eine aus heutiger Sicht geradezu verschämte Zurückhaltung, und der Leser kann sich nur wundern, daß Passagen wie die folgende zum Leipziger Realistenprozeß geführt haben sollen.[311] Sie stammt aus Albertis Roman *Die Alten und die Jungen*, der dem Autor eine Klage wegen Verstoßes gegen die Sittlichkeit einbrachte, und kann stellvertretend für viele andere stehen:[312]

> Paul hielt nicht länger an sich, er suchte Else wild an sich zu pressen, sie zu küssen, sie wich ihm aus, sie rangen mit einander, Hand in Hand verzargt, in allen Ecken drückten sie sich umher, Paul stand der Schweiß auf der Stirn, bis Else, erschöpft, am ganzen Leibe zitternd, quer über das Bett sank und flüsterte: ‚Mach die Lampe aus!' Nun war Nacht und nun floh der letzte Hauch jenes schamhaften Widerstandes, mit dem sie sich gegen ihr eignes Verlangen bisher gewehrt. Die Kleider flogen zur Erde . . . dann schloß das Mädchen die Augen . . . wie im Starrkrampf lag sie da, bewegungslos, nur ihr kurzer heißer Athem, nur das Zittern ihrer Glieder verrieth das Leben . . . und durch das dunkle Schweigen ringsum hörte man nichts als tiefe Seufzer und die kurzen Laute leidenschaftlicher Küsse . . .

Während hier wenigstens die Absicht erkennbar wird, die literarische „Butzenscheiben-Minne" durch eine realistischere Darstellungsweise zu ersetzen, zeigt sich die Liebeslyrik der frühen Modernen noch ganz den Themen, Formen und Aussageweisen der nachromantischen Liedproduktion verpflichtet. Dazu einige Beispiele aus der Anthologie *Moderne Dichter-Charaktere*.[313] Wilhelm Arent, hochproduktiver Lyriker und Herausgeber der Anthologie, bringt als Original-

---

310 Ebd., S. 1223.

311 Vgl. SCHULZ (1974).

312 CONRAD ALBERTI, Die Alten und die Jungen. Sozialer Roman. Leipzig o. J. [1889], Band 1, S. 257f.

313 Zur poetischen Traditionalität der *Modernen Dichter-Charaktere* vgl. den immer noch unübertroffenen Aufsatz von MAHAL (1974).

beitrag das Gedicht *Meine Gottheit bist du in Ewigkeit.* Daraus die ersten 12 Verse:[314]

O Anna glaub', ich lieb' nur dich,
Nur dich sucht meine Seele,
Du bist der Schönheit Stern für mich:
Ganz Licht, ganz ohne Fehle.
Dein Wort mein dürstend Herz nur füllt,
Dein Glück hellt meine Nacht –
Kämpf' ich auch jetzt nebelumhüllt:
Als Sieger end' ich die Schlacht.
Als Sieger kehr' ich zu dir mein Kind,
Meiner Tage Sehnsucht und Traum,
Dein Odem umweht mich friedenslind,
Daß ich fern je – weiß ich kaum.

Julius Hart, ohne Zweifel der begabtere Lyriker, läßt ein frühes Gedicht, *Abschied* (1880), abdrucken, das im Heine-Tonfall, aber ohne ironische Intention, eine Art Minneverhältnis besingt. Hier nur die ersten drei Strophen:[315]

Süße und geliebte Dame,
Meiner Seele schöne Fürstin, –
Stets gepriesen sei dein Name! –
Wundenkrank und blaß vom Grame
Biet' ich dir den letzten Gruß.

Bei der Lampe fahlem Scheine,
In dem düstren Wirtshaus träum' ich
Einsam nun und ganz alleine
Hinter schwerem Spanierweine,
Trinke seinen heißen Duft.

Ha ... wie strömt's da auf mich nieder,
Schwinden nicht die dunklen Bogen?
Jasminduft ... weiß blüht der Flieder,
Sommernacht umfängt mich wieder,
Silbern blitzt die feuchte Luft.

Die übrigen Beiträger bieten ein ähnliches Bild. Während Friedrich Adler in *Ade!* als Gast der Hochzeit seiner Liebsten beiwohnt („Und ich, der still im Schatten steh', / Ich seg'ne dich mit zitterndem Mund . . . / Ade!")[316], träumt Karl August Hückinghaus von der toten Geliebten (*Sehnsucht, Maria*), Oskar Jerschke denkt wehmütig an sein „toskanisch Kind" zurück (*Aus den ‚Italischen*

314 Moderne Dichter-Charaktere, S. 13.
315 Ebd., S. 49.
316 Moderne Dichter-Charaktere, S. 88.

Liedern').[317] Eine Ausnahme bildet Wilhelm Arents Gedicht *À la Makart*, dessen Skandalwert sich durchaus nicht in der modischen Dirnenthematik[318] erschöpfte:[319]

> [...]
> Immer heißer zehrt
> Am innersten Mark mir
> Deiner nachtschwarzen Augen
> Wildlodernde Glut.
> Wollustathmend,
> Fieberheiß,
> Blüht mir entgegen
> Deines schwellenden Leibes
> Nacktschimmernde Pracht;
> Und wonnig umschlungen
> Von dem sammetweichen Fleische
> Deiner weißkosigen Arme
> Sinke ich liebeächzend
> In deines feuchten
> Brünstigen Schooßes
> Thauspendende Tiefen.
> Voll süßer Gier,
> In wahnsinniger Trunkenheit
> Preß ich dich an mich;
> Lippe brennt auf Lippe,
> Leib schwelgt an Leib,
> In seligen Schauern
> Rinnt in einander
> Der Seelen Geheimniß . . .

Damit sind die Grenzen für die lyrische Behandlung des erotischen Augenblicks abgeschritten, innerhalb derer sich auch Dehmel überwiegend bewegt. Da eine Tradition der erotischen Lyrik zwar bestand, aber den jungen Autoren sicherlich kaum bekannt war[320], mußten sie sich die ästhetischen Mittel weitgehend selbständig erarbeiten.[321] Die Folge war, wie hier zu sehen, eine Konzentration auf das äußere und innere Erleben, also auf optische wie taktile Sinneseindrücke und ihre psychisch-emotionalen Folgeerscheinungen, die bereits den Weg zur ‚Ner-

---

317 Ebd., S. 163.
318 Vgl. HAMANN/HERMAND (1956), S. 66.
319 Moderne Dichter-Charaktere, S. 18f.
320 Zur Wiederentdeckung des Erotischen um 1900 durch Paul Englisch, Eduard Fuchs und andere vgl. RIHA (1993). Ein Anknüpfen an die anakreontische Tradition findet sich erst bei Bierbaum, Hartleben (dazu SPRENGEL 1998, S. 665ff.) und bei Arno Holz, dessen Gedichtzyklus *Dafnis* sich in Anlehnung an die barocke *carpe diem*-Thematik betont derb und sinnesfreudig zeigte.
321 Wichtige Anregungen gingen sicherlich von Baudelaire und Huysmans aus.

venkunst' der Jahrhundertwende einschlug. Als Bildspender stehen die Assoziationsfelder des Feuers („zehrt", „wildlodernde Glut", „fieberheiß", „brennt") und des Pflanzlich-Vegetabilischen („blüht", „schwellenden", „thauspendenden") zur Verfügung. Die Bedeutung dieser Bildbereiche für Dehmels dialogisch-appellhafte Lyrik wurde bereits hervorgehoben (Kap. III.3). Wie sich zeigen wird, bewegt sich seine erotische Lyrik auf dieser Linie fort.

5.2 Dehmels Stellung als Liebeslyriker

Kein Thema wird in Dehmels Gedichten öfter behandelt als das Verhältnis der Geschlechter. Von den insgesamt 363 Gedichten der Jahre 1891-1896 können rund 130 im weitesten Sinn als Liebesgedichte aufgefaßt werden.[322] Man könnte also mit gewissem Recht sagen, Dehmel sei in erster Linie Liebeslyriker. Schon die Titel seiner Gedichtbände und -zyklen deuten darauf hin: *Aber die Liebe, Weib und Welt, Verwandlungen der Venus, Zwei Menschen.* Trotzdem ist Dehmel in den Anthologien deutscher Liebesgedichte ausgesprochen schwach vertreten.[323] Neben seiner allgemeinen Vernachlässigung durch Literaturgeschichte und Buchhandel könnte der Grund dafür in seiner Liebeslyrik selbst zu suchen sein.[324] Denn mit den im 19. Jahrhundert gültigen, bis in die Schlagertexte der Gegenwart fortwirkenden Mustern läßt sie sich nur sehr bedingt erfassen.

Wenn die Vereinfachung gestattet ist, lassen sich die meisten Liebesgedichte zwischen 1800 und 1900[325] um fünf thematische bzw. situative Zentren gruppie-

322 Daß dabei Überschneidungen, etwa mit Naturgedichten, vorkommen, versteht sich von selbst.

323 FRIEDHELM KEMPS bedeutende Anthologie *Deutsche Liebesdichtung aus achthundert Jahren* von 1960 (^{2}1996) berücksichtigt Dehmel überhaupt nicht. In der ebenfalls umfangreichen Sammlung *Deutsche Liebeslyrik* von HANS WAGENER (1982) kommt Dehmel mit zwei Gedichten vor (*An die Ersehnte, Anders*) – genau so wie Johann Thomas, Ewald Christian von Kleist, Johann Peter Uz, Johannes Gaudenz von Salis-Seewis, Karl Immermann und Johannes Bobrowski. Von den Zeitgenossen ist allein Hofmannsthal ähnlich schwach besetzt, dagegen ist George, der nicht gerade durch seine Liebeslyrik bekannt wurde, mit neun, Rilke mit sechs, Ricarda Huch mit fünf Gedichten vertreten.

324 Die allgemeine Vernachlässigung Dehmels in den Anthologien seit dem 2. Weltkrieg reicht als Erklärung deswegen nicht aus, weil auch andere Autoren, die nicht generell als große Lyriker kanonisiert sind, durch die thematische Begrenzung Eingang in die Anthologien der deutschen Liebeslyrik gefunden haben, wie besonders das Beispiel Karl Immermanns zeigt (vgl. WAGENER 1982, KEMP ^{2}1996, s. v.).

325 Eine Monographie zur neuzeitlichen deutschen Liebeslyrik, selbst zu einzelnen Epochen, fehlt bislang. Die *Kleine Geschichte der deutschen Lyrik* von Frey bleibt hinter dem selbstgesetzten Anspruch, anhand von „liebeslyrischen Modellen" eine „Literaturgeschichte in nuce" zu bieten (Klappentext), weit zurück (vgl. die Rezension in der *Germanistik*, der in dieser Hinsicht nichts hinzuzufügen ist: PHILIPPI 2000). Die Beiträge in den Sammelbänden von KROHN (1983) und GRIMM (2003) bleiben zu punktuell, um wirklich einen Überblick zu bieten. An dieser Stelle ist die Fachdidaktik der Literaturwissenschaft offenbar voraus. Von den mir bekannten Arbeitsbüchern für den Gymnasialunterricht ist besonders die

ren[326]: *Werbung* (einschließlich Liebesschwur), *Liebesglück* (einschließlich Preisen der Geliebten), *Liebesleid* (einschließlich Abschied, Trennung, Entsagung), *Sehnsucht* und schließlich die gedankliche *Reflexion*, Gedichte also, in denen nicht von einem bestimmten Liebesverhältnis, sondern von der Liebe überhaupt gesprochen wird. Diese Grundsituationen bleiben zwar – wenn man sie sehen möchte – auch in Dehmels Liebesgedichten sichtbar, sie erfahren jedoch zwei entscheidende Modifikationen, durch die seine ganz spezifische Art von Liebeslyrik entsteht: 1. Erotisierung. 2. Psychologische Vertiefung bzw. Problematisierung der Liebesbeziehung jenseits der konventionellen Topik.

An Dehmels erstem Gedichtband *Erlösungen* läßt sich die traditionelle Typologie noch weitgehend bestätigen. Das liegt nicht zuletzt daran, daß die frühen Gedichte, die er in den Band aufgenommen hat, überwiegend Liebesgedichte sind.[327] Neben wenigen gedanklich reflektierenden Liebesgedichten[328] und einer großen Zahl von Sehnsuchtsgedichten[329] finden sich in den *Erlösungen* vor allem

---

kurze Monographie *Liebeslyrik. Ein Arbeitsbuch. Begleitheft für den Lehrer* von MARGRET und KARLHEINZ FINGERHUT (1983) hervorzuheben, die, in Verbindung mit einem separaten Text- und Materialienband, einen differenzierten, solide recherchierten und bibliographisch höchst nützlichen Überblick vom Mittelalter bis zur Gegenwart bietet und deren erfreulich hohes Niveau einen Vergleich etwa mit einem Band der *Reihe Metzler* nicht zu scheuen braucht.

Was die zahllosen Einzelstudien zu bestimmten Autoren oder Themenfeldern angeht, so läßt sich ein enormes Übergewicht auf der mittelalterlichen Dichtung beobachten. Ein stellvertretendes Beispiel bietet der von dem Mediävisten RÜDIGER KROHN (1983) herausgegebene Sammelband *Liebe als Literatur*. Von zwölf Beiträgen wenden sich neun der Dichtung des Mittelalters zu. Eine Durchsicht der letzten zwanzig Jahrgänge des EPPELSHEIMER-KÖTTELWESCH unter dem Lemma „Liebeslyrik“ bestätigt diesen Befund: Der Anteil mediävistischer Studien liegt bei mehr als zwei Dritteln.

326 Aufgrund der oben geschilderten Forschungslage kann die hier verwendete, primär mit Blick auf Dehmels Liebeslyrik gewonnene Typisierung von Liebesgedichten nur höchst vorläufige Geltung beanspruchen. Daß auch andere, zumal differenziertere Typenbildungen denkbar wären, etwa nach fiktiven Rollenmodellen, nach Anlässen der Aussprache oder traditionsstiftenden Vorbildern (Sappho, Catull, Minnesang, Petrarca, Volkslied), braucht nicht betont zu werden. Hilfreich bei der Typisierung waren mir die Ausführungen zur Tradition der Liebeslyrik bei PYRITZ (1932), S. 124-134, und WINDFUHR (1966), S. 207ff., sowie die Gruppenbildungen der Herausgeber in verschiedenen Anthologien deutscher und europäischer Liebeslyrik.

327 Dehmel hat selbst den Hinweis gegeben, daß die frühen Gedichte vor allem im zweiten Teil („Liebe“) zu suchen seien: „N[ota]B[ene]! meine frühesten Gedichte stehen nicht etwa im I. Teil der ‚Erlösungen', sondern meistens im II.“ (An Gustav Kühl, 21.10.1896, I 255.) Das paßt mit seiner Aussage zusammen, daß ihn die Liebe zu Paula Oppenheimer überhaupt erst zum Dichter gemacht habe: „Meine ersten wirklichen Gedichte schrieb ich als angehender Bräutigam in meinem 23sten [!] Lebensjahr; aber auch da dachte ich noch nicht ans Dichten, sondern lediglich an die Eroberung des geliebten Mädchens.“ (An Eduard Engel, 29.12.1905, II 90.)

328 *Erste Sehnsucht, Das alte Lied, Symbol, Liebe und Ehe.*

329 Die meisten sind schon durch den Titel dahingehend gekennzeichnet und außerdem von Dehmel zu einer Gruppe zusammengefaßt (ERL 74ff.): *Käferlied, Jünglings Sehnsucht, Mäd-*

Gedichte des Liebesglücks[330], die im übrigen Oeuvre kaum noch vorkommen. An diesen beiden Gruppen ist auch die stilistische Imitation der literarischen Vorbilder leicht zu sehen. Als Beispiel werden Anfangs- und Schlußstrophe des Gedichts *Sehnsucht* genügen. Der Untertitel *Volksweise* zeigt, daß sich Dehmel der traditionellen Machart vollkommen bewußt war (ERL 63):

In meiner Liebsten Garten
die lange schwarze Nacht
wollt ich wol gerne warten,
bis daß sie mir aufgemacht.

[...]

Die Sterne an dem Himmel,
die stehen gar so fern;
in meiner Liebsten Garten,
da ständ ich gar so gern.

Der Weg, den Dehmels Liebeslyrik nehmen wird, kündigt sich schon innerhalb der *Erlösungen* in seiner Fortentwicklung der Liebesleid-Thematik zur Darstellung der Beziehungskrise an. Ab dem zweiten Gedichtband *Aber die Liebe* greift die traditionelle Typisierung vollends zu kurz. Die Themen Liebesglück und Sehnsucht, die beiden größten Gruppen innerhalb der Liebeslyrik der *Erlösungen* und Hauptgrund für deren konventionelles Erscheinungsbild, fallen nun weg. Oder besser: Sie erhalten eine neue inhaltliche Ausrichtung, die den Zusammenhang mit der Tradition zwar erkennen läßt, aber doch ein eigenständiges und typisches Profil erhält. Während die Sehnsuchtsthematik zum monologisch formulierten oder erlebnishaft inszenierten Begehren ausgebaut wird, erscheint das Liebesglück nur noch gebrochen, nicht mehr als Zustand ungetrübter Heiterkeit, sondern als problematische, gegen innere und äußere Hindernisse erkämpfte und weiterhin von ihnen bedrohte Verfaßtheit der Liebenden. Eine andere Möglichkeit, das Glück zwischen Mann und Frau darzustellen, ohne in den nachromantischen Liedton zurückzufallen, bietet die Gestaltung punktueller rauschhafter Erfüllung im erotischen Moment, die Dehmels Bild als Lyriker bis heute geprägt hat.

Lassen wir die konventionellen Gedichte vor allem der *Erlösungen* beiseite, so behalten wir, neben den seltenen über die Liebe reflektierenden Gedichten[331], vier größere thematische Gruppen übrig: Krise (Kap. 5.3), problematisches Lie-

---

chens Sehnsucht, Natur und Sehnsucht, Tiefste Sehnsucht, Ballnacht; ferner *Des Traumes Ziel, Hoffnung* und *Sehnsucht.*

330 *Im Traume, An meine Königin, Jetzt und immer, Allgegenwart, Entweihung, Waldnacht, Mein Auge, Lobgesang, Wiegenlied, Frühlings Einzug, Mondnacht*; ferner, mit poetologischem Einschlag (s. Kap. III.1.1), *Letzter Wunsch* sowie *Kunst und Liebe.*

331 Das bedeutendste Gedicht dieser Gruppe *Liebe und Ehe* wurde in Kap. III.2 ausführlich behandelt.

besglück (Kap. 5.4), Begehren (Kap. 5.5) und punktuelle rauschhafte Erfüllung (Kap. 5.6). Während sich Begehren und punktuelle Erfüllung gegenüber der Tradition durch einen erotischen Einschlag abheben, entstehen Krise und problematisches Glück auf dem Weg psychologischer Vertiefung, anders gesagt: durch Angleichung der traditionellen Themen an die Realitäten des Liebeslebens im bürgerlichen Zeitalter. Im Weiteren soll jede dieser Gruppen anhand von ausgewählten Beispielen vorgestellt und analysiert werden.

*5.3 Liebe in der Krise (*Gebet an die Geliebte, Aufblick, Es war einmal*)*

Liebesleid ist bei Dehmel schon im ersten Gedichtband nicht Leid durch Verweigerung, Abwesenheit oder Trennung, sondern Leid durch beziehungsinterne Störungen. Indem er die Beziehungskrise zu einem Gegenstand der Liebeslyrik macht, setzt Dehmel die Leidthematik fort und löst sich zugleich von der Tradition.[332] Dahinter steht möglicherweise der Anspruch, die Liebeslyrik an die Realität zurückzubinden, wie er in der frühnaturalistischen Poetik formuliert wurde (s.o.). Man muß ergänzend sagen: Der Realität, wie Dehmel sie erlebte. Denn die Krisengedichte des Frühwerks spiegeln nicht zuletzt den problematischen Verlauf von Dehmels Ehe mit Paula Dehmel, geb. Oppenheimer.[333]

Auch wenn die Darstellung einer Ehekrise im Bereich der Lyrik überwiegend Neuland bedeutete, konnte sie in der Romanepik bereits auf eine längere Tradition zurückblicken, deren Verlauf mit den Namen Goethe-Flaubert-Tolstoi-Fontane schlaglichtartig gekennzeichnet werden kann.[334] Während dort jedoch die Krisenthematik häufig aus Standes- bzw. Geldheirat hervorgeht (Emma Bovary, Anna Karenina, Effi Briest), schildert Dehmel die innere Entfremdung eines Liebespaars. Der Schwerpunkt liegt nicht auf der analytischen Herleitung

---

332 Diese Modifikation der Leidthematik hat bereits Heinrich Heine vorgenommen. In seiner Schrift *Die romantische Schule* entwickelt er sie aus der Kritik von Uhlands Liebesliedern: „Vielleicht auch bin ich für solche Gedichte etwas kühl geworden, seitdem ich die Erfahrung gemacht, daß es eine weit schmerzlichere Liebe giebt, als die welche den Besitz des geliebten Gegenstandes niemals erlangt, oder ihn durch den Tod verliert. In der That, schmerzlicher ist es, wenn der geliebte Gegenstand Tag und Nacht in unseren Armen liegt, aber durch beständigen Widerspruch und blödsinnige Caprizen uns Tag und Nacht verleidet, dergestalt, daß wir das, was unser Herz am meisten liebt, von unserem Herzen fortstoßen, und wir selber das verflucht geliebte Weib nach dem Postwagen bringen und fortschicken müssen.... [...] Ja, schmerzlicher als der Verlust durch den Tod ist der Verlust durch das Leben [...].“ (HEINRICH HEINE, Historisch-Kritische Gesamtausgabe der Werke, Düsseldorfer Ausgabe, hg. von Manfred Windfuhr, Bd. 8/1, bearbeitet von Manfred Windfuhr, Hamburg 1979, S. 233f.) Während jedoch Heines Überlegung auf eine satirische Behandlung des Themas hinzielt, die stets negativ auf die romantische Lieddichtung bezogen bleibt, bemüht sich Dehmel, die Stimmung der Krisensituation möglichst intensiv spürbar werden zu lassen. Dementsprechend verändert sich auch die Aussageabsicht.

333 Vgl. WEGNER (2000), S. 126-147.

334 Vgl. allgemein MÜLLER-SEIDEL (1969), SCHLAFFER (2005).

oder Begründung des Konflikts, sondern auf der damit verbundenen Gefühlsempfindung.

Was diese Gedichte von der *lyrischen* Tradition abhebt, ist die veränderte Situierung des Konflikts, zwischen dem Stadium der Werbung, Verliebtheit etc. einerseits und Streit, Trennung, Abschied andererseits. In der Regel ist von einem Paar die Rede, also von einem Ehepaar, auch wenn das nicht immer explizit gesagt wird – unverheiratete feste Paare bildeten um 1890 noch die Ausnahme. So entsteht der intime, sehr persönliche Tonfall, der Dehmels Liebeslyrik überhaupt kennzeichnet. In den Krisengedichten findet er formalen Ausdruck in der veränderten Sprechhaltung: Weder spricht ein lyrisches Ich von seinem Schmerz, noch wird eine grausame Geliebte angeredet; vorherrschend ist vielmehr die Perspektive des „wir", die keinen Zweifel an der Gemeinsamkeit des Leidens wie des Hoffens läßt. Wie aus einer Äußerung gegenüber Karl Henckell hervorgeht, verstand Dehmel diese Darstellung der ehelichen Schwierigkeiten nicht zuletzt als didaktisches Vorhaben: „ [...] dann möchte man blos immer stehen und Allen, die ein bischen [!] mehr als menschliche Kaninchen sind, eine große Warnungstafel vor die Ehe hängen: Achtung! Kreuzweg! [...] Die Abteilung ‚Liebe' in meinen ‚Erlösungen' soll ja solche Warnungstafel sein, – eben die Darstellung all der Überwindungen, die die echte Ehe dem Individuum auferlegt."[335]

Innerhalb der *Erlösungen* finden sich sechs dieser Gedichte, deren innerer Zusammenhang schon dadurch hervortritt, daß Dehmel sie zusammen in eine Gruppe stellte.[336] Im Rahmen des Gesamtkonzepts dieses Gedichtbands (s. Kap. 0.5) bilden sie den Kontrapunkt zu den Gedichten des Liebesglücks. Hier wird jedoch das krisenhafte Moment noch durch eine optimistische Grundstimmung aufgefangen. Die Krise wird entweder als überwunden dargestellt (*Rückkehr*, *Sühne*, *Sieg*), oder sie erscheint nur indirekt in der Bitte um Verzeihung (*Geständnis*) und der formulierten Hoffnung auf Besserung (*Einst!*, *Gebet an die Geliebte*). Allen gemeinsam ist das feierliche Pathos, das wir schon aus den Programmgedichten des gleichen Jahres kennen (s. Kap. III.1) und das sich wie dort, in Abgrenzung vom ‚konsequenten Naturalismus', der Stilhaltung des gründerzeitlichen Klassizismus annähert. Der Leser spürt das Bedürfnis des Autors, sich als Dichter zu präsentieren, ja: sich ein Selbstverständnis als Dichter zu erschreiben. Die Liebesbeziehung wird sakralisiert, es ist vom „heil'gen Krieg" die Rede (*Sieg*, ERL 83) oder vom „Sündenangesicht" des Sprechers (*Rückkehr*, ERL 80). Ein gutes Beispiel, in dem sich diese Tendenzen bündeln, bietet das Gedicht mit dem sprechenden Titel *Gebet an die Geliebte* (ERL 82):

335 An Karl Henckell, 27.12.1891, I 74f.

336 ERL 79-83: *Geständnis, Rückkehr, Sühne, Einst!, Gebet an die Geliebte, Sieg*. Unterbrochen wird die Gruppe nur durch das verschieden gelagerte *Du zürnest nicht* (ERL 82).

Hoffe, hoffe! daß auch Ich kann hoffen!
Schleicht der Winter schon in unser Leben,
das noch kaum ein Frühlingsstrahl getroffen?
sahen *darum* wir den Himmel offen,
daß wir nun zu Grabe sollen streben?

Glaube, glaube! nimm mir nicht den Segen,
daß ich *Einen* durch mich glücklich wisse!
Oh, es geht sich schwer auf meinen Wegen:
Schnee und Eis starrt von den Höh'n entgegen,
und im Abgrund gähnen Finsternisse!

Nein! von *Liebe* will ich *Nichts* dir sagen!
mußt es selber fühlen, ob die Gluten
dir empor zu heil'gen Flammen schlagen,
in der Lohe uns gen Himmel tragen,
Schnee und Eis zerschmilzt in *Lava*fluten.

Das Gedicht ist als Appell an die „Geliebte" angelegt, ihre Gefühle zum Sprecher zu prüfen und die Möglichkeit einer Fortführung der Liebesbeziehung zu bedenken. Weder handelt es sich also um eine konventionelle Werbungssituation, denn offenbar ging bereits eine Liebesbeziehung voraus, noch wird die Geliebte um Rückkehr, Erbarmen oder Verzeihung angefleht. Die Frage, die hier gestellt und der Hoffnung anheim gegeben wird, lautet vielmehr: Reichen die Gefühle aus? Moderner gesagt: Passen wir zusammen? Es geht hier nicht um eine Schuldzuweisung, auch nicht um eine Bitte, die von der Angesprochenen gewährt werden könnte, wenn sie nur wollte, sondern darum, ob eine Beziehung *jenseits* des verliebten Spiels, des Themas zahlreicher heiterer Liebesgedichte, möglich ist. Trotzdem ist eine persuasive Grundhaltung nicht zu übersehen.

Die dreistrophige Konzeption lehnt sich an die paulinische Trias „Glaube, Hoffnung, Liebe" (1. Kor. 13, 13) an. Durch die Veränderung der Reihenfolge (Hoffnung, Glaube, Liebe) sorgt Dehmel dafür, daß das Grundthema des Gedichts, die Hoffnung, gleich in der ersten Strophe angeschlagen wird. Darin und in der Verbindung von Hoffnung und Liebe liegt die zentrale Funktion des Bibelzitats. Keineswegs jedoch entspricht den drei seelischen Haltungen des Christenmenschen auch die thematische Ausrichtung der einzelnen Strophen. Die erste Strophe entwirft in aller Kürze, und rein metaphorisch, den für uns maßgeblichen Sachverhalt, die Störung der Liebesbeziehung. Ursachen werden nicht explizit genannt. In der zweiten Strophe redet der Sprecher von sich selbst. Er entfaltet eine Individualitätsproblematik, die im Liebesgedicht zunächst deplaziert wirkt, weil man sie traditionell eher dem Künstlergedicht bzw. der Künstlernovelle zuordnen würde. Der Sinn dieses Einschubs besteht in seiner argumentativen Funktion. Mit dem Ende der Liebesbeziehung sähe sich der Sprecher um den „Segen" gebracht, „daß ich *Einen* durch mich glücklich wisse". Ihrer Fortführung kommt deshalb moralische Bedeutung zu. In der Schlußstrophe wechselt der Blick zur Angesprochenen. Ihr wird die Entscheidung über die Zukunft der Beziehung überlassen. Der Sprecher unterwirft sich dem Maßstab ihrer Gefühlswahrnehmung und distanziert sich damit scheinbar von jeder Überredungsabsicht: „mußt es selber fühlen“ (V. 12).

Der inhaltliche Fortschritt gegenüber der Tradition wird nahezu verdeckt durch die aufwendige Poetisierung mit einer Fülle von rhetorischen Wirkungsmitteln. Denn der dadurch entstehende theatralische Gestus erinnert noch am ehesten an die traditionelle Liebesklage. Die anspruchsvolle Strophenform, fünf auftaktlose Fünfheber mit ausschließlich weiblichem Ausgang, nach dem Schema abaab gereimt, ist dem hohen rhetorischen Aufwand durchaus angemessen.[337] Schon der Eingangsvers schlägt mit dem verdoppelten Imperativ „Hoffe, hoffe!“ die hohe Stillage an, verstärkt durch die erneute Wiederholung am Versende. Analog wird auch das „glaube“ der zweiten Strophe verdoppelt. Keine Abschwächung, sondern eine Erhöhung der rhetorischen Durchformung bewirkt in der dritten Strophe die der Lesererwartung entgegengesetzte praeteritio: „Nein! von *Liebe* will ich *Nichts* dir sagen!“ Ebenso wie die Imperative tragen die ausschließliche Interpunktierung durch Frage- und Ausrufezeichen, der mehrfache Sperrdruck sowie die zwei Interjektionen („Oh“, „Nein!“), allesamt Kennzeichen des ersten Gedichtbandes (s. Kap. III.1), zur Erzeugung des *genus sublime* bei.

Neben diesen syntaktischen Mitteln besteht die auffallendste ästhetische Strategie in der Bildersprache. Ihre Konventionalität und leicht sentimentale Färbung ist es vor allem, die über die ungewöhnliche Themenstellung leicht hinwegtäuscht. So wird der Kontrast zwischen vergangenem Glück und gegenwärtiger Krise gleich durch zwei Bilder ausgedrückt: Winter-Frühling und Himmel-Grab. Die antithetische Struktur wird in der Schlußstrophe wieder aufgenommen, wenn mit den „Lavafluten“, die „Schnee und Eis“ zum Schmelzen bringen, das Bild einer möglichen Zukunft beschworen wird. Winter und Frühling werden ihrerseits durch dynamische Metaphorisierung („Schleicht...“; „Frühlingsstrahl getroffen“) weiter gesteigert. Ganz und gar traditionell ist in der zweiten Strophe das vereiste Gebirge als Bild für die dichterische Einsamkeit. Die Vertikalisierung des Verhältnisses von Dichter und Menschheit gehört, ausgehend vom antiken Helikon oder Parnassus und wirkungsreich variiert durch Goethes Interpretation des Prometheusstoffs, zur Topik des Dichtergedichts im 19. Jahrhundert (s. Kap. III.1.3).[338] Das Motiv lebt selbst noch in Nietzsches *Zarathustra* fort. „Schnee und Eis“ markieren deutlich den Gegenpol zur warmen Häuslichkeit, aber auch zum vergangenen frühlingshaften Glück. Nicht minder gebräuch-

[337] Vgl. FRANK (1983), der den „artifiziellere[n] Charakter“ des Fünfzeilers betont (S. 369). Da die fünfhebige Variante mit ausschließlich weiblichen Endungen bei Frank nicht verzeichnet ist, dürfte sie ausgesprochen selten sein.

[338] Vgl. SCHLAFFER (1966), S. 297ff. u. 322ff.

lich als das Gebirge ist die Feuermetaphorik der dritten Strophe, in der von der Liebe die Rede ist. Allerdings trägt Dehmels Gestaltung ihren ganz eigenen Charakter. Wie in *In Kraft und Schönheit* wird die Feuermetapher in einzelne, aufeinander aufbauende Stufen zerlegt („Gluten", „Flammen", „Lohe"), die abermals vertikal („empor", „gen Himmel") angeordnet sind. Im letzten Vers werden Eisgebirge und Feuermetapher zusammengeführt: Die „Lavafluten" der Liebe könnten den Dichter aus der selbstgewählten Einsamkeit befreien.

Die Krisenstimmung selbst bleibt noch sehr im Hintergrund. Sie bildet den Ausgangspunkt des Appells, tritt aber selbst kaum in Erscheinung. Es überwiegt der optimistisch-persuasive Duktus, a priori verbürgt durch die strukturbildende Trias Hoffnung, Glaube, Liebe. In einigen Gedichten von *Aber die Liebe* nimmt die Darstellung der Krise deutlich breiteren Raum ein. Neben zwei Stücken aus dem Zyklus *Die Verwandlungen der Venus* (*Venus Homo*, *Venus Domestica*) sind es vor allem zwei Gedichte, die hier in Frage kommen: *Aufblick* (AL 81) und *Es war einmal* (AL 84). Beide gehören zu einer Gruppe von Gedichten, die das problematische Verhältnis zur Ehefrau Paula verarbeiten. In *Aufblick* überwiegt die optimistisch tröstliche Haltung noch insofern, als sie am Ende steht. Der quantitative Schwerpunkt liegt jedoch bereits auf der Darstellung der Krise:

Ueber unsre Liebe hängt
eine tiefe Trauerweide.
Nacht und Schatten um uns beide;
unsre Stirnen sind gesenkt.

Wortlos sitzen wir im Dunkeln;
einstmals rauschte hier ein Strom,
einstmals sahn wir Sterne funkeln . . .

Ist denn Alles tot und trübe? –
Horch: ein ferner Mund! vom Dom!

Glockenchöre . . . Nacht . . . und Liebe . . .

Die Grundbewegung des Gedichts besteht in dem „Aufblick" aus einer zunächst ausweglos scheinenden Situation. In die düstere („Nacht und Schatten", „im Dunkeln") und „wortlos" schweigende Atmosphäre zwischen den Eheleuten dringt ein Glockenton vom entfernten Dom. Anders als im *Gebet an die Geliebte* wird der Darstellung der Krise viel Raum gegeben. Sieben von insgesamt zehn Versen, zu einem Vierzeiler und einem Dreizeiler gruppiert, schildern die Situation der Entfremdung. Der trostlosen Stimmung entspricht der Verzicht auf Pathos ebenso wie der fallende Rhythmus der auftaktlosen Vierheber.

Zentrale Strategie – darin liegt eine Verbindung zum *Gebet an die Geliebte* – ist die bildhafte Darstellung des Krisenzustands. Das Bild der Trauerweide gibt nicht nur wörtlich den Grundaffekt vor, es transportiert zugleich die Assoziation des Düsteren und Tristen, eine Friedhofsstimmung, die im Folgenden weiter entfaltet wird. Dunkelheit ist der dominierende visuelle Eindruck („Nacht und Schatten“, „im Dunkeln“, „Nacht“), hinzu treten Schweigen („Wortlos“) und Bewegungslosigkeit („sitzen wir“) der Eheleute. In dieser quasi negativen Synästhesie spiegelt sich der Zustand einer emotionalen Lähmung. Dementsprechend bedeutet die schwermütige Körperhaltung („unsre Stirnen sind gesenkt“) hier nicht zuletzt Kommunikationslosigkeit. Eher vertieft als gemildert wird die trostlose Stimmung durch den Blick auf glücklichere Zeiten (V. 6/7). Der „Strom“ als Bild des Lebendigen, Beweglichen (auch im Gegensatz zum nachfolgenden „tot und trübe“) wird durch das Verb „rauschte“ zum akustischen Gegengewicht des Schweigens. Ebenso kontrastieren die „Sterne“ der momentanen Dunkelheit.

Der Umschwung erfolgt mit dem achten Vers. Im Wörtchen „denn“, in der Frage überhaupt artikuliert sich ein Widerspruch, eine Weigerung, sich mit der Lage abzufinden. Die extreme Zuspitzung „Ist denn Alles...“ deutet bereits auf eine positive Antwort hin. Zugleich bedeutet die Frage den Übergang vom stillen Selbstgespräch zur direkten Anrede, typographisch hervorgehoben durch den anschließenden Gedankenstrich. Nun erfolgt der titelgebende „Aufblick“, im wörtlichen – der Zuruf „Horch“ (V. 9) hebt die gesenkte Kopfhaltung implizit auf – wie im übertragenen Sinn: Im selben Maß, wie die Glockentöne vom Dom die Stille durchbrechen, wird die emotionale Leere zwischen den Eheleuten vom Geist der Heilsbotschaft erfüllt. Auf der Bildebene bildet der Dom den Gegenpol zum niederhängenden Astwerk der Trauerweide[339], der ferne „Mund“ ersetzt die fehlende Kommunikation. Mehr noch: Wenn hier von „Mund“ die Rede ist, obwohl es sich um „Glockenchöre“ handelt, dann ist damit nicht nur eine metonymische Umschreibung intendiert. Darauf deutet schon das eingeschobene Ausrufezeichen. Gott selbst ist es, der da spricht. Diese christliche Kontextualisierung dürfte verwundern bei einem Autor, den wir bisher als Darwinisten und lebensphilosophischen Eudämonisten kennengelernt haben. Wie viele seiner Zeitgenossen hob Dehmel an der „Jesuslehre“ vor allem die Botschaft der Liebe hervor.[340] So wird erklärlich, daß er gerade in Liebesgedichten und erotischen Gedichten christliche Symbole und Figuren einsetzt.[341] Im Übrigen hat Dehmel das Fortwirken seiner christlichen Prägung immer wieder betont. Er sah es vor allem wirksam im Zusammenhang mit christlichen Festen wie Ostern[342] und

---

339 Vgl. FRITZ (1969), S. 56.

340 Zu Profil und Funktion von Dehmels Jesus-Bild vgl. FRITZ (1969), S. 94f.; GEBHARD (1984), S. 499f.; verständnisvoller: HARTMANN (1998), S. 107ff.

341 Den Extremfall bildet das Gedicht *Venus Consolatrix* (WW 119ff.), das eine Klage wegen Gotteslästerung nach sich zog. Vgl. KASCHKE (1997). Dort wird die Jungfrau Maria zum Objekt des erotischen Begehrens. Vgl. dazu HARTMANN (1998), S. 109ff.

342 Vgl. auch das Gedicht *Venus Religio* (AL 214f.).

Weihnachten.[343] Deshalb kann in *Aufblick* das Läuten der Glocken als Trost wirken.

Im Gedicht *Es war einmal* (AL 84f.) sind die letzten Spuren dieses Optimismus getilgt. Diesmal wird die Krise in fünf Strophen szenisch-erlebnishaft dargestellt. Zu ihrer Darstellung wird nicht mehr bildhafte Redweise („Winter", „Trauerweide") verwendet, sondern die Reihung von Sinneseindrücken. Hier macht sich vermutlich der Einfluß Liliencrons geltend, dem Dehmel gerade für die Entwicklung von den *Erlösungen* zu *Aber die Liebe* große Bedeutung zuschrieb.[344] Die Situation: Unter dem Eindruck eines nahenden Gewitters lauscht der Sprecher dem Klavierspiel seiner Gattin aus dem Nebenraum. Während die Schilderung der Wetterlage die drückende Stimmung in der Wohnung wiedergibt, wird das Klavierspiel der Frau – in der Wahrnehmung des Sprechers – zum Spiegel ihrer seelischen Verfassung:

Der Himmel dunkelte noch immer,
ich fühlte tief bis in mein Zimmer
der tiefen Wolken vollen Schooß;
die Esche drüben drehte schwer
die hohe Krone um sich her,
zwei Blätter trieben wirbelnd los.

Laut tickte durch die schwüle Stube,
wie durch die stille Totengrube
der Holzwurm ticken mag, die Uhr.
Und durch die Thüre hinter mir
klang dünn und schüchtern ein Clavier
über den Flur.

Der Himmel lastete wie Schiefer,
ihr Spiel klang immer trauertiefer,
ich sah sie wohl.
Dumpf rang der Wind im Eschenlaub,
die Luft war grau von Glut und Staub
und seufzte hohl.

Und blasser tönten durch die Wände
die tastenden verweinten Hände,
sie saß und sang;
sang sich das Lied, in sich gebückt,
mit dem sie mich als Braut entzückt;
ich fühlte, wie ihr Atem rang.

---

343 Tagebuch, 20.12.1893, Bekenntnisse, S. 12: „Um die Weihnachtszeit, wo solche Stimmungen mich stets erfassen, fühle ich noch immer den lieben Gott mit Segenshand und Rute und den blauen Augen meines Vaters, den mir meine Großmutter auszumalen pflegte." Vgl. auch das Gedicht *Eine Weihnachtsstunde* (ERL 87ff.)

344 Vgl. VIERING (1990), S. 159f.

Die Wolken wurden immer dumpfer,
die wunden Töne immer stumpfer,
wie Messer stumpf, wie Messer spitz;
und aus dem alten Liebeslied
klagten zwei Kinderstimmen mit –
da fiel der erste Blitz.

Das Gedicht ist im wesentlichen Stimmungsbild. Es bezieht seine Wirkung aus der Verschränkung von Wetterlage und häuslicher Atmosphäre, von optischer und akustischer Wahrnehmung sowie aus der emotionalen Akzentuierung des Klavierspiels. Sein besonderer Reiz liegt in der Reduktion der Grundthematik auf wenige Andeutungen, die nur durch die parallel mitgeteilten und semantisch überdeterminierten Stimmungselemente entschlüsselbar werden.[345]

Interessant ist ferner die räumliche Gestaltung: Der Sprecher sitzt in einem Zimmer („mein Zimmer", „schwüle Stube"), während draußen ein Gewitter heraufzieht. Seine Frau sitzt im Nebenzimmer, vom Sprecher getrennt durch „Flur" und „Wände". Sie tritt nur durch das Klavierspiel in Erscheinung, das allerdings so vielsagend ist, daß es den visuellen Eindruck ersetzt („ich sah sie wohl"). Im Bewußtsein des Sprechers – und folglich des Lesers – treffen sich beide Perspektiven, Wettergeschehen und Eindrücke aus der Wohnung fließen ineinander.

Das nahende Gewitter, Sinnbild einer drohenden emotionalen Eskalation, gibt die düstere, unheilvolle Stimmung vor. Die Verbindung von außen und innen wird im zweiten Vers explizit hergestellt („ich fühlte tief bis in mein Zimmer"). Durch den Anblick der vom Wind bewegten Esche tritt die drückende Atmosphäre innerhalb der Wohnung („schwüle Stube") noch deutlicher hervor. Die zwei vom Baum gewehten Blätter können, mit Blick auf die spätere Entfaltung der Krisenthematik, als Symbol der sich voneinander lösenden Eheleute verstanden werden. In der zweiten Strophe wendet sich die Wahrnehmung in das Wohnungsinnere. Ähnlich wie der Sturm vor dem Haus wird die „laut" tickende Uhr zur steigernden Kontrastfolie für die Stille in der Wohnung. Melancholisch vertieft wird das Bild durch den Vergleich mit der „Totengrube" (V. 8), der die Erinnerung an das „tot und trübe" aus dem Gedicht *Aufblick* weckt (s.o.).

Der zweite Laut, der die Stille unterbricht, ist das Klavierspiel aus einem anderen Zimmer der Wohnung. Damit ist der räumliche und sensuelle Rahmen des Gedichts abgesteckt. Von der dritten Strophe an werden Wettergeschehen und Klaviermusik darstellerisch verknüpft und zudem in eine gemeinsame dramaturgische Struktur gebracht: Durch mehrere komparativisch gesteigerte Adverbien („immer trauertiefer", „blasser", „immer dumpfer", „stumpfer") wird eine Span-

[345] Zu dieser Technik der Reduktion und Komprimierung vgl. ausführlich, mit zahlreichen Beispielen, FRITZ (1969), S. 45-58 u. 66-77; knapper: VIERING (1990), S. 160. Es ist darin eine von Dehmels hauptsächlichen poetischen Errungenschaften zu sehen.

nung auf das Ende hin erzeugt, die mit dem Blitz im Schlußvers aufgelöst wird („da fiel der erste Blitz").

Beachtung verdient die Art, wie Dehmel das Klavierspiel zum Medium des seelischen Ausdrucks macht. Das geschieht hauptsächlich mit Hilfe von charakterisierenden Adverbien und Adjektiven von der zweiten Strophe an („dünn und schüchtern", „trauertiefer", „blasser", „verweinten", „wunden", „stumpfer"). Durch rhetorische Wirkungsmittel wie Assonanz („über [...] dünn und schüchtern [...] Thüre"), Wortschöpfung („trauertiefer"), Hypallage („verweinten Hände") und Metapher („und blasser tönten") wird die auf Angst und Resignation ausgerichtete semantische Akzentuierung weiter vertieft. Die Schilderung des Wetters ist durch Adjektive bzw. Adverbien („dumpf", „grau", „hohl") ebenso darauf abgestimmt wie durch die steigernde Wirkung der Metapher („Der Himmel lastete"), des Vergleichs („wie Schiefer") und der Personifikation („dumpf rang", „seufzte hohl"). Um einzelnen Sätzen mehr Nachdruck zu verleihen, verwendet Dehmel gelegentlich verkürzte Verse, überwiegend zweihebig (V. 12, 15, 18, 21), einmal dreihebig (V. 30), in denen die traurige Stimmung bedeutungsschwer nachklingt.

Was berechtigt nun aber, dieses düstere Stimmungsgemälde als Darstellung einer Ehekrise zu verstehen? Von Streit oder Krise ist im ganzen Gedicht nicht die Rede, nicht einmal von Liebe. Selbst die im Klavierspiel zum Ausdruck gelangende seelische Verfassung der Frau läßt keine Rückschlüsse auf ihre Ursache zu. Tatsächlich sind es nur zwei Verse, in denen die Grundproblematik des Gedichts enthüllt wird, und durch die das ganze Arsenal von Stimmungsmitteln auf das Verhältnis der Eheleute bezogen werden kann (V. 22f.): „sang sich das Lied, in sich gebückt, / mit dem sie mich als Braut entzückt". Auch das sind nur Andeutungen, die sich aber jetzt mit der sorgfältig vorbereiteten Stimmung zu einem sinnvollen Ganzen zusammenschließen. Allein in ihrem Zimmer, singt die Frau ein Lied, das in der Brautzeit einmal von Bedeutung für die beiden gewesen ist. Sie singt es nicht mehr für den Sprecher, sondern „sich" selbst, noch dazu „in sich gebückt", also erniedrigt und verzweifelt, das Bild der „tastenden verweinten Hände" wirkt bis hier fort. Das Lied weckt die Erinnerung an gemeinsames Glück, das jedoch eindeutig der Vergangenheit zugeordnet wird (s.a. V. 28: „aus dem alten Liebeslied"). Jetzt wird auch der Titel des Gedichts „Es war einmal" verständlich.

Anders als in den bisherigen Gedichten, wird nicht mehr in der ersten Person Plural gesprochen. Die Krise ist nicht mehr gemeinsames Erlebnis, Anlaß gemeinsamer Sorge. In diesem Gedicht ist die Frau die Leidende, während eine emotionale Beteiligung des Sprechers dem Text nicht zu entnehmen ist. Daß damit Dehmels Verhältnis zu seiner Frau Paula exakt nachgebildet ist, sei nur am Rande erwähnt. Deutlicher sind dafür die sozialen Umstände der Beziehung herausgearbeitet, zum einen durch die räumliche Situierung in einer Wohnung mit mehreren Räumen und einem Klavier, zum anderen durch die Erwähnung der

„zwei Kinderstimmen" (V. 29). Im Vergleich zum *Gebet an die Geliebte* und *Aufblick* wird also die Beziehungskrise, wie die Liebe selbst, einer entidealisierenden Darstellung unterzogen.

*5.4 Schwieriges Glück (*Nur, Abschied ohn End, Drama, Hans im Glück*)*

Das Glück erscheint seit *Aber die Liebe* nicht mehr als reine, ungetrübte Empfindung, die durch situative oder monologische Darstellung vorgeführt wird. Statt dessen wird es stets in einem Spannungsverhältnis zu Zweifeln, innerer Entfremdung und gesellschaftlichen Hindernissen dargestellt. Dehmel bemüht sich offenbar, gerade widersprüchliche Gefühle, komplizierte, nicht selten quälende Verhältnisse zwischen zwei Menschen zu gestalten, wie er sie Anfang 1892 in einem Brief an Liliencron schildert:[346]

> Und solche wahrhaftige Liebe, solcher Zwang zur allertiefsten Offenheit zwischen zwei Naturen – ja: es *ist* ein Glück, ein reiches, dauerndes Glück, aber – oh, oh, ich sage Ihnen: manchmal möchte ich dieses Glück nicht meinem ärgsten Feinde wünschen, – so furchtbar ist es, sich geliebt zu wissen mit und trotz und wegen aller seiner Leidenschaften! wenn man weiß und sich sagt: Du bist geliebt mit allen, allen, allen Deinen Instinkten, – nur weil du diese Instinkte *hast*, bist du geliebt, – – und doch den Schmerz, den grauenhaften, ohnmächtigen Schmerz des andern lieben Wesens fühlt, wenn nun diese Instinkte plötzlich der Vernunft, der menschlichen Treu- und Pflichtgefühle müde werden und ihr rohes Naturrecht begehren, das nur nach Lust, *nicht* nach dem ‚wahren Glücke' fragt. Nein: es giebt keine glücklichen Ehen, – es ist alles Ideal nur! Und nur die ‚geheimnisvollen Berührungskräfte' zwischen zwei Naturen, von denen ich neulich schon mal sprach, helfen immer wieder über all dies Schmerzliche hinweg.

In den *Erlösungen* liegen Krise und schwieriges Glück noch eng nebeneinander, denn die Hemmnisse befinden sich hier noch innerhalb der Liebesbeziehung. Da zudem einige der Krisengedichte ihrerseits eine optimistische Tendenz bewahren (s.o.), ist eine sinnvolle Abgrenzung kaum möglich. Von *Aber die Liebe* an steht hinter diesen problematisierenden Liebesgedichten implizit oder explizit die Dreieckssituation, die sich hier noch aus Dehmels Gefühlen für die Lyrikerin Hedwig Lachmann ergibt. Ab *Weib und Welt* tritt unter dem Eindruck der Liebe zu Ida Coblenz-Auerbach die verheiratete Frau als Dialogpartnerin hinzu, so daß eine doppelte Dreieckskonstellation entsteht.[347] Der Unterschied zu den Krisengedichten besteht hier, ganz schematisch, darin, daß es sich bei der angeredeten Frau nicht mehr um die eigene Ehefrau handelt. In einigen Gedichten ist dieser Unterschied gänzlich verwischt, wie etwa in *Klage* (WW 47)

---

[346] An Detlev von Liliencron, 1.1.1892, I 76f. Vgl. auch den Brief an Karl Henckell vom 27.12.1891, I 74f.

[347] Besonders deutlich in *Der Sturm* (WW 54) und *Drama* (WW 46), in denen der Mann der Geliebten direkt genannt wird.

In diesen welken Tagen,
wo Alles bald zu Ende ist,
sturmzerfetzte Sonnenblumen
über dunkle Zäune ragen,

Wolken jagen
und den Boden flammenfarbne
Blätterstürze schlagen:

da müssen wir nun tragen,
was wir uns mußten sagen

in diesen welken Tagen.

Auch wenn der sozialemanzipative Charakter dieser Gedichte, ihr Skandalwert, nicht verkannt werden darf, haben sie doch insgesamt wenig Programmatisches an sich. Ähnlich wie bei den Krisengedichten liegt der Schwerpunkt auf der situativen Darstellung. Was Dehmels Behandlung dieses traditionsreichen Stoffes kennzeichnet, ist die Konzentration auf den inneren Konflikt zwischen Gefühl und moralischer bzw. sozialer Verpflichtung. Das Dreiecksverhältnis wird nicht als lustvoller Regelverstoß erlebt, sondern als Hindernis einer freien Gefühlsentfaltung. Dadurch bilden diese Gedichte einen wichtigen Kontrapunkt zu den Gedichten des Begehrens (Kap. 5.5) und des erotischen Rausches (Kap. 5.6). Es stellt sich einmal mehr heraus, daß sich der Lyriker Dehmel schwer auf eine bestimmte Haltung oder Aussage festlegen läßt. Als relativ zugängliches Beispiel für solch einen problematischen Glücksmoment kann das Gedicht *Nur* (AL 113) dienen:

Und der Abschied war kein Ende,
und mein Blick bewegte dich;
und es war, als legte sich
still dein Herz in meine Hände . . .

Aber wenn du wiederkehrst,
will ich deine Hand nicht küssen,
will es nur empfinden müssen,
wie du deinem Herzen wehrst . . .

Das Gedicht kann nicht verstanden werden, wenn man es nicht auf Dehmels Verhältnis zu Hedwig Lachmann bezieht. Vorgetragen werden in monologischer Form die Empfindungen eines Mannes nach dem Abschied der begehrten Frau. Als motivisches Gerüst dient das Verhältnis von Herz und Hand, mit dem die beiden Pole des Gedichts – Liebe und (verhinderte) körperliche Nähe – sinnbildlich bezeichnet sind.

Entsprechend der gesellschaftlichen Problematik des Dreiecksverhältnisses steht die Heimlichkeit der Empfindungen im Mittelpunkt des Gedichts. Der „Blick" muß Wort und Tat ersetzen, die Wahrnehmung des erwiderten Gefühls kleidet sich in einen „als ob"-Vergleich („und es war, als legte sich..."), unterstützt noch durch das Adverb „still". Ebenso wird in der imaginierten Wiederbegegnung der zweiten Strophe dem inneren „[E]mpfinden" der Vorrang vor der körperlichen Berührung eingeräumt.

Die psychologische Struktur ist jedoch noch komplexer. Der behutsam temperierenden Darstellung steht die implizite Aussage von der Unbezwingbarkeit des illegitimen Gefühls gegenüber, die sich vor allem auf seiten der Angeredeten befindet. Hier wie andernorts drückt sich Dehmels konventionelle Auffassung der Geschlechterrollen aus, die der Frau die passive und somit schwächere Position zuschreibt (s.a. Kap. 5.5). Durch das Versagen des Handkusses wird die Intensität des Gefühlserlebens stark betont: Weil die Gefühle keinen Ausdruck in einer leidenschaftlichen Geste finden können – darin liegt übrigens ein deutlicher Gegensatz zur traditionellen Liebesdarstellung in Lyrik und Epik (man denke etwa an die stereotype Geste des Sich-zu-Füßen-Werfens) – bleiben sie in einem beinahe quälenden Schwebezustand. Die bedeutungsvollen Auslassungspunkte stellen den Fortgang der Situation der Phantasie des Lesers anheim.

Die Dialektik von Verbot und Begehren, die sich aus der Dreieckssituation ergibt, kommt besonders deutlich in dem Gedicht *Abschied ohn End* aus den *Lebensblättern* zum Ausdruck, das deutlich auf die Beziehung zu Hedwig gemünzt ist (LB 58f.). Der Titel *Abschied ohn End* ist dem ersten Vers von *Nur* nachgebildet („Und der Abschied war kein Ende").[348]

Und so muß ich dich nun doch beschwören,
flieh! Ja, flieh mich,
mich!
Ich: hier, sieh mich:
ich
weiß, ich will und würde dich betören,
und du darfst, du darfst mir nicht gehören.
Flieh auch dich!
Kind mit deinen seltsam grauen Haaren,
sehr lieb klingt es:
„wir" –
sehr trüb klingt es
mir.
Deine Sehnsucht zählt noch nicht nach Jahren,
aber ich bin tief in mir erfahren
und in Dir.

---

[348] Daß Dehmel sein Verhältnis zu Hedwig in dieser Formel ausgedrückt sah, belegt eine Tagebuchnotiz des Jahres 1894: „Ich sagte heute Hedwig, daß wir uns seltener sehen müßten. Sie war ganz erschüttert, und das Ende vom Liede war, daß wir für übermorgen eine neue Begegnung verabredet haben." 23.5.1894, Bekenntnisse, S. 76.

Alles will sich dir nach mir empören,
dir! Du freilich,
sieh,
du glaubst heilig:
nie!
Und ich weiß, es würde dich zerstören,
wenn wir diese Sehnsucht dann verlören.
Flieh mich! Flieh!

Wieder wird durch die Konfrontation gegensätzlicher Impulse eine komplexe Gefühlslage erzeugt, Eindeutigkeit wird vermieden. Interessanterweise wird die Dreieckssituation eher beiläufig als Grund angeführt („und du darfst, du darfst mir nicht gehören."), im Mittelpunkt steht eine affektpsychologische Argumentation: Die „Sehnsucht" wird im Zaum gehalten durch das Wissen um die Vergänglichkeit des körperlich-sexuellen Begehrens. Wir treffen hier auf Gedankengut, wie Dehmel es in *Liebe und Ehe* aufwendig verarbeitet hat (s. Kap. III.1). Sein biographischer Ort ist die erste schwere Ehekrise, die durch einen Seitensprung Dehmels entstand. Im Zuge seiner Rechtfertigung stellte Dehmel Überlegungen an, wie der Geschlechtstrieb in moralische Energie umgesetzt werden könne:[349]

> Schläft denn dieser tierische Drang, wenn Du nicht dabist? Nein! Jedes Weib, das schön ist oder Reize hat, erregt ihn mir ebenso! macht mich ebenso gemein mit Ihr, wie mit Dir! Und der Drang ist vorbei, wenn genossen! Aber *nicht* genossen, *erhöht* er die Sehnsucht. Du verstehst mich garnicht. Die Keuschheit, die Ich meine, ist das grade Gegenteil von Tolstoi's Entsagungslehre. Ich will unsere höhere Sinnlichkeit, diese Sehnsucht der Seelengemeinschaft, eben *nähren* durch den unbefriedigten Drang des Geschlechtstiers, steigern, immer lebendig erhalten, nicht sie immerfort stören durch die Augenblicke der Erschlaffung, der tierischen Leerheit nach diesen Versunkenheiten in die allgemeine roh natürliche Unbewußtheit.

Im Zusammenhang seiner Gefühle zu Hedwig hat Dehmel diese Überlegungen wieder aufgenommen: „Nun auch noch, bei aller lähmenden Arbeit, wieder die aufreibende Sehnsucht nach Hedwig. Herrgott, was soll man tun?! Bekämpft man den geschlechtlichen Trieb, wird das Gefühl nur immer heftiger; und gibt man nach, dann drohen all die materiellen materiellen und socialen Folgen der

349 An Paula Dehmel, 25.7.1891, I 51. Daß die zeitgenössische Wahrnehmung dieses Problems über den Bereich der privaten moralischen Diätetik hinaus bis in den Kontext der sich ausbildenden Triebpsychologie hineinreichte – Dehmel bringt nicht umsonst den Begriff der „Unbewußtheit" ins Spiel – , beweist die folgende Passage aus EDUARD VON HARTMANNS *Philosophie des Unbewussten* (1869): „Ebenso nimmt aber auch sofort mit der Befriedigung die Leidenschaft um ein Merkliches ab, [...]. Das Ziel des Dämons ist also wirklich und wahrhaftig nichts als die Geschlechtsbefriedigung an und mit diesem bestimmten Individuum, und Alles, was drum und dran hängt, wie Seelenharmonie, Anbetung, Bewunderung, ist nur Maske und Blendwerk, oder es ist etwas Anderes als Liebe *neben* der Liebe; [...]." (S. 179.) Daß Hartmann in diesem Fall alten Wein in neuen Schläuchen anbietet, kann hier außer Betracht bleiben.

befriedigten Natur, ihr wie mir. Wir müssen uns seltener sehen, und niemals wieder allein!“[350]

Dieser Konflikt von Trieb und Einsicht, in dem wir ein Grundthema von Dehmels Lyrik wiedererkennen (s. Kap. III.0), mündet in *Abschied ohn End* in die paradoxe Aufforderung „flieh mich!“, die sich der Sprecher sozusagen gegen sein Begehren („nun doch“) abringt. Dem inneren Kampf korrespondiert eine Formgebung, die den Monolog der Impulsivität spontanen Sprechens annähert. Der Wechsel von langen und kurzen Versen, deren Rhythmus durch komplizierte Interpunktionen bis zur Unkenntlichkeit gebrochen wird, bildet die innere Erregung ab. Trotzdem verwendet Dehmel hier keine freien Rhythmen, sondern einen regelmäßig wiederkehrenden Strophenbau (52121552) mit konstantem Reimschema (abcbcaac), a- („beschwören“) und b-Reim („flieh mich“) sind in den Strophen 1 und 3 sogar identisch. Das paßt zum Gesamtkonzept des Gedichtbandes *Lebensblätter*, der sich dem Stilisierungswillen des Jugendstils unterordnet. Die Verwendung von Wiederholungsfiguren („flieh! Ja, flieh mich, / mich!“; „du darfst, du darfst…“ usw.) und einer Alliteration („weiß, ich will und würde…“) unterstreicht die Eindringlichkeit des ‚beschwörenden‘ (V. 1) Sprechens.

Der Redehaltung nach präsentiert sich das Gedicht als Warnung. Der Sprecher will die angeredete Frau vor seinen und ihren Gefühlen in Schutz nehmen. Damit steht es in einem spiegelbildlichen Verhältnis zum thematisch und stilistisch eng verwandten Gedicht *Uebermacht*, das zwei Seiten danach abgedruckt ist (s. Kap. 5.5). Wieder zeigt sich die Stereotype von männlicher Aktivität und weiblicher Passivität, denn die Gefahr wird zunächst darin gesehen, daß der Mann die Frau „betören“ „will und würde“. Demgegenüber wird der Frau hinsichtlich ihres in Wahrheit starken Trieblebens („Alles will sich dir nach mir empören…“) eine Naivität unterstellt, die sie nur noch anfälliger für dessen Wirkungen macht. Ihr wird nämlich vorgeworfen, daß sie die triebhaften Wurzeln ihrer Liebesgefühle nicht wahrhaben will. Diese Mischung von kindlicher Unwissenheit und damenhafter Tugendgläubigkeit findet Ausdruck im Oxymoron des grauhaarigen Kindes. Der traditionell positiv konnotierte puer-senex-Topos[351] wird hier im Interesse der Überzeugungsabsicht umgedeutet.

Wovor wird aber wirklich gewarnt? Wie begründet der Sprecher seinen Aufruf zum Verzicht? Hier liegt die paradoxe Struktur der Gesamtkonzeption. Es geht dem Sprecher nicht etwa um die Vermeidung eines gesellschaftlichen Eklats. Seine Sorge besteht vielmehr darin, daß die „Sehnsucht“ durch ihre Erfüllung eliminiert werde. Damit ist wahrscheinlich, daß „Sehnsucht“ hier als sexuelles Begehren zu verstehen ist, wie schon der oben zitierte Tagebucheintrag belegt. Den Verlust der Sehnsucht würde die Frau – nach Meinung des Sprechers –

---

[350] Tagebuchnotiz vom 16.5.1894, Bekenntnisse, S. 75.

[351] Vgl. CURTIUS (1948), S. 108ff., der den Topos als „Lobschema“ einordnet (S. 110).

nicht überstehen. Das Paradox besteht also darin, daß durch Flucht eine Sehnsucht erhalten werden soll, die ihrerseits doch erst zur Flucht verleitet hat. Die Sehnsucht bildet also eine Gefährdung, weil sie sich selbst zu zerstören droht. Aber gerade durch das Nichtnachgeben bleibt das Gefühl und damit die Gefährdung weiter erhalten. Diese Konstellation macht *Abschied ohn End* zu einem guten Beispiel für problematisches Glück. Ob sich hinter dieser Pointe nicht doch ein scherzhaft-koketter Hintersinn verbirgt, läßt sich dem Text nicht entnehmen.

Während in *Aber die Liebe* und den *Lebensblättern* die Dreieckssituation nur in ihren Wirkungen sichtbar wird, wird sie in vielen Gedichten aus *Weib und Welt* explizit dargestellt. Wie in den Krisengedichten tritt die äußere Handlung hinter die Gefühlswahrnehmung zurück. Die Dreieckssituation wird nicht episch eingeführt, sie muß aus wenigen Bemerkungen erschlossen werden. Im Gedicht *Drama* (WW 46) genügt dazu ein einziger Vers:

> Sie ist nur durch mein Zimmer gegangen
> und hat mir nur ihr Schicksal erzählt,
> und ich habe sie mit Trost gequält
> und saß und starb fast vor Verlangen.
>
> Sie hat geträumt von meinen Händen:
> sie aß von ihres Mannes Brot,
> da kam ich an und drückte sie tot,
> sie hielt ganz still. Wie wird das enden –

Das Gedicht skizziert in wenigen Sätzen die Situation zwischen Dehmel und Ida Coblenz-Auerbach in den Wochen ihrer ersten Bekanntschaft.[352] Es wäre Unsinn, den biographischen Hintergrund zugunsten einer prätendierten Allgemeinheit der ‚dichterischen Welterfahrung' unterschlagen zu wollen. Im Gegenteil: Gerade das Wissen um das Vorbild läßt die ästhetischen Verfahrensweisen deutlicher hervortreten. Das Gedicht führt mit sparsamen Mitteln aus einer scheinbar alltäglichen Situation in eine tragisch (*Drama*) zugespitzte Lage der Liebenden, die mit Anklängen an die romantische Liebeskonzeption vertieft wird.

Zunächst gehört *Drama* zu den wenigen Liebesgedichten, in denen Dehmel auf die direkte Anrede eines „Du" verzichtet. Wir haben es mit einer ganz und gar erzählerischen Struktur zu tun. Stilistisch entspricht dem eine völlig unpathetische Ausdrucksweise: Sehr simpler parataktischer Satzbau, einfache Wortwahl, kaum bildliche Redeweise. Durch Auflockerung des metrischen Schemas mit Hilfe eingestreuter Doppelsenkungen („Zímmer gegángen", „Schícksal erzáehlt", „ích habe síe", „drúeckte sie tót") wird die Annäherung an die Alltagssprache noch unterstrichen. Das Gedicht markiert in jeder Hinsicht den Gegensatz zur bilderreich-pathetischen Überwältigungshymnik der Programmgedichte, der dia-

352 Vgl. WEGNER (2000), S. 95ff. und 151ff.

logisch-appellhaften Gedichte, aber auch der Gedichte des Begehrens (s.u.). Kleine Gesten werden aneinandergereiht und durch das doppelte „nur“ noch weiter heruntergespielt. Um so stärker wirken die sparsam dosierten rhetorischen Stilmittel, das Paradox („mit Trost gequält“) und die gleich zweimal gebrauchte Todesmetapher („starb fast“, „drückte sie tot“). Der Effekt ist gut berechnet: Durch den lakonischen Gebrauch dieser martialischen Bilder in dem nüchtern-gedämpften Rahmen entsteht eine wehmütige, resignative Stimmung. Im Gegensatz der starken Emotion („Verlangen“) und der tatsächlichen Handlungsweise – gepflegte Konversation – wird die Absurdität der Situation greifbar.

Wie schon im Krisengedicht *Es war einmal* (s.o.) baut Dehmel eine Stimmung auf, bevor er den Leser über ihre Ursachen informiert. Das geschieht in der zweiten Strophe, die sich von der aktuellen Situation löst und die Gesamtlage in den Blick nimmt. In den ersten beiden Versen wird der entscheidende Gegensatz konstruiert, hervorgehoben durch den parallelen Satzbau: „Sie hat geträumt von meinen Händen: / sie aß von ihres Mannes Brot“. Dem gesellschaftlichen Status der Frau – sie ist verheiratet – kontrastiert die sozusagen apriorische Vertrautheit mit dem Sprecher, für deren Darstellung Dehmel wie schon in *Nur* das Motiv der Hand verwendet. Dabei verweisen Hand und „Brot“ – in dem sich die Beziehung zum Ehemann ausdrückt – fast polemisch auf den Gegensatz von Geldheirat und Liebesheirat. Man beachte außerdem den zeitlichen Ablauf: Der Traum geht der realen Begegnung („da kam ich an“) voraus. Dadurch gewinnt diese etwas Schicksalhaftes, die illegitime Beziehung wird beglaubigt durch eine höhere Macht – seit Gottfrieds *Tristan* ein Grundmotiv der Ehebruchdichtung.

Auf die Tristanminne, mehr noch auf ihre Transformation in der romantischen Liebeskonzeption, weist auch die bei Dehmel ausgesprochen seltene Verbindung von Liebe und Tod. Ihr ist der Titel *Drama* zu verdanken. Diese Ernsthaftigkeit gewinnt die Todesthematik erst im letzten Vers: „sie hielt ganz still“. Durch die unerwartete Ausweitung der Metapher („und drückte sie tot“) wird nicht nur die blinde Vertrautheit der Liebenden unterstrichen, sondern auch die Verzweiflung der Frau innerhalb der Zwänge der wilhelminischen Geschlechtermoral. Wie in den bisherigen Gedichten des schwierigen Glücks wird diese Stimmung am Schluß nicht aufgelöst, sondern – hier durch eine offene Frage – ins Unendliche verlängert.

Mit seiner impliziten Kritik an der Institution Ehe steht *Drama* in enger Verbindung zu einigen Programmgedichten von *Weib und Welt*, in denen ganz offen der Ehebruch propagiert wird.[353] Seine direkteste Formulierung findet Dehmels

353 *Verklärte Nacht* (WW 61ff.), *Im Reich der Liebe* (WW 82), *Wirrsal* (WW 91), *Böser Traum* (WW 108f.) und *Mit heiligem Geist* (WW 110f.).

„Apotheose des Ehebruchs“ – so ein böswilliger Kritiker[354] – in dem Gedicht *Mit heiligem Geist*, das nicht zuletzt für die gerichtliche Klage gegen *Weib und Welt* verantwortlich war.[355] Wir geben nur die wichtigste Passage wieder (WW 111):

Und bis einst jedes Weib gewinnt
den rechten Vater für ihr Kind,
soll jede Irrende die Treue
dem falschen brechen ohne Reue,
soll ihre Sehnsucht nicht verfluchen,
ihren Qualen den Heiland suchen
und seinen liebenden Gewalten
so Leib wie Seele offen halten.

Eine besondere Spielart des problematischen Glücks ergibt sich in *Weib und Welt* aus der Situation der Krankheit.[356] Sie ist dadurch gekennzeichnet, daß der Sprecher das Krankenbett der Geliebten nicht besuchen darf, weil das gegen die gesellschaftlichen Konventionen verstieße. Auch hier ergibt sich also die Grundproblematik aus dem Dreiecksverhältnis. Das biographische Vorbild war sogar noch delikater, denn Ida Coblenz-Auerbach war im fünften Monat schwanger, als sie Dehmel zum ersten Mal begegnete.[357] In *Weib und Welt* zeigen sich schließlich auch wieder einige Gedichte, die auf humoristisch-verspielte Weise unbeschwertes Liebesglück zum Ausdruck bringen.[358] Das Gedicht *Hans im Glück* (WW 60), mit dem wir unsere Betrachtung des problematischen Glücks abschließen, läßt sich als Bindeglied zwischen beiden Gruppen verstehen. Während der heiter selbstironische Grundton bereits auf die neue Glücksthematik hindeutet, bleibt die dialektische Einbindung des Leidens den problematisierenden Liebesgedichten verpflichtet:

Hättest du mich doch gesehen,
wie ich durch den Sommer ging:
Augen blos [!] für meine Zehen,
böse jedem Schmetterling.
Glück und Unglück nannt' ich dumm;
gott, wie ging ich Weiser krumm!

Jetzt ist Feld und Himmel grau,
und viel Unglück wird geschehen,
treulos Weib, geliebte Frau,

---

[354] KARL ERNST KNODT, Die Gefahr ‚Nietzsche‘ und ihre Nachwirkungen in der neuesten deutschen Lyrik. Eine Abhandlung. In: Monatsblätter für deutsche Literatur 1 (1897), S. 364-69 u. 395-402, hier: S. 399.

[355] Vgl. Dehmels Offenen Brief an das Königliche Amtsgericht, in: R.D., Dichtungen, Briefe, Dokumente, S. 126f.

[356] WW 96-107: *Aus schwerer Stunde*, *Beschwörung*, *Zuversicht*, *Eva und der Tod*, *Verhör*.

[357] Vgl. WEGNER (2000), S. 95.

[358] *Schneeflocken*, *Orientalisches Potpourri*, *Die Glücklichen*, *Eines Tages*.

denn du hast mich angesehen,
und ich gehe wie ein Licht;
gott, wie leuchtet mein Gesicht!

Das Gedicht kontrastiert zunächst auf recht typische Weise vergangenes Unglück (Strophe 1) und gegenwärtiges Liebesglück (Strophe 2). Die besondere Pointe besteht darin, daß beides – Glück wie Unglück – im Gegensatz zu den jeweiligen äußeren Umständen steht. Der Sommer, als Bild der Jugend, hat kein Glück gebracht, weil blinde Selbstbefangenheit („Augen blos für meine Zehen"), fehlgeleiteter Tugendrigorismus („böse jedem Schmetterling") und forcierter Stoizismus („Glück und Unglück nannt' ich dumm") ihm im Weg standen. Diese Selbstdarstellung, im Rückblick milde ironisierend („gott, wie ging ich Weiser krumm"), kann an den Themenkomplex der Jugendkritik anknüpfen, der schon in den *Erlösungen* breit ausgeführt wird (s. Kap. III.1.1). Das Glück kommt stattdessen im Herbst oder Winter, also im Alter – Dehmel übertreibt hier ein wenig –, das noch dazu äußeres Unglück mit sich bringen wird. Der grauen Färbung von „Feld und Himmel" kontrastiert das zweifach erwähnte innere Leuchten. Die Schilderung des gegenwärtigen Glücks in den letzten beiden Versen ist in Analogie zum defizitären Zustand der ersten Strophe („gott, wie ging ich Weiser krumm!") konzipiert: Zum einen durch die Wiederaufnahme des Gehens („und ich gehe wie ein Licht"), zum anderen durch die Wiederholung der exklamatorischen Formel „gott, wie" im letzten Vers („gott, wie leuchtet mein Gesicht!").

Verantwortlich für äußeres Unglück und inneres Glück ist dieselbe Person: „treulos Weib, geliebte Frau". In diesem Vers ist die ganze Problematik des Gedichts aufgehoben: Die Ehebruchsituation. Durch die Gegenüberstellung von unglücklichem „Weise[n]" und glücklichem Hasardeur wird auch hier die geltende Gesellschaftsordnung in Frage gestellt. Anders gesagt: Der glückliche Ausgang legitimiert den Verstoß gegen die moralische Konvention. In der augenzwinkernden Verbindung von eudämonistischer Lebensregel und sozialemanzipativem Impetus tritt der didaktische Charakter, der allen Gedichten des schwierigen Glücks anhaftet, noch einmal besonders deutlich zutage.

5.5 Sprachen des Begehrens (Nachtgebet der Braut, Uebermacht)

Die Gedichte des Begehrens lassen sich als Fortführung der traditionellen Sehnsuchtsthematik verstehen, deren Grundaffekt durch Erotisierung modifiziert wird. Diese Herleitung mag etwas schematisch erscheinen, denn schließlich gab es eine Tradition erotischer Literatur, auf die Dehmel zurückgreifen konnte. Was Dehmels Gedichte des Begehrens jedoch von dieser Tradition unterscheidet, ist ihre Ernsthaftigkeit. Während die neuzeitliche erotische Literatur in Deutschland allgemein im Zeichen der *musa iocosa* stand[359], verzichtet Dehmel beinahe vollständig auf die humoristische Entschärfung.[360] Er steht damit am Anfang einer Trendwende in der literarischen Erotik, die im 19. Jahrhundert in dem Maße an Heiterkeit verlor, wie die Sexualität in den Mittelpunkt des Menschenbildes rückte (s. Kap. II.3) und einen existenziellen Stellenwert gewann.[361] Damit einher ging eine Verlagerung der Stilebene vom *genus mediocre* zum *genus sublime*. die sich nirgendwo besser beobachten läßt als bei Dehmel. Sie entstand seit 1800 aus der Amalgamierung der erotischen Thematik mit den Gefühlswerten der Liebeslyrik[362], von der sie auch die sprachlichen Mittel entlehnte.

Dehmels Darstellung des Begehrens bringt ein imaginatives Moment mit sich. In den meisten dieser Gedichte geht die erotische Empfindung Hand in Hand mit Phantasien, in denen die körperliche Begegnung der Liebenden vorweggenommen wird. Das gilt auch für die Gedichte, die als direkte Ansprache konzipiert sind. Der Übergang zur Kategorie „erotischer Moment“ (s.u.) ist also fließend, wie sich besonders an dem Gedicht *Toilette* zeigen wird.

In den *Erlösungen* stehen Sehnsuchts- und Begehrensthematik noch nebeneinander. An dem Gedicht *Hoffnung* läßt sich zeigen, wie das Begehren aus der traditionellen Sehnsuchtspose herauswächst. Während die erste Strophe konventionell einsetzt, kommt es in der zweiten zu einem Einbruch des Körperlichen, der nicht nur in der expliziten Formulierung („Verlangen“) greifbar wird, sondern auch in der Wahl der Verben („verhauchte“, „bebte“, „entgegentauchte“), die das Vokabular von Dehmels erotischen Gedichten vorwegnehmen (ERL 62):

Ob sie mich liebt? Spricht ihrer Blicke Leuchten
zu mir der Liebe selig stumme Frage?
Ist’s nur die große Hoffnung, die ich trage,
daß mir erfüllt die bangen Wünsche däuchten?
Ob sie mich liebt?

Ob sie mich liebt, Sie lächelte so mild,
als vor Verlangen stumm mein Gruß verhauchte;
sie bebte sanft, als mir entgegentauchte

---

[359] Vgl. SCHLAFFER (1971). Kritsch dazu RASCH (1972), S. 447, der seine Bedenken jedoch nicht weiter ausführt. Zum Aufkommen ernster erotischer Dichtungen um 1800 vgl. SCHLAFFER (1971), S. 193.

[360] Folgerichtig spricht deswegen RIEDEL (1996) von Dehmels „sehr ernsten Erotica“ (S. 118). Ebenso bereits SENGLE (1949), der den Unterschied zur heiteren Rokokoerotik hervorhebt (S. 41).

[361] Vgl. RIEDEL (1996), S. 154. Riedel kann hier (vgl. ebd., Anm. 6) an Schlaffer (1971) anknüpfen, der seinen Gattungsüberblick mit dem 19. Jahrhundert enden läßt. Die Heiterkeit verbot sich für Dehmel und seine Altersgenossen auch deswegen, weil sie, nach Ansicht der jungen Modernen, eine Rückkehr zur Modepoesie eines Baumbach, Wolff oder Träger bedeutet hätte.

[362] Vgl. SCHLAFFER (1971), S. 193f.

aus ihrem Auge mein verklärtes Bild . . .
Sie liebt mich wol.

Sichtbar bleibt dieser Übergang auch noch in *Erste Begierde* (ERL 16f.) und im *Nachtgebet der Braut* (ERL 86). Das *Nachtgebet* eignet sich besonders gut als Beispiel, weil seine Wurzeln in der traditionellen Sehnsuchtsthematik gut zu erkennen sind. Es findet sich im zweiten Abschnitt der *Erlösungen* innerhalb einer Folge von Gedichten, die das Liebesempfinden der Frau bzw. des Mädchens behandeln (*Erkenntnis, Lied des Mädchens, Liebe und Leidenschaft,* in größerem Abstand finden sich noch *Mädchens Sehnsucht, Klage der Gattin, Das Weib des Jägers*).

O mein Geliebter, in die Kissen
ausweinen will ich meine Lust!
darf sagen nicht, nur wissen, wissen,
was also wogt in dunkler Brust!

Doch bin ich wachend dir enthalten
so will ich mich im Traum dir nahn,
mich wie die Rose dir entfalten
und deine Sonnenglut empfahn

und deine Flammenküsse trinken
und Flammen küssend wiedersprühn:
bis lodernd wir zusammensinken,
in langen Schauern stumm verglühn.

Oh stiller Sehnsucht bange Wonne –
o stiller Sehnsucht sel'ge Qual –
oh Traum du, meiner Nächte Sonne –
o mein Geliebter – – mein Gemahl!

Es handelt sich um ein Rollengedicht, um den nächtlichen Monolog einer „Braut", die an ihren abwesenden „Geliebte[n]" denkt. Abgesehen vom Titel läßt kein Hinweis auf das genaue Verhältnis der beiden schließen. Da von der „Braut" die Rede ist, dürfte es sich um Verlobte handeln. Das Gedicht bleibt zeitlich („Nachtgebet", „Traum") und räumlich („in die Kissen") nur notdürftig eingegrenzt: es handelt sich um ein beliebiges Mädchen in einem beliebigen Schlafzimmer während einer beliebigen Nacht. Diese Unbestimmtheit betont den Allgemeinheitscharakter der vorgetragenen Empfindung.

Der Titel rückt die anschließende Selbstaussprache in einen religiösen Deutungsrahmen[363], eine Lesart übrigens, der die inhaltliche und sprachliche Gestaltung des Gedichts weitgehend standhält. Denn das ganze erotische Vokabular, genauer gesagt: Metaphernarsenal (Flammen, Sonne, Rose) ist ebenso gut auf den mystischen „Seelenbräutigam" Christus beziehbar wie auf einen Verlobten

363 Die Art der Titelgebung ist bei Dehmel nicht selten, vgl. *Gebet an die Geliebte*, *Frühlingsgebet, Offenbarung, Erleuchtung,* um nur einige zu nennen. Vgl. dazu FRITZ (1969), S. 96.

aus Fleisch und Blut. Auch wenn Rezeptionszeugnisse nicht vorliegen, sind die Analogien zur erotisch gefärbten Christusmystik vom Mittelalter[364] bis zum pietistischen Kirchenlied (Zinzendorf: *Lasset eure Liebesflamme lodern auf den Heiland zu*)[365] und Novalis' Abendmahlshymne sicher nicht zufällig. Aus diesem Doppelsinn bezieht das *Nachtgebet* seine Ausdruckskraft, aber auch sein provokatives Potential. Dem Gebetsschema ist auch der Stil untergeordnet, der sich vom ersten Wort an deutlich auf der hohen Ebene bewegt. Wie schon das Gedicht *Gebet an die Geliebte* zeigte (s.o.), gehören die Sprechhaltung des Gebets und die hohe Stillage für Dehmel offenbar zusammen.[366]

Das vierstrophige Gedicht läßt sich inhaltlich in drei Abschnitte gliedern: Die erste Strophe formuliert die Klage der Braut über die gesellschaftliche Tabuisierung vorehelicher Sexualität. Die Strophen zwei und drei entwerfen ein imaginäres („Traum") Gegenbild erotischer Erfüllung. In der vierten Strophe mündet die Selbstaussprache der Frau in die Klage „stiller Sehnsucht" ein und verrät damit ihre motivgeschichtliche Herkunft.

Die formale Gestaltung ist einheitlich und sehr traditionell: vierzeilige Strophen, kreuzweise gereimte vierhebige Verse mit abwechselnd männlicher und weiblicher Kadenz. Ungewöhnlich erscheint auf den ersten Blick nur die vierte Strophe, deren exklamatorischer Charakter (s.u.) durch zahlreiche Gedankenstriche und den vierfachen Versanfang auf „o" (bzw. „oh") auch äußerlich hervortritt.

Der erste Abschnitt beklagt eine Tabu-Situation: Die „Lust" der „Braut" ist so stark, daß sie sie „in die Kissen ausweinen" muß. Die gewagte Metapher[367] überrascht um so mehr, als das Wort „Lust" pointiert an das Ende des Satzes und damit des Verses gestellt wird. Nach dem Verb „ausweinen" erwartet der Leser ein konventionelles Bezugswort wie „Schmerz", „Sehnsucht", „Kummer" und liest statt dessen „Lust". An dieser Stelle ist der Zusammenhang mit der Sehnsuchtsthematik besonders greifbar: Das in der Lyrik des 19. Jahrhunderts beliebte Motiv des sehnsüchtigen Mädchens[368] wird erotisch umgewertet. Durch das Spiel mit der literarischen Tradition und der daran geschulten Lesererwartung wird die Wirkung der schon inhaltlich skandalträchtigen Äußerung verstärkt. Die

---

364 Hier ist besonders Mechthild von Magdeburg zu nennen. Vgl. dazu MÜLLER (1983).

365 Vgl. FINGERHUT (1983), S. 53.

366 Man denke auch an Gedichte Dehmels, die das Wort „Psalm" im Titel tragen, wie etwa der weiter unten behandelte *Bergpsalm* (Kap. III.6).

367 Dehmel hat sich vermutlich vom dritten Gedicht aus CHAMISSOS Zyklus *Frauen-Liebe und Leben* anregen lassen, das ebenfalls vom Traummotiv ausgeht: „ [...] Oh, laß im Traume mich sterben, / Gewieget an seine Brust, / Den seligsten Tod mich schlürfen / In Tränen unendlicher Lust." (Zit. nach WAGENER 1982, S. 177.)

368 Vorgebildet im Volkslied, erhält das Motiv seine für das neunzehnte Jahrhundert wirksamste Prägung in Gretchens Lied aus *Faust I* (V. 3374-3413). Die Beispiele aus der Lyrik des neunzehnten Jahrhunderts sind Legion.

Schärfe des moralischen Verbots wird durch die Spitzenstellung des „darf" hervorgehoben, kontrastiert durch das verdoppelte „wissen" am Ende des Verses. Diese spiegelbildliche Gegenüberstellung innerhalb des Verses versinnbildlicht die Kluft zwischen dem Gefühl und seiner Artikulation.

Die Strophen zwei und drei entwerfen die enttabuisierte Begegnung der Liebenden als Traum, beginnend mit dem Geständnis gegenüber dem Geliebten (V. 7-8), an das sich erotische Annäherung (V. 9-10), Vereinigung (V. 11) bis zur Erschöpfung (V. 12) anschließen. Der erste Vers der zweiten Strophe (V. 5) stellt den Übergang her. Da die Realität („wachend") ein Ausleben der Lust verhindert, wird der Traum zum Ort der erotischen Begegnung, die mit Licht- und Feuersymbolik ins Ekstatische stilisiert wird. Der innere Zusammenhang der beiden Strophen wird formal bekräftig durch den Strophensprung sowie die parallele Gestaltung von Vers 8 und 9.

Das Symbol der sich entfaltenden Rose deutet abermals eine sakralisierte Liebesauffassung an, die durch Kombination mit der „empfangenen" „Sonnenglut" (nicht etwa Sonnen*licht*) erotisch aufgeladen wird. Das Bild der Rose, die sich der Sonne öffnet, bedeutet sowohl das Offenbaren des innersten, verletzlichen Kerns, der Seele, als auch die Befruchtung bzw. Empfängnis durch die lebensspendende Sonne. Die Versinnbildlichung des Geliebten als „Sonne", d.h. als Quell des Lichtes, des Lebens, aber auch als mächtiges Gestirn, Objekt heidnischer Verehrung, deutet auf Dehmels Liebesauffassung, die der Frau die Rolle der Überwältigten, Bewundernden zuschreibt.[369]

Strophe drei gestaltet die erotische Begegnung, deren Intensität und Dignität durch die Flammenmetaphorik ausgedrückt wird, mit der an das Symbol der Sonne aus der zweiten Strophe angeknüpft wird. Die hohe Stillage, erzeugt durch ein Ineinandergreifen von Metaphorik und Symbolik, wird unterstützt durch den starken Lautwert des zweifach verwendeten Wortes „Flammen". Die Flammenmetaphorik wird breit ausgeführt („wiedersprühn", „lodernd", „verglühn") und in Vers neun und zehn durch die Häufung von Zisch- und r-Lauten (trinken, küssend, wiedersprühn) onomatopoetisch ergänzt. Sehr auffällig ist die Paronomasie „Flammenküsse" (V. 9) – „Flammen küssend" (V. 10), mit der möglicherweise die Gegenseitigkeit der Liebesbezeigungen abgebildet werden soll.

Die vierte und letzte Strophe fällt im Vergleich zu den anderen wieder in die Tradition der Liebeslyrik zurück, die gesellschaftskritische bzw. antikonventionelle Stoßrichtung verschwindet hinter der Klage „stiller Sehnsucht", die nahezu unverbunden neben dem bisherigen Gedicht steht. Die Strophe besteht aus einer Folge mit Gedankenstrichen zusammengehaltener Ausrufe oder Seufzer an den

---

[369] Vgl. LEHNERT (1971), S. 333. Zu Dehmels Auffassung der Geschlechterrollen in der Liebe vgl. auch das im Anschluß an das *Nachtgebet* gesetzte Prosastückchen *Liebe und Leidenschaft* (ERL 86f.): „Dieser Drang, im Andern aufzugehen, ist dem Weibe eigenthümlich; der Mann *erwirbt* ihn vom Weibe, *durch* das Weib." (86)

Geliebten (V. 16), die durch die Interjektion „oh“ bzw. „o“ eingeleitet werden. Ein Ausrufezeichen erfolgt als einzige Interpunktion erst ganz am Ende. Einen Ansatz zur Deutung bieten vielleicht die paradoxen Wendungen „stiller Sehnsucht bange Wonne“ und „stiller Sehnsucht sel'ge Qual“, die unter dem Stichwort des ‚Petrarkismus' zunächst zum topischen Inventar der neuzeitlichen Liebeslyrik gehören.[370] Hervorzuheben ist, daß nicht mehr von „Lust“ die Rede ist, wie in der ersten Strophe, sondern von „Sehnsucht“, wie es der konventionellen Liebeslyrik weit eher entspricht.

Einen Schritt weiter geht das Gedicht *Uebermacht* aus den *Lebensblättern* (LB 61), das vom Affekt der Sehnsucht gänzlich abgerückt ist. Eher noch spielt die traditionelle Werbethematik mit hinein. Wie unschwer zu erkennen ist, handelt es sich um ein spiegelbildliches Gegenstück zum Gedicht *Abschied ohn End*, das weiter oben (Kap. 5.4) interpretiert wurde:

Wenn du fliehn willst, flieh, du kannst es noch,
bald ist es auch für dich zu spät.
Denn siehst du: Ich, ich brenne nach dir
mit einer Kraft, die mich schwach macht,
ich
zittre nach dir.
Wie du nach mir! ja, Du! o Du,
du bist noch schwächer,
wehre dich nicht!
Ueber die grüne Wiese woll'n wir rennen,
in den Wald,
Hand in Hand,
nackt,
unsre brennenden Stirnen bekränzt
mit den flatternden Blüten des wilden Mohns,
der glühenden Blume des Leichtsinns!

In seiner Grundhaltung schwankt das Gedicht zwischen Ausdruck und Appell. Die titelgebende *Uebermacht* der erotischen Empfindung wird nicht nur artikuliert, sondern auch zur Grundlage einer persuasiven Strategie gemacht. Sie läßt sich bündig in der Formel „wehre dich nicht!“ (V. 9) zusammenfassen, die nicht von ungefähr in der Mitte des Gedichts angeordnet ist. Während die acht vorangehenden Verse nach Formulierungen für die Macht des Eros suchen, wird in den anschließenden sieben Versen eine erotische Situation imaginativ vorweggenommen, nicht unähnlich dem Vorgehen im *Nachtgebet der Braut*. Inhaltlich entscheidend ist die Ausschließlichkeit, mit der die Beziehung zwischen Mann und Frau auf die erotische Sphäre reduziert wird. Dieses Verhältnis wird, auch darin

370 Vgl. nach wie vor PYRITZ (1932), S. 134ff.; außerdem HOFFMEISTER (1973), S. 28f.

liegt ein Gegensatz sowohl zur Sehnsuchts- wie zur Werbethematik, als gegenseitig dargestellt („Wie du nach mir!“, V. 7).

Was sofort ins Auge fällt, ist der Unterschied in der Tonlage. Alle Spuren des Zärtlich-Sentimentalen, zumal im Vergleich zum *Nachtgebet*, sind hier getilgt zugunsten einer offensiven, fast aggressiven Haltung. Dem entspricht auf der metrischen Ebene der Verzicht auf einheitliche Vers- oder Strophenform, in dem sich die drängende Unmittelbarkeit des Affekts abbilden soll. Die Sprache ist direkt, mit einfachem Satzbau und Vokabular. Auf rhetorische Stellungsfiguren wird ebenso verzichtet wie auf tropische Redeweise, mit Ausnahme der auch hier zentralen Feuermetaphorik („brenne“, „brennenden“, „glühenden“) als Bild für die sexuelle Erregung.

Schon die eingangs formulierte Aufforderung zur Flucht läuft auf den persuasiven Zweck zu. Denn die anschließende Betonung ihrer Vorläufigkeit („noch“) und Vergeblichkeit („bald...“) unterstreicht nur die Macht des Eros. Dem gleichen Zweck dient es, wenn der Sprecher die nun folgende Explikation des eigenen Begehrens wie eine Begründung einleitet („Denn“). Hier verzichtet Dehmel auf wort- und bilderreiche Umschreibungen wie im *Nachtgebet*, die Formulierungen sind äußerst sparsam. Nichtsdestotrotz wird hier rhetorisch stilisiert. Der Eindruck der Einfachheit ist bewußt erzeugt, er entsteht durch das Fehlen des Rhythmus, den einfachen Satzbau und den unprätentiösen, sprechsprachlichen Wortschatz. Andererseits sind auf engem Raum zahlreiche Mittel rhetorischer Intensivierung untergebracht. Die Intensität des Verlangens spiegelt sich in den auf diesem engen Raum zahlreichen Wiederholungen (V. 3f.: „Ich, ich“, „brenne nach dir [...] zittre nach dir“; V. 7: „ja, Du! o Du“). Von gedanklicher Durchdringung zeugt das aphoristisch zugespitzte Paradox, in dem die Wirkung des Eros charakterisiert wird, als eine „Kraft, die mich schwach macht“. Diese Wirkung wird auch für die angeredete Frau konstatiert, sie wird dort sogar als stärker angenommen („du bist noch schwächer“, V. 8). Darin folgt Dehmel zeitgenössischen psychologischen Zuschreibungen, die der Frau eine intensivere Sinnlichkeit bescheinigten[371] und die sich künstlerisch in den zahlreichen Darstellungen der *femme fatale* manifestierten.[372] Im Zusammenhang des Gedichts dient dieses Urteil als weitere Begründung dafür, jeden Widerstand aufzugeben. Mit dem schon genannten Appell „wehre dich nicht!“ endet der erste Abschnitt des Gedichts.

Daran schließt sich ein Phantasiebild, das durch die indirekte Aufforderung („woll'n wir rennen“, V. 10) als Teil der Überredungsstrategie kenntlich wird. Es

---

371 Vgl. HARNISCH (1993), S. 13. Dabei ist zu bedenken, daß es auch die gegenteilige Auffassung gab, mit der nicht zuletzt der Ehebruch des Mannes – auch juristisch! – gerechtfertigt wurde (vgl. ebd., S. 12).

372 Vgl. allgemein HILMES (1990), die auch die psychologiegeschichtlichen Grundlagen anschneidet; präziser und sachlicher: CATANI (2005).

handelt sich um ein knappes Jugendstiltableau[373], dessen Körper- und Natursemantik zentrale Elemente der Lebensreformbewegung zitiert. Die Parallelen zu den Bildern eines Ludwig v. Hofmann, Ferdinand Hodler oder Fidus[374] sind offenkundig. An keiner Stelle seines Werks, abgesehen vielleicht von der im gleichen Gedichtband erschienenen *Venus Regina* (LB 45ff.) und einzelnen Passagen aus den *Zwei Menschen*, steht Dehmel den künstlerischen Vertretern der Nacktkulturbewegung (s. Kap. I.3) näher als hier.[375] Was jedoch *Uebermacht* – wie auch die *Venus Regina* – deutlich vom reformbewegten Jugendstil abhebt, ist der inhaltliche Schwerpunkt auf der Erotik, die in Theorie und Kunst der Nacktkulturbewegung entschieden umgangen wurde. Dort berief man sich, sicherlich auch zu legitimatorischen Zwecken, auf Begriffe wie Unschuld und Reinheit, die bis in den betont asexuellen Kameradschaftskult der Jugendbewegung fortwirkten. Für die Interpretation ist deshalb mehr gewonnen, wenn man die Natursemantik auf ihren eigenen symbolischen Aussagewert befragt. Die darin enthaltene Botschaft der Ursprünglichkeit und Naturverbundenheit wird hier mit elementarer Erotik gleichgesetzt, deren *Uebermacht* den Hauptgegenstand des Gedichts bildet. Darauf deuten auch die dionysisch-bacchantischen Insignien der Nacktheit und des Blütenkranzes.[376] Vor diesem Hintergrund ließen sich also eher Verbindungen zu den Faun- und Nixenfiguren Arnold Böcklins ziehen, den Dehmel aufrichtig bewunderte.[377] Der wilde Mohn, der auch im zwei Seiten weiter abgedruckten *Entbietung* Verwendung findet, unterstützt durch seine mitzudenkende rote Farbe die durchgehende Feuermetaphorik und stellt damit eine Verbindung zwischen den beiden Bildbereichen des Gedichtes her.[378]

---

373 Vgl. HERMAND (1964), Nachwort, S. 70, der dieses Gedicht als Beispiel für Jugendstillyrik anführt.

374 Vgl. HERMAND (1972); ferner die Abbildungen in BUCHHOLZ ET AL. (2001).

375 Dehmel stand den lebensreformerischen Tendenzen in der Berliner Künstlerszene skeptisch gegenüber, wie seine abfälligen Bemerkungen über die „Friedrichshagener Hamsterheerde“ bezeugen (an Liliencron, 15.12.1892, I 101). Ebenso an Hedwig Lachmann, als er ihr zur Verlobung mit Gustav Landauer gratulierte: „Nun gewöhn ihm noch saubere Manschetten an und die Friedrichshagener Phrasen ab, dann wird er nicht wieder ins Gefängnis kommen.“ (10.5.1901, I 374.)

376 Zur literaturgeschichtlichen Relevanz dieses Motivsystems um 1900 vgl. KÜHLMANN (2002) mit zahlreichen Textbeispielen.

377 Vgl. besonders die Briefe an Paula Dehmel vom 10.5.1887 (I 16) und vom 28.5.1890 (I 37) sowie den Brief vom 12.7.1894 an Detlev von Liliencron (I 166ff.). Über weitere Äußerungen informiert das Register der Briefbände.

378 Dehmel war stolz darauf, dieses Bild gefunden zu haben. An Liliencron berichtete er am 2.7.1894: „Das ist mir aus der Tiefe gekommen! Es schien mir sogar wundervoll, den wilden Mohn als ‚die glühende Blume des Leichtsinns' typisch zu symbolisiren.“ (I 164.)

5.6 Punktuelle Erfüllung im erotischen Moment

Gemessen an der eminenten Bedeutung der Erotik für Dehmels Gesamtwerk (s. Kap. III.0), sind die Gedichte, in denen das erotische Erlebnis selbst dargestellt wird, auffallend selten. Daß er von vielen Zeitgenossen dennoch als ‚Erotiker' wahrgenommen wurde[379], hat Dehmel sehr geärgert. In der Vorrede zu den *Gesammelten Werken* (1906) macht er dieser Empfindung Luft: „Unter meinen mindestens 500 Gedichten befinden sich einige, die sich in unverheuchelter Art mit den brutalen Instinkten des menschlichen Geschlechtslebens befassen; es sind im ganzen höchstens 10, aber gewissen Leute scheinen nur immer grade diese bei mir zu lesen.“.[380]

Wie die Analyse der Weltanschauungslyrik, der dialogisch-appellhaften Lyrik, aber auch der Gedichte des schwierigen Liebesglücks (s.o.) gezeigt hat, lag Dehmel vor allem daran, der Dialektik von *sexus* und *ratio*, von Trieb und Gewissen zur Darstellung zu verhelfen. Die Ausnahmestellung der erotischen Gedichte – das umfaßt die Gedichte des Begehrens und die Darstellung des erotischen Moments – besteht also darin, daß hier einmal auf die Problematisierung verzichtet wird. Dadurch stehen sie in Verbindung zu den Programmgedichten (s. Kap. III.1, bes. das Gedicht *Bekenntnis*) und in einem komplementären Verhältnis zu den dialogisch-appellhaften Gedichten mit ihrer Verheißung unbeschwerten Sinnesglücks.

In den *Erlösungen* bleibt die Behandlung des Erotischen auf die Gedichte des Begehrens beschränkt (s.o.). Erst in *Die zweite Nacht* aus *Aber die Liebe* (AL 118) wird die erotische Begegnung zweier Menschen geschildert:

> Drum komm, o komm, noch einmal schweigt
> so voll ins Feld, so weiß und weit
> der Mond ins Feld; noch einmal zeigt
> die weite Nacht,
> die zweite Nacht,
> uns unsre nackte Seligkeit.

---

379 Die Belege für diese Meinung sind Legion. Deshalb werden hier nur einige besonders markante und schlagwortartig kurzgefaßte Meinungen wiedergegeben. So rechnet KARL ERNST KNODT Dehmel zu den „Aposteln des Fleisches“, worunter er auch Wilhelm Arent, Hermann Conradi und Otto Julius Bierbaum versteht (K. E. K., Die Gefahr ‚Nietzsche', S. 395). OSKAR EWALD polemisiert gegen den „fröhliche[n] Phalluspriester Otto Julius Bierbaum und sein[en] Bruder ‚in Wahn und Blindheit' Richard *Dehmel*“ (O. E., Die Probleme der Romantik als Grundfragen der Gegenwart. Berlin 1904, S. 84, zit. nach Darge 1934, S. 232f.). – Die gleiche Meinung bringt auf komische Weise der mit Dehmel befreundete PAUL SCHEERBART zum Ausdruck, wenn er einen Brief an Dehmel mit der Aufschrift „Richard Dehmel, Sexualisten-Häuptling a. D.“ adressiert (Brief an Dehmel vom 11.12.1896, in: P.S., 70 Trillionen Weltgrüße. Eine Biographie in Briefen. 1889-1915. Hg. v. Mechthild Rausch, Berlin o. J. [1990], S. 36).

380 GW1, S. 8.

O komm, o komm, ich will dich sehn –
und silbern rauscht der Eichenhain,
die langen Wiesenhalme stehn
so still, so weich
am kleinen Teich,
und schimmernd tauchen wir hinein.

Und schimmernd, schimmernd heb' ich dich
heraus ins dunkelgrüne Kraut,
dein schwarzes Haar umrieselt mich,
der Tau wird warm,
und Arm um Arm
erkennt den Bräutigam die Braut.

Und dann, o komm – oh flieh! denn dann:
wir hatten Schooß in Schooß geruht:
von einer gelben Blüte rann,
du sahst es nicht,
im bleichen Licht
ein Tropfen Blut – Dein Tropfen Blut.

Der Redehaltung nach präsentiert sich das Gedicht als Überredung, darin vergleichbar dem oben behandelten *Uebermacht*. Ein Sprecher richtet sich an ein „Du" mit der Aufforderung „o komm". Anstelle einer Begründung malt er der Angesprochenen eine erotische Begegnung aus. Der – freilich nur graduelle – Unterschied zu den Gedichten des Begehrens liegt darin, daß nicht mehr von den erotischen Gefühlen des Sprechers die Rede ist, während die Schilderung der imaginierten Begegnung nun fast das ganze Gedicht ausfüllt. Dementsprechend wird der zu Beginn der ersten beiden Strophen gebrauchte Imperativ, zu dem sinngemäß auch der Ausruf „ich will dich sehen" gezählt werden kann, immer wieder durch den erlebnishaften Indikativ unterbrochen. In der dritten Strophe fehlt der Imperativ ganz, in der letzten wird er durch das doppelte „dann" („Und dann [...] denn dann") sichtbar der erlebnishaften Erzählstruktur untergeordnet.

Gleichwohl bringt die direkte Anrede einen beschwörenden Gestus mit sich. Die mehrfach gebrauchte Interjektion „o" signalisiert eine pathetische Stillage, die von einer aufwendigen ästhetischen Formung getragen wird. Die kunstvolle Strophenform (abaccb) variiert die volkstümlichen ‚Lindenschmidtstrophe'[381] (aabxb) mittels Teilung des vierten reimlosen Verses.[382] Durch die beiden gereimten Kurzverse (cc) entsteht der Eindruck eines Binnenreims, er korrespondiert der intensiven Verwendung von Wiederholungsfiguren: Epanalepse (V. 8: „komm, o komm"; V. 13f.: „und schimmernd tauchen wir hinein, / und schim-

[381] Vgl. FRANK (1993), S. 384.

[382] Vgl. ebd., S. 441: Frank verzeichnet dort den Sechszeiler 443223, der Dehmels Strophenform am nächsten kommt.

mernd, schimmernd"; V. 18: „Arm um Arm"; V. 20: „Und dann [...] denn dann"; V. 21: „Schooß in Schooß"), Parallelismus (V. 4f.:"die weite Nacht, / die zweite Nacht"; V. 25: „ein Tropfen Blut – Dein Tropfen Blut"), Anapher (V. 1-3: „noch einmal schweigt [...] noch einmal zeigt"; V. 2: „so voll [...] so weit"; V. 11: „so still, so weich") und Alliteration (V. 2: „voll ins Feld", „weiß und weit"; V. 22-25: „Blüte [...] bleichen [...] Blut").

Neben diesen syntaktischen Figuren ist vor allem die Häufung von Sinneseindrücken (Töne: „schweigt", „rauscht", „still"; Farben: „weiß", „silbern", „dunkelgrüne", „schwarzes", „gelben", indirekt auch „schimmernd", „bleichen" und „Blut"; taktil: „warm") hervorzuheben, mit der Dehmel die Naturbeschreibung an das sinnlich-erotische Erlebnis anpaßt und die sich bis zur Synästhesie steigern kann (V. 9: „silbern rauscht der Eichenhain"; V. 10f.: „Wiesenhalme stehn / so still, so weich"). Dem gleichen Zweck dienen die Personifikation des schweigenden Mondes und die dynamisierende Metapher „dein schwarzes Haar umrieselt mich".

Mit der Verlagerung von Sinneseindrücken auf die Umgebung wird angedeutet, was wörtlich nicht in Erscheinung tritt: Dehmels Gestaltung des erotischen Moments umgeht die körperlichen Details des Geschlechtsakts. Was bekommt der Leser zu sehen? – Zwei Menschen begegnen sich nackt in freier Natur, gehen schwimmen und liegen danach „Arm um Arm" im Gras. Etwas später („und dann", V. 20) deutet ein Blutstropfen auf die erfolgte Defloration. In dieser indirekten Behandlung liegt eine entscheidende Abgrenzung zur derben Burleske und zur Pornographie. Eine zweite besteht in der Art, wie die erotische Begegnung – in pathetischer Stillage – als Gefühlserlebnis inszeniert wird. Die Verbindung von körperlicher Erotik und subjektiv-empfindsamer Seelensprache spiegelt die Entwicklung des erotischen Genres von einer höfischen zu einer bürgerlichen Gattung seit dem Ende des 18. Jahrhunderts.[383] Die einzige direkte Formulierung des Sexualakts („erkennt den Bräutigam die Braut", V. 19) bedient sich nicht umsonst einer biblischen Formel (Gen. 4, 1.17.25 u.ö.). Das Erlebnis des Koitus wird empfindsam gesteigert und sakralisiert. Als religiöses Bezugssystem fungiert jedoch nicht mehr pietistische Frömmigkeit, sondern die monistische Naturreligion der Jahrhundertwende.[384] Die Natur ist hier also weit mehr als bloße Kulisse! In der sorgfältigen Integration nicht nur des menschlichen Leibes, sondern der geschlechtlichen Vereinigung in die natürliche Umgebung drückt sich die Überzeugung des ‚erotischen Monismus'[385] aus: Da der Mensch selbst Naturwesen sei, der Naturprozeß aber primär auf Fortpflanzung beruhe, finde er über die Sexualität zur Einheit mit der Natur zurück. Der Geschlechtsakt, so glaubte man,

[383] Vgl. SCHLAFFER (1971), S. 192ff.

[384] Zum religiösen Charakter des Monismus vgl. die Überblicksdarstellungen von HOLT (1971), HÜBINGER (1997) und FICK (1998).

[385] Vgl. dazu KELLY (1981), S. 36-56; RIEDEL (1996), S. 151-175.

verbürgt die Teilhabe am sinnstiftenden Evolutionsprozeß (s. Kap. I.2), er bildet die Schnittstelle zwischen Individuum und emphatisch beschworenem ,Leben' (s. ebd.).[386] Künstlerischen Ausdruck fand diese Überzeugung nicht nur in der Verschmelzung von Mensch und natürlicher Umgebung in den Bildern Toorops, Khnopffs und Fidus', sondern auch in der Vorliebe für tiermenschliche Zwischenwesen wie Meerjungfrauen[387], Kentauren und bocksbeinige Satyrn[388] – in der Malerei hier ist vor allem an Stuck zu denken[389] – , die sinnbildlich für die elementare Erotik der Menschennatur standen.

Die „soziale Ambivalenz" dieser „Jugendstil-Erotik"[390] zeigt sich in einigen Details, die den geschichtlichen Rahmen der wilhelminischen Kulturpolitik in Erinnerung rufen. Schon in der imaginativen Einkleidung des geschilderten Vorgangs liegt möglicherweise eine Verringerung seines Skandalwerts. Die sexuelle Begegnung zwischen zwei Menschen wird durch den Hinweis auf die Hochzeitsnacht („Bräutigam ... Braut") zumindest vordergründig legitimiert.[391] Und dann: Warum wird der deutliche Hinweis auf die Defloration mit der Aufforderung „oh flieh" verbunden? Möglicherweise liegt darin eine Anspielung auf das Problem der Empfängnisverhütung, dessen Brisanz um 1900 dem heutigen Leser kaum noch geläufig ist.[392]

In den *Lebensblättern* ist von diesen Ambivalenzen nichts mehr zu spüren. In keinem Gedichtband Dehmels wird die Erotik so stark auf rauschhaftes Erleben reduziert. Von den vier im engeren Sinn erotischen Gedichten, die im ersten Teil der *Lebensblätter* zu einer Gruppe angeordnet sind[393], soll uns hier das wohl bekannteste, *Toilette* (LB 64), interessieren:

---

386 Diese Erkenntnis gehört seit langem zum Basisbestand der Jahrhundertwendeforschung (vgl. DARGE 1934, S. 254; RASCH 1967, S. 31ff.; LEHNERT 1971, S: 331ff.; FRITZ 1977, S. 451f. – Mit Blick auf Dehmel: BAB 1902, S. 21; LEHNERT 1971, S. 333; VIERING 1990, S. 169; FICK 1993, S. 147ff.; SPRENGEL 1998, S. 659), hat aber erst seit den achtziger Jahren eine ideengeschichtliche (KELLY 1981, S. 36-56, FICK 1993, S. 147ff.; RIEDEL 1996, S. 151-175) und bewußtseinsgeschichtliche (glänzend: FELLMAN 1998) Grundlage erhalten.

387 Vgl. HERMAND (1969).

388 Vgl. KÜHLMANN (2002).

389 Vgl. STERNBERGER (1968), S. 87 u. 93.

390 So der Titel von LEHNERT (1971) („Jugendstil-Erotik und ihre soziale Ambivalenz").

391 Im Rahmen der naturphilosophisch nobilitierten Sexualitätsauffassung kann diese Wendung aber auch als Aufruf zur ,wilden Ehe' verstanden werden.

392 Auf das soziale Problem der Verhütung als Hintergrund der literarischen Thematisierung von Sexualität im 19. Jahrhundert hat JOACHIM DYCK (2001) am Beispiel Gottfried Kellers hingewiesen. Vgl. dazu auch HARNISCH (1994), S. 51ff.

393 LB 59-64: *Uebermacht* (s. dazu 6.4), *Im Fluge, Entbietung, Toilette*. Nur das temperiertere Gedicht *Im Traume* (LB 60), das bereits in den *Erlösungen* abgedruckt war (ERL 62), unterbricht diese Gruppe.

Aber komm mir nicht im langen Kleid,
komm gelaufen, daß die Funken stieben,
beide Arme offen und bereit!
Auf mein Schloß führt keine Galatreppe,
über Berge geht's, reiß ab die Schleppe,
nur mit kurzen Röcken kann man lieben!

Stell dich nicht erst vor den Spiegel groß,
einsam ist die Nacht in meinem Walde,
und am Schönsten bist du blaß und bloß,
nur beglänzt vom schwachen Licht der Sterne,
trotzig bellt ein Rehbock in der Ferne,
und ein Kuckuk [sic!] lacht in meinem Walde.

Wie dein Ohr brennt, wie dein Mieder drückt,
rasch, reiß auf, du atmest mit Beschwerde,
o wie hüpft dein Herzchen nun beglückt!
Komm, ich trage dich, du wildes Wunder:
wie dich Gott gemacht hat! weg den Plunder!
und dein Brautbett ist die ganze Erde.

Wie in *Die zweite Nacht* nimmt das Gedicht seinen Ausgang von einem Überredungsversuch. Nur muß hier nicht mehr zum Schäferstündchen selbst überredet werden, sondern zur angemessenen Garderobe. Damit wird *Toilette* zu einer boshaften Satire auf die Prüderie der besseren Gesellschaft, die nirgendwo so deutlich an die Öffentlichkeit trat wie in der viktorianischen Damenmode:[394]

> Auf den ersten Blick wird man gewahr, daß eine Frau, einmal in eine solche Toilette [!] verpanzert wie ein Ritter in seine Rüstung, nicht mehr frei, schwunghaft und grazil sich bewegen konnte, daß jede Bewegung, jede Geste und in weiterer Auswirkung ihr ganzes Gehabe in solchem Kostüm künstlich, unnatürlich, widernatürlich werden mußte. Schon die bloße Aufmachung zur ‚Dame' – geschweige denn die gesellschaftliche Erziehung – das Anziehen und Ausziehen dieser Roben bedeutete eine umständliche Prozedur, die ohne fremde Hilfe gar nicht möglich war. Erst mußten hinten von der Taille bis zum Hals unzählige Haken und Ösen zugemacht werden, das Korsett mit aller Kraft der bedienenden Zofe zugezogen, das lange Haar [...] gekräuselt, gelegt, gebürstet, gestrichen, getürmt werden, ehe man sie mit den Zwiebelschalen von Unterröcken, Kamisolen, Jacken und Jäckchen so lange umbaute und gewandete, bis der letzte Rest ihrer fraulichen und persönlichen Formen völlig verschwunden war.

Die Grundkonzeption des Gedichts – keineswegs sein Hauptthema – besteht in der Kontrastierung beengender bürgerlicher Normalität mit einer befreiten Naturhaftigkeit am stellvertretenden Beispiel von Kleidung und Architektur. Das gesellschaftskritische Potential der erotischen Thematik[395] tritt hier besonders

[394] STEFAN ZWEIG, Die Welt von Gestern, S. 91f.

[395] Vgl. allgemein SCHLAFFER (1971), S. 163. Zur Jahrhundertwende: MOSSE (1985), S. 62; RIHA (1993), S. 304.

deutlich hervor. Direkte epochale Bezüge ergeben sich zur Ideologie der Nacktkulturbewegung (s. Kap. I.3) und zur Kleidungsreform.[396]

Die persuasive Redehaltung, die, ähnlich wie in *Die zweite Nacht*, in eine präsentische Erlebnisstruktur übergeht, dient hier dem Zweck, die Ablehnung der bürgerlichen Lebenswelt zu formulieren. Sie wird in imperativische (man beachte die großzügige Verwendung der Ausrufungszeichen) Handlungsanweisungen umgesetzt, die jeweils auf einen stellvertretenden Teilausschnitt zielen (V. 1: „komm mir nicht im langen Kleid", V. 5: „reiß ab die Schleppe", V. 7: „Stell dich nicht erst vor den Spiegel groß"). Dadurch ist das Wertegefälle festgelegt, das der Gegenüberstellung von bürgerlicher und naturhafter Sphäre zugrunde liegt. Dem „Schloß" wird der „Wald" (V. 8) entgegengesetzt, der „Galatreppe" die „Berge" (V. 5), dem „langen Kleid", der „Schleppe" und dem „Mieder" die „kurzen Röcke" und die Nacktheit (V. 9: „blaß und bloß", V. 17: „wie dich Gott gemacht hat").

Als Maßstab der Bewertung dient weniger die „Schönheit" als der erotische Valeur („nur mit kurzen Röcken kann man lieben!", V. 6). Das „Mieder", wegen seiner gesundheitsschädlichen Auswirkungen Hauptangriffsziel der Kleidungsreformer, wird hier primär als erotisches Hindernis angesehen, der beklemmte Atem („du atmest mit Beschwerde", V. 14) wird zum Gleichnis der gefesselten Sinnlichkeit. In dieser Argumentation kommt ein humoristisch-burschikoser Zug zum Vorschein, der unter Dehmels erotischen Gedichten eine große Seltenheit darstellt.[397] Dem entspricht ein mittlerer Stil, der eine einfache, fast umgangssprachliche, stellenweise sogar schnoddrige Diktion („Stell dich nicht erst vor den Spiegel groß"; „weg den Plunder") kunstvoll in eine gleichmäßige Versstruktur einbindet. Dehmel profitiert hier vom Vorbild Liliencrons, dem er das Gedicht, kaum zufällig, gewidmet hat. Diese Stilhaltung, die sich auch in dem Verzicht auf bildhafte Redweise (ausgenommen nur das „Brautbett" im Schlußvers) ausdrückt, dürfte nicht zuletzt dafür verantwortlich sein, daß dieses Gedicht heute noch gelesen wird.[398]

Gleichwohl ist die Botschaft ernst gemeint: Deutlicher als in *Die zweite Nacht* wird die Natur zum Ort des erotischen Erlebens, in dem sich die Bestimmung des Menschen als Naturwesen erfüllt. Durch religiöse Anspielungen (V. 16-18: „Wunder", „wie dich Gott gemacht hat"„und dein Brautbett ist die ganze Erde") wird der nächtliche Wald zum Garten Eden stilisiert. Vor dem Hintergrund die-

---

[396] Übrigens widmete sich Dehmel dieser Frage nicht nur in seiner Dichtung: Für seine zweite Frau Ida entwarf er Kleider, die das Bequemlichkeitsgebot der Reformkleidung mit jugendstilhafter Ornamentik verbanden. Vgl. SCHUSTER (1983), S. 194; WEGNER (2000), S. 231ff.

[397] Vgl. ansonsten noch *Nicht doch!* (AL 94) und *Venus Adultera* (AL 219f.) aus *Aber die Liebe*.

[398] Ein Kuriosum: Das Gedicht ist unter dem späteren Titel *Empfang* abgedruckt in der Zeitschrift *Bild der Frau*, Nr. 33 (2006), vom 14.8.2006, S. 74.

ser biologisch-naturistischen „Anthropodizee“ (Fellmann)[399] werden die Errungenschaften der Zivilisation bedeutungslos. Ähnlich wie in den didaktisch-appellhaften Gedichten (Kap. III.3) präsentiert sich der Sprecher als Befreier, der mit dem Ausweg aus der urbanen Bürgerlichkeit zugleich den Weg zu einem neuen Paradieszustand weist.

III.6 Sozialkritik

6.1 Dehmels Stellung zur sozialen Frage

Dehmels soziale Gedichte machen nur einen geringen Anteil seiner lyrischen Produktion aus. Selbst bei einem weit gefaßten Begriff von ‚sozialer Lyrik' kommt nicht mehr als ein gutes Dutzend Gedichte zusammen.[400] Dennoch gehören einige von ihnen zum schmalen Repertoire Dehmelscher Lyrik, das durch den wiederholten Abdruck in zahlreichen Anthologien bis heute überdauert hat.[401] Sie müssen für Dehmels Zuordnung zum literarischen Naturalismus ebenso herhalten[402] wie für seine Inanspruchnahme durch die sozialistische Literaturgeschichtsschreibung.[403] Entgegen einem verbreiteten Vorurteil beschränkt

---

399 FELLMANN (1998), S. 32ff. Am ausgeprägtesten ist diese religiöse Stilisierung des Erotischen in Dehmels wohl skandalträchtigstem Gedicht *Venus Consolatrix* (vgl. HARTMANN 1998, 112f.), das hier nicht weiter behandelt werden kann. Ich hoffe, eine Interpretation in Kürze an anderer Stelle vorlegen zu können.

400 Aus den *Erlösungen* (1891): *Bergpsalm, Vierter Klasse, Zu eng, Ein Märtyrer, Die Magd, Ein Dankopfer*; aus den *Lebensblättern* (1895): *Erntelied*; aus *Weib und Welt* (1896): *Zukunft, Störung, Der Arbeitsmann*: später erschienen sind: *Predigt ans Großstadtvolk* (1901); *Maifeierlied* (1902).

401 Um nur die bekanntesten neueren zu nennen: ECHTERMEYER/VON WIESE (1954), S. 568 (*Der Arbeitsmann*); auch noch in der erweiterten Neuausgabe von 1973 (S. 531); in der neuesten Auflage (1993) ist Dehmel nicht mehr vertreten. – Ferner BENDER (1955?), S. 282 (*Der Arbeitsmann*), 282f. (*Erntelied*). – CONRADY (1977), S. 600 (*Der Arbeitsmann, Erntelied*); auch noch in der Neuausgabe (2000), S. 525f.
Fremdsprachige Anthologien bieten das gleiche Bild. So MARK VON DOREN (Hg.), Anthology of World Poetry. Translations by Ludwig Lewisohn, Jethro Bithell, Margarete Münsterberg. New York 1928 (*The Laborer, Harvest Song*); HUBERT CREEKMORE (Hg.), A Little Treasury of World Poetry, New York 1952 (Translations by Ludwig Lewisohn), S. 758ff. (*Harvest Song*). Diese Belege nach ORTH (1980), S. 33ff. Dort weitere Hinweise.
Soziale Gedichte Dehmels sind ferner in epochal begrenzten Textsammlungen enthalten. So in KARTHAUS (1977), S. 160ff. (*Ein Märtyrer, Der Arbeitsmann*). Außerdem in SCHUTTE /SPRENGEL (1987), S. 344f. (*Predigt ans Großstadtvolk*).

402 Vgl. MÜNCHOW (1970), S. 539-562. Eine bemerkenswerte Ausnahme bildet SCHUTTE (1982), S. 227-231 (*Wechselwirkung, Glockenklänge an Bismarck, Vor Sonnenaufgang*). Nicht aufgenommen wurde Dehmel von SCHMÄHLING (1984). Es ist denkbar, daß die Arbeit von FRITZ (1969), die sich ausführlich mit Dehmels Verhältnis zum Naturalismus auseinandersetzt (S. 6-38), diese Wende bewirkt hat.

403 So etwa: KLEINBERG (1927), S. 395f. Für den Hinweis danke ich Prof. Dr. Joachim Dyck, Bremen.

sich die soziale Lyrik jedoch nicht auf den Erstlingsband *Erlösungen* (1891). Das bei weitem populärste Gedicht sozialen Inhalts, *Der Arbeitsmann*[404], erschien erst 1896 in *Weib und Welt*, das ebenfalls sehr bekannte *Erntelied*[405] war in den *Lebensblättern* von 1895 enthalten.

Die sozialen Gedichte lassen sich in zwei Gruppen einteilen: 1. Überwiegend deskriptive, episch angelegte Milieubilder, die mit der Darstellung von schweren Einzelschicksalen auf Betroffenheit und Mitleid setzen (*Vierter Klasse, Zu eng, Die Magd, Ein Dankopfer, Störung*). 2. Den Einzelfall transzendierende oder von ihm abstrahierende, kurze liedartige Protestgedichte, die in eine – oft revolutionäre – Zukunftsperspektive münden (*Bergpsalm, Erntelied, Zukunft, Der Arbeitsmann, Maifeierlied*). Das Gedicht *Ein Märtyrer* liegt inhaltlich zwischen diesen Polen, weil es in eine revolutionäre Verheißung mündet, formal läßt es sich der ersten Gruppe zuordnen.

Während die Gedichte der ersten Gruppe, die – mit Ausnahme von *Störung* – 1891 in den *Erlösungen* erschienen, der Anklagehaltung des literarischen Naturalismus (s. dazu das Folgende) verpflichtet sind, verbindet sich in denen der zweiten Gruppe der soziale Inhalt mit den für Dehmel typischen Themen der Zukunft, der Erlösung, des Lebensglücks. Abgesehen vom *Bergpsalm* sind alle Gedichte dieser Gruppe 1895 oder später erschienen. Folglich scheint sich Dehmels Haltung zur sozialen Frage bzw. zur sozialen Dichtung zwischen 1891 und 1895 verändert zu haben. Eine Äußerung gegenüber dem Mentor Ebers über die sozialen Gedichte der *Erlösungen* bestätigt diese Vermutung: „Ja, Sie haben Recht: es steckt noch zuviel bloßes Mitleid in diesen sozialen Gedichten, noch nicht Glaube genug an die Glücksfähigkeit auch des bedrängtesten Gemütes, des beengtesten Geistes, des gequältesten Leibes."[406]

Damit traf Dehmel einen entscheidenden Punkt. Das bloße Mitleid gegenüber dem Elend der Arbeiterklasse wurde den Naturalisten bereits von den zeitgenössischen Sozialdemokraten vorgeworfen, weil es ihr Engagement als letztlich „bürgerliche" Haltung entlarvte. Dieser Vorwurf wurde, beglaubigt durch die gewichtige Stimme Georg Lukács'[407], von der marxistisch orientierten Literaturwis-

---

404 Siehe Anm. 405 auf dieser Seite. Zum *Arbeitsmann* vgl. ausführlich VIERING (1983). Bisher wenig bekannt und von der Dehmelforschung unbeachtet ist die Tatsache, daß Joseph Goebbels 1936 seine Rede auf dem Freizeit-Kongreß in Hamburg mit dem *Arbeitsmann* eröffnete (vgl. VICTOR KLEMPERER, Ich will Zeugnis ablegen bis zum letzten. Tagebücher 1933-1941, hg. v. Walter Nowojski unter Mitarbeit von Hadwig Klemperer, Berlin [11]1999, S. 290).

405 Siehe Anm. 2 auf dieser Seite.

406 29.9.91, I 59.

407 Vgl. LUKÁCS, Deutsche Literatur im Zeitalter des Imperialismus. Eine Übersicht über ihre Hauptströmungen. Berlin 1947, S. 11. Wieder in: G.L., Schriften zur Literatursoziologie. Ausgewählt und eingeleitet von Peter Ludz, Neuwied, Darmstadt, Berlin 1961 (Soziologische Texte, 9), S. 454.

senschaft bis in die siebziger Jahre des 20. Jahrhunderts fortgeschrieben.[408] An den dichterischen Früchten dieses Mitleids wurde kritisiert, daß man es bei einer statischen Beschreibung des Elends beließ, anstatt den Arbeitern eine optimistische Zukunftsperspektive oder gar einen politischen Lösungsvorschlag zu bieten.[409]

Mit dieser Pessimismus-Diagnose stimmte Dehmel durchaus überein, wenngleich er sie nicht auf die Auffassung der sozialen Zustände beschränkte. In seinem Aufsatz *Die neue deutsche Alltagstragödie* (1890/92) hatte er die Überbetonung der Gesellschafts*kritik* in Hauptmanns Drama *Vor Sonnenaufgang* kritisiert und eine Darstellung der positiven „treibenden Kräfte“ einer Zeit gefordert (s. Kap. II.2.2). Sein Appell an die Dichter, eine positive „Zukunftsidee“ zu gestalten, deckt sich mit der Forderung der sozialdemokratischen Kritiker. Er legte Wert darauf, dieses Konzept – gerade in bezug auf die Arbeiterklasse – nicht als simplen Trost zu verstehen: „Zwar zum Tröster fühle ich mich nicht berufen – Keinem gegenüber, auch dem *niedern Volke* nicht. [...] Aber Andere auf einen höhern Gesichtspunkt erheben – über ihre Eigenart und Lebenslage hinaus – sodaß [!] ihr Trieb zur Selbsterlösung, zur Hingabe ans ewig Allgemeine kräftiger und heftiger wird: ja, Das, Das ist die Sehnsucht meines Lebens [...].“[410] Aus der Ablehnung der bloßen Mitleidshaltung entwickelt er seine Poetik der sozialen Dichtung, die den Kampf, die Revolution in den Mittelpunkt stellt:[411]

> Meinen Sie denn wirklich, daß es denen [sc. den Arbeitern, B.S.] ein Trost ist, zu hören, daß in ihre dumpfen Kammern auch einmal von Zeit zu Zeit die Sonne scheint?! die Sonne der Gegenwart? – Denen ist es ein Trost, nach *der* Sonne zu schauen, die ewig

---

408 Vgl. HAMANN/HERMAND (1956), S. 217; MATTENKLOTT/SCHERPE (1973), S. 5; SCHERPE (1973), S. 126; SOLLMANN (1973), S. 189; MAHAL (1974), S. 30; BERNHARDT (1982), S. 8. Eine sachgerechtere Sichtweise forderte zuerst SCHEUER (1971), S. 191ff., bes. S. 195; vgl. ferner BRAUNECK (1974) und PFORTE (1974). Mit MAHALS Naturalismus-Buch (1975) kann die Diskussion um das Verhältnis von Naturalismus und Sozialismus als abgeschlossen gelten. Er liefert eine differenzierte und nachdenkliche Darstellung (S. 135-144) und empfiehlt eine kritische Haltung „gegenüber neuerdings zahlreichen Versuchen, in der Diskussion des Verhältnisses Naturalismus-Sozialismus den jüngstdeutschen Literaten den Vorwurf zu machen, sie hätte es bei allem emotionalen Engagement für die Sache der Benachteiligten an theoretischer Reflexion fehlen lassen – ein Vorwurf, den auch Brecht wiederholt erhoben hatte. – Denn: woher sollte den fünfundzwanzigjährigen Kleinbürgern, die als Literaten zuerst und zuletzt Individualisten waren und Gefühlssozialisten nur auf Zeit, aus ‚Mode‘, das Modell theoretischer Reflexion eigentlich zuwachsen? Sollten sie tatsächlich politisch reifer, weitsichtiger, einsichtiger sein als die Praktiker der Partei, die Liebknecht gelegentlich als ‚Staatspartei par excellence‘ bezeichnete?“ (S. 141)

409 Vgl. die Belege bei BRAUNECK (1974), S. 99ff. und PFORTE (1974), S. 181ff. Auch dieser Vorwurf wurde zum Gemeinplatz in der materialistischen Literaturwissenschaft: Vgl. MATTENKLOTT/SCHERPE (1973), S. 5; SOLLMANN (1973), S. 183; MAHAL (1974), S. 30. Zur sozialdemokratischen Zukunftsprognostik vgl. HÖLSCHER (1989), S. 199-377.

410 An Ebers, 29.9.91, I 59.

411 An Ebers, 27.11.91, Dehmel-Archiv: Br: D 665. Hervorhebung im Original unterstrichen. Zur Revolutionserwartung innerhalb der Partei und innerhalb der Arbeiterschaft vgl. HÖLSCHER (1989), S. 199-281.

voll und strahlend wirkt: die Sonne der Zukunft! Und für die Aufgabe und die heilige Pflicht des Dichters halte ich es, ihnen diese Sonne nicht als einen großen Suppentopf zu malen, sondern ihre Sehnsucht zu veredeln, ihnen Kraft und Schönheit des Leibes und der Seele zu lehren, nicht Sattheit und Behagen, die Niemand glücklich machen! – Also zum Kampfe will ich stärken! das ist heut der tiefste Trost für diese Hündlein am Tische des Lebens!

Er integrierte also die soziale Dichtung und die damit verbundene Wirkungsabsicht lückenlos in sein Konzept einer fortschrittsfördernden Dichtung, wie er sie in der *Alltagstragödie* bereits 1890 entwickelt hatte (s. Kap. II. 3). Hier wird bereits deutlich, daß er der Arbeiterbewegung nicht den Rang einer geschichtlich vorrangigen oder auch nur eigenständigen Bewegung zubilligte. Er betrachtete das Zukunftspathos der sozialistischen Weltanschauung[412] als Teil oder Ausdruck eines Veränderungswillens, aus dem letztlich das Naturgesetz selbst sprach (s. Kap. II.2.2): „Nun, ich wollte nur sagen, daß ich in dem Kampf des vierten Standes für die eigene bessere Zukunft eine solche treibende Kraft unsrer Zeit sehe, – nicht die höchste, aber Eine, die jeder Gewissenhafte mit ernstester Würdigung betrachten und im dargelegten Sinne unterstützen sollte."[413] Die sozialistische Theorie von der Herrschaft des Proletariats verwarf Dehmel völlig: „Ich für meine Person glaube überhaupt nicht, daß der socialistische Staat *an und für sich* auch nur eine Funken wahren Glückes in die Welt bringen würde."[414]

Was ihm imponierte, war der idealistische Impetus dieser Bewegung, ihre Fähigkeit, den Arbeitern Hoffnung auf eine bessere Zukunft einzuflößen.[415] Er glaubte sogar zu bemerken, „daß der begeisterte Glaube des Proletariers an sein materialistisches Dogma rätselhafter Weise einen *idealistischen* Rückschlag zu üben beginnt *auf das sittliche Bewußtsein unsres ganzen Volkes.*"[416]

Die Arbeiter interessierten Dehmel nicht als Klasse, sondern als Menschen, die er aufgrund ihrer Not, aber auch aufgrund ihrer Begeisterungsfähigkeit für besonders disponiert hielt, zur Entstehung des ‚neuen Menschen' beizutragen: „In diesen Schichten ist ja heut die meiste Sehnsucht flügge, frischen Menschenadel zu erzeugen, trotz aller Durchschnittsstreberei, die ihnen von manchen Parteiseelen gepredigt wird; denn dieser nichts als kritische Socialismus unserer Massenpolitiker kann mir schon seit langem nicht mehr imponieren, – damit bereitet man nur Reactionen vor!"[417] Daß Dehmel den Arbeiter – als Menschen

---

412 Vgl. dazu LÖWITH, Weltgeschichte und Heilsgeschehen, S. 42-61; KÜENZLEN (1994), S. 109-121.

413 An Ebers, 29.9.91, I 60. Vgl. auch den Tagebucheintrag vom 23.12.93, Bekenntnisse, 17.

414 An Ebers, 29.9.91, I 59. Ähnlich noch 1918 in einem Brief an Max Barthel: „Keine Änderung äußerer Zustände kann die Menschheit glücklicher machen; das erreichen wir, wenn es überhaupt in dieser Welt erreichbar ist, nur durch die langsame Läuterung unsers innersten Dichtens und Trachtens." (II 420)

415 Vgl. auch SLOCHOWER (1928), S. 125.

416 An Ebers, 29.9.91, I 60.

417 An Karl Henckell, 27.12.91, I 75.

und als Kunstrezipienten – nicht unter, aber auch nicht über Angehörige anderer Klassen stellte, hat er mehrfach betont.[418]

Die deutliche Unterscheidung zwischen Arbeitern und „Parteiseelen“[419] verrät eine Haltung gegenüber der SDAP, die für die literarische Intelligenz nach 1890 typisch war. Hatte vor 1890 die Unterdrückung der Partei durch das Sozialistengesetz ein Solidaritätsgefühl ausgelöst, das neben dem sozialen ‚Mitleid' die Hauptquelle des politischen Engagements gewesen sein dürfte, so führte die Bekanntschaft mit dem Alltag einer legitimen – und parlamentarisch erfolgreichen – Partei schnell zur Ermüdung des Interesses.[420] Spätestens mit dem Gothaer Parteitag der SDAP von 1896, auf dem das Engagement der jungen Literaten diskutiert wurde, endete deren Solidaritätsgefühl mit der Sozialdemokratie.[421] Die entstandene weltanschauliche Lücke füllte die durch diese Umstände begünstigte Rezeption Nietzsches, dessen heftiger Affekt gegen den „Heerdentrieb“, die „Mittelmässigkeit“, die „Vielzuvielen“ begeistert übernommen wurde.[422] Freiligraths Wort vom Dichter auf der „höhern Warte als auf den Zinnen der Partei“ wurde in diesen Jahren zur vielzitierten Formel. Auf seine politische Zugehörigkeit befragt, antwortete Dehmel seinem Bruder: „Zu welcher Partei ich gehöre? zu garkeiner! Ich bin weder Anarchist, noch Sozialist, noch conservativ, noch liberal, sondern Alles dies zusammen und noch etwas mehr. Ein Dichter hat nämlich keine höhere Aufgabe, als allen menschlichen Bestrebungen gerecht zu werden.“[423]

Daß die Abkehr von der Partei nicht notwendig die Abkehr vom vierten Stand und seinen Problemen bedeuten muß, beweist die Tatsache, daß Dehmels bekannteste soziale Gedichte ab 1895 entstanden sind, das *Maifeierlied* erst 1902. Er hielt Rezitationsabende vor Arbeitervereinen ab[424] und publizierte – soweit ging

418 In dem Artikel *Bedarfskunst?!* (1898) bescheinigt Dehmel dem „Einzelmensch[en] die Pflicht, ob Fürst ob Arbeitsmann, jedwede Leistung eines Künstlers nach Kräften zu belohnen“ (*Bedarfskunst?!*, S. 100). Ebenso schrieb er 1896 an Friedrich Binde: „Im Übrigen gönne ich jedem Menschen seine Freude an der Kunst, dem Krösus so gut wie dem Proletarier.“ (Unbekannte Briefe Richard Dehmels, S. 479.)

419 Die Erforschung des politischen Engagements der Jüngstdeutschen leidet größtenteils darunter, dass zwischen Partei und Arbeitern, zwischen Sozialismus und sozialer Frage nicht klar unterschieden wird.

420 Vgl. dazu ausführlich PFORTE (1974) und SCHEUER (1974). Zur integrativen Wirkung der Sozialistenverfolgung vgl. auch NIPPERDEY (1992), S. 357f.

421 Vgl. BRAUNECK (1974), S. 107ff.; SCHERER (1974), S. 139-193. Vgl. auch die Auszüge aus den Protokollen bei BRAUNECK/MÜLLER (1987), S. 563-576 sowie ROTHE (1986), S. 209-233.

422 Vgl. LUKÁCS (1947), S. 11 ff.; HAMANN/HERMAND (1960), S. 172ff.; SCHEUER (1974). Zur literarischen Nietzscherezeption um 1890 vgl. PÜTZ (1967), S. 67-89 und HILLEBRAND (1978), S. 1-14.

423 An Carl Dehmel, 6.1.01, I 363.

424 Vgl. PAUL FRÖLICH, Richard Dehmel, in: *Die neue Zeit* 27 (1908/09), S. 302-307 (20.11.1908), hier: S. 306f.

also das Ressentiment doch nicht – im sozialistischen *Vorwärts*[425] und in den *Sozialistischen Monatsheften*.[426] Zu denken ist ferner an seine Überlegungen zur Volksbildung, wie er sie in den Essays *Aus Berlin* (1895) und *Bedarfskunst?!* (1898) vortrug (s. Kap. II.3) und die den vierten Stand explizit einschlossen.[427]

Die positive Aufnahme seiner Gedichte durch die Arbeiter bestätigt diese Einschätzung.[428] Als dem Dichter 1908 in einem Artikel der sozialdemokratischen *Neuen Zeit* das Verständnis der Arbeiterbewegung abgesprochen wurde[429], erhob sich wütender Protest, der sich in einer Fülle von Leserbriefen entlud.[430] Dehmel selbst behauptete 1896 gegenüber Alfred Lichtwark, daß seine „wärmsten Verehrer" unter anderem „in den Kreisen von Handarbeitern" zu finden seien.[431] „Auf das *ver*bildete Publicum pfeife ich; da ist das ungebildete mir lieber."[432]

6.2 ‚Bergpsalm' (1891)

Am Gedicht *Bergpsalm* aus den *Erlösungen* (159-161) soll Dehmels Haltung zur sozialen Frage näher expliziert und sein Beitrag zur sozialen Lyrik der achtziger und neunziger Jahre beurteilt werden. Der *Bergpsalm* eignet sich für die Betrachtung in dieser Studie, weil er das Verhältnis des Dichters zum Leiden des Proletariats thematisiert und damit sozusagen eine soziale Poetik *in nuce* enthält. Das Gedicht erschien erstmals 1891 in den *Erlösungen*. Leicht verändert wurde es in die Sammlung *Lebensblätter* (1895) und in die zweite Ausgabe der *Erlösungen* (1898) aufgenommen. Anhand von deren chronologischer Anordnung und der Widmung an die Brüder Hart in den *Lebensblättern* (LB 92) läßt sich die Entstehung auf den Beginn der neunziger Jahre datieren.

> Der Sturm hat seine Schlangen losgelassen –
> in langen Wogen rauschen Gras und Rohr –
> es zischt der See – die Weiden, silberblassen
> zerwühlten Hauptes, seufzen laut empor.

---

425 Das Maifeierlied erschien dort am 1.5.1904. Vgl. VIERINGS Anmerkungen in *Gedichte*, S. 129.

426 Vgl. den Brief an Peter Heinrich Dehmel, 24.10.18, II 439.

427 Vgl. *Aus Berlin*, S. 111.

428 Vgl. VIERING (1983), S. 55ff.

429 PAUL FRÖLICH, Richard Dehmel: „Dehmel ist ein Dichter der modernen Bourgeoisie, einer genießenden, keiner kämpfenden Klasse." (S. 307.)

430 Im Anschluß an den Artikel von KARL PETERSON, Richard Dehmel noch einmal, in: *Die neue Zeit* 27 (1908/09), S. 778-784 (19.2.1909), erklärt die Redaktion: „Der Artikel des Genossen Frölich hat uns eine ganze Anzahl Entgegnungen aus Parteikreisen eingetragen, die alle abzudrucken mindestens ein oder zwei Hefte beanspruchen würde. Wir müssen uns deshalb daran genügen lassen, die eingehendste wiederzugeben, die im wesentlichen zusammenfaßt, was die anderen auch enthalten." (S. 784)

431 An Lichtwark, 11.3.1896, I 233.

432 Ebd.

Empor, empor! dort wo die Kiefern sausen,
auf kahler Höhe will ich einsam stehn –
und meine ferne Heimat dämmern sehn –
und hören, wie die dunkeln Wolken brausen.

Ihr grauen Pilger über mir – wohin?
O könnt' ich *fassen* eure rollenden Locken,
wie ihr *aus*schütten in den Sturm – aus Sinn
und Seele – meiner *Dumpfheit* Nebelflocken!
O meine Heimat –! schimmernd winkt der Fluß
und grüßt zum Himmel aus dem Blau der Bäume,
wie aus dem Zauberwald der Kinderträume
der Mutter Blick, der Mutter reiner Kuß ...

Was *weinst* du, Sturm?! *Hinab,* Erinnerungen!
dort pulst im Dunst der Weltstadt zitternd Herz!
es zuckt ein Schrei auf *Millionen* Zungen
nach Glück und Frieden: Wurm, was *will* dein Schmerz!
nicht sickert Einsam mehr von Brust zu Brüsten
aus *stiller Tiefe* nur der Sehnsucht Quell:
heut stöhnt ein *Volk* nach Liebe, wild und gell, –
und *Du* kannst schwelgen noch in Wehmutslüsten?!

siehst du den Qualm mit dicken Fäusten drohn
dort überm Wald der *Schlote* und der *Essen?*
auf deine Reinheitsinbrunst schwarz ein Hohn
der Arbeit, deren Geist *ihr Schmutz* zerfressen!
Du hast *gebuhlt* mit deiner Sehnsucht bloß,
in dumpfer Glut dich selber nur genossen:
schütt' aus den *Segen,* der dir zugeflossen,
und deine Sünde stirbt im Eignen Schooß! –

Und blutig glüht es um die zackigen Türme,
ein Dornenkranz umflammt die Stirn der Stadt;
ein goldner Fächer scheucht die Wolkenstürme,
herniedersprießt ein Sonnenpalmenblatt.
O Herz der Weltstadt, Millionenstimme,
die gell nach Brot vor *Seelen*hunger schreit:
hinquillt wie Heilandsblut in diese Zeit,
der Strom der *Liebe* quillt aus deinem Grimme!

Den Kelch des *Schweißes* seh' ich geistverklärt,
das Kreuz der Mühsal *blüten*laubumflattert – –
Was *lacht* der Sturm?! Im Rohr der Nebel gärt,
knarrend die Kiefer ächzt, mein Mantel knattert:
Empor aus deinem *Rausch!* Wünsche, ins Grab!
nicht laß in Träumen deine Glut vermodern,
laß du aus *Thaten* deinen Glauben lodern! –
Empor, mein Geist! Hinab, mein Herz – – hinab!

Die Bezeichnung „Psalm“ stellt das Gedicht zunächst unter religiöse Vorzeichen. Wie schon mehrfach erwähnt wurde, stellt die Verwendung ursprünglich religiöser Formen bei Dehmel keine Seltenheit dar. Mehrere Gedichte der *Erlösungen* tragen das Wort Psalm im Untertitel (*Zweifel. Psalm eines Verstoßenen*; *Gewittersegen. Psalm zwischen Wolken*), im Titel selbst kommt es nur im *Bergpsalm* vor.

Eine direkte Parallele ergibt sich zu einem schmalen Gedichtband Joseph Viktor von Scheffels, der 1870 unter dem Titel *Bergpsalm* erschienen war. Während jedoch Scheffel Sprechhaltung und Formzüge der biblischen Psalmen nachahmt[433], handelt es sich bei Dehmels *Bergpsalm* formal um ein Gedicht konventioneller Machart. Er besteht aus sechs Strophen mit je acht jambisch fünfhebigen endgereimten Versen (ababcddc). Konventionell ist auch das thematische Umfeld: Ein lyrisches Ich erlebt in freier Natur einen Moment der Zerrissenheit, der in Sturm- und Nebelwetter seine motivische Entsprechung findet. Der monologische Sprechgestus ergäbe zwar eine Analogie zum Psalter, entspricht aber in diesem Kontext noch eher dem romantischen Naturgedicht. Dem religiösen Titel korreliert allerdings die auffallende Verwendung christlicher Begriffe und Symbole in den letzten beiden Strophen (s.u.). Inwieweit das Gedicht als Ganzes die Bezeichnung „Psalm“ rechtfertigt, kann erst die weitere Interpretation ergeben.

Innerhalb des Dehmelschen Werks steht der *Bergpsalm* neben der sozialen Lyrik im Zusammenhang mit einigen Gedichten, die sich von jugendlicher Schwärmerei und Selbstbefangenheit distanzieren, wie etwa *Kunst und Liebe* (ERL 130) oder *Jugendweisheit* (ERL 147f.).[434] Im *Bergpsalm* vollzieht ein lyrisches Ich vor düsterer Naturkulisse die Abkehr vom romantisch sentimentalen Weltschmerz, indem es seine Verpflichtung erkennt, sich mit „Thaten“ für die Not leidenden Arbeiter einzusetzen. Damit wird der menschliche Reifungsprozeß, der den *Erlösungen* insgesamt zugrunde liegt, im kleinen Maßstab wiederholt. Auch wenn vom Dichter nicht ausdrücklich die Rede ist, kann das Gedicht ebenso als poetologische Reflexion gelesen werden, die angesichts drängenden sozialen Elends das Ende der sentimentalen Stimmungslyrik erklärt. Entsprechend seinem Verständnis der Arbeiterbewegung (s.o.) faßt Dehmel die Lage der Arbeiter in diesem Gedicht als seelische Not („Seelenhunger“) auf. So erklärt sich auch die Verwendung religiöser Bildersprache, mit deren Hilfe das Leid der Arbeiter beschrieben und gedeutet wird.

Dem Inhalt nach läßt sich das Gedicht in drei Abschnitte zu je zwei Strophen einteilen. Das sentimental-nostalgische Naturerleben („O meine Heimat –! schimmernd winkt der Fluß“, V. 13) der ersten beiden Strophen wird mit Beginn der dritten Strophe durch den Gedanken an die Großstadt unterbrochen. Die

[433] Zu formalen und rhetorischen Eigenschaften der biblischen Psalmen vgl. BACH/GALLE (1989), S. 30-45.

[434] Zu dieser Thematik und den beiden angeführten Gedichten s. ausführlich Kap. III.1.1.

Strophen drei und vier paraphrasieren den Widerspruch von bürgerlich kultivierter Innerlichkeit des lyrischen Ich und seelischer Not der Arbeitermassen. Gegen Ende der vierten Strophe erfolgt bereits der Umschlag von der sentimentalen Selbstbespiegelung zur altruistischen Tätigkeit. Die Strophen fünf und sechs gehören der pathetischen Bekräftigung dieses Vorhabens, der abermals eine passende Naturkulisse korrespondiert: Die Sonne bricht durch die Wolken. Dieser Naturvorgang löst im Sprecher des Gedichts eine religiöse Vision aus (V. 33-36). Durch weitere christliche Symbole („Heilandsblut“, „Kelch“, „Kreuz“) werden Not und Befreiung der Arbeiter dem christlichen Heilsmodell von Leiden und Erlösung parallelisiert. Dann erwacht der Sprecher aus seiner Vision, und das Gedicht endet mit der emphatischen Selbstanrufung (V. 45-48):

> *Empor* aus deinem *Rausch*! Wünsche, ins Grab!
> nicht laß in Träumen deine Glut vermodern,
> laß du aus *Thaten* deinen Glauben lodern! –
> Empor, mein Geist! Hinab, mein Herz – – hinab!

Während Dehmel für die Naturbeschreibung auf Stillage und Motivik der Sturm-und-Drang-Hymnen zurückgreift (V. 5f.: „Empor, empor! dort wo die Kiefern sausen, / auf kahler Höhe will ich einsam stehn –“), bewegt sich seine Großstadtdarstellung („Weltstadt“, „Millionen“, „Qualm“, „Schlote“, „Essen“, „Brot“ und „Hunger“) ganz und gar in den Geleisen der naturalistischen Lyrik der achtziger Jahre. Dort war die Gegenüberstellung von Natur- und Großstadterfahrung bereits durchgespielt worden.[435] Ungewöhnlicher ist dagegen die Verwendung religiöser Symbolik.

Eine ähnliche Konstellation von Modernitätspathos, Sturmkulisse und religiöser Symbolik kennzeichnet das Gedicht *Berlin* von Julius Hart. Das dort gegen Ende entworfene Naturszenario sieht dem Dehmelschen verblüffend ähnlich.[436] Der durch die Wolken dringende Sonnenstrahl bildet keinen Dornenkranz, sondern ein „Antlitz blutüberströmt“, das aber ebenso als Synekdoche für den Gekreuzigten gelesen werden kann. Die assoziative Verbindung der Lehre Jesu mit der sozialistischen Revolutionshoffnung, literarisch greifbar bereits im Vormärz[437] und beim revolutionär gestimmten Wagner[438], bietet auch Arno Holz in dem Gedicht *Noch Eins!*.[439]

---

[435] Vgl. etwa Arno Holz, *Frühling*; Julius Hart, *Nach Berlin*; Karl Henckell, *Am Brückenrand.* Alle enthalten in SCHUTTE (1982).

[436] „Gewitter rollen auf, die Sinne dunkeln: / Schlachtruf durchgellt die Luft, der Himmel bricht, / Durch schwarze Wolken fährt ein feurig Licht [...]“. Zitiert nach: SCHUTTE (1982), S. 46.

[437] Stellvertretend sei eine Passage aus Heines *Geständnissen* (1854) zitiert: „Es giebt wahrhaftig keinen Socialisten, der terroristischer wäre als unser Herr und Heiland, und bereits Moses war ein solcher Socialist, obgleich er, als ein praktischer Mann, bestehende Gebräuche, namentlich in Bezug auf das Eigenthum, nur umzumodeln suchte.“ (HEINRICH HEINE,

Die Amalgamierung religiöser und politischer Inhalte erklärt sich zunächst aus dem allgemeinen Messianismus der Zeit, der auf alle Gebiete des öffentlichen Lebens übertragen wurde.[440] Daß der Sozialismus den Arbeitern eine Heilslehre bereitstellte, die den christlichen Erlösungsglauben funktional ersetzte[441], fiel bereits den Zeitgenossen auf.[442] Auch Dehmel notierte 1893 in sein Tagebuch: „Die wissenschaftliche Analyse unsres Jahrhunderts hat die alten Menschheitsbegriffe, die alten Gemeingefühle untergraben; [...] Das Volk von heute, der ‚vierte Stand', der hat *sich* eben unter sich einen neuen, wenn auch beschränkten Menschheitsbegriff gebildet. Er *hat* ein Dogma: das sozialistische!"[443] Er betrachtete frühes Christentum und Sozialismus als kulturelle Bewegungen, die er beide im umgreifenden Prozeß der Menschheitsentwicklung (s. Kap. II.2) aufgehoben sah. Gelegentlich äußerte er sogar die Vermutung, daß in der Theorie des Sozialismus die Lehre des Neuen Testaments fortwirke: „Die modernen socialen Ideen sind eben auch so eine Folge des inneren treibenden Principes der Jesuslehre [...]".[444] Umgekehrt faßte er die Lage der Arbeiter in erster Linie als seelische Qual auf (s.o.), wie es im *Bergpsalm* unmißverständlich formuliert ist (V. 37): „O Herz der Weltstadt, Millionenstimme, / die gell nach Brot vor *Seelen*hunger schreit [...]". Wenn es weiter heißt: „der Strom der Liebe quillt aus deinem Grimme!" (V. 40), so drückt sich darin die Überzeugung aus, daß auch die Verzweiflung, die Wut, die Negativität des Proletariats wieder positiv in den Entwicklungsprozeß einmündet: „Einst wird Jeder, der Lust hat, sehen können, was

Werke, Düsseldorfer Ausgabe, Bd. 15: Geständnisse, Memoiren und kleinere autobiographische Schriften. Bearbeitet von Gerd Heinemann, Hamburg 1982, S. 46.)

438 Noch während seiner Dresdner Zeit (1849) plante Wagner eine Oper sozialrevolutionären Inhalts mit dem Titel *Jesus von Nazareth* (vgl. KROPFINGER 1984, S. 436).

439 „Es wandelt der neue Jesus Christ / Still durch die Völker schon: / O glaubt mir, *unser* Jahrhundert ist / das Jahrhundert der Revolution!" Zit. nach SCHUTTE (1982), S. 67.

440 Vgl. WUNBERG (1969).

441 Vgl. LÖWITH (1953), J. GEBHARDT (1984), HÖLSCHER (1989), S. 135-198; KÜENZLEN (1994), S. 76ff.

442 So spricht WILHELM BÖLSCHE vom „weltlichen Evangelium der philosophischen Vertreter des modernen Sozialismus" (Die Weltanschauung der Jahrhundertwende, in: *Freie Bühne* 2/1891, S. 33-35, hier: 35); ERNST SEIFFARTH schildert seine Eindrücke von der Maifeier 1891 folgendermaßen: „Aber das markige Wort des Redners hallt [...], vor dem gesenkten Blick der Tausende erscheinen das Elend, die Not, die Enge der Stadt, der Jammer des zerfallenden Familienlebens, die ungeheure Folterbank der Erwerbsjagd ... und darüber, vage, unbestimmt, aber mit einem Duft der Heiligkeit, der absoluten Jungfräulichkeit die soziale Erlösung, der große moderne Jenseitstraum, das Jenseits nicht nach dem Tode, sondern nach dem Ende dieser Gesellschaft [...]" (Träumereien zur Maifeier, in: *Freie Bühne* 2/1891, S. 441-443, hier: 442). MICHAEL GEORG CONRAD spricht von der „Sozialdemokratie als parlamentarischer Partei und politischer Heilskirche" (Die Sozialdemokratie und die Moderne, in: *Die Gesellschaft* 7/1891, S. 583-92 u. 719-41, zit. nach BRAUNECK/MÜLLER 1987, S. 534-39, hier: 535).

443 23.12.1893, Bekenntnisse, S. 16f.

444 An Simon Hermann, 17.10.1887, I 31.

hinter den Kämpfen der Rassen und Klassen heute als neuer Wert für jeden Einzelnen aufbegehrte [...]" (LB 12).

Es ist typisch für Dehmel, daß er die religiöse Vision seines Protagonisten zu guter Letzt ironisch relativiert. Im zweiten und dritten Vers der sechsten Strophe (V. 42f.) wird sie plötzlich unterbrochen. Es bleibt unklar, ob sich das „Empor aus deinem Rausch" auf die religiöse Vision oder die sentimentale Selbstbespiegelung bezieht. Die Unterbrechung der Vision erfolgt, als diese ins übersteigert Phantastische umzuschlagen droht, was durch das in seiner Länge und anakreontischen Färbung eher komisch wirkende Kompositum „blütenlaubumflattert" signalisiert wird. Einen wichtigen Hinweis gibt die anschließende Interpunktion. Der doppelte Gedankenstrich am Ende des zweiten Verses signalisiert eine abrupte Unterbrechung, die durch den Sturm bewirkt wird. Dieser fungiert, wie schon im dritten Vers, als Stimmungsindikator für die anschließenden Strophen: Hatte es vor der Schilderung des Großstadtelends geheißen „Was *weinst* du, Sturm?!" (V. 17), so fragt sich der Sprecher nun: „Was *lacht* der Sturm?" (V. 43). Der Doppelpunkt am Ende von Vers 4 der Strophe setzt den Aufruf „Empor..." in ein direktes Verhältnis zum Sturm und dessen akustischen Folgeerscheinungen („knarrend die Kiefer ächzt, mein Mantel knattert", V. 44), die Worte werden der Naturerscheinung in den Mund gelegt. Also bezieht sich der Aufruf mit großer Wahrscheinlichkeit auf die religiöse Vision. Dafür spricht ebenso, daß Dehmel diesen Kunstgriff – gewöhnlich als Erwachen aus einem Traum[445] – noch häufiger für Gedichte verwendet, in denen sich ein Sprecher von allegorischen oder mythischen Gestalten umgeben sieht.[446] Dadurch wird jedoch die religiöse Symbolik nicht etwa entwertet, sondern der religionskritischen Haltung des späten neunzehnten Jahrhunderts angepaßt und damit salonfähig erhalten.

Mit seiner hohen Stillage und der starken christlichen Symbolik richtet sich das Gedicht sicher nicht an ein proletarisches Publikum. Darin entspricht es dem Großteil der naturalistischen sozialen Lyrik der achtziger Jahre, insbesondere aus der Feder der Brüder Hart und Hermann Conradis, die eine Dichtung von Intellektuellen für Intellektuelle darstellte. Das gilt selbst für viele Gedichte Karl Henckells, des wohl bedeutendsten und begabtesten sozialen Lyrikers seiner Zeit. Um Einfachheit bemühte sich dagegen Bruno Wille in seinem Gedichtband *Ein-*

---

445 Vgl. FRITZ (1969), S. 136ff. Wenn man Dehmels zweiter Frau glauben darf, beruhen alle Traumszenen in Dehmelschen Gedichten auf tatsächlichen Träumen. Vgl. PAMPERRIEN (1924), S. 29, Anm. 3, der sich auf eine mündliche Mitteilung Ida Dehmels beruft. Dehmel hat Träume sehr ernst genommen und nicht selten in Gedichte umgesetzt, weil er vermutete, daß sich ihm auf diesem Wege psychologische Wahrheiten erschlössen. (Vgl. den Brief an Carl du Prel vom 16.9.1891, I 52.)

446 ERL: *Die Wahrheit. Ein Traum* [!]; *Der Wunsch. Ein Traum.* AL: *Bastard, Jesus der Künstler.* LB: *Jesus und Psyche. Phantasie bei Klinger.* WW: *Eva und der Tod.* Das Gedicht *Venus Consolatrix* (WW) das eine Marienerscheinung schildert, wird zwar als Tagtraum eingeleitet, am Ende aber nicht wieder aufgelöst.

siedler und Genosse (1891), der als Parteimitglied und Volksbühneninitiator das proletarische Publikum sicherlich im Blick behielt. Der populäre Balladen- oder Volksliedton, den Wille und vor allem Henckell in vielen ihrer sozialen Gedichte eingesetzt haben, kennzeichnet auch die erfolgreichsten sozialen Gedichte Dehmels (s.o.). Ein gleiches gilt für die inhaltliche Perspektive des Gedichts. Auch wenn es sich gedanklich des sozialen Elends annimmt, bleibt der Großteil des Textes auf die Introspektion des lyrischen Ich beschränkt, anstatt sich der sozialen Wirklichkeit deskriptiv zuzuwenden[447] oder die Perspektive des Arbeiters selbst einzunehmen. Indem es jedoch genau diesen Widerspruch thematisiert, reicht Dehmels Gedicht *Bergpsalm* über die soziale Lyrik des frühen Naturalismus hinaus.

[447] Diese Unterscheidung hat JOHANNES MAHR (1982) anhand der Eisenbahnlyrik des 19. und 20. Jahrhunderts herausgearbeitet (vgl. S. 177). Dehmels Eisenbahngedicht *Vierter Klasse* gilt Mahr als Beispiel für die verwirklichte thematische Hinwendung zum Mitreisenden (vgl. MAHR 1982, S. 181ff.).

IV. Nachwort: Lebensreform – Décadence – Modernität

1.

Literaturgeschichtliche Rekonstruktionen der Moderne um 1900, der ‚klassischen Moderne', folgen gewöhnlich dem entwicklungslogischen Dreischritt Naturalismus – Ästhetizismus – Expressionismus bzw. Avantgarde.[1] Grundlage dieser historischen Engführung bildet ein literarästhetisch gewonnener Begriff von Modernität, der aus den kanonisierten Werken von Holz und Schlaf über Hofmannsthal und Rilke bis zu Trakl, Heym, Carl Einstein und Kafka gewonnen wird. Dadurch entsteht leicht der Eindruck, als ob es zwischen diesen Stationen keine genuin modernen theoretischen oder künstlerischen Leistungen gegebens habe, sondern nur entweder Epigonen des Idealismus und des ‚bürgerlichen' Realismus oder Vorläufer der ‚reaktionären' Heimatkunst. An diesem Modernebild konnten die Autorenmonographien der Kafitzschule (s. Einleitung), konnten die Studien von Fick (1993), Braungart (1995) und Riedel (1996) nichts ändern, wie sich an neueren umfangreichen Sammelwerken zur literarischen oder ästhetischen Moderne ablesen läßt.[2]

In Wirklichkeit existierte zwischen 1885 und 1895 eine breite, inhaltlich erstaunlich klar konturierte ästhetische und poetische Strömung, die sich selbst als durchweg modern verstand, indem sie sich exakt zwischen Naturalismus und Ästhetizismus positionierte – nämlich in doppelter Absetzung – und dabei Elemente der Avantgarde vorwegnahm. Der Ausschluß ihrer führenden Köpfe aus dem literaturgeschichtlichen Bild der Jahrhundertwende wird gewöhnlich dadurch gerechtfertigt, daß ihnen Modernität schlicht abgesprochen wird. Was aber ist modern? Modern ist Sprachkrise und Mimesisverzicht, modern ist Introspektion, Ich-Verlust und Modernisierungskritik, modern ist, mit einem Wort, der junge Hugo von Hofmannsthal. Unmodern dagegen ist Optimismus, jedenfalls zwischen 1880 und 1900, unmodern sind utopische Versöhnungsphantasien, die gern als ‚kleinbürgerlich' abqualifiziert werden (und die zwanzig Jahre später, im Expressionismus, dann wieder modern sind). Unmodern ist Ideen- und Erlebnislyrik, unmodern ist Gegenständlichkeit, unmodern ist der ebenfalls ‚bürgerliche' Werkbegriff, der angeblich erst von der Avantgarde aufgesprengt wird.

---

1 Ästhetizismus verschwimmt dabei mit den zahlreichen mehr oder weniger unscharfen stil- oder bewußtseinsgeschichtlichen Etiketten, die sich allesamt in der Absetzbewegung vom Naturalismus treffen: Symbolismus, Neuromantik, Impressionismus, (literarischer) Jugendstil, Fin de Siécle, Décadence.

2 Vgl. bes. die Sammelbände von PIECHOTTA (1994), GRIMMINGER (1995), VIETTA/KEMPER (1998).

Berechtigt ist diese Konstruktion insofern, als sie eine Entwicklungslinie sichtbar macht, die vom französischen Symbolismus bis zu den Sprachexperimenten und der Aktionskunst des zwanzigsten Jahrhunderts reicht. Es wäre auch gar nicht weiter schlimm, daß Autoren wie Dehmel, Heinrich und Julius Hart als ‚unmodern' angesehen werden. Unglücklicherweise besitzen jedoch Begriffe wie Moderne, Modernität, Avantgarde – und zwar weit stärker als andere Epochenbezeichnungen – eine Tendenz zu Wertungsinstrumenten. ‚Nicht modern' ist für weite Teile der germanistischen Forschung zur Jahrhundertwende gleichbedeutend mit ‚unbedeutend', mit ‚nicht existent'. Daß es sich nicht nur um Wertungsbegriffe, sondern vermutlich sogar um verpuppte Geschmacksurteile handelt, zeigt sich daran, daß ‚modern' immer nur die Autoren sind, die seit sechzig Jahren zum literarischen Kanon gehören. Hinter ihren Bestimmungen von Modernität, die sich historisch-dialektisch, ideologiekritisch geschult präsentieren, schleppt die Germanistik einen Kanon fort, der seinen Ursprung nirgendwo anders hat als in der Literaturwissenschaft der Nachkriegszeit, von der sich zu distanzieren seit fast vierzig Jahren zur Topik jeder Methodenschule gehört. Das führt zu dem paradoxen Phänomen, dass seitdem jedes neue Literatur- oder Modernekonzept an den immer gleichen Autoren – Hauptmann, Hofmannsthal, Rilke, George, Mann, Kafka, Trakl, Heym, Carl Einstein, vielleicht noch Holz und Schlaf – exemplifiziert wird.[3] Eine Disziplin, die mit dem Anspruch auftritt, den elitären Klassizismus der Nachkriegsphilologie hinter sich gelassen zu haben, und eine Erweiterung des Literaturbegriffs reklamiert, kann sich ein derart unhistorisches Vorgehen nicht erlauben.[4]

Die Kanonisierung der sogenannt ‚klassisch modernen' Autoren, vorbereitet sicherlich durch innerliterarische Rezeptionsprozesse bis zum Ende der zwanziger Jahre[5], wurde nicht zufällig erst nach dem zweiten Weltkrieg zementiert. Die existentialistische Stimmung unter den Philologen der Nachkriegszeit sorgte dafür, daß sich die Literaturwissenschaft der fünfziger und sechziger Jahre, soweit sie die Zeit um 1900 behandelte, mit Autoren wie Rilke und Kafka einen scheinbar wahlverwandten Gegenstand suchte und ihnen bereitwillig in den „Weltinnenraum" nachfolgte. In eine ganz ähnliche Richtung zielte die von der 68er Philologengeneration nachgeholte theoretische Fundierung des hier kritisierten Modernitätskonzepts. Sie stand nämlich, wie sich bis in neueste Publikationen

---

3 Die einzige bemerkenswerte Ausnahme bildete lange Zeit – darauf deuten die Namen Hauptmann, Holz und Schlaf – der Naturalismus, der, nach dem Krieg zunächst als undichterisch abgewertet, durch Wilhelm Emrichs Holz-Edition, und dann durch die marxistische inspirierte Literaturwissenschaft der siebziger Jahre eingehend erforscht wurde.

4 Zwar sind seit den siebziger Jahren zahllose Arbeiten zu *poetae minores*, Randfiguren des literarischen Betriebs erschienen. Auf die Konturen des Rahmenkonzepts „Moderne" hat das erstaunlicherweise beinahe keinen Einfluß genommen.

5 Kennzeichnend sind etwa Gottfried Benns Reden über Heinrich Mann und Stefan George.

zeigt, maßgeblich unter dem Einfluß der Frankfurter Schule, die die kulturelle Moderne und ihre Erforschung bis heute auf die Kategorie der Rationalisierungskritik verpflichtet.[6] Daß Autoren wie Kafka oder Rilke als Exempel eher in Frage kommen als Conradi, Dehmel oder die Brüder Hart, leuchtet erst dann ein, wenn man sich erinnert, dass deren prononcierter Irrationalismus unter dem Stichwort „Zerstörung der Vernunft" (Lukács) in noch größeren Ideologieverdacht geriet als die Webersche Zweckrationalität.[7] Außerdem, und hier liegt vielleicht der wichtigere Grund für die Fixierung des Kanons, bedurfte das ideologiekritische Modernekonzept paradoxerweise der ästhetischen Autorität oder Dignität der kanonisierten Autoren, um als glaubwürdige Alternative auftreten zu können.

In beiden Fällen – Kanon wie Theoriekonzept – zeigt sich also weniger historische Unkenntnis als das schlechte politische Gewissen einer Literaturwissenschaft, die mit beinahe ängstlicher Korrektheit das kritische Bewußtsein sowohl ihres Gegenstands als auch ihrer selbst zu demonstrieren bemüht war. Fast vierzig Jahre nach der Studentenrevolte und ihren wissenschaftlichen Ausläufern wäre eine historisch deskriptive Erweiterung des Modernebegriffs ebenso sinnvoll und wünschenswert wie eine Öffnung des damit verbundenen Kanons. Anstatt Jahr für Jahr neue Interpretationen des schon 1970 „allmählich zu Tode zitierten" Chandos-Briefs (Jost Hermand)[8] vorzulegen[9], sollte die Literaturwissenschaft Figuren wie Heinrich und Julius Hart, Hermann Conradi, Conrad Alberti oder Richard Dehmel mehr wissenschaftliche Aufmerksamkeit und wenigstens die eine oder andere Teiledition widmen.[10] Die vorliegende Darstellung hat vielleicht deutlich gemacht, daß ihre Schriften kulturhistorisch häufig signifikanter sind als die kunstvoll polierten ‚zeitlosen' Schmuckstücke der deutschen Literaturgeschichte.

2.

Ein zweites zentrales Paradigma in der Jahrhundertwendeforschung bildet, wie einleitend ausgeführt wurde (s. Kap. 0.1 u. 0.2), der Begriff der Décadence. Weil ein kulturhistorischer Gegenbegriff bislang fehlt, wird *Décadence* häufig als Synonym für Kultur der Jahrhundertwende bzw. klassische Moderne gebraucht. Ge-

---

6 Vgl. den Überblick bei FÄHNDERS (1998), S. 1ff. (dort weitere Literatur).

7 Bekanntlich gilt ja auch die Aufklärungskritik Horkheimers und Adornos nicht dem Rationalismus als solchem, sondern dem darin verborgenen Irrationalismus.

8 HERMAND (1970), S. 16.

9 Seitdem erschienen, laut Eppelsheimer-Köttelwesch, nicht weniger als 77 Einzelpublikationen zum Chandos-Brief. Die zahllosen Kapitel in größeren Monographien sind damit noch nicht erfaßt.

10 Ein erfreuliches Zeichen bildet die unter Leitung von H.-G. Roloff entstehende Edition der Schriften und Briefe Wilhelm Bölsches an der FU Berlin.

gen die dadurch entstandene historiographische Verzerrung wurde diese Studie konzipiert und geschrieben. Die historische Wirklichkeit sieht meines Erachtens so aus, dass die gesellschaftliche Modernisierung, die in Deutschland ab 1870 eine plötzliche und rapide Beschleunigung erfuhr, unter den Intellektuellen zwei Reaktionen hervorbrachte: Zustimmung und Widerspruch.[11] Daß die Zustimmung, wie gezeigt wurde, nicht selten mit handfester Kultur- bzw. Gesellschaftskritik einherging, setzt sie nicht mit der Décadence gleich, macht sie auch nicht zu deren Folgeerscheinung. Beide Haltungen reagieren gleichermaßen, aber in unterschiedlicher Weise auf die Verunsicherung durch Dechristianisierung, Industrialisierung und naturwissenschaftliches Weltbild. Der große Irrtum der emphatisch-kritischen Moderneforschung in der Adorno-Horkheimer-Nachfolge besteht darin, gesellschaftliche Modernisierung mit Rationalisierung, besonders aber Naturwissenschaft mit Rationalität gleichzusetzen, ohne zwischen ihren Inhalten und ihrer Methodik zu unterscheiden.[12] In Wirklichkeit war es ihren Inhalten nach gerade die Naturwissenschaft, in Gestalt von Medizin und empirischer Psychologie, die seit dem 18. Jahrhundert den Blick auf das Irrationale, Triebhafte, auf das Biologische richtete. Das haben die umfänglichen Forschungen zur Anthropologie seit den achtziger Jahren zweifelsfrei und in beeindrukkender Dichte bewiesen.[13] Aus diesem Grund gingen Wissenschaftsrezeption und Irrationalismus um 1900 (wie um 1800) häufig Hand in Hand.

Für diejenige diskursive Formation, die auf die Modernisierung mit Zustimmung und optimistischen Verkündigungen reagierte und die das monistisch-lebensphilosophische Ganzheitsdenken der zweiten Jahrhunderthälfte zunächst imaginativ, dann auch realiter in lebenspraktische Modelle umzusetzen versuchte, wurde hier der Begriff der *Lebensreform* verwendet. Décadence und Lebensreform gemeinsam bilden das dialektische Doppelgesicht der deutschen Moderne um 1900. „Erst beides zusammen“, bemerkt ein Kenner der Epoche, „Endzeitstimmung und Aufbruchswillen, macht die innere Struktur des Fin de siècle aus.“[14]

---

11 Sehr bedenkenswert ist dabei die von WOLFGANG DROST (1986) hervorgehobene heuristische Prämisse, „daß es sich bei ‚Fortschritt‘ und ‚Dekadenz‘ um die *Interpretation* von Fakten und nicht um Fakten selbst handelt“ (S. 20).

12 Der darin enthaltene Begriff von Aufklärung als schrankenloser Bejahung des rationalen Prinzips git in der Aufklärungsforschung seit langem als überholt. Vgl. repräsentativ KETELSEN (1992).

13 Vgl. dazu bes. die Beiträge in SCHINGS (1994) und GARBER (2004).

14 RASCH (1977), S. 44.

V. Anhang

V.1 Siglenverzeichnis

(Die Titel beziehen sich auf Dehmels Werke, wie sie im Literaturverzeichnis aufgeführt sind.)

ERL	=	Erlösungen. Erste Auflage (1891)
ERL^{2}	=	Erlösungen. Zweite Auflage (1898)
AL	=	Aber die Liebe
LB	=	Lebensblätter
WW	=	Weib und Welt
NDA	=	Die neue deutsche Alltagstragödie
BKA	=	Bericht von der Berliner Kunstausstellung (auch: Aus Berlin)
BK	=	Bedarfskunst?!
KUP	=	Kunst und Persönlichkeit
I	=	Ausgewählte Briefe, Bd. 1
II	=	Ausgewählte Briefe, Bd. 2
GW	=	Gesammelte Werke

V.2 Literaturverzeichnis

2.1 Dehmel

a) Selbständige Buchveröffentlichungen

Dehmel, Richard: Erlösungen. Eine Seelenwandlung in Gedichten und Sprüchen. Stuttgart: G. J. Göschen'sche Verlagsbuchhandlung 1891.
– : Aber die Liebe. Ein Ehemanns- und Menschenbuch. Mit Deckelzeichnung von Hans Thoma und Handbildern von Fidus. München: Dr. E. Albert & Co., 1893.
– : Lebensblätter. Gedichte und Anderes. Mit Randzeichnungen von Josef Sattler. Berlin: Verlag der Genossenschaft PAN, 1895.
– : Weib und Welt. Gedichte. Mit einem Sinnbild. Berlin: Schuster und Löffler, 1896.
– : Erlösungen. Zweite Auflage, Mit Zeichnungen von E. R. Weiß, Berlin: Schuster und Löffler 1898.

b) Artikel und Essays in Zeitschriften

– : Die neue deutsche Alltagstragödie, in: *Die Gesellschaft* 8 (1892), S. 475-512.
– : Ein weibliches Vorbild, in: *Die Gesellschaft* 8 (1892), S. 1469-1472.
– : An meine Gönner, in; *Die Gesellschaft* 10 (1894), S. 1090f.
– : Sozusagen Kulturästhetik. Polemische Epistel. In: *Die Gesellschaft* 11 (1895), S. 522-533.
– : Merkwürdige Leute. Kritischer Erguss. In: *Freie Bühne* 6 (1895), S. 1029-1033.
– : Aus Berlin, in: *Pan* 2 (1895/96), S. 110-117.
– : Bedarfskunst?!, in: *Neue deutsche Rundschau* 9 (1898), S. 97-101.
– : Kunst und Persönlichkeit, in: *Pan* 5 (1899/1900), S. 25f.
– : Zum Schiller-Jahr, in: *Das litterarische Echo. Halbmonatsschrift für Litteraturfreunde* 7 (1905), H. 15, Sp. 1054.

c) Gesamt- und Auswahlausgaben

– : Gesammelte Werke in 10 Bänden. Berlin: S. Fischer, 1906-1909.
– : Bekenntnisse. Berlin 1926 (Gesammelte Werke in Einzelausgaben) [Enthält Tagebuchaufzeichnungen vom 18.12.1893 bis zum 26.5.1894, Antworten auf Rundfragen, offene Briefe, Ansprachen und Rezensionen.].

– : Eine Auswahl aus seinem Werk. Herausgegeben und eingeleitet von Ida Dehmel. Berlin o.J. [ca. 1930].
– : Dichtungen, Briefe, Dokumente. Hg. und mit einem Nachwort versehen von Paul Johannes Schindler. Hamburg 1963.
– : Gedichte. Herausgegeben von Jürgen Viering. Stuttgart 1990 (RUB, 8596).

d) Briefe

– : Ausgewählte Briefe 1882-1920. Hg. von Ida Dehmel. 2 Bde. Berlin: S. Fischer, 1923.
– : Unbekannte Briefe Richard Dehmels. Mitgeteilt von Helmut Henrichs in Berlin. In: *Euphorion* 28 (1927), S. 470-484.
– : Hugo von Hofmannsthal – Richard Dehmel: Briefwechsel 1893-1919. Hg. u. mit einem Nachwort versehen von Martin Stern. In: *Hofmannsthal-Blätter* 21/22 (1979), S. 1-130.

2.2 Quellen

Alberti, Conrad: Idealismus und Philistertum, in: *Das Magazin für Litteratur* 57 (1888), S. 141-143 u. 162-166.
Alberti, Conrad: Die zwölf Artikel des Realismus. Ein litterarisches Glaubensbekenntnis, in: *Die Gesellschaft* 5 (1889), S. 2-11.
Alberti, Conrad: Die Alten und die Jungen. Sozialer Roman. 2 Bde. Leipzig o.J. [1889].
Alberti, Conrad: Der Realismus als Weltanschauung, in: ders., Natur und Kunst. Beiträge zur Untersuchung ihres gegenseitigen Verhältnisses. Leipzig o.J. [1890], S. 19-32.
Alberti, Conrad: Ziele und Aufgaben der modernen Dichtung, in: ders., Natur und Kunst. Beiträge zur Untersuchung ihres gegenseitigen Verhältnisses. Leipzig o.J. [1890], S. 211-220.
Altenberg, Peter: Einleitung, in: *Kunst. Halbmonatsschrift für Kunst und alles andere.* 1. Jg. (1903), S. 1ff. Wieder abgedruckt in: Peter Altenberg. Leben und Werk in Texten und Bildern. Hg. v. Hans Christian Kosler, Frankfurt/M. 1997 (it 1854), S. 115-117.
Asmus, Martha: Das Unanständige in der Kunst, in: *Die Gesellschaft* 10 (1894), S. 366-371.
Asmus, Martha: Frauenbefreiung und Erotik. Antwort auf Laura Marholms ‚Buch der Frauen', in: *Die Gesellschaft* 11 (1895), S. 944-954.
Baltzer, Eduard: *Erinnerungen. Bilder aus meinem Leben.* Frankfurt/M. 1907.
Becher, Johannes R.: Metamorphosen eines Dichters. Johannes R. Becher: Gedichte, Briefe, Dokumente 1909-1945. Hg. v. Carsten Gansel, Berlin 1992.

Bellamy, Edward: Ein Rückblick aus dem Jahre 2000 auf 1887. In der Übersetzung von Georg von Gizycki [zuerst 1890] hg. von Wolfgang Biesterfeld. Stuttgart 1983 (RUB, 2660).

Berg, Leo: Der Übermensch in der modernen Litteratur. Ein Kapitel zur Litteraturgeschichte des 19. Jahrhunderts. Paris, Leipzig, München 1897.

Bierbaum, Otto Julius: Erlebte Gedichte, Berlin ²1893.

Bleibtreu, Karl: Berliner Briefe, I. Die Litteratur in der Reichshauptstadt. In: Die Gesellschaft 1/1885, S. 265-70.

Bleibtreu, Carl [!]: Revolution der Litteratur. Leipzig ³1887. Mit erläuternden Anmerkungen und einem Nachwort neu herausgegeben von Johannes J. Braakenburg. Tübingen 1973 (deutsche texte, 23).

Bloch, Iwan: Das Sexualleben unserer Zeit in seinen Beziehungen zur modernen Kultur. Berlin 1907

Bölsche, Wilhelm: Die naturwissenschaftlichen Grundlagen der Poesie. Prolegomena einer realistischen Ästhetik (1887). Mit zeitgenössischen Rezensionen und einer Bibliographie der Schriften Wilhelm Bölsches neu herausgegeben von Johannes J. Braakenburg. München/Tübingen 1976 (Deutsche Texte, 40).

Bölsche, Wilhelm: Goethes Wahlverwandtschaften im Lichte moderner Naturwissenschaft, in: *Die Gesellschaft* 5 (1889), S. 1330-1340.

Bölsche, Wilhelm: Die Weltanschauung der Jahrhundertwende, in: *Freie Bühne* 2/1891, S. 33-35.

Bölsche, Wilhelm: Der Jugendunterricht und die Thatsachen der Embryologie, in: *Freie Bühne* 2 (1891), S. 257-261, 310-314.

Bölsche, Wilhelm: Das Liebesleben in der Natur. Eine Entwickelungsgeschichte der Liebe. 3 Bde. Leipzig 1898-1903.

Bölsche, Wilhelm: Fechner, in: W.B., Hinter der Weltstadt. Friedrichshagener Gedanken zur ästhetischen Kultur. Jena und Leipzig 1904, S. 259-347.

Bousset, Wilhelm: Die Offenbarung Johannis. Göttingen 1896 (Kritisch-exegetischer Kommentar über das Neue Testament, begründet von Heinrich August Wilhelm Meyer. Sechzehnte Abtheilung, 5. Auflage).

Brömse, H.: Der Literatur-Nobelpreis, in: *Der Correspondent* (Zeitung für Literatur); als Auszug abgedruckt in: *Litterarisches Echo*, 8. Jg. (1906), H. 18 (15. Juni), Sp. 1300f.

Büchner, Louis [d.i. Ludwig]: Kraft und Stoff. Empirisch-naturphilosophische Studien. In allgmeinverständlicher Darstellung. Frankfurt/M. 1855.

Büchner, Ludwig: Liebe und Liebes-Leben in der Thierwelt. Berlin 1879.

Büchner, Ludwig: Ueber religiöse und wissenschaftliche Weltanschauung. Ein historisch-kritischer Versuch. Leipzig 1887.

Carriere, Moriz: Die Poesie. Ihr Wesen und ihre Formen, mit Grundzügen der vergleichenden Litteraturgeschichte. Leipzig ²1884.

Carneri, B[artholomäus von]: Sittlichkeit und Darwinismus. Drei Bücher Ethik. Wien 1871.

Carossa, Hans: Sämtliche Werke. 2 Bde, Frankfurt/M. 1962.

Carus, Carl Gustav: Psyche. Zur Entwicklungsgeschichte der Seele. Pforzheim 1846.

Christaller, Erdmann Gottreich: Vorwort zu einem ungeschriebenen Buche über die Moral in der Liebe, in: *Die Gesellschaft* 2 (1886), S. 36-39.

Christaller, Erdmann Gottreich: Erstes Kapitel zu dem ungeschriebenen Buche über die Moral in der Liebe, in: *Die Gesellschaft* 2 (1886), S. 183-187.

Conrad, Michael Georg: Zur Einführung, in: *Die Gesellschaft* 1 (1885), S. 1-3.

Conrad, Michael Georg: Lyrik, in: *Die Gesellschaft* 7 (1891), S. 1538-1540.

Conradi, Hermann: Gesammelte Schriften, hg. von Paul Ssymank, 3 Bde., München u. Leipzig 1911.

Conradi, Hermann: Unser Credo, in: Moderne Dichter-Charaktere, herausgegeben von Wilhelm Arent. Mit Einleitungen von Hermann Conradi und Karl Henckell. Leipzig 1885, S. I-IV.

Conradi, Hermann, Lieder eines Sünders, Leipzig o.J. [1887].

Conradi, Hermann: Ich bin ein Sohn der Zeit. Ausgewählte Schriften. Hg. von Rüdiger Bernhardt, Leipzig und Weimar 1983 (Gustav Kiepenheuer Bücherei, 43).

Darwin, Charles: Die Entstehung der Arten durch natürliche Zuchtwahl. Übersetzung von Carl W. Neumann. Nachwort von Gerhard Heberer. Stuttgart 1963 (RUB, 3071).

Darwin, Charles: Die Abstammung des Menschen (1871), nach der 2. Auflage (1874) übersetzt von Heinrich Schmidt-Jena, durchgesehen und eingeleitet von Gerhard Heberer, Stuttgart 1966 [Kröners Taschenausgabe, 28].

Dühring, Eugen: Der Werth des Lebens. Eine philosophische Betrachtung. Breslau 1865.

Eloesser, Arthur: 25 Jahre, in: Das 25. Jahr. S. Fischer Verlag 1886-1911. Berlin 1911, S. 11-23.

Ernst, Paul: Die neueste literarische Richtung in Deutschland, in: *Die Neue Zeit* 9/1890-91, S. 509-519. Zitiert nach der vollständigen Wiedergabe in Michael Georg Conrads Aufsatz: Die Sozialdemokratie und die Moderne, in: *Die Gesellschaft* 7/1891, S. 583-592 u. 719-741, wieder abgedruckt in Wunberg (1998), S. 170-196

Ernst, Paul: Die Anfänge des modernen Dramas, in: *Die Neue Zeit. Revue des geistigen und öffentlichen Lebens* 15 (1896/97), Bd.2, Nr. 4, S. 452-460. Wieder in: Brauneck/ Müller (1987), S. 280-283.

Falke, Gustav: ‚Aber die Liebe'. Ein Ehemanns- und Menschenbuch von Richard Dehmel. In: *Die Gesellschaft* 10 (1894), S. 903-916.

Felsing, Otto: Die Prüderie und die Litteratur, in: *Das Magazin für Litteratur* 56 (1887), S. 89-92.

Feuerbach, Ludwig: Das Wesen des Christentums (1841), in: L.F., Werke in sechs Bänden, hg. von Erich Thies, Bd. 5, Frankfurt/M. 1976.

Flaischlen, Cäsar: Jost Seyfried. Aus dem Leben eines Jeden. Berlin [14] 1916.

Freud, Sigmund: Die ‚kulturelle' Sexualmoral und die moderne Nervosität (1908), in: S. F., Studienausgabe, Bd. IX, Frankfurt/M. 1972, S. 9-32.

Frölich, Paul: Richard Dehmel, in: *Die neue Zeit* 27 (1908/09), S. 302-307 (20.11.1908).

Fuld, Ludwig: Ein Stück Mittelalter im Eherecht, in: *Die Gesellschaft* 1 (1885), S. 622-624.

Gizycki, Georg v., Philosophische Consequenzen der Lamarck-Darwin'schen Entwicklungstheorie. Ein Versuch. Leipzig/Heidelberg 1876.

Gleim, Johann Wilhelm Ludwig: Ausgewählte Werke. Hg. v. Walter Hettche. Göttingen 2003 (Schriften des Gleimhauses Halberstadt, 1).

Goethe, Johann Wolfgang von: Werke, Hamburger Ausgabe, hg. von Erich Trunz, durchgesehene Ausgabe, München 1988.

Haeckel, Ernst: Natürliche Schöpfungsgeschichte. Gemeinverständliche wissenschaftliche Vorträge über die Entwickelungslehre im Allgemeinen und diejenige von Darwin, Goethe und Lamarck im Besonderen, über die Anwendung derselben auf den Ursprung des Menschen und andere damit zusammenhängende Grundfragen der Naturwissenschaft. Berlin 1868

Haeckel, Ernst: Über die heutige Entwicklungslehre im Verhältnis zur Gesamtwissenschaft (1877), in: E. H., Gemeinverständliche Werke, hg. von Heinrich Schmidt-Jena, Leipzig/Berlin 1924, Bd. 5: Vorträge und Abhandlungen, S. 143-161.

Haeckel, Ernst: Die Die Weltanschauung der monistischen Wissenschaft (1892), in: E. H., Gemeinverständliche Werke, hg. von Heinrich Schmidt-Jena, Leipzig/Berlin 1924, Bd. 5: Vorträge und Abhandlungen, S. 475-480, (zuerst in *Freie Bühne* 3/1892, S. 1155-1164).

Haeckel, Ernst: Die Welträthsel. Gemeinverständliche Studien zur monistischen Philosophie. Bonn 1899.

Hahn, Theodor: Die naturgemäße Diät, die Diät der Zukunft. Nach Erfahrung und Wissenschaft aller Zeiten und Völker. Köthen [2]1871.

Halbe, Max: Jahrhundertwende. Geschichte meines Lebens 1893-1914. Danzig 1935.

Hart, Heinrich: Gesammelte Werke. Herausgegeben von Julius Hart unter Mitwirkung von Wilhelm Bölsche, Hans Beerli, Wilhelm Holzamer u. Franz Hermann Meißner. Bd. 3: Literarische Erinnerungen. Ausgewählte Aufsätze. Berlin 1907.

Hart, Heinrich und Julius: Ein Lyriker à la mode, in: *Kritische Waffengänge* 1 (1882), H. 3, S. 52-68.
Hart, Heinrich und Julius: Graf Schack als Dichter, in: *Kritische Waffengänge* 2 (1883), H. 5, S. 3-64.
Hart, Julius: Freie Liebe, in: *Freie Bühne* 2 (1891), S. 369-372, 396-400, 445-448, 468-472.
Hart, Julius: Alte und neue Sittlichkeit, in: *Freie Bühne* 2 (1891), S. 785-789, 863-866.
Hart, Julius: Einleitung, in: Bruno Wille, Einsiedler und Genosse. Soziale Gedichte nebst einem Vorspiel. Vorwort von Julius Hart. Berlin o.J. [1891], S. I-IV.
Hart, Julius: Die Entwicklung der neueren Lyrik, in: *Pan* 2 (1896/97), S. 33-40.
Hartmann, Eduard v.: Philosophie des Unbewussten. Versuch einer Weltanschauung. Speculative Resultate nach inductiv-naturwissenschaftlicher Methode. Berlin 1869.
Hauptmann, Gerhart: Sämtliche Werke. ‚Centenarausgabe'. Herausgegeben von Hans-Egon Hass, Frankfurt/M./Berlin 1962.
Hegel, Georg Wilhelm Friedrich, Vorlesungen über die Philosophie der Weltgeschichte, Bd. 1: Die Vernunft in der Geschichte. Hg. von Johannes Hoffmeister, Hamburg 1955 (Philosophische Bibliothek, 171d).
Heimann, Moritz: Richard Dehmel, in: Neue Deutsche Rundschau 31 (1920), S. 324-327.
Heine, Heinrich: Historisch-kritische Gesamtausgabe der Werke, Düsseldorfer Ausgabe, hg. von Manfred Windfuhr, Hamburg 1975ff.
Herwegh, Georg: Gedichte eines Lebendigen. Berlin [11]1891.
Hofmannsthal, Hugo v.: Poesie und Leben (Aus einem Vortrage), in: Gesammelte Werke in Einzelbänden. Hg. v. Bernd Schoeller in Beratung mit Rudolf Hirsch. Bd. 8: Reden und Aufsätze I (1891-1913), Frankfurt/M. 1979, S. 13-19.
Holz, Arno: Die Kunst. Ihr Wesen und ihre Gesetze. Berlin 1891.
Holz, Arno: Werke, hg. von Wilhelm Emrich und Anita Holz, Neuwied/Berlin 1962.
Ibsen, Henrik: Dramen. Nach der Ausgabe der ‚Sämtlichen Werke in deutscher Sprache', 1898-1904, hg. v. Georg Brandes, Julius Elias u. Paul Schlenther. Textrevision v. Marlies Korfmeyer. Mit einem Nachwort von Otto Oberholzer. München 1973 (Winkler Dünndruckausgaben).
Jacobowski, Ludwig: Auftakt zum 20. Jahrhundert. Briefe aus dem Nachlaß von Ludwig Jacobowski. Hg., kommentiert und mit einer Einführung versehen von Fred B. Stern. 2 Bde. Heidelberg 1974 (Veröffentlichungen der Deutschen Akademie für Sprache und Dichtung, 47).

Just, Adolf: Kehrt zur Natur zurück. Die wahre naturgemäße Heil- und Lebensweise, Wasser, Licht, Luft, Erde, Früchte und wirkliches Christentum. 7. Aufl., Jungborn 1910.

Key, Ellen: Weibliche Sittlichkeit, in: E.K., Essays, Berlin [5]1905, S. 3-26.

Kirchbach, Wolfgang: Wolfgang Kirchbach in seiner Zeit. Briefwechsel und Essays aus dem Nachlaß. Hg. von Marie Luise Becher und Karl v. Levetzow. München 1910.

Klemperer, Victor: Ich will Zeugnis ablegen bis zum letzten. Tagebücher 1933-1941, hg. v. Walter Nowojski unter Mitarbeit von Hadwig Klemperer, Berlin [11]1999.

Klemperer, Victor: LTI. Notizen eines Philologen. Berlin 1947. Neudruck: Frankfurt/M. 1975.

Klinger, Friedrich Maximilan: Werke in zwei Bänden, hg. von Hans Jürgen Geerdts, Berlin/Weimar [4]1981 [Bibliothek deutscher Klassiker].

Knodt, Karl Ernst: Die Gefahr ‚Nietzsche' und ihre Nachwirkungen in der neuesten deutschen Lyrik. Eine Abhandlung. In: Monatsblätter für deutsche Literatur 1 (1897), S. 364-69 u. 395-402.

Krafft-Ebing, Richard von: Psychopathia sexualis. Mit besonderer Berücksichtigung der conträren Sexualempfindung. Eine klinisch-forensische Studie. Siebente vermehrte und theilweise umgearbeitete Auflage, Stuttgart 1892.

Lachmann, Hedwig: Gesammelte Gedichte. Eigenes und Nachdichtungen. Hg. v. Gustav Landauer, Potsdam 1919.

Landauer, Gustav: Durch Absonderung zur Gemeinschaft (1900), in: G. L., Zeit und Geist. Kulturkritische Schriften 1890-1919. Hg. von Rolf Kauffeldt und Michael Matzigkeit. München 1997, S. 80-99.

[Langbehn, August Julius]: Rembrandt als Erzieher. Von einem Deutschen. Leipzig 1890.

Lenau, Nikolaus: Sämtliche Werke und Briefe in zwei Bänden. Auf der Grundlage der historisch-kritischen Ausgabe von Eduard Castle [Insel-Verlag 1910-1923] hg. v. Walter Dietze. Frankfurt/M. 1971.

Lichtwark, Alfred: Die Bedeutung der Amateurphotographie. Halle/S. 1894.

Lichtwark, Alfred: Zur Einführung, in: *Pan* 1 (1895/96), S. 97-100.

Lichtwark, Alfred: Die Entwicklung des Pan, in: *Pan* 1 (1895/96), S. 173-76.

Lichtwark, Alfred: Vom Arbeitsfeld des Dilettantismus, Dresden 1897.

Lichtwark, Alfred: Der Deutsche der Zukunft (1901), in: A. L., Eine Auswahl seiner Schriften, besorgt von Dr. Wolf Mannhardt, 2 Bde., Berlin 1917, Bd. 1, S. 3-18.

Lichtwark, Alfred: Briefe an die Kommission für die Verwaltung der Kunsthalle. In Auswahl mit einer Einleitung herausgegeben von Gustav Pauli. Bd. 1, Hamburg 1923.

Liliencron, Detlev von: Ausgewählte Briefe, hg. v. Richard Dehmel. 2 Bde., Berlin 1910.

Mann, Thomas: ‚Geist und Kunst'. Thomas Manns Notizen zu einem ‚Literatur-Essay. Ediert und kommentiert von Hans Wysling. In: Paul Scherrer, Hans Wysling: Quellenkritische Studien zum Werk Thomas Manns. Bern und München 1967 [Thomas-Mann-Studien, 1], S. 123-233

Mann, Thomas: [Briefe aus Deutschland], in: Gesammelte Werke in Einzelbänden. Frankfurter Ausgabe. Hg. von Peter de Mendelssohn, [Bd. 17:] Die Forderung des Tages. Abhandlungen und kleine Aufsätze über Literatur und Kunst. Nachwort von Helmut Koopmann. Frankfurt/M. 1986, S. 107-161.

Moderne Dichter-Charaktere. Herausgegeben von Wilhelm Arent. Mit Einleitungen von Hermann Conradi und Karl Henckell. Leipzig 1885.

Nietzsche, Friedrich: Sämtliche Werke. Kritische Ausgabe. Hg. von Giorgio Colli und Mazzino Montinari, Berlin/New York 1967ff.

Nietzsche, Friedrich: Sämtliche Werke. Kritische Studienausgabe in 15 Bänden. Hg. von Giorgio Colli und Mazzino Montinari. Zweite, durchgesehene Auflage, München 1988.

Nordau, Max: Die conventionellen Lügen der Kulturmenschheit. Leipzig ^{10}1885.

Nyström, Anton: Geschlecht und Gesellschaft, in: *Die Schönheit* 2 (1904), S. 36-38, 107-112, 341-344.

Panizza, Oskar: Prostitution, in: *Die Gesellschaft* 8 (1892), S. 1159-1183.

Panizza, Oskar: Die unsittlichen Gebrüder Grimm und die neue ‚Sittlichkeit' jüdisch-deutscher Verlagsbuchhändler, in: *Die Gesellschaft* 10 (1894), S. 919-924.

Peterson, Karl: Richard Dehmel noch einmal, in: *Die neue Zeit* 27 (1908/09), S. 778-784 (19.2.1909).

Przybyszewski, Stanislaw: Richard Dehmel. Ein Lebensblatt (1926). In: R. D., Dichtungen, Briefe, Dokumente. S. 269-276.

Przybyszewski, Stanislaw: Erinnerungen an das literarische Berlin. Mit einem Geleitwort von Willy Haas. München 1965.

Reventlow, Franziska zu: Erziehung und Sittlichkeit (1903), in: Franziska Gräfin zu Reventlow, Autobiographisches, hg. v. Else Reventlow. Mit einem Nachwort von Wolfdietrich Rasch. München/Wien 1980, S. 482-486.

Ries, C. E.: Geschlecht und Erziehung, in: *Die Schönheit* 1 (1903), S. 692-704.

Scheerbart, Paul: 70 Trillionen Weltgrüße. Eine Biographie in Briefen. 1889-1915. Hg. von Mechthild Rausch, Berlin o.J. [1990].

Schiller, Friedrich: Werke und Briefe in zwölf Bänden, hg. von Otto Dann u.a., Frankfurt/M. 1992. (Bibliothek deutscher Klassiker, 74.)

Schlaf, Johannes: Prüderie, in: *Freie Bühne* 1 (1890), S. 161-164.

Schlaf, Johannes: Moral, Kritik und Kunst, in: *Die Gesellschaft* 7 (1891), S. 1168-1172.

Schleich, Carl Ludwig: Besonnte Vergangenheit. Lebenserinnerungen 1859-1919. Reinbek 1961.

Schopenhauer, Arthur: Werke in fünf Bänden. Nach den Ausgaben letzter Hand herausgegeben von Ludger Lütkehaus. Zürich 1988.

Seiffarth, Ernst: Träumereien zur Maifeier, in: *Freie Bühne* 2(1891), S. 441-443.

Servaes, Franz: Antik und Modern. Auch eine Betrachtung der Schulfrage. In: *Freie Bühne* 2 (1891), S. 192-195.

Servaes, Franz: Zwei Apokalyptiker. Ein Stückchen Zeitpsychologie. In: *Die Gegenwart* 45 (1894), S. 231f.

Simmel, Georg: Sozialismus und Pessimismus (1900), in: G. S., Gesamtausgabe, hg. von Otthein Rammstedt. Bd. 5: Aufsätze und Abhandlungen 1894-1900, hg. v. H.-J. Dehme u. D. P. Frisby, Ffm 1992, S. 552-559.

Simmel, Georg: Schopenhauer und Nietzsche (1907), in: G. S., Gesamtausgabe, hg. von Otthein Rammstedt, Bd 10, hg. von Michael Behr, Volkhard Krech u. Gert Schmidt, Frankfurt/M. 1995, S. 167-408.

Spencer, Herbert: Social Statics or the Conditions Essential to Human Happiness Specified, and the First of them Developed. London 1851.

Steiger, Edgar: Kunst und Sittlichkeit, in: E. S., Das arbeitende Volk und die Kunst. Kritische Streifzüge. Leipzig 1896, S. 18-21.

Sterne, Carus [=Ernst Krause]: Plaudereien aus dem Paradiese. Der Naturzustand des Menschen in Wahrheit und Dichtung. Wien und Teschen o. J. [Vorwort 1886] (Salon-Bibliothek).

Strauß, David Friedrich: Der alte und der neue Glaube. Ein Bekenntniß. Leipzig 1872.

Tille, Alexander: Von Darwin bis Nietzsche. Ein Buch Entwicklungsethik. Leipzig 1895.

Troll-Borostyáni, Irma v.: Schopenhauer und Hartmann über die Liebe, in: *Die Gesellschaft* 1 (1885), S. 88-93.

Troll-Borostyáni, Irma von: Die Liebe in der zeitgenössischen deutschen Litteratur, in: *Die Gesellschaft* 7 (1891), S. 1004-1022.

Ungewitter, Richard: Die Nacktheit in entwickelungsgeschichtlicher, gesundheitlicher, moralischer und künstlerischer Beleuchtung, Stuttgart 1907.

Van de Velde, Henry: Ein Kapitel über Entwurf und Bau moderner Möbel, in: *Pan* 3 (1897/98), S. 260-264.

Van de Velde, Henry: Zum neuen Stil. Aus seinen Schriften ausgewählt und eingeleitet von Hans Curjel, München 1955.

Van de Velde, Henry: Geschichte meines Lebens. Aus dem Französischen von Hans Curjel, München/Zürich ^{2}1986.

Wagner, Richard: Dichtungen und Schriften. Jubiläumsausgabe in zehn Bänden. Hg. von Dieter Borchmeyer. Frankfurt/M. 1983.

Wagner, Richard: Oper und Drama. Hg. u. kommentiert von Klaus Kropfinger, Stuttgart 1984 (RUB 8207).
Wille, Bruno: Einsiedler und Genosse. Soziale Gedichte nebst einem Vorspiel. Vorwort von Julius Hart. Berlin o.J. [1891].
Wille, Bruno: Darwins Weltanschauung, von ihm selbst dargestellt. Geordnet und eingeleitet von Dr. Bruno Wille. Heilbronn 1906 [Die Führer der geistigen Strömungen der Gegenwart, Bd. 1]
Zweig, Stefan: Die Welt von Gestern. Erinnerungen eines Europäers. Frankfurt/M. 1970. Erstausgabe 1942.

2.3 Textsammlungen:

Braun, Siegfried/Lobentanzer, Hans (1985): Deutsche Liebesgedichte. Für die Sekundarstufe hg. von S. B. und H. L., Stuttgart 1985 (RUB, 9590; Arbeitstexte für den Unterricht).
Bender, Ernst (1955?): Deutsche Dichtung der Neuzeit. Für die Oberstufe höherer Schulen ausgewählt von Ernst Bender. Karlsruhe o. J. [ca. 1955].
Brauneck, Manfred/Müller, Christine (1987): Naturalismus. Manifeste und Dokumente zur deutschen Literatur 1880-1900. Hg. von Manfred Brauneck und Christine Müller. Stuttgart 1987.
Conrady, Karl Otto (1977/2000): Das große deutsche Gedichtbuch. Kronberg/Ts. 1977. Neuausgabe u. d. T. Der Neue Conrady. Das große deutsche Gedichtbuch. Von den Anfängen bis zur Gegenwart. Neu hg. und aktualisiert von K. O. C., Düsseldorf/Zürich 2000.
Echtermeyer, Theodor/Von Wiese, Benno (1954/1973/1993): Deutsche Gedichte. Von de Anfängen bis zur Gegenwart. Neugestaltet von Benno von Wiese. Düsseldorf 1954. Erweiterte Neuausgabe 1973, neueste Auflage 1993, durchgesehen und bearbeitet von Elisabeth Katharina Paefgen.
Hermand, Jost (1964): Lyrik des Jugendstils. Eine Anthologie. Mit einem Nachwort hg. von Jost Hermand. Stuttgart 1964 (RUB, 8928).
Jütte, Robert (1996): *Wege der alternativen Medizin: ein Lesebuch*. München 1996 (Beck'sche Reihe; 1171).
Karthaus, Ulrich (1977): Impressionismus und Jugendstil, hg. von U. K., Stuttgart 1977 (‚Die deutsche Literatur in Text und Darstellung, 12; RUB, 9649).
Kemp, Friedhelm (1960): Deutsche Liebesdichtung aus acht Jahrhunderten. Ausgewählt von F. K., München 1960.
Kreuzer, Helmut (2006): Deutschsprachige Literaturkritik 1870-1914. Eine Dokumentation. Teil II: 1890-1899. Unter Mitarbeit von Doris Rosenstein hg. v. H. K. Frankfurt/M. 2006.
Mahal, Günter (1973): Lyrik der Gründerzeit. Ausgewählt, eingeleitet und hg. von Günter Mahal. Tübingen 1973 (deutsche texte, 26).

Mathes, Jürg (1984): Theorie des literarischen Jugendstils, hg. von J. M., Stuttgart 1984 (RUB, 8036).

Münchow, Ursula (1970): Naturalismus. 1885-1891. Dramen, Lyrik, Prosa. Hg. und mit einem Nachwort versehen von U. M. Berlin/Weimar 1970.

Rothe, Norbert (1986): Naturalismus-Debatte 1890-1896. Dokumente zur Literaturtheorie und Literaturkritik der revolutionären deutschen Sozialdemokratie. Hg. und eingeleitet von Norbert Rothe, Berlin (O.) 1986 (Textausgaben zur frühen sozialistischen Literatur in Deutschland, XXV [Theorie]).

Ruprecht, Erich/Bänsch, Dieter (1970): Literarische Manifeste der Jahrhundertwende. 1890-1910. Stuttgart 1970.

Schmähling, Walter (1984): Naturalismus, hg. von W. S., Stuttgart 1984 (Die deutsche Literatur in Text und Darstellung, 13; RUB, 9645).

Schutte, Jürgen (1982): Lyrik des Naturalismus. Hg. von Jürgen Schutte. Stuttgart 1982 (RUB, 7807).

Schutte, Jürgen/Sprengel, Peter (1987): Die Berliner Moderne 1885-1914. Mit 60 Abbildungen. Hg. von J. S. u. P. S., Stuttgart 1987 (RUB, 8359 [8]).

Sturm, Dieter/Völker, Klaus (1968): Von denen Vampiren oder Menschensaugern. Dichtungen und Dokumente. Hg. von D. S. u. K. V., München 1968.

Wagener, Hans (1982): Deutsche Liebeslyrik. Hg. von H. W. Stuttgart 1982, [2]1995 (RUB, 7759).

Wunberg, Gotthard/Dietrich, Stephan (1998): Die literarische Moderne. Dokumente zum Selbstverständnis der Literatur um die Jahrhundertwende. Freiburg i. Br. [2]1998 (Rombach. Wissenschaftliche Reihe Litterae, 60).

2.4 Forschungsliteratur:

Altner, Günter (1981): Der Darwinismus. Geschichte einer Theorie. Hg. von Günter Altner. Darmstadt 1981 (Wege der Forschung, 449)

Amann, Klaus/Wagner, Karl (1996): Literatur und Nation Die Gründung des Deutschen Reichs 1871 in der deutschsprachigen Literatur. Wien/Köln/Weimar 1996 (Literatur in der Geschichte – Geschichte in der Literatur, 36).

Anders, Günter (1986): Lieben gestern. Notizen zur Geschichte des Fühlens. München 1986.

Asholt, Wolfgang/Fähnders, Walter (1995): Manifeste und Proklamationen der europäischen Avantgarde (1909-1938). Stuttgart/Weimar 1995.

Asholt, Wolfgang/Fähnders, Walter (1997): Vorwort. In: Dies. (Hg.): „Die ganze Welt ist eine Manifestation." Die europäische Avantgarde und ihre Manifeste. Darmstadt 1997, S. 1- 17.

Asholt, Wolfgang/Fähnders, Walter (2000): Einleitung. In: Dies. (Hg.): Der Blick vom Wolkenkratzer. Avantgarde – Avantgardekritik – Avantgardeforschung. Amsterdam/Atlanta 2000 (Avant Garde. Critical Studies, 14), S. 9-27.

Asmuth, Bernhard (1981): Aspekte der Lyrik. Eine Einführung. Opladen [6]1981 (Grundstudium Literaturwissenschaft, 6).

Austermühl, Elke (2000): Lyrik der Jahrhundertwende, in: Naturalismus, Fin de siècle, Expressionismus. 1890-1918. Hg. von York-Gothart Mix, München 2000 (Hansers Sozialgeschichte der deutschen Literatur, 7), S. 350-366 u. 634-637.

Bab, Julius (1902): Richard Dehmel. Berlin 1902 (Moderne Essays zur Kunst und Litteratur, 23/24).

Bab, Julius (1926): Richard Dehmel. Die Geschichte eines Lebens-Werkes. Leipzig 1926.

Bach, Inka/Galle, Jürgen (1989): Deutsche Psalmendichtung vom 16. bis zum 20. Jahrhundert. Untersuchungen zur Geschichte einer lyrischen Gattung. Berlin/New York 1989.

Barbour, Ian G. (1998): Wissenschaft und Glaube. Historische und zeitgenössische Aspekte. Aus dem Amerikanischen von Sabine Floer und Susanne Starke-Perschke. Göttingen 2003 (O 1998) (Religion, Theologie und Naturwissenschaft, 1).

Barlösius, Eva (1997): Naturgemäße Lebensführung. Zur Geschichte der Lebensreform um die Jahrhundertwende. Frankfurt/M. 1997 (Habil.-Schrift Hannover 1996).

Barth, Susanne (1997): ‚Buch und Leben [müssen] immer neben einander Seyn – das eine erläuternd und bestätigend das andere'. Zur Leseerziehung in Mädchenratgebern des 19. Jahrhunderts. In: Geschichte der Mädchenlektüre. Mädchenliteratur und die gesellschaftliche Situation der Frauen vom 18. Jahrhundert bis zur Gegenwart. Hg. v. Dagmar Grenz u. Gisela Wilkending, Weinheim/München 1997 (Lesesozialisation und Medien), S. 51-72.

Bauer, Roger (2001): Die schöne Décadence. Geschichte eines literarischen Paradoxons. Frankfurt/M. 2001 (Das Abendland, N. F., 28).

Bayertz, Kurt (1984): Die Deszendenz des Schönen. Darwinisierende Ästhetik. In: Fin de siècle. Zu Naturwissenschaft und Literatur der Jahrhundertwende im deutsch-skandinavischen Kontext. Vorträge des Kolloquiums vom 3. und 4. Mai 1984. Hg. von Klaus Bohnen u.a., Kopenhagen/München 1984, S. 88-110.

Bayertz, Kurt (1993): Evolution und Ethik. Größe und Grenzen eines philophischen Forschungsprogramms. In: Evolution und Ethik, hg. von K. B., Stuttgart 1993 (RUB, 8857), S. 7-36.

Behrendt, Bernd (1996): August Julius Langbehn, der „Rembrandtdeutsche", in: Handbuch zur „Völkischen Bewegung", hg. von Uwe Puschner u.a., München [u.a.] 1996, S. 94-113.

Benz, Ernst (1961): Das Bild des Übermenschen in der europäischen Geistesgeschichte. In: Der Übermensch. Eine Diskussion. Hg. von E. B., Stuttgart 1961, S. 19-161.

Berentsen, Antoon (1986): „Vom Urnebel zum Zukunftsstaat“. Zum Problem der Popularisierung der Naturwissenschaften in der deutschen Literatur (1880-1910). Berlin 1986.

Bernhardt, Rüdiger (1969), Goethe und der deutsche Naturalismus, in: *Wissenschaftliche Zeitschrift der Universität Halle* 18 (1969), S. 213-221.

Bernhardt, Rüdiger (1982): Die Programmschriften des frühen deutschen Naturalismus, in: *Weimarer Beiträge* 28 (1982), H. 7, S. 5-34.

Bibo, Claudia (1995): Naturalismus als Weltanschauung? Biologistische, theosophische und deutsch-völkische Bildlichkeit in der von Fidus illustrierten Lyrik (1893-1902). Mit einem Anhang: Organisationen der deutschgläubigen Bewegung. Frankfurt/M. [u.a.] 1995 (Studien zur deutschen und europäischen Literatur des 19. u. 20. Jahrhunderts, 27; Diss. Mainz 1994).

Birch, Dinah (1996): John Ruskin, in: The Dictionary of Art. Ed. by Jane Turner. Bd. 27. New York 1996, S. 350-356.

Blumenberg, Hans ([5]1990): Arbeit am Mythos. Frankfurt/M. 1990.

Bohnen, Klaus (1977): Determinationslösung als Ansatzpunkt moderner Literatur. Ein unveröffentlichter Brief Richard Dehmels und sein ästhetischer Problemzusammenhang. In: *Text und Kontext* 5, 2 (1977), S. 89-106.

Boos/Silver (1990): Socialism and the Literary Artistry of William Morris. Ed. by Florence S. Boos and Carole G. Silver, Columbia/London 1990.

Borchmeyer, Dieter (1982): Das Theater Richard Wagners. Idee, Dichtung, Wirkung. Stuttgart 1982.

Borchmeyer, Dieter/Žmegač, Viktor (1994): Moderne Literatur in Grundbegriffen. Tübingen [2]1994.

Bowler, Stephen (1989): Evolution. History of an Idea. Revised edition. Berkeley/Los Angeles/London 1989.

Bowler, Stephen (1995): Herbert Spencers Idee der Evolution und ihre Rezeption, in: Die Rezeption von Evolutionstheorien im 19. Jahrhundert. Hg., eingeleitet und mit einer Auswahl-Bibliographie versehen von Eve-Marie Engels. Frankfurt/M. 1995 (stw, 1229), S. 309-325.

Brandt, Hartwig (1981): Motive der Kunsterziehungs- und Kunstgewerbebewegung. Würzburg 1981 (Unipress, Reihe Pädagogik, Bd. 3).

Brandt, Reinhard (1991): Die Titelvignette von Nietzsches *Geburt der Tragödie aus dem Geiste der Musik*, in: *Nietzsche-Studien* 20 (1991), S. 314-328.

Brauneck, Manfred (1974): Literatur und Öffentlichkeit im ausgehenden 19. Jahrhundert. Studien zur Rezeption des naturalistischen Theaters in Deutschland. Stuttgart 1974.

Braungart, Georg (1995): Leibhafter Sinn. Der andere Diskurs der Moderne. Tübingen 1995 (Studien zur deutschen Literatur, 130; Habil.-Schr. Tübingen 1992/1993).

Braungart, Georg (2004): Verehrung, Kult, Distanz. Vom Umgang mit dem Dichter im 19. Jahrhundert. Hg. von Georg Braungart, Tübingen 2004.

Breuer, Dieter (1989): Geschichte der literarischen Zensur in Deutschland. Heidelberg 1982 (UTB, 1208).

Buchholz, Kai et al. (2001): *Die Lebensreform. Entwürfe zur Neugestaltung von Leben und Kunst um 1900*, hg. v. Kai Buchholz u.a., 2 Bde. Darmstadt 2001.

Bunzel, Wolfgang/Schneider, Uwe (2005): Hermann Conradis und Otto Erich Hartlebens Anthologieprojekt „Jahrbuch für realistische Dichtung". Eine Fallstudie zum Zusammenhang von Schriftstellerkonkurrenz, Publikationsverhalten und Gruppenbildung in der mittleren Phase des deutschen Naturalismus. In: IASL 30 (2005), S. 118-166.

Bürger, Peter (1974): Theorie der Avantgarde. Frankfurt/M. 1974 (edition suhrkamp, 727).

Catani, Stephanie (2005): Das fiktive Geschlecht. Weiblichkeit in anthropologischen Entwürfen und literarischen Texten zwischen 1885 und 1925. Würzburg 2005 (Würzburger Beiträge zur deutschen Philologie, 28; Diss. Würzburg 2004).

Chadwick, Owen (1977): The Secularization of the European Mind in the Nineteenth Century. The Gifford Lectures in the University of Edinburgh for 1973-1974. Cambridge [u.a.] 1977.

Comini, Alessandra (1972): Vampires, Virgins and Voyeurs in Imperial Vienna, in: Woman as Sex Object. Studies in Erotic Art 1730-1970. Hg. v. Thomas B. Hess u. Linda Nochlin, London 1972, S. 206-221.

Conrady, Karl Otto (1988): Goethe. Leben und Werk. 2 Bde. Frankfurt/M. 1988.

Cowen, Roy C. (1973): Der Naturalismus. Kommentar zu einer Epoche. Wiesbaden 1973.

Curtius, Ernst Robert (1948): Europäische Literatur und lateinisches Mittelalter. Tübingen und Basel [11]1993 (EA 1948).

Darge, Elisabeth (1934): Lebenbejahung in der deutschen Literatur um 1900, Breslau 1934 (Deutschkundliche Arbeiten. Allgemeine Reihe, 1).

Daum, Andreas (1996): Das versöhnende Element in der neuen Weltanschauung. Entwicklungsoptimismus, Naturästhetik und Harmoniedenken im populärwissenschaftlichen Diskurs der Naturkunde um 1900. In: Vom Weltbildwandel zur Weltanschauungsanalyse. Krisenwahrnehmung und Krisenbewältigung um 1900. Hg. von V. Drehsen u. W. Sparn, Berlin 1996, S. 203-215.

Daum, Andreas (1998): Wissenschaftspopularisierung im 19. Jahrhundert. Bürgerliche Kultur, naturwissenschaftliche Bildung und die deutsche Öffentlichkeit. 1848-1914. München 1998 (Diss., München 1995).

Denzler, Georg (1988): Die verbotene Lust. 2000 Jahre christliche Sexualmoral. München 1988.

Dewiel, Lydia L. (2002): Jugendstil, Köln 2002 (DuMont Taschenbücher, 528; DuMont Schnellkurs).

Drehsen, Volker/Sparn, Walter (1996) Der Monistenbund. In: Vom Weltbildwandel zur Weltanschauungsanalyse. Krisenwahrnehmung und Krisenbewältigung um 1900. Hg. von V. Drehsen u. W. Sparn, Berlin 1996, S.

Drost, Wolfgang (1986): „Du progrès a rebours." Fortschrittsglaube und Dekadenzbewußtsein im 19. Jahrhundert. Das Beispiel Frankreich. In: Fortschrittsglaube und Dekadenzbewußtsein im Europa des 19. Jahrhunderts. Literatur – Kunst – Kulturgeschichte. Hg. v. W. D., Heidelberg 1986 (Reihe Siegen, 59), S. 13-30.

Dyck, Joachim (2001): ‚Jugend hat keine Tugend'. Zu Heirat und Sexualität in Kellers *Romeo und Julia auf dem Dorfe*. In: Jugend – Psychologie – Literatur – Geschichte. Festschrift für Carl Pietzcker, hg. von Klaus-Michael Bogdal, Ortrud Gutjahr u. Joachim Pfeiffer, Würzburg 2001, S. 173-178.

Elsner, Norbert (1999): ‚Natur und Geist – spricht man so zu Christen?' Ernst Haeckel oder die theologische Versuchung eines Naturforschers. In: Europäische Jahrhundertwende. Wissenschaften, Literatur und Kunst um 1900. Hg. v. Ulrich Mölk, Göttingen 1999, S. 35-65.

Engels, Eve-Marie (1995a): Die Rezeption von Evolutionstheorien im 19. Jahrhundert. Hg., eingeleitet und mit einer Auswahl-Bibliographie versehen von Eve-Marie Engels. Frankfurt/M. 1995 (stw, 1229).

Engels, Eve-Marie (1995): Biologische Ideen von Evolution im 19. Jahrhundert und ihre Leitfunktionen. Eine Einleitung. In: Engels (1995a), S. 13-66.

Enzenhofer, Alexandra (1992): Liebe und Sexualität bei Irma von Troll-Borostyáni. Eine Gegenüberstellung von theoretischen und fiktionalen Texten. In: Schwierige Verhältnisse. Liebe und Sexualität in der Frauenliteratur um 1900. Hg. von Theresia Klugsberger, Christa Gürtler und Sigrid Schmid-Bortenschlager. Stuttgart 1992 (Stuttgarter Arbeiten zur Germanistik, 262; Salzburger Beiträge, 21), S. 103-132.

Fähnders, Walter (1998): Avantgarde und Moderne 1890-1933. Stuttgart/Weimar 1998 (Lehrbuch Germanistik).

Faulkner, Peter (1980): Against the Age. An Introduction to William Morris. London/Boston/Sidney 1980.

Fellmann, Ferdinand (1998): Die erotische Rechtfertigung der Welt. Aspekte der Lebensphilosophie um 1900. In: Ästhetische und religiöse Erfahrungen der Jahrhundertwenden. Hg. v. Wolfgang Braungart, Gotthard Fuchs u. Manfred Koch. Bd. II: um 1900. Paderborn [u.a.] 1998, S. 31-46.

Fick, Monika (1993): Sinnenwelt und Weltseele. Der psychophysische Monismus in der Literatur der Jahrhundertwende. Tübingen 1993 (Studien zur deutschen Literatur, 125).

Fick, Monika (1998): Sinnstiftung durch Sinnlichkeit. Monistisches Denken um 1900. In: Ästhetische und religiöse Erfahrungen der Jahrhundertwenden. Hg.

v. Wolfgang Braungart, Gotthard Fuchs u. Manfred Koch. Bd. II: um 1900. Paderborn [u.a.] 1998, S. 69-84.

Fingerhut, Margret und Karlheinz (1983): Liebeslyrik. Ein Arbeitsbuch. Begleitheft für den Lehrer. Frankfurt a. M./Berlin/München 1983.

Fischer, Jens-Malte (1978): Fin de siècle. Kommentar zu einer Epoche. München 1978.

Flemming, Jens (1999): „Sexuelle Krise und „Neue Ethik". Wahrnehmungen, Debatten und Perspektiven in der deutschen Gesellschaft der Jahrhundertwende. In: Liebe, Lust und Leid: Zur Gefühlskultur um 1900. Hg. v. Helmut Scheuer u. Michael Grisko. Kassel 1999 (Intervalle; Bd. 3), S. 27-55.

Foucault, Michel (1977): Sexualität und Wahrheit. Bd. 1: Der Wille zum Wissen. Frankfurt/M. 1977.

Frank, Gustav (1999): crime and sex. Zur Vor- und Frühgeschichte der Sexualität. In: *Forum Vormärzforschung* (FVF) 5 (1999): „Emancipation des Fleisches". Erotik und Sexualität im Vormärz, S. 11-35.

Frank, Horst Joachim (1993): Handbuch der deutschen Strophenformen. Tübingen/Basel ^{2}1993 (UTB 1732).

Frecot, Janos/Geist, Johann F./Kerbs, Diethart (1972): Fidus (1868-1948). Zur ästhethischen Praxis bürgerlicher Fluchtbewegungen. München 1972.

Frecot, Janos (1976): Die Lebensreformbewegung, in: Das wilhelminische Bildungsbürgertum. Zur Geschichte seiner Ideen. Hg. von Klaus Vondung, Göttingen 1976 (Kleine Vandenhoeck-Reihe; 1420), S. 138-152.

Frey, Daniel (1998): Kleine Geschichte der deutschen Lyrik. Mit liebeslyrischen Modellen. München 1998 (UTB, 2004).

Friedrich, Annegret (1997): Das Urteil des Paris. Ein Bild und sein Kontext um die Jahrhundertwende. Marburg 1997 (Diss. Tübingen 1993).

Friedrich, Heinz (1995): Ecce homo? Nietzsches Übermensch oder: Der neue Prometheus. In: Im Namen des Dionysos: Friedrich Nietzsche – Philosophie als Kunst. Eine Veranstaltungsreihe zum 150. Geburtstag des Philosophen. Hg. von der Bayerischen Akademie der Schönen Künste. Redaktion: Oswald Georg Bauer. Waakirchen 1995, S. 11-41.

Fritz, Horst (1969): Literarischer Jugendstil und Expressionismus. Zur Kunsttheorie, Dichtung und Wirkung Richard Dehmels. Stuttgart 1969 (Germanistische Abhandlungen, 29).

Fritz, Horst (1977): Die Dämonisierung des Erotischen in der Literatur des Fin de siècle, in: Fin de siècle. Zu Literatur und Kunst der Jahrhundertwende. Hg. von Roger Bauer u.a, Frankfurt/M. 1977 (Studien zur Philosophie und Literatur des neunzehnten Jahrhunderts, 35), S. 442-464.

Fruhwirth, Andrea (2000): Wissenschaft als Religionsersatz. Ernst Haeckels Monismus im Urteil anderer ‚wissenschaftlicher Weltauffassungen' seiner Zeit. In: Analyse und Kritik der Modernisierung um 1900 und um 2000. Hg. von

Sabine A. Haring und Katharina Scherke. Wien 2000 (Studien zur Moderne, 12), S. 35-59.
Füssel, Stephan (2000): Das Autor-Verleger-Verhältnis in der Kaiserzeit, in: Naturalismus, Fin de siècle, Expressionismus. 1890-1918. Hg. von York-Gothart Mix, München 2000 (Hansers Sozialgeschichte der deutschen Literatur, 7), S. 137-154.
Furcht, Walther (1899): Richard Dehmel. Seine kulturelle Bedeutung, sein Verhältnis zu Goethe, Lenau und zur Moderne. Minden 1899.
Gadamer, Hans-Georg (1945): Prometheus und die Tragödie der Kultur (1945), in: H. G., Kleine Schriften, Bd. 2: Interpretationen. Tübingen 1967, S. 64-74.
Garber, Jörn (2004): Zwischen Empirisierung und Konstruktionsleistung. Anthropologie im 18. Jahrhundert. Hg. v. J. G., Tübingen 2004 (Hallesche Beiträge zur Europäischen Aufklärung, 24).
Gasman, Daniel (1971): The Scientific Origins of National Socialism. Social Darwinism in Ernst Haeckel and the German Monist League. London/New York 1971.
Gay, Peter (1984): The Bourgeois Experience. Victoria to Freud Vol. I: Education of the Senses. Oxford 1984.
Gebhard, Walter (1984): Der Zusammenhang der Dinge. Weltgleichnis und Naturverklärung im Totalitätsbewußtein des 19. Jahrhunderts. Tübingen 1984 (Hermaea, N.F., 47; Habil.-Schrift München 1982).
Gebhardt, Jürgen (1984): Messianische Politik und ideologische Massenbewegung, in: Von kommenden Zeiten. Geschichtsprophetien im 19. u. 20. Jh. Hg. von Joachim H. Knoll u. Julius H. Schoeps, Stuttgart/Bonn 1984 (Studien zur Geistesgeschichte, 4), S. 40-59.
Gestrich, Andreas (2003): Neuzeit, in: Gestrich, Andreas/Krause, Jens-Uwe/ Mitterauer, Michael, Geschichte der Familie, Stuttgart 2003 (Kröners Taschenausgaben, 376; Europäische Kulturgeschichte, 1), S. 364-652.
Glaser, Hermann (1976): Sigmund Freuds 20. Jahrhundert. Seelenbilder einer Epoche. Materialien und Analysen. München 1976.
Grätz, Katharina (2002): Wissenschaft als Weltanschauung. Ernst Haeckels gelöste ‚Welträtsel' und ihr Text. In: Wissen in Literatur im 19. Jahrhundert. Hg. von Lutz Danneberg und Friedrich Vollhardt in Zusammenarbeit mit Hartmut Böhme und Jörg Schönert. Tübingen 2002, S. 240-255.
Greene, John C. (1959): The death of Adam. Evolution and its Impact on Western Thought. Ames/Iowa [6]1983 (EA 1959).
Gregory, Frederick (1977): Scientific Materialism in 19th Century Germany. Dordrecht/Boston 1977 (Studies in the history of modern science, 1).
Grenz, Dagmar (1981): Mädchenliteratur. Von den moralisch-belehrenden Schriften im 18. Jahrhundert bis zur Herausbildung der Backfischliteratur im

19. Jahrhundert. Stuttgart 1981 (Germanistische Abhandlungen, 52; Habil.-schr. Köln 1979).

Grimm, Gunter (2003): Liebeslyrik, hg. von G. G., Bielefeld 2003 (= Mitteilungen des deutschen Germanistenverbandes 50/2003, H. 1).

Grimminger, Rolf (1995): Literarische Moderne. Europäische Literatur im 19. und 20. Jahrhundert. Hg. v. R. G., Jurij Murasov u. Jörn Stückrath. Reinbek 1995 (rowohlts enzyklopädie).

Gross, Friedrich (1992): Vom Alltagsgetriebe fern: Der Große Einzelne in Klingers ‚Kreuzigung Christi' und ‚Christus im Olymp'. In: Max Klinger (1857-1920). Katalog zur Ausstellung im Städelschen Kunstinstitut Frankfurt am Main, 12. Februar bis 7. Juni 1992, Redaktion: Dieter Gleisberg [u. a.], Leipzig 1992, s. 72-83.

Grünzweig, Walter (1991): Walt Whitman. Die deutschsprachige Rezeption als interkulturelles Phänomen. München 1991.

Habermas, Jürgen (1983): Nachwort, in: Georg Simmel, Philosophische Kultur. Über das Abenteuer, die Geschlechter und die Krise der Moderne. Gesammelte Essais [!]. Berlin 1983, S. 243-252.

Haeberle, Erwin J. (1983): Anfänge der Sexualwissenschaft. Historische Dokumente. Berlin/NY 1983.

Hamacher, Wolfram (1993): Wissenschaft, Literatur und Sinnfindung im 19. Jahrhundert. Studien zu Wilhelm Bölsche. Würzburg 1993 (Epistemata, Reihe Literaturwissenschaft, 99; Diss. Münster 1991).

Hamann, Richard/Hermand, Jost (1956): Epochen deutscher Kultur von 1870 bis zur Gegenwart. Bd. 2: Naturalismus, Frankfurt/M. 1977 (zuerst 1956).

Hamann, Richard/Hermand, Jost (1959): Epochen deutscher Kultur von 1870 bis zur Gegenwart. Bd. 4: Stilkunst um 1900, Frankfurt/M. 1977 (zuerst 1959).

Hamann, Richard/Hermand, Jost (1960): Epochen deutscher Kultur von 1870 bis zur Gegenwart. Band 3: Impressionismus, München 1972 (zuerst 1960).

Hanke, Edith (1993): Prophet des Unmodernen. Leo N. Tolstoi als Kulturkritiker in der deutschen Diskussion der Jahrhundertwende. Tübingen 1993 (Studien und Texte zur Sozialgeschichte der Literatur, 38; Diss. Freiburg i. Br. 1990).

Hanke, Edith (1993a): Das ‚spezifische intellektualistische Erlösungsbedürfnis'. Oder: Warum Intellektuelle Tolstoi lasen. In: Intellektuelle im Deutschen Kaiserreich, hg. v. Gangolf Hübinger und Wolfgang J. Mommsen, Frankfurt/M. 1993, S. 158-171.

Hanlin, Todd C. (1982): Demonic Eroticism in Jugendstil, in: *Jahrbuch für Internationale Germanistik* 14 (1982), H. 2, S. 31-53.

Hardt, Manfred (1983): Zu Begriff, Geschichte und Theorie der literarischen Avantgarde. In: Literarische Avantgarden, hg. v. M. H., Darmstadt 1989

(WdF, 648), S. 145-171 (zuerst in: Italia Viva. Fs. Hans Ludwig Scheel. Hg. v. W. Hirdt u. R. Klesczewski, Tübingen 1983, S. 155-168).

Hardt, Manfred (1989): Einleitung, in: Literarische Avantgarden, hg. v. M. H., Darmstadt 1989 (WdF, 648), S. 1-9.

Harnisch, Antje (1994): Keller, Raabe, Fontane. Geschlecht, Sexualität und Familie im bürgerlichen Realismus. Frankfurt/M. [u.a.] 1994 (Forschungen zur Literatur- und Kulturgeschichte, 46; Diss. Madison, Wisconsin, 1993).

Hartmann, Volker (1998): Religiosität als Intertextualität. Studien zum Problem der literarischen Typologie im Werk Franz Werfels. Tübingen 1998 (Mannheimer Beiträge zur Sprach- und Literaturwissenschaft, 40; Diss. Heidelberg 1997).

Hartwich, Wolf-Daniel (1996): Religion und Kunst beim späten Richard Wagner. Zum Verhältnis von Ästhetik, Theologie und Anthropologie in den ‚Regenerationsschriften'. In: *Schiller-Jahrbuch* 40 (1996), S. 296-323.

Hein, Peter Ulrich (1991): Transformation der Kunst. Ziele und Wirkungen der deutschen Kultur- und Kunsterziehungsbewegung. Köln/Wien 1991 (Habil.-schrift Köln 1988).

Henning, Sabine (1995): WrWlt – o Urakkord. Die Welten des Richard Dehmel. Ausstellung in der Staats- und Universitätsbibliothek Hamburg ‚Carl von Ossietzky' vom 3. August bis 30. September 1995. Hg. von S. Henning [u.a.], Herzberg 1995 (bibliothemata; 14).

Hepp, Corona (1987): Avantgarde. Moderne Kunst, Kulturkritik und Reformbewegungen nach der Jahrhundertwende. München 1987 (Deutsche Geschichte der neuesten Zeit; dtv, 4514).

Herin, Christoph (2001): Biedermeier, in: Geschichte der deutschen Lyrik vom Mittelalter bis zur Gegenwart. Hg. von Walter Hinderer, zweite, erweiterte Auflage, Würzburg 2001, S. 279-307.

Hermand, Jost (1965): Jugendstil. Ein Forschungsbericht 1918-1964. (Referatheft der *DVjs*) 1965.

Hermand, Jost (1967): Zur Literatur der Gründerzeit, in: J. H., Von Mainz nach Weimar (1793-1919). Studien zur deutschen Literatur. Stuttgart 1969, S. 211-249 (zuerst in: *DVjs* 41/1967, S. 202-232).

Hermand, Jost (1969): Undinen-Zauber. Zum Frauenbild des Jugendstils. In: Wissenschaft als Dialog. Studien zu Literatur und Kunst der Jahrhundertwende. Festschrift für Wolfdietrich Rasch. Hg. von Renate Heydebrandt und Klaus Günther Just, Stuttgart 1969, S. 9-29.

Hermand, Jost (1970): Der Aufbruch in die falsche Moderne. Theorien zur deutschen Literatur um die Jahrhundertwende. In: J. H., Der Schein des schönen Lebens. Studien zur Jahrhundertwende. Frankfurt/M. 1972, S. 13-25 (zuerst als Rundfunk-Vortrag 1970).

Hermand, Jost (1972): Meister Fidus. Vom Jugendstil-Hippie zum Germanenschwärmer. In: J. H., Der Schein des schönen Lebens. Studien zur Jahrhundertwende. Frankfurt/M. 1972, S. 55-127.

Hermand, Jost (Hg.) ([3]1992): Jugendstil. Darmstadt 1992 (Die 1. u. 2. Aufl. erschien in der Reihe *Wege der Forschung* als Band 110).

Hermanni, F. (1995): Felix Culpa. Die geschichtsphilosophische Transformation der Sündenfallerzählung im 18. Jahrhundert. In: Philosophische Orientierung. Festschrift zum 65. Geburtstag von Willi Oelmüller. München 1995, S. 249-266.

Hilmes, Carola (1990): Die femme fatale. Ein Weiblichkeitstypus in der nachromantischen Literatur. Stuttgart 1990.

Hinck, Walter (1994): Magie und Tagtraum. Das Selbstbild des Dichters in der deutschen Lyrik. Frankfurt/M. 1994.

Hock, Stefan (1900): Die Vampyrsagen und ihre Verwertung in der deutschen Litteratur. Berlin 1900 (Forschungen zur neueren Litteraturgeschichte, XVII).

Hölscher, Lucian (1989): Weltgericht oder Revolution. Protestantische und sozialistische Zukunftsvorstellungen im deutschen Kaiserreich. Stuttgart 1989 (Industrielle Welt, 46; Habil.-Schr. Bielefeld 1986).

Höpker-Herberg, Elisabeth (1987): Das Dehmel-Archiv der Staats- und Universitätsbibliothek Hamburg, in: *Auskunft* 7 (1987), S. 84-102.

Hoffmeister, Gert (1973): Petrarkistische Lyrik. Stuttgart 1973.

Hofmann, Werner (1974): Das irdische Paradies. Motive und Ideen des 19. Jahrhunderts. München [2]1974.

Hogh, Alexander (2000): Nietzsches Lebensbegriff. Versuch einer Rekonstruktion. Stuttgart 2000 (Diss. Berlin 1999).

Holl, Peter (1986): Studien zu einer Geschichte der Sexualerziehung, Essen 1986 (Diss. Essen 1986).

Holt, Niles R. (1971): Ernst Haeckel's Monistic Religion, in: *Journal of the History of Ideas* 32 (1971), S. 265-280.

Holznagel et al. (2004): Holznagel, Franz/Kemper, Hans-Georg/Korte, Hermann/Mayer, Mathias/Schnell, Ralf/Sorg, Bernhard: Geschichte der deutschen Lyrik, Stuttgart 2004.

Hornig, Gottfried (1989): ‚Perfektibiltät', in: Historisches Wörterbuch der Philosophie, hg. von Joachim Ritter und Karlfried Gründer, Bd. 7, Darmstadt 1989, Sp. 238-244.

Houben, Heinrich Hubert (1924): Verbotene Literatur von der klassischen Zeit bis zur Gegenwart. Ein kritisch-historisches Lexikon über verbotene Bücher, Zeitschriften und Theaterstücke, Schriftsteller und Verleger. Dessau 1924. Reprografischer Nachdruck, Hildesheim [u.a.] 1992.

Howard, Jonathan (1996): Darwin. Eine Einführung. Aus dem Engl. übers. von Ekkehard Schöller, Stuttgart 1996 (zuerst Oxford 1982).

Hübinger, Gangolf (1997): Die monistische Bewegung. Sozialingenieure und Kulturprediger. In: Kultur und Kulturwissenschaften um 1900, hg. v. Gangolf Hübinger. Bd. 2: Idealismus und Positivismus. Stuttgart 1997, S. 246-259.

Hügli, A./Grawe, Chr. (1980): ‚Mensch III', in: Historisches Wörterbuch der Philosophie, hg. v. J. Ritter, Bd. 5, Darmstadt 1980, Sp. 1071-1087.

Huerkamp, Claudia (1986): Medizinische Lebensreform im späten 19. Jahrhundert. Die Naturheilbewegung in Deutschland als Protest gegen die naturwissenschaftliche Universitätsmedizin. In: *Vierteljahresschrift für Sozial- und Wirtschaftsgeschichte* 73 (1986), S. 159-182.

Jäger, Georg (1976): Die Gründerzeit, in: Realismus und Gründerzeit. Manifeste und Dokumente zur deutschen Literatur 1848-1880. Mit einer Einführung in den Problemkreis und einer Quellenbibliographie herausgegeben von Max Bucher, Werner Hahl, Georg Jäger und Reinhard Wittmann. 2 Bde. Stuttgart 1976 (Epochen der deutschen Literatur. Materialienband), Bd. 1, S. 96-135.

Joerißen, Peter (1979): Kunsterziehung und Kunstwissenschaft im wilhelminischen Deutschland 1871-1918. Köln/Wien 1979 (Diss. Bonn 1976; Dissertationen zur Kunstgeschichte, 10).

Jost, Dominik (1969): Literarischer Jugendstil. Stuttgart 1969 (Sammlung Metzler, 81).

Kafitz, Dieter (1988): Tendenzen der Naturalismus-Forschung und Überlegungen zu einer Neubestimmung des Naturalismus-Begriffs. In: *Der Deutschunterricht* 40 (1988), H. 2, S. 11-29.

Kafitz, Dieter (1991): Naturalismus als Weltanschauung. Zur Kunstauffassung von Johannes Schlaf. In: Deutsche Dichtung um 1890. Beiträge zu einer Literatur im Umbruch. Hg. v. Robert Leroy und Eckart Pastor. Bern [u.a.] 1991, S. 75-93.

Kafitz, Dieter (1992): Johannes Schlaf. Weltanschauliche Totalität und Wirklichkeitsblindheit. Ein Beitrag zur Neubestimmung des Naturalismus-Begriffs und zur Herleitung totalitärer Denkformen. Tübingen 1992.

Kafitz, Dieter (2004): Décadence in Deutschland. Studien zu einem versunkenen Diskurs der neunziger Jahre des 19. Jahrhunderts. Heidelberg 2004 (Beiträge zu neueren Literaturgeschichte, 209).

Kaiser, Dagmar (1995): ‚Entwicklung ist das Zauberwort'. Darwinistisches Naturverständnis im Werk Julius Harts als Baustein eines neuen Naturalismusparadigmas. Mainz 1995 (Germanistik im Gardez!, 3; Diss. Mainz 1993).

Kaschke, Lars (1997): Aus dem Alltag des wilhelminischen Kulturbetriebs: Börries von Münchhausens Angriffe auf Richard Dehmel. In: *Text und Kontext* 20 (1997), S. 35-57.

Kasten, Helmut (1938): Die Idee der Dichtung und des Dichters in den literarischen Theorien des sogenannten ‚Deutschen Naturalismus' (Karl Bleibtreu, Hermann Conradi, Arno Holz). Zur Geschichte der Auseinandersetzung zwischen dem deutschen Idealismus und dem westeuropäischen Positivismus und Naturalismus in deutschen Dichtungstheorien zu Ende des 19. Jahrhunderts. Würzburg 1938 (Diss. Königsberg 1938).

Kauffeldt, Rolf/Cepl-Kaufmann, Gertrude (1994): Berlin-Friedrichshagen. Literaturhauptstadt um die Jahrhundertwende. Der Friedrichshagener Dichterkreis. O.O. 1994.

Kaufmann, Hans (1966): Krisen und Wandlungen der deutschen Literatur von Wedekind bis Feuchtwanger. Fünfzehn Vorlesungen. Berlin/Weimar 1966.

Kelly, Alfred (1981): The Descent of Darwin. The Popularization of Darwinism in Germany, 1860-1914. Chapel Hill 1981.

Kemp, Wolfgang (1983): John Ruskin 1819-1900. Leben und Werk. München 1983.

Kerbs, Diethart/Reulecke, Jürgen (1998): *Handbuch der deutschen Reformbewegungen*, hg. von Diethart Kerbs u. Jürgen Reulecke, Wuppertal 1998.

Ketelsen, Uwe K. (1992): ‚Aufklärung'. In: Literaturlexikon, hg. v. Walter Killy, Bd. 13: Begriffe, Realien, Methoden, hg. v. Volker Meid, Gütersloh/München 1992, S. 49-56.

Kiesel, Helmuth (2004): Geschichte der literarischen Moderne. Sprache, Ästhetik, Dichtung im 20. Jahrhundert. München 2004.

Klein, Johannes (1960): Geschichte der deutschen Lyrik. Von Luther bis zum Ausgang des zweiten Weltkriegs. Zweite erweiterte Auflage, Wiesbaden 1960.

Kleinberg, Alfred (1927): Die deutsche Dichtung in ihren sozialen, zeit- und geistesgeschichtlichen Bedingungen. Eine Skizze. Berlin 1927.

Koch, Manfred (1997): Der Sündenfall ins Schöne. Drei Deutungen der Paradiesesgeschichte im 18. Jahrhundert (Kant, Herder, Goethe). In: Ästhetische und religiöse Erfahrungen der Jahrhundertwenden. Bd. I: Um 1800. Hg. von Wolfgang Braungart, Gotthard Fuchs u. Manfred Koch. Paderborn [u.a.] 1997, S. 97-114.

Köpf, Gerhard (1984): Neun Kapitel Lyrik, hg. von G. K., Paderborn 1984.

Kohlschmidt, Werner: Geschichte der deutschen Literatur vom jungen Deutschland bis zum Naturalismus. Stuttgart 1975 (Geschichte der deutschen Literatur von den Anfängen bis zur Gegenwart, 4).

Kolkenbrock-Netz, Jutta (1981): Fabrikation – Schöpfung – Experiment. Strategien ästhetischer Legitimation im Naturalismus. Heidelberg 1981 (Reihe Siegen, 28; Diss. Bochum 1980).

Konersmann, Ralf (2003): Kulturphilosophie zur Einführung, Hamburg 2003.

Koopmann, Helmut (1972): Die Klassizität der Moderne. Bemerkungen zur naturalistischen Literaturtheorie in Deutschland. In: Beiträge zur Theorie der Künste im 19. Jahrhundert. Band 2. Hg. v. Helmut Koopmann und J. Adolf Schmoll gen. Eisenwerth. Frankfurt/M. 1972 (Studien zur Philosophie und Literatur des neunzehnten Jahrhunderts, 12/2), S. 132-148.

Koopmann, Helmut (1977): Entgrenzung. Zu einem literarischen Phänomen um 1900. In: Fin de siècle, hg. von Roger Bauer. Frankfurt/M. 1977 (Studien zur Philosophie und Literatur des neunzehnten Jahrhunderts, 35), S. 73-92.

Koopmann, Helmut (1997): Deutsche Literaturtheorien zwischen 1880 und 1920. Eine Einführung. Darmstadt 1997.

Krabbe, Wolfgang R. (1974): Gesellschaftsveränderung durch Lebensreform. Strukturmerkmale einer sozialreformerischen Bewegung im Deutschland der Industrialisierungsperiode. Göttingen 1974 (Studien zum Wandel von Gesellschaft und Bildung im Neunzehnten Jahrhundert, 9; Diss., Münster 1972).

Krabbe, Wolfgang R. (1998a): Lebensreform/Selbstreform, in: Handbuch der deutschen Reformbewegungen 1880-1933, hg. von Diethart Kerbs und Jürgen Reulecke, Wuppertal 1998, S. 73-76.

Krabbe, Wolfgang R. (1998b): Naturheilbewegung, in: Handbuch der deutschen Reformbewegungen 1880-1933, hg. von Diethart Kerbs und Jürgen Reulecke, Wuppertal 1998, S. 77-86.

Kratzsch, Gerhard (1983): ‚Der Kunstwart' und die bürgerlich-soziale Bewegung. In: Ideengeschichte und Kunstwissenschaft. Philosophie und bildende Kunst im Kaiserreich. Hg. v. Ekkehard Mai, Stephan Waetzoldt und Gerd Wolandt. Berlin 1983 (Kunst, Kultur und Politik im Kaiserreich, Bd. 3), S. 371-396.

Krauß-Theim, Barbara (1992): Naturalismus und Heimatkunst bei Clara Viebig. Darwinistisch-evolutionäre Naturvorstellungen und ihre ästhetischen Reaktionsformen. Frankfurt/M. [u.a.] 1992 (Studien zur deutschen und europäischen Literatur des 19. u. 20. Jahrhunderts, 27; Diss. Mainz 1991).

Kropfinger, Klaus (1984): Nachwort. In: Richard Wagner, Oper und Drama. Hg. u. kommentiert von K. K., Stuttgart 1984 (RUB 8207), S. 430-533.

Küenzlen, Gottfried (1994): Der neue Mensch. Eine Untersuchung zur säkularen Religionsgeschichte der Moderne. München 1994 (teilw. Habil.-Schr. Bayreuth 1992).

Kühlmann, Wilhelm (2002): Der Mythos des ganzen Lebens. Zum Pan-Kult in der Versdichtung des Fin de siècle. In: ‚Mehr Dionysos als Apoll'. Antiklassizistische Antikerezeption um 1900. Hg. von Achim Aurnhammer. Frankfurt/M. 2002 (Das Abendland, N.F., 30), S. 363-401.

Kühnel, Jürgen (1986): Wagners Schriften, in: Wagner-Handbuch, hg. v. Ulrich Müller u. Peter Wapnewski, Stuttgart 1986, S. 471-588.

Lämmert, Eberhard (1989): Der entfesselte Prometheus. Selbstbehauptung und Kritik der Künstlerautonomie von Goethe bis Gide. In: Literarische Symbolfiguren. Von Prometheus bis Svejk. Beiträge zu Tradition und Wandel. Hg. von Werner Wunderlich, Bern/Stuttgart 1989 (Facetten deutscher Literatur, 1), S. 17-36.

Lange, Friedrich Albert (1873): Geschichte des Materialismus und Kritik seiner Bedeutung in der Gegenwart. 2. Auflage 1873. Herausgegeben und eingeleitet von Alfred Schmidt, 2 Bde., Frankfurt/M. 1974.

Lefèvre, Wolfgang (2000): Darwin, Marx und der garantierte Fortschritt. Materialismus und Entwicklungsdenken im 19. Jahrhundert. In: Materialismus und Spiritualismus. Philosophie und Wissenschaften nach 1848. Hg. von Andreas Arndt und Walter Jaeschke, Hamburg 2000, S. 167-188.

Lehnert, Herbert (1971): Jugenstil-Erotik und ihre soziale Ambivalenz, in: Dichtung, Sprache, Gesellschaft. Akten des IV. Internationalen Germanisten-Kongresses in Princeton. Hg. von Victor Lange und Hans-Gert Roloff, Kronstein 1971 (Beihefte zum Jahrbuch für Internationale Germanistik, 1), S. 331ff.

Lehnert, Herbert (1978): Geschichte der deutschen Literatur vom Jugenstil zum Expressionismus. Stuttgart 1978 (Geschichte der deutschen Literatur von den Anfängen bis zur Gegenwart, V).

Linduschka, Heinz (1978): Die Auffassung vom Dichterberuf im Deutschen Naturalismus. Frankfurt/M./Bern/Las Vegas 1978 (Würzburger Hochschulschriften zur Neueren Deutschen Literaturgeschichte, 2).

Linse, Ulrich (1977): Die Lebensreformbewegung, in: *Archiv für Sozialgeschichte* 17 (1977), S. 538-543 (Sammelrezension, u.a. von Frecot et al. 1972, Krabbe 1974).

Linse, Ulrich (1983): Zurück, o Mensch, zur Mutter Erde. Landkommunen in Deutschland 1890-1933. Hg. von Ulrich Linse, München 1983 (dtv dokumente).

Linse, Ulrich (1987): Über den Prozeß der Syphilisation – Körper und Sexualität um 1900 aus ärztlicher Sicht. In: Vermessene Sexualität, hg. von Alexander Schuller und Nicolaus Heim, Berlin/Heidelberg 1987, S. 163-185

Linse, Ulrich (1992): ‚Animierkneipen' um 1900. Arbeitersexualität und bürgerliche Sittenreform. In: Kirmes, Kneipe, Kino. Arbeiterkultur im Ruhrgebiet zwischen Kommerz und Kontrolle (1850-1914). Hg. von Dagmar Kift, Paderborn 1992 (Forschungen zur Regionalgeschichte, 6), S. 83-118.

Linse, Ulrich (1998): Sexualreform und Sexualberatung, in: Handbuch der deutschen Reformbewegungen: 1880-1933. Hg. v. Diethart Kerbs u. Jürgen Reulecke, Wuppertal 1998, S. 211-226.

Löwith, Karl (1953): Weltgeschichte und Heilsgeschehen. Die theologischen Grundlagen der Geschichtsphilosophie. In: K. L., Sämtliche Schriften, Bd. 2, Stuttgart 1983 (dt. EA 1953).

Lukács, Georg (1947): Deutsche Literatur im Zeitalter des Imperialismus. Eine Übersicht über ihre Hauptströmungen. Berlin 1947. Teilabdruck u. d. T. ‚Der deutsche Naturalismus' in: G. L., Schriften zur Literatursoziologie, ausgew. u. eingeleitet von Peter Ludz, Neuwied/ Darmstadt/Berlin 1961 (Soziologische Texte, 9), S. 452-461.

Lübbe, Hermann (1963): Politsche Philosophie in Deutschland. Studien zu ihrer Geschichte. Basel 1963.

Maag, Georg (1986): Fortschrittsidee und Historismus bei Saint-Simon und Comte, in: Fortschrittsglaube und Dekadenzbewußtsein im Europa des 19. Jahrhunderts. Literatur – Kunst – Kulturgeschichte. Hg. v. Wolfgang Drost, Heidelberg 1986 (Reihe Siegen, 59), S. 35-44.

Mahal, Günter (1974): Wirklich eine Revolution der Lyrik? Überlegungen zur literaturgeschichtlichen Einordnung der Anthologie ‚Moderne Dichter-Charaktere'. In: Naturalismus. Bürgerliche Dichtung und soziales Engagement. Hg. von Helmut Scheuer, Stuttgart [u.a.] 1974, S. 11-47.

Mahal, Günter (1975): Naturalismus. München 1975 (UTB, 363; Deutsche Literatur im 20. Jahrhundert, 1).

Mahr, Johannes (1982): Eisenbahnen in der deutschen Dichtung. Der Wandel eins literarischen Motivs im 19. und beginnenden 20. Jahrhundert. München 1982.

Mandelkow, Karl Robert (1980): Goethe in Deutschland. Rezeptionsgeschichte eines Klassikers. Bd. I: 1773-1918. München 1980.

Mann, Gunter (1973): Biologismus im 19. Jahrhundert, hg. von Gunter Mann, Stuttgart 1973 (Studien zur Medizingeschichte des 19. Jarhunderts, V).

Markwardt, Bruno (1967): Geschichte der deutschen Poetik. Band 5: Das zwanzigste Jahrhundert. Berlin 1967 (Grundriss der Germanischen Philologie; 13/V).

Martens, Wolfgang (1971): Vitalismus und Expressionismus. Ein Beitrag zur Genese expressionistischer Motive und Strukturen. Stuttgart [u.a.] 1971 (Diss. Hamburg 1970).

Martin, Ariane (2002): Die kranke Jugend. J. M. R. Lenz und Goethes *Werther* in der Rezeption des Sturm und Drang bis zum Naturalismus. Würzburg 2002.

Martini, Fritz (1965): Deutsche Literaturgeschichte von den Anfängen bis zur Gegenwart. Stuttgart [14]1965.

Mattenklott, Gert/Scherpe, Klaus R. (1973): Positionen literarischer Intelligenz zwischen bürgerlicher Reaktion und Imperialismus, in: dies. (Hg.): Positionen literarischer Intelligenz zwischen bürgerlicher Reaktion und Imperialismus. Kronberg/ Ts. 1973 (Literatur im historischen Prozeß; Bd. 2), S. 1-8.

Mendelssohn, Peter de (1970): S. Fischer und sein Verlag. Frankfurt/M. 1970.

Meyer, Michael (1982): Theaterzensur in München 1900-1918. Geschichte und Entwicklung der polizeilichen Zensur und des Theaterzensurbeirates unter besonderer Berücksichtigung Frank Wedekinds. München 1982.

Meyer, Theo (1991): Friedrich Nietzsche. Kunstauffassung und Lebensbegriff. Tübingen/Basel 1991.

Meyer, Theo (1993): Nietzsche und die Kunst, Tübingen/Basel 1993 (UTB 1414).

Möbius, Hanno (1980): Der Positivismus in der Literatur des Naturalismus. Wissenschaft, Kunst und soziale Frage bei Arno Holz. München 1980.

Moeller-Bruck, Arthur (1900): Richard Dehmel, Berlin 1900 (Die moderne Literatur, Bd. 6).

Moore, James R. (1979): The Post-Darwinian Controversies. A Study of the Protestant Struggle to come to Terms with Darwin in Great Britain and America, 1870 – 1900. Cambridge 1979.

Mosse, George L. (1985): Nationalismus und Sexualität. Bürgerliche Moral und sexuelle Normen. München 1985.

Müller, Hans (1926): Studien zur Wortwahl und Wortschöpfung bei Dehmel, Liliencron, Nietzsche, Diss. Greifswald 1926.

Müller, Ulrich (1983): Mechthild von Magdeburg und Dantes ‚Vita nuova' oder Erotische Religiosität und religiöse Erotik. In: Liebe als Literatur. Aufsätze zur erotischen Dichtung in Deutschland. Hg. v. Rüdiger Krohn, München 1983, S. 163-176.

Müller-Seidel, Walter (1969): Fontanes ‚Effi Briest'. Zur Tradition des Eheromans. In: Wissenschaft als Dialog. Studien zur Literatur und Kunst seit der Jahrhundertwende. Festschrift für Wolfdietrich Rasch. Hg. von Renate v. Heydebrand und Klaus Günther Just, Stuttgart 1969, S. 30-58.

Neuhuber, Chirstian (2006): „Der kranke Jude und der große Künstler". Richard Dehmels Gedicht ‚Ein Heine-Denkmal'. In: *Zeitschrift für deutsche Philologie* 125 (2006), S. 561-579.

Neumann, Gerhard (2002): Verdichten und Verströmen. Zum Wahrnehmungs- und Darstellungsparadox des Fin de siècle. In: Fin de siècle, hg. von Rainer Warning und Winfried Wehle, München 2002 (Romanistisches Kolloquium, X), S. 195-228.

Niethammer, Arnolf (1986): Gemeinschaft, Volk und Staat innerhalb eines Teilzusammenhanges der Kunsterziehungsbewegung (Langbehn und Lichtwark), in: *Pädagogische Rundschau* 40 (1986), S. 193-219

Nipperdey, Thomas (1988): Religion im Umbruch. Deutschland 1870-1918. München 1988 (Beck'sche Reihe, 363).

Nipperdey, Thomas (1990): Deutsche Geschichte 1866-1918. Band I: Arbeitswelt und Bürgergeist. München 1990.

Nipperdey, Thomas (1992): Deutsche Geschichte 1866-1918. Band II: Machtstaat vor der Demokratie. München 1992.

Nipperdey, Thomas (^{2}1998): Wie das Bürgertum die Moderne fand. Stuttgart ^{2}1998 (RUB, 17014).

Nutt-Kofoth, Rüdiger (2000): Jahrhundertbild. Zum historischen Ort von Richard Dehmels Ballade ‚Anno Domini 1812'. In: Ballade und Historismus. Die Geschichtsballade des 19. Jahrhunderts. Hg. von Winfried Woesler, Heidelberg 2000, S. 180-207.

Oellers, Norbert (1976): Schiller – Zeitgenosse aller Epochen. Dokumente zur Wirkungsgeschichte Schillers in Deutschland. Teil II: 1860-1966. Herausge-

geben, eingeleitet und kommentiert von Norbert Oellers, München 1976 (Wirkung der Literatur, 2).
Ohst, Martin (1998): Theologiegeschichtliche Bemerkungen zu Ernst Haeckels ‚Monismus', in: *Berliner Theologische Zeitschrift* 15 (1998), S. 97-111.
Pamperrien, Rudolf (1924): Das Problem menschlicher Gemeinschaft in Richard Dehmels Werk, Tübingen 1924.
Pankau, Johannes G. (1983): Wege zurück. Zur Entwicklungsgeschichte restaurativen Denkens im Kaiserreich. Eine Untersuchung kulturkritischer und deutschkundlicher Ideologiebildung. Frankfurt/M. [u.a.] 1983 (Diss. Freiburg; Europäische Hochschulschriften, Reihe 1: Deutsche Sprache und Literatur, 717).
Pankau, Johannes G. (1996): Polizeiliche Tugendlichkeit: Frank Wedekind. In: Schriftsteller vor Gericht. Verfolgte Literatur in vier Jahrhunderten. Zwanzig Essays. Hg. von Jörg-Dieter Kogel. Frankfurt/M. 1996 (suhrkamp taschenbuch 2528), S. 142-170.
Pankau, Johannes G. (2005): Sexualität und Modernität. Studien zum deutschen Drama des Fin de Siècle. Würzburg 2005 (Wedekind-Lektüren, 4).
Passmore, John (1970): Der vollkommene Mensch. Eine Idee im Wandel von drei Jahrtausenden. Aus dem Englischen von J. Schulte, Stuttgart 1975 (EA 1970).
Pauen, Michael (1997): Pessimismus. Geschichtsphilosophie, Metaphysik und Moderne von Nietzsche bis Spengler. Berlin 1997.
Pforte, Dietger (1974): Die deutsche Sozialdemokratie und die Naturalisten, in: Naturalismus. Bürgerliche Dichtung und soziales Engagement. Hg. von Helmut Scheuer, Stuttgart [u.a.] 1974, S. 175-205.
Philippi, Klaus-Peter (2000): Rezension von Frey (1998), in: *Germanistik* 41 (2000), S. 789.
Piechotta, Hans Joachim (1994): Die literarische Moderne in Europa. Hg. v. H. J. P., Ralph-Rainer Wuthenow u. Sabine Rothemann. Bd. 1: Erscheinungsformen literarischer Prosa um die Jahrhundertwende. Opladen 1994.
Pieper, Annemarie (1990): „Ein Seil geknüpft zwischen Tier und Übermensch". Philosophische Erläuterungen zu Nietzsches erstem „Zarathustra". Stuttgart 1990.
Pöllinger, Andreas (1989): Der Zensurprozeß um Paul Heyses Drama ‚Maria von Magdala' (1901-1903). Frankfurt/M. [u.a.] 1989 (Regensburger Beiträge zur deutschen Sprach- und Literaturwissenschaft, Reihe B, 44).
Praz, Mario (1930): Liebe, Tod und Teufel. Die schwarze Romantik. München ³1988. (Die italienische Erstausgabe erschien 1930.)
Präffcke, Hans (1986): Der Kunstbegriff Alfred Lichtwarks. Hildesheim [u.a.] 1986 (Studien zur Kunstgeschichte, 37).

Pütz Peter (1975): Friedrich Nietzsche, Stuttgart [2]1975 (Sammlung Metzler; M 62).
Pyritz, Hans (1932): Paul Flemings Liebeslyrik. Zur Geschichte des Petrarkismus. Göttingen 1963 (Palaestra, 234; zuerst 1932).
Rasch, Wolfdietrich (1967): Aspekte der deutschen Literatur um 1900, in: W.R., Zur deutschen Literatur seit der Jahrhundertwende. Gesammelte Aufsätze. Stuttgart 1967, S. 1-48.
Rasch, Wolfdietrich (1972): Lust und Tugend. Zur erotischen Lyrik Hofmannswaldaus. In: Rezeption und Produktion zwischen 1570 und 1730. Festschrift für Günther Weydt zum 65. Geburtstag. Hg. von W. R., Hans Geulen und Klaus Haberkamm, Bern u. München 1972, S. 447-472
Rasch, Wolfdietrich (1974): Die Reichweite des Jugendstils, in: Kulturkritik und Jugendkult, hg. von Walter Rüegg, Frankfurt/M. 1974, S. 125-136.
Rasch, Wolfdietrich (1977): Fin de Siècle als Ende und Neubeginn, in: Fin de siècle, hg. von Roger Bauer. Frankfurt/M. 1977 (Studien zur Philosophie und Literatur des neunzehnten Jahrhunderts, 35), S. 30-49.
Rasch, Wolfdietrich (1986): Die literarische Décadence um 1900. München 1986.
Rath, H. (1976): ‚Inspiration', in: Historisches Wörterbuch der Philosophie, hg. v. Joachim Ritter und Karlfried Gründer, Bd. 4, Darmstadt 1976, Sp. 401-407.
Ribbat, Ernst (1969): Propheten der Unmittelbarkeit. Bemerkungen zu Heinrich und Julius Hart. In: Wissenschaft als Dialog. Studien zur Literatur und Kunst seit der Jahrhundertwende. Festschrift für Wolfdietrich Rasch. Hg. von Renate v. Heydebrand und Klaus Günther Just. Stuttgart 1969, S. 59-82.
Rickert, Heinrich (1920): Die Philosophie des Lebens. Darstellung und Kritik der philosophischen Modeströmungen unserer Zeit. Tübingen 1920.
Riedel, Wolfgang (1985): Die Anthropologie des jungen Schiller. Zur Ideengeschichte der medizinischen Schriften und der ‚Philosophischen Briefe'. Würzburg 1985 (Epistemata, 17).
Riedel, Wolfgang (1996): Homo natura. Literarische Anthropologie um 1900. Berlin/New York 1996 (Quellen und Forschungen zur Literatur- und Kulturgeschichte, 7 [241]).
Riedel, Wolfgang (2001): Literatur und Wissen. Thomas Mann: *Der Zauberberg*. In: *Archiv für das Studium der neueren Sprachen* 153 (2001), S. 1-18.
Riedel, Wolfgang (2004): Literarische Anthropologie. Eine Unterscheidung. In: Wahrnehmen und Handeln. Perspektiven einer Literaturanthropologie. Hg. v. Wolfgang Braungart u. Klaus Ridder. Bielefeld 2004, S. 337-366.
Riha, Karl (1993): Zur Entdeckung des Erotischen um die Jahrhundertwende – am Beispiel von Eduard Fuchs und Franz Blei. In: Annäherungsversuche. Zur Geschichte und Ästhetik des Erotischen in der Literatur. Bern/Stuttgart/Wien 1993 (Facetten der Literatur, 4), S. 301-319.

Röhrs, Hermann (1998): Die Reformpädagogik. Ursprung und Verlauf unter internationalem Aspekt. Weinheim ^{5}1998.

Romberg, R./Konersmann, R. (1980): ‚Mensch IV', in: Historisches Wörterbuch der Philosophie, hg. v. J. Ritter, Bd. 5, Darmstadt 1980, Sp. 1087-1098.

Rosenbaum, Heidi (^{6}1993): Formen der Familie. Untersuchungen zum Zusammenhang von Familienverhältnissen, Sozialstruktur und sozialem Wandel in der Gesellschaft des 19. Jahrhunderts. Frankfurt/M. ^{6}1993 (stw, 374).

Rothschuh, Karl E. (1983): Naturheilbewegung, Reformbewegung, Alternativbewegung, Stuttgart 1983.

Ryan, Lawrence (2001): Jahrhundertwende, in: Geschichte der deutschen Lyrik vom Mittelalter bis zur Gegenwart. Zweite, erweiterte Auflage. Hg. von Walter Hinderer, Würzburg 2001, S. 387-419.

Salaquarda, Jörg (1984): Studien zur Zweiten Unzeitgemäßen Betrachtung, in: *Nietzsche-Studien* 13 (1984), S. 1-45.

Salvan-Renucci, Francoise (1993): Lautes und leises Sprechen bei Richard Dehmel, in: *Cahiers d'Etudes Germaniques* (1993), S. 47-67.

Salzmann, Karl H. (1958): ‚Pan'. Geschichte einer Zeitschrift. In: Jugendstil, hg. von Jost Hermand, Darmstadt ^{3}1992, S. 178-208. Zuerst in: *Archiv für Geschichte des Buchwesens* 1 (1958), S. 212-225.

Sandmann, Jürgen (1990): Der Bruch mit der humanitären Tradition. Die Biologisierung der Ethik bei Ernst Haeckel und anderen Darwinisten seiner Zeit. Stuttgart/New York 1990 (Forschungen zur neueren Medizin- und Biologiegeschichte, 2).

Sandmann, Jürgen (1995): Ernst Haeckels Entwicklungslehre als Teil seiner biologistischen Weltanschauung, in: Die Rezeption von Evolutionstheorien im 19. Jahrhundert, herausgegeben, eingeleitet und mit einer Auswahlbibliographie versehen von Eve-Marie Engels, Frankfurt/M. 1995 (stw, 1229), S. 326-346.

Scheler, Max (1915): Versuche einer Philosophie des Lebens. Nietzsche – Dilthey – Bergson (1915), in: M. S., Gesammelte Werke, Bd. 3: Vom Umsturz der Werte. Abhandlungen und Aufsätze, Bern/München 1972, S. 311-339.

Schenk, Herrad (1987): Freie Liebe – wilde Ehe. Über die allmähliche Auflösung der Ehe durch die Liebe. München 1987.

Scherer, Herbert (1974): Bürgerlich-oppositionelle Literaten und sozialdemokratische Arbeiterbewegung nach 1890. Die ‚Friedrichshagener' und ihr Einfluß auf die sozialdemokratische Kulturpolitik. Stuttgart 1974.

Scherpe, Klaus (1973): Der Fall Arno Holz. Zur sozialen und ideologischen Motivation der naturalistischen Literaturrevolution. In: Positionen literarischer Intelligenz zwischen bürgerlicher Reaktion und Imperialismus. Hg. von Gert Mattenklott u. Klaus R. Scherpe, Kronberg/Ts. 1973 (Literatur im historischen Prozeß; Bd. 2), S. 121-179.

Scheuer, Helmut (1971): Arno Holz im literarischen Leben des ausgehenden neunzehnten Jahrhunderts (1883-1896). Eine biographische Studie. München 1971 (Diss. Saarbrücken 1970):

Scheuer, Helmut (1974): Zwischen Sozialismus und Individualismus – Zwischen Marx und Nietzsche. In: Naturalismus. Bürgerliche Dichtung und soziales Engagement. Hg. von H. S., Stuttgart [u.a.] 1974, S. 150-174.

Scheuer, Helmut (1984): Naturalismus und Naturwissenschaften, in: Fin de siècle. Zu Naturwissenschaft und Literatur der Jahrhundertwende im deutsch-skandinavischen Kontext. Vorträge des Kolloquiums vom 3. und 4. Mai 1984. Hg. von Klaus Bohnen u.a., Kopenhagen/München 1984, S. 9-25.

Scheuer, Helmut (1989): Richard Dehmel. In: Deutsche Dichter. Leben und Werk deutschsprachiger Autoren. Hg. von Gunter E. Grimm und Frank Rainer Max. Band 6: Realismus, Naturalismus und Jugendstil. Stuttgart 1989, S. 368-375.

Schings, Hans-Jürgen (1994): Der ganze Mensch. Anthropologie und Literatur im 18. Jahrhundert. DFG-Symposion 1992. Hg. v. H.-J. S., Stuttgart/Weimar 1994 (Germanistische Symposien, 15).

Schlaffer, Hannelore (2005): Ehestiftung, Ehebruch und sexuelle Revolution. Der Roman des 19. Jahrhunderts. In: *Poetica* 37 (2005), S. 413-427.

Schlaffer, Heinz (1966): Das Dichtergedicht im 19. Jahrhundert. Topos und Ideologie. In: *Schiller-Jahrbuch* 10 (1966), S. 297-335.

Schlaffer, Heinz (1971): Musa iocosa. Gattungspoetik und Gattungsgeschichte der erotischen Dichtung in Deutschland. Stuttgart 1971(Germanistische Abhandlungen, 37).

Schlinkmann, Adalbert (1974): Einheit und Entwicklung. Die Bildwelt des literarischen Jugendstils und die Kunsttheorien der Jahrhundertwende. Diss. Freiburg i. Br. 1974.

Schmidt, Jochen (1985): Die Geschichte des Genie-Gedankens in der deutschen Literatur, Philosophie und Politik 1750-1945. Bd. 2: Von der Romantik bis zum Ende des dritten Reichs. Darmstadt ²1988 (EA 1985).

Schmutzler, Robert (1962): Art Nouveau – Jugendstil. Stuttgart 1962.

Schnädelbach, Herbert (1983a): Abkehr von der Geschichte. Stichworte zum ‚Zeitgeist', in: Ideengeschichte und Kunstwissenschaft. Philosophie und bildende Kunst im Kaiserreich. Hg. v. Ekkehard Mai, Stephan Waetzoldt und Gerd Wolandt. Berlin 1983 (Kunst, Kultur und Politik im Kaiserreich, Bd. 3), S. 31-43.

Schnädelbach, Herbert (1983): Philosophie in Deutschland 1831-1933, Frankfurt/M. 1983 (stw, 401).

Schoolfield, George C. (2003): A Baedeker of decadence. Charting a literary fashion 1884-1927. New Haven [u.a.] 2003.

Schott, E. (1972): „Erlösung", in: Historisches Wörterbuch der Philosophie, Bd. 2, hg. von Joachim Ritter, Darmstadt 1972, Sp. 717f.
Schulte, Christoph (1997): Psychopathologie des Fin de siècle. Der Kulturkritiker, Arzt und Zionist Max Nordau. Frankfurt/M. 1997 (Forum Wissenschaft, Kultur und Medien).
Schulte, Regina (1979): Sperrbezirke, Tugendhaftigkeit und Prostitution in der bürgerlichen Welt, Frankfurt/M. 1979.
Schulte-Sasse, Jochen (1975): Autonomie als Wert. Zur historischen und rezeptions-ästhetischen Kritik eines ideologisierten Begriffs. In: Literatur und Leser. Theorien und Modelle zur Rezeption literarischer Werke. Hg. von Gunter Grimm. Stuttgart 1975, S. 101-118.
Schulz, Gerhard (1974): Naturalismus und Zensur, in: Naturalismus. Bürgerliche Dichtung und soziales Engagement. Hg. von Helmut Scheuer, Stuttgart [u.a.] 1974, S. 93-121.
Schuster, Klaus-Peter (1983): Leben wie ein Dichter – Richard Dehmel und die bildenden Künste. In: Ideengeschichte und Kunstwissenschaft. Philosophie und bildende Kunst im Kaiserreich. Hg. v. Ekkehard Mai, Stephan Waetzoldt und Gerd Wolandt. Berlin 1983 (Kunst, Kultur und Politik im Kaiserreich, Bd. 3), S. 181-222.
Schuster, Marina (1990): Sexualaufklärung im Kaiserreich, in: Sexualmoral und Zeitgeist im 19. und 20. Jahrhundert, hg. v. Anja Bagel Bohlan u. Michael Salewski, Opladen 1990, S. 71-82.
Seemann, Birgit (1998): Hedwig Landauer-Lachmann. Dichterin, Antimilitaristin, deutsche Jüdin. Frankfurt/M./New York 1998 (Campus Judaica, 11).
Selbmann, Rolf (1994): Dichterberuf. Zum Selbstverständnis des Schriftstellers von der Aufklärung bis zur Gegenwart. Darmstadt 1994.
Sendlinger, Angela (1993): Lebenspathos und Décadence um 1900. Studien zur Dialektik der Décadence und der Lebensphilosophie am Beispiel Eduard von Keyserlings und Georg Simmels. Frankfurt/M. [u.a.] 1993 (Europäische Hochschulschriften, Reihe I, 1441; Diss. München 1993)
Sengle, Friedrich (1949): Moderne deutsche Lyrik. Von Nietzsche bis Enzensberger (1875-1975). Hg. von Gabriele Schneider, Heidelberg 2001 (Beiträge zur neueren Literaturgeschichte, Folge 3: 179) (Vorlesungen, zuerst 1949).
Sengle, Friedrich (1972): Biedermeierzeit. Deutsche Literatur im Spannungsfeld von Revolution und Restauration 1815-1848. Bd. 2: Die Formenwelt, Stuttgart 1972.
Slochower, Harry (1928): Richard Dehmel. Der Mensch und Denker. Eine Biographie seines Geistes im Spiegelbild seiner Zeit. Dresden 1928.
Soergel, Albert (1911): Dichtung und Dichter der Zeit. Eine Schilderung der deutschen Literatur der letzten Jahrzehnte. Leipzig 1911.

Soergel, Albert/Hohoff, Curt (1964): Dichtung und Dichter der Zeit. Vom Naturalismus zur Gegenwart. Völlig neu bearbeitete Auflage. Erster Band, Düsseldorf 1964.

Sollmann, Kurt (1982): Literarische Intelligenz vor 1900. Studien zu ihrer Ideologie und Geschichte. Köln 1982 (Pahl-Rugenstein-Hochschulschriften Gesellschafts- und Naturwissenschaften; Bd. 94: Serie Literatur und Geschichte).

Sorg, Bernhard (2004): Zwischen Romantik und Naturalismus, in: Holznagel et al. (2004), S. 375-470.

Sprengel, Peter (1998): Geschichte der deutschsprachigen Literatur von der Reichsgründung bis zur Jahrhundertwende. München 1998 (Geschichte der deutschen Literatur von den Anfängen bis zur Gegenwart, IX/1).

Sprengel, Peter (1998a): Darwin in der Poesie. Spuren der Evolutionslehre in der deutschsprachigen Literatur des 19. und 20. Jahrhunderts. Würzburg 1998.

Stegmaier, Werner (1987): Darwin, Darwinismus, Nietzsche. Zum Problem der Evolution. In: *Nietzsche-Studien* 16 (1987), S. 264-287.

Stern, Martin (1979): Einleitung. In: Hugo v. Hofmannsthal und Richard Dehmel. Briefwechsel. In: *Hofmannsthal-Blätter* (1979), S. 1-130.

Stern, Fritz (1963): Kulturpessimismus als politische Gefahr. Eine Analyse nationaler Ideologie in Deutschland. München 1963.

Sternberger, Dolf (1934): Jugendstil, Begriff und Physiognomik (1934), in: D. S., Über Jugendstil, Frankfurt/M. 1977 (it 274), S. 20-40.

Sternberger, Dolf (1968): Das zerstörte Reich der Schönheit, in: D. S., Über Jugendstil. Frankfurt/M. 1977 (it 274), S. 80-93.

Sternberger, Dolf (1976): Panorama des Jugendstils (1976), in: D. S., Über Jugendstil, Frankfurt/M. 1977 (it 274), S. 94-119.

Stöckmann, Ingo (2005): Im Allsein der Texte. Zur darwinistisch-monistischen Genese der literarischen Moderne um 1900. In: *Scientia Poetica* 9 (2005), S. 263-291.

Stückrath, Jörn (1995): ‚Die naturwissenschaftlichen Grundlagen der Poesie'. Naturalistische Modelle der Wirklichkeit, in: Literarische Moderne. Europäische Literatur im 19. und 20. Jahrhundert. Hg. von Rolf Grimminger, Reinbek 1995, S. 140-168.

Taureck, Bernhard (1991): Friedrich Nietzsches Alternativen zum Nihilismus. Hamburg 1991 (Habil.-Schrift Hamburg 1985).

Tenbruck, Friedrich (1976): Die Glaubensgeschichte der Moderne, in: *Zeitschrift für Politik*, N. F., 23 (1976), S. 1-15.

Topitsch, Ernst (1961): Marxismus und Gnosis, in: E. T., Sozialphilosophie zwischen Ideologie und Wissenschaft. Neuwied 1961, S. 235-270.

Träger, Claus (1961): Prometheus – unmittelbare und mittelbare Produktion der Geschichte. In: Literaturgeschichte als geschichtlicher Auftrag. Werner Krauss zum 60. Geburtstag. Festgabe von seinen Leipziger Kollegen und Schülern. Hg. von Werner Bahner. Berlin 1961, S. 187-225 u. 275-293.

Treusch-Dieter, Gerburg ([5]1997): Sexualität und Fortpflanzung, in: Taschenbuch der Pädagogik, hg. v. H. Hierdeis u. T. Hug, Bd. 4, Baltmannsweiler [5]1997, S. 1335-1362.

Trousson, Raymond (1964): Le Thème de Prométhée dans la Littérature Européenne. Genf 1964.

Ueberweg, Friedrich ([11]1916): Grundriß der Geschichte der Philosophie. Bd. 4: Vom Beginn des 19. Jahrhunderts bis auf die Gegenwart. 11. Auflage, neu bearbeitet und hg. von Konstantin Oesterreich, Berlin 1916.

Ullmann, Hans-Peter (1995): Das Deutsche Kaiserreich 1871-1918. Frankfurt/M. 1995 (edition suhrkamp, 1546; N. F. 546; Neue historische Bibliothek).

Ussel, Jos van ([2]1977): Sexualunterdrückung. Geschichte der Sexualfeindschaft. Gießen [2]1977 (Texte zu Sozialgeschichte und Alltagsleben).

Veit, Elisabeth (1988): Fiktion und Realität in der Lyrik. Literarische Weltmodelle zwischen 1890 und 1918 in der Dichtung Max Dauthendeys, Richard Dehmels und Alfred Momberts. München 1988 (Diss. München 1987).

Viering, Jürgen (1983): Ein Arbeiterlied? Über Richard Dehmels ‚Der Arbeitsmann'. In: Gedichte und Interpretationen. Bd. 5: Vom Naturalismus bis zur Jahrhundertwende. Hg. von Harald Hartung, Stuttgart 1983, S. 54-66.

Vietta, Silvio (1992): Die literarische Moderne. Eine problemgeschichtliche Darstellung der deutschsprachigen Literatur von Hölderlin bis Thomas Bernhard. Stuttgart/Weimar 1992.

Vietta, Silvio/Kemper, Dirk (1998): Ästhetische Moderne in Europa. Grundzüge und Problemzusammenhänge seit der Romantik. Hg. v. S. V. u. D. K. München 1998.

Völker, Ludwig (1991): „Alle Erneuerung geht von irgendeiner ‚Prosa' aus". Die lyrische Moderne und der Naturalismus. In: Deutsche Dichtung um 1890. Beiträge zu einer Literatur im Umbruch. Hg. v. Robert Leroy und Eckart Pastor. Bern [u.a.] 1991, S. 203-235.

Volckmann, Silvia (1987): ‚Gierig saugt sie seines Mundes Flammen'. Anmerkungen zum Funktionswandel des weiblichen Vampirs in der Literatur des 19. Jahrhunderts. In: Weiblichkeit und Tod in der Literatur, hg. von Renate Berger u. Inge Stephan, Köln/Wien 1987, S. 155-176.

Vom Hagen, Paul (1932): Richard Dehmel. Die dichterische Komposition seines lyrischen Gesamtwerks. Berlin 1932 (Germanische Studien, 115).

Wagner, Nike (1982): Geist und Geschlecht. Karl Kraus und die Erotik der Wiener Moderne. Frankfurt/M. 1982.

Weber, Heiko (2000): Monistische und antimonistische Weltanschauung. Eine Auswahlbibliographie. Berlin 2000 (Ernst-Haeckel-Haus-Studien, 1).

Weber-Kellermann (1987): Landleben im 19. Jahrhundert. 2., unveränderte Auflage, München 1988 (EA 1987).
Wegner, Matthias (2000): Aber die Liebe. Der Lebenstraum der Ida Dehmel. München 2000.
Wehler, Hans-Ulrich (1994): Das Deutsche Kaiserreich 1871-1918, Göttingen ^{7}1994 (Deutsche Geschichte; Bd. 9; Kleine Vandenhoeck-Reihe, 1380).
Weikart, Richard (2004): From Darwin to Hitler. Evolutionary Ethics, Eugenics, and Racism in Germany. New York [u.a.] 2004.
Wermer, Ute/Witte, Klaus (1995): Hugo Höppener – Fidus. Exlibris und Illustrationen. Frederikshavn 1995.
Werner, Renate (1993): ‚Und was er singt, ist wie die Weltgeschichte.' Über Emanuel Geibel und den Münchner Dichterkreis. In: Dichter und ihre Nation, hg. v. Helmut Scheuer, Frankfurt/M. 1993 (st 2117), S. 273-289.
Werner, Renate (1996): Ästhetische Kunstauffassung am Beispiel des ‚Münchner Dichterkreises'. In: Bürgerlicher Realismus und Gründerzeit 1848-1809. Hg. v. Edward McInness u. Gerhard Plumpe, München 1996 (Hansers Sozialgeschichte der deutschen Literatur, 6), S. 308-342.
Wiese, Benno von (1963): Geistesgeschichte oder Interpretation? Bemerkungen zur Lage der zeitgenössischen deutschen Literaturwissenschaft. In: Die Wissenschaft von deutscher Sprache und Dichtung. Methoden, Probleme, Aufgaben. Festschrift für Friedrich Maurer zum 65. Geburtstag, hg. von S. Gutenbrunner, Hugo Moser, Walther Rehm, Heinz Rupp, Stuttgart 1963, S. 239-261
Wilkending, Gisela (1997): Mädchenlektüre und Mädchenliteratur. ‚Backfischliteratur im Widerstreit von Aufklärungspädagogik, Kunsterziehungs- und Frauenbewegung. In: Geschichte der Mädchenlektüre. Mädchenliteratur und die gesellschaftliche Situation der Frauen vom 18. Jahrhundert bis zur Gegenwart. Hg. v. Dagmar Grenz u. Gisela Wilkending, Weinheim/München 1997 (Lesesozialisation und Medien), S. 173-196.
Windfuhr, Manfred (1966): Heine und der Petrarkismus. Zur Konzeption seiner Liebeslyrik. In: *Schiller-Jahrbuch* 10 (1966), S. 266-285. Wieder in: Heinrich Heine, hg. von Helmut Koopmann, Darmstadt 1975 (WdF, 284), S. 207-231.
Wiora, Walter (1977): ‚Die Kultur kann sterben'. Reflexionen zwischen 1880 und 1914. In: Fin de sìècle, hg. von Roger Bauer. Frankfurt/M. 1977 (Studien zur Philosophie und Literatur des neunzehnten Jahrhunderts, 35), S. 50-72.
Wittkau-Horgby, Annette (1998): Materialismus. Entstehung und Wirkung in den Wissenschaften des 19. Jahrhunderts. Göttingen 1998 (Sammlung Vandenhoeck; Habil.-Schrift, Hannover 1997).
Wucherpfennig, Wolf (1980): Kindheitskult und Irrationalismus in der Literatur um 1900. Friedrich Huch und seine Zeit. München 1980.

Wuerffel, Bodo (1978): Wirkungswille und Prophetie. Studien zu Werk und Wirkung Stefan Georges. Bonn 1978 (Abhandlungen zur Kunst-, Musik- und Literaturwissenschaft).

Wunberg, Gotthard (1969): Utopie und Fin de siècle. Zur deutschen Literaturkritik vor der Jahrhundertwende. In: *DVjs* 43 (1969), S. 685-706.

Zelle, Carsten (1994): Die Notstandsgesetzgebung im ästhetischen Staat. Anthropologische Aporien in Schillers philosophischen Schriften. In: Der ganze Mensch. DFG-Symposion 1992. Hg. v. Hans-Jürgen Schings. Stuttgart/Weimar 1994 (Germanistische Symposien. Berichtbände, XV). S. 440-468.

Ziche, Paul (2000): Monismus um 1900. Wissenschaftskultur und Weltanschauung. Hg. von Paul Ziche. Berlin 2000. (Ernst-Haeckel-Haus-Studien, 4).

Zudrell, Petra (2003): Der Kulturkritiker und Schriftsteller Max Nordau. Zwischen Zionismus, Deutschtum und Judentum. Würzburg 2003 (Epistemata, Reihe Literaturwissenschaft, 421; Diss., Potsdam 2001).

V.3 Textanhang

Der befreite Prometheus

(ERL 161-166)

Vom Kaukasus herniederschritt Prometheus:
er war erlöst, Zeus gab ihn frei.
Der Riese durfte wieder sich *erheben*
vom Felsen, dran er büßend hing:
er durfte nun *hinab* nach seiner Erde,
hin zu den Menschen, die so sehr er liebte,
daß er der eignen Seligkeit vergessen
und für sie stahl das Feuer vom Olymp.

Nicht dauerte den Götterkönig
des Himmelssohnes, des abtrünnigen.
Warum auch *wagte* den Gedanken er,
den Menschen Göttergut hinabzutragen?
Er hatte seinen *Lohn* dahin,
den Dulderlohn,
nach der Olympier unerbittlichem Gesetz! –
Verraucht nur endlich war der *Zorn* des Zeus;
und Laune war's und Gnade, daß sein Blitz
vom Leib des Märtyrers die Fesseln *sprengte,*
die donnerkeilgeschmiedeten ...

O lange Qual! oh Leib – zerfleischt, entstellt!
Noch deckten Schwären die zerschundnen Knöchel;
kaum konnten die verkrümmten Finger *schützen*
die roten Male all, die frisch noch glänzten, –
auf all den Wunden, die ihm Tag um Tag
der Geier gierige Schnabelschläge rissen.
O Tage voller Wut und Ohnmacht!
oh Tag der Bitternis, da ihm die Kraft,
die einst mit Bergen wie mit Würfeln spielte,
zum Ersten Male
versagte vor der Uebermacht des Neides,
des weltbeschattenden, der alten Götter!
oh Tag, als in Verzweiflung starb sein Mut! –

Doch *nun* war Alles *überwunden.*
Versprüht die Kampfglut in den tiefen Augen;
erloschner Groll, verlohte Leidenschaft
die einz'ge Saat der tiefzerfurchten Züge, –
so tief, als sollten tausend Thränen drin
zu den verdorrten Wurzeln seiner Seele,
zum Grabe eines *Lebens* niederfolgen.

Um seine schmerzvernarbte Stirne zauste
der kalte Wind des Haars ergraute Büschel.
So schritt er abwärts, der gebeugte Riese ...

Nur *ruhen* wollt' er, ausruhn bei den *Menschen,* –
sie um sich sammeln wie ein alter Vater seine Kinder, –
ihr Glück genießen, das sie *ihm* ja *dankten,* –
den Frieden *sehen,* der emporgeblüht,
seit er den Himmelsfunken ihnen schenkte,
seit er den unstät Irrenden
gebaut den ersten warmen, festen Herd, –
sich *freuen* der Geschöpfe jetzt,
die tierischwild in Hader, Haß und Habgier
sich um das nackte Leben schlugen einst,
die *seine* That ja erst zu Menschen *schuf!* –

Und nieder kam er in die mildern Lüfte,
ins *ebne* Land; da sah er schöne Fluren,
bebaute Aecker, wohlgehegte Gärten,
und ringsum lugten Dörfer aus dem Grün,
und weither prangten Zinnen sichrer Städte.
Da *lachte* seine Seele: Siehe, Zeus!
war Das nicht *wert* der hundertjähr'gen Pein?
ja, meine Menschen will ich wiedersehn! – –

Und in die Dörfer ging er, in die Städte –
und ging und ging – und suchte hin und her
und fand –
weh, wehe, wehe – *Alles wie zuvor.*
Haß, Hader, Habgier schlugen sich im Streit
mit andrer Habgier, anderm Hader, anderm Haß, –
nur Eines fand er auf der Erde neu,
den Neid: den *eklen winzigen* Neid,
den Neid der *Menschen* um Besitz, –
und war doch da Genug, genug für *Alle.*
In Hütten sah er, in die Burgen sah er;
doch es war Alles Eines,
war Alles wie *zuvor* – und schlimmer noch ...

Zuletzt in eines Priesters reiches Haus
trat matt er ein. Dort *wohnte* ja der Friede,
den er vergebens bei den Andern suchte;
dort wo des Dankes stilles Sinnbild ihm
in heil'ger Lampe glomm die ew'ge Flamme,
dort auf *geweihter* Schwelle wollt' er rasten
noch Einmal unter Menschen – und sich dann
auf immer in die Einsamkeit verbergen.
Zum Hausherrn sprach er, der im Hofe stand:
Ich bin Prometheus, laß mich ein bei dir! –

Der wandte sich erschrocken, blickte scheu
dem großen Mann ins düstre Angesicht,
und schlich geduckt davon, und schloß sich ein,
und durch die Thür quoll eine fette Stimme:
Ich habe selber nichts; geh weiter, Narr!
Prometheus, der ist *tot* – und kommt nicht wieder;
ja, damals waren bess're Zeiten noch
als heute –!
Dann schlurften Schritte tiefer ins Gemach.

Noch stand der Wandrer. Da: ein Wanken faßte
den Qualgewohnten, auf die heil'ge Schwelle
schlug er *dahin,* und stöhnend schluchzte er
zum Himmel auf: Oh Zeus! *sehr furchtbar* strafst du!
so nicht, so brauchtest du dich *nicht* zu rächen!
Das war das Letzte! ich will sterben gehn! –
Und gellend jählings brach
ein Lachen hoch aus der zerrißnen Brust,
und rasend sprang er auf,
und brüllend rannte er dahin, dahin der Riese:
Fort von den Menschen! fort! zum Meer! ins Meer!
im Meer, da find' ich Ruhe! endlich Ruhe! – –
Da stand er *oben* auf der steilen Klippe ...

Und wieder sah im ebnen Lande unten
die schönen Fluren er, die blühenden Triften,
bebaute Aecker, wohlgehegte Gärten,
und ringsum lugten Dörfer aus dem Grün,
und weither prangten Zinnen sichrer Städte.
Da gärte *auf* in ihm vergeßne *Kraft,*
da kochte *auf* in ihm verlernter *Grimm,*
vom Felsen ächzend riß er Stück um Stück,
und Stück um Stück in toller Blindheit schmiß er
brüllend ins Meer,
gell durch den Sturm
mit weinendem Gelächter flog sein Jammer:
O könnt' ich gleich die *ganze Brut* zermalmen,
die so mein Gut, mein göttliches, *veraast!*
Ha, *meine Menschen,* hahahah – –!

Da horch, was klang da? schwoll da nicht ein Schrei,
ein *Menschen*schrei voll Not und Angst empor?
Hinab er stierte: rollend ging die See,
von seinen Würfen zischend aufgerührt,
und auf dem Gischte trieb zerschellt ein Kahn,
und in den Wogen rang ein Mensch ums *Leben.*
Doch jetzt: schon schäumte von der stiller'n Flut
ein *andrer* Nachen her, draus warf sich
ein *zweiter* Fischer in die Brandung.

Und oben auf der Klippe stand Prometheus
und stierte, – stierte und *erkannte* sie:
auf seiner Wandrung hatt' er sie gesehen,
die ersten Menschen waren's die er traf:
Todfeinde waren's, – und jetzt kämpfte dort
der Feind dem Feind vereint um Feindes Leben! –
Und endlich *siegten* sie den schweren Sieg
und schleppten keuchend sich zum kahlen Strand
und schauten in die Augen sich
und sanken in die Arme sich,
sprachlosen Glückes, stummer Liebe voll.

Und oben auf der Klippe stand Prometheus
und sah ihr Hab und Gut im Meer versinken
und – sah sie lachen, hörte jauchzen sie.

Da glühte auf in ihm vergeßner *Glaube,*
da lohte auf in ihm verlernter *Mut,*
und in die Kniee nieder brach Prometheus
und auf zum Himmel stammelte Prometheus:
Oh Zeus! ich *danke* dir – du *armer Gott* –
ich bin so reich! ich fühle Menschenliebe!
o laß mich leben – ewig leben:
ich will – *noch Einmal* gehn – zu meinen Kindern!

Drei Ringe
Eine Abend-Elegie.

(AL 156-163)

Leitspruch:

Neue Ziele,
neue Gefühle:
neue Riegel.
Flügel! Flügel!

Ihr Ringe, drei Ringe, um Einen Finger,
und jeder ein toter, gebrochener Schwur,
und seid mir so heilig, ihr flimmernden Dinger,
seid mir ein treuer,
still wachsender, neuer,
einziger, willig gesprochener Schwur.

Was glühst du, Rubin, von versunkenen Stunden?
Was blickst du, Perle, so bleich im Gold?
Du Reif dazwischen, schlicht gewunden,
was scheinst du doch so scheu und hold?
Ach, immer die Treue treuwillig versprochen,
und immer treuwillig die Treue gebrochen;
so hat es das Leben, das Leben gewollt.

Ihr Ringe, drei Ringe, an meiner Linken,
und dennoch ein neuer, dämmernder Schwur ...
O Sonne, du rote, was will dein Sinken,
aus Nebeln Winken?
o Gold, dein Blinken?
Du blasse Perle, wie war's doch nur? –

War wol ein Morgen frühlingsmild;
die alte Kirche stand voll Glanz.
Blaß flammte ums Erlöserbild
der Osterkerzen weißer Kranz.
Der Orgel Hallelujah quoll,
uns war das Herz von Gott so voll,
das Kinderherz, voll Bebens.
O Schwur des Glaubens! o Gebot:
Nun seid getreu bis in den Tod,
dann wird euch die Krone des Lebens,
die ewige Krone des Lebens.

Und mit der Mutter still durchs Feld,
wie glänzte weit, wie glänzte grün
und war ein Sonntag all die Welt;

die Weidenbüsche wollten blühn,
ein Zweiglein brach der Knabe.
Doch feierlich im leeren Land
als wie ein Kreuz die Mühle stand;
und sinnend weiter still feldein ...
O Försterhaus am Eichenhain!
O Vater-Wort und -Gabe!

O Gartenzaun am Eichenhain!
da nahm mein Vater meine Hand
und legte einen Ring hinein,
der hatte einen schwarzen Stein,
drin eine goldne Krone stand,
und sprach zu seinem Sohne –
sein Auge blickte ein Gebot:
Nun sei getreu bis in den Tod,
dann wird dir die Krone zum Lohne,
des Lebens goldene Krone ...

Ihr Ringe, drei Ringe, an meiner Linken,
und jeder ein neuer, ein toter Schwur;
was wird so zitternd euer Blinken?
O Sonnenscheiden, Sonnenwinken,
oh weite Flur!
Die Nebel reißen, wie blutende Wunden;
ich habe die Freiheit, die Freiheit gewollt.
O Sonnenblut; wie schwillt's im Gold!
Was glühst du, Rubin, von versunkenen Stunden?

Es war ein Mittag, frühlings*wild;*
von der Bergeskrone, rot zuckend, kroch
die Wolkenschlange ins Gefild;
der Donner jagte von Joch zu Joch;
Sturm weinte das Dunkel, ein stürzendes Meer;
triefend schrieen die Bäume; und grell und spitz,
lang züngelnd, über uns, um uns her –
mein zitternd Mädchen, weißt du noch?
flocht flatternde Netze Blitz auf Blitz.

Und die Bäume bogen und schlugen sich,
blendend nieder flackte der breite Strahl
und umschlang im Taumel dich und mich
zerknatternd der fahle, steil glühende Wall;
und da lag im Taumel weh Brust an Brust,
jung hing und schauernd Mund an Mund,
sank Auge in Auge im Moose, und –
rauschend schluchzte der Regen in unsre Lust,
stumm lohte der feuergetaufte Bund ...

Und empor! o standest du bleich und bang.
Und da hab ich den Donner des Himmels bedroht,
von der Faust mir peitschend das Wasser sprang,
durch die schreienden Bäume mein Lachen klang:
O lauter, mein Bruder, dein wild Gebot!
Und riß mir vom Finger den Knabenring:
Ich bin mir selbst mein Herr und Gott!
und nahm deine Hand, dran zitternd hing
im Blitzlicht funkelnd der rote Rubin,
und vom Himmel gebadet, vom Himmel umloht,
ich fühlte dich weinen, ich sah dich glühn,
schwur ich: Gieb her! sei treu! nimm hin ...

Ihr Ringe, drei Ringe, um Einen Finger,
und jeder ein doppelt gebrochener Schwur.
Wie der Nebel raucht! und ein brennender Zwinger
umgittert die irrende Sonnenspur.
Ihr brechendes Auge grüßt das Gold,
ich habe freiwillig die Freiheit verschworen;
was glimmst du schlichter Reif so hold?
die Freiheit verschworen, die Freiheit verloren;
ich habe die Liebe, die Liebe gewollt.

Und es kam ein Abend, frühlingsmild;
bang steht, in Schleiern, bleich, die Braut.
Ernst rauschen die Geigen; herb duftend schwillt
der Myrte grünes, weißblühendes Kraut.
Und Ring um Ring; und Schweigen ... nur
durchs Fenster flüsterte der Mai;
und nun will ich uns segnen, stolz und frei,
da horch, da horch: voll Bebens,
fromm die Stimmen der Freunde – o Lied, o Schwur,
o ihr rauschenden Geigen, o Gebot,
gelb zuckende Kerzen im Abendrot:
Nun sei getreu bis in den Tod,
dann wird dir die Krone des Lebens!

Da flocht ich ihr still vom Haupt den Kranz,
still küßte ich ihr dunkles Haar;
glutüberhaucht vom fernen Glanz
hielt ihre Hand in Rosenpaar,
still zitterten die Blüten.
Und durch das schweigende Gemach
mein stammelnder Mund den Segen sprach,
und sprach – mir war das Herz so weit,
von Glauben weit und Seligkeit:
Nun will ich Dein sein alle Zeit,
Ein Leib, Eine Seele, in Glück und Leid
dein Gott, meine Welt, dich hüten.

Und draußen wiegte ein Lindenbaum
goldgrün sein jung Gefieder;
sanft verglühte der Rosen rot schwellender Saum,
und durch den Schimmer, den Duft, den Traum
rauschten die Geigen wieder.
Da gab sie mir an meine Hand,
an meine Rechte zurück mein Pfand,
den Ring mit der leuchtenden Krone, –
stumm glomm ihrer Augen bangselige Not:
Nun sei getreu bis in den Tod,
dann wird uns die Krone zum Lohne,
des Lebens heilige Krone ...

Ihr Ringe, drei Ringe, an meiner Linken:
was blickst du, Perle, so trüb im Gold?
O Sonne, du müde, nun magst du sinken;
o schwere Pflicht, wie schienst du hold!
Gelb taucht ins Moor der letzte Funken,
durchs kahle Land der Nebel rollt;
ich habe die Wahrheit, *Klarheit* gewollt;
ich war der Liebe so satt ... so trunken!

Denn eine Nacht kam frühlingswild,
kam schwül. Ums Licht der Lampe lag,
vom lauten Regen dunstverhüllt,
das Dunkel dumpf und dufterfüllt;
hohl scholl und hart das Laubendach.
Es klang so einsam, was ich sprach
von meiner Liebe Ueberdruß;
es klang so bang, als ob ich log,
als ich mich flüsternd zu dir bog.
Und ich hielt deine Hand. Weißt du wol noch,
du blasse Andre; wolltest du's?

Wie war sie doch von Arbeit rauh!
wie saßest du so scheu und still
mit deinen Augen groß und grau,
als horchtest du dem Tropfentau,
der durch die Epheublätter fiel.
Und ich hielt deine Hand. Und es war so schwül.
Was ließest du es doch geschehn!
Ich wollte dir nur ins Auge sehn,
in diese Augen stolz und stumm;
Du aber – und wir sanken um;
die Epheublätter zitterten;
ich nahm dein einziges Eigentum.

Und vom Finger dein Ring, der flimmernde,
der in den kalten Sand gerollt;
im dumpfen Schatten schimmerte
trüb um den Perlenstern sein Gold.
Und da hast du trotzig aufgelacht,
von deinem Vater war auch er;
blaß langtest du ihn zu mir her
aus deinen Augen sah die Nacht,
und du nahmst meine Hand – hohl scholl der Strom
des Regens über uns, und trüb
in dem schwarzen Stein die Krone glomm –
sprachst du: Leb wohl! vergiß! nimm; gieb ...

Ihr Ringe, drei Ringe, und doch der neue,
aus scheuer Seele bang dämmernde Schwur?
Dahin der Glaube, dahin die Treue;
oh dunkle Flur!
Starr durch die nackten Pappeln schauen
die Sterne ins verhüllte Feld;
Wahrheit? – Im Moor die Nebel brauen;
laß ab! was willst du? Um dich Grauen,
und – voll von Sonnen steht die Welt!

Was willst du, Sehnsucht meiner Brust?
Sieh, eine Sonne ging zur Ruh,
nun schließ auch deine Augen du;
das Leben ist des Lebens Lust!
Hinein, hinein mit blinden Händen,
du hast noch nie das Ziel gewußt;
zehntausend Sterne, aller Enden,
zehntausend Sonnen stehn und spenden
dir ihre Strahlen in die Brust!

Dir in die Brust ... was willst du, Schweigen,
du laute Sehnsucht, immer noch?
Und ich sehe die Krone, die eine, steigen –
ihr Ringe, drei Ringe, wie war es doch?
die Krone *steigen,* die Krone *sinken,*
zur Sonne sinken, die Sonne *winken:*
Empor! nichts ist vergebens!
fest steht mein flammendes Gebot!
dem sei getreu bis in den Tod –
du trägst die Krone des Lebens,
die Schöpferkrone des Lebens ...

Personenregister

KLASSISCHE MODERNE

Herausgegeben von
Aurnhammer, Achim – Frick, Werner – Hausmann, Frank-Rutger – Martin, Dieter – Mayer, Mathias

Band 1
Wögerbauer, Christine
Borges' Blick auf die deutsche Romantik
Eine Ästhetik des Marginalen
2004. 441 S. – 170 x 240 mm.
Kartoniert
€ 48,00
ISBN 978-3-89913-371-4

Band 2
Höppner, Stefan
Zwischen Utopia und Neuer Welt
Die USA als Imaginationsraum in Arno Schmidts Erzählwerk
2005. 408 S., 7 S/w-Abb. – 170 x 240 mm. Kartoniert
€ 45,00
ISBN 978-3-89913-447-6

Band 3
Kratochwill, Kerstin
Elias Canetti - Experte der Lüge
„Erinnerung", „Verwandlung" und „Kitsch" als komplementäre Prinzipien der Lüge in den autobiographischen Schriften und dem Nachlass
2005. 307 S. – 170 x 240 mm.
Kartoniert
€ 38,00
ISBN 978-3-89913-470-4

Band 4
Gottstein, Michael
Felix Salten
Ein Schriftsteller der Wiener Moderne
In Vorbereitung
ISBN 978-3-89913-585-5

Band 5
Gröne, Maximilian
„Maladie ès lettres" – Krankheitsdarstellungen bei Camus, Giono, Beauvoir, Cardinal und Guibert
2006. 360 S. – 170 x 240 mm.
Kartoniert
€ 45,00
ISBN 978-3-89913-498-8

Band 6
Mayer, Mathias (Hrsg.)
Also wie sprach Zarathustra?
West-östliche Spiegelungen im kulturgeschichtlichen Vergleich
2006. 249 S. – 170 x 240 mm.
Kartoniert
€ 35,00
ISBN 978-3-89913-492-6

Band 7
Grage, Joachim (Hrsg.)
Literatur und Musik in der Klassischen Moderne
Mediale Konzeptionen und intermediale Poetologien
2006. 364 S. – 170 x 240 mm.
Kartoniert
€ 45,00
ISBN 978-3-89913-474-2

Band 8
Klessinger, Hanna
Krisis der Moderne
Georg Trakl im intertextuellen Dialog mit Nietzsche, Dostojewskij, Hölderlin und Novalis
2006. VI/174 S. – 170 x 240 mm.
Kartoniert
€ 24,00
ISBN 978-3-89913-581-7

ERGON VERLAG · WÜRZBURG

KLASSISCHE MODERNE

Herausgegeben von
Aurnhammer, Achim – Frick, Werner – Hausmann, Frank-Rutger –
Martin, Dieter – Mayer, Mathias

Band 9
Spiekermann, Björn
Literarische Lebensform um 1900
Studien zum Frühwerk Richard
Dehmels
2007. 350 S. – 170 x 240 mm. Kartoniert
€ 42,00
ISBN 978-3-89913-582-4

Band 10
Plöger, Nicole
Ästhet – Ankläger – Verkünder
Jakob Wassermanns literarische
Anfänge (1890-1900)
In Vorbereitung
ISBN 978-3-89913-584-8

Band 11
Aurnhammer, Achim – Frick, Werner –
Saße, Günter (Hrsg.)
Gottfried Benn - Bertolt Brecht
Das Janusgesicht der Moderne
In Vorbereitung
ISBN 978-3-89913-586-2

ERGON VERLAG · WÜRZBURG